테러리즘

이 황 우

法 文 社

머 리 말

우리는 세계 각지에서 발생하고 있는 테러사건에 대한 보도를 매일같이 접하는 시대에 살고 있다. 최근에도 여러 가지 정치적, 종교적, 인종적 갈등을 이유로 한 테러사건이 빈발하고 있으며, 국가 간의 갈등을 테러행위라는 수단을 이용하여 해결하려는 움직임도 끊이지 않고 있다.

그러나 오늘날에는 아무런 목적 없이 불특정 다수인을 대상으로 하는 테러사건이 빈발하고 있어서 이제는 전 세계 어느 지역도 테러로부터 안전지대가 될 수 없음을 실감케 해 준다. 누구든 언제 어디서나 테러의 희생자가 될 수 있다.

이러한 테러행위는 정치지도자나 군인 혹은 여객기나 정부건물들과 같이 특정 국가를 대표하는 경성목표물(hard targets)을 목표로 삼았던 과거와는 달리 다수의 선량한 시민들 혹은 그들이 이용하는 시설과 장소, 소위 연성목표물(soft targets)을 그 대상으로 삼고 있다는 점에서 피해의 심각성을 더해 준다. 더구나 테러사건에 의한 폭력행위가 엄청난 자연재해나 현대의 고도로 발달된 과학기술이 불러온 재해들과 같은 정도로 큰 재앙을 일으킬 수 있다는 점이다. 실제로 테러범들이 화학적, 생물학적, 혹은 핵물질들을 사용하거나 전기, 통신, 교통망 등 국가기반시설의 붕괴를 일으킨다면 자연재해보다도 더 큰 피해를 안겨다 주게 된다. 이와 같이 최근 국제테러 양상이 전쟁수준의 가공할 파괴력을 가지면서 세계 각국은 국가안보 위기관리차원에서 총력대응체제를 갖추고 있다.

테러의 양상과 테러 대응활동에 대한 요구는 여러 면에서 빠르게 변화하고 있다. 근래에 와서 핵테러의 잠재성이 널리 논의되고 있고, 화학무기와 생물무기 그리고 사이버테러리즘 같은 컴퓨터, 화학 무기를 이용한 테러의 위험성에 대한 논의가 심도있게 이루어지면서 수많은 대테러 이론과 대응책들이 낡은 것이 되고 있다.

따라서 테러대응책을 강구하는데 있어서는 비록 새로운 제안이라 하더라도 머지않은 장래에 낡고 쓸데없는 것이 되어 버릴 수도 있다. 하지만 그렇다 하더라도 국제관계와 연계된 국내외에서의 테러가능성이 높아지고 있고, 사회구성원들도 테러로 인한 심리적 불안을 느낄 수 있는 상황에서 대테러 방안을 모색하는 것은 당연한 일이라 생각된다.

우리나라는 86년 아시안게임, 88년 서울 올림픽, 02년 한일월드컵, 05년 부산 APEC정상회의 등 국제적인 행사를 훌륭하게 치루었으며, 금년 11월에는 G20정상회의를 서울에서 개최한다. 무엇보다도 이번에 치러지는 행사도 우리나라가 안전지대라는 인식을 전 세계에 심어줄 필요가 있다.

이 책은 필자가 83년부터 국가대테러 협상위원을 맡아 오면서 발표했던 글들을 약간의 수정을 거쳐 편찬하게 되었다. 우리나라 테러관련연구에 관심이 있는 학자와 실무계에 조금이라도 보탬이 되었으면 한다.

끝으로 이 책이 나오기까지 수고하여 주신 법문사 배효선 사장님과 임직원 여러분, 그리고 원고의 교정에 힘써 준 동국대학교 경찰 · 범죄 연구소 유영재 박사, 대학원 경찰행정학과 정의롬군과 박보라, 신소라양 등의 노고에 감사한다.

2010년 1월
동국대학교 동국관 연구실에서
지 은 이 씀

차　　례

제1편　테러원인

테러범의 개념과 이념

테러사건의 발생동기와 원인분석

테러리스트의 인격적 특성-사례를 중심으로-

테러범의 심리적 태도와 의사결정

제 2 편　테러예방

Anti-Terrorism

Quasi-Terrorism의 원인과 예방

테러리즘에 대한 민간인의 안전관리

테러와 위기관리정책

제 3 편　인질협상

테러범과 인질의 심리적 변화

인질협상과 감정전이

인질상황에 있어서의 준비요소

인질상황에서의 생존전략

제 4 편 대테러정책

테러발생시 경찰과 유관기관의 협력관계

테러사건과 Media

테러사건의 수사를 위한 대테러기관의 역할

테러사건의 효과적인 대응을 위한 전술팀과 협상팀의 역할과 정보

서유럽국가에서의 테러에 대한 대응정책

영국 테러방지법의 성격과 적용

한국에서의 테러발생 가능성과 대처방안

대규모 국제행사에 대한 대테러방안

주요 선진국의 대테러정책 조명

제 5 편 특정사례

90년대 국제테러의 경향

사이버 테러의 실태와 대응방안

9·11 테러의 경과와 대응

제 1 편

테러원인

1. 테러범의 개념과 이념
2. 테러사건의 발생동기와 원인분석
3. 테러리스트의 인격적 특성
4. 테러범의 심리적 태도와 의사결정

테러범의 개념과 이념

Ⅰ. 서 론

1968년 이래 테러는 매년 전 세계적으로 열병처럼 번지고 있다. 자유와 질서가 미묘한 균형을 이루고 있는 자유민주주의 국가에서 더욱 증가한다. 국제적 테러리즘 사건에 관한 미국 CIA 기록에 근거한 통계에 의하면 2008년 발생한 테러는 3,211건이며 사망자는 11,350명, 부상자는 21,929명으로 집계되고 있으며 지역별로 보면 아·태 지역이 46.2%, 중동지역이 35.2%를 차지하고 있다. 가장 큰 피해를 입은 것은 미국인이며 서구인이 두 번째이다. 미국의 기업가와 외교관은 아직도 주요한 표적이 되고 있으며 적어도 모든 사건의 38%가 미국 시민과 재산을 노리고 있다[1]고 한다.

다른 기준을 사용한 평가에 의하면 1970년부터 1978년까지 중요한 테러사건의 47%는 서구에서 발생했으며 중남미가 24%를 차지하고 있다.[2] 또 다른 통계로는 1970년부터 1981년까지 3,851건의 국내적·국제적 테러행위가 유럽에서 발생하여 1,464명이 사망하고 2,834명이 부상했으며 재산상의 손해가 약 5억 달러에 달한다고 한다.[3] 그런데 2008년에 전 세계에서 발생한 테러의 전체적인 모습은 약간 무질서하다. 특히 아·태·중동에서 테러사건이 계속되고 있는데 이것은 그 지역의 정치적 갈등에서 유래된 오래 계속된 원한과 나쁜 감정이 직접적인 결과가 된 것처럼 보인다. 서구에서는 이러한 폭력이 의미 있는 요소로서 중요한 목적이 되고 있는 것 같다. 「팔레스타인」 사람인 「아부 니달」Abu Nidal이 두목으로 있는 「검은 6월단」Black June은 최근 파리, 런던, 로마 등지에서 총과 수류탄으로 잔인한 살상을 자행했다.[4]

이와 같이 테러는 주로 아·태, 중동에서 빈발하고 있으나 그 규모가 대형화하고 있을 뿐만 아니라 방법에 있어서도 폭발물에 의한 폭파나 무장공격으로 악랄하고 포악해지고 있으며 더욱 국제화되어가고 있다.

---

1) Foreign Assessment Centey, *Patterns of International Terrorism: 1980*, June 1981, p. 3.

2) Charles A. Russell, "Europe: Regional Review," *Terrorism: An International Journal*, Vol. 3, nos 1~2(1979), p. 158 및 "Latin America: Regional Review," *Terrorism: An International Journal*, Vol. 4, nos 1~4(1980), p. 278.

3) Yonah Alexander & Kenneth A. Myers, ed., *Terrorism in Europe*(London: Croom Helm Co., Ltd, 1982), p. 2.

4) Charles G. Wilber, *Terrorism Update-1982*, Forensic Science Laboratory of Colorado State Uni., 1983, p. 1.

더욱이 북한, 이라크, 리비아, 쿠바 등 사회주의국가들이 가세하여 테러를 조종하고 지원하며 이용하는 정책을 추구하고 있기 때문에 구체적인 테러방지 대책을 수립하지 않으면 안 된다.

그런데 지금까지 테러범이나 테러리즘에 관한 문헌은 많이 나와 있다. 그러나 그러한 문헌의 아주 많은 부분은 「로드」Lod공항대학살, 독일의 「한스 M. 슐라이어」Hanns Martin Schleyer, 이탈리아의 「알도 모로」Aldo Moro의 납치 및 암살에 관한 자세한 수단이나 행위를 추적 조사하는 데 대해서 서술하고 있다. 또한 「엔테베」Entebbe, 「모가디슈」Mogadishu 습격과 같은 훌륭한 구출작전이나 유명한 「카를로스」Carlos와 같은 뚜렷한 인물을 취급하고 있다. 아주 적은 부분만이 테러범은 누구이며 그들은 무엇을 원하는 가에 대하여 설명하고 있다. 따라서 테러범은 무슨 동기로 테러를 하며 테러범이 되는 사람의 유형과 그들이 어떻게 그런 길을 택하는가 이해하기란 매우 어렵다.

여기에서는 테러범의 인격적 특징personal traits을 살펴보면서 그들이 무슨 이유로 테러에 가담하는가를 알아 보고자 한다.

Ⅱ. 테러범의 이념적 배경

1. 테러현상에 관한 가설

테러현상에 관한 가설은 대체로 7가지로 나누어진다.[5)]

첫째로, 「프로이드」 학파의 정신병학자[6)]는 예를 들면 무의식적인 부친의 살해충

5) 「스톨」은 「테러리즘」에 관한 기존 가설을 8가지 들고 있다.
① 테러리즘은 반정부세력들의 전유물이다.
② 테러리즘의 목적은 혼란의 조성이다.
③ 테러리즘은 정신병자의 전유물이다.
④ 테러리즘은 하나의 범죄행위이지 정치활동이 아니다.
⑤ 반란적 폭력은 모두 테러리즘이다.
⑥ 정부는 항상 비정부적 테러리즘을 반대한다.
⑦ 테러리즘은 전적으로 국내정치여건과 관련된 문제이다.
(Michael Stohl, ed., *The Politics of Terrorism* (N.Y.: Dekker. Inc., 1979, p. 2.)

6) Jakov Katwan, *Final Report from the Committee at the Berlin Conference*, November 1978.

동 때문에 사람들은 테러범이 된다고 결론을 내린다. 테러범은 실제로 높은 권위를 가지고 있는 인물이나 상징을 공격하기 때문에 정신분석은 부친의 공적 권위를 무의식적으로 동등하다고 생각함으로써 이 이론은 설득력이 있는 것처럼 보인다. 그러나 우리가 알고 있는 한 정신의학에 종사하는 사람이 테러범을 의자에 앉혀 놓고 그것을 확인하거나 논박하는 의견교환을 해본 적이 아직은 없기 때문에 이것은 이론에 불과하다고 할 것이다.

둘째로, 많은 정신의학자와 심리학자는 테러범들이 의미 있는 관계를 형성하는 데 엄격하거나 무능력하며, 또한 전체 사회질서를 전면적으로 거부하는 특수한 인격 특징을 가지고 있다고 믿고 있다.[7] 그러나 이 이론도 어떤 경우에는 일반적인 적용성이 결핍되어 정확하지 않을 수도 있다. 예를 들면 「바더」Andreas Baader, 「마인호프」Ulrike Meinhof는 보통 사람이 이룰 수 있는 의미 있는 관계를 가지고 있지 않다고 누가 말할 수 있으며, 붉은 여단의 단원은 사회의 결속된 멤버보다 더 엄격하다고 누가 말할 수 있으며, 또 일본 적군파의 젊은 사람들은 수도승이나 은둔자보다 전체적으로 현존하는 사회질서를 더욱 거부한다고 누가 말할 수 있느냐 하는 점이다.

셋째로, 심리분석자들은 살인을 추구하거나 살인을 실현하는 행위는 테러범의 인격에 의기소침한 요소가 암시되기 때문이며 그들은 자주 공허감과 불쾌감을 느끼고 있어 어린이와 같이 야뇨증, 방화, 학대 등을 경험했을 것이라고 믿고 있다.[8] 이러한 분석은 테러범들이 그와 같은 결손을 극복하기 위하여 완전히 다른 이상사회를 성취하는 데 자신을 바치고 자신의 냉담성을 극복하기 위하여 스릴이나 극단적인 도전행동을 찾으려고 한다고 결론짓고 있어서 위에서 지적한 테러범의 특성보다는 독특하다고 하겠다.

넷째로, 「쿠퍼」H.H.H. Cooper 교수는 테러범은 사회적 연대책임이나 이데올로기의 어떤 개념에 의지하고 있어서 군인이 국기나 다른 부속품으로써 위안을 갖고 있는 것과 같이 이것을 감상적인 대용품으로 지지하고 있다고 설명하고 있다.[9] 이것은 테러범이 한 가지에만 의지하는 것이 아니라 이데올로기에 의하여 동기부여를 받고 있는

7) Konrad Kellen, *Terrorism-What are they like? How some Terrorists describe their world and actions*, Rand Corp., November 1979, p. 2.

8) Final Report from the Committee at the Berlin Conference, Committee A: "*The Psychology of the Terrorist*," November 1978, p. 4.

9) H.H.H Cooper, "What is a Terrorist: A Psychological Perspective," Legal/*Medical Quarterly*, Vol. 1, No. 1, 1977.

것같이 보인다.

다섯째로, 소수의 야망 있는 관찰자들은 테러범의 완전한 프로필을 소개하려고 하는 것보다는 어떤 의미 있는 개인적인 정서적 메커니즘을 찾으려고 한다. 이 이론에 의하면 테러범들은 그들의 희생을 비인간화한다는 데서 찾으려고 한다. 이러한 관찰자들은 테러범의 희생이 나쁜 제도에 대신한다든가 혹은 그러한 제도에 대한 정치적으로 꼭 필요한 행위로서 불운하게도 자신을 희생시키는 것이라고 생각하기 때문에 냉혈적으로 또는 죄의식 없이 어린이까지도 죄 없는 사람을 살해할 수 있다는 것이다.[10] 이 이론은 어느 정도 믿을 만하지만 희생의 비인간화 현상은 또한 군인이 적을 비인간화하고 폭격수가 전체 도시를 비인간화시키는 모든 전쟁에서도 관찰될 수 있기 때문에 국가적 전쟁이든 혹은 사회적·정치적 분쟁이든 테러범은 군인과 같이 분명하게 간주되고 평가됨으로 조사결과의 의미는 소용없는 것이 된다.

여섯째로, 사회학자들은 테러범에게 영향을 미친 환경에 대하여 연구해 왔다. 예를 들면 테러범들은 중류 또는 그 이상의 계층출신으로 경제적 빈곤가정이 아니라고 한다. 그러나 유사한 가정출신이 압도적으로 대다수인 청소년들은 테러리즘에 물들지 않고 있기 때문에 이 자료는 신뢰성이 있다고 할 수 없다.

일곱째로, 사회학적 측면에서 관찰하고 분석하는 사람들은 테러범은 전적으로 사회가 만들어 놓았기 때문에 그들의 행위는 어느 정도 정당성이 있으며 이해할 수 있다고 한다. 이와 같은 테러리즘의 분석을 위한 출발점은 실제로 미국에서는 알려져 있지 않으나 독일에서는 자주 사용된다고 한다. 미국의 테러리즘분석방법의 표준은 이러한 가능성을 지니고 있지 않으며 미국사회에서는 테러범을 본질적으로 일탈로서 간주한다. 반면에 독일사회에서는 자신들에 대하여 별로 낙천적이고 건전하다고 느끼고 있지 않기 때문에 테러리즘 촉진요인의 하나로서 사회상태를 고려하고 있는 것이다. 독일 내무부장관 지원 아래 착수하여 1980년 말에 완성된 중요한 연구의 하나는 "테러리즘을 감소시키고 방지하기 위하여 사회는 어떠한 변화를 받아야 하는가"라는 질문의 하나로 답하고 있다.[11] 다른 말로 표현하면 테러범을 단순한 광인으로 보는 것은 아니라고 할 수 있다.

---

10) Konrad Kellen, *op. cit.*, p. 3.
11) *Ibid.*, pp. 4~5.

2. 이념적 배경

범죄자와 테러범 사이의 명백한 차이점의 하나는 테러범의 목적은 적어도 초기에는 재정적인 이득이나 다른 개인적인 이익을 추구하는 것이 아니라 그들의 행위는 이념에 의하여 지배되고 불꽃이 튀는 것이라고 할 수 있다. 즉 이념이나 목적들은 개인적인 이익을 저버리거나 어느 정도 이타적이고 이념적인 모습을 갖는다. 비록 어떤 초범죄자의 경우는 기회적으로 영웅의 지위를 획득하려고 하지만 일반적인 절도, 강도, 살인범은 정치적인 흥미나 개인적인 영웅의 지위를 얻으려는 것은 아니다. 테러범은 이와는 달리 「팔레스타인」 의용군이나 「크로아티아」 분리주의자와 같이 국가적 목적, 혹은 유럽이나 일본의 도시 게릴라와 같이 천년 동안의 목적에 변함없이 관심을 가지고 있다. 그들의 호소는 유물론적이고 실용주의적인 세대와 같이 이타주의와 이상주의를 나타내고 있는 것 같기도 하다.[12)]

그러면 테러범들은 그들의 이념을 어디에서 얻는 것일까? 테러범들은 초기의 기독교 선교자로부터 러시아 무정부주의자-예를 들면 「바쿠닌」-까지, 「맑스」로부터 모택동까지 변화하는 많은 다른 종류의 자료로부터 그들의 이념을 얻는다. 그러나 최근에는 주로 두 가지 원천으로부터 영감을 받는 것 같다. 첫째는 「카스트로」, 「체 게바라」, 「지앞」, 모택동, 「마리겔라」와 같은 게릴라 지도자이며, 둘째는 테러리즘을 고취시킬 의도나 기대를 갖고 있지 않거나 그들의 가르침이 기대하지 않은 행동으로 나타났을 때 매우 당황하는, 특히 독일의 지식인 집단으로 대표적인 사람이 「마르쿠제」Herbert Marcuse, 「호크마이어」Max Horckhemier와 같은 사회학자들이다. 이들은 「프랑크푸르트」 대학에서 사회과학연구를 창설하기도 하였는데 지방의 엘리트들이 고의적으로 소비성향을 부채질하여 과다 수요를 창출시킴으로써 국가간은 물론 개인간의 빈부격차를 크게 벌려 놓았다고 주장한다. 이러한 주장은 급진적인 집단과 학생들에게 큰 감명을 주었으며 중류계층 이상에 속한 일부 젊은이들은 옳지 못한 방법으로 그들이 혜택을 받았다는 죄의식을 느끼게도 하였다. 이들은 과학적 지식에 근거를 둔 과학기술의 발달로 인하여 인간을 존경하지 않는 세계를 만들었다고 한다. 따라서 젊은이들은 기존질서의 평화적 유지를 목표로 하는 현 사회에 저항하여 합법적인 투쟁을 하여보고 이것이 실패하면 불법적인 방법을 동원하여 혁명을 달성하여야 한다고 주장한

---

12) *Ibid.*, pp. 5~6.

다. 이들의 현실관은 비관적이고 욕구불만적이며 냉혹하고 부정적인 것이었다. 그러나 이들 관념의 기원은 테러범과는 반대로 폭력을 거부하였다.[13] 그런데도 불구하고 아직도 이들의 관념은 선진국의 젊은층에 큰 영향력을 미치고 있다.

3. 테러범과 테러리즘의 개념

테러범과 테러리즘에 관한 많은 정의가 나와 있으나 이에 대한 개념상의 혼돈을 낳고 있다. 많은 다른 현상과 마찬가지로 테러범들은 그들의 현실생활이 변화무쌍하고 알기 어렵기 때문에 한마디로 표현하기는 쉽지 않다.

주로 부정적이고 경멸적인 정의에 반해서 초기 미국 혁명가들은 당시의 표준에 의하여 테러범으로 간주되고 있다. "자유의 나무는 때때로 폭군의 피로써 비옥하게 하지 않으면 안 된다"고 말한 「제퍼슨」Thomas Jefferson은 그러한 레테르를 부치게 될는지도 모른다.

그러나 「제퍼슨」을 「로드」공항대학살 범인이나 「카르툼」 소재 미대사관의 살인과 동일한 어의로 한계짓는다면 이러한 종류가 전연 다른 요소를 포함한 그렇게 넓은 정의는 쓸모없는 것이 될 뿐이다. 따라서 테러리즘의 개념을 분명히 해둘 필요가 있다.

「윌킨슨」Paul Willkinson은 테러리즘을 주로 인질억류나 총포로써 위협을 하여 정부를 그들의 요구에 굴복시키려는 강압적 위협의 수단이라고 한다.[14] 또한 「에반스」Ernest Evans는 테러리즘을 보다 폭넓게 인식하여 일정한 인간의 집단이 어떤 정치적 목적 또는 수단을 획득하고자 일정한 효과를 노리고 폭력을 그 전략으로 택하는 것이라고 정의하고 있다.[15] 미국 CIA는 테러리즘을 직접적인 테러 희생물보다는 포괄적인 테러대상 그룹에 폭넓은 심리적 충격을 가할 목적으로 정치적인 상징효과를 노린 위협 또는 폭력의 사용을 일컫는다고 한다.

여기에서는 「켈렌」Konrad Kellen이 설정한 한계에 의하여 테러리즘의 용어를 규정짓고자 한다.

① 테러리즘은 당시의 활동과 관련이 있다. 제2차 세계대전, 6·25전쟁, 베트남전

---

13) Barry Katz, "Harcuse and the Art of Liberation" in the *Economist* (July 3. 1982), p. 83.
14) Paul Wilkinson, *Political Terrorism* (M.Y: John Wiley & Sons, 1974), p. 9.
15) Ernest Evans, *Calling True to Terror* (Connecticut: Greenwood Press, 1979), p. 3.

쟁과 같은 근래의 연대까지도 역사적인 비교에서는 오늘날 테러리즘에 대하여 이해하고 있는 것과 똑같지 않았다는 점을 명백히 하여야 한다.

② 테러리즘은 위로부터의 폭력이나 공포독재정치에 의한에 의한 테러와 구별되어야 한다.

③ 테러리즘은 특히 인간이나 상징적인 목표에 대한 폭력행위이다.

④ 이미 테러행위에 가담된 집단과 관련되지 않는다면 단순한 폭력의 위협은 테러리즘이 아니다.

⑤ 테러리즘은 소집단의 일work이다.

⑥ 테러집단은 다른 테러집단과 관계되어 적극적인 일을 하거나 혹은 하지 않는다.

⑦ 테러집단은 비록 다른 목적, 더욱이 종교적인 목적일지라도 정치적인 목적을 가지고 있지 않으면 안 된다.

⑧ 일반적인 범죄행위와는 반대로 테러행위는 분수를 넘는 경향이 있음에 틀림없다. 즉 일은 행위의 실행을 완료하지 못한다.

⑨ 테러행위는 가시성, 불합리성, 반복성, 혹은 이러한 것이 결합되어 폭력에 의하여 공포를 주지 않으면 안 된다.

⑩ 테러행위는 비록 강탈이 언제나 특별나게 진술되지 않더라도 본질적으로 강탈자가 있어야만 한다.[16)]

이상을 종합하면 테러리즘은 커다란 집단을 배경으로 소집단이 정치적 목적으로서 사람이나 상징적인 목표에 대해 폭력을 사용하는 강탈행위라고 규정지을 수 있다.

Ⅲ. 테러범의 인격적 특징

1. 일반적 특징

많은 문헌이 테러집단에 가담하게 된 결심의 배경에 대하여 기술하고 있다. 이러한 결심에는 중산계급사회와는 단절되어 있다. 즉, 수도승, 수녀, 군인, 은둔자, 정치적

---

16) Konrad Kellen, *op. cit.*, pp. 8~9.

급진당원, 범죄자, 낙오자가 그것이다. 또 어떤 사람은 싫증나거나 혹은 분개하거나, 미치거나, 종교적 광신 혹은 정신분열 때문에 절교한다. 테러범이 되기 위하여 어떤 사람은 사회를 배척한다고 하지만 그는 그보다도 다른 동기를 가지고 있다. 즉 소위 테러범은 같은 의견을 가지고 있는 집단 내에서 폭력으로써 사회와 적극적으로 싸우려고 한다는 것이다.

보통 일상적인 일에 대한 권태나 법집행에 환멸을 느낀 사람은 또한 사회를 배척하기 위하여 의식적으로 원인이 되는 요소를 찾고 있다. 테러범이 된 젊은층은 이러한 환멸에 대하여 다른 이유를 들고 있다. 그들은 사회가 과도하게 유물론적인 방향으로 이끄는 데 반대해서 그리고 경제적 관심이 지상주의적인 정치제도에 대한 분노의 결합을 지적하고 있다. 41세에 감옥에서 자살한 독일의 유명한 테러범의 하나인 「마인호프」Ulrike Meinhof는 그의 가족과 친구들이 과도한 유물론적 쾌락주의 때문에 테러에 가담하게 되었다고 주장한다.

특별한 숙련공과 같은 평범한 요소까지도 집단에 가담하는 결심의 한 요인이 된다. 폭발물의 전문가로서 독일군에서 훈련된 「클라인」Klein과 같은 사람은 희귀하다. 그는 테러집단에 가담한 「바더」Andreas Baader의 결심에 큰 역할을 했다. 「바더」는 무기광이었는데 무기에 대하여 거의 성적인 관계를 가지고 있다고 하면서 그가 애독한 것은 무기저널이었다고 한다. 또한 「마인호프」와 같은 지식인으로 구성된 집단에서도 그를 환영한 것은 다른 작전상의 숙련된 기술을 가지고 있었기 때문이었다. 따라서 그 집단이 필요로 하는 숙련된 기술의 하나를 소유하면 쉽게 가담할 수 있으며 또한 더욱 유혹의 대상이 되기도 한다. 테러집단이 찾고 있는 숙련된 기술을 가지고 있으면서 사회에서 낙오된 사람은 테러범으로 더욱 빠지게 된다.

따라서 테러범들이 분명하게 테러에 가담하는 이유는 첫째, 넓고 다양한 이유 때문에 그들은 사회로부터 해고를 당하며, 둘째, 사회로부터 해고를 당한 후에 그들은 단순한 원한으로부터 천년간의 그리고 유토피아적 환상까지 다양한 이유 때문에 그 사회와 투쟁하기로 결심하며, 셋째, 그들은 그들의 숙련된 기술, 지적 역량, 집단의 친화성을 위하여 원하고 수락하고 모집하기 때문에 가담할 기회가 주어진다고 한다.[17)]

바꾸어 말하면 가담을 위한 동기들이 복잡하게 혼합되어 있는 것이다.

그리고 테러집단에 머물러 있는 개개의 테러범들의 이유는 그 집단의 "주장"과

---

17) *Ibid.*, pp. 35~36.

"생활"이 좋다고 하는 두 가지 주요한 동기를 가지고 있다고 한다. 그들은 견딜 수 없는 모든 일상적인 관례나 관습으로부터 완전히 해방되어 있으며 의무나 소유물도 없기 때문에 행복한 시간을 가질 수 있다고 한다. 테러집단의 방랑자적 생활형태는 개인들에게 강한 호소력을 지니고 있는 것 같다.

테러집단에 있는 개개인들이 만족하고 있는 이유의 또 하나는 풍부한 자금이다. 집단은 은행강도이거나 재정적으로 부유하나 그 집단이 보다 더 효과적이 되기 위해서는 중동에 있는 집단으로부터 지원을 받는다. 즉 단원이나 도난차량 혹은 라디오 수신기와 같은 물건들을 유지하고 그들의 목적을 위하여 질적으로 우수하거나 많은 단원을 확보하기 위하여 자금은 필수적인 것이라고 할 수 있다.

한편 테러범의 상습적인 인격특징의 하나는 항상 약간의 배타적 경향을 띠는 전통적 사회에 대해서 대항하는 데 기초가 되는 강력한 배타심을 나타내고 있다는 것이다. 이러한 배타심은 테러범이 성장했고 결국에는 폭발물의 힘으로 테러를 감행했던 현저하게 편협한 환경의 결과로서 나타나는 것이다. 대부분의 테러범들은 「카스트로」, 「모택동」, 「체 게바라」를 찬미하고 있을 뿐만 아니라 독일인, 이탈리아인 혹은 이러한 사람들과 문화적으로 혹은 인종적으로 멀리 떨어져 있는 사람들까지 그들을 찬미하고 있다고 믿고 있다.[18]

그리고 테러범은 다른 혁명가나 유토피아인 같이 막연히 세상의 고통과 불법에 대하여는 과민증을 나타내고 있다. 그러나 그들 자신이 만들어 놓은 그들 주위의 명백한 고통에 대해서는 모두 무감각하다. 그러나 테러범들은 그들이 무감각하게 생각하는 것과는 달리 쓰라린 고통을 맛보게 했던 세상에 둘러싸여 있는 것이다.

그런데 「해리스」F. Gentry Harris는 테러리즘을 정치적·구조적 차원에서 개인의 정신상태 또는 개인적 문제라는 차원으로 끌어내려 테러리즘의 동기를 네 가지 들고 있는데 ① 남자 혹은 여자다움의 과시, ② 비인간화의 욕구, 즉 자기 자신으로부터의 탈출 또는 도피하려는 욕구, ③ 우의를 얻기 위한 욕망, ④ 폭력과 유출이라는 마술에 대한 신념 등이다.[19]

그러나 테러범들이 정신적 결함만을 가지고 있고 정치성은 전혀 가지고 있지 않다고 한다면 인질사건이 발생하여 무고한 시민이 관련되었을 경우 그들과 합리적인

---

18) *Ibid.*, p. 38.
19) 국제문제연구소, 세계의 「테러리즘」 추이와 대책실태, 연구자료 제6집, 1983. 1, p. 13.

협상이 불가능하다고 생각되기 쉬우며 이때 정책결정자가 생각할 수 있는 대안은 무력행사밖에 없게 된다.

따라서 테러범들이 정신병자라는 인식을 갖게 된다면 테러리즘에 대한 대책은 제한적일 수밖에 없다.

그런데 여러 학자들이 테러범의 심리학적·정신의학적 분석을 통하여 밝힌 인격특징을 살펴보면 다음과 같다.

① 어릴 적에 강렬한 증오감, 울분 또는 복수심을 체험한 사실이 있다.

② 지배욕이나 명령, 복종정신이 강하다.

③ 공격성, 침략성과 같은 동물심리적 요소가 강하다.

④ 어린 시절에 과도한 희망, 약속 또는 자신감이 좌절되어, 나르시즘, 또는 편집증 등에 빠져 있다.

⑤ 특히 테러지도자급에 있어서는 손익계산이 철저하고 합리적이면서도 심리조종능력이 있다.

⑥ 정치적 목적이 불분명한 테러범일 경우에는 정신불안정 성향이 강하게 나타난다.

⑦ 여자 테러범들이 증가하고 있는 심리적 요인은 크게 두 가지로 설명되고 있는데 하나는 여자 테러범들이 도시테러라는 수단을 통하여 남자들의 억압으로부터 해방의식을 느끼기 때문이라고 일부 정신의학자들과 범죄심리학자들이 주장한다. 이러한 성향을 가진 여자 테러범들은 좋은 가정에서 자라 좋은 교육을 받고 대부분의 남성들보다 그들이 우월하다는 인식이 깊으며, 그러한 우월성을 행동화하려는 충동에 사로잡히곤 한다. 이러한 여자들은 폭력을 통하여 그들의 해방감과 우월감을 만끽하려고 하므로 남자 테러범보다도 훨씬 잔인하고 대담한 행동을 하곤 한다. 또 다른 이론에 의하면 정치적 폭력에 연연해하는 자들과 성을 깊이 갈망하는 자들은 상호 필요와 서로 깊은 유대를 가질 수 있기 때문에 테러집단에 여자들이 많이 필요하게 되었으며, 폭력과 광란적인 성 및 폭발적인 분위기에서 희열을 찾는 특이 여성들이 늘고 있다고 한다.[20]

일반적으로 테러집단에 가담하고 있는 젊은층은 공통적으로 반권위, 반체제적 태도를 취하고 있으며 또한 사회적·정치적 관심이 높아 이상주의적 비판의식을 가지고

20) 구광모, 테러와 국제사회, 고려원, 1982, pp. 26~27.

있다. 이것은 청년기 특유의 결벽증이나 직정성에 의하여 현실사회의 산적한 각종 모순이나 문제를 지적하여 이를 성급히 해결하려고 한다. 이러한 경우 개별적으로는 자기불만이나 좌절감, 소외감 등의 정동체험을 갖게 되고 이의 보상행위로서 테러활동에 헌신하면서 자아팽창적 내지 우월과시적 반응을 나타내어 이론·행동 면에서 과격한 반사회적 행동을 자행하는 것이다. 따라서 테러범들은 증오와 욕구 불만에 휘감겨 사랑과 감정을 잃어버린 자[21]라고 할 수 있다.

2. 유형별 특징

테러리즘의 역사적, 사회적, 정치적, 경제적 배경, 테러조직의 형태 및 그 구성원들의 특성, 그리고 테러활동의 다양한 양상으로 인하여 테러리즘의 유형분류는 매우 어려운 작업이다. 개념상의 정의가 학자에 따라 상이하듯 테러리즘의 유형도 매우 다양한 형태를 취하고 있다. 따라서 이러한 다양한 시각과 관점을 포함하는 분류기준이 요청되고 있다.

「해커」Frederick J. Hacker는 테러범들의 주된 동기에 따라 광인형, 범죄형, 순교형 가장 전형적인 유형임의 세 가지 유형으로 분류[22]하는 바 이를 소개하면 다음과 같다.

정서적으로 이상이 있는 사람들의 행동은 다른 사람들이 이해할 수 없는 자기 특유의 이유에 의해서 행동한다. 다음으로 범죄형은 자신의 사적인 이득을 취할 목적으로 불법적인 수단을 사용하는 테러범이다. 범죄형 테러범들은 다른 보통 사람들이 원하는 것과 똑같은 것을 구하지만 그들은 그들의 목표를 사회가 인정하지 않는 방법으로 추구하는 점이 다르다. 순교형 테러범들은 이상주의적인 동기를 갖는다. 그들은 개인적인 이득보다는 집단적인 목표를 위해 위세와 권력을 추구한다. 그들은 보다 높은 큰뜻에 헌신한다고 믿고 있다. 그러나 테러범들은 위와 같은 유형으로 뚜렷이 나뉘는 것은 실제로 찾아보기 어렵고 각 유형이 혼합되어 그 특성이 복합적으로 나타나는 경우가 허다하다. 많은 범죄형들은 정신이상의 증세를 보이는 경우도 있으며 때로는 사적인 이득을 여러 가지 명분으로 꾸미기도 한다. 또 정신적으로 불안정한 사람들이 순교형의 행동에 유혹되기가 쉽고 때로는 개인적 이득을 위한 범죄적 행동에 이끌리

---

21) Gerald Mcknight, *The Terrorist Mind* (N.Y.: The Bobbs-Merrill Co., 1974), p. 13.
22) Frederick J. Hacker, 임희섭 역, 우리시대의 테러리즘, 중앙신서, 1981, pp. 16~26.

기도 한다. 또한 순교형들도 정신질환의 증세를 갖거나 범죄의 배경을 갖는 일도 많다.

테러범들은 언제나 그들의 행동에 대해서 철저한 정당성을 확신한다. 위로부터의 테러권력자에 의한 테러는 언제나 어느 정도의 조직을 필요로 한다. 그러나 아래로부터의 테러피지배계층에 의한 테러는 단독으로도 이루어질 수 있다. 광인형 테러범들은 거의가 단독범이며 범죄형은 대개가 사회와 같은 조직을 가지며 순교형은 일반적으로 군대식 조직을 갖는다.

(1) 광인형 테러범

① 자기중심적이며 희생적이고 사고과정이 극히 개인적이며 흔히 비합리적이다.

② 보통 사람이 이해하기 어려운 망상적인 동기와 추상적인 목표를 가지고 있다.

③ 요구사항이 심리적이고 개인 특유의 것으로서 동정을 구하거나 자기 극화 또는 자기 치료의 효과를 구한다.

④ 아마추어적인 수법을 사용하나 극단적으로 모험성이 강하다.

⑤ 내향적 공격성을 가지고 있고 자기학대와 자살적인 성격이 강하다.

⑥ 단독범 또는 조직되지 않은 소집단으로 범행한다.

⑦ 자아기능이 약하며, 불안정하고 산만하며, 성숙되지 않은 행동을 나타낸다.

⑧ 괴상한 행동이나 요란스런 외모로 남의 눈을 끈다.

⑨ 명백한 성적 장애의 경우가 많다.

⑩ 행동이 예측할 수 없고 갈팡질팡하며 주저한다.

⑪ 직접적인 성공에는 무관심하고 어떤 조건으로라도 관객을 자기편으로 끌어들이려고 열심이다.

⑫ 흔히 다른 사람의 수법을 모방한다.

⑬ 보통의 수단으로는 제지할 수 없다. 설득은 시킬 수 있지만 매수할 수는 없다.

(2) 범죄형 테러범

① 이기적이고 자기보호적이며, 사고과정이 실무적이고 합리적이며 기존가치에 비추어 인습적이다.

② 보통 사람이면 누구나 이해할 수 있는 물질적이고 현실적인 동기와 구체적인 목표를 가지고 있다.

③ 요구사항이 개인적이고 물질적이다.

④ 직업적이며 반복적인 수법으로 극단적인 모험을 피한다.

⑤ 외향적 공격성, 타인에 대한 보복, 살인적 성격이 강하다.

⑥ 단독범이거나 기업적 또는 가족적 조직을 가지고 범행한다.

⑦ 고립되고 비인간적이며 냉담한 성격의 소유자들로서 대개는 불안정하고 비적응적이지만 때로는 확고한 자아기능과 정상적인 행동을 보이기도 한다.

⑧ 대개는 남의 눈에 띄지 않으려고 하며, 성적인 장애도 없다.

⑨ 예측할 수 있는 행동으로서 확고하고 무자비하다.

⑩ 구체적이고 당장의 성공에만 관심이 있으며, 관객이 누구편이 되든 무관심하며 특정한 흥정에만 관심이 있다.

⑪ 흔히 다른 사람의 수법을 모방한다.

⑫ 대개는 잘 훈련되고 익숙하며 조종에 능하다.

⑬ 보통의 방법으로 제지할 수 있다. 흥정은 할 수 있어도 설득은 시킬 수 없다.

⑶ 순교형 테러범

① 비이기적이고 희생적이며, 사고과정이 실무적이고 기능적으로 합리적이며 기존가치에 비추어 비인습적이다.

② 동정자들에게는 이해할 만하나 적대자들에게는 몰지각한 동기와 구체적 또는 추상적인 목표를 가지고 있다.

③ 요구사항이 집단적이고 상징적이며 선전효과 또는 물질적 대가이다.

④ 주목을 끄는 것을 목적으로 허세를 부리고 극적이며 요란스러운 선전효과를 의식한다.

⑤ 유행에 따른 극적인 수법으로 극단적인 모험도 개의치 않는다.

⑥ 내향적, 외향적 공격성과 자살적, 살인적 성격이 다같이 발견된다.

⑦ 위계적인 명령체계를 가진 군대식 조직으로 소규모일 수도 있다.

⑧ 외형적으로 확고한 자아기능과 정상적인 행동을 보이나 열광적이고 광신적인 의식구조를 가지고 있다.

⑨ 눈에 띄지 않으려고 하며, 명백한 성적 장애는 없지만 성적 관심이 별로 없다.

⑩ 행동은 예측할 수 있는 정도이며 확고하고 무자비하다.

⑪ 주로 간접적이고 장기적인 선전효과와 성공에 관심이 있다.

⑫ 흔히 새로운 수법을 고안해내며 폭력을 증가시켜 가면서 자기들의 조건에 따라 흥정과 관객의 동정을 원한다.

⑬ 대개는 잘 훈련되고 익숙하며, 엄격한 규율과 복종을 요구하고 조종을 당하는 것에 능숙하다.

⑭ 보통의 방법으로 제지할 수 없다. 매수도 설득도 불가능하다.

이와 같은 유형의 특성에 비추어 보면 광인형으로는 우간다의 독재자 「이디 아민」, 「아이작 라심」을 들 수 있고, 범죄형으로는 「라파엘 트루히요」, 「니코스 삼손」, 순교형으로는 대의명분을 주장하는 테러범들로서 적군파, 「바더-마인호프 단」, IRA, 「팔레스타인 게릴라」 등으로 오늘날 전 세계에 걸쳐 횡행하고 있다.

또한 테러범의 유형을 충동형, 편집광형, 광인형, 반사회형, 위기상황 대응형, 정치 테러형 등으로 구분하기도 한다.[23]

첫째로 충동형은 보편적인 형태의 테러범은 아니지만 그들이 하려는 것에 대한 두려움을 가지고 있다.

둘째로 편집광형은 특이하지 않은 형태의 테러분자로서 피해망상을 가지고 있다.

셋째로 광인형은 드문 형태이나 여러 가지 형태가 있으며 현실인식의 부족으로 정의되며 환상, 중얼거림, 비논리적인 언행, 기묘한 행동을 한다.

넷째로 반사회형은 테러단체예를 들면 고용단체, 기회주의자 특히 총잡이들에게서는 특이하지 않은 형태로서 의식의 부족으로 어린애 같은 분노로 즉각적인 만족을 추구하고 오랜 안정적 관계가 없이 행동의 불예측성이 특징이다. 또한 외판원같이 말이 유창하고, 냉정하고, 빈번한 싸움을 하며, 이기적이고 사치적이며 음주 후 잦은 폭력을 행사한다.

다섯째로 위기상황 대응형은 종종 테러사건에서 나타나며 생명위기에 대응하여 공격적 행동을 가지며, 남성다움이 도전받았다고 생각하고 위기를 통해 그것을 증명하려 한다. 이들은 또한 강한 죄의식을 가지고 있어서 심각한 개인적 타격을 받으며 자기통제를 잃을 두려움을 표명하는 등 극도로 공포에 휩싸인다. 그리고 언어표현능력의 부족, 광신자, 음주경압, 빈번한 교통사고 등으로 개인적 도움이 필요하다.

---

23) 국가안전기획부, 테러사건처리개요, 대테러정보 자료집 제3집 (1982. 4), pp. 79~82.

여섯째로 정치 테러형은 인질이나 점거사건의 테러단체에서 많이 볼 수 있는 형태로서 합리적·도덕적이며, 희생적·혁신적이며 어느 정도 부패되지 않았다. 그들은 환상적이며 적어도 처음에는 위험을 의식하지 않으며, 극적으로 많은 사람들이 목격하는 것을 선호하고 그들의 활동은 예측가능하기도 하다.

일곱째로 혼합형은 가장 일반적인 형태이다.

한편 「젠킨스」Brian M. Jenkins는 미국의 핵 계획에 반대하여 범죄를 저지르려고 하는 잠재적 적들을 자극시키는 동기를 이념적, 경제적, 개인적 동기의 세 가지로 분류하고 있다.[24)]

이념적 동기는 정치적 혹은 철학적 학설과 연결되어 있는데 정치적 테러범, 반핵 극단론자, 철학적 혹은 종교적 광신자들이 여기에 포함된다. 잠재적인 적들은 핵에너지나 핵무기에 관한 정부정책에 영향을 미치는 핵시설들을 목표로 하고 있다.

경제적 동기는 재정적 이득을 바라는 것을 뜻한다. 전문적이든 아마추어 범죄자이든 배상금, 판매, 부당이득을 위해서 핵원료나 핵무기를 절도계획의 매력적인 목표로 생각한다.

개인적 동기는 특정한 개인의 특별한 상황에서 나타난다. 핵과 관련 있는 범죄를 실행하기 위한 개인적 동기는 적대적인 종업원이 그의 고용주에 대한 불평의 원인을 회복하기 위한 것으로부터 정신병자가 천국의 소리라고 응답하는 데까지 미치고 있다.

Ⅳ. 결　　론

이상에서 살펴본 바와 같이 무엇보다도 테러범의 유형은 매우 다양하다고 할 수 있다.

테러범의 인격특징 가운데 논의의 대상이 되고 있는 세 가지 특징을 살펴본다.

첫째로 테러범은 광신자[25)]이냐 하는 점이다. 「크로아티아」의 독립은 자진하여 맡은 과업이기 때문에 단념할 수 없다고 주장한 「부식」Zvonko Busic은 틀림없는 광신자

24) Brian M. Jenkins, *The Potential Criminal Adversaries of Nuclear Program: A Portrait*, Rand Corp., July 1980, p. 3.

25) 여기에서 광신자란 어떠한 환경 아래에서도 그들의 결심을 바꾸지 않으며 거리낌 없이 그들의 목적을 추구하는 사람을 뜻한다.

이다. 그리고 「로드」공항대학살사건에 가담한 「오카모토」는 실제로 그런 것 같지 않으나 자기의 정체가 알려지는 것을 막기 위하여 자살하기 전에 그들의 얼굴을 불구로 만든 그의 동료 두 사람은 아마도 틀림없는 광신자일 것이다. 「바우먼」Michael Baumann과 「클라인」Hans-Joachim Klein은 광신자로 간주될 수는 없으며 다만 정치적 신념이 있는 자라고 할 수 있다. 따라서 테러범 가운데 약간은 분명하게도 광신자이지만 반드시 전부가 그런 것은 아니다.

둘째로 테러범은 합리적이냐 하는 점이다. 「부식」과 「오카모토」는 전통적 감각으로는 미치광이일지라도 불합리한 명백한 증거가 있다. 「오카모토」는 자기의 총에 의하여 희생된 사람은 창공의 아름다운 별이 된다고 믿고 있으며, 「부식」은 역사에 반한 돈키호테식의 전쟁을 위하여 전국 각지로 끊임없고 목적 없이 도피를 한다. 「바우먼」과 「클라인」은 다소 맹목적인 점을 제외하고는 아주 합리적인 것같이 보인다.

셋째로, 테러범은 그들의 직업이 행복한가 하는 점이다. 「클라인」은 일찍 부상을 당하여 시작부터 나쁜 시간을 맛보았고 결코 즐겁거나 행복하지는 않았다. 또한 「오카모토」나 「부식」도 그들의 활동이 안락하다고 간주될 수는 없다. 따라서 그들은 쾌락을 얻기에는 너무 엄격한 것 같이 보인다.[26)]

이러한 관점에서 볼 때 테러범들은 개인적이든 집단적이든 분명하게도 많은 약점을 가지고 있다고 할 수 있다. 약점을 지적하면 다음과 같다.[27)]

① 대부분의 테러범들은 충분한 고려 없이 집단에 가담하기 때문에 발자취는 치명적이다.

② 탈퇴를 하면 과격한 형벌을 부과하기 때문에 진실로 다른 사람을 신뢰할 수 없다.

③ 테러범이 집단에서 노출된 긴장은 많고 대단히 격렬하다.

④ 폭력사용에 관한 전술적·윤리적 문제, 전략과 전술, 과거의 행동에 대한 적절한 평가 등 거의 모든 문제에 대하여 테러범 사이에는 커다란 의견차이가 있다.

⑤ 리더십, 훈련, 행동계획과 집행은 가끔 아주 원만하다.

⑥ 테러범들은 쇠미하는 준비에 대하여 무엇을 할 것인지 알지 못한다.

⑦ 테러범들은 지지자의 상실과 공적 관심의 전반적인 쇠퇴에 민감하다.

---

26) Konrad Kellen, *op. cit.*, pp. 64~65.
27) *Ibid.*, pp. 65~66.

이러한 몇가지 약점을 살펴본다면 「팔레스타인」 조직들이 체험한 것같이 광범하고 인기있는 지원을 얻지 못한 「바더-마인호프 단」, 붉은 여단, 일본 적군파와 같은 작은 테러집단들은 그들이 당하고 있는 많은 내·외적 어려움과 알력 때문에 계속적인 활동을 하는 데 몹시 어려움을 맛보게 될 것이다.

그러나 모든 가능한 수단을 동원하여 테러범의 인격특징을 이미 발생했던 사례를 중심으로 분석·검토하여 그들로 하여금 실행을 단념하게 하는 심리학적인 고려가 요구된다고 할 것이다.

테러사건의 발생동기와 원인분석

Ⅰ. 서 론

테러리즘의 문제는 비록 그 원인과 목적에 있어서는 많은 차이가 있으나 오늘날 모든 국가들이 공통적으로 당면하고 있는 고민거리 중의 하나이다.

폭파, 인질, 요인암살, 납치 등 목적달성을 위해서는 수단과 방법을 가리지 않는 테러범들의 행위는 실로 국가존립에 대한 중대한 도전인 것이며, 국민의 생명과 재산의 보호 및 치안의 유지를 그 목적으로 삼고 있는 경찰의 입장에서는 커다란 시련이 아닐 수 없다.

더구나 테러범들의 인격구조가 그들의 목적달성을 위하여 필요하다면 선량한 시민의 생명은 물론 자신들의 생명까지도 기꺼이 포기하는 것을 영웅적 행위로 인식하고 있을 만큼 경직되어 있다는 사실은 그들의 범행을 사전에 예방하고 진압하는 문제가 다른 범죄의 경우와는 달리 보다 높은 차원에서 다루어질 것을 요구하고 있다.

또한 교통 및 통신수단의 급격한 발달은 테러범들의 활동무대를 세계도처로 확대시킴으로써 이른바 국제테러리즘의 출현을 가져왔으며 이에 따른 문제의 해결은 한층 복잡하고 어렵게 되었다.

국제테러리즘의 발생원인은 각 국가의 개별적인 사정에 따라 다양하지만 대체로 그 근본적인 원인은 정치적, 경제적 또는 사회적으로 해결되어야 할 문제가 있는 경우 여기에 책임이 있는 정부나 국제기구가 문제의 해결을 외면하거나 혹은 해결의 결과가 전체 국민 또는 특정단체의 요구에 미치지 못하기 때문인 것으로 보인다. 예를 들면 아일랜드 및 레바논의 종교분쟁, 라틴아메리카와 아프리카제국의 정치적 분열, 그리고 팔레스타인의 영토문제 등의 경우가 좋은 본보기이다.

이와같이 국제테러리즘의 발생원인이 다양하듯이 테러범들이 요구하는 목적론적 동기 또한 다양한 것처럼 보인다.

테러사건의 유형을 살펴보면 표면적으로는 특정한 요구사항의 관철이나 원한에 의한 보복 등이 그 중요한 목적인 것으로 나타나고 있다. 그러나 특정한 요구사항의 관철이나 보복 등은 어디까지나 제2차적인 목표일 뿐이며 테러범이 노리는 제1차적인 목표는 전파효과Publicity, 즉 자신들의 존재 및 문제점을 널리 알리는 데 있다.

테러사건이 발생하게 되면 그 성공여부에 관계없이 세계의 시선은 즉각적으로 거기에 집중되기 마련이다. 세계의 시선이 집중되는 바로 그 기회에 그들은 짜인 각본대로 테러를 실행한다.

그럼으로써 공포심과 경계심을 불러 일으켜 자신들의 영향력이 널리 과시되기를 기대하는 것이다. 이러한 과정에서 선량한 시민의 생명쯤은 테러범들에게는 하등의 문제가 되지 않는다.

여기에서 한 가지 불행한 사실은 테러사건의 발생빈도가 잦아짐에 따라 이에 대한 정부나 국제기구, 그리고 매스컴의 반응까지도 점차 둔화되어가고 있다고 느낀 테러범들은 점점 더 포악하고 잔인한 행위를 경쟁적으로 자행함으로써 그들의 목표인 전파효과를 거두려하고 있다는 점이다.

한편 정부 혹은 경찰에서 다루어지고 있는 대테러정책의 문제는 사전예방과 사후진압이라는 양면으로 나누어 생각할 수 있으나 이 두 가지 측면에 대한 보다 효과적인 정책을 수립하기 위해서는 테러사건의 발생동기 및 원인을 분석하여 이에 대한 정확한 이해가 선행되지 않으면 안 된다.

따라서 여기에서는 테러사건이 발생하게 되는 동기를 여러 가지 각도에서 분석해 보고 우리나라의 경우에 있어서 테러사건의 발생요인을 검토해 보고자 한다.

Ⅱ. 테러사건의 발생원인

폭력을 수반하는 테러리즘의 기원은 프랑스혁명 당시 혹은 그 이전까지로 거슬러 올라간다. 그러나 테러사건의 발생이 보편화되기 시작한 것은 제2차 세계대전 이후의 일로서 그 이유는 제2차 대전이후 많은 신생국이 독립했고 또 이러한 나라들이 국가기반을 구축하는 과정에서 겪어야 했던 사회적, 정치적 그리고 국제적인 경험에서 찾을 수 있다. 즉 2차 대전이후 사회적, 정치적 및 국가적 차원에서의 급격한 변화는 결과적으로 국가 또는 국제기구의 결정이나 조치에 불만을 가지는 집단이 생기게 하는 원인이 되었으며 이는 다시 적은 인원으로 최대의 효과를 거둘 수 있는 테러리즘이 보편화되는 결과를 초래하였다고 보아야 할 것이다.

현대 테러리즘의 발생을 급격한 근대화과정의 소산물로 파악하려는 입장에 대하여는 학자간에 이론이 없는 것 같다.

T. R. Gurr는 현대 테러리즘의 발생원인을 설명함에 있어 신생국들은 사회적이며 정치적인 급격한 변모를 거듭하면서 근대화를 진행시켜 오는 과정에서 이른바 상대적 박탈relative deprivation이라는 의식이 생겨나게 되었고 이는 테러리즘이 유행처럼 실현되게 하는 주요원인이 되었다고 주장하였다. 이를 보다 구체적으로 설명하면 특정한 개인 혹은 집단의 가치기대Value Expectation와 그 가치능력Value Capabilities 간에 거리가 생길 때 폭력이 발생된다는 것이다.

이는 S. Huntington이 대부분의 폭력은 근대화의 결과에 따르는 기대와 현실 간의 괴리 때문에 발생한다고 주장하는 것과 맥락을 같이 한다고 하겠다.

또한 S. Eisenstart는 테러리즘과 60년대의 학생운동을 후기산업사회에 있어서 구조적 변화와 함께 혁명운동의 양상이 과거와는 상이하기 때문에 발생하는 것이라 규정하였다.

이상은 대체로 테러리즘이 근대화과정에서 기인하는 것으로 요약될 수 있다. 그러나 테러사건의 발생요인은 그 외에도 다양하나 몇가지 중요한 것만 살펴보고자 한다.

첫째는 종족폭발에서 비롯되는 문제이다. 이는 주로 민족적인 집단간의 갈등에서 비롯되는 테러리즘으로 1960년대 이후 오늘에 이르고 있다. 이러한 테러는 주로 종족을 달리하는 문명권의 접점에서 자주 발생하게 되는데 그 예로서는 PLO와 북미의 FLQ를 들 수 있다.

둘째는 폭력을 옹호하는 혁명적 사상 즉 파농Frantz Fanon의 이론에서 비롯된 문제이다. 파농은 테러전략가의 대표격으로서 신식민주의와 인종편견에 대항하는 비법은 폭력의 사용뿐이라는 이론정립에 정열을 쏟았다. 그는 폭력은 식민통치에서 해방되는 방법일 뿐만 아니라 피압박민중의 열등감과 절망 및 나태를 해소시킬 수 있으며, 두려움을 없애고 자존심을 되찾을 수 있는 정화의 수단이 된다고 주장하였다. 그의 이론은 자유세계의 좌경지식층과 민권지도자들에게 깊은 영향을 주었으며 일부학생과 젊은이들은 국제테러에 대한 동정과 지원 또는 실제로 가담하는 사례들도 발생하게 되었다.

셋째는 이른바 게릴라의 신화에서 비롯된다. 이는 과거 성공적인 게릴라전과 테러리즘의 양상이 하나의 신화를 낳게 되어 특정목표를 달성하는 데 가장 빠르고도 효과적인 수단은 테러리즘의 전술을 사용하는 것이라는 사조가 일어나게 되었다는 것이다. 그 예로서는 키프로스Cyprus의 EOKA와 알제리의 F.L.N의 운동 등이 그것이다.

넷째는 새로운 과학기술의 발전에서 비롯된다고 할 것이다. 곧 테러범은 현대적 무기를 가질 수 있고, 교통 및 통신수단의 발달은 이를 이용하여 양호하고 다양하며 큰 위협을 줄 수 있는 공격대상을 어느 곳에서나 찾을 수 있으며, 또한 특정국가에서의 테러사건 성공사례가 세계도처의 잠재적 테러범들을 연쇄적으로 고무시키게 되었던 것이다.

오늘날 테러가 더욱 만연되고 극성을 부리는 원인들을 종합하면 다음과 같다.

1. 현대화, 도시화, 관료화, 대조직화 및 기술개발의 가속화, 불확실성, 불안정성, 부도덕성 및 소외감 증대

2. 대형화되고 집권화된 사회로 이행함에 따라 인종, 종교, 언어 및 지역집단들의 동류의식과 단결의식이 강화되고 이에 따른 기대의 불균형 및 성취를 해결하는 가장 빠르고 극적인 방법이 테러라는 인식

3. 테러집단간의 정치적, 사상적 친화력 증가

4. 테러범들에 대한 영웅화와 센티멘털리즘 및 동정심의 존속

5. 인간의지에 의하여 현존하는 불균형과 비리가 즉시 퇴치될 수 있다는 급진적인 이상주의 논리가 특히 젊은층에 만연

6. 테러집단에 대한 러시아, 북한, 리비아, 쿠바 등 사회주의국가들의 지원 계속 및 강화

7. 교통과 통신의 발달로 테러범 간의 정보, 전술, 무기, 훈련 등 유대 및 협력 강화

8. 국제회의 참석 등 해외여행의 증가로 초국적 테러범들에 의한 공격목표 확대

9. 남, 북 이슈들이 깊어짐에 따라 테러가 가난하게 압박받는 남측의 정당한 수단으로서 인식 심화

10. 국가지도자에 대한 테러행위로 국제정세 및 역할 변화 기대

11. 테러에 대한 국제법적 규제미흡

12. 효과적이고도 저렴한 대테러방안 개발미흡

이러한 요인들은 테러의 모든 원인을 모두 망라한 것은 아니며 실제 발생상황 아래에서는 다른 요인도 변수로서 작용될 수 있을 것이다. 또한 위의 요인은 테러범의

경우 상호작용하면서 일어날 수도 있음을 간과해서는 안 될 것이다.

Ⅲ. 테러리즘의 동기

테러범들이 테러사건에 가담하는 이유는 첫째로 넓고 다양한 이유 때문에 그들은 사회로부터 해고를 당하며, 둘째로 사회로부터 해고를 당한 후에 그들은 단순한 원한으로부터 천년간의 그리고 유토피아적 환상까지 다양한 이유 때문에 그 사회와 투쟁하기로 결심하며, 셋째로 그들은 그들의 숙련된 기술, 지적 역량, 집단의 친화성을 위하여 원하고 수락하고 모집하기 때문에 가담할 기회가 주어진다고 한다. 바꾸어 말하면 가담을 위한 동기들이 복잡하게 혼합되어 있는 것이다.

그런데 F. G. Harris는 테러리즘을 정치적 구조적 차원에서 개인의 정신상태 또는 개인적 문제라는 차원으로 끌어내려 테러리즘의 동기를 네 가지 들고 있는데 첫째는 남자 혹은 여자다움의 과시, 둘째는 비인간화의 욕구, 즉 자기 자신으로부터 탈출 또는 도피하려는 욕구, 셋째는 우의를 얻기 위한 욕망, 넷째는 폭력과 유혈이라는 마술에 대한 신념 등을 들고 있다. 이와같이 테러범들이 정신적 결함만을 가지고 있고 정치성을 전혀 가지고 있지 않다면 인질사건의 경우 무고한 시민이 관련되었을 때 그들과의 합리적인 협상은 불가능하다고 생각되기 쉬울 것이다. 그러나 이 이론은 테러행위의 파괴적이고 비정치적인 측면만을 강조한 후에 이러한 파괴행위에 이끌리는 범죄심리의 일면을 옳게 파악한 것으로 생각해 볼 수는 있을 것이다.

더구나 해리스가 지적한 테러리즘의 네 가지 동기는 모두가 젊은층의 심리와 부합되는 것들임은 주목되는 사실이다. 일반적으로 테러 집단에 가담하고 있는 젊은층은 공통적으로 반권위, 반체제적 태도를 취하고 있으며 또한 사회적·정치적 관심이 높아 이상주의적 비판의식을 가지고 있다. 이것은 청년기 특유의 결벽감이나 직정성에 의하여 현실사회의 산적한 각종 모순이나 문제를 지적하여 이를 성급히 해결하려고 한다. 이러한 경우 개별적으로는 자기불만이나 좌절감, 소외감 등의 체험을 갖게 되고 이의 보상행위로서 테러활동에 가담하면서 자아팽창적 내지 우월과시적 반응을 나타내어 이론이나 행동면에서 과격한 반사회적 행동을 자행하는 것이라고 할 수 있다.

정신의학자인 F. J. Hacker는 테러에 관한 그의 저서, 〈*Crusaders, Criminals, and Crazies*〉에서 테러범들의 주된 동기에 따라 광인형, 범죄형, 순교형의 세 가지 유형으로 분류하고 있는 바 이는 H. Schlossberg가 인질범을 일반적인 중범죄인, 정신병자, 그리고 정치적 테러 분자로 분류한 것과 비슷하다. 이러한 분류체계는 너무 단순하고 융통성이 없어 비판을 받고 있으나 학계나 실무자들이 받아들이고 있다.

Hacker의 분류에 의한 세 가지 유형의 테러리즘 동기를 살펴보면 다음과 같다.

광인형 테러범은 ① 자기중심적이며 희생적이고 사고과정이 극히 개인적이며 흔히 비합리적이다. ② 보통 사람들이 이해하기 어려운 망상적인 동기와 추상적인 목표를 가지고 있다. ③ 요구사항이 심리적이고 개인 특유의 것으로서 동정을 구하거나 자기극화 또는 자기치료의 효과를 구한다. ④ 아마추어적인 수법을 사용하나 극단적으로 모험성이 강하다. ⑤ 내향적 공격성, 자기학대, 자살적인 성격이 두드러진다.

범죄형 테러범은 ① 이기적이며 자기보호적이며 사고과정이 실무적이고 합리적이며 기존가치에 비추어 인습적이다. ② 보통 사람이면 누구나 이해할 수 있는 물질적이고 현실적인 동기와 구체적인 목표를 가지고 있다. ③ 요구사항이 개인적이고 물질적이다. ④ 직업적이고 반복적인 수법으로 극단적인 모험은 피한다. ⑤ 외향적 공격성, 개인에 대한 보복, 살인적 성격이 강하다.

순교형 테러범은 ① 비이기적이고 희생적이며 사고과정이 실무적이고 기능적으로 합리적이며 기존가치에 비추어 비인습적이다. ② 동정자들에게는 이해할 만하나 적대자에게는 몰지각한 동기와 구체적 혹은 추상적인 목표를 가지고 있다. ③ 요구사항이 집단적이고 상징적이며 선전효과 또는 물질적 대가이다. ④ 유행에 따른 극적인 수법으로 극단적인 모험도 개의치 않는다. ⑤ 내향적, 외향적 공격성과 자살적, 살인적 성격이 다같이 발견된다.

그런데 W. Lewinski와 R. Pockrass는 인질범들의 행위동기로 주의attention, 권력power 그리고 복수revenge의 세 가지를 들고 있다. 인질이나 테러의 동기는 일반사회 전체에 연결될 수도 있고 어떤 특정한 집단이나 개인에 연결될 수도 있는 것이다.

주의를 끌 목적으로 테러동기를 집중시켰던 예는 이집트와 이스라엘의 평화협정을 비난하기 위한 1979년의 이집트 대사관 점거, OPEC의 석유상 납치 등을 들 수 있으며, 권력동기에 의한 테러 사건은 1970년대 미국에서 많이 발생했던 비행기 공중납치, 콜롬비아의 도미니카대사관 점거 등을 들 수 있고, 복수동기에 의한 테러 사건은 이탈리아의 붉은 여단에 의한 Aldo Moro의 납치와 처형, 우루과이에서 Dan Mitrione을 유괴하여 처형한 사건을 들 수 있다.

한편 B. M. Jenkins는 미국의 핵계획에 반대하여 범죄를 저지르려고 하는 잠재적인 적들을 자극시키는 동기를 이념적, 경제적, 개인적 동기의 세 가지로 구분하고 있다.

이념적 동기는 정치적 테러범, 반핵극단론자, 철학적 혹은 종교적 광신자들이 포함되는데 이들은 핵에너지나 핵무기에 관한 정부정책에 영향을 미치는 핵시설들을 목표로 하고 있다. 그리고 경제적 동기는 재정적 이득을 목적으로 배상금, 판매, 부당이득을 위해서 핵원료나 핵무기를 절도의 목표로 삼고 있다. 끝으로 개인적 동기는 적대적인 종업원이 그의 고용주에 대한 불평의 원인을 찾는 것으로부터 정신병자의 주장에 이르기까지 특정한 개인의 특별한 상황에서 나타난다고 한다.

이상에서 테러범들이 테러 사건을 저지르는 단기적 목적 또는 동기를 보다 구체적으로 제시해보면 다음과 같다.

1. "원인"에 대해 세계적, 국내적, 혹은 지역적으로 알리기 위해
2. 즉각적으로 대중들의 불화를 유도하는 정부의 과도한 반응 혹은 억압을 야기하기 위해
3. 정부, 군부 혹은 다른 보안기관을 공격하거나 약화시키고 당황하게 하기 위해
4. 시민을 보호하는 데 있어 정부의 무능력을 보이기 위해
5. 돈이나 장비를 얻기 위해
6. 기동, 통신수단을 혼란시키거나 파괴하기 위해
7. 힘이나 위협을 확산시키려는 시위
8. 집행결정이나 입법을 방해하거나 지연시키기 위해
9. 파업이나 태업을 야기하기 위해
10. 임박한 외국투자나 외국정부지원계획을 저지하기 위해
11. 선거에 영향을 주기 위해
12. 죄인을 풀어주기 위해
13. 복수를 하기 위해

그리고 장기적인 목적이나 동기로는

1. 정부에 극적인 변화혁명, 내란 혹은 전쟁과 같은를 야기하기 위해
2. 게릴라전시 자기측으로 유리하게 사태를 끌어오기 위해
3. 지방, 국내, 국제적인 정책결정에 영향을 주기 위해
4. 인종이나 국적을 대표하는 합법단체로서 정치적 승인을 얻기 위해

Ⅳ. 우리나라 테러리즘의 발생요인

우리나라 테러리즘의 발생요인은 우선적으로 남과 북이 분단된 상태에서 끊임없이 계속되는 북한의 대남적화 기도에서 찾아야 할 것이다.

과거의 경험을 돌이켜 볼 때 우리나라에서 발생했던 테러 사건의 사례는 드문 편에 속하며, 다만 해방직후 좌우익의 대립에 의한 테러 사례와 제1공화국 시기의 국가테러사례가 간헐적으로 발생하였을 뿐이다. 그러나 휴전 이후 10년간을 재침준비기간으로 설정하여 총력을 경주해온 북한은 어느 정도 준비가 갖추어진 1965년부터 남한 내부의 혼란 조성을 위하여 본격적으로 도발을 자행하기 시작하였다. 즉 1968년 1월에 북한의 124 군부대요원 31명이 청와대를 기습하려다 미수에 그쳤던 사실을 포함하여 1983년 미얀마버마에서 있었던 양곤랑군참사에 이르기까지 북한공작원에 의한 비정규전 성격의 테러는 끊임없이 계속되어 왔다.

뿐만 아니라 같은 기간 중 북한은 우리측으로부터 항공기 3대인원 68명, 어선 435척어부 3,550명을 강제로 납치해 가는 등 500여회에 걸친 시설폭파 및 30여회에 이르는 해외여행자 납치음모를 기도하였다. 한편 같은 기간 중에 북한으로부터 남파되었다가 당국에 체포된 간첩의 수는 무려 4,000여명에 달하였다.

최근까지도 북한은 겉으로는 경제회담 및 스포츠 교류 등을 제안하면서도 속으로는 대남적화통일을 최종목표를 삼아 남한 내에 정치적, 사회적 불안을 조성함으로써 이른바 결정적 시기를 가져오기 위하여 계속적으로 테러 활동을 강화시키고 있다. 구체적 방안으로써 북한은 유사시 남한에 침투시켜 납치, 살인 및 파괴를 자행하게 할 수 있도록 인민무력부 정찰대를 편성해놓고 있으며, 요인테러공작 등 비합법투쟁과

폭력 투쟁의 방법을 공개적으로 표명하고 있다.

우리나라 테러리즘의 발생요인과 개연하여 두 번째로 생각할 수 있는 문제는 일부 반체제집단에 의한 현실부정일 것이다.

70만을 넘는 우리나라의 대학인구 속에는 비록 극소수이긴 하지만 반항적이고 반권위적인 정치의식만을 수용함으로써 반체제적 성격을 띤 과격한 정치의식에 맹목적으로 헌신하는 집단이 있다는 사실은 한번쯤 생각하고 넘어가야 할 문제이다. 1982년도에 부산에서 일어났던 미문화원 방화사건은 우리나라에 정치현실을 제대로 이해하지 못한 극히 일부의 대학생들에 의하여 저질러진 사건일지라도 그것은 분명한 테러사건임에 틀림이 없다.

특히 20대 초반의 젊은이들은 자신들도 이제 어엿한 성인으로 대접받기를 원하지만 사회에서는 이들을 계속하여 미성년자로 취급하여 훈육과 억압의 대상으로밖에 생각하지 않는다. 이는 결과적으로 젊은이들로 하여금 기성세대들의 권위일반에 대한 강한 거부반응을 느끼도록 유도할 뿐만 아니라, 이들의 이러한 마음의 폭약에 영웅심리를 자극함으로써 불씨를 당기면 무서운 일들도 맹목적으로 저지를 수 가 있다.

기성세대들의 권위일반을 거부하는 이들에게 누가 어떤 방법으로 영웅심리를 자극motivation할 것인지를 여러 각도에서 생각해 볼 수 있다. 그러나 다른 어느 경우에 앞서 우선적으로 관심을 가져야 할 측면은 테러성향을 지니는 젊은이들이 북한의 대남적화공작에 이용될 가능성이다.

현실적 여건을 감안해 볼 때 사회주의자와는 분명히 구분되는 이들을 북한의 공작원들이 직접 선동한다거나 배후조정을 통하여 테러 사건을 유발토록 한다는 것은 불가능한 일이라 하여도 무방할 것이다. 그러나 북한이 해외의 반정부단체나 반정부인사들을 중간에 개입시켜 그들로 하여금 현실부정자들에 의한 테러사건을 유발토록 할 가능성은 배제할 수가 없다.

북한이 이처럼 간접적 방법을 택함으로써 그들의 정체를 드러내지 않고 현실부정자집단의 핵심주동자나 주위 인물들을 교묘하게 유인하는 방법을 이용한다면 이는 표면적으로는 사회주의이념과 아무런 관련이 없는 듯 보일 것이나 결과에 있어서는 북한이 노리는 사회적 불안조성을 초래하게 될 것이다.

V. 결 론

테러 사건의 발생동기 혹은 원인을 구명해 보려는 노력은 많은 사람들에 의하여 시도되어 왔다.

테러리즘의 문제가 세계 모든 나라의 공동관심사로 부각된 역사는 1970년대이면서도 이에 관한 연구가 날로 활발해지고 있는 이유는 아마도 테러리즘의 공포로부터 해방을 희구하는 것이 인류의 공통된 심정이기 때문일 것이다. 그러나 테러리즘의 근본적 발생원인을 이해함으로써 이에 대한 효과적 예방책을 수립해 보려는 의도를 비웃기라도 하듯, 현대 테러리즘의 양상은 날로 포악해지고 있으며 그에 따른 희생의 정도 또한 상상을 초월할 정도로 증가하고 있음은 실로 불행한 일이라 아니 할 수 없다.

여기에서는 이처럼 날로 심각해지고 있는 테러리즘에 대하여 그 발생동기는 무엇이며 원인은 어디에 있는가를 검토해 보았다. 테러 사건의 발생동기는 직접적인 것과 간접적인 것으로 나누어 생각할 수 있다. 그 중 직접적 동기는 정치적, 사회적 혹은 경제적 모순이나 대립에서 찾아야 할 것이며, 간접적 동기는 교통 및 통신수단의 발달에 따른 정보교환의 신속화에서 찾아야 할 것이다.

어느 특정 개인이 테러범이 되기까지는 그가 지니는 전문지식이나, 특정분야에 대한 기능이 간접적 동기로 작용한다. 그러나 테러 사건이 생겨나게 하는 간접적 동기로 파악될 수 있는 것으로는 이 밖에도 여러 가지가 있을 수 있다. 이를 바꾸어 말하면, 대테러 활동에는 근본적으로 해결되어야 할 몇 가지 장애요인이 있는 바, 이러한 요인은 곧 테러범들로 하여금 범행을 실행케 하는 간접적 동기로써 작용을 한다는 것이다.

테러리즘을 다루는 데 있어 가장 큰 장애요인은 테러리즘에 대한 국가간의 견해차이에서 온다. 다시 말해서 일반적으로 테러행위로 규탄을 받는 만행이 거기에 이해관계를 가지는 특정한 국가로부터는 영웅적 행위로 대접을 받을 수 있다는 것이다. 예컨대 1972년 뮌헨 올림픽 당시 이스라엘 선수단을 습격하여 천인공노할 만행을 저질렀던 팔레스타인의 검은 9월단이 팔레스타인과 그들을 동조하는 몇몇 국가로부터는 영웅의 칭호를 받았다. 실제로 모든 테러리스트들은 민족주의Nationalism를 내세워 자신들의 행위를 합리화하고 있으며 이에 동조하는 국가들은 이들을 자유의 투사로 부르며 옹호하고 있다.

Mass Media의 보도경쟁태도는 테러리스트들에게 그들의 목표인 전파효과Publicity 보장해 줌으로써 제2, 제3의 범행을 낳게 한다는 사실은 널리 인식된 문제점이다. 테러 사건의 발생이 훌륭한 뉴스거리라는 데에는 이의가 없을 것이다. 그러나 과도한 보도경쟁은 일반국민들에게 필요 이상의 공포심을 주게 될 뿐만 아니라 테러범들로 하여금 그들의 목표를 쉽게 달성하도록 동조하는 결과를 가져오게 된다.

마지막으로 자유주의국가에 있어서의 대테러활동은 정부의 통치이념과 관련하여 필연적인 제한을 받는다. 즉 우리나라와 같은 자유주의국가에 있어서는 개인적 자유의 보장이 통치이념으로 되어 있으므로 해서 경찰의 대테러활동이 한층 더 어렵다. 공산주의 정치체제하에서는 테러범들의 활동이 거의 불가능하다. 이는 공산주의국가에서는 국민에 대한 강압적인 통제와 감시가 통치수단으로 되어 있을 뿐만 아니라, 요행으로 범행을 실행했다 하더라도 Media에 의한 보도가 일체 허용되지 않기 때문이다.

테러리스트의 인격적 특성

- 사례를 중심으로 -

Ⅰ. 서　　론

우리는 "사람들은 어떤 동기로 인하여 테러리스트가 되는가?" 하는 명제를 다룬 이론들을 흔히 접하게 된다. 그리고 그러한 이론들 중에는 상당히 설득력을 지니는 것들도 많이 있어 실제로 대테러 대책을 수립하는 데 귀중한 참고가 되어 왔다. 그러나 테러범에 관한 종래의 이론들은 거의 모두가 방법론에 있어 간접관찰법을 사용함으로써 신뢰성의 한계를 지적받아 온 것 또한 사실이다. 물론 테러범죄의 성격이 그 피해면에서는 타범죄와 비교할 수 없을 만큼 정도가 크지만, 발생건수 면에 있어서는 상대적 희소성을 지니기 때문에 충분한 사례를 가지고 실증적으로 테러범죄를 연구하기란 매우 어렵다.

그러나 충분한 사례수집이 어렵다고 해서 실증적 연구가 전혀 불가능하기만 한 것은 아니며, 과거에 발생했던 몇몇 대표적 사건의 범인들에 대한 신문기록, 그 중에서도 특히 범인들이 아직 생존하면서 자서전 혹은 인터뷰 등의 형식을 빌려 자신들의 과거생활 및 신념 등에 대하여 임의적으로 진술해 놓은 기록물들은 어느 정도비록 제한적이긴 하지만 실증적 연구를 가능하게 해 준다.

여기에서는 1970년대에 유럽 대륙에서 악명을 날렸던 테러전과자들3인과의 인터뷰기록과 테러 전과자1인가 쓴 고백수기를 자료로 하여 테러범들의 일반적 공통점을 분석해보고자 한다.

자료의 원천인 테러전과자 4인 중 2인은 자신이 가입해 있던 집단에서 탈출하여 현재 소속정부당국 및 과거의 동료들로부터 은둔생활을 하고 있으며, 나머지 2인은 범행 중 또는 범행직후에 체포되어 현재까지 수감 중에 있거나 형기만료로 출감하여 생활하고 있는 것으로 알려져 있다.

Michael Baumann

1947년생으로 테러 단체에 가입하여 활동 중 스스로 이탈함. 은둔생활을 하면서 "*How It All Began*"이란 제목으로 고백수기를 씀1979년에 "Terror or Love"란 제목으로 영문번역판이 출판됨. 독일잡지 〈*Stern*〉 기자와의 인터뷰를 수락. 동 잡지 1978년 6월 1일자에 그 내용이 게재됨.

Hans-Joachim Klein

1947년생으로 테러단체에 가입하여 활동 중 스스로 이탈하여 현재 은둔생활을 하고 있음. 독일잡지 〈*Der Spiegel*〉 기자와의 인터뷰를 수락하여 동 잡지 1978년 8월 7일자에 그 내용이 게재됨. 프랑스 신문 〈*Liberation*〉 기자와의 인터뷰를 수락하여 동 신문 1978년 10월 5일자 및 10월 6일자에 그 내용이 게재됨.

Zvenko Busic

크로아티아구 유고슬라비아를 구성하는 한 공화국 사람으로 크로아티아 인들의 수난을 널리 알리기 위하여 TWA기를 납치, 범행 중 체포되어 미국법원에서 종신형을 선고받고 현재까지 수감 중, 캘리포니아 버클리대의 〈*Wright Institute*〉 간부와의 인터뷰에 응했으나 본인의 요청에 따라 내용이 공표되지 아니함.

Kozo Okamoto

일본인으로 1972년 Lod공항 항공기 폭파사건의 범인3명 중 유일한 생존자. 사건 직후 체포되어 이스라엘 법원으로부터 종신형을 선고받고 현재까지 수감 중. Patricia Steinhoff와의 인터뷰에 응하여 〈*Asian Survey*〉 1976년 9월호에 그 내용이 게재됨.

Ⅱ. 사례별 진술내용 분석

1. Michael Baumann

1947년 동베를린에서 태어나 그곳에서 성장했다. 12세 때 양친을 따라 서베를린으로 이주하였으며 동베를린 시절 "공산주의자소년클럽"에 가입하지 않았다는 이유로 국외자 취급을 받았다. 따라서 학교를 중퇴하고 다른 국외자들과 어울렸다. 서베를린으로 이주한 후 그곳에서 학교를 마치고 건축회사 견습공으로 취직하였으나 즉시 그만두었다. Baumann의 고백에 의하면 건축회사에 출근한 첫날 건축현장으로 가는 전차 안에서 "나는 앞으로 50년 동안 이렇게 살아야 한다. 내가 이 일에서 벗어날 수는 없다"라는 생각을 느꼈다고 되어 있다.

건축회사를 그만 둔 Baumann은 장발을 하고 다니면서 비슷한 부류의 젊은이들이 모이는 술집을 자주 드나들었고 또한 Rock음악을 즐겨 들었다. 1960년대만 해도 독일 사람들은 미국 사람들 이상으로 장발족을 경멸하였다. 따라서 Baumann은 장발을 하였다는 이유 때문에 반사회적 존재로 취급을 당하였다. 그는 당시의 생활을 다음과 같이 기술하고 있다.

> "우리 가족은 노동자 계층이 거주하는 아주 불결한 지역에 살았다. 우리는 거기에서 철저하게 소외당하였는데 그것은 정말 견디기 어려울 정도였다. 나는 항상 문제에 휘말렸으며 그러한 양상은 내 또래의 아이들과 어울리는데 있어서도 마찬가지였다. 아이들은 장발인 나와 어울리는 장면을 남에게 보이지 않으려 했으며, 어쩌다 그러한 현장이 발각되면 집에 돌아가 호되게 야단을 맞았다. 따라서 나는 나와 처지가 비슷한 아이들과 어울릴 수밖에 없었는데 그때부터 나는 자신을 달리 인식하게 되었다. 장발을 하고 다니는 동안에 나는 미국사회에서 흑인들이 당하는 것과 비슷한 수난을 겪었다. 또한 나는 직장을 구할 수가 없었으며, 일자리를 얻어봤자 아주 형편없는 것들이었다. 그리고 거리를 다닐 때에는 낯모르는 사람들로부터 끊임없이 시비를 당했다. 나는 완전한 정상인이었다. 그렇지만 나는 미국사회에 있어서의 흑인이나 유태인, 아니면 문둥병 환자 정도의 취급을 받았다."

Rock음악과 장발, 그리고 괴상한 복장으로 설명되던 Baumann의 생활은 1960년대 중반에 들어서면서 갑자기 변모해갔다. 그때까지 낙오자들의 집단 속에서 일정한 목적없이 살아가던 그는 우연한 기회에 친구의 권유로 반전운동에 가담을 하게 되었는데 그때부터 정치문제에 관심을 가지게 되었다. 당시의 보헤미아 인들은 준예술가라고 할 수 있을 만큼 지성적인 사람들이었다. 그들은 어느 누구보다도 자신들이 우월하다고 생각하면서 반핵운동을 지지하였으며, 또한 스스로 월남전 반대운동을 전개하였다. Baumann은 당시의 경험을 다음과 같이 적었다. "나는 그렇게 해서 정치현장을 접하게 되었는데, 그것은 일련의 점진적 과정이었다. 누구라도 부르주아 세계에 대한 자신의 주관을 가지게 되면 끊임없이 스스로를 비판하게 된다. 또한 그렇게 되면 모든 일이 정치적인 것으로 된다." 자신이 정치문제에 관심을 갖게 된 사실을 Baumann은 도약Jump이라고 표현하였다. 정치문제에 관심을 가지게 된 그는 즉시 사회주의자독일학생회SDS"에 가입하게 되는데, 이때의 생활을 그는 다음과 같이 적고 있다. "낙오자의 생활로부터 SDS회원으로의 도약은 우연이었다. 나는 1967년 초에 SDS회원이 되었는데 거기서 내가 가장 좋아했던 사람들은 K1베를린 최초의 지방자치체 출신들이었다. 나는 그들하고만 지냈을 뿐 책읽기만을 좋아하는 일반학생들 하고는 한 번도 접촉해 본 일이 없다. 나에게는 K1 출신자들이 전부였다. 음악을 좋아하면서 장발을 하고 다니는 이들은 그들뿐이었다. 그리고 SDS 회원들은 모두가 보수적이어서 먼 훗날의 혁명을 꿈꾸고 있었는데 K1 출신들은 그러한 노선에 반대하여 현실적 대안을 내놓았다. K1은 하나의 정치집단이었으며, 그 회원들은 집단생활을 하였다. K1은 또한 정치성과 반항문화를 동시에 갖춘 자치단체였다. 나에게는 자기 자신, 자신의 생활방식, 그리고 자신의 주체의식을 새롭게 바꾼다는 그들의 사고방식이 전혀 생소하였지만, 그것은 개인 각자가 자기도취에 빠져 환상에 따라 행동하는 보헤미아인들에게서는 찾아 볼 수 없는 사고방식이었다.

Baumann은 자신이 테러 행위에 본격적으로 흥미를 갖기 시작한 것은 K1 출신들의 노선을 따르면서부터였다고 기술하고 있다.

> "내가 처음으로 읽은 책자는 체 게바라의 〈*Guerrila Warfare*〉였다. 그 후 내가 읽은 책들의 거의가 "무정부주의"에 관한 것들과 공산주의자 선언문 등이었다. 나에게는 폭력이 완전히 정당한 수단으로 생각되었으며, "혁명=폭력"이라는 논리에 대해서 아무런 거부감이 없었다. 즉 정치영역에 있어서의 폭력은 나에게는 어떤 경우에도 문제가 되지 않았다. 당시 시위에 참가한 학생들은 경찰의 공격으로부터 자신을 보호하기가 아주 힘들었는데, 그 이유는 단지 그들이 나약하게 성장하였기 때문이었다. 그런데 나의 경우는 달랐다. 나는 그들이 나를 체포하려고 할 땐 언제나 그들의 등덜미를 내리쳤다. 내가 데모에 가담하는 동안에 한 번도 체포되지 않았던 것은 바로 그러한 저항 덕분이었다."

그러는 과정에서 Baumann은 그때까지 미숙의 상태에 있던 자신의 동정심과 사고를 통합시킬 수 있게 해 준 중대한 계기를 접하게 되었다고 한다.

1967년 6월 이란의 Shah 대통령이 베를린을 방문하였다. 당시 학생들과 시민들은 그의 방문을 반대하는 데모를 벌였는데, 데모 도중에 Ohnesorg라는 학생이 경찰에 의해서 사살되었다. Baumann은 "전혀 악의가 없었던 그가 경찰에 의해서 사살되었다고 하는 것은 나에게는 큰 충격이었다. 그의 죽음을 확인하는 순간 나는 뼛속까지 스며드는 전율을 느꼈다. 어떤 멍청이가 그를 죽였을 것이라고 생각을 돌리려 해도 도저히 이해할 수가 없었다. 그리고 나는 총구가 나를 겨냥했었는지도 모른다고 생각하니 나 자신이 살해당한 것 같은 기분을 느꼈다. 그때 나는 자비심 같은 것은 던져 버리고 싸워야 한다는 각오를 다졌다"고 기술하고 있다.

2. Hans-Joachim Klein

독일인인 Klein은 비간부 경찰관의 아들로 태어났다. 그는 출생 직후 어머니를 여의고 홀아버지 밑에서 자랐는데 유난히도 체구가 왜소하고 연약하였다. 경찰관이었던 아버지는 연약한 아들을 못마땅히 여겨 조금만 비위가 거슬려도 아들을 홀로 방안에 가두었다. 어린 Klein은 아버지의 그러한 행동에 대하여 심히 적개심을 느꼈다. 인터뷰 첫머리에서 그는 다음과 같이 적개심을 표현하고 있다.

> "나는 그 사람을 아버지라고 부르고 싶지 않다. 내가 그에 관해서 이야기하는 동안 '아버지'라는 단어는 내 입에 올려지지 않을 것이다."

Klein은 자신의 어린 시절을 다음과 같이 술회하였다.

> "나는 육체적으로 대단히 허약하였으며 성장속도가 아주 느렸다. 유태인이었던 어머니는 난민수용소에서 죽었다. 나에게 그러한 사실을 들려 준 사람은 직업학교 선생이었는데 그는 아이들이 모두 지켜보는 앞에서 그런 사실을 알려 주었다. 그때 나는 하염없이 울었다. 오늘날까지도 나는 어머니에 대해서 그 이상 아는 바가 없다. 나는 단지 집을 떠날 때 앨범에서 꺼내 가지고 온 사진 4장을 간직하고 있을 뿐 어머니의 출생지조차도 모른다. 15세 되던 해 겨울에 나는 얼음이 꽁꽁 언 연못에 빠진 적이 있었는데 어떤 사람이 목숨을 걸고 나를 구해 주었다. 그런데 늙은이아버지는 내가 살아난 것을 보고 기뻐하기는커녕 거의 죽음에 이르도록 나를 매질하였다. 17세 되던 해에는 이런 일도 있었다. 당시 나는 무슨 이유에선지 방안에 감금이 되었는데 그때

내 방안에는 그 늙은이가 아끼는 앵무새 한 마리가 있었다. 나는 문득 새장 속에 갇혀 있는 앵무새의 처지가 가엽게 생각되어 그 새를 날려 보냈다. 나는 단지 불쌍하다는 생각에서 그랬을 뿐 늙은이에 대한 보복감정은 추호도 없었다. 그러나 늙은이가 그 사실을 알았을 때 나는 얼마나 심하게 매질을 당하였던지 바지에다 오물을 배설할 정도였다."

Klein은 한때 직업학교에 보내져 그곳에서 생활한 적이 있다고 하면서 그때의 생활을 다음과 같이 술회하였다.

"한번은 시청에 찾아가 그 늙은이에게 매질당한 사실을 고하였다. 나는 청소년 담당부서의 여자직원에게 사실을 털어 놓고 도움을 요청하였다. 나는 그 여자를 믿었다. 그러나 이틀 후 나는 직업학교로 보내졌고 거기에 도착하자마자 또 다시 1시간 가량이나 구타를 당했다. 그곳의 선생이란 사람은 전직이 목수였는데 그는 나를 정신병동으로 보냈다. 나는 그곳에서 호르몬 주사를 맞고 약을 복용하며 지냈다. 내가 그곳에 보내진 이유는 아마도 나의 발육이 부진했기 때문이었던 것 같은데 실제로 나는 17세가 되도록 생식기에도 겨드랑이에도 모발이 없었다. 그곳에서 1년쯤 지낸 후 나는 그곳을 탈출하였는데 막상 탈출하고 보니 달리 갈 곳이 없어 다시 그 늙은이에게로 돌아갔다. 그러자 그는 다시 나를 감금하기 시작하였으며 어쩌다 내가 밤 10시가 넘어 귀가하는 날에는 아예 문을 열어주지 않아 지하실에서 새우잠을 자야 했다."

그러던 중 20세가 되던 해에 Klein은 이른바 목걸이 사건을 통하여 중요한 경험을 하게 되었다고 술회하였다.

"군에 입대하기 직전에 나는 처음으로 여자친구를 사귀었다. 그녀는 나에게 조그만 목걸이를 선물로 주었는데 어느날 늙은이는 목걸이는 여자들에게나 어울리는 것이라며 그것을 빼앗았다. 그 순간 나는 나도 모르게 그에게 주먹을 휘둘렀는데 그야말로 멋진 일격이었다. 그 순간 이후부터 그 늙은이는 더 이상 나를 괴롭히지 않았다."

아버지를 때려눕힌 사건을 통하여 Klein은 중대한 사실을 깨달았다고 술회하고 있다. 그는 또한 그 사건이야말로 자신이 테러리스트로 변신하게 된 첫 번째 계기였다고 스스로 평가를 하였다.

"그 늙은이를 때려눕힌 사건이 있은 후 나는 일종의 성취감을 느끼기 시작하였다. 늙은이는 더 이상 나를 학대하지 않았을 뿐만 아니라 경우에 따라서는 나를 두려워하는 기색을 보이기도 하였다. 그것은 나에게 새로운 발견이었다. 아마도 그 사건이 없었다면 나는 감히 테러리스트가 될 마음도 먹지 못하였을 것이다."

아버지 구타사건이 있은 직후 Klein은 자신이 테러리스트로 변신하게 된 결정적 계기를 접하게 되었다고 서술하였다.

"늙은이 구타사건이 있은 직후 나는 한 좌익단체에 가입을 하였는데 당시 독일에서는 학생 데모가 한창이었다. 그러던 어느날 나는 3명의 경찰관들이 18세 소녀를 구타하는 현장을 목격하였다. 그 순간 나는 문득 떠오르는 것이 있어 나도 모르게 달려가 경찰관들에게 주먹을 휘둘렀다. 그러나 나는 오히려 그들에게 죽도록 구타를 당하였다. 그 후 나는 혁명단체와 접촉을 가지기 시작하였는데 처음 3개월간은 그들이 무슨 이야기를 하는지조차 몰랐으나 마침내는 토론집회에까지 참석할 정도로 적응이 되었다. 그때부터 나는 대학생들을 무한히 존경하게 되었다."

그리고 나서 얼마 후 Klein은 군에 입대를 하였던 바, 그는 입대 후의 자신의 생활을 다음과 같이 회상하였다.

"나는 처음에 군입대를 거부하려 하였다. 그러나 일단 입대를 하고 보자는 생각에서 순순히 징집에 응하였다. 나는 주로 함상에서 근무를 하였는데 그곳에서 나는 군국주의에 반대하는 전단을 제작하고 살포하기도 하고 반군국주의 포스터를 만들어 붙이기도 하였다. 그러나 당시 우리가 수행했던 그러한 행동들은 테러리즘과는 거리가 먼 것들이었다. 우리는 모택동에 관한 서적을 몇 권 읽고 각기 나름대로 그의 사상을 해석하였지만 그것을 제대로 알지는 못하였다. 프랑크푸르트에서 첫 번째 폭탄을 터뜨리기 전까지만 해도 나는 도시게릴라들을 동정하였다. 그러나 나는 '경찰관을 살해해도 된다'고 말한 Ulrike Meinhof의 발언에 공감하지도 않았으며, 모든 경찰관들을 나의 잔인한 늙은이와 동격으로 취급하지도 않았다."

Klein의 진술에 의하면 그가 실제로 테러범행을 실행하기 시작한 시기는 Holger Meins가 감옥에서 사망하고 난 직후인 것으로 되어 있다. 독일의 테러리스트로서 소위 적군파Red Army Faction의 한 일원이었던 Meins는 Andreas Baader를 포함한 수명의 동료들과 함께 1972년 6월에 발생한 프랑크푸르트 저격사건의 범인으로 체포되었다. 체포되어 수감되어 있던 그는 1974년 9월에 단식농성을 벌이다가 그곳에서 사망하였다. Klein은 이때의 사정을 다음과 같이 술회하였다.

"나는 Holger Meins가 감옥에서 죽었다는 소식을 듣던 날 밤 극도의 흥분을 느꼈다. 그리하여 나는 무기권총를 꺼내들고 각오를 다졌는데, 오랫동안 나와 사귀어 온 친구들도 어떤 행동을 취하려는 나의 의도를 제지하지 못하였다."

그러나 실제로 그는 1975년 OPEC 본부 점거 사건에 가담하기까지는 길고도 오랜 과정이 소요되었다고 술회하고 있다.

3. Zvonko Busic

Busic은 크로아티아의 한 빈민촌에서 태어나 그곳에서 자랐다. 소년시절에 그는 크로아티아의 역사를 흠모하였으며, 또한 세르비아 인들에 의해서 죽음을 당한 크로아티아의 위대한 애국자 Stephan Radic을 존경하였다. 그의 아버지는 열정적인 애국자는 아니었지만 독실한 신앙인이었다. 어머니 역시 독실한 신앙인이었으나 그녀는 크로아티아의 역사를 거의 몰랐고 세상일에도 눈이 어두웠다. Busic은 비교적 착실한 학생이어서 부모의 사랑을 받았다.

Busic이 아직 어렸을 당시에 유럽 대륙은 국가들간의 잦은 전쟁으로 인하여 국경이 날마다 바뀌었다. 그 결과 유럽 대륙에는 통치권을 행사하면서 자신들의 언어와 교육제도와 관습을 따르도록 강요하는 자들로 분리되기를 원하는 여러 민족 내지는 문화집단이 존재하였다.

그리고 그러한 회복주의자들 중의 일부는 자신들의 수난을 널리 알리기 위하여 아일랜드, 프랑스 및 스페인 등지에서 테러를 자행하였는데, 그 가운데서도 제2차 세계대전 이후에 탄생된 공산주의 유고슬라비아 정부의 일부로 되기를 거부하는 크로아티아 인들의 폭력은 타의 추종을 불허하였다. 한편 그들은 유고슬라비아를 비롯한 공산주의국가에서는 테러리즘에 대한 인식이 별로 좋지 않았던 점을 고려하여 주로 서부유럽국가특히 서독에서 테러행위를 자행하였다. 그리하여 서독에서는 당시 크로아티아 출신 테러범들과 유고슬라비아 정부관리들 간에 서로 죽이고 죽는 혈전이 한동안 계속되었다.

Busic은 1976년에 자기 부인 및 크로아티아 인 3명과 함께 뉴욕에서 TWA기를 납치한 인물이다. 그는 유고 정부에 대항하여 싸우는 동안 다른 크로아티아 인들과 다른 노선을 택하였으나 살인행위를 저지르기는 마찬가지였다. 그는 TWA기 납치당시 New York의 Grand Central역에 폭탄장치를 해놓고 항공기에 탑승하였는데, 탑승 전에 폭탄을 설치한 지점과 그것의 제거법을 경찰에 알려 주었고, 기내에서는 가짜 폭탄을 가지고 납치극을 벌였다. 그리하여 비행기는 한 사람의 승객도 다치지 않고 무사히 뉴욕으로 되돌아 올 수 있었으나 Grand Central역에 장치해 놓았던 폭탄이 제거작업과정에서 터지는 바람에 1명의 사망자와 1명의 실명자, 그리고 수명의 부상자가 발생하였다.

인터뷰기록을 토대로 살펴 본 그의 청년시절은 다음과 같다. 한때 Busic은 대학을 다니고 있었는데 당시 학교 내에서는 반크로아티아 감정이 팽배해 있어서 그는 마음이 편할 날이 없었다. 그리하여 그는 오스트리아로 가서 비엔나 대학에 입학하여 독일어를 배웠다. 그때만 해도 Busic은 정치적 인물보다는 한사람의 지성인이 되기를 원했다.

그러나 얼마 후 그는 재정적 어려움에 직면하여 학업을 중단하고 미국으로 건너갔다. 미국에 이주하였으나 영어를 몰랐던 그는 일단 공구제작소에 취직하여 훗날의 학자금을 벌기로 하였다. 그러던 중 14개월 후에 그는 다른 사람들과 더불어 임시해고를 당하였다. 처음 몇 주일간은 실업보험금을 받아 지냈으나 곧 생활에 싫증을 느껴 다시 비엔나로 돌아갔다. 그곳에서 대학공부를 계속해 보려고 기회를 모색하던 중 그는 가벼운 사건에 연루되어 무기소지혐의로 유죄선고를 받았다.

그 후 Busic은 대학에 입학하게 되었지만 반유고슬라비아 운동에 참여한 사실이 문제가 되어 학교당국으로부터뿐만 아니라 오스트리아 영토에서 추방을 당하였다. 추방당시 Busic은 비엔나에서 만난 미 오레곤 주 출신의 소녀와 동거생활을 하고 있었는데, 그는 그 소녀와 함께 방랑 생활에 올랐다. 그들은 먼저 베를린으로 갔다가 다시 아일랜드로 갔는데 그곳에서 Busic은 IRA지도자들과 만났다. 그 후 그들은 프랑크푸르트로 갔으나 그곳에서 친구크로아티아 인 한 사람이 암살당하는 것을 보고 공포를 느껴 1972년에 오레곤으로 갔다. Busic이 항공기를 납치해야겠다고 생각한 것은 그곳에서였다. 오레곤에 머무는 동안 Busic은 막노동을 하였다. 그러나 아버지가 대학교수였고 스스로 학교교사였던 그의 여자친구는 대학의 낭만을 즐기며 지냈다.

그러한 상대적 현실은 Busic의 자존심을 상하게 하였고 마침내는 Busic의 마음에 현실타개라는 과제를 안겨주었다. 그는 항공기납치야말로 가련한 현실로부터 도피할 수 있는 한가지 방법일 것이라는 생각을 가졌던 것이다.

Busic은 당시의 사정을 다음과 같이 진술하였다.

"나는 다른 사람의 목숨을 빼앗겠다는 생각은 가져본 적이 없다. 항공기납치를 계획한 나의 목적은 현실도피보다는 크로아티아 애국자들의 생각을 환기시키고, 희망을 심어주고, 그들을 평온케 하며 그들을 깨우쳐 주는 데 있었다. 당시 미국, 캐나다 등지에 살고 있었던 크로아티아 인들은 거의가 문맹인들이어서 생각하는 것이 단순했다. 그들은 자기 나라 신문조차 읽지 못하였으며 생활도 아주 어려웠다. 나는 독일에 처음 갔을 때와 미국에 처음 갔을 때 그러한 어려움을 직접 체험해 보았다."

Busic의 진술내용에는 앞뒤가 맞지 않는 부분이 여러 군데서 발견된다. 또한 인터뷰 도중에 Busic은 다음과 같은 말을 하였다. "나는 자신의 생명에 대해서 두려움을 느꼈다. 나는 일종의 편집병환자paranoid였다." 그가 느끼는 두려움이란 자신이 반유고슬라비아적 인물이었기 때문에 보복을 받을지도 모른다는 공포감이었는데, 그것은 당시 서부유럽 및 미국에 있어서의 유고슬라비아 인들의 활동으로 미루어 볼 때 전혀 근거가 없는 것이었다. Busic은 또한 자신이 비록 항공기를 납치하긴 하였지만 자신은 어디까지나 인권주의자였다고 강조하였다. 인터뷰기록에 의하면 그는 자신의 행위가 한 번도 살상을 결과하지 않았으며, 범행시 언제나 가짜 폭탄을 사용하였으므로 자신을 인권주의자라고 하였다. 이와 관련하여 그는 자신이 범행시에 가짜 폭탄을 사용한 이유를 다음과 같이 밝혔다.

"각기 다른 상황에 처해 있는 여러 사람들의 행동을 정확히 예측하기란 불가능하다. 따라서 나는 진짜 폭탄을 가지고 사람들 곁에 다가가는 그러한 모험을 할 수가 없었다. 나는 인명을 존중하였기 때문에 승객들의 목숨을 다른 사람의 수중에 넘겨줄 수가 없었다. 그러한 행위는 나의 신념에 위배된다."

그는 또한 범행 후의 기분에 관해서 다음과 같이 진술하였다.

"나의 부모에게는 아들의 테러범행이 의외였을 것이다. 그러나 그들은 무작정 놀라기만 한 것이 아니라 아들의 강한 집착력을 자랑스럽게 생각하였을 것이다. 내가 만약 자신의 이익을 위하여 어떤 행동(예, 절도 등)을 했다고 하면 그들은 나를 용서하지 않았을 것이다. 우리 부모는 나의 행동이 사랑에서 비롯되었음을 알고 있었다."

이와 유사한 진술은 Baumann의 경우에도 발견되었다. 그 역시 자신이 테러리스트로 변신하게 된 이유는 인류에 대한 사랑 때문이었다고 주장하였다.

Busic의 진술은 다음과 같이 끝나고 있다.

"어려운 상황에서도 나는 잠시나마 다른 사람들의 생명을 위험에 처하게 만들었던 데 대하여 책임을 절감하고 자신을 원망하였다. 그러나 한 순간이 지나고 나면 승객들도 아무런 위험이 없었다는 사실을 알게 될 것이며, 나중에 나의 생각을 설명해 주면 그들도 나를 용서해 주리라고 믿었다. 그리고 만약에 그들이 나를 용서하지 않는다 해도 최소한 이해는 해주리라고 믿었다."

4. Kozo Okamoto

Okamoto는 1972년에 다른 2명의 동료와 함께 이스라엘 Lod공항 항공기 폭파사건을 저질러 26명의 사망자와 80명의 부상자가 발생케 한 인물이다.

Okamoto의 범행 전 생활은 다음과 같다. 그는 6남매의 막내로 태어났는데 그의 아버지는 초등학교 교사를 은퇴하고 사회사업을 하는 사람이었다. 어머니는 1966년에 암으로 사망하였으며, 그의 아버지는 상처 후 재혼을 하였다. Okamoto는 어렸을 적에 어려운 사람을 잘 도와주었으며, 언제나 친절하였다. 그는 학교성적도 좋았으나 교토대학에 응시하였다가 낙방하였다. 그리하여 그는 집 근처에 있는 가고시마대학에 진학 하였는데 대학시절의 성적은 보통수준이었다. 그가 대학생이었던 당시에는 "환경오염"의 문제가 사회적 이슈였는데, Stein의 말에 의하면 그는 환경오염이 무엇을 뜻하는지도 모르면서 그에 심취했었다고 한다.

대학시절 초기에 Okamoto는 온건파 학생운동본부 및 중도파 평화조직에 가입해 있었다. 그러나 그는 두 조직 모두 아무것도 성취하는 것이 없다고 판단하여 모든 이슈들을 연계시켜 명백한 해결책을 제시해 줄 수 있는 포괄적 이데올로기를 구하기로 하였다. 그러던 중 1970년 초반에 친형인 Takeshi로부터 적군파Red Army Faction와의 접촉을 권유받았다. 같은 해 형 Takeshi는 RAF단원들과 함께 JAL기를 납치하여 북한에 착륙하였다. RAF는 전 세계 프롤레타리아들이 동시에 부르주아 지배를 뒤엎는 것을 내용으로 하는 트로츠키의 동시세계혁명론을 지지하는 단체이다. 그리고 그 조직의 운명에 있어서는 고도로 권위주의적인 방식을 도입하고 있다. 그러나 Okamoto는 RAF가 추종하는 이데올로기의 핵심에 대하여 그다지 관심이 없었으며, 고도의 권위주의적 구조에 대해서도 상관하지 않았다. 정치적 부패와 환경오염에 관한 자신의 관심을 포용하는 한 그에게는 세부적인 정치이론은 그다지 중요하지 않았다.

1971년 9월에 Okamoto는 RAF로부터 한 장의 편지를 받았는데, 거기에는 만약 형을 만나고 싶거든 레바논의 베이루트로 가보라는 내용이 적혀 있었다. 그리하여 그는 베이루트로 갔는데 형은 거기에 없었다. 이 부분과 관련하여 우리는 '만약 그가 Takeshi의 동생이 아니었다면 RAF가 그를 알지 못하였을 것이며 따라서 그를 베이루트로 부르지도 않았을 것이라'는 추측을 해 볼 수가 있다. 그리고 보면 Okamoto의 Lod공항사건 가담은 어느 정도 우연적인 것이었다고 볼 수 있다.

Okamoto는 베이루트로 가는 도중에 한 가지 과업을 부여받았다. 즉 그것은 New York에서 Paris로 갈 때에 E1 A1 747기를 타고 가되 가는 동안에 비행기의 내부구조를 잘 파악해 두라는 것이었다. 그러나 실수로 707기를 탑승하는 바람에 과업수행에 실패하였다. 이 점으로부터 우리는 테러범죄가 그렇게 치밀하게 저질러지는 것만은 아니라는 사실을 엿볼 수 있다. Okamoto의 경우는 범행을 위한 준비가 치밀하지 못했다는 사실 이외에도 불필요한 모험행위마저 발견된다. 그가 베이루트로 갈 때 소지했던 여권은 Daisuke Namba라는 사람의 이름으로 발급된 것이었는데 그 사람은 1923년에 히로히토 왕자를 암살하려다 체포된 실제인물이었다. 이는 아마도 로맨틱한 발상에서 비롯된 것일 텐데 그러한 모험은 불필요한 것이었다.

레바논에 간 그는 그곳에서 7주간의 군사훈련을 받았는데, 그 직후 Lod공항 폭파사건에 가담하라는 명령을 받고 마치 군인처럼 그 명령에 따랐던 것이다.

그는 당시의 입장을 다음과 같이 밝혔다.

> "만약 닉슨 대통령을 암살하라는 명령을 받았더라도 나는 거기에 복종했을 것이며 IRA에 이익이 되는 어떤 일을 하도록 지시를 받았더라도 나는 복종했을 것이다. 그 이유는 그러한 일들은 모두가 혁명적 행동이기 때문이다."

Lod공항 사건 후 체포된 그는 아무런 후회의 빛을 보이지 않았다. 그는 법정에서도 자신의 입장을 정당화시키는 대신에 오히려 자신의 형량을 가볍게 해 주려는 변호사의 노력을 거절하였다. 수사 초기에 그는 묵비권을 행사하였다. 막상 법정에 서게 된 그는 국가에서 관할하는 사법제도는 인정할 수 없으며 자신에게는 재판절차란 단지 부르주아에 대항한 프롤레타리아 혁명을 선전하는 기회일 뿐이라고 발언을 하였다. 그러면서 그는 다음과 같이 말하였다.

> "나는 어렸을 때 사람은 죽어서 별이 된다는 말을 들었다. 우리들 적군파 요원 3인은 죽어서 오리온별이 되기를 원했다. 그리고 우리가 죽인 사람들도 똑같은 하늘나라에서 별이 되어 있을 것이라고 생각하니 아주 마음이 평온해진다. 아! 혁명이 지속되고 있으니 별도 무수히 늘어나겠지."

대부분의 테러리스트들은 희생자들을 적군파와 마찬가지로 여기기 때문에 범행 후에 죄의식을 느끼지 아니한다. 그러나 Okamoto는 역시 범행 후에 죄의식을 느끼지 않았다는 점에서는 일반 테러범들과 같았지만 그 논리에 있어서는 그들과 완전히 달랐다. 즉 그는 희생자들을 일종의 수혜자로 여김으로써 죄의식을 느끼지 않았던 것이다.

인터뷰 기록에 의하면, Okamoto는 테러리스트로 생활하는 동안 혁명의 궁극적 목표가 무엇인지를 확실히 알지 못하였으며 또한 혁명 이후의 사회형태에 대해서도 확실히 몰랐다고 되어 있다. 그와 같은 질문에 대하여 그는 미소를 지으면서 "그런 질문이야말로 혁명가들이 가장 대답하기 어려운 질문이다. 우리는 혁명이 무엇인지를 정확히 모른다"고 대답하고 있다.

Ⅲ. 사례를 통해서 본 공통점

앞에서 소개한 테러전과자 4인의 진술내용을 보면 그들은 각기 주어진 환경 속에서 나름대로의 이유와 명분을 가지고 테러집단에 가담하였으며, 가담 후의 생활양식에 있어서도 각기 개성에 따라 다른 면모를 보여준다. 그러나 그들의 진술내용을 종합해 볼 때 우리는 Terrorism이란 것은 단체결성을 전제로 한다는 사실 이외에도 몇 가지 눈에 띄는 공통점을 발견할 수 있다.

첫째는 현실사회의 부정이다.

먼저 테러집단에 가담하기 전에 각자가 가졌던 태도면을 보면 그들은 다같이 부르주아 사회를 부정적으로 받아들였음을 알 수 있다.

그렇다면 부르주아 사회를 부정하는 사람은 모두가 테러범이 된다는 말인가? 똑같이 부르주아 사회를 부정하더라도 사람에 따라서는 승려나 수녀가 되기도 하고, 빈민가의 폐인이 되기도 하고, 과격한 정치인이 되기도 하고, 그리고 단순한 범죄자가 되기도 한다. 따라서 어느 특정개인이 테러리스트가 되기 위해서는 단지 사회를 부정적으로 보는 것만으로는 부족하며, 그에 더하여 뜻이 일치하는 사람들과 함께 폭력적 수단을 사용해서 현실에 대항해 싸우겠다는 자발적 의지가 있어야 할 것이다.

앞에 소개한 사례만을 통해서 보면 그들은 모두가 현실사회에 회의를 느껴 스스로 테러단체의 일원이 되는 과정에서 아무런 제한을 받지 않은 것처럼 되어 있다. 그러나 여기서 한 가지 지적되어야 할 사실은, 현실에 대항하여 싸우겠다는 의지가 있다고 해서 누구나 테러집단에 가입할 수 있는 것은 아니라는 것이다. 즉 테러집단은 자기들이 필요로 하는 사람만을 선별해서 받아들인다는 것인데, 그렇다면 테러리스트로서의 적임자는 어떤 조건을 구비해야 하는가? 하는 문제가 제기된다. 앞의 예에서 Klein의 경우를 보면 그는 독일군대에 징집되어 있는 동안에 좀처럼 받기 어려운 폭발물전문교육을 받았는데 이러한 경험은 그를 테러리스트로 기용하는 데 있어 중요한 참고가 되었을 것이다.

여기서 우리는 또한 그들이 현실사회를 부정했다면 그 이유는 무엇인가? 하는 문제를 생각해 볼 필요가 있다. 앞의 사례에도 나타난 바와 같이 사람들은 일상생활의 단조로움이나 법집행자들의 야만성에 회의를 느껴 현실사회를 부정할 수도 있다. 그러나 사람에 따라서는 물질주의가 유행하고 경제적 발전만이 강조되는 사회적 조류에 불만을 느껴 현실사회를 부정하기도 한다. 실례로 독일의 여성테러리스트 Ulrike Meinhof는 그녀의 가족과 친지들이 즐기던 “상어알젓 먹어치우기”게임을 예로 들어 물질만능주의적 쾌락주의를 신랄하게 비판한 적이 있다.

둘째로 국제동포주의이다.

앞의 사례에서 발견되는 또 하나의 공통점은 국제동포주의이다. 국제동포주의란 외국인 배척의 경향을 띤 전통사회를 부정하는 입장을 말한다. 테러리스트들에게서 국제동포주의적 공통점이 발견되는 이유는 그들의 성장환경이 극히 협소하였다는 사실과 관련이 있을 수도 있다. 그들은 한편으로는 자신들과 국적이나 문화적 배경을 달리하는 「카스트로」나 「모택동」을 찬양하면서, 다른 한편으로는 자신들이 행하는 순교자적 행위는 전 세계의 평민들을 위한 것이라고 강조하였다.

앞의 예 중에서 Okamoto의 경우를 보면 그는 일본인이면서도 팔레스타인 인들의 문제를 위하여 범행을 저질렀다. 또한 Michael Bauman 역시 자기들은 제3세계국가의 동포들을 위하여 싸운다는 말을 남겼다.

셋째로 무감각성Insensitivity이다.

다른 부류의 혁명분자나 이상주의자들과 마찬가지로 테러리스트들 역시 세계인들이 공통적으로 당하고 있는 고통에 대해서는 극도로 예민하지만 자기의 행위로 인해서 주위사람들이 겪어야 하는 고통에 대해서는 무감각하다는 것이 또 하나의 공통점으로 발견된다.

예컨대 Zvonko Busic은 자기나라 크로아티아 인들의 수난에 대해서는 울분을 느낄 만큼 예민하였지만 자신이 설치한 폭탄에 의해서 사람이 살상된 사건에 대해서는 관심이 없었다. 오카모토 또한 팔레스타인 인들의 소외에 대해서는 동정을 보였으나 자기 때문에 죽어간 26명의 희생자에 대해서는 죄의식은커녕 마치 자기가 무슨 은혜라도 베풀어 준 듯한 태도를 보여주고 있다.

테러범의 심리적 태도와 의사결정

Ⅰ. 서　　론

지금까지 파악된 테러조직은 세계적으로 71개국 567개 조직에 이르고 있는 것으로 알려져 있다. 오늘날 세계 각국에서는 이러한 테러 집단들의 조직, 자금조달방법, 무기체계, 그리고 전략·전술 등에 대하여 많은 연구가 있어 왔다. 그래서 우리는 테러 집단들에 대한 이른바 전투서열order of battle정보로 불릴 수 있는 많은 것들을 인지하게 되었다. 어떤 사건에 있어서는 테러분자의 규모가 확인됨에 따라 그들의 명단까지 파악되었다. 또한 어떤 사건에 있어서는 책자나 논문에 테러 집단의 고위급 유명 지도자들, 예를 들면 「마인호프」Ulrike Meinhof, 「산체스」Ilich Ramirez Sanchez, 「칼레드」Leila Khaled, 「아라파트」Yasir Arafat 등에 대하여 기술하고 있다. 그리고 적은 숫자이긴 하지만 테러 집단에 있어서 그들 테러분자 자신의 경험들, 예를 들면 「아일랜드 공화국군」IRA의 이력에 관한 「맥스티오페인」Sean Macstiofain과 미국 「지하기상예보자」Weather Underground의 경험에 관한 「스턴」Susan Stern에 대하여 알려져 있기도 하다. 또한 교도소에 수감되어 있는 어떤 테러범들은 아직도 인터뷰에 응하지 있지 않은 경우도 상당수 있다. 독일의 연방범죄수사국Bundeskriminalamt에는 이제껏 알려져 있는 테러범들의 습관, 치과기록, 음악적 기호 등에 관한 정보를 포함한 방대한 문서철이 보관되어 있는 것으로 보고되고 있다.

여기에서도 테러리즘의 현상에 대한 최근의 연구에 있어서 소홀하게 취급하기 쉬운 테러범들은 어떻게 생각하며 테러 집단들은 어떻게 그들의 의사를 결정하는가에 대하여 살펴보고자 한다.

Ⅱ. 생래적 테러범의 존재성

테러 집단들 가운데 체포되었거나 혹은 확인된 테러분자들에 관한 정보를 기초로 전형적인 테러범typical terrorist에 대한 일종의 인구조사자료 프로필을 작성할 수 있게 되었다.

이러한 분야의 선구적 작업은 미국 공군 특별수사국에 근무한 적이 있는 「러셀」

Charles A. Russell 박사에 의하여 행해졌다. 그의 자료에 의하면 전형적인 테러범은 비록 많은 예외가 있기는 하지만 20세 이전의 남성, 미혼자, 중류 혹은 상류계층 가정출신, 비록 대학중퇴자가 있을지도 모르지만 상당한 대학교육을 받은 자, 대학 재학 중 테러 집단에 자주 참가하였거나 또는 가입된 자이다.

공통적인 심리학적 프로필은 더욱 확실치 않다. 일반적으로 테러범들은 절대론자, 즉 항상 특정한 것에 대하여 열렬히 집착할 수 있지만 이데올로기를 바꿀지도 모르는 형태의 사람으로서 충실한 신봉자들처럼 보이며, 그들의 행동에 따라 순간적인 쾌락을 찾으려고 하는 타협하지 않고 전투적이며 참을성이 없는 사람으로 보인다. 그들은 자주 총 장난gun freaks으로 매혹되어 있으며 일반적으로 자살은 기도하지 않지만 위험을 추구하는 사람으로서 묘사될 수 있는 사람이라고 해도 좋다. 정신병학자 가운데에는 테러범은 또한 가명사용, 궁핍, 무기력한 감정을 경험했으며, 그래서 그의 자존심을 느끼고 시종 일관되게 용맹성이 강습되어 온다고 주장하고 있다. 이와 유사한 견해를 가지고 있는 정신병학자도 테러리즘의 행동을 통하여 테러범들은 주의력을 끌려고 할 뿐만 아니라 사회의 강력한 인물로 비치는 행동을 한다고 주장하고 있다.

요컨대 정보와 수사활동을 통하여 정부는 테러범들에 관한 중요한 자료를 획득하려고 하며, 그리고 인간 행태에 관한 학자들뿐만 아니라 정신병학자들은 많은 가설들을 제공하고 있다. 그러나 지금까지는 테러범의 마음을 꿰뚫고 있다는 확신을 가지고 있다고 말할 수 없다. 정치적으로나 사회적으로 불평불만을 품고 있는 사람이 왜 지하에 숨고, 왜 무기를 손에 넣고, 왜 사회에 대한 투쟁을 선언하며, 죄 없는 무고한 시민들이 허락하지 않는 전면전을 왜 하는지 정확히 알지 못한다. 이러한 성격변화가 인격적 혹은 주로 환경적인 면에서 어떤 소인들의 결과인지 아닌지도 정확히 알지 못한다. 생래적 테러범들이 있는가에 대해서도 정확히 파악되어 있지 못하다.

아직까지도 테러범들이 전반적으로 정신이상인지 혹은 일부가 정신이상인지 아닌지 전혀 알지 못하고 있다.

독일의 테러범들을 여러 차례 관찰하고 인터뷰할 기회를 가졌었던 정신병학자 「라우쉬」Wilfried Rausch는 그들은 정신이상이 아니라고 믿고 있다. 우리는 테러범의 공통적인 성격이 있는지 혹은 다른 사람들과 사물들과의 관계에서 그 자신의 주체성에 대한 의식, 그를 둘러싸고 있는 세계를 바라보는 공통적인 테러범의 심리적 태도가 있는지에 대해서 알지 못한다. 테러범들이 약간의 공통적인 급진적 경험을 맛보았는지에 대해서도 알고 있지 못하다. 정치적 사건만이 테러범의 행태에 대한 정확하지 않은 해석을 하고 있는 것으로 여겨진다. 수많은 사람들이 정치적·사회적 욕구불만을 비슷하게 경험했을지도 모르고, 또 급진적인 개혁의 경험을 비슷하게 겪었을지도 모르지만 단지 극소수만이 테러범들이 되었다. 또한 내이內耳의 기능부전에서부터 음식물의 결핍에 이르기까지의 테러범의 행태에 대한 심리학적 해석은 많다.

미래의 연구와 더욱 신뢰성 있는 통계로서 심리학적 접근방법이 상당한 설명을 해줄 수 있을 것으로 생각된다.

테러리즘의 현상에 관한 학자들의 과업은 그때 이루어질지도 모른다. 우리가 생각해 볼 수 있는 과업은 여러 가지가 있으나 몇가지만 지적하면 다음과 같다.

첫째로 테러범이 되려고 하는 행동을 포함한 개인적인 테러범의 행태에 대한 증대되는 사회의 지식의 효용성을 검토하는 것이다.

둘째로 최근의 이론들과 연구결과를 평가하는 것이다.

셋째로 테러범의 행태에 관한 모든 결론들과 가설들을 수집하는 것이다.

넷째로 테러범들에 관한 전기적인 정보의 현존하는 자료와 불확실한 영역을 대학이나 연구기관에서 그 접근가능성을 논증하는 것이다.

다섯째로 다양한 주장들과 가설들을 시험하는 데 필요한 같은 종류의 자료들을 논증하는 것이다.

공통적인 테러범의 정신이상, 공통적인 테러범의 인격, 공통적인 테러범의 심리적 태도의 동일시가 사회를 위하여 어떤 유용성을 줄 것인가? 분명하게도 어떠한 종류의 정보가 자유사회 속에서 실질적으로 유용할 것인가? 이러한 조사결과는 테러범의 행태를 예측하기 위하여, 어떤 종류의 행동이나 혹은 어떤 목표를 수행하는 것으로부터 테러범들을 저지시키기 위하여 고려될 수 있는 방법들 가운데서, 테러범들과의 협상과정 속에서, 치료중인 테러범들 속에서 유용성을 갖게 될지도 모른다.

조금이라도 전형적인 테러범에 대하여 말할 수 있으며, 또한 그 용어가 너무 불명확하고 너무 애매하다고 할 것인가?

사람들은 어떻게 해서 테러범이 되는가? 테러범들은 테러리즘에 쉽게 빠지는 형태의 사람들이 있다는 것을 암시하기 위하여 충분한 개인적인 특질을 구분하고 있으며 혹은 모습을 과장해서 상세하게 보이고 있다. 만일 테러범들이 일정한 행태의 특질들을 분류하는 것을 알게 된다면 테러범이 되기 전의 그들의 행태보다도 현재 테러범으로 활동하고 있는 현재의 상황들이 그것과 더욱 닮았다고 할 것이다.

우리는 테러범들 가운데 공통적이거나 특색 있는 정신이상, 공통적이거나 특색 있는 성격, 또는 심리적 태도를 논증할 수 있을 것인가?

테러범의 행태에 관한 최근의 이론들은 무엇이며 테러범들에게 정해져 있는 다양한 특성들을 가려내고 기술할 수 있을 것인가? 체계적이며 입증할 수 있는 연구로서 어느 정도 이러한 것을 뒷받침할 수 있을 것인가? 현재 이러한 분야에 대한 어떠한 작업이 진행되고 있는지 알기 어렵다.

테러 조직에는 아마도 혼합된 형태가 있으며 가설적으로는 이념형ideologue, 군인형soldier, 암살형thug의 세 가지가 있는 것으로 알려지고 있다.

테러범들 가운데 폭파범과 비행기 납치범은 그들의 비정치적 범죄자들과 같은 특징을 가지고 있는지, 혹은 폭파범은 비행기 납치범이나 다른 테러범들과는 같은 특징이 있는지 알 수 없다.

테러범들에 관한 전기적 자료를 입수할 수 있는 출처는 무엇인가? 그것은 누구한테서 입수할 수 있는가? 다양한 문서철 가운데에서 사용할 수 있는 정보의 형태는 무엇인가?

그러한 자료들은 법에 의하여 어느 정도 보호되고 있는가?

이와 같은 의문들에 대한 정확한 해답이 이루어질 때 테러범들에 대한 심리적 태도를 규명할 수 있게 됨은 물론이다.

주의해야 할 점은 어떻게 해서라도 정신적으로 병적이거나 혹은 육체적으로 손상을 입은 환자와 같은 테러범들이 사회적·경제적 또는 정치적 불법행위에 직면하지 않도록 최선을 다해야 하며 테러범들이 그들의 불만의 원인들을 그들의 행동으로 정당화하지 않도록 해야 할 것이다.

대부분의 테러범들에게 공통적인 행태적 특성과 테러범의 행동에 빠지기 쉬운 인격행태가 정치적 혹은 사회적 문제들에 쉽게 접근되고 있다는 인식을 가져야 할 것이다. 동시에 우리는 테러범들의 정치적 불만요인에 대한 그들의 입장을 정당화하려고 하는 기도나 테러범으로 낙인을 찍으려는 것을 은폐하려는 속임수에 빠져서는 안 될 것이다.

Ⅲ. 테러범의 의사결정

테러범은 이미 그들이 테러범이 되고 난 후에 어떻게 결정을 하고 무엇을 행하는가는 불확실한 또 하나의 영역처럼 보인다. 테러 집단은 왜 납치대신에 암살을 하려고 결심하고, 그들은 그들의 목표들을 어떻게 선택하고, 그들은 그들의 폭력을 언제 단계적으로 확대하려고 하는지 알기 어렵다.

여기에는 일정한 모형들이 있는 것 같다. 테러범의 각 집단은 그 자신의 레퍼토리repertorie, 그 자신의 작전형태style of operation, 그 자신의 범죄수법modus operandi을 가지고 있다.

아일랜드 공화국군IRA은 비행기를 납치하거나 혹은 유괴를 하지는 않았다. 그들의 정책은 종파문제를 인정하고 지방 사람들이 자행하는 폭력을 단지 방어하는 것이라고 주장하면서 주로 사회쟁점을 개발하는 데 주력하였다.

이탈리아 붉은 여단Italian Red Brigades은 주로 언론인이나 다른 사람들을 납치하거나 총을 발사한다. 재판정에서 유죄판결을 막기 위해 치안판사의 배심원을, 신문에 노출되는 것을 막기 위해 신문기자와 편집자들, 좌익요구가 지적으로 유행하도록 확보하기 위해 선생과 대학교수들, 테러리즘에 대한 정치적 반대를 약화시키기 위해 기민당 지지자를 목표로 선택하여 납치와 암살을 일삼았다.

서독의 「바더-마인호프단」Beader-Meinhof Gang으로 더 잘 알려져 있는 적군파Red Army Faction는 치밀한 계획을 세워 광범한 전술을 구사하였으며 아주 논리적이고 훨씬 잔인했다. 이들은 수년간에 걸쳐 기발한 수법의 폭파 및 암살을 자행하였는데 주요 작전마다 목표물에 대한 세부활동계획을 수립하는 등 전문가의 솜씨를 훨씬 능가했다.

캘리포니아의 아주 작은 조직인 신세계해방전선NWLF은, 전기, 수도, 가스, 오수처리 등의 사용 요금률, 저소득층의 주택공급, 지방교도소의 상태 등 지방의 정치적 문제들을 위하여 여러 가지 사건현장을 폭파하였다. 특히 이들은 제네랄 스탠더드 석유회사, 퍼시픽 가스 및 전자회사와 유니온 석유회사와 같은 대기업 때문에 그들의 생계를 이어가는 가난한 사람들을 위하여 이러한 회사들을 파괴할 것이며 우리의 요구를 통해 가난한 국민의 생존권을 추구하고 무장투쟁을 통한 단합으로 가난은 승리할 수 있고 그렇게 될 것이라는 전략 하에 폭파사건을 자행했다.

반면에 다른 테러 집단인 「지하기상예보자」Weather Underground는 국내적이며 국제적인 문제들에 대하여 초점을 맞추어 행동을 전개하였다. 그들은 혁명의 최고목표는 세계 공산주의에 의한 미국 제국주의의 멸망이며 신세계 공산주의는 소련이 아닌 제삼세계에서 나온다고 주장하면서 새로운 질서를 성취하기 위해 민족해방단체들 간의 연계가 전 세계를 통해 이루어져야 한다고 하면서 국가에 대한 무력투쟁을 일삼았고 특히 경찰이 테러의 특수목표가 되었으며 범죄를 저지른 자들은 체포를 피해야만 했고 그들 스스로를 지하기상예보자라고 불렀다.

테러 집단의 특정한 작전상의 모형은 몇가지 요인들에 의하여 결정되고 있는 것으로 보인다. 분명하게도 테러범들이 대학중퇴자들이든 혹은 병역미필자들이든 간에 이들 집단의 구성은 무엇인가 그것과 관계를 가지고 있다. 우루과이 몬테비데오 대학교의 건축학과 출신이 대다수인 「투파마로스」Tupamaros의 테러행위는 그들이 공들여 구축한 지하 은신처에서 생각한 것이었다. 이들은 특히 약 200개의 안전가옥과 은신처에서 전자공학실험실, 침대 및 X레이가 완전히 갖추어진 병원, 수류탄을 제조할 수 있는 용광로 및 공구를 갖춘 작업장에서 냉난방장치, 음식물 저장시설, 책과 텔레비전까지 갖추어 놓고서 의료, 인쇄 및 정보를 제공하였던 것으로 밝혀졌다.

「팔레스타인 해방인민전선 총사령부」PFLP-GC는 시리아 공병이었던 지도자 「지브릴」Ahmed Jearil의 관심과 숙련성을 반영하여 정교하게 폭탄과 다른 향상된 장치를 터지게 하는 것을 선호하였다. 이 단체는 행동주의 단체로서 정치에서보다는 투쟁에서 보다 더 민감하여 무자비한 테러활동을 감행하였는데 1970년 5월에는 레바논 국경 부근에서 학교버스에 발포도 서슴지 않았고 이스라엘 마을에 자살공격도 아무렇지 않게 생각하였다.

테러 집단의 자원은 또한 그들의 작전형태를 지시한다. 폭파는 암살보다도 수행하는 데 있어서 보다 용이하고 암살은 납치보다도 용이하다고 판단하고 있는 것 같다.

테러 집단의 규모는 또한 그들 행동의 성질을 결정할지도 모른다. 대규모 집단은 아마도 보다 큰 자원들을 소유하고 있어 단순하지는 않다. 작은 집단의 행동은 지도자 한 사람의 성격 또는 특성에 의하여 결정되고 있다. 보다 작은 집단은 그의 행동을 강제로 시킴으로써 침투나 강탈을 감행함에 있어서 더욱 약점을 노출시키는 경우가 많다.

문화는 테러 집단의 행동을 결정하게 한다. 이데올로기는 그 피해자들과 목표들을 강요할지도 모른다. 기본적인 인격의 특성은 테러 집단이 무엇을 해야 할 것인가에 대한 요인이 되고 있다. Rand 연구소에서 행한 연구에 의하면 인질사태가 발생했을 경우, 지하조직의 지원을 받고 있으면서 그들의 고국영토를 위하여 활동하고 있는 집단들의 널리 보급되어 있는 테러범의 전술은 일반적으로 재래식 납치에 호의를 보이고 있는 반면에 잘 조직된 지하조직의 지원을 받고 있지 못한 해외 또는 국내에서 활동하고 있는 집단들은 경찰이 바리케이드와 인질사태로 부르고 있는 상황 속에서 그들의 인질들뿐만 아니라 점유자들을 손에 넣기 위하여 건물을 점거하는 데 호의를 나타내고 있다.

테러 집단에는 또한 어떤 보편적인 규칙이 있는 것 같다. 지금까지 테러 집단은 대규모적인 살인행위를 저지르는 경우는 많지 않다. 테러 집단은 확실히 정신이상자들의 범위에 여전히 머무르고 있다. 왜 그런가는 확실하지 않다. 반드시 특수한 강압의 문제인 것같이 보이지는 않는다. 테러범들은 그들의 기술 가운데 최고의 기술을 사용하지 않는 상황 속에서도 잘 활동한다. 그들은 이미 재래식의 폭발물을 사용하고 있으면서도 그들의 역량을 과시하고 있으며, 외국산 화학, 생물학 또는 핵무기들에 의존하지 않고도 보다 많은 인명을 살상할 수 있지만 이것들을 사용하고 있는 경우는 드물다.

테러 집단 내부에서 어떤 움직임에 찬성 또는 반대하여 어떤 논쟁이 일어날지도 모르고, 테러범들은 어떤 요인들이 다른 것들보다도 더욱 중요하다고 간주할지도 모르며, 혹은 테러범의 의사결정이 얼마나 체계적인지도 모른다. 이러한 것들은 다음과 같은 질문을 던지게 하고 있다.

테러 집단의 범죄수법, 예를 들면 목표물의 선택, 전술의 방식, 실행의 행태, 외부세계와의 커뮤니케이션 등의 주요한 요소는 무엇인가?

이것들은 테러 집단의 문화적 배경, 정치적 환경, 테러분자의 규모와 구성, 그리고 다른 특성들과는 어떠한 관련을 맺고 있는가? 거기에는 다른 문화 사이에 유사성이 있는가?

테러 집단이 작전을 계획하고 실행하는 데 있어서 어떤 요인들이 고려되고 있는가?

테러 집단에서 다양한 의사결정은 어떻게 이루어지는가?

테러범들은 성과를 어떻게 측정하는가? 다시 말하면 그들이 인식하고 있는 장기적인 목표에 대하여 과정뿐만 아니라 개인적인 활동의 성과를 어떻게 측정하는가? 선전은 테러범들에게 중요한 것으로 보이지만 다른 결과나 양보를 얻어내지 못한다면 이에 대한 대가로 테러범의 활동범위에 광범위한 압력을 주게 되는지? 만일 테러범들이 환멸을 느끼게 된다면 그들은 필요하다면 장기간 동안 투쟁을 단순히 맹세하는지 혹은 단계적으로 확대할 것인가? 그들의 시간의 한계는 어떠한가?

테러범에 대하여 정확히 알기 위한 우리들의 기반은 어떠한가? 거기에는 어떤 정보의 자료가 있는가? 체포된 테러범들의 과거의 활동과 인터뷰의 관찰이 있는가?

테러 집단에 대한 대테러 능력을 향상시키기 위한 그동안의 노력은 많은 성과를 거두었지만 이에 대한 일정한 법칙과 불변의 원칙이 적용될 수 없다는 점을 감안할 때 아직도 연구발전의 여지가 많다고 하는 점을 부인할 수 없을 것이다.

지금까지 국제기구나 각 국가에서는 테러방지와 사건 해결을 위한 방안이 다각적으로 연구되고 시도되어 왔으나 실효성 있는 대책이 마련되지 못하고 국가별로 대응책과 조직을 발전시켜 나가고 있다. 특히 테러범에 의해 가장 많은 피해를 입고 있는 미국이나 이스라엘에서는 인질범과는 어떠한 협상도 하지 않겠다는 절대불양보원칙을 고수하고 있지만 이러한 강경책이 테러사건을 해결하거나 억제하는 데 크게 효과를 줄 수 있다고 생각되지는 않는다.

또한 인질사건이 발생했을 때 테러분자들이 정신이상이라는 생각만을 가지고 있다면 인질범과의 합리적인 협상이 불가능하다고 생각되어 사건해결 방법은 오직 무력행사밖에 없다는 결론을 얻게 되어 인질이 살상되는 위험을 감수해야 되고 경우에 따라서는 국내외적으로 정치적 압력과 비난을 면치 못하게 된다.

따라서 대테러 정책을 수립하는 것은 쉬운 일이 아니지만 이에 따른 희생을 최소화시킬 수 있는가에 대한 대책을 강구하지 않으면 안 된다.

Ⅳ. 결 론

테러의 목적은 매우 다양하기 때문에 개인적인 요구사항과 같은 특정한 목적이 있는 경우도 있으나 대부분 자신들의 격렬한 투쟁행위 후에 파급될 효과를 노리는 경우가 많다.

테러범들의 동기나 심리적 특징은 유형에 따라 다르겠지만 그들의 행동은 일반적 상식으로는 이해할 수 없는 특수한 이유에서 이루어지고 목표를 위한 활동은 사회가 용인하지 않는 방법을 추구한다. 이들의 행위는 단독으로 이루어지기도 하며 조직적 집단을 통하여 이루어지기도 한다.

테러범 자신의 정신적 결함, 즉 자살적인 충동, 정신착란이나 불안과 초조, 복수심 등 정신이상에 의해 테러리즘을 자행하기도 하며 범죄를 동기로 금품 또는 구속된 동료들과의 교환을 요구하면서 인질을 잡는 경우도 있다. 또한 정치적 사상적 배경과 목표를 가지고 있는 경우도 있다.

정신이상자의 경우는 자살에 이르거나 경찰에서의 설득이 가능하기도 하며, 범죄자의 경우는 공격을 두려워하는 경향이 있어 다루기가 용이한 편이다. 그러나 테러분자는 지능적이고 잘 훈련되었으며 목표달성을 위해서는 죽을 수도 있다는 자신감에 차있으며 특히 무기를 휴대하고 간접적인 지원을 받고 있는 경우에는 철저한 사전준비와 전술 전략을 세운 후 행동하기 때문에 호전성을 나타낸다.

정치적인 목적을 가진 테러범들은 옳고 그름에 대한 판단이 대체로 정확하며 합리적이면서도 희생적이고 혁신적인 특징을 가지고 있으며 소속 집단의 선전과 과시를 위해 많은 사람들에게 알려지는 것을 원하고 있다. 따라서 테러 집단에 의한 테러사태가 발생했을 경우에는 그들이 속해 있는 집단의 정치적·문화적 배경과 테러범 개개인에 대한 정보자료를 수집해 두었다가 활용하는 것이 효과적이다.

테러 집단이 어떤 상황 하에서 어떠한 행동을 취할 것인가에 대한 예측은 또한 문제를 해결하는 데 커다란 도움이 된다. 테러 집단에서의 의사결정은 두목이 독단적으로 결정하는 경우도 흔한 것 같다. 이러한 경우 그 두목의 사회적 지위, 성, 지식, 교육, 동기, 신념체계와 같은 특질은 물론이고 그의 불안, 고통, 원기, 피곤 등과 같은 정신적, 신체적 상태, 그리고 사회적 환경 등에 의하여 상당한 영향을 받게 될 것이다.

따라서 테러 집단의 두목에 대한 인구통계학적 프로필에 관한 조사도 반드시 수집해 두었다가 활용해야 할 것이다.

그러나 오늘날 테러의 양상이 국제적 연계조직을 이루고 있으므로 테러 집단이나 일부 테러분자의 일반적인 사항에 대해서만 수집이 가능하고 개개 테러범의 프로필에 관해서는 상세한 자료를 수집할 수 없는 한계가 있기 때문에 문제해결에 어려움이 있게 된다.

더구나 오늘날 테러리즘의 국제화 대형화 추세는 그 예방과 규제를 특정한 집단이나 국가에만 맡겨서는 안 되며 범세계적인 협력과 노력이 요구되는 것이다.

제 2 편

테러예방

5. Anti-Terrorism

6. Quasi-Terrorism의 원인과 예방

7. 테러리즘에 대한 민간인의 안전관리

8. 테러와 위기관리정책

Anti-Terrorism

Ⅰ. 서　　론

1. 형사정책의 의의

형사정책kriminal politik이란 말은 19세기 독일의 형법학자 「포이에르 바하」에 의하여 처음으로 사용된 이래 주로 범죄방지책의 의미로 이해되어 왔다. 형사정책이란 말을 이해함에 있어, 경우에 따라서는 이를 좁게 인식하여 「범죄자에 대한 형법상의 강제시책, 즉 형법의 적용에 관한 국가시책」이라 인식하는 경우도 있으나, 대개의 경우는 널리 「범죄방지에 관한 모든 국가시책」으로 인식하는 것이 보통이다. 따라서 일반적인 의미에 있어 형사정책이라 함은 형벌을 수단으로 하는 강제적 시책뿐만 아니라 비강제적인 것일지라도 그것이 범죄방지에 관련된 것이라면 모두를 포괄하는 것으로 인식된다. 즉, 경찰, 검찰, 법원 및 교도소등 형사법기관에서 강구되는 범죄방지책뿐만이 아니라, 실업대책, 주택정책, 교육정책, 교통정책 등 간접적 종속적 효과를 주는 정책도 여기에 포함이 된다.

2. 형사정책의 대상으로서의 Terrorism

Terrorism이란, 정치적 목적을 실현하기 위하여 폭력을 사용하는 범죄라고 정의될 수 있는 것으로서, 이러한 형태의 범죄는 정치적 목적을 전제로 한다는 점에서 일반적 형사범과 구분이 되며, 범행의 불예측성 및 범행대상의 무차별성을 지닌다는 데에 범행의 특징이 있다.

테러리스트들의 범행은 항공기 납치, 요인암살, 산업시설파괴, 파업, 양민학살 등 그 양상이 다양하며, Terrorism이 출현하게 되는 배경 또한 개별적 국가의 사정에 따라 다르다. 예컨대, 팔레스타인 인들에 의한 영토회복 투쟁, 레바논에 있어서의 정권장악을 위한 종파간의 대립, 남미 여러 나라에서의 당파간 투쟁, 우리나라에 있어서의 북한에 의한 한국정부 전복기도 등이 그것이다.

한편, 최근 과학기술분야에 있어서의 급격한 발전은 테러리스트들의 범행을 한층 더 용이하게 하는 결과를 초래하였다.

특히 교통 및 통신수단의 발달은 테러범들로 하여금 세계 도처를 범행의 무대로 삼게 하는 데 기여를 하였고, 우수한 무기의 개발은 테러범들로 하여금 가공할 정도의 살상력을 지닐 수 있도록 함으로써 이른바 국제테러리즘의 출현을 가져왔다. 여기서 국제테러리즘이라 함은, 자국 내 또는 외국에서 외국인이나 외국의 재산을 상대로 폭력을 가하거나, 혹은 외국 내에서 자국인·자국재산 또는 외국인·외국재산에 대해서 폭력을 가하는 것을 말한다.

이와 같은 국제테러리즘의 출현은 국제평화와 국제질서에 대한 중대한 위협일 뿐만 아니라, 목적달성을 위해서는 선량한 시민의 생명이나 재산쯤은 안중에도 두지 않는다는 점에서 세계 모든 국가에게 공통적인 시련이 되고 있는 것이다.

이처럼 Terrorism이란 것은 일반적인 형사범에서 볼 수 없는 여러 가지의 심각성과 특성을 지니는 범죄인 바, 이에 대책을 강구하려는 노력은 국가단위별, 지역별 혹은 국제적인 차원에서 끊임없이 시도되어 왔다. 그러나 불행하게도 날로 빈번해지고 있는 테러범행은 그러한 노력들이 아직 수긍이 갈 만한 실효를 거두지 못하고 있음을 말해 주는 것이며, 아울러 앞에서 지적한 Terrorism의 특성은 이에 대한 대응책의 강구, 즉 형사정책이 보다 더 특별한 관심 하에 수립·시행되어야 한다는 것을 시사하고 있는 것이다.

3. Anti-Terrorism과 Counter-Terrorism

테러리즘에 대한 대응책은 크게 Anti-Terrorism과 Counter-Terrorism으로 나눌 수 있다.

Anti-Terrorism이라 함은 대테러방안 중에서 사전에 취해지는 예비책을 일컫는 것이며, 따라서 수동적 의미에서의 테러대응책을 말한다. 이에 대하여 Counter-Terrorism이라 함은 일단 범행이 발생한 상황에서 어떻게 대처할 것인가를 다루는 것으로써 주로 구조작전의 측면에 관한 것이다. 따라서 이는 능동적 의미에서의 테러정책이라 할 수 있다.

이처럼 대테러정책의 문제는 예방과 사후조치라는 양면으로 나누어 생각할 수 있는 것이지만, 사실상 사후의 구조작전이라고 하는 것은 인질극이나 요인암살 등의 특수한 경우를 제외하고는—이 경우에도 항상 어느 정도의 희생은 따른다—큰 의미를 갖지 못한다. 예컨대, 요인암살이나 시설물의 폭파, 혹은 항공기 납치 등의 경우에 있어서는 일단 범행이 실현되고 나면 아무리 잘 훈련된 특수부대라도 소용이 없으며, 설령 범인을 체포한다 하여도 피해에 대한 보상은 도저히 불가능한 것이다.

이에 여기에서는 테러에 관한 형사정책 중 Anti-Terrorism, 즉 사전예방적 측면만을 다루고자 한다.

Ⅱ. Anti-Terrorism의 기본방향과 구체적 실현

1. 기본방향

종래의 대테러 예방책은 주로 범인 또는 범행 자체에 중점을 두어 이에 대한 원인을 분석함으로써 적절한 대책을 찾는 방식으로 수립되었다Deterrent Model. 따라서 이러한 관점에서 세워지는 예방책들은 대개 우범자의 파악 및 조치, 우범자에 대한 국가 간 정보교환, 불만요인의 해소책 강구 등의 형식으로 나타난다. 그러나 근래에 들어서는 이러한 방식에 곁들여 또 다른 접근방식이 시도되고 있는 바, 그 이유는 대략 두 가지로 요약될 수가 있다. 첫째로 지금까지 행위자를 중심으로 수립된 예방책이 제대로 성과를 거두지 못함으로 인한 새로운 접근방식의 필요성과, 둘째로는, 사회가 아무리 정의롭고 기회균등이 실현된다 하여도 거기에는 항상 불만을 가지는 상당수의 개인 또는 소수집단이 존재하기 마련이며, 또한 이들의 불만을 사전에 일일이 해소시켜 준다는 것은 사실상 불가능하다는 인식이 있었기 때문이다.

이러한 인식의 결과로써 나타난 것이 바로 테러행위를 가능케 하는 사회적 여건 또는 환경중심의 접근방법이다Prevention Model. 이 방식의 내용은 테러범행의 대상이 될 수 있는 개인이나 시설, 혹은 테러행위를 가능케 하는 사회적 여건 등을 사전에 분석하여 이에 대한 대응책을 강구함으로써 테러범들이 범행을 실현할 수 있는 기회를 사전에 없애버리는 것이다. 예컨대 국제적 차원에서의 공동 협력체제 강화, 요인경호의 강화, 산업시설에 대한 경비강화, 검문검색의 철저, 혹은 총기류나 폭발물의 유통과정 통제 등이 여기에 속한다.

범죄예방대책을 수립함에 있어서 사회적 여건중심의 접근방식은 일반범죄에 대해서도 시도되고 있다. 예를 들어, 미국의 경우 교통사고에 대한 종래의 예방책은 주로 속도위반자나 음주운전자를 단속·적발하는 데에 중점을 두었으나, 근래에 이르러서는 충돌의 위험이 있는 가로등의 위치를 옮긴다거나 혹은 노면상태가 불량한 부분을 신속히 보수하는 쪽에다 더 중점을 두고 있다. 뿐만 아니라 이러한 개념은 각 지방자치단체의 범죄예방시책에도 그대로 도입이 되어, 많은 도시들에서는 범죄발생의 소지가 큰 지역이나 거리 등을 아예 폐쇄시켜 버리는 경우도 많이 있다.

대테러 예방책과 관련하여 이러한 환경요인 제거의 접근방식이 성공한 사례는 항공기 납치에 대한 효과적 예방에서 발견할 수 있다.

즉 1972년 뮌헨의 참사 이후 미국을 비롯한 서방국가들은 현대식 장비를 동원하여 비행기 탑승자에 대한 검문검색을 철저히 한 결과 하이재킹Hijacking의 횟수는 현저히 줄어 들었던 것이다.

그러나 대테러정책의 수립, 즉 테러범행을 사전에 예방하기 위한 대책이 범인 또는 사회적 환경 중 어느 한 쪽에만 중점을 두고 세워져서는 충분한 효과를 달성할 수 없다고 생각된다. 다시 말하면, 행위자를 중심으로 한 우범자 파악 및 불만요인 해소 등의 측면과 한편으로는 범행의 기회를 사전에 제거하는 면이 동시에 강구되어야 하는 것이다.

2. 구체적 실현

테러 예방책의 기본방향이 Deterrent Model범인중심과 Prevention Model환경중심을 동시에 고려하여 수립되어야 한다는 것은 앞에서 언급하였다.

비록 테러범들의 공격패턴에는 일정한 유형이 있긴 하지만, 공격의 대상과 방법 등은 개별적인 사례에 따라 특수하므로 각국의 대테러정책은 그 나라의 특정한 상황에 따라 독창적인 면모를 보여준다. 따라서 이러한 개별적·독창적 예방책들을 일일이 검토해 본다는 것은 사실상 불가능한 시도일 것인 바, 이하에서는 다만 여러 나라의 대테러예방책이 가지는 공통점만을 소개하기로 한다.

각국 정부의 대테러예방책은 대략 7가지의 공통점을 가진다고 볼 수 있으며, 이는 다시 소극적 대응책과 적극적 대응책으로 크게 분류할 수 있다.

1) 소극적 대응책

첫째, 요인 및 중요시설에 대한 경호경비의 강화이다. 사실상 현대산업사회에 있어서는 테러리즘의 공격대상이 될 수 있는 표적은 무제한에 이르며, 현대정치에 있어서 요인의 대민접촉은 필수적인 조건이 되고 있다. 따라서 각국 정부는 중요산업시설에 대한 경계경비를 철저하게 하는 한편 요인의 대민노출에 따른 경호경비 및 안전장비의 확보에 전력을 다하고 있음을 알 수 있다.

둘째, 불만요소의 사전해소이다. 특정한 개인이 테러집단에 가담하여 범행을 저지르기까지는 반드시 어떤 동기가 작용한다고 보는 것이 일반적인 견해이다. 즉, 정부로부터 강력한 탄압을 받았거나, 생활환경이 극히 어려웠거나, 혹은 정부에 대한 불신 내지는 혐오감을 가졌거나 하는 것 등이 여기에 속한다. 이에 각국의 정부입장에서는 국민복지의 목적에 수반하여 가능하면 사회적 불만요인을 제거하려는 노력의 일환으로 각종의 정치적 배려 내지는 사회보장정책을 펴나가고 있음을 알 수 있다.

셋째, 매스컴에 대한 보도의 통제이다. 매스컴의 경쟁보도자세가 테러리즘의 도구로 이용되고 있다는 것은 뒤에서 지적을 할 것이다.

이에 대한 각국의 조치는 아무리 보도가치가 있는 경우라도 지나친 세부보도를 금지시킴으로써 필요 이상으로 사회동요나 혼란을 초래하는 일이 없도록 하고 있다. 특히 공산권 국가에서는 테러행위에 대한 보도를 아예 금지시키고 있는 바, 공산국가에서의 테러리즘의 빈도가 민주진영에서의 그것에는 비교도 안 될 만큼 낮다는 것은 매스컴과 테러리즘과의 관계를 잘 대변해 주고 있다.

2) 적극적 대응책

첫째, 우범자 및 테러조직을 사전에 색출하여 적절한 조치를 취하는 것이다.

이와 같은 방안은 일정한 정치적 목적을 가지고 장기간 활동하는 범인들에게 적용되는 것으로서 주로, ① 테러범 또는 조직을 색출하여 이들을 제거 또는 구금하거나, ② 자금을 비롯한 배후지원을 봉쇄하거나, ③ 테러범들의 안식처 또는 피난처를 제거하는 방법 등이 세부적 전략이다.

둘째, 총기·폭발물의 통제 및 검문검색의 철저이다. 테러범행이 가지는 두드러진 특징은 대량 학살이나 파괴를 목적으로 한 무기 또는 폭발물의 사용이다. 이를 바꾸어 말하면 현대적 무기나 폭발물이 없이는 테러범행을 실행할 수 없다는 이야기가 된다. 이에 각국정부는 테러리스트들로 하여금 이러한 무기나 폭발물을 손에 넣거나 소지하고 다니지 못하도록 노력을 경주하고 있는 바, 이는 대개, ① 군부대 및 산업시설로부터의 무기 및 폭발물 도난방지, ② 폭발물제조 및 유통과정에 대한 통제, ③ 경비견이나 전자탐지기에 의한 검문・검색 강화 등이 세부적 전략이 되고 있다.

셋째, 국제적 협력체제의 강화이다. 국제테러리즘의 양상은 그 활동무대를 세계도처로 삼는다. 더욱이 날로 발달되고 있는 교통수단은특히 항공분야 테러범들로 하여금 자유자재로 신속하게 외국을 왕래할 수 있는 편의를 제공하고 있다. 이에 각국정부는 여러 국가들간의 협력의 필요성을 느끼게 된 결과, ① 국가간의 정보교환, ② 출입국관리소의 검문검색 강화 및 감식장비 구비, ③ 국제경찰기구Interpol를 통한 공동대처방안 강구, ④ 은신처 제공 및 배후 지원국가에 대한 공동제재 등에 노력을 기울이고 있다.

넷째, 불양보정책의 고수이다. 이는 일단 범행이 실행되고 나면 어떠한 요구조건이나 위협에도 굴복하지 않는다는 것을 그 내용으로 한다. 따라서 이 경우는 사실상 Counter-terrorism의 영역에 해당되는 것으로 보아야 할 것이나, 그러한 강경대책은 일면 차후의 범인들로 하여금 스스로 테러행위를 기피 또는 포기하게 하는 결과를 가져올 수 있다는 점에서 예방적 효과를 동시에 노릴 수 있다. 예컨대, ① 테러범에 대한 현장사살, ② 체포된 범인의 엄중한 처벌, ③ 타협의 거부, ④ 보복기습, ⑤ 범행에 대한 비난여론의 응집 등이 여기에 해당된다.

Ⅲ. Anti-Terrorism의 문제점과 우리나라에서의 Terrorism

1. 문제점

소수의 인원과 적은 경비를 가지고 최대의 성과를 얻을 수 있다는 이점이 테러범행을 고무시키는 요인임은 말할 필요도 없다. 그러나 이러한 이점에 앞서 근본적으로 테러범들을 고무시키는 원인을 다른 각도에서도 검토할 수 있는 바, 테러범들에게 있어서의 고무요인은 대테러정책을 수립함에 있어서 그대로 문제점이 된다. 이러한 문제점들은 특히나 국제테러리즘의 출현에 대응한 국제협력체제의 구축을 어렵게 하는 요인이 되며, 이는 국가의 사정에 따라 차이는 있으나 대략 다음과 같이 요약될 수 있다.

첫째, 테러리즘의 정의에 대한 견해의 차이이다. 일반적으로 테러행위로 규탄을 받는 범행이 여기에 이해관계를 가지는 특정 국가들로부터는 영웅적 행위로 간주되는 경우를 흔히 볼 수 있다. 예컨대 1983년 중국 민항기 납치사건만 보더라도, 중국 정부는 이를 테러범행으로 규정하여 범인의 인도를 요구했었으나, 대만정부는 이들을 자유의 투사로 대접을 하였던 것이다.

둘째, 민족주의Nationalism를 표방하는 국가들은 Terrorism을 민족주의 구현수단으로 인식하여 이에 대한 동조를 아끼지 않는다는 점이다. 예컨대, 아랍지역에 있어서의 테러범들이 리비아, 시리아, 이란 등으로부터 장비와 자금을, 그리고 남예멘 정부로부터는 훈련시설을 제공받고 있다는 것은 잘 알려진 사실이며, 쿠바 같은 경우는 항공기 납치범들에 대한 도피 및 은신처를 제공해 준 사례가 여러 차례 있다.

셋째, 보복테러에 대한 공포의 문제이다. 팔레스타인의 테러조직은 어느 테러조직보다 그 악명이 잘 알려져 있다. 또한 과거의 경험을 통하여 볼 때, 이들은 자기들의 목적달성에 장애로 여겨지는 상대에 대해서는 국제적이나 장소를 가리지 않고 만행을 저질러 왔다. 따라서 이러한 무차별 테러행위는 많은 국가들로 하여금 직접적인 이해관계가 없는 한 이에 개입하지 않는 것이 현명하다는 생각을 갖게 하였으며, 이는 결과적으로 국제적 차원의 대테러대응체제의 구축을 저해하는 요인이 되고 있다.

마지막으로, 테러리즘에 대한 매스컴의 경쟁보도는 테러범행을 유발시키는 중요한 변수가 된다. 항공기 납치, 요인암살, 산업시설 폭파 등, 일단 테러범행이 발생하면 매스컴에서는 이를 특종기사로 다루어 보도경쟁을 벌이는 것이 상례이다. 물론, 대개의 테러범행이 다수의 인명피해나 대량의 파괴가 수반된다는 점에서는 특종기사임에 틀림이 없을 것이다. 그러나 그러한 범행을 통하여 테러범들이 얻고자 하는 바를 생각해 볼 때, 매스컴의 보도경쟁은 결과적으로 제2, 제3의 범행을 유발시키는 데 기여한다는 것을 이해하게 된다. 즉, 테러범행을 통하여 범인들이 얻고자 하는 것은 요구사항의 관철에 있는 것이 아니다. 그들이 표면적으로 내놓는 요구사항들은정치범 석방, 몸값요구 등 어디까지나 제2차적인 것이며, 1차적으로 그들이 노리는 바는 경악적인 범행을 통하여 자기네들의 존재와 영향력을 세계만방에 과시하는 것이다.

2. 우리나라에서의 Terrorism

우리나라에 있어서의 Terrorism의 양상은 다른 나라의 그것에 비하여 상당히 특이한 면모를 보인다고 말할 수 있다.

1982년도의 부산 미문화원 방화사건, KAL기 피격사건, 그리고 미얀마 참변 등의 경우는 전형적인 국제테러리즘의 범주에 속하는 것으로 보아야 할 것이다. 그러나 대개의 경우 우리나라에서의 테러리즘은 북한의 무장공작원에 의한 게릴라식 범행의 양상을 띤다.

한편, 86년도의 아시안게임 및 88년도의 올림픽 개최, 그리고 근래에 들어 빈번하게 유치되고 있는 각종 국제회의 등은 국제테러리즘과 관련하여 시사하는 바가 크다. 특히 이러한 국제행사에서의 테러범행은 우리나라 정부에 대한 신뢰도를 손상시키는 결과를 가져올 뿐만 아니라 국내질서의 혼란을 일으킬 수 있다는 점에서 북한에 의한 테러활동의 가능성이 아주 높다 하겠다. 이러한 국제행사에 대비하여 예상할 수 있는 테러의 유형은, 첫째, 시민 혹은 산업시설에 대한 직접적인 테러, 둘째, 외국인 및 외국시설에 대한 테러, 그리고 셋째는, 국제적인 행사에 대한 테러 등이다.

우리나라에 있어서 대테러예방책을 강구하는 일은 다른 나라에서 볼 수 없는 독창적인 것이 되어야 한다. 앞에서 지적을 하였듯이 우리나라에서 테러범행은 주로 북한의 무장공작원에 의하여 저질러진다. 그들은 우리와 동일한 언어를 사용하고, 피부색이 동일할 뿐만 아니라 생활양식마저도 유사한 처지에 있다는 데에서 우리는 독창적 예방책의 필요성을 발견할 수가 있다.

물론, 지금까지 군·경 및 국가정보원 등에서 수립·실행되어 온 대북한테러전략은 비교적 성공적이었다고 말할 수 있다. 그러나 앞으로 개최될 각종의 대규모 국제행사를 성공적으로 치루기 위해서는, 앞에서 소개한 외국의 경험들을 바탕으로 하여 우리나라의 특성에 알맞은 적절한 대응책을 강구해야 할 것이다.

Ⅳ. 결 론

테러리즘의 문제는 세계의 모든 국가에게 국제적 고민거리가 되고 있다. 테러리즘의 문제는 국가존립에 대한 중대한 도전이라는 점에서뿐만이 아니라, 이는 다른 범죄에서 볼 수 없는 잔인성과 무차별 파괴를 수반한다는 점에서 형사정책분야의 중요한 국면을 차지한다.

이에 여기에서는 테러리즘과 관련하여 형사정책의 문제를 다루면서 주로 사전예방Anti-Terrorism에 대한 문제를 살펴보았다.

지금까지의 테러리즘은 앞으로의 전망에 비하면 그래도 비교적 적은 피해를 우리에게 안겨주었다고 말할 수 있다. 만일의 경우, 핵무기 또는 화생방 무기가 테러의 수단으로 이용된다면 우리가 감수해야 될 피해의 정도는 상상을 초월할 것이다.

테러범들에 의한 첨단 무기의 수단화는 크게 2가지로 나누어 생각할 수 있다.

첫째는, 첨단의 무기를 직접 공격의 수단으로 삼는 경우이며, 둘째는, 핵발전소, 혹은 핵무기저장고 등을 공격의 대상으로 삼는 경우이다. 미국에서는 최근 핵미사일을 이용한 여객기 피격미수사건이 두 차례나 있었다고 한다.

이처럼 Terrorism에 대한 공포가 날로 더해가고 있음에도 불구하고, 이에 대처하기 위한 국제적 협력체제가 아직 갖추어지지 못하고 있다는 사실은 실로 커다란 불행이라 아니할 수 없으며, 동시에 형사정책분야에 관련하고 있는 모든 사람들에게 중대한 과제를 남겨주는 것이다.

Quasi-Terrorism의 원인과 예방

Ⅰ. Quasi-Terrorism의 개념

Quasi-Terrorism이란 용어를 정확히 이해하기 위해서는 용어 자체가 암시하는 바와 같이 먼저 Terrorism에 대한 개념소개가 선행되어야 할 것이다.

테러리즘이란 어떤 것이며 흔히 말하는 Guerrilla Warfare게릴라전와는 어떻게 다른 것이냐에 대해서는 그 동기를 어떻게 이해하느냐에 따라 논란의 여지가 있다. 즉 그 동기를 정당한 것으로 받아들이는 입장에서는 Terrorism이란 용어 자체를 아예 Nationalism민족주의 혹은 Humanism인도주의이라는 말로 바꾸어 사용할 수도 있는 것이며, 또한 동기의 합법성을 부정하고 그 행위의 수단이 되는 일체의 폭력을 인류평화에 대한 해독으로 간주하는 입장을 취하더라도 개별적 국가의 여건 혹은 시대적 배경에 따라 그 정의는 달라질 수 있다. 그러나 여기에서는 폭력을 사용하는 일체의 행위를 인류에 대한 죄악으로 간주하는 입장을 취하면서 일반적으로 통용되고 있는 Terrorism의 정의를 소개하고 그를 토대로 하여 Quasi-Terrorism의 정의를 내리는 방식을 택하기로 한다.

테러리즘이란 대개 "계획적으로 폭력이나 협박을 사용하여 사회적 공포 분위기를 야기함으로써 특정집단의 정치적 공동목표Impersonal Ends를 달성하려 하는 일체의 범죄행위"라고 정의된다.

Quasi-Terrorism이란 Quasi라는 접두어가 암시하는 대로 Terrorism과 유사한 범죄유형을 지칭하는 말로서 범행의 수단이나 방법 및 결과에 있어서는 Terrorism과 다를 바 없으나 범행의 목적이나 사전계획 여부에 있어 Terrorism에서의 그것과 다른 양상을 보이는 범죄유형을 일컫는 말이다. 즉 폭력이나 협박을 사용하여 목표달성을 도모한다는 점에서는 Terrorism과 그 특성을 같이 하지만, 첫째, 달성하고자 하는 목적이 개인적 욕구의 충족에 있으며, 둘째, 범행의 수단이 되는 폭력이나 협박의 사용이 다분히 즉흥적인단, 치밀한 사전계획에 의한 경우를 배제하지 않음 것으로 보이는 준테러리즘적 범죄유형을 일컬어 Quasi-Terrorism이라고 정의할 수 있다.

범죄학 분야에서 Quasi-Terrorism이라는 용어가 사용되기 시작한 것은 미국의 범죄학자 Arendt Hannah가 1969년도에 출판한 그의 저서 〈*On Violence*〉에서

Terrorism과 일반강력범죄와의 중간적 범죄유형을 Quasi-Terrorism이라고 지칭한 다음부터인 것으로 보인다. Hannah는 범행방식에 있어서는 테러범들이 자주 사용하는 것과 유사한 전략전술을 사용하지만 범행의 목적이 개인의 욕구충족에 있는 범죄유형의 실례로 ① 인질극을 수반하는 은행강도, ② 어린이 유괴, ③ 교도소폭력, ④ 범죄조직 상호 간의 보복과 투쟁, ⑤ 특정회사 제품음식물에의 독극물 주입 등을 들었다. 그는 어린이를 유괴해 놓고 이른바 몸값ransom을 요구함으로써 경제적 이익을 확보하고자 하는 범죄방식은 저항력이 전혀 없는 어린아이를 범죄대상으로 삼는다는 점에서 그 악질성이 테러리즘에 버금가며, 특정회사로부터 거액의 현금을 받아낼 목적으로 목표회사의 제품에다 독극물을 투입하는 범죄방식은 전체국민을 무차별 피해자로 삼을 수 있다는 점에서 테러리즘과 다를 바 없다고 하였다. 그리고 범죄조직 상호간의 세력다툼 과정에서 야기되는 집단살인이나 피의 보복 또한 그 포악성에 있어 테러리즘과 다를 바 없다고 하였다.

위와 같은 사례들은 우리나라에서도 비교적 자주 발생되고 있으나 현재로서는 그러한 사례들은 단순히 강력범죄의 개념에 포함시켜 이해할 뿐 Quasi-Terrorism이라는 용어는 실무분야에서도, 학문적 차원에서도 아직 일반화되어있지 않고 있다.

그러나 Hannah의 정의를 그대로 따른다면 서울의 강남지역에서 일어났던 서진룸싸롱 사건은 전형적인 Quasi-Terrorism의 유형으로 분류할 수도 있을 것이다.

Ⅱ. Quasi-Terrorism의 원인

범죄로 규정되는 일체의 행위에 대하여 그 원인을 명확하게 제시하는 일이 현실적으로 불가능하듯이 Quasi-Terrorism의 발생원인을 한마디로 설명하기는 어렵다.

범죄학에서 말하는 이른바 범죄원인론의 내용을 살펴보면 그 중점을 어디에다 더 치중시키느냐에 차이가 있을 뿐 어느 경우든 이들 제 요소간의 복합적 인과관계에서 그 원인을 찾아야 한다는 공통된 결론을 내리고 있다. 그리고 위 제 요소의 복합적 인과관계에서 범죄의 원인을 찾더라도 모든 일체의 범죄행위에 대하여 보편타당성을 가지는 이론을 제시하기란 극히 어려우며 현실적 여건에서는 개별적 범죄 혹은 유형별 범죄에 대하여 따로따로 원인을 규명해 보는 노력이 가능할 뿐이다. 여기서 여러 형태의 범죄행위를 수개의 유형별로 분류하여 그 원인을 논하고 있는 입장들도 아직은 통계자료 혹은 Sample 집단에 대한 간단한 실험을 통하여 얻어진 제 현상을 토대로 가설단계에서 원인론을 제시하는 정도를 넘어서지 못하고 있음을 알아 둘 필요가 있다.

여기에서 논하고자 하는 Quasi-Terrorism 역시 그 특성면에서 일반범죄와는 다른 속성을 지닌다는 이유로 하나의 독특한 범죄유형으로 분류하기는 하지만 그 원인을 규명함에 있어서는 일반적 범죄에 대한 원인론에서 직면하는 것과 동일한 어려움에 봉착하지 않을 수 없다.

1930년대 이전까지는 모든 범죄의 원인을 인간의 소질이나 환경 중 어느 한 쪽에서 구하려는 이른바 정태적 해명방법이 널리 인정을 받았다. 그러나 그 후로 위의 정태적 연구방법에 대한 수정이 가해져 범죄의 원인을 소질과 환경의 상호작용에서 찾으려는 이른바 동태적 관찰방법이 소개되면서 범죄행위란 소질과 환경이 서로 불가분적으로 작용한 결과로서 나타나는 것이라고 보는 입장이 널리 그 타당성을 인정받게 되었으며, 이와 같은 동태적 인식방법은 최근에 이르러 그 지위가 더욱 확고해지고 있다. 따라서 Quasi-Terrorism의 원인을 논함에 있어서도 인간적 소질 및 환경적 요인을 동시에 다루어 두 요소가 상호작용을 통하여 결과적으로 범죄행위를 유발시키는 과정을 상세히 제시함이 바람직할 것이다. 그러나 생각컨대, 대개의 범죄행위가 그러하듯 Quasi-Terrorism의 경우 역시 범죄자의 인격적 소질이라는 것은 어디까지나 현실적 범죄행위의 간접적혹은 잠재적 원인으로 작용할 뿐 그 직접적 원인은 사회환경의 모순 내지는 불합리적 요소에 기인한다고 보는 것이 타당하다고 여겨지며, 범죄학계에의 최근 동향 역시 사회환경적 요소를 중시하는 쪽으로 기울어져 있으므로 이하에서는 논술의 범위를 사회환경적 측면만으로 제한하되 그 중에서도 특히 정치적 환경 및 경제적 환경과 Quasi-Terrorism과의 인과관계를 중점적으로 논하고자 한다.

1. 정치적 환경과 Quasi-Terrorism

정치적 환경과 Quasi-Terrorism과의 관계를 논함에 있어서는 대개 두 가지 측면, 즉 「정치적 부패」 및 「정치적 불안정」의 문제가 논의의 대상이 된다.

정치가 부패하였다 함은 정권 수임자 또는 정권의 주요 부분을 담당하는 공무원들이 자신의 개인적 이익을 위하여 그 권한의 일부를 부당하게 혹은 불법하게 행사함으로써 공익을 배반하는 사례가 빈번할 때 사용되는 말이다. 정치적 부패현상은 다시 입법적 부패, 사법적 부패 및 행정적 부패로 구분하여 생각할 수 있으나 넓은 의미에서는 인사관리, 공공사업투자 등의 과정에서 특권층의 사람들이 주어진 권력을 부당하게 행사하여 불법한 처사를 행하는 경우까지를 포함하는 것으로 보아야 할 것이다.

정치적 부패사례가 널리 성행하는 경우에는 국민의 대정부 신뢰도가 땅에 떨어지는 동시에 법에 대한 일반적 존경심이 흐려지고 법 위반행위를 예사로 여기게 될 것이 당연하다. 더 나아가 범법행위를 저질러 법집행기관에 의하여 검거되더라도 당해 범죄자는 그다지 죄책감을 느끼지 않을 뿐만 아니라 자신의 행위는 상부권력층의 소행에 비하면 아무것도 아니라고 생각하여Neutralization 개전의 정을 나타내지 않는 경우도 예측할 수 있다.

미국의 형사학자 Roscoe Pound는 위와 같은 사실에 착안하여 미국의 정치적 부패기로 일컬어지는 1960년대의 범죄현상을 조사하고 다음과 같은 결론을 내렸다. 즉 1960년부터 1969년 사이의 미국 내 범죄현상을 조사한 결과 비교적 정치가 건전하게 이루어지던 1950년대에 비하여 Quasi-Terrorism의 사례가 156%나 증가하였으며, 개별적 사건의 조사기록에 나타난 바에 의하면 Quasi-Terrorism을 저지른 대부분의 사람들이 정치지도급 인사들의 부정부패에 대한 저항감에서 범죄를 저지르게 되었다고 진술하였을 뿐만 아니라 그들은 정부 각 부처 공무원들의 부패를 들어 자신의 행위를 합리화시키는 데에 능통해 있었다는 것이다.

정치적 불안정이란 집권정당의 정치세력이 자주 바뀌어 정부 시책의 일관성이 없어지고 그 결과로서 국가가 안정성을 상실하게 된 상태를 일컫는 말이다. 정치가 불안정한 시기에는 행정부 및 사법부의 법적 통제력이 그 기능을 제대로 수행하지 못하게 되고 결과적으로 국민들은 국가의 통제 · 지도 및 단속 등을 기피하거나 가볍게 생각하여 쉽게 범법행위를 저지르게 되고 타인들이 범죄를 저지르더라도 별다른 관심을 보이지 않는다. 뿐만 아니라 범죄의 내용면에 있어서도 그 죄질이 점차 포악해진다는 것이 그간의 연구결과에 의하여 입증되어 온 것을 보더라도 정치적 부패나 정치적 불안정 여부는 동시대의 Quasi-Terrorism 빈도와 밀접한 상관관계를 가진다고 할 수 있다.

2. 경제적 환경과 범죄

경제적 환경과 범죄와의 관계에 대한 문제는 종래 범죄학 분야에서 많은 학자들이 관심의 대상으로 삼아 왔던 바, 그 이유는 환경의 한 요소인 경제환경과 범죄와는 깊은 상관관계를 가진다고 믿었기 때문이다.

경제환경과 범죄와의 관계에 관한 문제는 크게 「경제변동과 범죄와의 관계」 및 「경제적 빈곤과 범죄와의 관계」로 나누어 고찰하는 것이 보통이며 이와 같은 고찰방식은 경제환경과 Quasi-Terrorism과의 상관관계를 논함에 있어서도 그대로 적용될 수 있다.

경제적 발전이란 일반적 경제여건의 발전을 의미하며 보다 구체적으로는 농경사회로부터 상공업사회자본주의사회로의 변화를 일컫는 말이다. 경제적 발전은 국민경제의 구조적 변화와 더불어 사회 각 분야의 생활관계를 크게 변화시켜 놓았으며 이는 다시 사회현상의 하나에 속하는 제 범죄현상에도 매우 부정적인 영향을 끼쳤다고 보는 것이 일반적인 확신이다.

자급자족경제로부터 상품경제에의 변화는 국민소비수준의 향상과 더불어 교통통신수단부문의 현저한 발전을 가능케 한 것이 사실이다. 그러나 자본주의의 정착과정에서 나타난 여러 가지 모순, 즉 인간의 생산수단화로 인한 인간소외, 노동조건의 악화에 기인한 국민보건생활의 타락, 생산경쟁 과정에서 부녀자 및 미성년자 고용으로 인한 Humanism의 타락, 부의 편중으로 인한 빈부의 격차 심화, 과잉생산에 따른 경제불황으로 인한 실업자의 발생 그리고 해외시장 확보를 위한 식민지 쟁탈전에서 생겨난 전쟁미망인 및 전쟁고아문제 등은 사회 내 각 계층의 갈등conflict을 한층 심화시켜 놓았다.

Merton에 의하면 위와 같은 상황하에서는 전체 사회가 이른바 아노미상태normlessness 상태-무규범상태에 놓이게 되며, 그와 같은 Anomie Society에서는 성공목표에 대한 강력한 충동만을 의식할 뿐, 목표달성을 위한 수단 및 방법의 적법성 같은 것은 문제 삼지 않는 사람들innovative type이 있어 전통적인 범죄행위는 주로 이들에 의하여 저질러진다고 하였다. 물론 머튼의 Anomie 이론이 소개될 당시에는 Quasi-Terrorism이라는 개념이 별도로 정립되어 있지 않았던 관계로 Anomie 이론의 어느 부분에서도 Quasi-Terrorism이라는 용어를 발견할 수는 없다. 그러나 Quasi-Terrorism적 범죄사건이란 소기의 목표를 달성함에 있어 수단과 방법의 합법성을 무시하는 정도가 특히 현저한 범죄유형을 일컫는다는 점을 감안한다면 Quasi-Terrorism이란 결국 도덕성 내지는 사회윤리의식이 특히 빈약한 사람들이 자신들에게 목표달성을 위한 합법적 수단이 보장되어 있지 않다고 확신하는 상태에서 성공목표에 대한 강한 성취욕을 포기하지 않을 때 생겨나는 범죄유형이라고 이해할 수 있다.

경제적 빈곤과 범죄와의 관련성 문제는 주로 사회주의학자들에 의하여 관심의 대상이 되어 왔다. 그 중에서도 특히 Ban Kan은 마르크스의 경제유물론을 지지하면서 자본주의를 범죄의 온상으로 규정하고 오로지 빈곤의 범죄 결정력에 주목하여 범죄에 대한 경제적 조건의 의의를 절대적으로 평가하였다.

인간의 모든 행위는 기본적으로 생활상의 욕구충족을 위한 것이라고 본다면 경제적 빈곤으로 인한 욕구충족수단의 제한이 각종 범죄와 비행의 직접적인 원인이 된다고 보는 견해가 일응 타당성을 지니는 것처럼 보인다. 그러나 다른 한편으로 생각할 때 빈곤으로 인한 범죄자란 대개 빈곤으로 인하여 교육의 기회를 상실하게 되고 이는 다시 취업의 어려움으로 이어져 결국에 가서는 성공목표를 달성할 수 있는 기회를 아예 상실해버리는 지경에 이르게 됨으로써 범죄자의 길을 걷게 된다고 보는 것이 더 타당한 것이다. 이는 물론 생활이 빈곤한 사람은 누구나 그렇게 된다는 말이 아니며 빈곤생활자 중 범죄자로 되는 사람들에게만 적용될 수 있는 말이다. 그렇다면 빈곤이라고 하는 요소 그 자체가 직접적인 범죄원인으로 작용한다고 단정하는 견해는 그 논거에 모순이 있음을 쉽게 알 수 있으며, 이를 수정하여 빈곤으로 인한 일련의 악조건이 현실화될 때 비로소 그러한 현실적 여건이 범죄의 직접적 원인으로 작용한다고 보는 쪽이 더 설득력이 있다 할 것이다.

따라서 빈곤과 Quasi-Terrorism의 상관관계를 논함에 있어 두 변수간의 직접적 함수관계를 찾는 것은 무리일 수밖에 없으며, 그보다는 앞에서 취했던 입장을 그대로 반복하여, Quasi-Terrorism이란 빈곤의 종국적 결과로서 목표달성을 위한 합법적 수단 내지는 방법을 상실한 사람들 중 법질서의식은 철저하게 빈약하나 성공목표에 대한 집념이 강한 사람들에 의하여 저질러지는 범죄유형이라고 이해함이 타당할 것이다.

Ⅲ. Quasi-Terrorism의 예방

앞에서 소개한 원인론을 근거로 한다면 Quasi-Terrorism에 대한 대책은 근본적으로 정치적 안정성 확보 및 일반국민의 경제적 평등의 보장이라는 차원에서 다루어져야 할 문제이다. 즉 한편으로는 정치적 부패를 일소하여 일반국민의 정신기강을 바로잡으면서 정치세력의 안정을 도모하여 국민의 준법정신을 고양시키고, 다른 한편으로는 적극적인 사회복지정책을 통하여 부의 재분배 및 교육제도의 개선을 실현하여 각 사회계층간의 갈등이 해소되도록 하는 것이 무엇보다 전제되어야 할 것이다. 그러나 정치적 부패가 완전히 없어지고 전체 국민이 완전한 경제적 평등을 보장받는 사회란 현실적으로 존재하지도 않으며 또한 존재할 수도 없다. 정치적 경제적으로 아무리 선진화된 국가일지라도 어느 정도의 소외계층은 항상 존재하기 마련이며, 더 나아가 어느 정도의 경제적 불평등은 오히려 국가 발전을 위한 필요악으로 간주될 수도 있다고 본다면 국가차원에서의 형사정책과는 별도로 경찰을 비롯한 각급 법집행기관차원에서 사회적 소외계층에 대한 특별한 예방책을 강구하는 일이 현실적으로 중요한 의의를 지닌다. 따라서 이하에서는 경찰을 비롯한 각급 법집행기관의 차원에서 고려되어야 할 예방책을 광범위하게 소개할 필요가 있겠으나 Quasi-Terrorism 예방의 일차적 책임은 경찰에 귀속한다는 점을 중시하여 논의의 중점을 경찰차원경찰서 단위에서 생각할 수 있는 예방책을 제시하고자 한다.

경찰서 단위의 Quasi-Terrorism 예방책을 구상함에 있어서 제1차적 단계는 관내 주민 중 가까운 장래 또는 머지않은 장래에 Quasi-Terrorism적 범죄를 저지를 우려가 있는 우범자, 즉 Potential Quasi-Terrorist를 조기에 식별·파악하는 방법 및 그들로 하여금 그와 같은 범죄를 저지르지 않도록 선도·지도하는 것이다. 이 중 Potential Quasi-Terrorist의 사전식별에 관한 문제는 이른바 「범죄예측」의 문제와 관련이 있는 것이며 지도방법의 문제는 지역 내 심리학자 및 사회사업가들의 협조를 필요로 하는 문제이다.

1. Potential Quasi-Terrorist의 사전식별

잠재적 Quasi-Terrorist의 사전파악방법에는 전체적 평가법직관법, 임상적 예측법과 통계적 예측법점수법이 있는 바, 이 중 전자는 인격·환경상의 제 요인에 관한 각 개인의 상황을 각 방면으로 널리 조사·분석한 다음 이를 종합적으로 평가하여 당해 인물의 Quasi-Terrorism 위험성을 예측하는 것을 그 내용으로 한다. 이 방법은 각 개인에 관한 상세한 조사·분석이 가능하고 조사결과에 대한 범죄학적 평가능력을 충분히 갖춘 사람이 관여하는 경우에는 상당히 정확성이 보장된다는 장점이 있다. 그러나 이 방법은 일단 사전조사를 통하여 정밀조사 대상을 특정한 다음에라야 비로소 그 실효성을 기대할 수 있는 것이므로 전체 주민 중에서 정밀조사 대상을 가려내는 과정자체가 쉽지 않다는 이유로 널리 활용되지 못하고 있다.

전체적 평가법이 현실적으로 많은 문제를 지니는 데 비하여 통계적 예측법은 지역주민 중 전과사실이 있는 사람들만을 대상으로 조사·분석을 실시하여 이를 일정수식으로 나타낸 다음 그 결과에 의하여 재범 우려자를 평가하는 방법으로서 이는 특별히 범죄학적 지식이 없는 사람도 쉽게 이용할 수 있다는 장점을 지닌다. 이 방법은 과거의 범죄자 또는 재범자에 관한 분석결과를 집계하여 이를 표식화하는 것을 내용으로 한다는 점에서 경험표Experience Table에 의한 예측법이라고 불리기로 한다.

이상에서 볼 때 Potential Quasi-Terrorist를 초기에 빠짐없이, 그리고 정확히 식별해 내기 위해서는 전체적 평가법과 통계적 예측법을 동시에 활용하여 양자의 단점을 상호보완함이 바람직할 것으로 여겨진다. 물론 거기에는 많은 비용과 시간의 소모가 뒤따르겠지만 사회방위라고 하는 보다 큰 목표를 생각하면 그 정도의 부담은 마땅히 감수할 만한 가치가 있다 하겠다.

우리나라에서는 아직 Quasi-Terrorism의 개념자체가 일반화되어 있지 않을 뿐만 아니라 일반적 강력범죄에 대한 조기 예측법을 제대로 개발·활용하지 못하고 있는 실정이다. 우리나라에서는 비행소년 중에서 재비행의 위험성을 판정한 소년에 대하여는 「비행성예측자료표」를 작성 비치하여 전국의 경찰서에서 이를 청소년범죄관계실무에 활용하고 있는 정도라 하겠다.

2. Potential Quasi-Terrorist의 지도

앞에서 소개한 방법을 활용하여 잠재적 Quasi-Terrorist를 식별한 다음에는 각 개인의 특수성을 고려하여 지역 내 심리학자 혹은 사회사업가의 참여하에 단계적인 선도

·지도방안을 마련, 이를 적절히 운용함으로써 소기의 예방효과를 거두려는 노력이 뒤따라야 한다. 여기서 잠재적 Quasi-Terrorist에 대한 지도방안의 주요 내용이 될 수 있는 세 가지 단계적 방법을 제시해 보면 다음과 같다.

첫째, 지역내 심리학자의 협조를 얻어 Potential Quasi-Terrorist의 인격내면에 존재하는 범인성의 심리적 조건을 제거하는 것이다. 심리적 장애요인의 제거는 보통 상담 또는 카운슬링 과정을 통하여 이루어지며 이러한 과정을 일컬어 심리지도라 부른다.

둘째, 지역 내 사회사업가의 지원을 받아 잠재적 Quasi-Terrorist로 하여금 현실생활상의 장애빈곤, 실업를 극복할 수 있도록 적절한 지도와 알선을 제공하는 것이다. 이러한 과정을 보통 생활지도라 부르며 이는 생활상의 장애를 타개해 나갈 수 있도록 필요한 능력 내지는 기회를 마련해 주는 것을 그 내용으로 한다.

셋째, 필요한 경우에는 사회사업가 혹은 사회복지시설의 협조를 얻어 현실생활상의 기본적 환경을 개선해 주는 일이다. 예컨대 계모와의 갈등이 심하여 Quasi-Terrorism적 행위를 통하여 이를 해소하려 할 우려가 있는 자에 대해서는 가정으로부터 벗어남으로써 갈등을 덜 수 있도록 적당한 대리가정을 알선해 줄 필요가 있는 것이다. 이처럼 생활환경상의 기본적 여건을 개선해 주는 것을 환경조정이라 부른다.

이상의 3가지 방법은 시간의 경과에 따라 단계적으로 추진하든가 아니면 가능한 경우에는 3가지 측면을 동시에 추진함으로써 상호보완적 효과를 기대함이 바람직할 것임은 말할 필요가 없을 것이다.

Ⅳ. 결　　론

Quasi-Terrorism의 문제는 그 용어자체가 아직은 범죄학계의 일부에서만 통용되고 있는 새로운 개념이라는 것이다. 뿐만 아니라 Terrorism 및 강력범죄의 중간적 위치를 지니는 범죄유형을 Quasi-Terrorism으로 구분하려는 입장에 있는 사람들도 아직은 개념을 확립하는 과정에 머물러 있을 뿐 실증적 연구를 토대로 한 원인론도 대책론도 제시하지 못하고 있다.

그러나 한편 생각할 때 Quasi-Terrorism이란 개념은 일반적으로 강력범죄라고 불리어지는 범죄유형으로부터 Terrorism이라는 별도의 개념을 분리하는 과정에서 생겨난 일종의 부산물적 개념이라는 점과, Terrorism이나 강력범죄에 대한 원인/대책론이 아직은 그 보편타당성을 널리 인정받지 못하고 있다는 점을 감안한다면 Quasi-Terrorism을 굳이 강력범죄와는 전혀 성격이 다른 범죄유형으로 엄격히 구분하여 별도로 원인론 및 대책론을 명백하게 제시해 보려는 시도 자체가 아직은 무리가 아닐까 생각된다.

테러리즘에 대한 민간인의 안전관리

Ⅰ. 서　론

테러리즘은 마치 전염병처럼 세계 도처에 번지고 있다. 「베이루트」 인질사건이 계속되는 동안 동경의 나리타공항에서는 폭발물 사건이 발생하였으며 다른 한편에서는 인도항공 여객기가 대서양에 추락하였다.

2000년도에만 해도 전 세계에 걸쳐 429건의 사례를 기록했던 테러사건이 2008년도에는 3,211건으로 대폭 증가하였다. 그리고 2008년에 발생한 테러사건 중 가장 높은 빈도를 보여주는 유형은 폭발물 테러로서 전체 사건 중 50.6%를 차지하는 1,626건이 이 범주에 속한다.

테러분자들을 문명사회의 질서와 규율에 대한 파괴자로 규정하고 천인공노할 그들의 만행을 사전에 방지해 보려는 노력은 많은 국가들에 의하여 끊임없이 지속되어 왔다. 그 중 국제적 차원 혹은 단일국가적 차원에서 강구된 방안으로는 대개 첫째, 출입국관리사무소의 철저한 통제 및 검문·검색의 강화, 둘째, 테러의 목표가 될 만한 요인 혹은 시설물에 대한 안전대책의 강화, 셋째, 테러 용의자에 관한 국가 간 정보교환 체제의 확립, 넷째, 대테러 특공대의 운용, 다섯째, 테러행위를 배후에서 조종하거나 묵인하는 국가에 대한 국제적 고립화, 여섯째, 테러범과의 협상 거부 및 체포·인도협정 체결 등으로 요약된다.[1)]

그러나 여러 유형의 국제기구 혹은 단일국가들이 인적, 물적으로 거대한 부담을 감수하면서 위와 같은 대테러 대책을 수립해놓고 있는데 반하여 테러의 양상은 날로 다양화, 지능화 및 잔인화되어가고 있다는 사실은 인류사회 혹은 전체국민에 대한 보호 책임자의 입장에서 강구되는 대책만으로는 국민 개개인 모두가 테러로부터 해방을 보장받을 수 없음을 시사해 준다.

더 나아가 개인의 생명과 재산에 대한 보호의 궁극적 책임은 결국 개인 자신에게 귀속한다는 논리를 상기하면 테러리즘에 대한 대책은 경찰이나 그 밖의 국가기관에만 의존할 문제가 아니라는 점을 정당화시켜 준다. 바로 이러한 점에서 민간부분에 의한 테러대책 즉, 국가기관에 의한 대비책 이외에 개인적 차원 혹은 민간조직 차원에서의

---

1) *Newsweek*, July 1, 1985, "Ten ways to Fight Terrorism," p. 18.

테러대응책에 대한 관심이 부각되고 있는 것이다.

민간부분에 있어서의 대테러방비책은 국가적 차원에서의 그것과 마찬가지로 사전 예방이라는 국면과 사후 대응책으로 나누어 생각할 수 있다. 그러나 여기에서는 예방적 측면만을 논술의 대상으로 삼고자 한다.

Ⅱ. 안전대책 수립의 기본요소

테러의 대상에는 원칙적으로 제한이 없다. 특히 항공기 납치나 폭발물에 의한 테러에 있어서는 범행이 실행되는 순간에 특정 장소에 있는 사람이면 누구나 희생자가 될 수 있다. 아울러 선량한 일반인이 테러의 희생물이 되는 경우는 그 예측이 불가능할 뿐만 아니라 안전대책을 수립한다 하더라도 거기에는 상당한 경제적 부담과 더불어 생활의 불편이 수반되기 때문에 전체 국민이 개별적으로 안전대책을 수립할 수 있는 기준을 제시한다는 것은 현실적으로 불가능한 일일 것이다. 따라서 여기에서 살펴보고자 하는 내용은 객관적으로 테러의 목표가 될 가능성을 지니는 사람 혹은 시설물에 국한되는 것으로 이해를 해야 할 것이다.

민간부문에 있어서의 대테러 안전대책의 기본요소혹은 단계는 다음과 같이 설명될 수 있다.[2)]

1. 위험요소의 분석

효과적인 대테러 안전대책의 수립을 위해서는 무엇보다 먼저 주변에 상존하고 있는 위험요소에 대한 포괄적인 분류과정이 선행되어야 한다. 이는 즉, 자신의 생활습관이나 주거의 여건 혹은 외부인과의 접촉과정을 분석함으로써 테러발생의 가능성이 있는 국면을 세밀하게 식별해 보는 작업을 말한다.

---

2) Richard Clutterbuck, *Living with Terrorism* (London: Fiber & Faber, 1975), pp. 70-73.

2. 취약점의 보완

위험요소에 대한 분석이 완료되고 나면 그 결과로써 나타난 취약점들을 해소시킬 수 있는 방안들이 구체적으로 강구되어야 한다. 경우에 따라서는 주거의 이전이나 사무실의 이전까지도 망설여서는 안 되며 안전을 위한 특정 절차가 생활의 불편을 수반하는 것일지라도 이를 수용해야 한다.

3. 안전체제의 확립

수개의 위험요소에 대하여 개별적인 보완책이 강구된 다음에는 이들을 하나의 연속적 과정으로 체제화 시킴으로써 이른바 Security System을 확립시켜야 한다. 물론 아무리 철저하게 안전체제를 갖춘다 해도 완벽한 안전이란 있을 수가 없다. 그러나 안전에 대한 주의의 정도가 높으면 높을수록 잠재적 목표가 지니는 취약성은 줄어든다는 사실을 잊어서는 안 된다.

4. 안전체제의 점검 및 개선

특정인 혹은 특정 시설물을 위한 안전체제가 확립되어 그것이 제대로 운용된다면 해당 인물이나 요인이 테러의 목표가 될 가능성은 현저하게 줄어든다. 그러나 안전체제의 운용에는 정기적 혹은 부정기적인 확인과 점검이 뒤따라야 하며 시정되어야 할 점이 발견되거나 장비의 현대화가 요구될 때에는 지체없이 개선책이 강구되어야 한다.

Ⅲ. 테러유형과 안전대책

1. 차 량

현대인에게 있어 자동차는 아내만큼이나 가까운 존재이다. 이와 같은 사실과 관련하여 특정 인물의 자동차 탑승을 이용한 살인이나 납치는 가장 흔하게 볼 수 있는

테러 유형에 속한다. 차량과 관련하여 발생되는 테러의 유형을 보다 세부적으로 구분해 보면,

첫째, 차량 자체에 폭발물을 장치하여 탑승자가 특정한 동작을 하는 순간 혹은 일정한 시간이 경과한 후에 폭발케 하는 유형

둘째, 특정 지점에 자동차가 정지할 것을 예상하여 그 부근에 폭발물을 매설해 놓았다가 원격조정으로 폭발케 하는 유형

셋째, 인위적 수단장애물 설치 혹은 차량을 이용한 충돌에 의하여 자동차를 정지케 한 후 탑승자를 저격하거나 납치하는 유형

넷째, 교통혼잡 혹은 신호대기로 정지해 있는 차량에 접근하여 탑승자를 살해하거나 납치하는 유형 등으로 나누어진다.[3]

위에서 분류한 범행의 유형은 자동차 탑승을 이용한 테러의 예방책수립이 어떠한 측면에서 강구되어야 할 것인가를 암시해 준다. 즉,

1) 자동차 자체가 총탄이나 충돌에 견딜 수 있도록 특수하게 제작되어야 하며

2) 운행의 패턴이 다양해야 함과 동시에 운전자는 특수 운전기술에 능숙해야 하며

3) 차량을 보관하거나 주차시에는 외부인에 의한 관측이나 접근이 불가능하도록 조치해 두어야 한다는 것이 그것이다.

자동차 탑승시의 테러공격에 대비하기 위하여 특별히 제작된 차량은 얼마든지 있다. 미국의 경우만 하더라도 거리에서 흔히 볼 수 있는 Mercedes 450SEL 이외에 Chevrolet Caprice, the Oldsmobile 88 및 the Jeep Wagoneer 등 그 종류와 모델이 다양하다.[4] 그러나 테러를 염두에 두고 차량을 선택할 때에는 차량의 색깔이나 모델에 집착을 해서는 안 되며 차량이 지니는 방비능력이 우선적으로 고려되어야 한다. 그 이유는 색채나 외형을 중시하여 화려한 색깔이나 특이한 모형을 택하게 되면 어디에서나 식별을 용이하게 함으로써 테러의 위기를 벗어나기가 힘들기 때문이다.

과거에는 테러 대비용으로 제작된 차량이라면 의례히 무겁고 느리고 운행하기에 힘든 것이 통례였다. 그러나 근래에 들어서는 Kelvar나 Fiberglass 혹은 기타 합성수

---

3) Neil C. Livingston, *Fighting Terrorism: The Private Sector* (New York: Harcourt Brace Jovanovich, 1981), p. 205.

4) *Ibid.*, p. 207.

지 등을 이용하여 가벼우면서도 고도의 방탄능력을 갖춘 차량들이 대량으로 생산되고 있다. 대테러용 차량은 방탄능력의 정도에 따라 대개 6등급으로 분류할 수 있다. 1등급에 속하는 차량은 38구경이나 45구경과 같은 소형 총탄에 견딜 수 있는 정도의 방탄능력을 지니며 6등급에 속하는 차량은 7.62미리 대전차화기의 공격까지도 극복할 수 있는 정도의 방탄능력을 지닌다.[5] 따라서 국가원수 정도의 중요성을 지니는 사람이 아닌 다음에는 4~5등급 즉, 수류탄이나 9미리 자동소총 공격 정도를 극복할 수 있는 차량이 가장 바람직하다고 한다.

대개의 경우 사람들은 주거지에서 업무장소로 이동시 가장 가깝고 넓은 도로를 이용하게 마련이다. 그리고 특별한 경우를 제외하고는 일정한 출퇴근 패턴에 따라 거의 정해진 시간에 특정 지점을 통과하는 것이 상례이다. 실제로 테러가 성공적으로 실행된 사례를 보면 몇 주일 혹은 2~3개월의 관찰을 통하여 대상인물의 규칙적인 이동 패턴을 파악한 연후에 실행되었음을 알 수 있다. 따라서 자신에게 테러의 위험이 상존하고 있음을 알면서도 항상 정해진 코스를 따라 규칙적인 운행을 계속하는 것은 자살행위와 다를 바 없다는 결론을 얻을 수 있으며 측근 이외의 사람들로 하여금 자신의 이동패턴을 예측할 수 없도록 하는 것이 테러예방에 있어 얼마나 중요한가를 쉽게 짐작할 수 있다.

운행패턴의 다양화에는 운전자 신원의 확실성이 선행조건임은 말할 필요도 없다. 아울러 운전자는 위기에 직면하여 특수 운전기법을 발휘할 수 있는 능력을 갖추어야 한다. 예컨대 인위적 장애물에 봉착하였을 때 운전자가 이를 극복하지 못하고 그대로 정차를 한다면 이러한 순간이야말로 테러범들이 노리는 범행찬스가 되는 것이다. 그러므로 운행 중 도로를 가로 막고 있는 괴차량을 발견했을 경우 그대로 정지하기보다는 차량의 앞부분 혹은 후미 부문에 충돌을 시도하여 방해차량을 밀어내고 운행을 계속할 수 있도록 평소에 훈련이 되어있어야 한다.

고속도로상에서 괴차량과 직면하였을 경우에 발휘할 수 있는 특수운전법에는 "주류밀매업자 회전법"과 "J회전법"이 있다.[6] 전자의 경우는 미국 캘리포니아의 주류밀매업자들이 많이 사용하는 운전법이라는 데서 그 이름이 유래한다. 또한 그 방법은 장애물 발견시 비상브레이크를 밟음과 동시에 핸들을 갑자기 왼쪽으로 회전시킴으로

---

5) Robert Moss, "Counter Terrorism", *The Economist*, Brief Booklet, No. 29, p. 10.
6) Neil C. Livingston, *op. cit.*, p.213.

써 턴을 시도하는 것이다. 「J회전법」이라 함은 자동차가 정지한 상태에 있고 제자리에서 U턴을 시도할 만큼 공간이 넉넉지 못한 경우에 자동차를 고속으로 후진하다가 핸들을 한쪽으로 잡아챔으로써 180° 회전을 시도하여 반대방향으로 도주하는 방법을 일컫는다. 그러나 자동차를 상대로 한 테러의 대부분이 교통이 혼잡한 거리의 한복판, 신호대기중 혹은 차고로부터 차량이 나오거나 들어가는 순간에 실행된다는 점, 그리고 그와 같은 운전법이 현실적으로 얼마나 쓸모가 있을까를 생각하면 안전대책으로서의 중요성은 비교적 낮다고 할 수 있다.

차량의 은폐와 외부인의 접근금지는 여러 가지 측면에서 중요한 의의를 지닌다. 우선 차량의 은폐는 집안 내에 혹은 사무실에 요인의 재가, 재실여부를 예측할 수 없게 하며 외부인의 접근금지는 테러분자에 의한 폭발물의 설치 등을 예방할 수 있게 한다.

자동차를 테러공격으로부터 보호하기 위한 대비책은 위에서 소개한 것 이외에도 수없이 많다. 예컨대 자동차에 경보장치를 한다거나 자외선 탐지기를 설치하는 방법 등은 원격시동장치와 더불어 최근에 널리 보급되어 있는 방안에 속한다.

2. 주 거

주거와 연관하여 발생하는 테러의 유형은 다음과 같이 구분된다.

첫째, 주거 밖에서 총격을 가하거나 수류탄 등을 던져 요인을 살해하는 유형

둘째, 직접 주거 내에 침입하여 요인을 납치하거나 살해하는 유형

주거에 대한 안전대책이라고 하면 대개 경비원의 배치, 경비견의 사육 및 높은 담장을 연상하게 되는 것이 상식이다. 그리고 그와 같은 요소들이 주거지에서의 테러를 예방하는 데 상당히 중요한 국면을 차지하는 것은 사실이다. 그러나 좀 더 조직적이고 완전한 안전대책을 수립하기 위해서는 주거의 주변 및 주거 내 제반 사항을 세밀히 분석하여 테러범들의 접근이나 침입이 불가능하도록 만반의 준비가 갖추어져야 한다.

주거의 주변에 대한 대비책으로는 정기적 경비순찰이외에 맨홀의 통제, 철조망 시설 등을 들 수 있으며 담장에 근접해 있는 나무의 제거 및 야간보안등 설치 등은 괴한의 침입을 예방하는 데 절대적인 요소가 된다. 주거의 주변에 고층건물이나 높은

언덕 등이 있는 경우 담장부근의 나무를 제거하는 것은 오히려 외부로부터의 사계射界를 열어주는 결과가 될 수도 있다. 따라서 그러한 여건에서는 주거를 아예 다른 곳으로 옮기는 것이 바람직하다.

주거의 내부에 대한 안전대책 중에서 가장 중요한 것은 출입자에 대한 철저한 통제이다. 출입자에 대한 신분 및 소지품의 검색, 그리고 일단 출입이 허용된 사람에 대해서는 출입증을 패용케 하여 그들의 행동 하나하나를 빈틈없이 체크하여야 한다. 근래에 들어 그 성능의 정밀성을 높이 평가받고 있는 전자감응기 및 CCTV 등은 바로 이러한 목적을 위하여 고안된 장비들이다.

출입자에 대한 감시 및 통제 이외에 주거 내 안전대책에 포함되어야 할 사항으로는 창문에 방탄유리 시설 및 통신보안책전화의 수립, 그리고 내부개폐식 자물쇠 시설 등을 들 수 있다. 그러나 기계나 장비를 이용한 감시의 수단은 어디까지나 사람에 의하여 작동 또는 운용되는 것이기 때문에 인적 요소에 대한 철저한 신원확인 및 교육훈련이 끊임없이 이루어져야 한다는 사실이 무엇보다 중요하다. 인적 요소의 보안의식과 관련하여 몇 가지 준수사항을 살펴보면 다음과 같다.

1) 주거 내 근무자들은 요인의 가족관계 및 안전체제 등에 관한 사항을 절대로 외부인에게 누설하지 말아야 한다.

2) 소정의 신분증을 소지하지 아니하여 그 신분이 의심스러운 사람에 대해서는 어느 누구도 출입을 허용해서는 안 된다.

3) 처음 보는 배달부나 검침원에 대해서는 일단 의심을 품고 확실하게 신분을 확인한 후에 출입을 허용해야 한다.

3. 우편물

서신이나 소포 속에 폭발물 혹은 치명적인 화학약품을 넣어 수취인이 이를 개봉하는 순간에 폭발 혹은 독가스의 누출을 유발토록 하는 수법은 근래에 널리 유행하고 있는 테러의 유형이다. 플라스틱 폭탄과 폴라로이드 카메라의 개발은 테러범들로 하여금 초정밀 소형폭탄의 제작을 가능케 해주었으며 Hexogen이라고 하는 TNT합성물은 자유자재로 모양이 변형될 수도 있고 심지어는 편지지 두께만큼 얇은 모양으로 만들어질 수도 있다.

검사를 거치지 않은 일체의 우편물은 일단 그 속에 폭약이나 화학약품이 들어 있을 수도 있다고 간주하여야 한다. 그리고 검사단계에서 일단 의심의 여지가 있다고 보이는 우편물에 대해서는 절대로 개봉을 하거나 물리적 힘을 가해서는 안 되며 즉시 경찰에 연락을 취하여야 한다.

우편물을 검사할 때 다음과 같은 외형을 지니는 것은 일단 의심을 품어야 한다.

1) 발신인의 주소가 없는 경우
2) 발신인의 주소나 회사의 이름이 생소한 경우
3) 발신인의 이름이나 주소를 신문 혹은 잡지 등에서 오려서 붙인 경우
4) 기타 외형상 수상한 흔적이 보이는 경우

의심의 여지가 있는 우편물 중에서 특히 다음과 같은 외형을 지니는 것들은 폭발물이 들어 있다고 간주해야 한다.[7)]

1) 내용물의 두께에 비하여 중량이 무겁게 느껴지는 것
2) 외부에 기름자국이나 얼룩반점이 묻어 있는 것폭약은 대개 습기에 젖어 있으므로
3) 우편물에서 아몬드Almond 냄새 같은 것이 느껴지는 것
4) 우편물을 만졌을 때의 촉감이 점토흙이나 접착제처럼 느껴지는 것
5) 속에 든 내용물이 한쪽으로 기울어져 있거나 중량이 한쪽에 치중되어 있는 것
6) 머리카락 모양의 스프링이나 동전 모양의 장치가 외부로 노출되어 있는 것

4. 업무장소(사무실)

업무장소에서의 테러는 그 유형을 다음과 같이 나눌 수 있다.

첫째, 직접 사무실 등에 침입하여 요인을 살해하거나 납치하는 유형

둘째, 직원으로 위장입사하여 시설물을 파괴하거나 요인에게 접근하여 테러를 하는 유형

---

7) *Ibid.*, p. 217.

셋째, 직원으로 위장입사하여 기밀실 등에 도청장치를 하거나 요인의 외출스케줄을 외부 공범자에게 알리어 테러를 실행케 하는 유형

넷째, 사무실에 폭발물이 장치된 우편물을 발송하여 개봉시 폭발케 하는 유형

위에서 나열한 범행의 유형은 업무 중 대테러예방책이 어떻게 수립되어야 하는지를 비교적 쉽게 암시해 준다. 즉,

1) 요인의 업무장소는 괴한의 침입으로부터 보호될 수 있도록 인가된 자 이외의 출입이 통제되어야 한다.

2) 직원의 채용에 있어서는 반드시 보안검사를 실시하여 범죄전과, 반정부운동경력, 불량한 교우관계, 가족 중 지하집단 구성원이 있는지의 여부를 조사한 후에 채용 여부를 결정하여야 한다.

3) 직장의 전화, 특히 요인의 사무실이나 기밀실 등의 전화에 대해서는 정기적인 도청예방검사가 실시되어야 한다.

4) 요인의 외출이나 출장스케줄은 필요한 최소한의 측근에게만 고지되어야 하며 장거리출장에 따른 항공예약이나 호텔예약 등은 출발에 임박하여 확정해야 한다.

5) 직장으로 배달되는 일체의 우편물은 전문요원 혹은 특수장비에 의한 검사과정을 거치도록 하여야 한다.

업무장소에서의 안전과 관련하여 생각할 수 있는 문제는 그 밖에도 많이 있다. 즉 항공기를 이용함에 있어서는 자동차 이용시에 준하는 안전대책이 강구되어야 하며 쇼핑이나 식사를 위하여 외출을 할 때에는 인적이 드문 곳을 택하거나 특이한 옷차림을 피하여야 한다. 더 나아가 택시를 이용하는 경우에도 필요 이상으로 편의만을 추구해서는 안 되며 접대부 등을 가까이 하게 되는 경우에도 지나치게 호의를 보이는 상대에 대해서는 접근을 허용하지 말아야 한다.

Ⅳ. 민간경비업체의 중요성

민간경비업체라 함은 특정인 혹은 시설의 안전을 위하여 필요한 경계나 경비서비스를 제공해 주고 그 수혜자로부터 대가를 지불받는 기업형태를 말한다.[8)]

---

8) National Advisor Commission on Criminal Justice Standatd and Goals, *Private Security:*

민간경비업체의 출현은 1850년대에 그 기반을 두며, 당시 극도로 타락했던 경찰을 불신임한 미국의 기업가들이 자신들의 비용으로 사경찰을 고용하였던 것이 시발이다. 오늘날의 대기업들은 국가경찰에 의한 보호와는 별도로 경비용역업체와 안전계약을 맺고 있다. 특히 미국의 경우를 보면 경비만을 전문으로 하는 업체의 수만도 107,000여개에 이르며 거기에 고용되어 있는 민간경비원의 숫자는 190만명을 훨씬 넘어서는 것으로 집계되고 있다.[9] 우리나라의 경우 2008년 현재 민간경비회사의 수는 약 3,043개에 이르며 그러한 업체에 경비원으로 고용되어 있는 인원이 약 142,453명에 달하는 것으로 알려져 있다.[10]

경비업체들이 제공하는 안전서비스의 형태와 범위는 업체의 규모에 따라 다양하다. 그러나 대개는 정복요원에 의한 순찰과 더불어 기계나 장비를 이용한 경보체제의 확립, 요인의 주변에 경호원의 배정, 그리고 금융기관에 대해서는 현금운반시 무장경비원을 동행케 하는 형태 등이 그 주종을 이룬다.

한편, 근래에 들어 기업체 간부에 대한 테러가 늘어가고 있는 추세는 테러예방을 전문으로 하는 경비업체를 생겨나게 하였을 뿐만 아니라 그러한 업체들에 의한 대테러특수교육이 활발하게 실시되고 있다. 이와 같은 사실과 관련하여 미국의 Cobray사에서 실시하고 있는 대테러의 훈련을 살펴보면 특수운전기술의 습득을 기본과정으로 하여 호신술・사격술 등을 교육하는 이외에 비상시에 대하여 드라이버, 도끼, 유리컵 및 기타 일상용품을 호신용 무기로 활용하는 방법을 훈련시키고 있는 것으로 알려져 있으며, 다른 한편으로는 초미니 소음권총Mitchel Liningston WerBell III을 자체에서 제조한 것으로 알려져 있다.[11]

민간경비업체들의 존재가 국가경찰에 대한 보조수단으로서 그 기능을 인정받고 있다는 사실은 누구도 부인하지 않을 것이다. 뿐만 아니라 국가경찰과 민간경비업체가 보다 더 밀접한 협조체제를 구축하여 테러를 포함한 일반범행에 공동으로 대처한다면 그 효과는 자못 클 것이다.

그러나 그러기 위해서는 민간경비요원의 무기소지 및 사용의 한계와 더불어 민간

Report of the Task Force on Private Security (Washington, D.C.: GPO, 1976), p. 4.

9) William C. Cunningham, *et al., The Hallcrest Report II: Private Security Trends 1970 to 2000* (Hallcrest Systems. Inc., 1990), pp. 183-186.

10) 경찰청, 2009 경찰백서, 2009, p. 72.

11) H. Ross Perot, quoted by Richard Shenkman, "Rescue by the Private Sector", *National Review,* May 30, 1980, p. 623.

경비업체와 안전계약을 맺고 있는 상태에서 범행의 피해를 입은 경우 그에 대한 보상책임의 한계 등이 명백하게 정해져야 한다는 것이 전제조건으로 남아 있다.

V. 결 론

모든 테러범행은 치밀한 사전계획에 따라 용의주도하게 실행되는 특성을 지닌다. 범행에 앞서 테러범들은 대상인물 혹은 시설물에 대한 관찰을 토대로 세부계획을 수립한다. 따라서 개인의 차원에서 테러예방책을 강구함에 있어서는 자신의 생활패턴이 외부인에게 노출되지 않도록 하는 것이 가장 중요한 요소가 된다.

훌륭한 안전대책이라 함은 최신의 장비나 기계에 의하여 수립되기보다는 오히려 상식적인 범위에서 주변에 상존하는 취약점을 제거하는 것이라고 설명될 수 있다. 그리고 일단 안전대책이 수립된 상황에서는 언제 어디서나 경계의식을 소홀이 해서는 안된다는 사실을 명심하여야 한다.

테러와 위기관리정책

Ⅰ. 서 론

Ⅱ. 인위적 재난으로서의 테러사건

Ⅲ. 미국의 위기관리를 위한 노력

Ⅳ. 대테러 프로그램을 위한 위기관리 체제

Ⅴ. 결 론

Ⅰ. 서　론

동구 공산권의 몰락 이후 극좌테러단체의 활동이 퇴조하고 있는 가운데 최근에는 종교나 민족적 갈등에 따른 테러사건이 계속 발생하고 있다.

테러행위는 사실 역사적으로 볼 때 새로운 사건이 아니라 일반적인 사건이다. 그러나 제2차 세계대전 이후부터 그 전술은 종전과는 다른 특수한 형태를 나타내고 있음을 알 수 있다. 특수한 형태의 전술은 테러범들의 수중에 있는 현대적인 통신장비들과 작은 무기들이라 할지라도 불러올 수 있는 엄청난 파괴능력이다. 또한 아주 작은 폭력행위도 매스컴에 의한 공개성 때문에 그 영향이 멀리까지 미칠 수 있게 되었다. 따라서 테러행위는 정치분쟁의 일상적 수단이 되어 버렸다. 근래에 이르러서 테러범들은 불특정다수인까지도 그들의 제물로 삼을 수 있으며 현대무기는 또한 대단히 많은 사상자들을 발생시킬 수 있음을 증명하였다. 다시 말해 테러폭력행위는 대량살상이나 대량 파괴사건과 마찬가지로 실제 지구상의 모든 사람들에게 중대한 위협이 되고 있는 것이다.

테러행위가 일반적인 사건이 되었고 앞으로 계속되는 한 테러사건과 그 결과로 나타나는 효과의 관리문제는 매우 중요하다. 이제까지 발생한 대형 사건들 가운데에는 대규모 재난을 불러오지 않고 해결된 경우가 훨씬 많았다. 그러나 이것은 테러범들이 파괴적인 폭력을 계획하거나 위협하지 않았다는 것은 아니다. 다행히도 이러한 위협들은 실행되지 않았거나 혹은 실행 전에 저지된 것이다. 어떤 테러범들은 오직 정치적 목적의 달성을 위해서 그러한 위협들을 사용했다. 그럼에도 불구하고 현대의 산업사회는 테러파괴 행위를 저지를 수 있는 수많은 기회들을 제공하고 있으며 또한 테러조직들이 이러한 폭력행위를 행사할 수 있는 가능성을 얼마든지 지니고 있기 때문에 핵 혹은 생물학적인 혹은 다른 여러 가지 방법의 인위적이며 의도적인 재난은 피할 수가 없는 것이다. 이러한 위험의 관리가 우리가 기대할 수 있는 가장 최선의 것이라 하겠다.

발전소나 송전망을 파괴하고, 수도 공급선을 오염시키고, 다리나 댐 등을 파괴하고, 철도나 고속도로를 절단하는 등의 일에 있어서는 테러범의 기술적인 숙련성은 오늘날 별로 필요하지 않다. 화학적, 생물학적, 방사성 물질로 인한 오염도 역시 비교적 쉬운 편이다.

젠킨스B. M. Jenkins는 화학적, 생물학적 공격은 미국이 앞으로 수십년간 처리해야만 하는 대량 파괴 테러의 드러난 예라고 주장하고 있다.[1] 1970년 중반에 서유럽에서 판매된 이스라엘산 과일의 오염사건, 미국에서 의사의 처방 없이도 팔 수 있는 약들에서 나타난 독극물, 1987년 키프로스에서 다이옥신[2] 가스 공격의 위협 등은 비교적 작은 행동이 불러 올 수 있는 파괴적 사실을 입증한 것이다.

많은 국제 테러사건, 테러행위의 지리적 확산, 늘어나는 테러조직의 수는 테러행위의 확산을 충분히 증명하고 있다. 억압에 대한 폭력사용의 증가와 정부 및 그들의 대리인이 그 자신들의 시민에게 행하는 테러행위 역시 주목되어 왔다. 테러리스트라는 용어의 모호성 때문에 믿을 만한 통계자료를 찾기도 어렵다. 억압에 대한 테러행위는 특히 가늠하기 어려운데, 그것은 일반적으로 현직 관료들이 방송매체를 통제하고, 그 사건의 본질에 관한 일반 시민들의 개념을 조작할 수 있다는 의미를 가지고 있어서 사건에 대한 상당한 영향력을 행사해 왔기 때문이다. 폭력이 현직 고위관리의 정책에 영향을 주기 위해 혹은 특정 권위자를 제거하기 위한 전술일 때, 그들의 목적이 그 정체의 몰락과 같이 중대한 것이든 혹은 단지 하나의 정책전환과 같이 제한된 것인지 하는 것은 별로 중요한 문제가 아니다.

국제 테러행위의 통계 또한 믿기 어렵다. 예를 들면 미국과 서유럽국가들이 종종 서구측 비행기의 공중납치범을 테러범으로 규정짓는데 반해 동유럽 비행기나 쿠바 선박의 납치범의 경우는 망명자로 받아들이려 하고 있다. 요점은 '한 사람에게 있어 테러범은 다른 사람에게는 자유를 위한 투사혹은 망명자'라는 것이다. 이 문구는 테러리즘을 이해하고 테러 사건을 관리하는 데 있어 매우 중요하다.[3]

그러나 현재까지 테러행위는 비교적 좁은 범위에서 낮은 강도로 행해져 왔다고 할 수 있다. 전통적인 전쟁을 제외하고 대량 파괴나 대량 살상을 가져온 경우는 그리 많지 않았다. 이러한 대규모 파괴 가능성이 있는 한 그 결과를 예견하고, 일어날 수 있는 사건에 대해 준비하고, 그 영향을 완화시키고, 대응하고, 거기에서 벗어나기 위

---

1) Brian M. Jenkins "The Future Course of International Terrorism." *The Futurist* (July-August, 1987), pp. 8~13.
2) 다이옥신(dioxion)은 제초제에 함유되어 있으며 잔유성, 독성이 강하고 발암성이 있다.
3) William L. Waugh, Jr., *Terrorism and Emergency Management* (New York: Marcel Dekker, Inc., 1990), p. 3.

한 전략을 개발할 필요가 있다.

Ⅱ. 인위적 재난으로서의 테러사건

현대 사회에 있어서의 파괴적 폭력에 대한 가장 커다란 취약성으로서 들 수 있는 것이 테러이기 때문에 이에 대한 철저한 관리가 행해져야 한다.

테러의 위기에 직면한 정부당국은 그 해결을 위하여 기본적인 네 가지 모형 가운데 어떤 것을 선택하게 된다.[4] 첫째는 지배모형The domination model으로서 이 모형은 정부의 의도대로 테러범을 포위하고, 고립시키고, 그리고 섬멸시키며 협상을 하지 않는 것이다. 테러범의 선택은 투항을 하여 자기 행위에 책임을 지거나 혹은 저항하다가 살해당하게 된다. 인질들의 운명은 이 모형에 있어서는 이차적으로 중요하다. 둘째는 우발적 양보모형The contingent concession model으로서 여기에서의 시도는 테러범을 고립시키는 것이지만 제한된 협상이 그때 일어난다. 만일 인질들이 석방된다면 정부는 테러범의 불만 원인을 경청할 것으로 약속할 수 있다. 그러나 정부는 아직도 보복의 어떠한 형태를 주장하면서 제한된 양보를 수락해야 하는 양자택일 가운데는 아직도 섬멸뿐이라는 것이 명백하다. 이 모형에 있어서는 인질의 운명은 고려하게 되나 결국은 아직도 국가의 지배를 유지하는 행위에 치중된다. 셋째는 배상유도모형The ransom with entrapment model으로서 이 모형은 정부가 테러범들의 요구들을 받아들이는 것으로 협상이 이루어지는 것이다. 정부의 목표는 그들이 실제로 몸값을 요구하지 않고 굴복시키기 위하여 그들의 인질을 석방하도록 테러리스트를 현혹시키는 것이다. 넷째는 최후의 배상보복모형The ransom with eventual retribution model으로서 이 모형은 테러범들이 당면한 상황을 통제하며 인질의 안전이 가장 중요하다는 것을 인정하는 것이다. 정부의 관점에서의 유일한 선택은 테러범의 요구에 응하는 것이지만 그들은 아직도 장래에 그들을 어떻게 해서든지 처벌하려고 할 것이다.

물론 이러한 모형들은 사실 매우 단순한 설명으로서 모든 가능성을 포용하는 것

4) Grant Wardlaw, *Political Terrorism*, 2nd ed. (New York: Cambridge University Press, 1989), p. 75; D.B. Bobrow, "Preparing for unwanted events: Instances of international political terrorism", *Terrorism: An International Journal*, Vol. 1, 1978, pp. 397~422.

은 아니지만 이것은 오늘날 가장 일반적인 형태이다. 우리는 특정한 모형이 채택되었을 때 그것을 채택하게 된 성과를 분석하고 그 모형을 발전시켜야 할 것이다.

한편 현대의 전력, 교통, 통신, 그리고 수도망의 허약성과 그 불통으로 인해 야기될 수 있는 손실은 다른 종류의 재난의 경우와 마찬가지로 테러가 일어날 수 있는 가능성에 대해서도 이에 대응하기 위한 준비를 필요로 한다. 비록 대량파괴의 수단을 이용하려는 테러조직이 현재는 거의 없으며 또한 모든 잠재적인 표적들을 보호할 수는 없지만 테러조직은 이를 쉽게 이용할 수는 있다. 개인적인 행위뿐만 아니라 정치적 혹은 조직범죄의 전술로서 테러에 대한 유혹은 분명하다. 테러행위를 실행함에 있어는 최소한의 기술적인 숙달과 인력, 무기, 그리고 자금을 필요로 한다. 특히 테러범들의 탈출을 별로 고려하고 있지 않다면 더욱 그렇다. 이것은 정부에 대항하는 미약한 집단, 그리고 정부의 정책이나 관료들을 보호하기 위해 행동하는 사람들에게는 그들이 공식적이든 비공식적이든지 간에 당연한 수단이다.

테러에 의한 재난의 가능성에 대하여 충분히 고려하지 않고서도 누구나 주요 대형 건물이나 댐, 발전소, 교통시설의 폭파로 인한 결과를 쉽게 생각할 수 있다. 우리는 이러한 시설들에 손상을 입히는 재난들을 경험해 왔고, 또 이러한 재난으로 인하여 야기될 수 있는 손상과 이러한 재난에 대응하고 이를 극복하기 위하여 필요불가결한 자원들에 대하여 적절한 예측을 해왔다. 심지어는 지진, 설치상의 결함, 정상적 사고, 혹은 테러분자의 폭탄에 의한 것이든지 간에 주요 핵시설물의 사고가 불러올 수 있는 피해를 예측할 수도 있다. 히로시마와 나가사키 원폭투하가 비록 폭발의 규모로 볼 때 현대 핵무기의 파괴성과 비교하여 작게 보일지는 모르지만 원자폭탄으로 인해 야기될 수 있는 사태에 대한 지표를 제공해 주었듯이 확실히 피해가 밝혀지지는 않았으나 체르노빌 원전사고도 중요한 교훈을 안겨준 것이다.

또한 생물학적 공격이나 오염된 수도공급에 의해 생길 수 있는 피해에 대해서는 쉽사리 상상하기가 어렵다. 왜냐하면 테러분자들이 일으키는 이러한 재난에 이르기까지의 경험을 가지고 있지는 않았기 때문이다. 그러나 분명한 것은 테러행위가 잠재적으로 파괴, 재산손실, 인명 상실 등을 야기할 수 있으며 이것은 그 규모에 있어서 자연적 대재난과 다른 인위적 재난들이 불러올 수 있는 규모에 비하여 결코 적지 않을 것이라는 점이다.

Ⅲ. 미국의 위기관리를 위한 노력

미국의 위기관리와 재난대비 기관들은 자연적, 인위적 재난에 대해 대비하고 그 피해를 줄이고 이에 대응하고, 그리고 이를 복구해내는 것을 포함한 4단계 모형을 준비하고 있다.[5] 미국의 연방위기관리청The Federal Emergency Management Agency에서는 지진이나 다른 대규모 재난에 대처하는 데도 같이 쓰일 수 있는 과정을 전제로 하는 통합 위기관리 체제Integrated Emergency Management System: IEMS를 발전시키고 있다.[6] 대체로 그 의도는 자연적 또는 인위적 재난과 핵전쟁의 여파 속에 있을 수 있는 그런 상황에 대해서 똑같이 효과적인 위기관리 가능성을 창조해내기 위한 것이다. 포괄적 위기관리 모형이 여기서의 주요 관심이다.

간단히 말해서 위기 혹은 재난 대비는 재난에 대응하고 그 피해를 줄이기 위한 방법을 개발하는 것과 연관이 있다. 재난 대처에 필요한 자원들을 구별해내는 것을 포함한 재난계획, 각 부처들과 각 관할권 사이의 재난대처의 통일성 개발, 재난 대응자들의 훈련, 그리고 재난 대응방안을 시험하는 것이 대체적으로 대비에 포함된다.[7]

위험을 확인하고 위험수준을 측정하고 위험수준을 줄일 수 있는 프로그램을 만들어 내는 것은 재난을 줄이려는 노력에 포함된다. 완화 프로그램은 재난으로 야기될 수 있는 물적 손실과 인명 피해를 줄이려고 노력한다. 지진시에 건물파괴를 줄이기 위한 건축법규 규정, 토지이용 규정, 대홍수시에 피해의 양을 줄이기 위한 홍수통제 프로그램, 위험 가능성이 있는 시설들의 위치를 통제하기 위한 공공시설계획 등이 재난을 줄이려는 노력의 예에 포함된다.[8]

재난 대응은 위기관리와 가장 일반적으로 연계되어 있는 기능이며, 이것은 정치과정에서 최선의 지지를 얻을 수 있는 대응책이 될 수 있다. 대응은 사상자들에게 의료 보조를 하고, 조사를 행하고 운용을 회복시키고, 재난 피해자들에게 식량, 의복과

---

5) William J. Petak, "Emergency Management: A Challenge for Public Administration", *Public Administration Review* (special issue, 1985), pp. 3~7.

6) Federal Emergency Management Agency, *Process Overview: Integrated Emergency Management System* (Washington, DC.: FEMA, CPG 1-100, September 1983).

7) William L. Waugh, Jr, "The Hyatt Skywalk Disaster", Michael Chales and John Choon Kim, ed., *Crisis Management* (Springfield, Ill.: Charles C. Thomas, 1988), pp. 64~71.

8) David R. Godschalk and David J. Brower(1985), "Mitigation Strategies and Integrated Emergency Management", *Public Administration Review*(special issue), pp. 64~71.

피난처를 긴급히 제공하는 것을 포함한다.[9)]

4단계의 국면은 정상적인 지역사회 생활 지원체제로 되돌아가기 위하여 최소운용 수준으로 필수적인 원조의 유지와 장기간의 회복과 재건축을 위한 기반을 제공해 주는 서비스의 공급을 포함하는 복구이다. 보통은 지역사회의 재개발과 다음 재난을 대비하기 위한 장기간의 과정은, 비록 재개발이 일반적으로 최초의 위기관리를 위한 노력의 주요한 관심사임에도 불구하고, 위기관리 과정의 일부분으로 생각되지는 않는다.

대체적으로 위기관리를 위한 노력은 공공기금이나 일반 시민들의 관심을 끄는 데 별로 성공적이지 못하다. 위험의 확인과 위험의 측정은 재난가능성이 있음에도 불구하고 정계에서는 덜 중요한 것으로 취급된다. 특히 재난가능성이 희박하거나 가능성이 짙다고 해도 그 강도가 낮을 때, 혹은 곧 일어날 것 같지 않은 경우에 있어서는 사실이다. 쟁점이 되는 문제는 재난의 역사와 절박한 재난의 확실한 가능성에 달려 있다. 예를 들면 플로리다 주의 허리케인 관련 프로그램의 정치적 쟁점은 주정부의 대형 허리케인의 위협에 대해 시민들을 민감하게 하려는 강력하고 지속적인 노력 이후에 증가하는 추세를 보였다. 그럼에도 불구하고 주에서 개발하고 있는 재난계획에 따르려는 시민들의 자발성에 문제가 있었다. 문제는 플로리다 주의 중부와 남부에서 가장 최근의 대형 허리케인이 일어난 시간간격과 해안을 따른 엄청난 개발이다. 해안을 따른 건축규제는 정치가들 사이에서 그리 인기있는 활동이 아니다. 토지 이용은 주정부나 지방의 차원에서 뜨거운 정치적 쟁점이 되고 있는 문제이다. "100년에 한 번 있는 홍수"나 그 외의 가능성이 더 희박한 재난들은 더욱 공공기금이나 정부의 힘을 관련시키도록 하는 데 일반 시민들의 관심을 별로 끌고 있지 못하고 있다고 지적되고 있다.

비록 쟁점에 대한 논란이 치열하다 해도 효율적인 정책과 프로그램이 개발되고 시행되리라는 보장은 있다. 주와 지방 기관들과 시민 전체의 위험에 대한 공통적인 민감성에도 불구하고 캘리포니아 주의 지진방지 프로그램에 대한 심각한 문제들이 제기되고 있었다. 가장 큰 문제는 대지진시에 어떤 일이 일어날 것인가 하는 점이다. 위험수준의 측정과 절박한 지진에 대한 예측은 대지진에 의해 야기되는 실제 위협들을 알리는 데 별로 도움이 되지 못했다. 이러한 지진에 있어서 예상되는 강도는 높은 위

9) Bruce B. Clary(1985), "The Evolution and Natural Hazard Polices", *Public Administration Review*(special issue), pp. 20~28.

험지역에 사는 대부분의 주민들에게는 상상할 수도 없는 것이다. 분석자들은 1986년 멕시코시티의 지진에 대하여 건물과 다른 시설들에 미치는 효과를 알아내기 위해 아주 정밀한 조사를 시행했다.

효과적인 위기관리 프로그램을 개발하고 실행에 옮기는 것은 정책결정자들과 행정가들에게 있어 대부분의 경우에 이겨내기 어려운 문제들을 안겨준다. 정책결정 과정은 수직과 수평으로 나뉘어 있다. 연방 시스템은 주정부와 연방정부 간의 책임을 분리시켜 놓았으며, 주정부는 지방정부들 사이에서 만들어지는 가능성을 언제나 북돋아주는 것은 아니다. 위기관리 프로그램을 발전시키는 데 있어 중요한 위치를 차지하는 데 연방당국의 마지못해 함은 근래에 들어 더욱 분명해졌으며 주당국이 기꺼이 지도적 위치를 맡겠다는 것도 역시 의심스럽다. 거의 모든 재난이 한 지방에 치우쳐 있고, 지방당국들은 그때마다 위기관리 프로그램의 책임을 지도록 요구된다. 효과적인 프로그램을 만들고 지원할 수 있는 지방 재정과 정책 수립의 역량은 아주 미흡한 실정에 놓여 있다.

재난에 휘말려 있을지도 모르는 수많은 주와 지방정부의 관할권으로 인한 수평적 분열은 정책 수립자들과 위기관리자들에게 문제를 유발시키고 있다. 상호협조 협약은 관할권상의 혼란을 덜지도 모른다. 그러나 재난 대응은 예기치 못한 관할권 간의 문제를 야기할 수도 있다. 유사하게도 관계부처 간의 분쟁도 재난계획과 대응을 방해할 수 있다.

연방적으로 지원되는 프로그램에 있어서 효과적인 정책과 프로그램의 개발과 실행을 막는 문제들은 연방 정책결정자들의 프로그램의 목표가 주와 지방의 목표와는 심각하게 다를 수도 있다는 염려를 포함하고 있다. 예를 들면 메이May는 정부간의 협조에 있어서 중요한 걸림돌로서 연방 민방위노력의 "오염의 효과contamination effect"를 증명해 내었다. 민방위를 위한 지역위기 재배치계획의 유용성이 문제점이다. 그런데 수십개의 지역사회들이 위기 재배치계획을 적용하는 것을 거부하였다. 왜냐하면 이러한 계획은 핵전쟁시에 살아남을 수 있는 능력에 대한 연방정부의 평가에서 등장할 수 있으며 그리고 실제로 국가안보에 관한 의사결정자들이 핵전쟁을 생존 가능성이 있는 정책 선택으로서 받아들이도록 조장할 수 있기 때문이다. 연방 위기관리 노력에 대한 이러한 반응에도 불구하고 연방과 지방당국들의 목표는 매우 다를 수 있다.

메이May와 윌리엄스Williams는 전문적인 기술의 부족과 재정적 기반의 취약성과 법률적으로 결정하는 기관의 위임에 관련된 혼란 등에 의한 효과적 정책 수립과 프로그램의 실행에서의 강제를 포함한 "공동 통치권shared governance" 하에서 실행되는 위기관리 프로그램의 고유한 기본 문제들을 확인하였다.[10)]

위기관리 정책결정자들은 정부 계획의 의도에 대한 시민들의 근본적 불신, 토지 이용과 건물 건축 규제에 대한 강한 저항, 그리고 시민들과 정책결정자들이 특히 주나 지방의 수준에 있는 단지 최근의 재난들에만 초점을 두는 경향에 싸울 수밖에 없었다. 위험의 수준도 역시 일반적으로 기술적 견지에서는 가늠하기가 어렵다. 인과관계는 알기 어렵고 재난 가능성은 기껏해야 대략적인 추산이며, 재난 강도의 예상도 추측의 문제인 것이다. 사실상 정치적 지도자들의 관점에서 보면 재난에 대하여 준비하고 그 영향을 줄이려는 노력을 하기보다는 재난이 오기까지 기다리는 것이 훨씬 쉬운 일이다. 메이와 윌리엄스에 따르면 주요한 연방 재난 프로그램은 구제나 회복 프로그램에서 시작하지만 구제 보조는 인기있는 정치적 주장이라고 보았다. 그들은 또한 댐과 제방의 건축 등과 같은 건축상 피해축소 프로그램이 위기관리의 다음 발달단계였고 겨우 최근에야 토지 이용 규정과 의무보험 프로그램과 같은 건축물 이외의 것에 대한 프로그램이 정책결정자들 사이에서 인기를 얻고 있다고 주장한다. 초점의 변화는 위험지역에 계속되는 개발과 인구의 집중으로 인한 재난의 피해가 늘어나는 데에 주로 기인한다.

다시 말하면 위기관리 정책과 프로그램의 효율성은 수많은 요인에 달려 있으나 일반적으로 위기관리 프로그램은 공공 기금이나 시민들의 관심을 끄는 데는 별로 성공적이지 못하다고 할 수 있을 것이다.

Ⅳ. 대테러 프로그램을 위한 위기관리 체제

대테러 정책은 위기에 대응하는 것뿐만 아니라 재해 대비, 위험 또는 위기완화, 그리고 재해 복구를 위한 필요성을 적절히 고려하는 것이다. 4단계의 위기관리 모형은 대테러 정책에 충분한 체제를 제공하고 있다. 유사하게도 통합위기관리체제IEMS

10) Peter J. May and Walter Williams(1986), *Disaster Policy Implementation: Managing Programs Under Shared Governance* (New York: Plenum Press).

모형은 위기대응을 위한 준비와 복구노력을 예상하는 것과 같은 위험분석, 가능성 측정, 그리고 위기계획을 수립하는 데 초점을 두고 있다. IEMS 모형은 또한 대응능력을 유지할 필요성을 강조하는 것이다. 위기대비와 위기완화는 오직 정기적인 재검토와 개정을 요구하는 단순한 개별적인 행동과는 달리 계속 진행중에 있는 활동이다. 이 체제는 묶여 있거나 보류되어 있는 위기계획들 이상으로 요청되는 것이다. IEMS 모형의 개괄적인 기능은 국가나 지역사회가 될 수 있는 한 적절히 대비하기 위하여 위기관리능력을 평가, 유지, 상승시키도록 설계되어 있다.

중요한 문제는 효과적인 위기관리프로그램들을 발전시키고 유지하기 위하여 지방자치단체의 역량을 확인하는 일이다. 대테러의 교육훈련, 정보, 그리고 재정적 지원을 대비하려는 노력에도 불구하고 지방관리들의 의지가 중앙의 대테러부대가 도착하기 전까지의 기간에 대규모 테러사건에 효과적으로 대응하기 위한 수단을 지니고 있는지 확실하지 않다는 점이다. 테러와 다른 위험들에 효과적으로 대응하는 데 있어서 또 하나의 장애는 중앙의 각 기관들의 책임이 분산되어 있고 지방자치단체의 책임도 분산되어 있으며 각 기관의 관할권의 회피 또는 기술적 지식과 재정의 미흡 등이 지적되고 있다. 그러나 가장 큰 의문점은 모든 기관들이 테러에 의하여 곤란에 처하게 된 위험들을 제거할 정치적 수단을 가지고 있는가 하는 점이다. 재난이 절박하였을 때 장기적인 프로그램이 효과적으로 계획되어 있고 그리고 재해의 대비를 위한 최소수준의 재정적 지원이 제공되어 있을지라도 잠재적인 천연재해의 효과를 완화시키기 위하여 토지사용과 건축제한을 규제하는 지방자치단체의 의지와 능력에 대해서는 만족할 만한 상황에 있다고 보기 어렵기 때문이다.

다른 재난은 물론 발생할 수 있는 테러범에 대한 효과적인 위기관리체제를 충족시키기 위하여 일반적인 위기관리와 특정한 테러리즘에 공통되는 장애를 극복할 필요성이 있을 것이다.

Ⅴ. 결　론

테러범이 저지를 재난을 대비하고, 그 영향을 줄이고, 이에 대응하고 그리고 이를 복구하기 위해서 고안된 위기관리 프로그램은 위에서 제시한 일반적인 위기관리 프로그램 패턴보다 다소 나은 것 같다. 그러나 효과적인 정책개발과 프로그램 실행에서의 같은 장애가 여전히 테러를 막기 위한 노력에도 영향을 미치고 있다고 할 수 있다. 결과적으로 테러리즘은 현상의 본질에 기인한 드문 쟁점을 즐기고 있는 것이다. 테러리즘은 국민들의 관심을 먹고 산다고 할 수 있다.

문제의 쟁점은 이러한 주제를 공공 비망록에 올려놓기 위한 확정된 관심을 가진 대테러 산업의 발전에도 역시 투영되어 있다. 이러한 주제를 접하기 쉽도록 해주는 산업의 노력은 테러가 상당한 관심을 끌기 때문에 정치적 행동에 영향을 주기 위한 유용한 전술로 남아있는 한 어느 정도 자기달성적인 예언의 사건이라고 할 수 있다. 저널리스트들이 폭력사건을 노골적으로 표현해 냄으로써 테러라는 수단의 사용을 권장할 수도 있다는 것은 사실일 수도 있다. 그러나 정치적 지도자들이 이러한 현상에 갖는 관심이 그 효율성을 증가시킨다는 것도 역시 사실이다. 폭력행위가 정치 지도자의 관심을 끌 수 있다는 사실은 정치적 이점이 이 전술을 사용함으로써 얻어질 수 있다는 것을 의미한다.

테러리즘에 대한 최근의 관심은 대테러 프로그램에 대한 재정적 지원의 책임을 확신시켜 주는 것이다. 관심은 정부의 정책 편견과 폭력의 모호한 성질로 인해 퇴색되기가 쉽다는 점이다. 그럼에도 불구하고 이 재원들은 이러한 프로그램에 위탁되어 왔고 앞으로도 그럴 것이다. 여기서 한 가지 질문을 할 수 있는데 그것은 대테러 정책결정에 범정부적인 중요한 역할이 당연시되어야 하는가 하는 점이다. 테러리즘은 중앙정부의 개입을 이끌어내지 못함으로써 실패할 수도 있다. 낙태 시술소의 테러공격은 중요한 사건이다. 폭력은 물론 정치적인 테러의 일반적인 정의에 맞는다. 그러나 폭탄이 사용되지 않는 한 미국의 FBI는 그러한 공격은 지방경찰이 관할권을 가진다고 결정하였다. 따라서 연방의 관할권은 다른 경우에 있어서도 지방당국으로부터 협조는 받고 있음에도 불구하고 어떤 특정 사건에 대해 대응해야 하는 책임이 누구에게 있는가 하는 것과 이 불확실성이 중앙정부 또는 지방정부 모두가 테러에 대한 긴급상황을 준비하고, 그 영향을 줄이고, 극복해나갈 프로그램을 만들어야 한다는 것이다.

테러 행위의 위협은 항상 존재하고 있으며 그 위험은 우리 모두가 지니고 있는 것이다. 어떤 경우에 있어서라도 어떤 장애물로도 폭력을 영원히 막을 수 있을 것 같지는 않다. 테러행위로 인한 큰 재난이 발생했을 때 효과적인 대응을 하기 위하여 경찰특공대, 행정안전부 민방위본부, 중앙대책본부, 공공의료기관들과의 협력체제를 구축하여 테러나 재난 사고 등 긴급 사태에 대비하기 위한 위기관리 종합 대책기구를 마련하여야 할 것이다.

제 3 편

인질협상

테러범과 인질의 심리적 변화

Ⅰ. 서　　론

오늘날 일반 시민들의 마음속에는 인질로 피랍될지도 모른다는 생각과 같은 아주 놀랍고 경악스러운 것을 무시하고 거부하는 심리현상이 유행되고 있는 것 같다.

사실상 우리가 테러의 희생자가 되리라는 가능성은 통계적으로 보아 희박하다고 할 수 있다. 더구나 지난 2008년 201건의 인질 납치사건이 발생하여 이 기간 중 발생한 테러사건 3,211건의 6.3%를 차지하고 있기 때문이다.

그러나 그 가능성을 아무리 거부한다고 해도 그 위험은 우리 주위에 있고 또한 점점 커진다는 것이 사실이다. 테러범들이나 범죄자들 또는 정신질환자들에 의한 인질극은 세계 도처에서 일어나고 있으며 어떤 사람은 가족과 함께 TV를 보다가 납치되었고, 목욕을 하다가 납치된 경우도 있으며, 식당에서 식사를 하다가 납치된 경우도 있고, 대부분은 출퇴근 중에 납치되었다.

테러리즘은 인간의 고통이나 무고함을 개의치 않으며 예의나 동정심에 의해서 한계를 지키는 것도 아니기 때문에 언제 어디서 누구에게 공격을 가하려는지 알 수 없다. 그리고 그와 같은 공격은 막연하게 예상할 수는 있지만 정확하게 예측할 수는 없는 일이다.

순교형 또는 광인형 테러범들이 그들의 희생자를 사회적 지위왕, 귀족, 증오의 대상이 되는 기관의 책임자나 적대집단의 대표자에 의해서 선택하던 시대는 이미 지나갔으며 범죄형 테러범들이 반드시 부자나 권력자를 희생자로 선택하던 시대도 이젠 지났다.

최근에는 누구든지 희생자가 될 가능성이 있게 된 것이다. 흔히 테러범 자신들도 누구를 해치게 될지 모르는 때가 많으며 별로 상대를 가리려고 하지도 않는다. 그들에게는 그들 자신과 그들의 대의명분만이 중요할 뿐 다른 것은 전혀 중요하지 않은 것이다.

인질의 동기도 다양한데 어떤 때에는 현금을 요구하기 위함이었고, 때로는 자유를 얻기 위함이었고, 심지어는 범죄단체를 지원하거나 혹은 스릴을 맛보기 위한 경우도 있었다.

인질사건에는 때때로 불합리성이 그 특징일 때가 있으므로 정상적인 논리가 통하는 분야가 아니다. 언제 어디서 누구에게든 당신이 감지하지 못하는 이유 때문에 당신은 정치적 혹은 금전적인 이권을 엿볼 수 있는 이상적인 목표로 보일 것이다.

납치나 인질사건은 일반적으로 본능적이고 서로 관련이 없는 단계들로 구성되는 일련의 과정이다. 각 단계마다 테러범들은 다른 행동을 취함으로 인질의 입장에서는 각 단계가 극적으로 다르게 마련이며 육체적·정신적인 스트레스를 유발시키게 된다.

테러위협에 대비해서 기초적이고 상식적인 대응책의 적절한 응용에 연결된 이해와 철저한 각성은 개인이 테러범의 희생이 되는 위험을 크게 줄이게 된다.

만약에 당신이 인질로 납치가 된다면 아마도 난폭하고 멋대로 인간적인 모욕을 당할 것이다.

여기에서는 인질사건이 발생하였을 때 인질과 테러범의 심리적 변화를 각 단계별로 고찰함으로써 인질로 납치되어 생명을 위협하는 정신적 충격이 일어날 때의 감정이나 그에 따른 여러 가지 고려할 수 있는 선택여지를 제공하고자 한다.

Ⅱ. 테러범과 인질의 심리적 변화

1. 납치순간

일반적으로 테러범의 인질납치작전에서 가장 위험한 단계 중의 하나가 인질유괴의 순간이다. 이 순간에는 테러범은 매우 흥분하고 신경질적이며 긴장되어 있다.

테러범은 지능적이고 잘 훈련되었으며 비교적 젊다는 점과 하나의 이상적 목표를 달성시키기 위하여 기꺼이 죽거나 죽일 수 있는 자신감에 차 있으며 무기와 기타 지원이 잘 되어 있어서 인질보다 강하며 기동력이 앞선다고 할 수 있다.

따라서 테러범들은 모든 상황을 제압하고 있으므로 그들이 하는 것에 대해 인질은 강제로 반응을 보여야만 한다.

일반적으로 테러범들이 인질을 납치하는 순간에는 인질은 기절하거나, 놀라거나, 갑작스럽게 균형을 잃고 본능적으로 심하게 움직이고자 하는 충동을 갖게 될 것이다.

이것은 인질이 급변하는 상황에서 욕구불만과 갈등, 불안과 긴장, 불쾌와 고통이 형성되기 때문이다.

이러한 경우 흔히 불안에 대응하려고 신속한 움직임이나 도움을 청하는 소리 등 위기를 벗어나려는 행동반응을 나타내면 테러범은 맹렬한 반응을 일으키기 쉽다. 물론 희박한 경우이기는 하지만 성공적으로 저항이 가능할 수도 있으나 상황판단을 할 수 있는 시간적 여유를 가질 수 없으며, 그러한 결정 또한 어렵기 때문에 일반적으로 탈출에 대한 행동은 비현실적이라고 할 수밖에 없다.

왜냐하면 테러범은 심리적·육체적으로 납치에 대한 세부계획을 세우고 철저한 사전준비가 되어 이미 그들의 계획을 확실하게 점검한 상태에서 실행한다고 생각되기 때문에 위기를 극복하려는 선제공격이나 탈출의 시도는 오히려 그들을 자극하는 결과를 가져오게 된다.

따라서 자아능력으로서는 도저히 해결할 수 없는 테러범에 대한 불쾌한 감정이나 고통에 적응하기 위해서는 현실적인 욕구를 묵살함으로써 가능한 침착하고 마음을 평온하게 유지하도록 자기억제를 하여야만 한다. 어떤 호전성이나 예기치 않은 반응이 보일 기미가 있으면 테러범들은 그것을 잠재적 위협으로 보고 납치된 인질을 더욱 심하게 취급할 것이기 때문이다.

2. 이동시

인질은 감시를 받을 수 있고 안전하게 보호될 수 있는 장소로 신속하게 강제로 이동된다.

이 수송단계에서는 유괴단계와 같은 정도의 위험성에 직면하게 되며 테러범은 아직도 고조된 긴장감에서 성공적인 이동을 위해 온 신경을 집중할 것이다.

즉 테러범은 계속 인질을 통제하고 탈출의 기회를 감소시키기 위하여 거칠게 다루어서 위협을 주고 약물을 주입하거나 머리를 때려 무의식상태로 할 것이며 눈가리개 또는 재갈을 사용하거나 혹은 트렁크 속에 집어넣거나 보이지 않도록 하기 위해 차바닥에 넣을 수도 있다.

테러범들은 구출이나 탈출기도에 격렬하게 반응을 보이게 되므로 설사 인질이 의식이 있다면 매우 공포스럽고 방향감각을 모를 것이며 단지 인질사실과 과거생활의 혼란된 영상이 마음속에 번쩍일 것이다.

인질은 테러범의 요구사항이 무엇이며 이것을 얻기 위해 어떻게 할 것인가에 대하여 의구심을 가질 것이며 아직도 반격하거나 소리치고 싶은 충동을 가질지도 모른다. 그러나 이러한 행동은 결과적으로 더 나쁜 방법을 사용하게 되는 변수로 작용하게 됨을 인식할 필요가 있다.

따라서 인질은 피해를 받게 될 확률을 감소시킬 수 있는 심리적 안정을 유지하여야 하며 갑작스럽고 격렬한 테러범의 행동에 대한 자기보호를 위한 노력과 인질이 납치되어가고 있는 장소에 대한 여러 가지 형태의 정보를 수집하는 등 자기조절과 적응에 이익이 되도록 하여야 한다.

테러범들에게는 인질이 후에 그들의 식별이나 위치 등 위태롭게 할 수 있는 감각의 인식능력이 전혀 없는 것처럼 보여주는 것이 중요하다.

3. 감금기간

인질이 감금될 장소에 도착하기만 하면 육체의 위험은 줄어들지만 일주일 동안은 심리적인 긴장이 급격히 증가하는 경향이 있다. 감금시설에서 인질이 어떠한 태도를 취하느냐에 따라 심리적인 안정을 찾을 수도 있고 테러범의 인질에 대한 적대감을 감소시킬 수도 있게 된다.

테러범은 인질의 모든 반응을 그들의 정치적이고 금전적인 보상요구에 강요하기 위한 도구로서 생각한다. 그리고 그들은 제도의 상징이나 그들이 경멸하는 생활방식으로서 생각할 수도 있다.

테러범들은 이러한 관념 속에서 그들의 요구가 이루어지고 있지 않거나 협상이 이루어지지 않을 것이라는 강박관념 때문에 인질을 죽이거나, 그들의 요구가 협상될 것이라는 희망 속에서 인질을 살려 두거나, 또는 그들의 요구 금액보다 더 적은 금액으로 협상하거나, 아니면 인질을 석방해서 그들의 요구를 단념하여 이미 진행과정에서 자수하는 것 가운데 어느 하나를 선택하게 될 것이다.

그러나 이러한 모든 가능성과는 달리 테러범은 그들의 믿음을 위해 죽거나 죽을 준비가 되어 있는 것처럼 절대적으로 비협상적이라는 것을 철저하게 고집할지도 모른다. 어떤 인질은 여러 달 동안 감금되어있게 되며 테러범은 인질을 위협하는 여세를 지속적으로 지니며, 더욱 오만 불손해질지도 모른다.

이러한 상황 속에서 인질은 테러범이 극단적인 주장이나 세상을 비관하는 견해로써 공격해오고 있다고 생각하며, 어떠한 정치적·사회적인 투쟁이라도 감지한다는 측면에서 인질이 잘못되거나 손해를 보는 면이 있다는 것을 인식하게 되며, 인질 자신이 그들의 유괴와 보상계획을 정당화하기 위한 나쁜 세력의 대표자로서 생각하며, 테러범의 우월성과 인질의 열세를 강조하기 위하여 인질의 개인적인 행위에 대하여 모든 요구를 강요할 것이라는 점을 예상할 수도 있을 것이다.

더구나 테러범은 인질에게 인질의 석방을 보장하기 위한 당국의 공약에 대하여 인질의 마음에 의혹을 불어넣어 주거나, 인질이 심리적인 안정을 찾는 것을 방해하고 공포를 더하기 위하여 인질을 거들떠보지도 않고 고립시키거나, 인질이 단일한 사고방식을 갖도록 계속적으로 훈련을 시키거나, 직접적 혹은 일시적으로 인질의 생명과 복지를 위협하는 방법을 사용하기도 한다.

이러한 테러범의 전술은 보상을 위한 압력이나 그들의 주장을 위한 주의력을 과시하기에 유리한 변명이나 진실을 인질에게 강요하거나 추구할 의도로서 계획된 것이라고 할 수 있다.

이와 함께 테러범은 인질의 풍속을 문란하게 하고 품위를 손상시키며 인질이 비인간적으로 되기를 기대한다.

따라서 인질은 화장시설조차 구비되지 않은 형편없는 곳에서 그리고 수준 이하의 또는 비위생적인 음식을 제공해주는 불결한 환경 속에서 암담하고 우울하게 되어 밀실 공포증이 되거나 환각에 빠지는 경우가 있게 될지도 모른다.

이와 같은 수욕주의적 관념은 인질을 다루는 데 용이하기 때문인 것으로 인식하고 있다. 그러나 인질은 이러한 일로써 치명적인 손상을 입지는 않게 된다. 따라서 마음의 평정과 자제와 자존심을 유지하여 조용히 투쟁해야 하며 적어도 인질의 환경과 테러범에 대한 부정적이고 학대적인 행위를 중성화시켜야 할 것이다.

인질은 오랜 기간 동안 감금되어 있을지도 모르기 때문에 계획을 세운다는 것은 테러범에 대한 권태, 실망, 의기소침, 공포, 불신 등 취약점을 남기게 된다. 이러한 계획은 속임 전술에 대한 방어력을 개발하는 데 도움이 될 수도 있고 테러범의 상징적이고 상투적인 인질에 대한 견해에 대항하도록 도와 줄 뿐인 것이다.

한편 인질은 테러범에 대한 적개심, 증오심, 악감정 등이 충만해 있어도 이를 직접적으로 표현하지 못하고 테러범의 감정을 해치지 않는 행위를 함으로써 인질의 욕구는 장애에 부딪쳐 욕구좌절상태를 나타내게 되며 긴장과 공포, 불안에서 해방되려는 자기보호행동의 심리기제가 있게 된다.

그런데 시간은 당국의 편에 있다는 인지는 전이의 심리학적 개념에 기초하고 있으며, 친밀과 애착의 감정을 통한 정신적 변화는 인질과 테러범 사이에서 발전된다. 시간이 경과하면 인질과 테러범은 그들이 상호 숙명적으로 감금되었음을 발견하게 된다. 인질은 테러범 앞에 무력함을 느끼게 되고 테러범과 동일시되기 시작하고 생존을 위한 그의 희망은 테러범에 속하고 있음을 인지하게 된다. 테러범의 요구에 응하기만 하면 인질의 생명은 테러범이 제공해 줄 기회를 가지고 있는 것처럼 보인다.

실제로 교환될 상품이 된 인질의 생명은 무시된 상황 속에서 테러범에 맡겨져 있다.

전이의 과정은 반드시 균형이 잡히지 않는 것은 아니다. 비슷한 인연이 인질과 테러범 사이에서 일어날 수 있다. 상호 위기와 긴장 속에서 부담이 되고 있는 신체적 장소의 영향은 인질을 죽이는 것에 대한 예방법으로서 일반적으로 제공된 친밀과 감정적 결속이 생성된다. 이러한 결속의 강도는 시간과 함께 증대되어간다고 한다. 실제로 인질협상의 경험을 가지고 있는 사람들은 일반적으로 만일 인질이 처음 15분 동안 살해되지 않는다면 그가 죽지 않을 가능성이 있다고 말한다.

시간이 당국의 편에 있다고 하는 다른 이유도 있다. 상황이 발전하고 직면한 죽음의 가능성이 계속되는 만큼 자멸적으로 기울어진 테러범도 그 상황에서 벗어나려고 어떤 방법을 갈망하게 된다. 또한 시간이 경과하면 경찰은 사람을 교대시킬 수도 있다. 좋은 장비를 갖추지 못하고 잘 훈련이 되지 않은 테러범이나 중요한 간부들은 그들의 역량을 결정적으로 실행에 옮기고 명확하게 생각하는 것을 시간이 침식하고 있음을 발견하게 된다.

전이의 과정은 시간의 작용에 달려 있으나 단순하지는 않다. 그것은 또한 인질과 테러범 사이의 상호작용의 성질에 달려 있다. 모든 일들과 마찬가지로 인질과 테러범 사이에서 일어나는 상호작용의 시간이 길면 길수록 전이의 정도도 더욱 커진다. 더구나 시간은 상호작용의 질에 의하여 전이의 과정과 연계되고 있다. 만일 상호작용이 적대적이면 전이는 일반적으로 일어나지 않는다.

1976년 9월 10일 크로시아 분리주의자에 의하여 파리에서 공중 납치된 TWA기에 탑승했던 승객들을 FBI 행한 인터뷰는 전이와 상호작용의 질 사이에는 상관관계가 있음을 분명히 하고 있다.

테러범의 하나인 Marc Vlasic은 욕설, 오만, 위협 등으로 평가하고 있다. 그는 승객들의 불안을 고조시키기 위하여 탁자 위에서 가짜 다이나마이트를 가지고 손장난하는 것이 취미였다. Vlassic과 접촉한 많은 사람들은 전이를 경험하지 못했다고 한다.

대조적으로 승객들에게 인정이 있고 호스티스의 역할을 했던 테러범 Julie Busic에 대한 승객들의 감정은 대단히 긍정적이었다고 한다.

테러범의 다른 하나인 Peter Matuic은 그의 반응이 또한 따뜻하고 긍정적이었다는 것이다.

즉 인질측의 전이는 선택적인 과정이 있다는 것이 분명하며 우연한 것은 시간의 합계 혹은 위기의 성질이나 정도뿐만 아니라 인질과 테러범 사이의 상호작용의 질에 달려 있다고 할 수 있다.

따라서 전이가 일어나는가의 결정은 많은 변수가 관여하고 있음을 알 수 있다. 즉 첫째는 인질과 테러범이 감금되어 있는 시간의 길이, 둘째는 인질이 공포에 쌓여 있었는가 하는 상호작용의 질, 셋째는 인질과 테러범 사이에 미리 정해져 있는 인종 또는 이교도의 적대행위의 존재, 넷째는 약간의 인질측의 소질을 테러범에게서 찾아내거나 관련성을 맺고 있는가에 달려있다고 할 것이다.

전이의 결과는 협상자들이 믿고 있는 인질들이 교활하여질지도 모른다는 것을 배우게 된다. 특히 인질이 경찰을 인지하고 테러범이 자유를 방해하지 않는 것으로 전이가 어느 정도 일어났을 때 인질은 쉽게 테러범의 목적을 완수하는 것을 의식하지 못한다.

전이는 인질과 테러범에 의하여 분배될 때 협상과정에서 효과적인 매개물이 된다.

전이의 과정은 스톡홀름에서 은행강도의 결과로써 처음 알려졌다. 1973년 8월 스톡홀름 중심가에서 매력적인 여자은행원을 인질로 하면서 테러범과 섹스관계가 이루어졌다고 한다. 동기는 공포나 강압에 의한 것이 아니라 상호 위기의 상황에서 분담된 공통 운명의 결과로서 친교가 발전되고 테러범에 대한 인질의 계획된 신뢰관계에 의한 것이었다. 은행강도와 인질 간의 그 관계는 지속되었다. 그래서 그들은 구조자들이나 경찰을 공동의 적으로 삼게 되었으며 그들의 비효과적인 위협이나 대응수단보다는 테러범 편이 훨씬 더 현명하고 기민한 활동을 하고 있다고 느껴 경찰을 비난하기까지 했다.

처음에는 신변의 안전을 위한 복종이었던 것이 차츰 테러범에 대한 의뢰심으로 변하여 그들의 요구에 따르고 그들과 강한 유대감 또는 집단의식까지 갖게 된 것이다. 그러나 단순히 그와 같은 동일시 감정만으로 인질들이 적극적인 호의를 보이지는 않았을 것이다. 또한 인질들이 테러범들에게 성적이나 인간적인 매력을 느꼈기 때문이라고 할 수도 없다. 인질들은 또한 애정에 굶주리거나 좌절감, 사회에 대한 불만에 차 있지도 않았으며 테러범들의 지성, 용모, 용기에 매혹된 것도 아니었다.

그들은 단지 테러범들을 불쌍히 여겼을 뿐이다. 어린 시절에 관한 이야기, 낭비한 젊은 시절의 이야기, 범죄를 재판하는 제도상의 모순에 관한 이야기 등 때문에 인질들의 마음에 강한 동정심이 싹텄던 것이다.

테러범과 인질들 사이에는 이상한 형태의 동료의식, 유대감, 동정, 우정, 심지어는 애정까지도 발생하고 있음이 분명하다.

이러한 현상이 일어났던 예는 스톡홀름 사건 이전에도 또 그 이후에도 수없이 많았다.

1974년 2월 4일 Patricia Hearst의 유괴사건에서도 논증되었다. 그녀는 테러범을 사랑하게 되었을 뿐만 아니라 그들을 옹호하고 있었으며 범죄자로까지 바뀌어 버린 것이다.

공포에 떨면서 납치된 그녀는 처음에는 죽음이 두려워서 테러범들의 요구에 따랐겠지만 차츰 이해하기 시작하고 그들을 동정하게 된 것이다. 테러범을 희생자로 보기 시작하면서부터 그들과의 동일시가 일어나고 외부와 완전히 차단되어 있는 상태에서 새로운 소속욕구를 갖게 된 것이다. 그녀는 자기의 과거생활과 가치관 등을 비난하게 되었으며 테러범들에 대한 유대를 강화해나가게 된 것이다.

이러한 현상들은 물론 극도의 공포분위기에 적응하기 위한 심리적 방어기제 가운데 하나이지만 그것을 단순하게 감정적인 현상이라고 취급해서는 안 된다.

테러범을 동정하는 것은 어려운 처지에 놓여 있는 범죄자들이나 사랑에 굶주린 여성들이나 피학대증환자들만이 아니라 누구나 정도의 차이는 있지만 약간의 감정적 갈등을 느낀 후 자기자신의 가해자에 대한 이상한 동정심과 공감을 갖게 될 가능성은 있는 것이다.

그러나 이러한 동일시현상은 가해자에 대한 무자비한 욕망이나 복수를 하고 싶은 증오심에 비교한다면 드문 현상이며 따라서 비정상적이고 비합리적이라고 여겨지는 일이 많은 것이다.

이상의 스톡홀름 증후군에서 본 바와 같이 완전한 고립상태에서는 자아를 쉽게 상실하고 심한 동요와 혼란을 경험하게 된다. 이러한 상태가 점차 심해지면 마침내 혼란과 환각에 빠지고 말아 자기의 지각과 신념에 자신을 가질 수 없게 되어 자기 자신에 대한 긍지와 신뢰도 상실하게 된다. 여기에서 새로운 구조에 반응하려는 욕구가 증가되어 자신의 사상에 대한 전향이 일어난 것조차도 인식하지 못하고 새로운 권위에 대한 신뢰를 증가시켜 자기를 돌봐주고 이해하는 자비로운 존재로서 테러범에게 의지하려고 한다. 그리하여 헌신적인 집단성원이 됨으로써 테러범과 함께 공통된 위험과 공통된 목표, 그리고 공동의 범죄 등을 경험하고 나면 이들은 서로의 소속감을 충족시켜주는 이상적인 유대감을 가질 수 있으며 인질은 불안과 죄의식으로부터 해방되어 만족하고 사랑을 느끼며 살 수 있는 것이다.

이와 같이 테러범은 인질을 완전한 통제 아래 전인격적인 완전한 참여를 강요하며 심리적인 자기반성을 강요하여 인격의 변화를 가져오게 하고 겉으로 동료인듯 하지만 실제로는 범죄집단의 대변인에 불과한 사이비 동료집단을 이용하는 전략을 사용하는 것이다.

4. 석방시

인질이 안전하게 풀려 나옴으로써 사건은 끝나게 되지만 이 단계는 일시적으로 인질상태보다 더 위험해질 수 있다.

테러범들은 석방하는 순간에 아주 흥분할 수도 있고 신경이 날카로워질 수도 있으며 아마도 좌절하거나 분노할 가능성이 있어서 다소 위협적으로 보이는 경우와 어떤 행동에 대해서 과도히 반응을 나타내는 경향이 있다.

그런데 이때 인질은 이상한 심리적 반응이 표출될 수도 있다. 인질이 취하게 될 이상한 현상은 인질이 그들을 구출하려는 사람들보다는 테러범들에게 더욱 친밀해지려는 듯이 보일 수 있는 것이다. 왜냐하면 인질은 완전히 테러범들에게 의지하여 왔고 주위환경에 친숙해졌으며 테러범들을 인간적으로 인식했기 때문에 테러범에게 동정적일지도 모르는 자신을 발견하게 되고 더구나 테러범의 동료가 되어 잔류하려 할 수조차 있게 된다. 이러한 동일시현상은 경찰의 공격이 아주 가능성있게 전개되면 더욱 더 나타나게 된다. 즉 테러범과 인질들은 함께 일체감을 발전시켜 왔으므로 동일시현상이 일어나게 된다.

따라서 인질의 완전한 석방에 방해를 가져오게 하거나 어리석은 선택을 하는 것을 막아줄 시간 앞에서의 동일시의 가능성을 경계하여야 한다. 동일시감정은 일시적이며 자유의 몸이 된 후에는 점차로 사라지게 될 것이기 때문이다.

또한 석방 후 성공적인 재적응의 문제가 때때로 논의된다. 감정의 긴장상태와 이완은 거의 감금상태와 같게 될 수도 있다. 인질들의 감정과 고통은 감금기간 동안 테러범으로부터 당한 대우와 기간에 달려있다고 할 수 있다.

석방 후에 유괴당했던 희생자들은 대부분 탈출을 기도해보지 않은 것에 대한 수치심을 느끼며, 지불된 몸값에 대하여 죄책감을 느끼고, 가족과 동료들과의 관계가 서먹해지며, 성적 적응과 불안증, 식욕상실, 불안감, 동기의 상실, 격리와 분리의 감정을 포함한 감정적·육체적 문제가 발생되는데 이것은 당연한 반응이며 적절히 조절하면 시간이 경과함에 따라 없어지게 된다.

이와 같은 재적응의 문제는 복잡하고 고도의 개인적인 과정이기는 하나 가족과 친구 그리고 단체를 포함한 협조적인 접근으로 빨리 회복시켜야 한다.

Ⅲ. 결 론

각종 납치와 인질의 상황은 천차만별이라고 할 수 있으므로 명확한 규칙이 있는 것은 아니다. 대부분의 납치사건은 치밀한 계획하에 이루어지고 있으나 때로는 전혀 예기치 않았던 상황에서 닥치는 대로 선택되기도 한다.

인질납치의 가능성을 부정한다고 해도 인질로 납치될 확률은 87%라고 하는 통계도 나와 있다.

여하간 인질로 납치되었을 경우 당국은 인질을 구출하기 위한 집중적인 노력을 경주하게 됨은 물론이고 인질도 납치상태에서 전혀 해를 입지 않고 안전하게 탈출할 수 있는 준비와 훈련이 요구된다.

그러나 이러한 노력에도 불구하고 우리가 직면하게 되는 개개의 테러범들은 광인형, 범죄형, 순교형 등으로 분류될 수 있으나 모든 테러범은 순수하게 한 가지 형태에 속하는 경우는 드물고 복합적인 요소를 가지고 있기 때문에 이에 따른 일률적인 전략을 세우기는 힘들게 된다.

당국의 테러범과의 협상을 위한 전략전술은 개개의 테러범의 성격과 테러범 상호 관계 및 테러범과 인질과의 관계 등에 따라 크게 영향을 받는다. 어떤 테러단체의 멤버들에 대한 일반적 특성은 어느 정도 파악할 수 있지만 개개 테러범의 개성에 대한 정확한 파악은 유감스럽게도 거의 없는 실정이다. 따라서 개개 테러범 그때그때의 상황을 독특한 경우로 생각해보는 것이 바람직할 것이다.

지금까지 각종 테러납치의 희생자들이 겪은 경험을 토대로 하면 테러범과 인질 사이의 관계는 스톡홀름증후군의 현상이 일어났었던 경우를 많이 엿볼 수 있다.

그러나 앞으로 일어날 테러납치사건에 있어서는 테러범과 인질 사이에 일체감 형성이나 감정전이 등이 이루어질 것인지 그러한 경우 인질들은 당국의 협상전략에 어떠한 반응을 나타낼 것인지를 파악하는 것도 중요하지만 납치에 대처할 방법에 대해서 많은 정보와 훈련방법을 제공받은 사람이 납치된 경우에는 어떠한 변화가 일어날 것인가 생각해 보는 것도 중요할 것이다.

인질협상과 감정전이

Ⅰ. 서　　론

인질사건이 발생된 곳에서는 인질협상기법이 공격에 대신하게 되었다. 그 결과 더 많은 인명이 구출되었음이 입증되었다. 인질협상기법들에 대한 훈련을 받기 전에는 경찰측에서는 경험을 가지고 있지 못하기 때문에 용감성과 비밀만을 앞세워 공격에만 의존하였다. 이러한 공격으로 많은 인명이 살해되었다. 경찰은 아직까지도 그러한 방식을 채택하고 있는 경우가 많다. 최근 Rand Corporation에 의하여 발표된 것을 보면 테러리스트들에 의하여 직접 살해되는 것보다는 공격의 결과로서 더 많은 인질이 사망한다고 지적하고 있다.[1] 이러한 엄청난 손실의 대가에도 불구하고 공격은 인질사건의 억제책이 되지 못하는 것으로 생각된다. 정부당국에서 협상을 거부하고 있는 아르헨티나, 콜롬비아, 이스라엘, 요르단, 터키, 우루과이와 같은 국가는 그럼에도 불구하고 더 많은 인질사건의 목표가 되고 있다.

통계학적 증거는 제쳐놓고라도 경찰 협상자들쪽에서의 주요한 감정은 공격이 절대적인 최후의 수단인 것 같다. 그러나 중요한 전략으로서 공격은 감행하지 말고 협상을 행해야 하는 것이다.

뉴욕 시 경찰국의 인질협상책임자인 「프랭크 볼즈」Frank Bolz는 인명의 손실없이 수 많은 인질사건을 성공적으로 협상에 의해 해결하였는데 그는 단순히 정책으로서 인질협상을 신뢰하고 있는 사람이 아니고 적극적으로 이를 권유하고 있는 확신에 찬 인물이다.

또한 샌프란시스코 경찰국의 인질협상훈련관인 「리차드 클랩」Richard Klarp은 "협상은 인질사건을 다루는 데 있어서 가장 온정적이고 가장 인정이 있으며 그리고 가장 전문가적인 방법이다. 우리는 생명을 구출하게 되고 우리에게 도움이 되고 있음을 알게 될 것"이라고 지적하고 있다.[2]

---

1) Brian Jenkins, Janera Johnson and David Ronfeldt, "Numbered Lives: Some Statistical Observations from Seventy-Seven International Hostage Episodes" (Santa Monica: The Rand Corporation, July 1977).

2) Abraham H. Miller, *Terrorism and Hostage Negotiation* (Boulder, Colorado: Westview Press, 1980), pp. 37~38

「프랭크 볼즈」와 「리차드 클랩」과 같은 사람은 경찰업무를 수행함에 있어서 새로운 이미지를 남겨 놓았다. 실제로 인질협상을 강조함에 있어서 가장 흥미를 자아내는 것의 하나는 경찰국 내에서 훌륭한 경찰업무의 역할과 이미지를 더욱 분명하게 부각시키고 있다는 점이다. 이것은 물질적인 전략으로부터 정신적인 전략으로의 강조를 의미하는 것이다.

그것은 또한 적어도 경찰의 입장에서는 훌륭한 경찰관으로 더욱 확인시키는 것을 뜻한다. 협상자들은 마음으로부터 호감을 받고 있고 동정적이며 감수성이 있고 지적인 속성과 훌륭한 경찰관의 재능과 같은 정신적 통찰력을 강조하게 된다. 그들은 일반적으로 무력을 사용하려는 낌새는 조금이라도 나타내지 않으려고 한다. 그래서 협상은 지적인 노련함에 의해서 육체적인 용감성을 대신하게 되는 것이다. 일반적으로 협상은 경찰에서 집착하는 유일한 것은 아니지만 가치가 있음에 틀림없다.

많은 인질협상기법들이 대부분 성공적이었음에도 불구하고 일부 국민이나 경찰본부까지도 협상정책에 반대하는 의견이 제시되기도 한다. 왜냐하면 협상은 경찰업무의 강력하고 행동지향적인 이미지를 잠재적으로 손상시키기 때문에 관심을 벗어나게 한다는 것이다. 또한 인질사건이 계속 증가되고 있고 그리고 자주 그들을 둘러싸고 있는 구경거리의 장면이 선전에 의하여 감염효과를 나타내고 있다고 하는 점이다.

다른 정보를 가지고 있는 경찰이나 군대에서는 "만일 이스라엘 인들이 할 수 있다면 왜 우리가 할 수 없는가?"라는 말을 자주 듣게 된다고 한다. 협상의 가치와 유용성에 관한 의견은 최근 경찰국이 국민에게 유익하도록 도와주고 있다는 점일 것이다.

봉쇄와 공격에 입각하고 있는 정책에 관한 의견은 최근 인질사건에서 공개적이고 조용하게 처리하고 있음을 알고 있는 대다수 국민들뿐만 아니라 공격은 억제하는 것이고 단지 테러리스트들에게 이익이 되도록 행동하며 장차 화제를 일으킬 협상에 입각하고 있는 현실의 관행을 믿고 있는 하급경찰관까지도 상당한 지지를 보내고 있는 것 같다. 이러한 견해는 실제로 확증적인 것은 아니나 아직도 논쟁의 여지가 있다.

여하튼 협상의 전술은 위기에 대한 대응과 인질사건이 사상자를 내게 한다는 이유 때문에 개발되었으며 가장 최선의 방법이 되고 있다.

Ⅱ. 협상기법의 개발

1973년 1월 19일 뉴욕 브룩클린에 있는 한 스포츠상점에 4명의 중무장을 한 범인이 침입하였다. 1명은 총신이 짧은 산탄총을, 3명은 권총을 지니고 있었다. 윌리암스버그 사건으로 알려지게 된 사건이다. 12명의 인질을 억류하여 47시간이 경과되는 동안 1명의 경찰관이 사망했고 2명이 부상을 입었다. 이러한 불행한 사고에도 불구하고 윌리암스버그 사건은 대항의 가치가 있는 사례로서 연구된 전술적인 작전의 모형이 되고 있다.[3] 그것은 치밀하게 계획을 수립하였고 잘 실행되었으며 그리고 잘 훈련된 전술적인 부대의 힘에 의하여 통제된 화력의 효과를 입증하였다.

작전의 질은 우연한 것은 아니었다. 인질협상의 전술적인 시나리오에 있어서 자신의 역할이 경찰쪽에도 잘 알려지지 않은 사람에 의하여 이미 착수된 일의 결과였다. 그것은 인질협상을 위해 효과적인 전술적 대응의 아이디어를 경찰에 주창한 뉴욕경찰국의 「시몬 아이스도퍼」Simon Eisdorfer였다. 「아이스도퍼」의 관심은 이스라엘 선수들을 습격했던 팔레스타인 테러리스트들이 저지른 사건이 모든 선수와 여러 명의 테러리스트들을 충격적인 죽음으로 몰아넣은 1972년 뮌헨올림픽대회의 비극적인 사건에서 영향을 받았다. 옳든 그르든 그것은 뮌헨경찰국의 전술적 대항이 전혀 부적절했고, 그러한 사태를 위한 보다 더 훌륭한 훈련과 가능성이 있는 계획이 있었더라면 인명의 손실을 최소화할 수 있었다는 여러 가지의 생각에 있었다.

「아이스도퍼」의 자극으로 기본적인 전술이 그러한 사태를 억제하기 위하여 특수하게 훈련된 병력을 사용하도록 개방되었고 훈련된 화력이 준비되었다. 이러한 전술이 윌리암스버그 공격을 위하여 그 후에 응용되었다.

그런데 윌리암스버그 사건은 브룩클린에 있는 은행에서 일어났던 다른 극적인 인질사건이 끝날 무렵 시작되었다. 인질사건의 성공을 위하여 경찰국장인 「패트릭 머피」Patrick Murphy는 인질상황을 취급하기 위한 세밀한 정책과 방법을 개발할 것을 요구하였다.

윌리암스버그 사건이 벌어졌을 때 「하비 슈로스버그」Harvey Schlossberg는 경찰순찰차의 임무를 부여받은 제복 순찰관이었다. 그러나 순찰관인 「슈로스버그」는 대표적

---

3) John A. Culley, "Defusing Human Bombs Hostage Negotiations", *FBI Law Enforcement Bulletin*, December 1974.

인 제복의 경찰관은 아니었다. 그는 임상심리학 박사학위를 소지하고 있었고 「머피」 국장이 인질협상을 위한 전략을 개발하도록 결정했을때 「슈로스버그」의 재능은 진행을 도와주기 위하여 보강되었다.

특수 작전부대 지휘관의 역할에 있던 「아이스도퍼」는 전략적인 절차를 위하여 일했고, 「슈로스버그」는 협상과정을 위하여 일했다. 그때 「슈로스버그」는 협상을 위한 계획을 개발하고, 실행하고, 강의하였다. 4백개가 넘는 미국 및 캐나다 경찰국들의 경찰관들은 인질협상의 과정에 힘썼다. 「슈로스버그」의 업적은 높이 평가되었고 법집행원조청LEAA으로부터 인정을 받아 많은 자유국가로부터 온 법집행관과 군인들은 브룩클린에 있는 기동부대건물의 강의실에서 경험을 쌓았다. 「슈로스버그」의 기법은 영국, 네덜란드, 서독 경찰의 정책과 절차에까지 표준이 되었다. 또한 이스라엘 경찰까지도 경찰학교에서 경험을 쌓았으며 비협상정책을 고수한 이스라엘도 실제로 채용해야 할 유일한 방법임을 신중히 고려했다.

「슈로스버그」 기법의 진수는 커뮤니케이션을 확립하는 것이며 항복을 받아내기 위해서는 가능한 한 커뮤니케이션을 계속하는 것이다. 뉴욕에서 일어났던 한 사건은 11일이나 걸렸다. 시간은 소모할 수 있는 상품이지 생명은 아닌 것이다. 시간을 소모하도록 하고, 대화를 계속하며, 항복은 죽음보다 더 낫다는 것을 현실적으로 테러리스트에게 설명하도록 많은 대화를 하는 것이다. 「슈로스버그」의 기법의 근본은 시간이 전적으로 당국의 편에 있다는 것이다.

Ⅲ. 감정전이의 과정

시간은 당국의 편에 있다는 인식은 인질과 인질범 사이에서 일어나는 친밀과 애착의 감정을 통한 정신적 과정인 감정전이의 심리학적 개념에 근거하고 있다. 시간이 경과하면서 인질과 인질범은 스스로 상호간의 운명이 감금되어 있다는 것을 발견한다. 인질은 인질범 앞에서 무력하다는 것을 느끼고 그와 동일시되기 시작하고 생존을 위한 그의 희망은 오직 인질범에게 속해 있다는 것을 알게 된다. 인질범은 만일 오직 당국이 인질범의 요구를 받아들이기만 하면 인질의 생명을 보장할 수 있는 기회를 가지고 있는 것처럼 보인다. 인질의 생명이 교환상품이 되고 있는 상황에서 인질은 인질범에 의하여 무시되어있게 된다.

감정전이의 과정은 반드시 불균형적인 것은 아니다. 비슷한 유대가 인질범과 인질사이에서 만들어질 수 있다. 상호간의 위기와 긴장의 상황아래 함께 하고 있는 육체적인 간격의 영향은 일반적으로 인질이 살해되는 것에 대한 예방법으로서 도움이 되고 있는 친밀과 감정적 유대가 형성된다. 이러한 유대의 강도는 시간과 함께 증대되고 있다고 알려져 있다. 실제로 인질협상의 경험을 통해서 일반적으로 알려진 바로는 인질이 사건의 처음 15분 동안 살해되지 않는다면 그는 살해되지 않을 가능성이 있다고 한다. 시간이 당국의 편에 있다고 하는 데에는 또 다른 이유가 있다. 사태가 발전하여 절박한 죽음의 가능성이 계속되고 있는 한 하마터면 자살을 할 가능성이 있는 인질범은 그 상황에서 어떤 방법을 갈망하게 된다. 또한 시간이 경과되고 있는 한 경찰은 직원을 교대시킬 수 있다. 충분한 장비를 갖추고 있지 않거나 훈련되어 있지 않은 인질범은, 단호하게 행동하고 분명하게 생각하기 위한 그들의 능력이 시간이 감에 따라 침식되고 있음을 알게 될 것이다.

감정전이의 과정은 시간의 작용에 따라 단순하지 않다. 그것은 또한 인질범과 인질사이의 상호작용에 달려있다. 모든 조건이 동일하다면 인질과 인질범 사이에 일어나는 상호작용이 오래될수록 감정전이의 정도가 보다 크게 될 것이다. 더구나 시간은 상호작용의 질에 따라 감정전이의 과정에 연결되어 있다. 만일 상호작용이 적대적이면 감정전이는 전반적으로 일어나지 않을 것이다.

1976년 9월 10일 크로티안 분리주의자에 의하여 파리로 공중납치된 TWA기의 승객에게 FBI가 행한 인터뷰에 의하면 감정전이와 상호작용의 질 사이의 관련성을 지적하고 있다. 공중납치자의 한 사람인 「부라식」Marc Vlasic은 입버릇이 사납고 오만하고 험악한 것으로 평가되었다. 그는 승객의 불안을 가중시키기 위하여 기내에 가져왔던 가짜 다이나마이트를 만지작거리는 것이 취미였다. 「부라식」과 실제로 접촉한 승객들은 감정전이의 경험이 없었다. 반대로 승객들에게 스튜어디스 노릇을 한 다정스럽고 사교적이었던 납치범 「부식」Julie Busic에 대한 승객들의 감정은 대단히 긍정적이었다. 그녀는 완전한 스튜어디스로서 행동했다고 승객들은 이야기하고 있다.

납치범의 다른 한사람인 「마빅」Petar Matvic은 또한 그와 접촉한 승객들에 의하면 그의 반응이 다정스럽고 긍정적이었다. 비슷한 사례는 첫 번째로 1975년 12월 2일에 발생하였고, 두 번째로 1977년 5월과 6월에 걸쳐 네덜란드에서 남 몰루카 인들에 의해 자행된 사건에서 인질의 반응을 통하여 알려졌다. 첫 번째 사건에서는 테러리스트들에 의해 몇명이 살해되었고 적어도 인질의 한 명은 분명하게 강간을 당했다. 두 번째 사건에서는 한 인질범이 고의로 인질 가운데 한 명을 살해하여 부대가 공격을 할 때까지 비교적 좋은 대우를 받았다.

첫 번째 사건에서는 감정전이의 현상이 있었다는 보고는 없었다. 그러나 두 번째 사건에서는 인질과 인질범 사이의 상호작용의 질에 따라서 몇가지 다른 점이 있었다.

인질의 입장에서는 감정전이는 선별적으로 진행되며 또한 위기에 처한 시간의 양과 질뿐만 아니라 인질과 인질범 사이의 상호작용의 질에 따라 변할 수 있는 돌발적인 것으로 보인다. 상호작용이 적대적이고 부정적일 때 감정전이는 아마도 일어나지 않을 것이다. 그러나 상호작용이 긍정적이고 특히 인질이 적극적으로 상호작용을 시도하려 할 경우에는 감정전이는 아주 강하게 나타날 것으로 생각된다.

감정전이는 일반적으로 인질과 인질범 사이의 종족적 또는 종교적인 적대감이 미리 정해져 있는 경우에는 일어나지 않는다. 이스라엘 관리들은 아랍인질범에 대한 이스라엘인질에 의한 감정전이의 사례는 하나도 없었다고 밝히고 있다. 감정전이는 또한 인질이 인질범에 의하여 형성된 곤경에 대한 객관적인 평가를 할 수 있을 만큼 지적인 능력을 유지할 수 있을 때에는 유발되지 않게 될 것이다.

뉴욕 콜럼비아 장로교회병원의 정신과 레지던트인 29세의 「리차드 브록맨」Richard Brockman은 크로티안 분리주의자가 TWA 355편을 납치했을 때 운이 나쁘게 비행기에 탑승하고 있었다.

그는 그 비행기에 탑승하고 있던 30시간 동안의 경험을 기술하고 있다.[4] 많은 다른 승객들은 인질범에 대하여 친화력을 느끼고 있었으나 그는 그렇지 못했다. 그는 끝까지 냉철했고 객관적이었다.

많은 변수들이 감정전이가 일어날 것인지를 결정하는 데 관계를 맺고 있다. 첫째는 인질과 인질범이 감금되어 있는 시간의 길이, 둘째는 인질이 잘 대우받고 있는 것과 같은 상호작용의 질, 셋째는 인질과 인질범 사이에 미리 정해져 있는 인종 또는 이교도간의 적대감의 존재, 넷째는 인질들의 편에서 인질범에 대하여 좋아하도록 관심을 가지며 또한 관련을 맺고 있는가에 달려 있다.

---

4) Richard Brockman, "Notes While Being Hi Jacked", *The Atlantic*, December 1976, pp. 68~75.

「프랭크 볼즈」와 「리차드 클랩」과 같은 인질협상자들이 믿고 있는 시간을 소모할 때의 감정전이의 심리과정은 반드시 상호 교환적인 관계로서 이루어지는 것은 아니다. 감정전이는 인질을 향한 인질범에 의하여 나타나는 감정이 아니라 인질범을 향하여 인질쪽에서 일어날 수 있고 또 자주 일어나기도 한다. 실제로 영리한 인질범들은 인질들의 거짓 속임수의 감정인 우호관계의 외관상의 표시를 편들어 감금하고 있는 동안 인질들 사이에서 형성된 감정전이를 그들 자신의 이익을 위하여 감정전이 행위의 과정을 하는 것을 꺼리지 않는다.

감정전이 결과의 하나는 협상자들이 의심하지 않는 인질들을 경계해야만 한다는 것을 배우는 것이다. 특히 인질들은 경찰을 인식하고 인질범이 자유를 근본적으로 침해하지는 않는다는 것으로 감정전이가 어느 정도 일어날 때 인질들은 쉽게 인질범들이 목적을 달성하는 것을 의식하지 못하게 될 것이다. 감정전이가 인질과 인질범 사이에서 일어날 때 협상과정에 있어서 효과적인 매개물이 된다. 그것은 소모한 시간이 효과적인 상황에 있을 경우이다.

감정전이의 과정은 1973년 8월 스톡홀름에 있는 은행강도사건의 결과로서 처음 알려졌다. 강도 미수는 장애물과 인질상황으로 발전했다. 사건의 진행과정 가운데 젊은 여성 인질이 전한 바로는 인질범과 성관계를 가졌다고 한다. 동기는 공포나 강압에 의한 반응이 아니라 상호 위기의 상황에서 분담된 공동운명체로서 친교가 발전되고 테러범에 사로잡힌 인질의 의도적인 신뢰관계에 의한 것이었다. 은행강도의 감금 이후에도 그 관계는 지속되었다.[5)]

FBI요원들은 관찰자들이 이미 감정전이의 문제에 초점을 맞추고 있었다고 하면서 스톡홀름 증후군Stockholm Syndrome이 아니라 쉐이드 갭 증후군Shade Gap Syndrome으로 불리어야 한다는 데 주목했다. 그들은 1967년 펜실바니아의 쉐이드 갭에서 발생한 유괴사건에서 감정전이 현상이 먼저 나타났기 때문이라고 한다. 경찰들이 나무가 우거진 지역에서 범인을 발견했을 때 그는 매우 급하게 추적과 포위에서 도망치려고 뛰어가고 있었다. 그 뒤의 상당한 거리에 긴장의 상태를 유지하고 있던 유괴된 피해자가 있었다. 그 피해자는 180도로 돌아서서 인질범에게 달려가고 있었다.[6)]

---

5) 이황우, "인질사건의 경우 테러범과 인질의 심리적 변화와 그 대책," 대테러연구(Ⅱ), 치안본부, 1984, pp. 186~187.

6) Abraham, H. Miller, *op cit.*, p. 46.

인질범에 대한 인질의 감정전이의 가장 잘 알려진 사건은 1974년 2월 발생한 「패트리시아 허스트」Patricia Hearst 유괴사건에서 논증되었다. 그녀는 인질범을 사랑하게 되었을 뿐만 아니라 그들을 옹호하면서 범죄자로까지 바뀌어 버렸다. 「허스트」양의 행위는 단지 오랜 기간 동안 긴장 상태에서 보통 인질로서 관찰된 것과는 정도가 달랐다. 만약 「허스트」양의 반응이 더욱 과격했다면 그것은 또한 박탈과 장기간의 가혹에 대한 그녀의 수용능력의 조건이 극한적이었을 뿐만 아니라 이러한 요인은 아마도 그녀의 나이와 미숙함이 악화시킨 것이다.

Ⅳ. 감정전이와 인질협상의 가능성

위기의 시간과 강도는 인질협상자와 인질범 사이에 감정전이를 증진시키는 기능으로 작용할 수 있으며 결국 인질범이 항복하는 결과를 가져오게 된다. 경험이 많은 협상자까지도 그러한 경험에 유혹되게 된다. 협상자는 그러한 상황에서 인질범과 밀접한 감정적 관계를 발전시킬 것을 권장받는다. 감정전이 증후군에 빠지는 요인은 또한 어쩌면 인질상황의 결과에 영향을 미치는 범위를 분명히 해준다. 이러한 범위는 첫째 누가 인질범이고 그 동기는 무엇인가, 둘째 누가 인질인가, 셋째 누구에게 어떠한 요구를 하는가 등이다.

경험있는 경찰 협상자들은 각각의 인질사건이 독특하다고 끊임없이 지적하고 있지만 그들은 또한 거기에는 인질범의 유형이 있음을 쉽게 인식하게 된다. 인질범의 형태에 관한 지식은 상황이 어떻게 다루어질 것인가를 결정하는 데 매우 중요하다. 경찰이 마주치는 인질범의 가장 보편적인 형태는 직업적인 중죄인이다.

중죄인은 기본적으로 인질들을 억류하는 데 무관심하다. 그는 범죄를 실행하는 것이 방해되었을 때 그의 도주로 때문에 인질들을 대개 억류한다. 인질들은 처음에 도피의 교환수단으로 제공된다. 시간이 지나면 그들은 불리하게 되어 결국 중죄인은 중대한 국면의 현실과 마주친다. 그때 무장을 한 범인은 살해할 잠재성을 가지게 된다. 범인은 뻔뻔스럽게도 더욱 느긋하게 된다. 범인은 오직 그를 포위한 경찰의 빈틈없는 부대가 그를 살해하지 않고 항복시키게 하여 안전하게 되기를 원한다. 협상자의 임무는 범인이 그러한 현실을 받아들이도록 범인의 기대감을 형성시키는 것이다. 중죄인들은 일반적으로 항복을 받아내는 데 가장 손쉬운 사람들이다. 그들은 이성이 있으며 처음부터 인질들을 억류하려고 하지 않으며, 더욱 중대한 범죄 때문에 오랜 기간 동안 교도소에서의 고통을 감수하지 않기를 스스로 바라고 있다.

더욱 중대한 인질범은 두려움 없이 자살을 감행하는 정신병자이다. 그는 그가 희망하고 있는 행동의 방침이 경찰에 제시되도록 그를 위한 적절한 행동을 저지른다. 그는 이성이 없으며 일반적으로 인질과 그 자신에 대해 학대를 한다. 이러한 형태의 상황에서는 흔히 협상은 공격을 포기하지 않으면 안 될지도 모른다.

정치적 테러범은 일반적으로 가장 위협적이고 위험스러운 인질범으로 경찰에 비치고 있다. 불행하게도 경찰은 정치적 테러범들이 오직 자살할 임무를 띠고 있는 것으로 생각한다. 실제로 그렇지 않다는 유력한 증거가 제시되고 있다. 소수의 테러범들의 사명은 자살에 있으나 대부분의 테러범들의 사명은 이른바 "온건한"soft 목표에 반대하고 있으며 꽤 정교한 도주계획을 구체화하고 있다. 정치적 테러범의 위협은 일반적으로 인질을 잡고 협상의 대화를 기다리면서 정신적으로나 육체적으로 준비를 하고 있고 자살을 바라는 것이 적은 것같이 보인다. 그래서 아마도 다른 인질범과 그들을 구별짓는 가장 큰 특징은 그들에게 피난처를 기꺼이 제공하는 몇몇 국가에서 볼 수 있는 정치적 테러범의 능력이다. 이것은 정치적 테러범들의 입장에서는 무서운 무기가 되고 있다.

정치적 테러범의 더욱 중대한 위협은 그가 보기에 항복을 하지 않고 있는 그의 동료들의 압력이다. 이러한 결론은 항복한 테러범의 사례에서 충분히 나타나고 있기 때문에 조심스럽게 접근하여야만 한다. 더구나 포위공격이 계속되는 한 인질범 사이에서 불화와 갈등이 더욱 일어나게 된다는 점이다. 이때 상당수의 경찰들은 포위를 계속하기를 원하기도 하고 또 습격을 확대하기를 원하기도 하나 다른 경찰들은 문제의 해결방법을 찾기를 원한다. 1977년 5월 하순에 네덜란드에서 발생한, 남 몰루칸 테러범들이 기차와 학교에서 105명의 어린이를 포함한 170명의 인질을 억류했던 사건이 그러한 경우였다.

테러범의 리더인 24세의 「막스 파필라야」Max Papilaya와 네덜란드의 유명한 정신과 의사이며 협상가인 「딕 뮬더」Dick Mulder가 대결하게 되었다. 20일이 경과된 후 네덜란드정부는 이제는 시간을 소모하는 정책에 찬성하는 것이 잘못되었음을 깨닫고 특별히 훈련된 해군에게 무장공격을 요청했다. 마지막 48시간 동안 공격이 감행되었을 때 기차내부의 상황은 분열되는 것 같아 보였다. 「파필라야」의 동료 테러범들은 그의 권위에 이의를 제기하기 시작했다. 「파필라야」는 인질들을 석방할 의사가 있는 암시를 보였지만 그의 동료들은 이를 거부했다. 마침내 이러한 내적 갈등을 감지한 「뮬더」는 드디어 성공적인 협상을 위한 기회를 회피했다.[7)]

테러범들 사이의 내적 불화의 가능성은 두 가지가 있는 것으로 보인다. 몰루카인의 상황에서 갈등은 네덜란드정부가 무력을 사용하게 하였다. 다른 사건들에 있어서는 갈등은 교묘하게 항복을 받아내는 데 이용되었다. 비슷한 상황이 전혀 반대되는 결과를 가져올 수 있기 때문에 협상자들은 색다른 협상절차를 찾아야만 한다.

인질범 행태의 중요한 결정요소가 되고 있는 근본적인 요인 중 하나는 그들이 정신적이고 육체적인 준비를 필요로 하여 고의로 인질을 억류하려고 하는 점이다. 게다가 테러범들은 인질석방을 위한 협상을 위하여 경찰에서 사용하고 있는 심리학상의 절차들을 주도면밀하게 연구하고 있다. 이것은 인질상황을 다루기 힘든 것으로 만드는 다른 중요한 요인이 되고 있다.

인질들은 그들에 대한 인질범의 행동에 영향을 받고 있다. 1977년 3월 10일 미국의 수도 워싱턴에서 발생한 「하나비 뮤스림」Hanafi Muslim사건은 이를 증명하고 있다. 인질범들은 세 군데 장소에 인질들을 억류하고 있었다. 한 건물에 있던 상당수의 인질들은 고문을 당하여 기진맥진한 상태에 있었고, 다른 건물에서는 비슷한 고문으로 한 명이 살해되고 다른 사람은 부상을 당했다. 그리고 또 다른 건물에서는 인질들과 인질범들 사이에 광신적 유대관계에 있어서 인질들로부터 인질범에게 약간의 이득이 되는 법정증언이 행해질 정도로 상호작용이 이루어진 사건으로 상당한 관심사였다. 일반적으로 감정전이의 과정은 흔히 보아온 일이었지만 인질과 인질범 사이의 상호작용의 질은 건물 내에서의 적극적인 애착이 유력한 요인인 것 같다. 상호작용의 본질은 인질들에 의하여 결정된다. 그래서 아랍 테러범들에 의한 이스라엘 인질들은 감정전이의 표시가 전혀 나타나지 않는다는 이스라엘 관리들의 주장은 확실한 근거를 제시하여 주게 된다.

최후의 결과에 영향을 미칠 인질들의 주체성에는 다른 면이 있다. 인질이 더욱 상처를 입게 되기 쉽거나 또는 더욱 눈에 띄게 두드러지면 정부의 대응은 아마도 더욱 협상에 찬성하게 될 것이라는 것을 널리 믿게 되었다. 그래서 이스라엘 인조차도

7) *Ibid.*, pp. 48~49.

1974년 3월 15일 「마롯」Maalot에서 어린이를 위하여 진지하게 협상을 했음이 알려져 있다. 이스라엘 인들은 그들의 어린이를 제쳐놓고 전쟁을 행하지는 않는다고 말한다. 정부가 하는 것은 무엇이든지 국민이 참을 수 있느냐에 따라 커다란 영향을 받게 된다. 국가는 어린이의 생명보다 정부관리의 생명을 위하여 협상할 때 아마도 비협상정책을 더욱 참고 견디게 된다.

능력있고 저명하고 비밀정보를 가지고 있는 어떤 정부관리들에 대한 인질사건은 틀림없이 대부분의 정부들이 자진해서 협상하려는 반응을 나타내게 될 것이다. 비록 미국의 전 국무장관 「헨리 키신저」Henry Kissinger도 비협상정책을 신봉하였지만 소수의 사람들은 만일 그가 인질로 잡혔더라도 그 정책은 고수되었을 것이라고 믿는다. 물론 그러한 요인은 신봉하고 있는 정책과는 관계없이 정부가 아마도 더욱 협상을 전개하여 인질을 억류하고 있는 테러범들을 자극하는 것보다 비협상정책이 결국 쓸데없을지도 모른다는 것을 의미한다. 그러나 이러한 인질들의 억류는 협상을 벌이도록 보증하는 것은 아니다.

인질범들의 특징이 협상을 위한 유혹을 갖게 하는 아주 뚜렷한 사례에서도 정부쪽에서는 협상을 피하기 위하여 비협상의 현명함을 국민에게 확신시키려고 시도한다. 이러한 상황에서는 비협상정책의 불가침은 결정적으로 증명될 수 있다. 1976년 7월 엔테베에서 발생한 사건에서 인질범에 대한 이스라엘의 비협상 태도에 대하여 강력한 반대가 있기도 하였다.

V. 결　　론

일반 시민들은 인질사건이라 하면 뮌헨올림픽 사건이나 이란주재 미대사관 사건처럼 커다란 국제적인 사건만을 연상한다. 그러나 경찰의 입장에서 보면 인질사건은 국내에서 잇달아 일어나고 있는 경찰이 흔히 당면하는 사건들로서 슈퍼마켓이나 은행의 무장강도 사건, 자살하려는 청년이 건물 옥상에서 권총을 가지고 지나가는 행인에게 총격을 가하는 사건, 결혼하기를 거부하는 애인을 납치해 인질로 잡는 사건, 탈옥사건 등 그 예는 너무나도 많다.

경찰이 출동하게 되면 인질범들도 역시 인질의 상태에 놓이게 되며 경찰의 행동여하에 따라 인질범뿐만 아니라 인질의 생명도 희생될지 모른다.

종래 경찰에서는 공격을 감행하여 사태를 해결하였지만 인명피해를 감수하는 상황에 놓이게 되자 공격보다는 협상의 방법을 택하게 된 것이다.

따라서 인질협상기법이 개발되기 시작했다. 그래서 인질협상에 있어서 심리학이 응용되기 시작했으며 인질협상자들을 위한 훈련에 심리학자가 동원되었으며 인질사건 현장에서 조언을 하기도 했다.

따라서 협상자는 인질협상에 있어서 인질과 인질범과의 감정전이현상을 가능한 한 빨리 발견하여 이에 대처해야 함은 물론이고 인질범과도 친밀한 관계를 맺도록 최선의 노력을 경주해야 한다.

협상자로서의 적격자를 발굴해 낸다고 하는 것은 그만큼 어려운 일이기도 하다. 훌륭한 협상자는 인내심이 있고 대화를 계속할 수 있는 능력과 정확한 상황판단을 할 수 있는 능력을 갖춘 사람이다. 이러한 사람들도 끊임없이 인질협상기법을 연구하고 훈련을 쌓아야 됨은 물론이다. 정부당국에서도 협상전략에 대한 예산상의 지출은 인명을 구하기 위해 그만큼 가치가 있는 것이기 때문에 충분한 예산의 배정이 필요하다.

인명 손실없이 사건을 해결하려는 협상자들의 노력에 국민들은 찬사를 보낼 것이며 경찰의 이미지는 더욱 향상될 것이기 때문이다.

인질사태시의 대처방안

Ⅰ. 서　　론

인질사건은 1972년 이래 다른 범죄사건과는 달리 극적으로 꾸준히 증가되어 왔다. 국제테러사건의 추이를 분석해 볼 때 1968년부터 1980년 사이에 발생한 전체 국제테러사건 중에서 인질사건은 10.7%요인납치: 6.0%, 비행기납치: 2.6%, 그리고 점거인질사건: 2.1%이었다. 그런데 이러한 인질사건은 무력적 공격에 의한 것만이 아니라 협상을 통하여 해결할 수 있는 것이기 때문에 인질협상팀을 어떻게 조직하며 그 운영을 어떻게 효율적으로 할 수 있는가에 그 관심이 집중되고 있다.

특히 인질사건은 정치적 동기에 의한 것뿐만 아니라 일반 범죄자에 의해서도 자행되고 있기 때문에 이러한 경우의 해결에도 관심을 갖지 않을 수 없다.

FBI의 지적에 의하면 은행이 인질사건의 중요한 목표가 되고있다고 한다. 이러한 상황에서 경찰요원들이 직면하는 도전들은 매우 크다고 아니할 수 없다. 따라서 인질협상팀은 이러한 추세에도 관심을 기울여야만 한다.

인질단체들은 지금도 생겨나고 있으며 또한 훈련받은 전문가들로 조직되기도 한다. 그런데 우리나라에서는 정치적 동기에 의한 인질사건은 거의 발생하지 않았으며 무장 탈영병이나 일반 범죄자에 의한 인질납치사건이 종종 발생되는 경향이 있다.

여기에서는 유괴방지와 인질협상기술의 개발에 획기적인 공헌을 한 뉴욕 시 경찰국의 인질계획과 그 전략을 중심으로 살펴보고자 한다.

뉴욕 시 경찰국은 1972년 뮌헨 올림픽에서 테러사건이 발생한 직후 테러 및 인질문제 해결을 위한 인질협상팀을 구성하였다. 당시 뉴욕 시 경찰국장인 패트릭 머피Partrick Murphy가 인질사건의 해결에 대한 새로운 대비책을 마련하라는 지시에 따라 종합적인 세부계획을 세우기 위해 특수작전팀장인 시몬 아이스도퍼Simon Eisdorfer가 뮌헨사건의 교훈을 참고삼아 이와 유사한 사건이 미국에서 발생했을 때 어떻게 해결할 것인가를 연구하기 시작했다. 연구과정에 그는 심리학자이며 수사관인 쉴로스버그Harvey Schlossberg, 그리고 계획에 참가를 자원한 볼즈Frank Bolz 형사주임을 규합하여 세부계획을 마련하였으며 경찰간부들을 교육시키기 위한 단기훈련과정을 시작했다.

볼즈 경위와 심리학자인 쉴로스버그에 의한 인질협상에 대한 이론의 개발은 인질사건을 해결하는 데 커다란 도움이 되었다.

인질사태를 원만히 해결하기 위해서는 이와 같이 부단한 새로운 이론의 개발과 함께 관리, 계획, 조직, 지시, 조정, 통제 등의 모든 기능이 갖추어져 있어야 한다. 또한 인질사태를 예상하여 소방서, 전화국, 대학, 신문사, 의료기관 등에 협조를 구할 목록을 작성해 놓는다거나 관할구역 내에서 인질사건이 발생할 만한 장소나 건물에 대해서도 사전에 충분히 조사해둘 필요가 있다.

Ⅱ. 인질사태에 대한 행동계획

인간의 생명을 위태롭게 하기 때문에 인질사태에 있어서 경찰관들이 직면하는 도전들은 미묘하고도 위험한 것이다. 만약 적절한 계획과 훈련을 실시하지 않는다면 또는 경찰의 활동이 일시적 감정에 끌리거나 잘 조화를 이루지 못하고 있다면 생명이 불필요하게 희생될는지도 모른다.

본래 뉴욕 시 경찰국의 공식화된 인질계획에 이용된 것은 표준순찰대, 수사대 그리고 경찰국의 기동타격대이었다. 그 다음에 새로이 조직된 심리봉사대Psychological Services Unit는 경찰국의 인질사태를 해결하기 위한 존재의 방법 이외에 새롭고 가치있는 업무, 즉 인질범의 심리학적 이해를 제공하도록 요청되었다.

모든 인질계획의 성공은 협동적인 팀 활동, 훌륭한 의사전달, 한 사람의 지휘자 아래 전략적 행동의 조정에 달려 있다. 뉴욕 시에서 발생하는 모든 인질사태에 있어서는 사건현장의 지휘자는 이미 정해져 있는 순찰구역의 지휘자가 된다. 특히 뉴욕시는 7개의 순찰구역으로 나누어져 있으며 각 구역은 보조지휘자에 의하여 지휘되고 있다. 이렇게 하게 된 근거는 그가 구역전체에 대하여 가장 잘 알고 있는 상급관리이며 또 사건이 종료되었을 때 그 사태를 다루는 데 있어서 지역사회의 반응을 취급하게 될 것이라는 데 있다. 일단 초기의 대치상태가 종료되고 사태가 수습되면 순찰구역의 지휘자는 범인이 봉쇄팀을 공격하려는 것과 같은 긴급한 자기방어 사태를 제외하고는 무장해제의 권한을 가지고 있는 유일한 사람이다.

뉴욕 시 경찰국의 인질작전은 미리 정해져 있는 일련의 의무와 책임을 수행하는 순찰대, 기동타격대, 수사대로서 3가지 국면으로 이루어진다.

첫 번째 국면인 봉쇄국면은 인질이 최초로 발생되었던 초기 장소에서 일어난다.

두 번째 국면인 이동국면은 차량이나 혹은 다른 탈출수단의 요구가 있어서 인질범에게 허용되는 경우에 이루어진다.

세 번째 국면인 재배치국면은 첫 번째 국면의 중복이지만 새로운 지역에서 일어난다.

이러한 계획아래 수사국의 책임은 첫 번째 국면에서는 특히 협상을 위한 훈련된 수사관들을 대비하는 데 있으며, 두 번째 국면에서는 탈출과 추격차량 운전자를 대비하는데 있으며, 세 번째 국면에서는 특별기동타격봉쇄팀이 도착하기까지 봉쇄팀으로서의 기능을 하는 데 있다.

다음에는 주로 인질사태하에서 협상자의 역할에 관한 문제를 다루고자 한다.

1. 인질협상계획

뉴욕시경의 인질계획은 인질사태하에서 종래에 경찰이 대응하던 것과는 달리 독특하고 획기적인 점을 담고 있다. 그 가운데 중요한 것은 생명을 보존하기 위한 많은 노력 가운데 무시되어 왔던 점으로서 인질 협상에 있어서 심리학적인 기술을 특별히 훈련시킨 수사관들을 투입함으로써 시간을 버는 것이다.

임상심리학박사학위를 가지고 있으며 뉴욕시경의 수사관인 「쉴로스버그」는 인질범에 관한 존재의 심리학적 저술들을 조사해보았지만 그러한 주제에 관해서는 거의 찾아 볼 수 없었다. 그는 경찰국의 다른 동료들과 함께 연구하여 전형적인 인질범에 대한 프로필을 개발하였다.

그것은 세 가지 범주로 나누어진다.

첫째 범죄를 실행하는 동안 탈출이 봉쇄된 직업적 범죄인
둘째 정신착란의 정신병자
셋째 테러범 혹은 대의명분을 가진 광신자

인질사태에 있어서 불안이나 긴장을 제거하기 위하여 또는 가능하다면 범인이 사

태를 이성적으로 평가하도록 하기 위하여 위기조정방법이 개발되고 있다. 이것은 인질협상수사관으로 하여금 유괴자나 흉악범을 대화에 응하도록 하는 데 있다.

2. 시간의 관리

시간은 경찰을 위하여 작용하는 가장 중요한 요소의 하나이다. 일반적으로 범인들이 인질들과 더 많은 시간을 지낼수록 그들은 서로 잘 알게 되고 서로를 위해 감정을 발전시키기 때문에 범인이 인질의 생명을 해칠 가능성은 적다.

이러한 감정의 전이가 일어나도록 허용하는 것과 더불어 시간의 경과는 또한 다른 뜻하지 않는 사건에 대비하기 위한 기회를 얻게 되고 범인으로 하여금 실수를 저지를 가능성을 높게 한다. 경찰이 만반의 대비를 갖출 때 범죄자의 실수는 인질사태를 성공적으로 해결시키게 됨으로써 행운이 따르게 되는 것이다. 누군가 말한 것처럼 행운이란 세심한 계획과 적절한 준비의 부산물인 것이다.

3. 협상수사관의 자질

인질을 억류하고 있는 무장납치범을 마주대하여 무장을 해제시킨다고 하는 것은 특이한 유형의 사람인 것이다. 이러한 사람은 냉정하고, 기지가 풍부해야 하며, 신중하고, 또한 무엇보다도 화술에 능하여야만 한다. 훌륭한 수사관들은 시민을 대하고 증인들을 인터뷰하고 혐의자를 심문하던 경험을 통하여 이러한 소질들을 발전시켜온 것이다.

인질협상팀이 요원을 선발하는 데 있어서 다음과 같은 기준이 적용되었다.

첫째 지원자일 것
둘째 건강한 신체적 조건
셋째 위엄 있는 태도
넷째 좋은 화술
다섯째 숙련된 심문자
여섯째 가능하면 외국어를 구사할 수 있는 능력과 함께 여러 민족과 인종 집단을

대표할 수 있는 사람

인질협상자로서 최종적으로 선발되어 훈련받은 뉴욕 시 경찰수사국의 68명의 요원들은 1명의 경위, 3명의 경사, 그리고 2명의 여자를 포함한 64명의 수사관으로 구성되어 있다. 이들 요원들 가운데에는 12명의 흑인, 12명의 스페인 계, 44명의 백인들이 속해 있었다. 이들이 사용하는 언어는 이탈리아 어, 스페인 어, 독일어, 히브리 어, 이디시 어, 희랍어, 폴란드 어, 우크라이나 어를 포함했다. 여기에 이들 집단의 요원은 아니었으나 아랍 어를 하는 4명의 형사국요원은 통역자로서 활동하였다.

4. 인질협상팀의 훈련

인질협상팀은 강의실뿐만 아니라 시 전체의 여러 장소에서 실시된 집중적인 4주의 훈련과정을 받았다. 훈련은 다음 주제들로 짜여졌다.

심리학: 가장 큰 강조점은 팀의 요원들에게 인질들을 안전하게 구출할 수 있는 힘보다는 다양한 사태들을 분석하고 심리학적 기술을 사용하는 전략들을 계발할 수 있도록 하는 집중적인 심리학적 훈련이 주어졌다. 훈련의 요점은 경찰의 전술에 대한 인질범들의 반응뿐만 아니라 그들의 행동을 이해하고 구할 수 있는 기준을 마련하는 것이다.

신체적 훈련: 이것은 무장을 해제하는 방법과 비무장상태에서의 자기방어기술뿐만 아니라 일반적인 신체적 조건의 향상을 포함하고 있다.

화기: 화기훈련은 38구경 연발권총, 9mm 기관단총, 223구경 저격용총, 산탄총, 37mm 최루가스발사기, 25구경 자동권총, 그리고 22구경 테린져식 권총을 포함했다. 이들은 모든 무기의 사격 중에 방탄조끼를 착용했다.

전자장비: 모든 요원들은 미니 무선 송・수신기와 녹음기의 사용과 두 번째 국면에서 매우 가치가 있을 지역범위와 관계되는 행동특징 등을 이용하는 전자추적 장비의 사용에 익숙해져야 하고 자격을 부여받아야 했다.

비상구조 앰뷸런스: 각 팀의 요원은 비상구조 앰뷸런스, 전천후장갑차를 조작하는 것을 배웠다. 이러한 훈련은 그 보조장비, 즉 공적 응답체계, 차내통화장

치, 무선장비, 방화체계, 그리고 응급치료장치의 사용이 포함되었다. 윌리암스버그Williamsburg 포위공격에서는 이 차량이 범인의 권총사격으로 오도 가도 못하게 된 경찰관과 민간인을 구출하는 데 이용되었다. 이는 또한 협상의 시작을 위한 안전한 토대로서 제공되었다.

차량조작: 보조장비를 포함한 특수장비를 갖춘 탈출과 추격용 차량의 조작에 대한 교육이 있었다. 도시 내의 여러 지역에서부터 가장 좋은 전략적 이익을 제공해줄 공항이나 혹은 다른 목적지까지로 통하는 차도와 통로 등에 특별한 주의가 주어졌다.

연락: 인질협상팀 요원들은 FBI요원들과 함께 사법권에 관련된 문제와 연방항공행정을 포함하여 다른 기관들과의 협조문제에 관하여 2일 동안의 훈련을 받았다. 훈련의 하루는 케네디 국제공항과 뉴욕 국제공항, 그리고 뉴욕 항에서 New Jersey 경찰과 합동으로 실시되었다. 뉴욕 경찰국은 그들의 계획과 뉴저지경찰국의 비상계획을 통합하였다.

재배치: 본래의 계획에 추가하여 어느 곳에서 발생하든지 모든 중요한 인질사태에 대한 비평문의 보고서가 작성되었다. 연구 중인 인질사태로부터 경찰관들은 새로운 통찰력을 얻게 되고 새로운 기술을 습득하게 된다.

수사국 인질협상팀의 요원들은 독립된 단위조직이 아니고 도시전체에 분산되어 있는 각 경찰서 수사과에 소속된 수사관들로서 근무한다. 그래서 인질협상자로서의 훈련이 완료되면 그들은 그들의 각 관할구역의 경찰서 수사과로 돌아가서 일상적인 수사업무를 다시 계속 맡는다. 그들은 적절한 범위로서 직무표에 미리 정해진 분야에 배치된다. 그리고 그들의 명단은 그들에게 할당된 구역에서 발생하는 인질사태에 우선적으로 대응하기 위한 명부에 등재되어 있다. 각 관할구역의 순찰을 시작함에 있어서 수사지휘관은 각 구의 훈련된 협상자들 가운데 임무를 수행할 요원들을 확인하게 된다. 순찰도중에 인질사태가 발생하면 수사지휘관은 그 요원들이 대응하도록 통보한다. 7명의 협상자들이 각 인질사건 현장에 급히 파견된다. 만약 1개구에서 임무를 수행중인 협상자가 7명이 되지 못하면 인접한 구에서 그들의 협상자들을 급히 파견하도록 통보받게 된다.

7명의 협상자가 필요한 까닭은 2명은 교섭자로서, 그 가운데 한명은 범인과 친밀한 관계를 맺고 음성을 확인할 책임을 지는 1차 교섭자이며, 다른 한명은 질문의 유형을 개발하는 데 도움을 주고 전체사태를 분석하며 지휘본부와 연락을 취한다. 그리고 나머지 5명의 요원들은 다음과 같은 임무가 할당된다.

첫째, 교대자로서

둘째, 첫 번째 팀이 친밀한 관계를 형성하지 못할 경우 2차 협상자로서

셋째, 필요하다면 탈출과 추격용 차량의 조작을 위하여

넷째, 범인이 인질을 이동시킬 경우 새로운 장소에서 봉쇄팀으로서의 기능을 한다.

Ⅲ. 인질협상의 기술과 정책

어떤 인질사태이든지 꼭 같은 사건이란 생길 수 없기 때문에 협상자를 위한 표준화된 유형이 있을 수 없다. 따라서 각각의 사태는 별개로 취급되어 왔다. 여기에서는 그동안 상당한 경험의 결과를 토대로 발전되어온 기술을 살펴본다.

협상자는 우선 인질범으로부터 권위있는 사람으로 인정받을 수 있는 위엄있는 태도를 갖추어야 한다. 협상을 하고 있는 중에 협상자는 모든 사람들로부터 존경을 받을 수 있는 조정자이지만 그 자신이 최종적인 결정권자인 것처럼 표현해서는 안 된다. 인질범으로 하여금 협상자 위에 또 다른 상위자가 있다는 것을 인식시켜야 한다. 이것은 협상자에게 결정을 보류하고 시간을 벌게끔 해주는 것이 된다. 또한 협상자는 범인의 요구를 거절하는 최종적인 사람이 아니기 때문에 어떠한 요구를 지연시키거나 거부하더라도 범인과의 친밀한 관계Rapport를 유지하게끔 될 수 있는 것이다.

일반적으로 인질범을 다루는 데 있어서 가장 쉬운 유형은 직업적 범죄인이다. 그러한 사람은 상대적으로 합리적인 사고를 하는 사람이라 여겨지는데 그는 대부분의 경우 사태를 평가하고 가망성을 타진해본 후에 경찰과 교섭하려고 하기 때문에 불필요한 폭행이나 무모한 살인을 하지 않는다.

이와는 반대로 정신병자의 경우에 있어서는 아주 상이하고 다소 복잡한 문제를 제기한다. 그는 비합리적인 경향이 있어서 예측하기가 더욱 어렵다. 그의 행동, 그가

사용하는 말씨, 그리고 그가 하는 요구는 그의 정신적 상태를 판단하는 중요한 실마리가 종종 되고 있다. 정신병자는 심한 내적 욕구불만과 갈등을 숨기고 있다. 그는 그의 일생 중 매우 특별한 입장이 되어 지금 자신이 중요하고 관심의 초점이 되고 있다는 것을 발견함으로써 불확실한 상태에서 일종의 즐거움조차 느끼고 있을지도 모른다. 정신병자는 감정이 강렬하여 상당한 육체적·정신적 에너지를 소비함으로써 결국에 가서 그는 지치기 때문에 이러한 경우 시간은 경찰을 위해서 아주 중요하게 작용하게 된다.

광신자나 테러 집단은 보다 더 난처한 인질사태를 일으킨다.

어떤 의미에서는 그들은 그 집단의 한 사람의 지휘아래 모두가 하나의 대의명분을 가진 정신병자의 집단으로 볼 수도 있다. 범죄행위를 하다가 체포되었을 때 그들 중 대부분은 그들이 단지 사회정의를 추구하는 혁명가들이라고 주장하면서 그들의 행동을 정당화시키려고 하는데 그들의 주장을 묵살하여 해결하려는 것은 오히려 사태를 악화시킬 가능성이 크다. 따라서 이때도 시간을 끌어서 스스로 실수를 저지르도록 해야 한다.

1973년 1월 19일에 발생했던 윌리암스버그Williamsburg 강도사건은 범인들이 대의명분을 위해 죽겠다는 결심을 취했으나 시간의 경과에 따라 그러한 입장은 퇴색되었고 결국 실패로 끝나게 된 예이다. 당시 윌리암스버그Williamsburg의 한 운동구점에서 4명의 권총강도가 침입하여 금품을 요구하였는데 경찰이 현장에 도착하자 12명의 인질을 억류하고 경찰과 대치하게 된다. 이때 범인들은 정치테러분자를 모방하여 Black Muslim교 테러단의 수법을 사용했다. 당시 경찰은 Black Muslim교의 목사의 협조를 받기 위하여 범행현장에 소환했었으나 범인은 전혀 정치적이거나 종교적 신념을 가지고 있지 않았다. 경찰은 이들 범인과 47시간을 대치하였는데 불행하게도 경찰관 중 1명의 사망자와 2명의 부상자를 내었지만 범인이 항복하면서 억류되었던 인질들을 무사히 구출할 수 있었다. 이 사건을 무사히 해결할 수 있었던 것은 잘 훈련된 경찰관과 심리전에 능한 지휘관이 있었기 때문이다.

이러한 사건 가운데 어떠한 경우이던 만약 범인이 협상중에 여러 인질 중 한 사람이라도 살해하면 나머지 인질들의 목숨을 구하기 위하여 행동을 취해야 한다. 왜냐하면 범인이 한 사람의 인질을 죽였을 경우 그는 더 많은 인질들을 죽일 가능성이 있기 때문이다.

인질범의 요구조건을 협상하는 데 있어서는 일정한 법칙은 없다.

인질을 교환하거나 무기를 제공하는 일을 제외하고는 모든 요구가 협상대상이 될 수 있다. 인질범이 인질교환을 요구하는 한 가지 이유는 인질범이 죽이기를 원하지 않는 사람 대신에 죽이기를 원하는 사람으로 바꾸기 위해서라는 점을 명심할 필요가 있다. 그리고 만일 인질범이 무기를 요구한다면 그것은 보통 인질범이 가지고 있는 무기가 총알이 없거나 모조권총을 가지고 있다는 것을 의미한다고 볼 수 있다. 따라서 그에게 총을 준다는 것은 정말로 위험을 초래하게 될 것이다. 만약 유추를 해본다면 인질협상사태는 폭탄위협에 비유될 수 있을 것이다. 폭탄에서 신관을 제거하기 위해서는 오직 훈련된 폭탄분해요원만 보내는 것처럼 우리는 이와 같이 감정적으로 폭발적인 인질사태를 취급하는 데 있어서는 오직 훈련된 협상자만을 보내야 할 것이다. 폭탄분해요원의 훈련은 무엇이 폭발작용을 하게 하는 것인가 또는 어떻게 신관을 제거하는가에 중점 두고 있는 것과 마찬가지로 우리가 인질협상자에게 실시하는 심리학적 훈련은 인질납치자에게 어떻게 시간을 보내게 하거나 또는 어떻게 인질범을 진정시키는가에 중점을 두고 있다.

인질협상자들에게 심리학적 훈련을 시작한 이래 이러한 훈련은 그 후 발생한 많은 인질사태에 이용되었다. 그런데 초기에는 인질사건이 발생되었을때 인명을 앗아가는 결과를 낳기도 했지만 대부분의 경우에는 일단 협상이 시작되면 인질은 아무런 피해를 입지 않은 채 석방되고 인질범을 체포하는 좋은 결과를 가져 왔다.

따라서 협상자들은 인질범을 설득하기 위하여 기본적인 심리학적 이론에 의존하며 무력은 사용하지 않는다. 협상자의 급선무는 인질범과 친밀한 관계를 맺는 것이다. 협상자는 인질범들로 하여금 협상자들이 원하는 대로 응하도록 비속임수적이고 비강제적인 방법을 사용하여 문제를 해결하여야 한다.

Ⅳ. 결 론

인질사건은 오늘에 있어서도 믿을 수 없을 정도로 증가 일로에 있다. 또 다른 뮌헨 사건을 성공적으로 예방했던 몬트리올 올림픽대회와 로스엔젤레스올림픽 대회의 주도면밀한 예비대책을 살펴볼 필요가 있다. 이들 두 대회가 별다른 테러사건 없이 안전하게 치루어질 수 있었던 것은 경비는 고사하고라도 경찰의 인력 무장병력, 그리고 특수요원들의 수가 어마어마한 것이었다.

인질사태는 고도의 좌절과 악화상태를 일으킨다. 그릇된 결정은 재난을 초래할 수 있다. 인질범들은 놀라움과 불안에 쌓여 있으면서도 자기 자신의 목숨은 상관없다는 의식을 나타낸다.

어떤 인질사건에서는 사태가 몇시간 만에 해결되지만 다른 사건에서는 몇주일을 끌기도 한다. 어떻든 인질사건을 해결하는 데 있어서 궁극적인 목표는 항상 인질들을 안전하게 구출하는 데 있다. 여기에서 시간의 관리는 언제나 결정적인 요소가 됨을 인식하여야 할 것이다.

인질협상에서의 기본적 고려요소

Ⅰ. 서 론

Ⅱ. 테러리스트집단의 일반적 특징

1. 테러집단의 철학

2. 테러조직의 특징

3. 테러집단의 운영목표

4. 테러집단의 운영수단

5. 기타 특징

Ⅲ. 대테러정책과 협상전략

Ⅳ. 협상을 위한 지침

Ⅰ. 서　　론

인질사건 가운데 가장 위험한 카테고리는 테러범들에 의한 인질사건이다. 그들은 다른 유형의 인질범보다도 더욱 다양화되어 있어서 그들을 이해하고 프로필을 작성하는 데에는 더욱 어려움이 따르게 된다. 왜냐하면 테러범들에 대해서는 단순한 심리학적인 프로필이 있지도 않으며, 또한 유일한 형태도 없고, 언제나 올바른 접근방법이 있는 것도 아니기 때문이다.

테러리즘은 다수의 인간들을 유혹한다. 테러범은 명백하게 입장을 밝히면서 정치적 목적과 선전을 가지고 있는 합리적이고 계획적이며 냉기가 서려 있는 특정한 이데올로기를 주장할 수도 있으며 혹은 그들의 유일한 관심은 개인적인 요구사항을 만족시키기 위하여 집단의 조직을 사용하여 흥분을 하고, 죽이고, 마약을 사용하는 정신병질자일 수도 있다.

왜 사람들이 테러 조직들에 가입하고 있는가? 그 이유들은 매우 다양하다. 즉 정치적 신념, 목적을 위한 확신, 자극을 위한 욕망, 욕구불만을 위한 출구, 폭력의 즐거움, 권력의 필요성 등을 관철시키고자 하는 것이다. 하나의 테러 조직은 이러한 이유들의 일부 또는 전부를 관철시키기 위한 수단으로 테러를 자행하고 있는 것이다.

테러범들이 인질범들을 다루는 데 있어서는 성공적인 어떤 마법의 공식이 존재하지 않는다. 만일 성공적인 공식이 있다면 그때에는 기본적인 원리들, 즉 일반적인 상식, 경험과 훈련, 기관의 운영 지침과 목적을 협상자는 이해할 수 있어야 하며 그리고 특정한 상황에 빈틈없이 그것을 적용하여야 할 것이다. 그 이외에는 별도의 관계기관의 협력이 또한 요구될 것이다.

인질협상자로서 경찰관들이 훈련을 받을 때 그 목표는 협상절차를 위하여 주장되어 왔던 일반적인 원리들, 즉 과거에 성공적이라고 증명되었던 일반적 규칙과 절차들을 그들에게 이해시키는 데 있다고 할 수 있다. 성공적인 협상자들은 이러한 원리들을 특정한 상황에 적용하는 것이다. 그들은 또한 모든 우발적인 사건들이 발생할 수 있다는 가정하에 계획을 세운다.

이론적으로 협상자는 모든 개별적인 상황을 다루기 위한 계획을 가지고 있다고 할 수 있다. 그러나 현실세계에서 만족스러운 계획은 없다. 왜냐하면 갑자기 어떤 기대되지 않았던 새로운 유형의 테러가 발생되기 때문이다. 현명한 협상자는 결코 이것을 망각하지 않을 것이다.

여기에서는 대테러 우발사건계획을 발전시키는 데 있어서 도움이 될 수 있는 문제들을 살펴보고자 한다.

Ⅱ. 테러집단의 일반적 특징

1. 테러집단의 철학

테러 집단이 지니고 있는 기본적인 지론 내지 철학은 다음과 같이 요약될 수 있을 것이다.

가. 그들의 주장, 즉 어떤 신 또는 제창자의 의지Will의 정당성에 대한 절대적 신념을 가지고 있다.

나. 지도자에 의하여 오직 정당하다고 해석될 수 있는 신조에 대하여 독단에 빠져 있다.

다. 사회 또는 세속의 퇴폐에 대하여 개혁을 하여야 겠다는 신념을 가지고 있다.

라. 다른 신념, 견해, 관념 혹은 체제를 부정한다.

마. 다른 사상을 주장하는 상대방의 대표자를 제거한다.

바. 종교적인 의식주의에 빠져 있다.

사. 초법적인 권리의 주장, 즉 현행법은 그 집단에 적용될 수 없는 부적절한 것이며 그래서 마음대로 위반할 수 있다는 것이다.

아. 카리스마적인 권위를 지니고 있다.

자. 집단의 구성원이나 제삼자를 막론하고 모든 사람을 항상 의심하는 편집증에 사로잡혀 있다. 구성원들은 그들의 충성심과 헌신적인 사랑을 정기적으로 틀림없이 시험한다.

차. 집단이 적대적인 세속 또는 사회에 둘러싸여 있다고 생각한다.

카. 일반적인 구세주의, 즉 다른 사람들을 귀의시킬 필요성이 있다고 생각한다.

타. 집단은 신의 의지 또는 그들 제창자의 의지를 수행하여야 할 임무를 가지고 있다.

2. 테러조직의 특징

테러 조직의 일반적인 특징은 아래와 같다.

가. 충실한 신봉자, 즉 특정한 이데올로기의 창시자에 의하여 지배되고 있다.

나. 신탁에 의한 정치로서 조직되어 있다.

다. 구성원들은 강력한 권위주의적 리더십에 따라 고도의 종속상태에 놓여 있다.

라. 신봉자가 아닌 사람, 즉 그 집단의 구성원들 이외에 모든 사람들의 부패와 악행으로부터 자기 자신들을 정신적으로나 신체적으로 고립시키고 있다.

마. 회원자격에 관한 끊임없는 선전을 통하여 신입자들에게 강력한 사상을 주입시키고 있다.

바. 그들의 책략에 대하여 편집증 환자로 집단을 발전시킬 수 있게 하기 위하여 외부인들에 대하여 부단히 경계를 하고 있다.

사. 내부적으로나 외부적으로 안전에 사로잡혀 있다.

3. 테러집단의 운영목표

테러범들에 의한 인질사건의 발생형태를 보면 그들의 목표는 다음과 같이 정리할 수 있다.

가. 정치적으로, 사회적으로 또는 재정적으로 그들의 주장을 달성하기 위하여 추구하고 있다.

나. 어떠한 수단과 방법 즉 속임수, 구실 혹은 폭력의 사용을 통하여 승리를 확보하려고 한다.

다. 그들의 주장에 대하여 관심을 끌도록 그리고 새로운 구성원들에게 매력을 끌도록 계획적인 행동을 실행에 옮기고 있다.

라. 그들의 주장의 정당성과 그릇된 행동의 결백을 선전하기 위하여 공공장소를 손에 넣거나 언론을 끌어 들인다.

마. 집단은 모든 정치적 또는 사회적 통제가 미칠 수 있는 세속의 악행으로부터 떨어져 있는 성역으로 고국 또는 안전한 영토를 수립하고자 한다.

4. 테러집단의 운영수단

테러 집단은 그들의 목표를 달성하기 위하여 가능한 한 모든 방법을 동원하고 있으나 그 가운데 중요한 것을 들면 다음과 같다.

가. 폭력을 사용한다. 폭력의 경향은 상대방의 희생자 수를 단계적으로 확대시키려고 하고 있으며 재산을 파괴하려고 하지는 않는다. 폭력은 부녀자와 어린이를 포함하여 죄 없는 피해자들을 대상으로 항상 정당한 이유 없이 자주 행해지고 있다.

나. 그들의 선전가치를 극대화시키기 위하여 목표와 피해자들을 선택한다.

다. 기습적인 공격과 충격적인 사건으로 그 가치를 성취하기 위하여 비밀리에 그리고 속임수를 쓴다. 그들의 행동을 정당화하기 위하여 "우리들의 주장을 관철하기 위하여 무엇이든지 할 수 있고 무엇이든지 말할 수 있는 것이 우리들의 권리와 책임이다"라고 주장한다.

라. 공포와 굴복의 효과를 노리기 위하여 괴롭힘, 위협 그리고 폭력을 이용한다.

마. 그들 주장의 하수인으로 부녀자와 어린이를 참가시킨다.

5. 기타 특징

가. 그들 자신들은 오직 충성심을 나타내며 그리고 집단과 결합시킨다.

나. 주장, 주체성, 권력, 모험, 지위 등을 추구하는 사람들에게 매력을 끄는 힘을 가지고 있다. 여기에는 신경증 환자, 정신이상자, 범죄자, 적응성이 부족한 사람들이 포함되어 있는데 모험을 위해 군에 복무하는 군인, 그리고 실제적인 혹은 가상적인 불법을 자행하기 위하여 다른 속셈을 가지고 있는 사람들일 수도 있다.

다. 소수집단에게 매력을 끄는 리더십의 역할을 나타내는 가능성을 가지고 있다.

Ⅲ. 대테러정책과 협상전략

어떤 국가이든 그 국가의 대테러 정책방향과 기본적인 전략은 그 국가의 목표와 이익, 그리고 국내외적인 여건에 따라 그 특성을 달리하고 있으며 사건발생시 대응책에 관하여도 평소에 이미 결정되어 있다고 할 수 있다.

특히 이스라엘은 테러분자의 요구에 굴복하면 더 큰 위험부담을 감수해야 된다는 점을 인식하고 오래전부터 대테러 강경책을 견지해 오고 있다. 또한 미국은 인질사건의 기본정책을 유연성 있는 대처, 안전한 인질구출, 절대 불양보에 두고 있다. 미국이 테러범들에 대하여 대가를 지불하게 되면 테러증가요인이 되며 불양보정책을 고수하면 테러억제에 효과가 있다는 입장을 가지고 테러범들에게는 어떠한 편의제공도 하지 않겠다는 강경정책을 견지하면서도 인질사건에서 협상을 계속하고 있는 것은 협상결과가 주는 이익이 있기 때문이다.

인질사건이 발생되면 상황에 대처하는 국가의 정책은 이미 결정된 정책 노선에 따라 다각적인 방향에서 검토하여 가능한 모든 수단을 동원하게 된다.

테러사건은 국내외적으로 복잡한 정치적 문제 등 해결하기 어려운 난제를 동반하기 때문에 사건해결을 위한 정책결정에도 많은 변수가 작용하게 된다. 인질사건에 있어서 대응정책에 영향을 미치는 변수는 사건의 성격과 당사국의 사정에 따라 다르지만 정책결정에 영향을 주는 일반적인 변수로서는 사건에 관련된 인원의 수, 관련된 인원의 중요성, 국제적 반응, 경제적 영향, 국내의 정치적 반응, 정부의 조치가 사건에 미치는 결과 등이 있다. 이러한 변수들은 사건의 성격에 따라 우선순위가 달라지게 된다.

그러나 정부당국으로서는 사건발생과 동시에 피해를 극소화하면서 범인과의 협상에 의한 평화적인 해결방안으로부터 무력사용에 의한 인질구출작전 등 이용 가능한 전략이 다각적으로 검토되며 시간이 경과함에 따라 테러범 자신의 정체가 노출되고 요구조건을 제시하게 됨으로써 범행동기를 비롯한 사건의 성격이 어느 정도 밝혀지게 되면서 이에 대응하기 위한 조직구성과 본격적인 대응전략이 수립된다.

인질사건에서 선택될 수 있는 가능한 전략은 무력을 사용하지 않는 평화적인 해결방법과 무력에 의한 진압방법으로 구분할 수 있다. 그러나 가능하면 평화적인 해결방법을 선택하여야 하며 협상에 의한 방법이 효과가 없을 때 무력에 의한 방법을 선택하는 것이 좋을 것이다. 물론 협상과 무력에 의한 진압은 동시에 진행되고 있다고 할 수 있다.

Ⅳ. 협상을 위한 지침

인질협상이란 테러범들이 일정한 목적달성을 위하여 담보로 억류한 사람의 생명과 안전을 보호하기 위하여 범인을 설득하고 흥정하는 과정을 말한다.

테러범들은 자신들의 요구사항을 정부에 전달하는 과정에서 흥정이 이루어지게 되며 모든 테러범들이 반드시 폭력에 의해서만 문제를 해결하려고 하지는 않는다는 요소도 있기 때문에 협상이 가능하고 또 필요하게 된다.

협상을 위해서는 작위와 부작위의 모든 것, 언제나 그리고 한 번도 실시하지 않았던 모든 것, 그리고 전술과 절차의 모든 것이 포함된 포괄적인 지침의 목록이 수없이 알려지고 있다. 그러나 테러범에 의한 인질사건은 다른 유형의 인질사건보다 협상이 어렵게 되는데 그 이유는 치밀한 계획과 전략에 의한 사건이며 목적을 위해서는 죽음을 각오한 행동을 하고 정교한 무기를 사용하며 매스미디어와 정보를 이용할 뿐만 아니라 협상과정에서 상황에 따라 요구조건을 변경시키고 배후가 있기 때문이다.

그런데 협상은 단순히 인질석방을 위한 흥정에만 그 목적이 있는 것이 아니고 범행을 포기시키기 위한 설득, 인질의 생명을 위협하는 행동자제, 테러범과 사건에 관한 정보수집, 범인의 심리유도, 공격준비를 위한 시간을 벌 수 있다는 점에서도 반드시 시도되어야 한다. 성공적인 협상이 이루어지기 위해서 적용되고 있는 가장 중요한 목록을 몇가지 제시하고자 한다.

가. 모든 표준운영절차Standard Operating Procedures를 적용하여야 한다. 이것은 매우 중요한 것이다. 왜냐하면 사건현장에서 협상자가 동요되지 않기 때문이다. 협상자는 신속히 물질적인 통제를 할 수 있으며 그것을 유지하게 된다.

경계와 봉쇄는 언제나 첫 번째로 주요한 현장의 우선순위인 것이다. 가능하면 가장 작은 구역으로 그들을 몰아넣어야 하기 때문이다.

나. 언론의 자유로운 접근을 거절하여야 한다. 이것은 어떠한 인질범에게도 유효한 것이지만 테러범들의 목적이 선전에 있기 때문에 테러범에게는 특히 중요한 것이다. 이것은 선을 절단하는 것과 같이 즉각적인 조치를 취하여야 한다.

다. 경험이 있는 협상자들을 이용하여야 한다.

라. 테러집단은 숨겨진 비망록을 가지고 있다고 가정하여야 하며 그것이 무엇인

지 교묘히 파악하도록 정보수집능력과 협상자의 기술을 활용하여야 한다. 그것이 무엇인지 알 때까지 협상자는 계기비행을 하고 있는 것이다.

마. 그들이 진실로 원하는 것이 무엇인지 테러범들의 요구사항을 식별하여야 한다. 선전은 교도소에 수감되어 있는 회원들에 대한 자유, 주장을 위한 자금이며, 다른 사람들이 또 다른 행동을 수행하는 동안 다른 곳으로 돌리기 위해 숨겨진 비망록을 모두 그럴 듯하게 하고 있는 것이다. 협상자들은 몇 개의 층으로 된 메시지들을 평가할 수 있도록 이해하고 해석하도록 훈련을 받아야 한다.

바. 이용할 수 있는 가장 훌륭한 협상전술들을 사용하여야 한다. 그것은 흔히 꾸밈없이 시간을 지연시키는 것이다. 시간은 정상상태로는 협상자편에 있는 것이며 상황을 안정되게 도와주며 기관간의 지원을 더욱 안전하게 한다. 그것은 "스톡홀름증후군"의 긍정적 효과를 창조하는 데 도움을 줄 수 있지만 그러나 부정적 효과, 예를 들면 테러범들의 주장에 대한 인질들의 동일시에 대한 가능성을 알게 될 것이다. 시간은 계획을 발전시키고 그리고 저격수와 침입팀의 위치를 정하도록 허락해 준다. 많은 테러범의 인질사건에 있어서 이것은 전술팀이 그것을 끝마칠 때까지 유일한 실질적인 선택권이다.

사. 인질범들의 프로필을 작성하여야 하고 협상절차로서 프로필의 특정한 기법을 구체화시켜야 한다.

아. 의사전달에 용이한 언어를 사용하여야 한다. 즉 인질범들을 화나게 할 수 있고 그리고 인질들의 위협을 증대시킬 수 있는 '아니오'라고 말하는 것을 피하여야 한다.

자. 요구하지 않는 한 무엇이든지 결코 제공해서는 안 된다. 그리고 그 대신에 무엇이든지 요구하여야 한다. "만일 내가 당신에게 담배를 준다면 당신은 거기에 있는 사람 중 1인을 기꺼이 내보낼 수가 있는가?" 대화 중에는 '인질'이라는 단어의 사용을 피해야 한다.

차. 무엇이든지 결코 자발적이어서는 안 되며 요구하는 것만을 주어야 한다. 위의 예에서 요구는 담배이다. 성냥을 포함시켜서는 안 된다. 만일 그들이 아무것도 가지고 있지 않다면 그때 성냥은 다른 양보를 위한 교섭용으로 사용될 수 있을 것이다.

카. 방심하지 말고, 융통성이 있으며, 냉정하게 오래 견뎌야 한다. 결코 자기만족을 해서는 안 된다. 결코 당연한 일로 생각하지 않아야 한다.

기관이 할 수 있는 가장 현명한 대비의 하나는 정확한 정보의 원천을 개발하고 공급하는 것이다. 무엇이 일어날 것인가를 안다는 것은 무엇이 일어난 일인가를 발견하기 위하여 노력하는 것보다 더욱 의미가 있는 것이다. 만일 그들이 사건을 예방한다면 눈과 귀는 군대와 전술보다도 더욱 가치가 있는 것이다.

연습은 또 하나의 주요한 요소이다. 협상자들의 기술을 발전시키고 그들을 잘 관리하도록 하여야 한다. 준엄하게 훈련을 시켜야 한다. 경찰관의 숙련성을 시험하여야 하고 자신감과 능력을 가지고 복잡하고 정도를 벗어난 상황에 좋은 반응을 나타내도록 경찰관들을 교육시킬 훈련된 시나리오를 사용하여야 한다.

협상자는 훌륭한 사람이며 그 상황을 통제하고 있다는 것을 결코 잊어서는 안 된다.

인질협상팀의 선발과 훈련 프로그램

Ⅰ. 문제의 제기

Ⅱ. 인질협상팀의 선발방법

Ⅲ. 훈련방법

1. 기초훈련
2. 의사소통 훈련
3. 경험적 훈련
4. 정규 코스
5. 합동훈련

Ⅳ. 재훈련

1. 기초 훈련과정의 재검토
2. 부가훈련
3. 유지훈련

Ⅴ. 고급훈련

1. 특수 협상기술
2. 관련 분야

Ⅵ. 실질적인 문제들

1. 장 비
2. 명령 체계
3. 전술팀과 협상팀의 합동 모의훈련

Ⅶ. 결 론

Ⅰ. 문제의 제기

오늘날 모든 국가의 경찰당국에서 직면하고 있는 인질 및 대치상황을 성공적으로 해결하기 위해서는 인질협상팀을 적절히 훈련시키는 것이 결정적인 요소가 될 수 있다. 물론 인질협상팀에 의해 평화적으로 사건이 해결되지 않을 경우 무력진압에 의한 전술팀의 역할이 필수불가결하기 때문에 전술팀의 훈련 또한 중요하다. 그러나 협상팀과 전술팀은 그 역할이 다르기 때문에 훈련프로그램에는 차이가 있다.[1] 그런데 모든 훈련은 하나의 팀으로 이루어지며 훈련에 있어서 '팀'이라는 개념이 가장 관련있는 사항으로 받아들여지고 있다. 팀의 구성원들은 서로가 의지하게 되며 다른 구성원들의 의견을 존중하여야만 한다. 이러한 구성원들간의 상호작용은 모든 구성원들 간에 꼭 필요한 업무상의 관계뿐 아니라 협상과정 전체에 있어서 핵심적인 것이다. 구성원들은 때에 따라서 다른 구성원들을 훈련시키기도 하고, 또 그들로부터 훈련을 받기도 한다. 그러나 모든 훈련과정은 지정된 팀 훈련자의 직접적인 감독 하에서 실시된다.

여기에서 소개하는 훈련프로그램은 미국 텍사스의 포트워스Fort Worth 경찰국의 인질협상팀에서 여러 경찰국의 협상자들을 위하여 3년에 걸쳐 개발된 것이며 전투사령부 모의 훈련을 통해 외부의 검증을 받은 것이다. 이 인질협상팀에 제공된 정보가운데 일부는 특정한 인질협상팀과 경찰당국의 요구를 수렴한 것이며 일부는 일반적인 것이다. 모든 자료는 거의 모든 경찰국에서 적용될 수 있는 것이지만 그 중에서도 특히 훈련예산이 한정되어 있는 경찰국에 적용되도록 한 것이다. 이것은 협상지휘자의 상호작용, 인질 상황이 일어나기 전과 후에 시민들의 처리, 인질 및 대치상황에 잘 대응하기 위한 준비 등 협상업무와 관련이 있다고 생각되는 모든 분야를 다루기 위한 포괄적인 것이라고 할 수 있다.

---

1) 미국 FBI의 인질구출팀의 교육훈련은 기본교육과 보수교육으로 나누어 실시되고 있다. 기본교육은 신규 선발요원을 대상으로 일반학(법률학, 경찰학, 테러사건추세분석, 지역연구, 인질협상개요, 행정업무, 사진술, 응급처치법, 가정분쟁 및 가족 인질법처리), 전술학(사격술, 레펠, 로프급속강하, 대테러 기본전술, 특수체력훈련, 특수전술훈련, 방어전술, 경호요령, 정찰기법, 순찰요령), 전문특기훈련(저격수훈련, 폭파 및 기만술, 수중침투, 화생방훈련, 통신) 등 대테러 기본전술훈련을 3개월간 실시한다. 보수교육은 기간요원을 대상으로 일반교육(법률학 교육, 작전계획작성, 의무지원 및 응급처치), 기본훈련(체력단련, 장애물훈련, 레펠, 사격술), 전문특기훈련(저격훈련, 폭파 및 폭발물처리, 통신), 종합훈련(건물작전, 차량작전, 항공기작전, 선박작전), 종합

여기에서는 비교적 소규모의 경찰국에서 이러한 훈련을 성공적으로 수행해내는 방법에 대해 설명하고 있으며 이러한 훈련내용이 어떻게 효과적으로 사용될 수 있는가에 대한 방법을 제시하고 있다. 더구나 이것은 매우 전문화되어 있는 이 분야에 대한 훈련 지침서를 만드는 데 기초로 사용될 수도 있을 것이다. 비록 여기에서 소개하는 훈련프로그램은 총체적 프로그램으로서 고안되었지만 테러사건의 유형은 다양해서 필요에 따라 보충되어야만 할 것이다.

Ⅱ. 인질협상팀의 선발방법

인질협상팀을 훈련하는 데 있어서 기초가 되는 개념은 팀의 구성원들 사이에 한 팀이라는 감정이 발달하는 것이다. 이러한 감정은 팀의 구성원을 선발하는 과정에서 모두의 일치된 의견을 필수적인 것으로 함으로 인해 더욱 증가된다. 팀을 처음 만들고 팀의 훈련프로그램을 관장하는 경찰관을 선발하는 일에서부터, 팀의 구성원들 사이에 관계를 형성하는 일은 매우 중요하다. 이 과정에서 누가 이 팀의 책임자로 선발되었는지, 그리고 누가 실제상황에서 명령권을 지니는지 알게 된다. 팀의 구성원들은 직접적으로 또한 훈련을 통해 서로가 마음을 열고 지원하며 건설적으로 서로를 비판하도록 요구된다. 팀 내부에서 실행되는 토론이나 비판에서는 구성원들 사이에서 동의가 이루어지거나 경찰당국의 정책에 의해 요구되어야만 팀 외부의 문제를 다루게 된다. 팀 구성원 각자의 강점들은 필수적인 것으로 간주되며 모든 과정은 필요하다고 생각되면 재검토를 할 수 있으나 그것도 또한 그러한 문제에 대한 기존의 정책범위 내에서 이루어진다. 이러한 정책들은 대부분 인질협상팀에서 개발되고 있으며 또한 필요한 승인절차를 밟기 위해 경찰당국 내부의 계통을 밟아 접수되어야 한다. 이것은 팀이 자신들에게 직접적으로 영향을 미치는 분야이기 때문에 필수적인 것이다.

인질협상팀의 구성원들을 선발하는 일은 여러 단계를 거쳐야 하는 과정이다.[2] 그

모의훈련(건물작전, 기타작전)으로 구분하여 주기적으로 반복실시하며 팀별 자체훈련 및 종합훈련을 병행하여 실시한다.

2) 미국 FBI의 인질구출팀의 선발절차는 3차에 걸쳐 이루어지는데 1차심사는 서류심사로 10배수를 선정하며 2차심사도 서류심사로 4~5배수를 선정한다. 3차심사는 2주간의 기본집체훈련 및 심리테스트 등 정밀검사를 실시하며 사격술 및 신체조건이 우수하고 냉정 침착한 요원만 엄정하게 선발하는데 100명 중 8~9명 정도가 보통 선정된다.

러나 구성원들을 선발하는 과정은 팀 내부에서 시작되어야 한다. 모든 후보자에게 의견서를 제출하도록 하고 반대되는 행정직에 있지 않아야 할 것과 직속상관에게 동의를 얻어내고 마침내 경찰장에게 허가를 얻어내는 것이 좋은 시작방법이다.

이 과정은 후보자가 팀 구성원에게 보내는 의견서를 제출하는 것으로 시작하는데 이 의견서에는 팀이 유용하게 사용할 수 있는 자격사항과 관련된 배경지식뿐만 아니라 그 후보자가 팀의 일원이 되겠다는 희망을 밝힌다. 만일 팀의 기존 구성원들이 의견서의 내용이 후보자가 관련이 있고 상당한 자격요건을 갖추고 있기에 충분하다고 느끼면 팀의 다음 번 회합에 그 후보자를 불러서 개인면담을 갖도록 한다. 면담시 토의되는 질문은 자격요건에 대한 것과 팀의 일원이 되고자 희망하는 이유, 팀의 훈련에 필요한 사항에 얼마나 적극적으로 따를 것인가, 외부의 평가를 받을 것인가에 대한 의향과 경찰학교에 꼭 필요한 훈련과정의 유용성, 장비와 기타 다른 문제에 있어서 팀의 정책을 따를 것인가 하는 것 들이다.

일반적으로 윤리적 고려 때문에 전술팀의 일원은 협상팀의 일원이 동시에 될 수는 없다. 이것이 비록 고정된 엄한 규정은 아니지만 일반적으로 지켜지고 있으며 두 팀의 구성원들에게 있어 가장 효율적인 것으로 보인다. 그 이후에 후보자는 자리를 피하고 팀 구성원들이 투표를 한다. 팀의 일원이 되기 위해서는 만장일치의 의견통일이 필요하다. 만일 만장일치가 이루어진다면 후보자의 이름과 신상이 최고 협상가에 의해 경찰장에게 보고된다. 허가는 이 단계에서 내려지고 후보자에게 통보되며 후보자는 다음 훈련에 참가하게 되는데 이것은 2주 안에 이루어진다. 훈련기간 동안 적응교육과 팀의 규칙을 익히는 교육이 진행된다. 만일 한 후보자가 면담 후에 진행된 팀 구성원간의 투표에서 만장일치의 찬성을 얻지 못했다면 후보자에게 결과가 통보되고 후보자가 보낸 의견서는 통과되지 못했다는 표시를 한 후 팀의 파일에 보관된다. 후보자가 원한다면 실격이 된 이유를 밝혀주고 다시 지원할 때 필요한 내용을 제시해준다.

새로운 구성원을 받아들이는 데 있어 만장일치 표결이 필요하다는 것은 매우 중요하다. 왜냐하면 팀 구성원 개개인이 다른 모든 구성원들과 매우 밀접한 관계에서 근무하고 그들과 심리적인 교류를 갖는 것에 대해 긍정적이고 적극적이어야 하기 때문에 모든 구성원들이 새로운 후보자를 받아들여야만 한다. 만일 그렇지 않다면 근접해서 일하는 경우가 많기 때문에 문제가 일어날 수도 있다. 특히 스트레스가 심하고 개개인의 성격 특성이 더욱 확실해지는 경우에 그렇다. 그런 상황에서는 개개인들이 다른 구성원들과 밀접하게 일할 수 없거나 하지 않으려고 할 때 또는 개인에 대한 존중이나 상호간의 신뢰 부족으로 인해 작전수행의 성공여부가 위험에 빠진다. 만일 개개 구성원이 후보자를 거절할 수 있는 실질적이고도 정당한 권리를 갖는다면 구성원이 후보자를 받아들이기로 한 경우에는 새로운 구성원들과 친밀하게 임무를 수행하고 팀 내부의 상호작용을 함에 있어 그 새로운 구성원과 교류를 할 것이라는 의사로 간주된다. 그래서 나중에 그들이 대처하게 되는 인질상황에서 제기되는 문제를 제외하고는 이후에 문제가 될 만한 어떤 것도 감추지 않게 된다.

팀 지향적 구성원 선발방식은 효과적인 것으로 보이며 종종 다른 부서의 인원이 구성원이 되는 것을 방지한다. 만일 이러한 방식이 제자리를 잡고 있어서 가능한 한 최상의 인원을 선발하는 방식으로 운영된다면, 그리고 경찰장에게의 통보가 정당하고 구체적으로 이루어진다면, 뛰어난 능력을 가진 팀이 바로 팀원 자신들에 의해 결집되는 것이다. 이는 매우 바람직한 방법인데 그 이유는 바로 그 구성원이 팀을 이루어 활동하며 따라서 누구와 가장 잘 어울려 일할 수 있는가를 구별할 수 있어야 하기 때문이다.

Ⅲ. 훈련방법

1. 기초훈련

기초훈련단위는 12개의 분야로 나누어진다. 12개 단위 중에서 11개만이 설명되어 있는데 마지막 단위는 미래의 새로운 용도로 쓰일 수 있고 혹은 훈련계획이 확장될 경우 개설될 수 있다. 이 11개의 훈련단위는 임의로 설정된 것이 아니라 충분히 훈련된 협상팀을 만들기 위해 필수적이라고 생각되는 분야에 기초하고 있는 것이다.

(1) 기초인질협상(30시간)

기초인질협상단위는 연방수사국 훈련학교와 기타 다른 관련분야에서 협상가들을 훈련하는 방법에 기초하고 있다. 여기에는 인질 대치 상황에 대비하고 실제로 협상하는 데에 관련된 모든 기본적인 문제들을 다루고 있다. 비록 30시간 동안의 협상훈련이라는 것은 그 자체로서 초심 협상가들을 적절히 훈련시키기에는 부족하지만 이 시간에서 다루는 문제는 인질상황을 인식하고 인질범의 유형을 분석하고 그들의 요구를 취급하며 그들이 제시한 기한을 다루고 직접 대면해서 협상하는 것과 이와 비슷한 분야들만을 다룬다. 일반적으로 기존의 경찰학교의 일반기초훈련과정에 포함되어 있는 다른 분야는 다른 훈련단위에서 처리된다.

⑵ 장비(2시간)

장비에 관한 문제는 종종 간과되거나 고도로 기술적인 훈련시에만 시행된다. 많은 경우 장비에 관해 논의할 때, 자세히 다루어지는 유일한 장비는 인질범과의 통신에 사용되는 전화와 관련된 것이다. 이 시간에는 팀의 장비와 구성원들에게 지급되는 장비를 모두 다 고려해야 한다. 팀의 장비에는 인질과 통화할 수 있는 전화 이외에 몇 가지를 살펴보자면 차트, 매직펜, 전기메가폰, 구급함, 휴지, 비닐봉지, 공책, 점검목록, 펜, 보호테이프를 들 수 있다. 개인 장비에는 각 협상가가 책임을 져야 하며 실제 상황에서 필요할지도 모르는 품목들을 의미한다. 개인 장비에는 점검표, 연필, 볼펜, 수첩, 공책, 개인 통신장비, 상황전개에 따른 참고자료, 개인 위생도구, 간식, 여벌의 옷, 계절에 따라 필요한 의복, 구성원 각자에 지급된 점퍼, 개인용 구급함, 손전등, 그 외에 개인의 편의를 위한 그리고 협상을 위한 도구들이다. 정기적으로 정규훈련시간에 모든 협상팀원의 장비를 모두 공개한다. 이는 각 팀원의 장비를 체크할 기회가 될 뿐 아니라 소지품 명단에서 무엇은 제외하고 무엇은 추가해야 하는지에 대해 구성원 간 의견을 교환할 수 있도록 한다. 모든 팀원들은 팀 규정상 모든 개인 소지품을 배치상황에 대비해서 항상 준비해 두어야 한다. 팀 장비는 경찰국의 무기고에 보관되며 한 팀원이 이 장비들이 작동되는지 점검하고 팀에 보고할 임무를 맡게 된다. 비록 한사람이 팀 장비를 규칙적으로 점검하게 되어 있지만 모든 팀원이 장비에 대한 책임을 지게 된다. 그리고 모든 팀장비에는 확실히 표시를 해 두어야 하는데 필요한 경우 전술팀이 사건 발생지로 장비를 옮겨 줄 수 있게 하기 위해서이다.

⑶ 정책(4시간)

협상, 팀의 구성, 기능에 대한 정책을 팀원 모두가 잘 알아야 한다는 것은 중요하다. 처음으로 정책을 수립할 때 정책에 따라 움직이게 될 구성원들이 만드는 것이 제일 바람직하다. 정책들은 팀이 필요로 한다고 여겨지는 것들과 활동상의 정책에 의거하여 수립되어야 한다. 정책이 모두 수립되면 그 정책을 승인하고 이행해야 할 사람들이 모임을 갖는 것이 매우 중요하다. 경찰국장, 현장 지휘관, 전술지휘관, 그리고 이에 직접적인 영향을 받는 다른 모든 사람들도 이러한 정책의 승인절차에 참여해야 한다. 모두가 정책에 그리고 절차에 대해 동의하면 협상팀의 정책은 구체적으로 짜여져서 도입된다. 인질협상에 관련된 정책은 팀 훈련과정 중 주기적으로 재검토되며 필요하면 바꾸기도 한다. 팀원들 간에는 팀과 경찰국의 정책 사이에 혼동되는 점이 없어야 한다. 질문이 생기면 실제 사건상황에서 일어나도록 하기보다는 사전에 해결되도록 한다. 정책을 개발하는 데 있어서 어려운 분야는 있을 것이다. 하지만 다음의 몇 가지에 한정된다.

① 협상하는 데 있어서의 환경
② 협상팀의 동원
③ 얼마나 오래 협상을 해야 하는가.
④ 인질범과는 언제 대면을 해야 하는가.
⑤ 전술팀과는 어떤 관계를 맺어야 하는가?
⑥ 협상이 가능한 분야는 어느 정도인가?
⑦ 지휘관의 역할은 무엇인가?
⑧ 명령계통
⑨ 수도, 전기, 가스 등 시설의 정지
⑩ 모든 관련된 사람들의 안전
⑪ "허가"되는 고려사항들
⑫ 인질로 잡혀 있는 사람들이 경찰관일 경우
⑬ 경계선의 설정

(4) 팀의 임무(3시간)

각 팀원의 임무가 인질협상과정의 핵심을 이룬다. 비록 특정 팀원이 특정한 경우에 다른 팀원들보다 더 많은 일을 하게 될지도 모르지만 모든 팀원은 팀의 모든 임무를 제대로 해낼 수 있게 하기 위해 훈련을 받는다. 상황이 어떠한가 혹은 팀원들이 모두 참가할 수 있는가에 관계없이 협상팀은 효율적으로 상황에 대처해야 한다. 훈련을 받고 또 그에 대한 반대훈련Cross-training을 받는 것이 그런 상황에 잘 대처하도록 하는 방법이 될 수 있다. 훈련내용은 이러한 사항을 고려하여 설계되고 모든 협상가들은 모든 영역에서 평가를 받는다.

이러한 목적을 달성하기 위해 협상팀 내에는 다섯 가지 주요한 직책이 있다. 주요 직책으로는 ① 주협상자, ② 제2협상자, ③ 코치, ④ 정보조정자, ⑤ 협상조정자 혹은 연락 담당자이다.

그 이외의 직책은 위의 임무를 맡지 않은 협상자들이나 유사한 훈련을 받은 타부서의 협상자, 예비경찰관, 비번인 경찰관, 혹은 기타 다른 경찰관이 맡게 되는데, 그 직책에는 ① 연락원, ② 정보 면담자, ③ 정보조정자 보조, ④ '두뇌집단'의 멤버, ⑤ 경비들이다.

그 외에 현장에서 쓰이는 인질범들과 통화하기 위한 장비와 기타 다른 전자장비들을 설치하고 보수하는 데 인력의 도움이 필요할 경우도 있다. 전기기기를 다룰 줄 아는 경찰관이나 민간업무를 겸하고 있을 수도 있는 예비 경찰관이 이 일을 효과적으로 맡아 할 수 있을 것이다. 모든 주요 직책과 기타 직책은 각 팀원들에게 배포되어지는 임무 안내서에 자세히 기술되어 있을 것이다. 이 정보는 각 협상자의 수첩에 기록해 두어 언제라도 참조할 수 있도록 유지된다. 이렇게 함으로써 이 내용들을 암기하지 않아도 되며 그러면서도 한 번 찾아보는 것만으로 언제나 참고할 수 있게 된다.

⑸ 형법(1시간)

인질상황과 관계된 형법규정을 알고 있음으로 해서 협상가들은 인질범들이 종종 물어오는 질문이 만일 그들이 항복한다면 어떤 법적 조치가 취해질 것인가 하는 데에 잘 알고 대처할 수 있게 된다. 협상가는 어떤 상황에서도 신뢰감이 있어야 하는데, 이런 지식을 알고 있음으로 해서 인질범으로부터의 신뢰를 향상시킬 수 있다. 이와 더불어 인질극 상황과 관련 있는 판례도 정기적으로 점검해야 한다. 인질상황이라는 특정분야에 대한 판례는 그리 많지 않지만 법원 측이 경찰국 규율을 벗어나지 않은 상황에서 협상가의 역할과 협상과정에 대해 어떤 시각을 가지고 있는지 알게 된다면 전체 훈련과정에 있어서 상당한 중요성을 부과할 수 있게 된다. 경찰관서의 업무 중 단순한 부가 업무로 생각하기보다는 협상 팀원들은 자신의 임무가 얼마나 중요한지 그리고 그 임무를 달성하기 위해 훈련이 얼마나 중요한가에 대해 알게 된다.

(6) 시 및 지역사회와의 접촉(2시간)

관할 지역사회의 대표자가 누구인지를 아는 일이 실제 인질상황 혹은 대치상황연습보다 먼저 시행되어야 한다. 경찰국뿐만 아니라 특히 협상팀은 시청과 다른 공공기관에서 일하는 많은 민간인 감독자들 및 직원들과 접촉하게 될 수밖에 없다. 이런 사람들과 실제상황이 벌어져 정보가 필요하기 전에 미리 만나서 진행 정보, 전화번호, 긴급정보를 교환하는 것이 후에 실제상황이 벌어졌을 때의 긴장을 완화시켜 줄 것이다. 전화로만 들려오는 목소리가 대화자의 얼굴이 떠오르게 할 것이고 이런 연대감은 후에 소중한 것으로 밝혀질 것이다. 협상팀원과 시 직원은 모두 서로를 통해 배울 수 있으며 서로가 일하는 혹은 평소 업무과정에서 받는 제약에 대해 잘 이해할 수 있게 될 것이다. 경찰국의 인질협상팀과 접촉하게 되는 사람들에는 시장, 시 관리자, 전화회사의 보안담당자, 전기, 가스, 수도회사, 언론, 지역 라디오와 TV방송국, 장학관, 지역교육위원장, 공항, 항만 관리 담당자들, 군기지 사령관들과 기타 그 지역에서 또는 특정 상황 하에서 꼭 필요하다고 생각되는 사람들이다.

이런 모임은 각자의 스케줄이 허락하는 한도 내에서 집단적으로 이루어질 수도 있고 소그룹 단위로 이루어질 수도 있다. 모임에서는 참가자 상호가 서로 의견을 교환해야 하며 위기상황 발생시에 대처하기 위한 정보를 전달해 줄 뿐 아니라 협상팀의 기능과 목적에 대한 정보도 전달해 주어야 한다.

(7) 실제 훈련과 지휘관이 겪게 되는 문제점(8시간)

어떤 의미있는 훈련에 있어서도 중심적인 것은 비교적 안전한 환경에서 취득한 재료들을 실제로 어떻게 적용시키는가 하는 점이다. 안전한 환경에서는 그 상황이 현실감을 나타내지만 실수가 용납되며 또 그것을 통해 배울 수 있는 안전한 장소에서 벌어진다. 실제상황 모의연습은 여러 가지 경험과 또 문제들을 제공하고 각 협상팀원이 팀의 각 위치에 대한 경험을 쌓고 그에 적응할 수 있도록 고안되어 있다. 모의상황은 특정한 유형의 인질범을 대처하는 데 집중될 수도 있고 각 팀원이 팀의 각각의 위치를 교대로 맡아서 하는 훈련으로만 진행될 수도 있다. 모든 실제상황 그리고 훈련상황에 대해 철저한 비평을 훈련이나 실지상황이 종결된 직후에 하게 된다. 여기까지의 훈련과정은 이후의 과정들과는 상당히 다른데 다음에는 지휘계통의 기능과 경찰관 내부의 전술팀이 협상자들과 어떻게 관련을 가져야 하는지 등에 대한 것이다. 협상팀의 지휘계통 기능은 합동 훈련이 실시되거나 거기에서 성공을 기대할 수 있게 되기 전에 미리 설정이 되고 고정되어 있어야 한다. 지휘계통에 대한 모의훈련은 일년에 몇 차례 이루어지지만 그에 반해 합동 훈련은 그보다 적은 수로 이루어지는 것이 바람직하다. 확실한 것은 이러한 일이 진행되는 방법이 조정을 통해 각 부서의 특별한 요구에 맞도록 될 수 있다. 이 훈련과정에 있어서의 중요한 점은 교실 내에서 벌어지는 훈련의 효과를 공고히 하기 위해 규칙에 따라서 행해져야 한다. 그리고 가능하다면 모든 곳에서 현실감을 주어야 한다. 적절한 계획을 설정하고 책임자가 그러한 모의훈련 과정을 이해하고 있으며, 훈련 참가자들의 안전이 적절한 수준에서 보장되고, 기본 규칙이 엄격히 지켜진다면, 역할을 맡아서 훈련하거나 모의 상황 설정이 현실에 좀 더 다가갈 수 있다. 만일 이런 모든 고려 사항들이 경찰 부서의 모든 단계에서 논의되고 그 필요성을 느낀다면 그 결과는 일어날지도 모르는 실제 사건에 대해 언제든지 대처할 준비가 되어 있는 협상팀을 갖게 되는 것이다.

⑻ 협상자들이 스트레스를 극복하는 법(2시간)

이 시간에는 협상자들에게 실지로 인질 상황이 벌어졌을 때, 벌어지기 이전에 혹은 그 이후에 겪게 되는 자신들의 스트레스에 어떻게 대처할 것인가에 대한 몇가지 조언과 대처과정에 대해 교육시킨다. 이런 조언들과 처리 과정은 스트레스가 육체와 정신에 어떤 영향을 끼치는가에 대해, 그리고 보통 스트레스가 고민거리로 변하면 어떤 일이 일어나는지에 대한 이해를 기본으로 해서 설정된다. 긴장 이완에 관한 훈련이 진행되고 인질범, 혹은 대치범과의 협상을 해야 할 경우에 직면하게 될지도 모르는 스트레스를 유발시키는 행위에 대한 조사를 한다.

영양에 대해서도 논의가 되는데 음식이나 스낵류는 각기 협상자가 개인 물품으로서 휴대하고 다니는 것이 중요하다. 협상자들의 스트레스를 증가시킬 수도 있는 음식은 피하는 것이 좋으며 건강에 도움이 되는 음식을 지참할 것이 권장된다. 협상자들은 인질사건이 발생할 것에 대한 준비를 하면서 그 일부분으로 자신의 음식이나 비타민 필요량에 대한 고려를 할 것을 권장한다. 스트레스를 주는 상황 하에서 이러한 욕구를 무시한다면 협상 전체과정을 위험에 빠뜨릴 수도 있다. 음식과 음료의 공급을 다른 이들에게 맡긴다면 이미 처해 있는 스트레스적인 상황에서 협상가들에게 더욱 스트레스를 주게 될 수도 있다. 스트레스를 받게 되면 신체와 정신이 어떻게 되는가에 대해 지식을 알려 주고 그에 대처할 수 있는 특별한 지침을 통지해 주면 각 경찰관들에게 유용하고 실제적인 정보를 제공해 주는 것이다.

협상자들의 스트레스 극복과정에 있어서 보고 과정의 중요성도 또한 강조된다. 팀의 정책은 사건이 일어난 후에 보고하는데 관련된 경찰국의 정책과 일관성이 있어야 한다. 경찰국장이 참관한 자리에서 모임이 이루어지는데 여기에 협상팀과 전략팀원들이 모두 참석한다. 이러한 모임을 갖는 목적은 사건의 긍정적인 면과 부정적인 면에 대해서 토론을 하고 앞으로의 경우에 있어서 대처방법을 개선하기 위한 제안을 하는 것이다. 이에 덧붙여서 일반 모임과 팀별 모임을 여는 것을 권장하는데 이 모임을 통해서 각기 팀원들 사이의 의견을 교환하고 팀 내의 특별한 사항을 논의한다.

인질협상과정의 모든 단계에 있어서 협상가의 스트레스 극복은 아무리 강조해도 지나치지 않는다. 경찰관이 혹은 더 넓은 의미에서 훈련된 협상가가 훈련되지 않은 사람들보다 스트레스가 인체에 주는 영향에 대해 덜 민감하다는 가정을 한다. 그러나 스트레스가 진실로 존재하며 미리 점검하고 처리해야만 할 중요한 부정적인 요인이라는 사실을 알아야만 한다.

(9) 담당 경찰관서 밖에서 일어난 인질사건에 대한 검토(8시간)

훈련프로그램에 있어서 이 부분은 적절하다고 생각되는 한도 내에서 국내나 국외의 다른 경찰관서나 다른 기관에서 처리했던 인질사건에 대한 검토를 하는 것이다. 어떤 경우에 있어서는 구할 수 있는 한 실제 상황에서 오고간 말을 검토하게 된다. 다른 경우에는 테이프를 통해서 조사를 하게 되고 협상기술을 높인다. 모든 경우에 있어서 최상의 효과를 내기 위해서 각기 협상자들에게 아주 자세한 사항까지 알려준다. 사고지점의 지도와 협상시에 직접 녹음된 음성과 목격자들의 증언과 "stop-action" 접근방법을 이용하여 협상가들이 실제로 무슨 일이 일어났는가, 무슨 일이 일어나야 했는가, 어떠한 실수가 일어났는가, 어떤 일이 다르게 일어날 수 있었는가에 대해 정밀한 조사가 이루어진다. 이를 통해서 협상과정을 향상시키고 유사한 실수를 저지르기 않기 위한 조언을 한다. 이러한 사건의 긍정적인 면을 철저히 검토하고, 이를 발전시키며, 적절한 것을 팀의 운용과정에 추가한다.

(10) 경찰관서 내에서 일어난 인질사건의 검토(8시간)

비록 관서 내에서 일어난 사건에 대한 검토가 사건 후 보고시간에 이루어지기는 하지만 그 이상으로 비판을 한다면 협상팀원들에게 많은 도움이 될 것이다. 절차에 대한 논의, 가능한 경우 테이프로 녹화한 화면을 보면서 검토하고, 차트나 다른 기록물들을 분석하는 것이 문제가 있다면 그것을 빨리 알아차릴 수 있도록 하며 필요하다면 다음 사건이 일어나기 이전에 문제에 대한 해결책을 제시한다. 팀간의 모임이라는 편안한 환경에서 팀원들은 자신의 행동과 다른 팀원들의 행동에 대하여 말할 수 있는 기회를 갖게 된다. 그렇게 하는 동안에 그들이 행한 행동 중에서 장점과 단점을 구분할 수 있게 되며 각자의 행동에 대한 느낌도 분석하게 된다. 이러한 상황에서라면 자신의 행동에 대하여 방어적인 태도를 취하거나 정당화할 필요는 낮아지며, 필요에 대한 이해와 변화가 이보다 덜 안전한 환경에 처해 있을 때보다 더 용이하게 이루어 질 수 있다. 가능하다면 언제라도, 실제 상황을 테이프에 담는 것이 좋다. 이는 방송국의 보도자료를 이용할 수도 있으며 아니면 팀원들 중의 하나가 현장에서 촬영한 것이어도 좋다. 실제 상황에서 자신이 어떻게 행동하는지를 보게 되는 사람들은 거의 없다. 가능한 한도 내에서 협상팀원들은 더 많은 자신감을 갖게 되며 비생산적인 행동을 수정할 수 있게 된다. 그러한 자료를 보는 것은 팀의 활동과정과 협상팀과 전술팀간의 상호작용을 살펴보아 모의훈련과 역할훈련시에 훨씬 효율적인 정도로 향상시킬 수 있게 된다.

(11) 전술팀 참관 하에서의 모의 훈련(12시간)

상당한 부분에 있어서, 훈련과정의 정점은 협상팀과 전술팀이 함께 참여한 가운데에 벌어지는 합동훈련이다. 그러한 훈련을 통해서 인질상황이나 대치상황에서 전 경찰국이 대응할 수 있도록 하며 유사한 업무에 대한 훈련을 할 수 있게 한다. 경찰국장의 역할에서부터 현장 지휘관, 전술팀, 협상 지휘관, 예비 인원의 역할과 실제 배치에 이르기까지 모든 것이 서로 관계를 맺으며 점검될 수 있다. 핵심은 현실감이다.

모든 단계에서 그리고 관련된 모든 조직들이 적절히 기능을 하고 이를 훈련할 수 있도록 하기 위해서 충분한 시간을 주고서 현실감이 있어야 하며 그리고 현실성을 추구해야 한다. 명령권자들은 명령을 할 수 있어야 하며, 협상자들은 배우나 잘 훈련된 역할담당자가 연기해 내는 인질범과 협상을 할 수 있어야 한다. 이러한 역할담장자는 만일 가능하기만 하다면 팀의 일원들에게는 알려지지 않은 사람이면 좋다. 경찰국의 절차는 모든 중요하고 관련된 고비마다 지켜져야 하며 긍정적인 면과 부정적인 면에 대해서도 모두 기록을 해야만 한다. 진행상황을 관찰하는 임무를 맡은 사람과 카메라맨은 훈련 경험에 있어서 매우 중요하다. 진행상황 관찰자는 경찰관이 아닌 사람이거나 협상자가 아닌 사람이 담당해도 좋으나 그 사람은 절차에 익숙한 사람이어야 하며 다른 임무와 연관되지 않게 기록을 할 수 있는 사람이어야 한다. 지역의 정신과 전문의가 이 역할에 잘 어울리는 사람이다. 카메라맨은 경찰관이 아니어도 되고 혹은 임무를 배정받지 않은 경찰관으로서 비디오카메라를 조작할 수 있는 사람이면 된다. 이 둘은 알려지지 않은 사람으로 정해지고 모의 인질극 훈련이 벌어지게 되는 전체 시나리오에 대해 알고 있으면 좋다. 이렇게 자유를 주게 되면 그 사람들은 이후에 훈련을 검토하는 과정에서 더욱 좋은 입장을 갖게 된다. 인질의 입장에서 혹은 인질범의 입장에서, 아니면 경찰의 관찰에 유리한 입장에서 기록을 하고 테이프에 담을 수도 있다. 이 자료들을 비교하는 것이 정규 훈련시간에 유용하게 이루어질 수 있다. 무엇이 행해졌고 특정한 접근방법이 어떠한 결과를 낳는지에 대하여 잘 알고 있을 때 이는 종종 큰 도움이 된다. 직접 모의 훈련에 가담하지 않은 사람들의 시선에서 훈련과정을 볼 때 어떠한 생각을 갖게 되는지를 아는 것도 중요한 자료를 제공하는 원천이 된다.

이 모의 훈련상황은 관련된 모든 부서에 자신들의 행동과정을 실지로 훈련해 볼 수 있는 기회를 주기 위해 변경될 수도 있다. 예를 들면, 한 인질극 시나리오가 두 가지 결말을 맞도록 짤 수 있는데 하나는 협상을 통해 해결을 맞는 것이고 다른 하나는 전술팀의 개입으로 종결을 맺는 것이다. 모의상황을 조정하는 책임자간에 적절한 대화를 하는 것이 기대한 성과를 이루기 위해서 필요하다.

모의 훈련은 훈련 목적을 달성할 수 있을 정도로 충분한 시간 동안 행해져야 하는데 이는 한 번에 다섯 내지 여섯 시간의 시나리오를 의미할 수도 있고 아니면 인력과 시간이 허락하는 한 하루나 이틀까지도 계속되는 훈련을 의미할 수도 있다. 훈련상황에서 일어나는 일이 다양하면 다양할수록 모든 관계자들이 변화된 혹은 변화하는 환경에서 훈련을 받기가 더 좋으며 각 구성원들이 변화에 적응할 수 있는 능력에 대해 평가를 할 수 있게 된다. 각 구성원들이 음식이나 식수, 의복, 위생상태 등 개인적인 용무를 처리하는 방법이 실제 상황에서는 문제가 될 수도 있는 훈련 상에서의 실질적인 고려사항이다. 장비 수송 가능의 한계도 이러한 방법으로 평가될 수 있다. 지방 부서와의 상호관계와 그 외의 유사업무들은 실제적인 일로써 달성되며 평가될 수 있다.

이렇게 대규모의 훈련을 계획하는 것은 매우 중요하다. 비록 팀의 구성원들이 훈련 시작 전에 훈련내용의 세부사항에까지 잘 알고 있어서는 안 되지만, 훈련 전에 자세한 계획을 짜고 역할을 맡아 하는 경우에는 아주 세세한 부분까지 각본을 짜서 그 효과를 극대화해야 한다. 경찰관서 내의 훈련 담당 경찰관들은 세밀한 내용을 공개하지 않으면서 계획과정에 참여할 수 있다. 외부의 훈련 자료들도 또 다른 접근방법을 제시하는데 이는 훈련에 참가하는 팀에 대한 외부의 평가도 내려질 수 있는 것이다. 한 경찰관서의 협상팀과 전술팀은 다른 기회에 자기 경찰관서의 유사훈련시에 필요한 인력을 공급해 줄 수 있으며 조정을 해줄 수 있다. 시나리오의 보안을 유지하는 것과 더불어 이러한 교류를 함으로 인해 훈련의 현실감을 높일 수 있고 경찰국의 협상가들이 가능한 한 현실과 최대한으로 가까운 상황을 경험할 수 있게 된다. 부정할 수 없는 것은 모든 단계에서 이러한 현실감을 제공해주는 것이 이런 훈련방식을 이용하는 데에 있어서는 성공의 열쇠라는 것이다.

2. 의사소통 훈련

훈련과정에 덧붙여서, 구조가 짜여진 의사소통 훈련이 효과적인 구술 또는 비구술 상호작용에 대해 특별한 요소들이 무엇인가를 알게 하고, 또 그것을 평가할 수 있게 한다. 이 훈련에서는 다음과 같은 요소들을 강조한다.

---

1) 협상팀과 인질범 간의 쌍방향 상호작용이 인질사건의 성공에 있어서 갖는 중요성
2) 주의 깊게 듣지 않았을 때의 결과
3) 숨겨진 문제들이 어떻게 중간에 개입하여 상호작용과 문제해결 과정을 마비시킬 수 있는지
4) 내용을 담고 있는 자료뿐만 아니라 감정에까지도 귀를 기울이고 그에 반응하는 것의 중요성
5) 적극적으로 귀를 기울여 들었을 때 상호작용의 효과가 어떻게 향상되는가
6) 언어가 아닌 암시를 어떻게 해석하고 이에 대응할 것인가
7) 상호간의 교감 형성의 중요성
8) 자신의 의사소통 기술을 이해하고 있는 것이 협상에 어떠한 영향을 미치는가
9) 어떤 요소가 의사소통의 단절을 가져오는가
10) 의사소통 상에서 실수를 저질렀을 때 이를 어떻게 극복할 것인가

---

3. 경험적 훈련

협상팀의 기능에 있어 핵심적인 의사소통 훈련과 더불어 부차적인 경험적인 훈련이 행해지는데 이는 다음과 같은 목표를 달성하기 위해서이다.

---

1) 인질협상팀원간의 신뢰감 형성과 발전
2) 인질범, 대치극을 벌이고 있는 범인, 혹은 다른 팀의 구성원들과 상호작용을 하는 과정에 있어서 도움이 되거나 아니면 방해가 되는 각 구성원들의 개인적 성격의 특성을 인식
3) 제2협상자와 훈련가의 적절한 이용과 기능
4) 각 팀의 구성원의 특정한 역할 기능
5) 특별한 상황의 대처

---

4. 정규 코스

경찰관서 내에서 구조적이고 정규적인 훈련이 팀 구성원들에게 실시된다고 해도 모든 구성원들은 지역 내에 있는 혹은 가까운 지역의 경찰관 훈련학교에서 관련되는 정규 코스를 듣는 것이 권장된다. 이러한 과정들은 경찰관의 표준과 교육에 관한 위원회the Commission on Law Enforcement Officer Standard and Education가 인질 상황이 벌어졌을 때 통신이나 구두 교신을 도청할 수 있는 권한을 가진 협상자로서의 자격을 계속해서 인정하는 데 필수적이다. 하지만 지역의 법률이나 의무사항들을 살펴보아야만 한다. 게다가 이런 과정들은 기본이나 고급 인질협상기술 과정 모두가 새로 팀에 가입한 구성원이 매우 효과적인 방법으로 훈련을 시켜주며, 훈련된 기존의 협상자들은 팀의 훈련과정을 보충할 수 있게 한다. 팀의 구성원들의 수강이 권장되는 과목은 다음과 같다.

---

1) 긴급 상황 대처
2) 형법 규정
3) 사교, 교단과 변질자들의 행동
4) 현재 경찰 관행
5) 테러리즘
6) 위기상황 개입
7) 언론 관계
8) 연쇄 살인
9) 전술적인 대응
10) 인터뷰 방법

---

5. 합동훈련

비록 협상팀들의 훈련이 중심적인 집중을 받고 있기는 하지만 인질협상과정에 있어서 관계되는 훈련이 이러한 상황에서 명령을 내려야만 하는 사람들이나 인질극이나 대치극을 대처하는 첫 번째 사람에게는 필수적이다. 이러한 최초의 대응자에는 순찰 경찰관, 순찰 총감독자, 소방관, 긴급 의료요원들이 포함된다. 경찰국장이 자신의 협상팀에 대해 이해하는 바와 그들이 협상을 하도록 신뢰할 것인가, 임무에는 상관없이 첫 번째로 대응하게 된 경찰관이 도착 즉시 행동하는가 하지 않는가가 전체적인 결과와 관계 당사자들 전체의 안전에 영향을 끼칠 수 있다.

⑴ 최초 대응자

이 범주에는 경찰관, 소방관, 긴급의료요원, 그리고 협상팀이나 전술팀이 도착하기 전에 인질극이나 대치극 장소에 도착하게 될 것으로 예상되는 모든 사람들이 포함된다. 이 그룹에 대한 과정은 실제상황 혹은 실제상황으로 변할 수 있는 가능성이 있는 상황에 최초로 대응할 때 무엇이 적절한 대응인가 하는 점이다. 대응자들 간의 의사소통의 중요성이 강조되며 현실적인 문제들이 고려된다. 이러한 상황에서 무슨 일이 일어날 것인지를 예측하고 어떻게 성공적으로 대응할 수 있는가를 아는 것은 실제 인질협상이 시작되면 중요한 변수가 된다. 만일 최초의 접촉이 잘 이루어졌다면 협상자들이 나타날 수 있는 분위기를 조성하게 되며 안전하고 이성적인 분위기에서 상황을 해결할 수 있는 그들의 능력을 보조해 줄 것이다. 그 반대의 경우도 현실로 일어나는 경우도 있으므로 이 과정은 필수적이다.

⑵ 경찰국장

인질상황을 이해하고 경찰국의 정책을 시행하고, 자신의 협상자들과 그들이 받은 훈련을 신뢰하는 것이 인질극이나 대치극에 대처하는 경찰국장이 주의해야 할 사항이다. 그러나 종종 실제 사건이 일어나기 전에 경찰국의 기능적인 부분과의 상호작용이 충분히 이루어지지 않는다. 협상팀은 훈련을 하고 경찰국장은 경찰국을 운영한다. 그래서 한 측은 다른 한 측의 능력과 임무를 이해하지 못하고 인정하지도 못한다. 경찰국장이 다음과 같은 문제를 다루는 과정을 듣는다면 이러한 차이를 좁히는 데 도움이 될 것이다. 이 과정에서 다루는 것은 팀의 정책, 협상팀의 훈련 등이고 인질상황 전반에 대해 대략 그리고 인질범에 대해서는 자세하게 설명한다. 경찰국장이 협상팀들이 받는 훈련의 내용과 양에 대해 알면 알수록 그리고 실제 상황에서 협상팀이 어떤 기능을 할 것인가에 대해 많이 알면 알수록, 양측 간의 신뢰는 더 깊어질 것이다. 그렇게 된다면 국장은 실제 상황에서 모든 가능한 방법이 다 동원될 것이라는 점을 믿을 것이고 더 나아가서 국장 자신이나 경찰국을 대표하는 협상자가 그러한 능력을 가지고 잘 해결해 낼 것이라는 점을 신뢰할 수 있게 된다.

Ⅳ. 재 훈 련

1. 기초 훈련과정의 재검토

기초 자료를 계속해서 검토하는 것이 팀의 능력과 준비도를 유지하는 데 있어서 핵심적이다. 최초의 80시간의 훈련은 전체적으로 꼭 필요한 것은 아닌지도 모른다. 그러므로 재훈련 과정이 도움이 될 것이다. 재훈련은 각 팀의 필요사항에 맞추어 구성되고 연장된 훈련단위로 한정될 수 있다. 이것은 이후에 설명될 유지 훈련과정의 스케줄에도 마찬가지이다.

재훈련과정은 다음과 같다. 그러나 다음에 꼭 얽매일 필요는 없다.

1) 기초 협상(12시간)
2) 장비(2시간)
3) 정책 재검토(1시간)
4) 팀 업무(1시간)
5) 형법과 대법원 판례(1시간)
6) 시 및 지역사회와의 접촉(1시간)
7) 실제 훈련과 지휘계층 모의 훈련(8시간)
8) 협상자 스트레스 극복 훈련(2시간)
9) 이전에 관할서 밖에서 벌어진 사건 재검토(7시간)
10) 관서 내에서 벌어진 사건의 재검토(8시간)
11) 전술팀과 공동 모의 훈련(8시간)

2. 부가훈련

협상의 효율성에 관한 계속되는 고려사항들의 일부는 협상자들이 각 팀원들의 성적과 각자의 독특한 필요에 대해 이해하고 인식할 수 있도록 도울 수 있는 팀 훈련환경 내에서 훈련을 이용해서 어느 정도 해결될 수 있다. 이 과정에는 협상과정에서 비교적 더 어려운 분야에 집중하는 의사소통 훈련에서부터, 협상자 간의 개인적 분야를 강화하고 조정하는 개인간의 모의 훈련이 포함된다. 팀의 고려사항과 팀의 필요사항에 대한 새로운 접근방법을 찾기 위한 창의력과 자유는 이러한 형식의 상호작용이 경찰 협상자 훈련에 있어서 효과적으로 이용되는 데 있어서 매우 중요하다.

3. 유지훈련(20시간)

기초훈련과 재훈련과정이 완전히 끝나게 되면 장시간 동안 협상자의 기술을 최고 상태로 유지시키기 위한 유지훈련이 훈련가들과 경찰국에게 있어서 실질적인 문제가 된다. 인질상황이 비교적 덜 일어나는 소규모 경찰관서에서는 효율성뿐만 아니라 사기를 유지하는 것도 중요한 문제가 된다. 유지훈련 스케줄은 현재의 훈련과정을 그대로 유지하는 것이지만 필요에 따라 혹은 팀에서 더욱 고난도의 기술습득이 필요하다고 판단하는 경우에 있어서 변형되고 조정될 수 있다.

유지훈련과정에는 다음이 포함된다.

1) 기초 인질협상(5시간)
2) 실질 훈련과 지휘 계층 모의 훈련(4시간)
3) 협상가들의 스트레스 극복(1시간)
4) 이전에 관서 밖에서 일어난 인질사건의 재검토(2시간)
5) 관서 내부에서 일어난 인질사건의 재검토(2시간)
6) 전술팀 참가 하에서 이루어지는 모의 훈련(6시간)

V. 고급훈련

1. 특수 협상기술

협상자들이 협상의 기초 기술에 대해 훈련을 받고 이를 사용하는 데에 편하게 느끼며 팀 내에서의 자신들의 임무에 대해 완전히 익숙하게 느끼게 되면 더욱 고급의 정보와 과정을 협상자들에게 소개하는 것이 가능하게 될 수도 있다. 협상자들이 자신들의 업무를 더 효과적으로 잘 할 수 있게 도와주는 어떠한 시각자료라도 사용하는 것을 고려해야 한다. 사용 가능한 거의 모든 자료들은 경찰 협상에 직접적으로 관련된 것이 아닐 수도 있으며 협상자들이 자료의 내용을 수용하고 적절하게 사용할 수 있게 위해서는 적절히 변화시켜야 한다.

이런 형식의 고급훈련의 예는 하버드대학 협상 프로젝트 팀과 같은 그룹에서 제공하는 자료와 과정들이 있다. 비록 이 자료들이 일반 경찰 협상과정을 위해 특별히 제작된 것은 아니라 할지라도 매우 유용하며 필요에 따라 변화시킬 수 있다. 경찰 협상 체계 하에서 이러한 자료들을 이용하는 것은 다소 복잡한 것이고 이전에 습득했던 개념들을 재고해야 하며 더욱 효과적으로 일을 해나가기 위해서는 다른 개념들과 연관시킬 수 있어야 한다. 이런 자료들을 수용할 수 있고 사용할 수 있도록 만드는 데에는 이미 잘 훈련된 협상팀원들이 깊이 개입해야만 한다. 이 자료들이 유용하게 쓰이고 도움을 주기 위해서는 모든 팀원들이 기초적이고 표준화된 기법에 대해 잘 알고 있어야 한다.

2. 관련 분야

협상자들은 자신들을 위해서 특별히 고안된 과정이 아니더라도 협상과정과 관련이 있는 모든 훈련 강좌를 듣는 것이 권장된다. 이런 과정에는 사교와 분파들의 행동과 스트레스 관리와 영양 등이 있다. 비록 특별히 경찰 협상자들을 위한 것이 아니라 할지라도 이러한 과정들은 업무 수행에 있어서 실질적이고도 중요한 부분을 다룬다. 협상자들이 사건을 다루면서 접하게 될 수도 있는 특별한 문화와 분파와 기타 특정 소그룹의 특징들을 알고 있는 것이 분명히 도움이 된다. 스트레스 관리와 스트레스를 받는 상황 하에서의 영양적인 필요량에 대해 알고 있는 것이 경찰관들에게 특정한 자신들의 임무를 수행하는 데 있어서 더 잘 준비할 수 있도록 한다.

Ⅵ. 실질적인 문제들

실질적인 문제들을 다루는 어떠한 훈련에서라도, 훈련에서 최상의 성과를 거두기 위해서 미리 고려되고 계획이 세워져 있어야만 하는 부분이 있어야 한다. 대부분의 사람들은 아마도 어떠한 분야의 훈련에서라도 실제 상황과 관련된 부분이 기술 개발에 있어서 가장 중요하다는 사실에 대해서 동의를 할 것이다. 이것은 이 분야에 있어서도 같다. 실제적인 문제들을 고려하는 데 있어서도 장비와 지휘계통의 역할과 전술팀과 협상팀의 합동 모의훈련이 실시된다.

1. 장 비

실질적인 문제들은 팀과 개인들의 장비를 점검하는 데에 있어서 가장 좋은 기회이다. 이렇게 함으로써 안전한 상황에서 장비의 문제점이 발견되고 시정될 수 있으므로 같은 문제가 더욱 중요한 실제 사건 발생시에 일어나지 않게 된다. 협상팀은 훈련시에도 마치 자신들이 현재 상황에 대처하고 있는 것처럼 대응하도록 권장을 받는다. 문제들은 보고시간과 이후의 훈련과정에서 주지되고 처리되어야 한다. 장비에 있어서의 실수와 장비의 부족은 그러므로 가능하다면 현장에서 시정되어야 하며 필요하다면 이후에 처방이 내려져야 한다. 장비는 현실 상황에서 닥칠 수도 있는 상황 하에서도 잘 작동될 수 있도록 점검을 해 두어야 한다.

2. 명령 체계

때때로 훈련을 받은 절차대로 현실 상황이 벌어지는 것은 아니다. 협상자들은 지휘체계하에서 훈련을 받아야 하며, 표준화된 명령체계 활동이 명령권을 지닌 사람들에 의해 변화하는 상황에 적응해야만 한다. 현실적 훈련은 안전한 상황에서 실수를 저지를 수도 있는 기회를 제공해 주며 또한 철저하게 감시되는 상황하에서 협상과정을 체크할 수도 있다. 어떠한 부서에도 소속되어 있지 않고 어떠한 임무도 맡지 않은 사람을 과정 관찰자로 임명하고 이용하는 것이 과정에서 무엇이 효과적이고 무엇이 그렇지 않은지 이해하는 좋은 방법이다. 이러한 목적을 위해서는 경찰관이 아닌 관찰자도 유용하다. 총체적인 협상과정을 위한 명령체계의 역할은 과소평가 되어서는 안 된다. 명령체계가 책임사항을 이행하는 데 있어 효과적이라면 협상자는 더욱 정확성을 가지고 협상에 임할 수 있게 된다.

3. 전술팀과 협상팀의 합동 모의훈련

전술팀과 협상팀의 일원들은 가능한 한 자주 합동 훈련을 받아야 한다. 비록 각 팀의 일원들이 같은 경찰국에 소속되어 있으므로 각자의 역할을 이해하고 존중하며 지원할 것이라고 많은 사람들이 가정하지만 그렇지 않은 경우도 있다. 그 해답은 양 팀이 종종 합동 훈련을 해서 서로가 임무를 수행하는 모습을 보고 각자들이 어떻게 행동하는지를 알 수 있게 한다. 훈련이후에 행해지는 합동보고와 팀별보고는 이러한 목적을 달성하기 위해서 중요하다. 오해가 발생한다면 더 이상의 문제를 일으키지 않게 하기 위해 세심하고 실질적인 방식으로 해결해야 한다.

훈련 과정에 있어서 협상팀과 전술팀이 서로 합동훈련을 할 때에 현실감이 매우 중요하다. 이러한 방식으로 양 팀에 친숙한 과정과 전체 협상의 과정이 검토되고 발전된다. 게다가, 양 팀의 일원들이 각자의 기능을 점검하고 서로가 어떻게 연관을 맺고 있는지를 더 잘 이해할 수 있게 된다.

Ⅶ. 결　　론

경찰국의 협상팀에 대한 외부의 평가는 관련 당사자들에게 협상팀이 현실적인 기준에 부합한다는 것을 확신시켜줄 뿐만 아니라, 팀 구성원들의 사기도 유지시켜 준다. 가능하다면 그리고 비용 효과적이라면 인질협상 분야에서 인정을 받는 전문가가 초빙될 수도 있다. 다른 경찰국의 더 많은 경험을 가지고 있는 협상팀을 초청해서 이러한 평가를 하도록 위탁할 수도 있는데 평가의 시기는 경찰국 협상팀이 중요한 훈련을 끝마쳤을 때에 실시되는 것이 좋다. 이러한 평가는 그 후에 보고시간 중에 토론이 되며 좋은 점과 나쁜 점이 모두 철저하게 분석된다. 그리고 나면 분석가는 서면으로 경찰국장에게 보고서를 올린다. 이러한 방법으로 평가의 결과가 유용하게 쓰일 수 있고 필요하다고 생각되는 명령체계의 핵심적 멤버들에게도 공개될 수도 있다. 이 평가서를 공개하는 것은 특히 이것이 긍정적인 내용을 담고 있는 경우에 분명한 효과를 가져 올 수 있기 때문이다. 인질상황이나 대치상황을 자주 경험하지 않은 협상팀의 경우에는 외부의 평가를 통해서 더 많은 효과를 얻을 수 있다. 경험이 풍부한 협상분석가가 그들의 기법을 시험함으로써 그 팀들은 자신들이 받은 훈련을 통해 현실상황에 적절히 대응할 수 있도록 준비되어 있는지를 알 수 있다. 만일 충분히 준비가 되어 있지 않다면 즉시 훈련과정이 변화될 수 있다. 만일 적절하게 준비가 되어 있다면, 그들은 실제상황에 투입될 경우 그 상황에 대응할 준비가 되어 있다는 사실을 잘 인식하고 계속해서 훈련을 받을 수 있다. 명령권을 지니고 있는 인원들은 이러한 정보를 알게 되면 사기가 올라가게 될 것이다.

인질상황에 있어서의 준비요소

Ⅰ. 서　　론

테러범에 의해 저질러지고 있는 인질사건의 발생 형태를 보면 공공건물이나 재외공관 등을 강제로 점거하고 인질 바리케이트를 치거나 중요인사를 비밀리에 유괴, 납치하여 인질로 삼는 경우, 또는 이동중인 비행기, 선박, 열차를 강점하고 승객을 인질로 잡는 경우가 일반적이다.

그러나 세계 도처에서 발생되고 있는 인질사건은 반드시 테러범에 의한 사건만은 아니며 그 동기 또는 정치적인 목적과 선전에 국한되지 않고 복합적인 요인이 작용하고 있다. 이러한 형태의 인질 또는 잠재성 인질사건으로서는 다음과 같은 유형들이 있을 수 있다.

1) 강도가 추적하는 경찰관으로부터 도망하기 위하여 운전기사가 있는 차량을 강제로 탈취하는 경우

2) 10대의 학생이 교실에서 예리한 칼로 교사를 위협하는 경우

3) 높이뛰기 선수가 교량에서 뛰어내리겠다고 위협하는 경우

4) 죄수가 식사를 거부하는 경우

5) 어린이가 TV를 시청하는 것을 허락받을 때까지 욕실을 잠그고 문을 여는 것을 거부하는 경우

6) 주정뱅이가 경찰관의 권총을 강탈하는 경우

이상에서 지적한 상황들은 우리 주변에서 흔히 발생하고 있는 일 가운데 하나이다. 인질을 잡고 있는 것은 우리 사회에서 흥미있는 화젯거리가 되고 있다. 그러나 위에서 열거한 상황은 모두 일상적인 업무 중 너무 자주 발생하고 있지만 국제테러분자에 의한 인질사건에서와 같이 악명이 높은 것과는 달리 대부분은 커다란 관심을 기울이지 않는다.

인질이라는 용어는 고정관념적인 반응을 일으킨다. 그러나 아직까지 각각의 상황은 그 사건의 가치에 따라 다루어지고 있는 것 같다.

어떤 형태의 인질사건에 있어서의 인기와 관심은 뉴스매체에 의하여 주어지고 있

다. 모든 인질상황들은 끔찍하며 복잡하고 광범위한 법집행의 대응을 요구하고 있다고 부정확한 생각을 발표하기도 한다. 물론 복잡 미묘한 사건은 전문적인 협상팀과 공격팀을 요구할지도 모른다. 그러나 병을 가지고 휘두르고 있는 흔히 발생하고 있는 주정뱅이의 경우는 많은 다른 기법을 요구하게 된다.

모든 인질상황은 대응의 형태와 양을 결정하는 데 신속하고도 정확한 평가를 요구한다. 이러한 평가는 경찰관이 긴박한 상황에서 결정을 해야만 한다. 호전적인 주정뱅이는 경찰관의 경험에 따라 좌우되며 그러한 요인들은 그가 총을 가지고 있든 혹은 가지고 있지 않든 주요한 위협일 수가 있다. 위협적인 상황들은 협상기법의 개발을 촉진시키게 된다.

경찰업무를 위하여 적용되고 있는 것과 마찬가지로 보다 유리한 입장에 있는 테러범과의 의사전달과 같은 협상은 분명히 이루어지게 된다.

경험이 있는 교통사고 조사자가 자동차사고에 있어서 중요한 것과 마찬가지로 인질협상에 있어서 전문가는 일반능력자보다 더욱 훌륭한 성과를 올릴 수 있게 된다.

인질협상의 문제를 어떻게 처리하며 어떻게 이것을 효과적으로 완수할 수 있는가 하는 것이 문제이다.

Ⅱ. 인질협상의 계획과 목표

인질협상은 테러범이 일정한 목적달성을 위하여 담보로 억류한 사람의 생명과 안전을 보호하기 위하여 범인을 설득하고 흥정하는 일련의 과정이다.

인질협상에는 특별한 법칙이 없고 상황에 따라 의사전달기법은 변화하는 것이기 때문에 어떤 특정한 기법으로 테러범의 반응을 얻어내느냐 하는 문제는 매우 어려운 일이다.

테러범은 인질에 대한 위협을 증대시키면서 자신들의 요구사항을 관철시키려고 하고 있기 때문에 이에 대한 치밀한 계획과 운용절차가 마련되어야 한다. 따라서 인질협상의 책임자는 모든 대원과 논의되었던 계획이나 운용절차들을 준비하여야 하며 누구든지 공인된 절차들에 보다 정통하여야 한다. 계획들은 변경할 수 있지만 그 계획에는 원리와 목표를 기술한 내용이 서문에 포함되어야 하고 그 내용의 각 부문에는 작업계획표와 두뇌집단에 대한 항목이 들어 있어야 한다.

서문은 행동을 할 때 협상팀의 노력에 초점을 맞출 수 있는 목표들을 설명하여야 하며 행동방침은 그 테러범을 다루는 데 있어서 협상자를 지원하도록 해야 한다. 이러한 지원에는 다음의 것들이 포함된다.

1) 테러범으로부터 획득된 정보의 평가

2) 테러범에 의해 얻어진 정보에 대하여 협상자에게 의견의 제공. 예를 들면 테러범이 그의 모친이 죽어간다고 말했으나 그녀는 이미 몇년 전에 사망했다는 정보

3) 테러범에 관한 정보와 테러범이 억류하고 있는 인질들과 건물에 관한 정보의 수집. 예를 들면 인질 가운데 정신병자, 당뇨병환자, 임산부가 있는지 등에 관한 것

4) 장기간 협상자에게 필요로 하는 물질적인 장비의 준비. 여기에는 화장실, 적절한 통풍기, 편안한 의자, 대화를 기록하기 위한 녹음장치, 의사전달을 지원해주는 확성기, 여분의 전지, 커피 보온병 등의 사용이 포함된다.

5) 협상자와 테러범과의 의사전달을 청취하며, 대안과 아이디어를 기술한 요지를 협상자에게 공급. 여기에는 테러범과의 대화를 어떻게 계속 유지하며, 지연전술을 어떻게 쓰며, 그에게 위험을 포기시키도록 어떻게 확신시키며, 혹은 그가 포기했을 때 그에게 경찰사격의 위협을 어떻게 압도시킬 수 있을 것인가에 관한 아이디어가 포함된다.

계획의 작업표 일부는 협상자에게 필요하게 되며 사건의 긴장 속에서 어떤 일을 감시하며 그 기회를 감소시킬 수 있도록 대원을 지원해야 한다. 모든 대원은 여러 가지의 작업표의 형태와 내용에 정통해야 한다. 있음직한 인질상황에 기초를 둔 정기적인 단순한 서류에 의한 연습이 행해져야 한다.

작업표는 일기상태, 호수의 존재와 같은 농촌지역의 특수조건 또는 프로판가스 저장소와 같은 인질사건의 장소가 될 수도 있는 극히 신중을 요구하는 상업지역의 특수조건에 맞게 변화될 수 있을 것이다.

Ⅲ. 테러범 작업표

테러범 작업표는 연구를 위해서나 혹은 감시를 위한 것이다.

1. 외모	주로 테러범이 누구인가를 결정하는 데 사용하기 위하여 사진을 촬영한다.
2. 의복	의복을 바꿔 입을 가능성에 유의하면서 테러범을 확인하여 경찰관에게 협조하기 위한 것이다.
3. 의학적 요건	청각보조전지 혹은 치질을 위한 직장좌약의 필요성이 있는가? 무엇이 테러범과 관련되고 있는가를 의사가 설명할 수 있기 위한 것이다.
4. 언어	통역이 필요한가를 위한 것이다.
5. 정신상태	잠시 동안 과도한 행동을 할 수 있는 조울증환자가 있는지, 그때 자살억압에 빠지는지를 알기 위한 것이다.
6. 친척의 소재	특히 정신상태와 의학적 문제들의 요인에 관한 배경을 알기 위한 것이다.
7. 친구의 소재	최근에 테러범이 무엇을 저질렀는지를 그들로부터 청취하기 위한 것이다. 현재 상황은 부인과의 싸움으로 계기가 되었는지? 만일 그렇다면 그때 그에게 그녀와 대화를 하게 하는 좋은 아이디어는 없는지?
8. 의사의 소재	테러범의 의학적 경력을 알기 위한 것이다.
9. 고용주	테러범의 최근 정신상태가 어떠했는지 알기 위한 것이다. 만일 그가 면직되었거나, 최근에 징계를 받았거나, 최근에 다른 업무상의 문제를 가지고 있었는가?

Ⅳ. 인질 작업표

1. 외모	인질이 누구인지 모든 사람이 알 수 있도록 사진을 촬영한다.
2. 의복	만일 테러범이 의복을 교환한다면 그것은 단지 편애하는 것일지도 모른다. 관찰하고 있는 모든 대원은 이러한 정보가 필요하다.
3. 의학적 요건	인질 가운데 임산부, 당뇨병환자, 심장상태, 호흡기질환 환자가 있는가? 이것은 당신이 최루가스를 사용할 수 있을 것인가를 판단하기 위한 것이다.
4. 친척의 소재	인질의 친척 혹은 친구의 사망은 테러범의 동정을 얻는 데 사용될지도 모른다.

5. 정신상태	대단히 우울한 인질은 그들 모두를 살해하도록 테러범에게 자극할지도 모른다.
6. 고용주	어떤 비번 경찰이 그곳에 있는지?
7. 의사의 소재	인질들을 석방할 때 긴급한 응급치료를 받을지도 모른다.

V. 건물 작업표

문제 지역에 대한 약도는 참조를 위하여 복사본을 가지고 있는 모든 대원에게 중요한 것이다.

1. 난방과 통풍의 유형	대화를 도청할 수 있는 통로로 사용할 수도 있다.
2. 차단시설	난방의 단절은 속임수를 쓰는 데 필요할지도 모르며 혹은 테러범은 건물을 물에 잠기게 하려고 시도할지도 모른다.
3. 내부 수도배관의 이용 가능성	만일 휴대용 설비가 요구될 것 같으면 내부에 도청장치 혹은 다른 품목들을 감추는 데 시간을 필요로 할 것이다.
4. 욕실위치	인질들은 욕실에서 구출될 수도 있다.
5. 전화접합단자의 위치	협상자 이외의 다른 사람과 테러범이 교신하는 것을 금지하기 위한 것이다.
6. TV와 라디오의 위치	저격팀의 위치는 주기적으로 TV를 시청하고 있는 테러범에 좌우될 수도 있다.
7. 인터콤	테러범이 딴 곳에 있을 때 명령을 엿듣기 위한 것이다.
8. 건물구조형태	벽은 조용하고도 빠르게 돌파할 수 있을 것인지?
9. 화재 도피로	입구는 공격팀이 공격을 시도할 수 있는지?
10. 방화문	인질들과 테러범 사이에 내리게 할 수 있는지?
11. 엘리베이터	만일 테러범이 그것을 사용한다면 그것을 층 사이에 정지시킬 수 있는지?
12. 계단	서로 붙은 층에 있는 문을 테러범이 활동하는 것을 통제하기 위하여 잠글 수 있는지?
13. 출구의 위치	인질들을 어디에서 석방시킬 것이며 혹은 테러범은 어디를 출구로 할 것인가? 바람직스럽지 못한 출구는 봉쇄할 수 있을 것인가?

Ⅵ. 요구와 양보 작업표

테러범의 요구사항과 협상팀의 양보사항을 기술하는 것이 좋다. 정확한 기록은 상황의 통제를 유지하는 데 필요하며 기록된 절차는 저지시키기 위한 기법을 전개하는 데 실질적인 것이 될 것이다.

일반적으로 테러범이 요구할 수 있는 사항은 인질의 몸값을 요구하거나, 정치범 또는 구속된 동료의 석방을 요구하거나, 안전지대로 도피 또는 망명처를 알선할 것을 요구하거나, 성명서의 발표 등 언론의 협상을 요구하기도 하지만 개인적인 요구사항도 얼마든지 있을 수 있다. 그러나 테러범의 요구사항은 대부분 복합적으로 요구되는 경우를 흔히 볼 수 있다. 이러한 요구사항들을 협상대상으로 사용함에 있어서는 항상 경계하고 주의해야 하며 반대급부 없는 양보는 있을 수 없다는 원칙을 고수해야 한다.

테러범이 음식물을 요구하는 경우 일반적인 음식료의 제공은 가능하나 술 종류는 절대로 제공해서는 안 된다. 의약품의 요구나 항공기, 선박, 차량 등의 요구, 인질의 몸값요구, 사건과 무관한 사람의 방문요구 등은 양보할 수 있는 사항이지만 인질의 교환, 협상자의 대체, 무기의 요구 등은 양보할 수 없는 사항인 것이다.

테러범의 요구사항으로도 테러범의 정체를 파악하는 것은 가능해진다. 요구사항에는 테러범의 목적과 소속 그리고 배후관계가 나타날 수도 있으며 그 내용에 따라 테러범의 정신상태와 조직, 훈련의 정도 등을 판단할 수 있게 된다. 테러범의 요구사항에 따라 그 사건의 위험도를 측정할 수 있으며 그 내용의 양보여부의 판단에 따라 대응전략이 결정된다.

협상자는 테러범이나 인질을 위해 사소한 것이라도 스스로 제공할 필요는 없으며 테러범이 필요한 것을 스스로 요구하도록 해야 한다.

테러범의 요구사항은 단계적으로 양보해야 하며 이러한 사항도 시간을 끌어가며 서서히 진행시켜야 한다. 요구사항 이외의 양보는 더 큰 요구가 따르게 되므로 오히려 협상자의 약점만을 노출시키게 될 것이다.

협상자는 테러범의 요구사항에 대해 그 결정과 답을 지연시키는 반면에 테러범에게는 조속한 결정과 답변을 요구하는 전략이 필요하다. 따라서 테러범의 요구사항은 최대한 시간을 벌면서 최대의 이익을 얻어낼 수 있도록 하여야 할 것이다.

Ⅶ. 두뇌집단

두뇌집단부문은 각각의 계획에 속한다. 그것은 오직 협력을 요구할 수 있는 많은 경험을 가지고 있는 인사나 기관들을 필요로 한다.

두뇌집단은 권한은 없으나 지휘본부와 같은 것이다. 그것은 테러범과 협상자 간에 청취하고 있는 대화만큼 협상자에게 같은 정도의 정보를 제공받는다. 당신은 행동절차를 발전시키기 위하여 협상팀과 관련을 맺고 있는 특수한 전문적인 의견을 가지고 있는 많은 사람에게 요청할 수 있다. 그것은 되도록 격리되어 있어야 하지만 협상자와는 밀접해야 한다. 많은 사람들은 상황에 따라 변화를 시킬 것이다.

경찰책임자는 전술팀으로부터 협상자에 이르기까지 서면으로 논의들을 조정하고 가감해야 하며 또 논평을 가해야 한다. 논평은 협상자가 정신이 산만해지지 않도록 구술로 해야 할 것이지만 문서로 된 메시지는 그 후의 비평과 훈련을 위하여 사료가 되는 기록의 역할을 한다.

두뇌집단의 필요성은 인질상황의 형태에 따라 다양하다. 술집에서 주정뱅이와 맞서고 있는 경찰관은 그 자신이 두뇌집단이다. 교실에서 교사를 인질로 잡고 칼을 휘두르는 10대의 소년은 아마도 경찰관과 학교당국 간에 어떤 논의를 하게 될 것이며 그것은 하나의 두뇌집단과정이다. 복수심이 있고 정신병자인 해직당한 자가 빈병에다가 폭약을 넣어 무장을 하고 의사전달이 제한되어 있는 회사창고의 프로판가스 탱크를 가득 실은 차량이 주차되어 있는 한 가운데에서 회사 사장을 데려오라고 강요하고 있는 경우에는 훌륭한 두뇌집단운용을 필요로 한다.

두뇌집단의 협조목록은 필요하게 될지도 모르는 각종의 지원형태를 위하여 가장 중요하면서도 대체할 수 있는 것을 포함시켜야 한다. 지원자들은 특정한 정보를 가능한 한 신속히 획득하는 것이 요구되어야만 인질상황과 관련이 있는 전문화된 지원을 할 수 있게 된다.

계획의 절차와 원리가 논의되어야 하고 지원을 필요로 할 때 신속한 행동으로 그 조직에 배치되어 실례가 참가자들에게 제공되어야 한다.

Ⅷ. 두뇌집단 협조목록

1. 소방서	건물출구, 화재도피로, 위험물질과 발전기, 사다리, 안전그물과 같은 긴급장비의 자료에 관한 정보
2. 가스·전기 회사	전력과 온도통제
3. 전화회사	테러범과 외부인의 의사전달 통제 및 테러범죄에게 협상자의 전화연결
4. 타 경찰관서	테러범에 관한 정보와 특수장비의 출처
5. 대학교	• 특정한 정신상태에 관한 지식을 가지고 있는 심리학자 • 테러범이 소유하고 있는 도주용 차량을 통제하도록 장치할 수 있고, 엘리베이터를 작동시키지 못하게 할 수 있고, 다른 기술적인 문제들을 해결할 수 있는 공학자 • 테러범의 문화적 특성에 관한 지식이 있는 사회학자, 또는 무엇이 테러 • 범에게 공감 혹은 감명을 줄 수 있을 것인가를 제공할 수 있는 학자
6. 시의 토목 기사	오래되어 낡은 출구들을 알려주거나 내부로 연결된 사용하지 않는 문과 송수관을 알려주며 비밀리에 접근할 수 있는 통로와 건물도면과 같은 것들에 대하여 정보를 제공해 줄 수 있다.
7. 뉴스 매체	라디오 혹은 TV 시청자가 테러범에 대하여 제공된 정보의 양과 형태를 통제하는 데 라디오, TV, 신문의 협력이 필요하다.
8. 의료인	만일 손이 절단되어 있다면 인질이 얼마 동안 살 수 있으며 혹은 테러범이 부상당해 있다면 얼마 동안 살 수 있는가와 같은 의학적인 문제들을 자문받기 위한 것이다.

마지막으로 어떤 상황에서 경찰관이 무엇을 어떻게 해야 할 것인가에 대하여 훈련도중의 논의기간은 그와 같은 상황이 실제적으로 발생했을 때 시간이 허락지 않을 경우 문제점과 대안들을 취급하는 데 사용될 수 있다.

요약하면 인질상황을 다루는 데 있어서 다음 단계들이 고려되어야 할 것이다.

첫째, 테러범에 관한 과거의 죄상에 대한 항목을 재검토할 것

둘째, 운용계획을 준비하고 그것을 필요한 외부인사와 논의할 것

셋째, 인질과 테러범에 정통하기 위하여 서류작업에 의한 훈련을 행할 것

이러한 훈련에 있어서는 모의훈련의 방법이 확실히 더 좋으나 전문화가 제대로 이루어지고 있는 규모의 경찰국을 이용할 수 있다면 더욱 효과적일 것이다.

인질상황에서의 생존전략

Ⅰ. 서 론

Ⅱ. 인질범의 다양한 형태

Ⅲ. 인질사건에 대한 경찰의 대응

Ⅳ. 스톡홀름 증후군의 위력

Ⅴ. 인질상황에서의 생존 지침

Ⅵ. 인질이 되지 않기 위한 예방책

Ⅰ. 서　　론

전 세계적으로 63개국 370여개의 테러조직이 준동하고 있는 것으로 알려지고 있다. 블랙리스트에도 오르지 않은 군소 테러집단까지 합치면 그 수는 헤아릴 수조차 없이 많다. 이들은 지난 수십년 동안 세계 도처에서 대담하고도 잔인한 테러행위를 저질러왔다. 각국은 테러방지를 위한 국제공조체제를 구축하고 자체대응 마련에 골몰하고 있다. 이러한 테러사건 가운데서도 인질사건은 정교한 경찰력의 동원이 필요하기 때문에 인질협상팀이 현장에 도착하기까지는 인질들은 아주 위험한 상황에 놓일 수 있다. 인질극이라고 하면 많은 사람들은 뮌헨 올림픽의 경우와 같이 테러범에 의한 것이라고 생각할 수도 있지만 사실은 인질사건에 테러범이 관련된 경우는 그리 흔하지 않다. 매년 증가하고 있는 인질극들은 단순한 범죄인이거나 또는 직장에서 해고되었거나 징계를 받아 불만을 품고 있는 사람들에 의하여 저질러지고 있다. 대부분의 인질범들은 외견상으로는 평범해 보이지만 사실 감정적으로는 불안하며 그들의 가정생활에서는 어떤 유형의 스트레스에 과잉반응하는 사람들이어서 주위에 있는 그 누구라도 그가 인질범이 되리라고는 생각지도 못했던 사람들일 경우가 많다.

우리나라 전북 익산의 한 커피숍에서 1995년 10월 12일에 발생한 인질사건도 경찰의 추적을 받던 살인사건 범인 2명이 생선회칼로 무장하고 4살짜리 유치원생과 손님 등 7명을 인질로 잡고 권총 1정과 실탄 수발을 요구하며 요구사항이 이행되지 않을 경우 한 시간마다 1명씩 죽이겠다고 협박하였지만 경찰특공대에 의해 작전 개시 4분 만에 억류된 인질 7명을 무사히 구출하고 인질범 2명을 검거하였다.

또한 러시아의 모스크바 붉은 광장에서 1995년 10월 15일에 발생한 인질사건은 현대전자 유럽연수단 26명과 한국인 관광안내원 2명 등 29명을 인질로 잡고 미화 1백만 달러와 헬기 등을 요구하며 현지 경찰과 대치중에 경찰이 일부 돈을 건네는 등 협상자세를 보이자 네 차례에 걸쳐 인질 일부를 석방하고 현대전자 직원 4명과 한국 관광안내원 1명, 러시아 운전기사 1명 등 6명만을 억류하고 있었지만 러시아 특공대인 알파부대원들에 의하여 납치범은 사살되고 인질은 무사히 구출되었다.

언론에는 이혼한 배우자, 자기 자녀, 동료직원 혹은 심지어는 단순한 이유 때문에 무고한 불특정 다수인까지도 인질로 잡고 있는 사람에 대한 기사가 보도되고 있는데 이러한 사건은 너무나도 자주 비극적인 결말을 맺고 있는 것을 볼 수 있다.

Ⅱ. 인질범의 다양한 형태

테러집단에 의해 인질로 잡힐 가능성은 확실히 적지만 이러한 사건은 여전히 발생하고 있다. 자기 집이 벼락에 맞을 확률은 비교적 적다고 생각할 수도 있지만 그러한 일은 얼마든지 일어날 수 있다. 사람들은 테러사건이 자신과는 아예 무관한 사건이라고 생각할 수도 있지만 최근에 발생한 테러사건[1]에 대해서 이야기를 하면 곧 그것이 사실과는 다르다는 것을 알게 될 것이다. 특히 최근의 폭탄테러사건이나 독극물 살포테러사건 등이 물론 인질상황을 수반하지는 않았지만, 그것은 인질을 잡고 있는 것이 그 상황에서는 그 테러조직의 계획에 적합하지 않았기 때문이다. 그 테러조직은 인질극이 그들의 목적에 도움이 된다고 판단되었더라면 인질극을 벌이는 데 대해 조금도 가책을 느끼지 못했을 것이다.

테러리즘이 계속 위협적이라는 것을 지지하는 사실은 인질극을 주도한 것으로 알려진 테러조직이 수십개나 된다는 점이다. 팔레스타인의 해방전선Popular Front for the Liberation, 우루과이의 투파마로스Tupamaros, 이탈리아의 붉은 여단Red Brigade이 그들 중 대표적으로 알려진 조직이다. 아르메니아의 독립을 위한 아르메니아 비밀군대 Armenian Secret Army, 터키의 젊은 혁명가 연합Turkish Revolutionary Youth Federation 등 인질극에 관계를 했지만 그리 널리 알려지지 않은 조직들도 상당히 많다. 이러한 조직들에 의하여 특히 해외활동을 하지 않은 조직들에 의하여 인질로 잡히게 될 확률은 비교적 낮지만, 만일 그들에게 잡힌다면 그 위험은 매우 클 것이다. 유람선인 아킬 라우로Achille Lauro 호에서 테러집단의 난동 때 레온 클링호퍼Leon Klinghoffer가 어떻게 되었는지 생각해 보면 쉽게 이해할 수 있다. 이러한 테러집단의 일원들은 보통 이상주의적이며 자신을 십자군으로 스스로 생각하며, 많은 경우 너무도 치밀하게 사상적으로 주입되어 있기 때문에 기꺼이 죽어 '이념'을 위한 순교자가 될 각오가 되어 있는

---

1) 1995년 3월 20일 일본 도쿄의 지하철에서 발생한 옴 진리교 소행의 독가스 살포로 10명이 사망하고 5,000여명이 중독되었던 사건이나 1995년 4월 19일 미국 오클라호마 시에서 발생한 연방건물폭파사건으로 165명이 사망한 사건, 그리고 1995년 프랑스 파리에서 연속적으로 발생한 7건의 지하철 폭탄테러사건으로 7명이 사망하고 140여명이 부상하는 사건 등을 들 수 있다.

것같이 보인다. 불행하게도 이러한 테러범들은 보통 인질이 자신들과 운명을 함께 하기를 원한다.

일반 시민들은 테러집단에 의하여 인질로 잡히기보다는 강도들이나 혹은 범죄자가 어떤 범행에 실패해서 자신이 곧 경찰과 직면하게 될 것이라는 것을 깨달은 순간 우연히 그 범죄현장인 은행이나 백화점 혹은 어떤 상점에 있을 확률이 더 높다. 체포에 직면한 범죄자들은 시간을 벌기 위하여 인질을 잡는 경우가 지난 몇년간 증가했다. 인질을 잡음으로써 범죄자의 상황은 더욱 복잡해지고, 체포되면 그들의 형량이 훨씬 높아지기 때문에 인질을 잡는 것이 범죄자의 입장에서는 별로 현명한 행동이 아니지만, 이것은 결과가 어떨지에 대해 생각하기 힘든 절박한 순간에 행해지는 충동적인 행동이다. 이러한 사람들은 테러범과는 달리 '이념'을 위해 죽을 생각은 하지 않는다. 포위된 범죄자들은 단지 탈출하기만을 원하며 인질들을 목적을 이루기 위한 흥정거리로 사용하길 원한다. 불행하게도 결과는 종종 치명적이다.

지난 몇년간 직장에서 해고되거나 징계를 받아 불만을 품은 사람에 의하여 인질로 잡힌 수도 증가했다. 이러한 해직자는 무기를 가지고 직장으로 돌아와서, 그곳을 마구 쏴 버리고는 인질을 잡는다. 이러한 사건은 보통 아주 화가 난 사람들에 의해 충동적으로 저질러지며, 그러한 행동을 한다고 해도 득보다는 실이 더 많으므로 그러한 사건은 계획된 것이 아니기 때문에 대단히 서툴다. 그러나 이러한 인질범들은 곧 그들의 충동이 가져올 결과에 대해 깨닫게 되고, 절망감과 우울감이 그들을 사로잡아 이 사건을 비극으로 이끌어간다.

테러범이나 포위된 범죄자 혹은 불만스런 해직자에 의하여 인질로 잡힐 확률보다도, 가족이나 친척 혹은 알고 있던 사람 중 감정적으로 불안한 사람에 의하여 인질로 잡히게 될 확률이 더욱 높다. 이러한 인질범들은 보통 이혼했거나 아이를 잃었거나 혹은 단지 연애관계가 깨졌거나 하는 그들의 가정생활에서 어떤 스트레스를 받아 실제 혹은 가상의 불공정성을 강조하기 위하여, 혹은 그들의 환경에 대한 변화를 가져오기 위하여 인질극을 벌인다.

이러한 유형의 인질상황도 보통은 충동적이며, 그저 논쟁하다가 저지르기도 하는 무계획적인 행동이다. 그러나 이러한 인질범들의 대부분은 술에 취해 있거나 마약을 복용한 상태이기 때문에, 그들이 원하는 대로 논쟁이 해결될 기미가 보이지 않으면 단순한 말다툼이 눈덩이처럼 불어나서 갑자기 인질극을 벌일 수도 있다. 그리고 이러한 상황은 보통 가정생활에서 스트레스를 주는 사건과 밀접하게 관련된 사람에게 가장 위험하지만 이러한 가정 상황과도 관계가 없고 인질범을 알지도 못하는 사람도 단지 인질상황이 벌어질 때 가까운 곳에 있었다는 불행 때문에 인질로 잡히게 될 가능성도 있다.

이러한 모든 유형의 인질범 이외에도, 종종 아주 미친 사람이 기괴한 이유를 들어 인질극을 벌이는 경우도 있다.[2] 그러나 이 모든 인질범 중 가장 위험한 경우가 자살충동이 있으나 실제 행동으로 옮길 용기가 없어 경찰이 대신해 주기를 바라는 것이다. 이것이 법집행자들 사이에 알려져 있는 "경찰에 의한 자살"이라는 것이다. 이러한 사람들은 특히 인질들에게 아주 위험한데, 그것은 그들이 경찰을 불러오기 위해 인질을 잡은 후 경찰이나 인질을 쏘는 등 위협적인 행동을 함으로써 경찰이 그들을 죽이도록 강요하기 때문이다.[3]

많은 인질상황을 도왔던 한 퇴역경찰은 "인질로 잡힌 사람이 기억해야 할 가장 중요한 일은 이 인질범들이 이성적이거나 계획을 가진 분명한 사고를 할 사람들이 아니라는 것이다. 대부분은 아주 나쁜 상황으로 자신들을 이끌고 가서는 이제 여기에서 어떻게 벗어나야 할지 알지 못한다"고 경고하고 있다.[4]

심리분석학적 용어로 많은 인질범들은 소위 '부적합 성격inadequate personality'의 소유자이다. 미국 정신분석학협회에 의하면, '부적합 성격' 소유자의 삶은 그의 감정적, 사회적, 지적, 정신적 요구에 부적합하게 반응하는 것으로 특징지어진다. 부적합 성격의 소유자는 부적합성, 부적응성을 보이며 제대로 판단하지 못하고 사회적으로 불안정하며 심리적, 정신적인 끈기가 부족하다. 간단히 말해 부적합 성격을 가진 사람은 인생의 실패자이다. 예를 들면 종종 이러한 유형의 인질범들은 너무도 그 자신에 대해 불안해하고 확신하지 못하므로, 그는 인질로 하여금 그를 대신해서 협상하도록 한다. 이것은 주의를 하여야 하는데, 이러한 인질범은 언제나 위험하다. 왜냐하면 그는 자살위협이 있기 때문이다. 그러나 그의 부적합한 성격 때문에 그는 자신이 행할 수

---

2) 예를 들면 인질사범이 영어 알파벳에서 "W"글자를 빼라면서 인질극을 벌인 사건도 있었다.

3) 예를 들면 뉴욕의 로체스터(Rochester)에서 한 남자가 은행에서 8명의 인질을 잡고서 경찰에게 자신을 죽여줄 것을 요구한 적이 있었다. 물론 경찰은 법적으로나 도덕적으로나 이 요구를 들어줄 수 없었으므로 그 남자는 은행의 한 출납계원을 총으로 쏴 죽이고는 창문 앞으로 걸어가 그 앞에서 총을 난사했기 때문에 그를 노리고 있던 경찰 저격요원에 의해 사살되었다.

4) Robert L. Snow, *Protecting Your Life, Home, and Property* (New York: Plenum Publishing Co., 1995), p. 95.

는 없고 인질을 죽임으로써 경찰이 대신 그를 죽여주도록 강요할 수 있는 것이다. 많은 정신건강 전문가들은 인질극을 벌이는 거의 모든 사람들이 부적합한 성격을 소유하고 있다고 생각하는데 그것은 인질극이 어떠한 상황에서도 결코 적합한 반응이나 효과적인 작전이 될 수 없기 때문이다. 인질극은 실제로 거기에서 벗어날 길이 거의 없다는 것에 비교해 볼 때 가중적인, 그리고 매우 중한 형량을 받을 높은 위험이 있는 무가치한 시도이다. 그래서 대부분의 인질극은 일반적으로 단념할 수밖에 없는 서투른 시도의 하나로서 만성적으로 실패한 사람의 최후의 필사적인 행동이다.

최소한 인질극에 대한 계획과 목적이 있는 테러집단에서조차도 실제로 인질극을 벌이는 사람들은 비록 부적합한 성격의 소유자는 아니더라도 여전히 "쓰고 버려지는" 사람들이다. 비록 그들이 잘 훈련되고 교육받았다 할지라도 인질극이란 매우 위험하고 모험적이기 때문에 테러집단의 지도자에 의해 그들은 소모품 정도로 생각된다. 그러나 인질에게 있어 가장 중요한 사실은 테러범의 경우를 제외하고는 거의 모든 인질범이 실패자이며, 그들이 처한 상황을 어떻게 해결해야 할지 모르는 절망적 인간이며, 그들의 확신의 부족은 그들이 마침내 취하는 행동에 따라 도움이 될 수도 해가 될 수도 있다. 인질 사건은 항상 죽음으로 끝날 가능성이 있다는 것을 결코 잊어서는 안 된다.

마지막으로 지적할 것은 인질범들은 몸값을 노리고 납치하는 전문적 범죄자들인 경우도 있다. 단지 인질극의 실질적 이유로 생각되는 측면에서는 어떤 정치적인 논점도 없고 그들의 연인과 해결해야 할 빚도 없는 사람보다도 돈을 요구할 수도 있는 감정적으로 불안한 사람들이 오히려 낫다. 그들은 단지 돈을 원할 뿐이다. 그러나 그들도 잡힌다면 몸값이 소용없기 때문에 이러한 사람들도 위험해질 수가 있다. 그러나 이러한 인질극은 부자들에게만 해당된다고 생각하는 사람들에게는 몇년 전 캘리포니아의 쵸우칠리아Chowchilla에서 벌어졌던 26명의 초등학생을 인질로 몸값을 요구했던 유명한 인질극을 상기할 필요가 있다.[5)]

---

5) *Ibid.*, p. 96.

Ⅲ. 인질사건에 대한 경찰의 대응

앞에서 지적한 바와 같은 불필요한 비극적 상황을 막기 위해 지난 수십년 동안 각국의 경찰에서는 서로 자기의 경험을 기초로 하여, 결과적으로는 인질상황을 다루고 이러한 사건을 평화적으로 해결하는 데 매우 정교한 능력을 갖게 되었다. 현재 거의 모든 국가에는 인질협상자들과 인질상황에 즉각적으로 대처하고 이를 해결하기 위한—가능한 한 평화적으로, 그러나 필요하다면 무력도 사용해서—특수기동타격대들을 설치하고 있다. 그러나 다행히도 거의 대부분의 사건들은 무력을 사용하지 않고 과거에 효과적이라는 것이 증명된 인질상황 해결방법들을 사용하고 있다.

미국 대도시의 SWAT팀의 팀장으로 있었던 제임스 캠벨James E. Campbell경감은 "우리의 첫 번째 방법은 무력을 사용하지 않고 사건을 해결하는 것이지만 무고한 인질들이 해를 입는 것을 막기 위해서라면 우리는 어떠한 무력이라도 사용할 수 있고 기꺼이 사용할 것이다"라고 말한다.[6)]

전형적인 인질상황에 도착하자마자 특공작전팀이 하는 것은 인질이 잡혀 있는 곳 주위에 즉시 전초기지를 설치하는 것이다. 이 전초기지는 가장 위험한 지역을 포함하고 이후 팀 멤버들은 인질범이 도주하는 것을 막기 위해 이 전초기지 안의 전략적 위치에 배치된다. 그들이 이렇게 하는 동안 정복을 입은 경찰관들은 보통 위험이 가장 적은 지역인 외곽에 전초기지를 형성한다. 이 전초기지들이 형성된 뒤에는 다음과 같은 일에 대한 정보수집을 한다. 인질로 잡힌 사람들은 누구인가? 누가 인질범인가? 왜 그랬는가? 인질범이 가지고 있는 무기와 그의 정신적 안정성, 인질이 잡혀 있는 건물이나 장소의 평면도 그리고 이 사건을 평화적으로 해결하는 데 도움이 될 수 있는 어떠한 정보라도 모두 다 수집된다.

이러한 정보들이 수집되는 동안, 특공작전팀의 팀장은 보통 어쩔 수 없는 상황이 되면 인질범을 죽이기 위해서 요소요소에 저격요원을 배치한다. 또한 특공작전팀의 팀장은 인질들이 해를 입거나 죽음을 당할 위험이 분명해질 때를 대비해 즉시 기초적인 공격계획을 세운다. 인질사건이 벌어지는 동안 즉 협상자들이 인질범과 대화를 하는 동안 특공작전팀의 팀장은 새로운 정보가 전달됨에 따라 계속적으로 공격계획을

---

6) *Ibid.*, p. 97.

수정하여 새롭게 하며 동시에 대체계획도 세우며 협상이 실패하여 인질이 해를 입거나 죽음을 당하게 될 위험에 대처하기 위해 언제나 준비태세를 취하고 있다. 인질범이 대화를 하고 있고 누구에게도 해를 끼치지 않을 때 협상자들이 이 사건을 다룬다. 그러나 인질들이 분명한 위험에 놓여 있다고 판단되면 특공작전팀이 그 상황을 맡는다.

특공작전팀의 요원들과 인질협상자들이 인질의 안전한 탈출이라는 같은 목적을 위해 행동할 때 매우 다양한 재능을 가진 사람들이 필요하다. 특공작전팀의 요원들은 확고하고 과단성이 있으며 힘이 있어야 하는 반면에 인질협상자들은 더욱 융통성이 있어야 한다. 인질범들과 대화를 하고 연락을 취하며 계속 대화를 하게 하고, 만일 가능하다면 친밀감을 형성하고, 인질범이 그들의 분노와 좌절을 수그러들게 하는 것이본질적으로 종종 상황을 누그러뜨리게 되는 인질협상자들의 역할이다. 훌륭한 협상자라면 논쟁하지 않고 협상하며, 인질들을 안전하게 석방시킬 수 있는 쪽으로 인질범들을 유도해야 하며, 더욱 중요한 것은 인질범이 인질들에게 분노를 보이거나 공격적인 자세를 취할 때 그들의 주위를 산만하게 하는 것이 필수적이다. 훌륭한 협상자의 역할 중 가장 중요한 것은 인질범에게 이 사건을 평화적으로 해결할 수 있는 길을 제시하면서 또한 그의 체면도 구기지 않는 것이다. 훌륭한 협상자는 상황이 변화함에 따라 자신의 태도와 방향을 변화시킬 수 있는 융통성이 있는 사람이어야만 한다.

미국의 정신분석임상학자이자 대도시 경찰관서에서 인질협상팀의 책임을 맡고 있었던 프랭크 콘놀리Frank Connolly는 "모든 일에 성공적이어야만 하는 협상자는 필요 없다. 내가 원하는 협상자는 큰 일에서 성공을 거두기 위해서 사소한 데에서는 질 줄도 아는 사람이다"라고 말한다.

콘놀리의 말에 의하면 훌륭한 협상자가 갖추어야 할 다른 요건들은 설득력있는 대화를 할 수 있어야 하고 감정적이 되지 않으면서 강조할 수 있어야 하며 필요하다면 어떤 역할도 서슴지 않고 해내는 것이다. 또한 주의깊게 들을 줄도 알아야 하고 인질범의 심리에 대해 충분한 지식을 가져야 하고, 가장 중요한 것은 인질범의 기분이나 생각에 어떤 미세한 변화도 감지해 낼 수 있어야 한다.

대부분의 인질범과의 협상은 얼굴을 맞대고 하기보다는 전화나 다른 통신장비를 이용하기 마련이다. 만약에 이것이 가능하기만 하다면, 인질범과의 대화는 다른 사람이 중간에 들을 수도 없고 끼어들 수도 없도록 단지 경찰과만 대화할 수 있는 비밀회선을 사용한다. 언론기자들은 조금의 정보라도 얻고자 하는 마음에 그 상황이 이미 끝나지도 않았는데 인질범과 대화하고자 한다. 그러나 협상자들은 이렇게 하는 것이 종종 인질범 자신을 힘있는 존재로 느끼게 하여 인질범의 투항을 더욱 어렵게 만든다. 이것이 텍사스의 와코Waco에서 발생한 데이비드의 종파Branch Davidian라는 사이비 종교집단과 연방 당국간의 대치를 길게 하였는지도 모른다.

전화로의 대화는 인질범이 협상자를 인질로 삼는 것을 막는다. 전화나 다른 통신 장비로 인질과 대화 통로를 마련한 후에 협상자는 인질범의 요구를 주의깊게 들은 후 무엇은 가능하고 무엇이 가능하지 않은지를 결정해야 한다. 몇몇 매우 불행한 사건들을 통해 마약이나 무기 또는 다른 인질들과의 교환은 전적으로 협상이 불가능한 것들로 알려졌다. 음식이나 담배 혹은 언론매체에 말할 수 있는 기회를 주는 것 등은 협상이 가능하다. 그러나 어떠한 요구도, 협상불가능한 조건이라도 먼저 인질범과 대화하지 않은 상태에서 간단히 거부되어서는 안 된다.

많은 인질상황을 성공적으로 해결한 경험이 있는 돈 라이트Don Wright경사는 "훌륭한 인질협상자라면 아무리 그 요구가 불가능하고 또 말도 안 되는 것이라 해도 절대로 간단히 무시해서는 안 된다. 대신에 좋은 협상자는 언제나 대체안이나 타협안을 제시한다"라고 말한다.

대부분의 훌륭한 협상자들이 따르는 철학은 인질범들에게 주어진 각기 요구조건에 그만큼의 값을 치뤄야 한다는 것이다. 즉, 주어진 만큼 그 보답이 있어야 한다는 것이다. 인질범들은 아주 사소한 것, 이를테면 햄 샌드위치 같은 것과 인질을 교환한 적도 있었다.

사람들은 아마도 왜 인질범이 음식, 담배 등의 것과 인질을 교환하는 대신 이 물품들이 주어지지 않아도 인질을 죽이겠다고 위협하지 않는지에 대해 궁금하게 여길 것이다. 대부분의 인질범들이 이렇게 하지 않는 이유는 협상을 시작하자마자 협상자들이 암시적으로든 혹은 공개적으로든 협상은 인질들에게 어떤 해도 끼치지 않는 한 계속되며, 만일 인질들에게 어떠한 해라도 가해진다면 협상은 그것으로 끝이며, 전통적으로 인질범들에게 아주 위험하며 종종 목숨을 잃게도 하는 돌격공격을 시작하겠다는 것을 분명하게 하기 때문이다. 같은 추론이 인질범의 행동의 최종기한을 수용하는데도 적용된다. 인질범들이 최종기한을 정할 때면 그들이 실제로 인질들에게 해를 입히지 않는 한 협상자들은 그것을 무시하나, 만일 그들이 인질에게 해를 입힌다면 그들이 있는 건물이나 지역은 곧 돌격공격을 당하게 된다.

많은 인질상황을 성공적으로 해결한 협상자들의 경험을 통해 협상자의 언어구사 능력과 경청하는 능력이 필수적이라는 사실 이외에도 협상자에게는 훨씬 더 영향력 있는 무기가 있다는 것을 알게 되었다. 협상자가 가진 가장 효율적인 무기는 바로 시간이다.

미국 경찰의 인질협상자인 셜리 펄비티스Shirley Purvitis 경찰관은 “인질범들을 다루는 데 있어 우리가 발견한 최상의 철학은 인질에게 계속 대화를 시킴으로 그들로 하여금 기다리도록 하는 것이다. 우리가 알기로는 시간은 거의 언제나 우리 편이다” 라고 말한다.

인질상황이 시작된 지 얼마 안 되는 경우에 인질범은 순수한 아드레날린이 몸속을 흐르는 것처럼 보이며, 그들의 요구는 확고하고, 자신을 완전히 통제하고 있는 것처럼 보인다. 그러나 시간이 흐르고 협상이 몇시간 동안 진행됨에 따라 인질범의 힘과 결단력은 점점 줄어들고 마침내 그들은 그들이 처해 있는 상황의 무익함과 절박함을 맛보게 된다. 인질협상자들은 서로를 위로하며 흐름에 맞추어 일하는 반면 인질범들은 보통 쉬기에는 너무도 긴장하고 있어서 몇시간씩 계속되는 끝없는 스트레스와 위험에 지치고 기진맥진해져서 얼마간 시간이 흐르고 나면 만일 그들이 그렇게 할 수 있고 또 여전히 체면을 살릴 수 있을 때는 기꺼이 인질극을 포기할 준비가 되어 있다. 로스엔젤레스 군 경찰국은 몇년 전 29개의 인질극에 대한 연구를 했다. 그들은 각기의 사건이 일반적으로 12시간 동안 계속된다는 것을 알아냈다. 그리고 물론 몇몇 사건은 그보다 훨씬 짧았지만 또 며칠이나 계속된 사건들도 있었다.

Ⅳ. 스톡홀름 증후군의 위력

인질협상자들이 보통 인질범들의 결단력을 소모시키기 위해 협상시간을 줄이려고 노력하는 반면, 이렇게 오랜 협상이 진행되는 동안 인질범과 협상자 사이에서 보통 한 재미있는 심리학적 현상이 관찰된다. 스톡홀름 증후군이라고 불리는 이 현상은 1973년 스웨덴 스톡홀름의 스비리게스 은행Sveriges Kreditbank에서 벌어진 한 인질 사건에서 이름을 따온 것이다. 이 사건에서 시간이 흘러감에 따라 인질이 인질범에게 매우 감정적으로 결부되어 있다는 것이 밝혀졌다인질로 잡혀있던 한 여성은 후에 인질범

중 한 사람과 약혼하기까지 했다. 또한 시간이 흐름에 따라 인질들은 인질범보다도 더욱 경찰을 무서워하게 되었고 한 인질은 스웨덴 수상과 전화통화를 하면서 그들의 납치자가 그들을 인질로 잡고 있는 것이 아니라 그들을 경찰로부터 보호해 주고 있는 것이라 말하기까지 했다.

무의식적이고 장기간에 걸친 반작용인 이 증후군은 많은 요소들의 결합에 의해 일어나고 이후에 일어난 많은 인질상황에서 볼 수 있었는데 이 중 가장 유명했던 사건은 패티 허스트Patty Hearst사건일 것이다.[7] 인질상황에서 인질의 목숨은 인질범의 손에 달려 있고 인질들은 그들이 죽음을 당하지 않았다는 사실에 대해 너무도 고마움을 느끼게 되어 마치 그들이 인질범에게 무슨 빚이라도 진 것처럼 느끼게 되고 이 때문에 인질범과 친밀한 인간적, 감정적 관계를 맺게 된다. 재미있는 것은 사건이 해결되고 위험이 사라진 이후에도 인질은 감옥에 갇힌 인질범들을 방문하거나 그들을 위한 보호기금을 조성하기조차 하는 것으로 계속 이런 감정적인 유대감을 지속시킨다는 것이 알려졌다. 많은 당국자들은 스톡홀름 증후군은 마치 무릎 관절의 반사작용과도 같이 관련된 사람의 통제를 벗어난 반작용이라 믿고 있다.

스톡홀름 증후군이 시작되기 전 나타나는 몇가지 요인들이 있다. 예를 들면 인질과 인질범 사이의 긍정적인 관계가 있어야만 하고, 이러한 긍정적인 관계란 간단히 말해 구타나 성폭행, 고문, 혹은 살인 등의 부정적인 관계가 없는 상태에서 이루어질 수 있는 반면에 어떠한 부정적인 관계라도 일어나기만 한다면 이 신드롬의 발생을 막는다. 인질과 인질범은 또한 단지 최소한의 관계 이상의 것이 필요하며 둘이 동시에 위험에 직면하고 같이 스트레스 하에 있어야 한다. 부수적으로 스톡홀름 증후군은 또한 역으로 발생할 수 있다. 말하자면 인질범이 인질에게 친밀하고 개인적인 관계를 형성하는 것이다.

대부분의 인질상황에 있어서 당국자들은 스톡홀름 증후군이 발달하는 것을 기뻐한다. 그 이유는 자신과 친밀한 관계를 형성한 인질에게 해를 끼치는 것을 대부분의 인질범들은 별로 내켜하지 않기 때문이다. 이 사실은 몇년 전 네덜란드의 남몰루칸South Moluccan에서 벌어진 인질극을 통해 확실히 드러났다. 이곳에서는 죽음을 당하기 위해 뽑혀진 인질이 이후 죽음을 당하지 않는 일이 생겼다. 그것은 인질범과 그가

7) Abraham H. Miller, *Terrorism and Hostage Negotiations* (Boulder, Colorado: Westview Press, 1980), p. 46.

서로를 알게 되고 따라서 무의식중에 스톡홀름 증후군이 발달하게 된 것이다.[8)]

물론 스톡홀름 증후군이 경찰 입장에서 보아 긍정적이긴 하지만 때로는 해로울 수가 있다. 왜냐하면 인질들은 그들과 인질범의 생명에 불필요한 위험을 가하고 있다고 생각되는 경찰에 대해 불신하게 되고 반감을 가지게 되기 때문이다. 예를 들어 한 인질협상자는 어떤 사건에 대해 말하고 있는데 이 사건에서 인질들은 한 건물의 끝 방에 갇혀 있었고, 인질범은 그 건물의 다른 쪽 끝 방에서 전화로 경찰과 협상을 하고 있었다. 자신과 인질 중의 한 사람과 말할 수 있게 해 달라고 인질을 설득시킨 인질협상자는 이제 몇 분 후에 경찰이 불도저로 그 건물을 부수어 버릴 계획이라고 인질에게 경고했다. 그 인질은 즉각 전화를 떨어뜨리고 경찰이 무엇을 계획하고 있는지에 대해 인질범에게 경고했다.

그러나 모든 인질상황에서의 스톡홀름 증후군 발생이 전적으로 가능한 것은 아니다. 예를 들면 인질들은 모든 인질범이 그런 것은 아니지만 자신에게 부드럽게 위협한 인질범에게만 스톡홀름 증후군을 형성시킨 경우가 있었다. 이 증후군이 아예 발생하지 않은 인질상황도 있었다. 인질과 인질범 사이의 어떠한 부정적 관계도 증후군의 발생을 막을 수 있고, 관계가 부정적일수록 증후군의 발생은 더욱 어려워진다. 그러나 몇가지 극단적인 경우도 있어 인질들이 인질범들에 의해 해를 입었지만 인질범들이 그들에게 해를 입힐 수밖에 없었다고 그 상황을 논리화시키기도 했고 어쨌건 간에 증후군을 발달시키기도 했다.

인질들의 안전을 보장하기 위해 종종 협상자들은 인질범들에게 인질들의 건강상태를 체크하도록 요구하고 인질들이 무엇을 필요로 하는지를 체크하도록 요구하며 인질범들은 인질들을 목적을 이루기 위한 대상이 아닌 사람으로 보도록 하기 위하여 어떤 일이라도 부탁하여 스톡홀름 증후군이 발생하도록 하여야 한다. 만일 성공적이라면 물론 경찰들은 이후 인질들이 보일 적대감에 대비해야 하는데 이것은 스톡홀름에서 일어난 사건과 그 이후에 일어난 사건들에서 매우 공공연히 보여 왔다.

스톡홀름 증후군의 위력은 인질 상황이 일어나는 환경에 따라 매우 다양할 수 있는데 때에 따라서 그것은 물론 매우 강할 수 있다. 오랜 시간 동안 인질로 갇혀 있었던 사람들은 스톡홀름 증후군 때문에 그들이 평소에 그럴 수 있으리라 생각했던 것보다 훨씬 더 많이 인질범에게 협조적이었다는 것을 알게 되었고 많은 사람들은 인질범

---

8) *Ibid.*, p. 43.

에 대한 애정을 갖기도 했다는 것이 알려졌다. 그러나 때때로 그 위력은 이보다 훨씬 클 수 있다. 그러나 도대체 어떻게 위력적이라는 것인가?

최근 어느 고층건물에서 발생한 오래 지속된 인질상황에 참여했던 한 특공작전팀 요원은 "물론 우리는 감시요원과 저격요원을 길 건너편 건물의 옥상에 배치했다. 우리가 거기 있은 지 오래된 후 인질범은 마침내 협상자에게 말하기를 그에게 조금의 시간을 주면 밖으로 나와 항복하겠다고 했다. 그와 인질은 분명히 우리가 길 건너편에서 쌍안경으로 그들을 보고 있었다는 것을 알지 못했다. 왜냐하면 그 둘 모두 옷을 벗더니 바닥에 누워서 서로 사랑을 나누었기 때문이다"라고 말했다.

V. 인질상황에서의 생존 지침

대부분의 인질상황에서 인질들은 그들이 민감한 사람이어서 인질범이 처해 있는 곤경에 대해 걱정하는 사람이라 느낀다면, 보통 인질범의 공격적인 태도가 감소할 수 있으나 언제나 그런 것은 아니다. 사실은 많은 부분이 인질범의 성격에 달려 있다. 그는 타인에 대한 긍정적인 감정을 가질 수 있어야 한다. 그럼에도 불구하고 어떤 범죄자인 인질범은 반사회적인 성격을 지니고 있고 이러한 사람들은 감정적인 유대관계를 맺을 수 없다는 것이 알려졌다. 미국 정신분석학협회는 개인이나 조직, 혹은 사회적 가치에 의미있는 성실성을 갖는 것이 불가능한 사람을 반사회적 성격을 지닌 사람이라 정의하고 있다. 이러한 사람들은 대단히 이기적이며, 무감각하고, 책임감이 없으며, 충동적이고, 죄의식을 느끼지 못하거나 경험이나 형벌을 알지도 못한다. 그러나 다행히도 반사회적인 성격을 지닌 사람들은 또한 매우 자기 중심적이고 보통 인질에게 해를 입히는 것이 그들 자신의 최상의 이익에 도움이 되지는 않을 것이라는 것을 알고 있다. 그러나 여전히 반사회적 성격을 지닌 인질범에 의한 사건들에서 종종 경찰은 격렬한 행동을 취할 수밖에 없는 상황이 벌어진다.

반사회적 성격을 가진 인질범에 의한 인질사건을 해결하기 위한 마지막 수단으로서, 그리고 스톡홀름 증후군이 생기지 않은 사건과 협상자가 인질들의 안전을 더 이상 보장할 수 없다고 느끼는 상황에서 특공작전팀에 의한 돌격공격이 명령될 수 있다. 그들의 재빠르고 결단력 있는 공격을 보호하기 위해 특공작전팀의 요원들은 연막

탄, 최루탄, 진탕수류탄충격으로 기절시키는 수류탄들의 장치와 그리고 또 "섬광을 내며 터지는" 장치를 사용하는데 이 수류탄들은 많은 빛과 소음을 내며 주위 사람들을 산만하게 만들지만 거의 해를 끼치지 않는다.[9]

돌격공격을 하는 동안 특공작전팀의 요원들은 보통 무장 저항에 대비해서 그들의 일반적 무기에 추가하여 어떤 종류의 속사형 자동화기를 지니며 소음기가 달린 무기를 사용한다. 이러한 장비들은 고층빌딩의 돌격공격시에 아주 효과적인 것으로 알려져 있다. 한 층에 있는 인질범이나 테러범들은 다른 층에 있는 한 패들이 알아채지 못하는 사이에 무장해제 당할 수 있다. 그러나 그들의 무기와는 상관없이 특공작전팀의 요원들은 팀장이 만들어낸 계획에 따라 인질이 잡혀 있는 곳에 돌격공격을 가한다. 보통 그들은 인질들을 놀라게 하고 이어 필요한 모든 수단을 동원하여 그들을 무장해제할 의도로 창문을 깨거나 문을 박차고 뛰어든다. 이것이 인질들에게는 매우 놀랍고 공포스런 순간이 될 수도 있다. 인질범에 의한 어떠한 저항이라도 경찰들은 총을 발사할 것이다. 경찰이 공격을 시작했다는 것을 알아채자마자 인질들은 즉시 바닥에 엎드려야 하고 공격이 끝날 때까지 그런 상태에 있어야 한다. 물론 특공작전팀에 의한 사상자에 대해 전국적인 통계가 있는 것은 아니지만, 그런 사건은 일어난다. 아티카 감옥에서의 인질사건 때 죄수들에 의해 죄수복을 입도록 강요된 많은 간수들이 실수로 죽음을 당하기도 했다. 그러므로 바닥에 엎드려 자신이 인질범이 아니며 어떠한 저항도 하지 않는다는 것을 보여주는 것이 중요하다.

그러나 경찰이 어떻게 인질상황을 끝내는 가에 상관없이, 협상을 통해서건 무장공격을 통해서건, 인질들에게 있어 가장 중요한 일은 사건이 끝날 때까지 살아남는 것이다. 다행히도 몇가지 생존지침이 있는데 이것은 과거의 인질사건에서 인질들에게 효용이 있었으며 구출될 때까지 살아남을 수 있도록 해주었다. 특공작전팀 요원들과 인질협상자는 다음과 같이 행동하도록 권한다.[10]

1. 어떤 인질상황에서도 처음 반 시간이 가장 위험하다. 인질범은 이 시간 동안 극도로 긴장되어 있고 또 염려하고 있어, 자극을 받거나 놀란다면 무력을 행사할 수

9) 프랑스 과학전문지인 〈시엉스 에 비(science et vie)〉 최근호에서는 테러방지를 위한 비살상용 하이테크 무기로서 야간 투시경, 중저출력 레이저, 비침투성 음향탄, 저출력 저주파 등을 소개하고 있다. 문화일보, 1995년 5월 16일자 참조.

10) Robert L. Snow, *op cit.*, pp. 105~107.

도 있다. 절대로 갑작스럽게 움직이지 말고 또 아주 분명한 위험상태가 아니고서는 인질범들에게 저항하지 말아야 한다. 인질상황이 협상단계로 안정이 되기까지 인질에 대한 신체적 위험은 상당히 크다.

2. 사건이 진행되는 동안 할 수 있는 한 최대로 침착해야 한다. 인질범은 보통 매우 불안해 하고 따라서 쉽게 화를 내거나 분노를 표현한다. 신경질적인 인질은 종종 인질범이 폭력적인 행동을 하도록 한다.

3. 인질범이 시키는 대로 정확히 따라야 한다. 호전적이거나 비협조적이면 위험하고 때에 따라서는 치명적일 수도 있다.

4. 특히 인질사건의 초기 단계에는 인질범이 말을 시키기 전에 말을 하지 말고, 어떠한 상황에서도 인질범의 행동에 대해 논쟁하거나 그의 실수나 단점을 지적해선 안된다. 어떤 것도 인질이 그에게 그가 얼마나 멍청한지에 대해 말하는 것만큼 인질범을 화나게 하는 일은 없다. 인질범은 그가 완벽한 통제하에 있다는 것을 느끼고 싶어 한다. 그러나 만일 나중에 인질범이 이야기 하고 싶어 하는 것 같으면 말해도 된다. 그러나 긍정적이고 미래에 대한 이야기를 하라. 인질범의 상황에 대해 관심을 보이는 것도 좋다.

5. 만일 아프거나 약이 필요하면 인질범에게 말하라. 많은 인질범은 아픈 인질에 대한 부가적인 책임을 지고 싶어 하지 않으며 인질사건이 아픈 사람에게 끼치는 영향에 대해서도 책임지고 싶어 하지 않는다. 더욱이 아픈 인질은 먼저 석방된다. 많은 사람들은 인질범들이 아픈 인질을 그냥 쏘지 않을까 걱정하기도 하지만 이런 일은 거의 일어나지 않는다. 왜냐하면 인질에 대한 어떠한 공격적인 행동에도 전통적으로 인질범에게 극단적으로 위험한 특공작전팀의 기습공격을 행하겠다는 경고를 즉각 협상자에게서 받기 때문에 이렇게 하는 것이 인질범들의 최상의 이익에 부합하지 않기 때문이다.

6. 자신이 갇혀 있는 장소의 피신처와 방어처, 그리고 인질범들의 기재와 무기에 관심을 기울이라. 이러한 정보는 당신이 다른 인질들보다 먼저 석방되었을 때에 다른 인질들을 성공적으로 구출하는 데에 필수적이다. 그러나 인질범을 보지는 말아라. 그들은 대부분 극단적으로 긴장해 있고 불안해 하며 그들을 쳐다보는 것이 그들을 자극하여 당신에게 공격적으로 행동하도록 할지도 모른다.

7. 경찰에게 알려지지 않은 곳에서 인질로 잡혀 있거나 차로 이동하고 있다면 인

질범들이 지우는 것을 생각하지 못할 장소에 지문을 남기거나 귀걸이나 넥타이 고정핀 같은 개인 소지품을 떨어뜨리도록 노력하라. 냄새바다, 공장 등, 소리철길, 배 등, 경치안으로 들어올 때, 문이 열릴 때 등 등을 잘 기억해 두면 당신이 다른 인질들보다 먼저 석방되었을 때 경찰들을 그 장소로 다시 인도할 수 있기 때문이다.

8. 창문이나 문에서 멀리 떨어져 있어야 한다. 그곳으로는 기습공격시에 경찰이 그곳으로 들어오거나 총을 쏠 수가 있기 때문이다. 그리고 한번 경찰의 기습공격이 시작되면 바닥에 엎드린 상태로 머물러야 한다.

9. 구출될 가능성에 대한 믿음을 버리지 말아야 한다. 지난 수십년간 경찰들은 폭력을 동원하지 않고도 인질상황을 해결하는 능력에 있어 매우 섬세해졌다. 비록 때때로 무장 기습공격이 필요하지만 이런 사건들의 대부분은 인질들은 해를 입지 않고 평화적으로 해결되었다.

인질 자신이 탈출하는 것은 극도로 위험하기 때문에 이상의 정보에는 그것에 대한 조언을 싣지 않았다. 그러나 의심할 여지없이 인질이 탈출을 시도해야 할 순간이 있다. 특히 죽음이나 분명한 위험이 닥쳤을 때가 그러하다. 그러나 이러한 결정은 상황이 돌아가는 것과 이 상황이 완전히 성공할 수 있는지실패하면 심각하거나 치명적인 결과를 초래하기 쉽다에 기초해야 한다. 더욱이 인질은 탈출하면 남은 인질들을 위험에 빠뜨릴 수 있는지에 대해 생각해 보아야 한다. 인질상황에 대해 알고 있는 사람들은 인질 자신이 탈출해야 하는지에 대해 의견일치를 보지 못하고 있다. 어떤 사람들은 두세 시간 정도 된 인질상황에서는 인질이 해를 입지 않고 탈출할 가능성보다 경찰에 의해 탈없이 석방될 가능성이 더 높다는 점을 지적한다. 그러나 다른 사람들은 기회가 있을 때 탈출하지 못한 인질들은 누구나 보통 불안정하고 의심할 여지없이 위험한 사람의 변덕과 자비에 자신을 맡기는 것이라고 경고했다. 결정은 현재 상황의 전개에 기초하여 각기 개인이 내려야 할 것이다.

Ⅵ. 인질이 되지 않기 위한 예방책

앞에서 말한 모든 사항들이 인질상황에서 해를 입지 않고 살아남을 확률이 증가하는 데 귀중한 정보이긴 하지만 아예 인질로 잡히지 않으면 더욱 더 안전할 것이다. 그러나 인질상황은, 특히 가정에서의 불화에 기인한 경우는 너무도 빠르고 기습적으로 발생하기 때문에 누구도 그런 일이 벌어질 것이라는 것을, 심지어 인질범 자신도 알지 못한다.

그러나 여전히 인질이 되는 것을 막는, 특히 전문적인 인질범에 의한 희생양이 되지 않도록 하기 위해서는 다음과 같은 몇가지 상식적인 예방책이 있다.[11)]

1. 외국여행을 하기 전에 그곳의 정치상황에 대해 사전 지식을 가져야 한다. 정부에서 발행하는 어떤 여행정보도 심각하게 고려해야 한다.

2. 만일 위험스런 지역으로 여행을 해야 한다면 여행을 하는 날짜에 주의하라. 국경일에 그곳에 여행하려고 해선 안 된다. 왜냐하면 테러범들은 보통 그런 날에 행동을 취하기 때문이다.

3. 많이 정차하는 국제 항공은 피해야 한다. 각기의 공항은 테러범이 탑승할 기회가 되기 때문이다.

4. 번쩍이는 보석을 걸치거나 일등석으로 여행하면 많은 테러범들이 적대시하는 계급으로 인식한다.

5. 외국에 있을 때는 호젓한 곳이나 외딴 곳에 있는 사람을 당신이 그를 잘 알기 전에 만나서는 안 된다. 이런 일은 국내에 있더라도 하지 않기를 바란다.

많은 사람들에게는 자신이 인질로 잡히는 것보다도 더 나쁜 상황이 있을 것이다. 아마도 그것은 자신이 사랑하는 사람이 인질로 잡히는 것일 것이다. 사랑하는 사람에게 무슨 일이 일어났는지를 모르는 데서 오는 초조감과 절망감은 마음을 아프게 한다. 그러나 사랑하는 사람이 최종적으로 안전하게 돌아오는 것을 돕기 위해 당신이 할 수 있는 다음과 같은 일이 있다.[12)]

1. 인질이나 인질범에 의한 전화를 받으면 말한 모든 것을 받아 적고 시간을 적어라. 전화자의 목소리에서 다른 억양이나 특이한 점을 주의깊게 살피고 목소리 이외

---

11) *Ibid.*, p. 108.
12) *Ibid.*, p. 109.

에 들리는 소리를 주의깊게 들어라. 그러면 전화가 걸려온 장소를 알 수 있다. 인질범이 무슨 말을 하든 경찰에게 즉시 알려야 한다.

2. 인질이나 인질범에게서 온 서한은 가능한 한 조금 만져야 한다. 종이에서 지문을 채취할 수 있다.

3. 인질이 가지고 있는 건강에서의 어떤 상황이나 문제들을 경찰에게 알려 그들이 인질범에게 이 정보를 알려야 한다.

4. 경찰에게 인질의 최근 사진을 주어라. 만일 경찰이 그곳을 기습공격을 하게 된다면 그를 인질범과 혼동하는 일이 없도록 하는 생명의 구원자가 될 수 있다.

인질에게 줄 수 있는 최상의 조언은 침착해야 하고 협조적이어야 하며 가능한 모든 상황에서 관심과 인간성을 보여야 한다. 그러나 이 모든 것보다도 구출될 가능성에 대한 신념을 잃어서는 안 된다.

제 4 편

대테러정책

16. 테러발생시 경찰과 유관기관의 협력관계

17. 테러사건과 Media

18. 테러사건의 수사를 위한 대테러기관의 역할

19. 테러사건의 효과적인 대응을 위한 전술팀과 협상팀의 역할과 정보

20. 서유럽국가에서의 테러에 대한 대응정책

21. 영국 테러방지법의 성격과 적용

22. 한국에서의 테러발생 가능성과 대처방안

23. 대규모 국제행사에 대한 대테러방안

24. 주요 선진국의 대테러정책 조명

테러발생시 경찰과 유관기관의 협력관계

Ⅰ. 서　론

자유민주주의국가에 있어서 국민의 생명과 재산의 보호 및 공공질서의 유지를 위하여 국가가 감당해야 할 책임은 국가가 국민에 대하여 지는 어느 책임보다 우선한다. 국가가 국민의 생명과 재산을 보호하고 사회질서를 유지할 책임을 진다는 것은 곧 범죄 혹은 사회적 무질서로 인한 피해로부터 국민 대다수를 보호해야 함을 의미한다. 국가가 국민 대다수의 안전을 위하여 범죄를 예방·진압하고 질서를 바로 잡고자 할 때 그 대상이 일반적 형사범 내지 경범으로 제한된다면 각급 법집행기관들이 각기 정해진 관할 구역 내에서 서로 독립적으로 충실하게 주어진 업무를 수행하면서 타기관과의 협조가 필요한 경우에는 그때그때 적절한 협력관계를 유지하는 것만으로도 어느 정도 실효를 거둘 수 있을 것이다.

그러나 치안활동의 대상에 "테러"라고 하는 특수한 범죄를 포함하게 되면 이에 대한 예방 및 진압의 문제는 한층 고차원적 관점에서 다루어질 것이 요구된다. 즉 테러로 인한 피해는 상상을 넘어설 정도에 이른다는 점, 테러범죄는 범행의 장소 및 대상의 예측이 거의 불가능하다는 점, 그리고 테러범의 인격구조는 영웅심에 도취된 광신적 일면을 지닌다는 점 등은 테러에 관한 사항이 특정한 1~2개의 국가기관에게만 맡겨질 문제가 아니라는 사실을 제시해주며, 아울러 세계도처에서 끊임없이 발생되고 있는 실제의 테러사례들은 국가적 차원에서 필요한 모든 기관이 참여하는 대테러 마스터플랜이 확립되어야 할 필요성을 더욱 강조하고 있다.

미국의 경우 「카터」 대통령 재임시인 1979년에 이미 연방정부차원에서의 대테러활동능력을 재평가하기에 이르렀다. 그리하여 국가안보회의National Security Council의 주관하에 대테러활동을 위한 영속적인 정책개발에 주력하면서 구체적 사례에 직면하여 이를 진압할 수 있는 능력의 개발을 위하여 종합적인 연구를 수행하였다. 연구의 결과 테러공격의 위협을 극복하기 위해서는 실제의 상황에 임하여 국가적 차원에서 필요한 모든 자원을 규합할 수 있게 하는 대테러프로그램의 필요성이 더욱 강조되기에 이르렀다. 따라서 연방정부에서는 정부자체가 지니는 대테러활동능력을 여러 관련기관의 그것과 연계시켜 대테러 마스터플랜을 작성하기에 이르렀던 바, 국내에서 발생하는 테러사건에 대해서는 법무성을 주축으로 한 프로그램을, 그리고 해외에서 미국인 및 그들의 재산을 대상으로 발생하는 사건에 대해서는 국무성을 중심으로 한 프로그램이 만들어지게 되었다.[1] 프로그램을 운용함에 있어 지휘·통솔체제를 명백히 하였음은 물론 사건현장에서의 작전과정이 즉시 정책결정권자에게 보고될 수 있게 함으로써 능률의 극대화를 도모하였다. 이때 만들어진 마스터플랜은 네 가지 측면에 대하여 중점이 두어졌는데 이들을 소개하면 다음과 같다.[2]

첫째 대응(Reaction) - 실제의 범행발생시 대테러작전 수행

둘째 저지(Deterrence) - 테러범의 기소 혹은 국가적 및 개인적 차원에서의 안전대책 강구

셋째 예방(Prevention) - 테러집단을 묵인하거나 배후에서 지원하는 타 국가에 대한 제재

넷째 예견(Prediction) - 정보수집을 통한 사전 예측

미국정부의 대테러활동능력개발과정에서 합의된 또 다른 내용은 국가안보회의의 특별조정위원회 내 대테러집행위원회ECCT 및 대테러실행위원회WGCT를 설치하는 것이었다. 이들 두 위원회의 주요 임무는 테러에 대한 정부차원의 정책을 개발하는 동시에 구체적 사건의 발생시에는 관련부처들간의 협력이 용이하도록 사전에 적절한 장치를 마련하는 것이었다.[3]

미국의 경우 연방정부차원에서의 대테러 마스터플랜이 나온 이래 테러저지부문에서 상당한 성과를 거두고 있는 것으로 평가되고 있다.

이상의 사실로 미루어 보더라도 대테러활동이라고 하는 것은 국가기관이거나 민간기관이거나를 불문하고 필요한 모든 기관을 망라하여 이들 기관들이 서로 유기적인 관련을 가지면서 "테러타도"라는 공동목표를 위하여 능률적인 협력체제를 유지하는 차원에서 수행될 필요가 있음을 알 수 있다.

따라서 국내에서 테러가 발생했을 때 이를 효율적으로 진압하기 위해서는 경찰조

1) M. Fooner, "Vulnerable Society-Crisis in Technology, Terror and Victimization." *Police Chief*, Vol. 41, February 1974, p. 26.

2) Brian Crozier, *Transnational Terrorism*. Gaithersburg, MD: International Association of Chiefs of Police, 1974, p. 35.

3) Robert B. Sample, Jr., "Police Toughening Anti-Terrorist Tactics," *New York Times*, Dec. 25, 1975, p. 1

직을 중심으로 한 관련기관 상호간 협력체제의 확립이 필수요건이기 때문에 테러 발생시 경찰과 가장 밀접한 관련을 갖는 기관과의 상호협력이 무엇보다 중요하다.

Ⅱ. 기관상호간의 협력

1. 대테러센터와의 협력

경찰서 상호간에 긴밀한 협조관계를 유지하는 것만으로는 장비와 전문요원의 부족에서 오는 한계가 있을 것이다. 그러나 그러한 한계는 전국을 관할하는 경찰청 대테러센터와의 사이에 상호협력체제를 강구함으로써 어느 정도 극복될 수 있을 것이다. 경찰청 대테러센터가 대테러활동에 참여하여 상호간 지원체제를 확립하는 과정에서는 다음과 같은 사항들이 고려되어야 할 것이다.

첫째 대테러작전수행시 명령체계의 명백화
둘째 작전수행에 동원될 전문부서 지정
셋째 위탁교육에 관한 사항
넷째 자문기능에 관한 사항
다섯째 정보 및 자료의 제공

단위별 경찰서와 대테러센터 사이에 대테러협력체제를 확립하는 과정에서 고려되어야 할 문제들은 경찰서 상호간에 있어서의 그것과 대동소이하다고 볼 수도 있을 것이다. 그러나 전국관할기관과의 협조체제는 대테러활동에 필요한 전문요원을 양성한다거나 대테러활동에 필요한 정보를 수집하여 전파하는 문제에 있어서 특히 그 필요성이 강조되는 것이므로 두 기관 상호간의 협력체제가 지니는 성격은 경찰서 상호간의 그것과는 다른 것으로 이해하여야 할 것이다. 즉 전국관할기관과의 협조관계에서 “상호협력”이라기보다는 일방적 지원체제의 성격이 더 강하게 내포되어 있다고 보아야 할 것이다.

2. 군과의 협력

계엄체제를 유지하는 몇몇 국가를 제외하고는 법률적으로 일반적 법집행활동에 군의 개입을 허용하는 국가는 존재하지 않는다. 따라서 테러발생으로 인하여 선량한 시민 다수가 피해를 입고 사회적 혼란과 불안이 조성된 경우라 할지라도 이의 진압을 위하여 군이 동원되는 일은 원칙적으로 허용되어서는 안 된다. 그러나 사건의 규모가 경찰을 비롯한 각급 법집행기관의 능력으로는 감당해 낼 수 없을 정도에 이른 경우에는 마지막 보루로서 당연히 정규군의 개입이 허용되어야 할 것이므로 이러한 경우에 대비한 사전조치의 필요성을 간과해서는 안 된다. 대테러활동에 정규군이 참여하는 경우에 대비하기 위해서는 정부기관 상호간의 협력체제를 확립하는 과정에서 고려해야 할 사항들보다 한층 더 구체적인 측면까지 고려를 해야 할 것이다. 그 가운데 중요한 것을 들어보면 대략 다음의 8가지로 요약된다.[4)]

첫째 전략적 군사지원에 관한 법률적 한계의 이해 및 정규군의 지원요청에 필요한 요건과 절차의 확립

둘째 전략적 지원인원 혹은 장비의 규모와 내용 명시

셋째 지원을 위하여 동원된 병력의 권한 및 지휘권에 관한 사항

넷째 군·경 합동작전시 상호임무에 관한 사항

다섯째 동원병력의 침식 및 보급에 관한 사항

여섯째 동원병력의 철수에 관한 사항

일곱째 특수장비 및 교육시설지원에 관한 사항

여덟째 정보 및 자료의 제공에 관한 상호의무 규정

테러의 진압에 필요한 인원과 장비를 확보하기 위한 수단으로서 정규군의 개입이 최후의 마지막 방안이어야 하는 이유는 여러 가지로 설명될 수 있겠으나 그 중 몇 가지를 들어보면 아래와 같다.

---

4) R. Higham, ed., *Bayonets in the Streets: The Use of Troops in Civil Disturbances*, Lawrence, Kansas: University of Kansas Press, 1969.

첫째 경찰능력에 대한 평가절하

둘째 시민의 불안의식 조장

셋째 군주둔지역의 제한에서 오는 부대이동의 제한성

3. 외국경찰기관과의 협력

대테러활동의 수행에 있어서 외국경찰과의 협조문제가 차지하는 중요성은 다음과 같은 두 가지 사실로부터 쉽게 이해가 된다. 우선 테러범행을 실행하는 자들은 세계도처를 범행의 무대로 삼는다는 사실에서 외국경찰기관의 협조를 얻어 외국에 근거지를 둔 테러집단이나 테러용의자전과자포함 명부를 입수해서 이를 토대로 사전예방활동을 전개한다면 그 능률성이 보다 확실해질 것이다.

다음으로 대테러활동부문에 있어 풍부한 경험을 가지고 성공적으로 임무를 수행하는 외국 경찰의 사례를 연구하여 주어진 여건에 맞도록 프로그램 및 장비 등을 도입하여 활용한다면 보다 실효성 있는 대테러활동을 수행할 수 있을 것이다. 여기서 대테러활동을 목적으로 한 외국경찰기관과의 협력체제 유지와 관련하여 교류의 필요성이 있는 사항을 들어보면 다음과 같다.[5)]

첫째 테러집단 및 그 구성원의 인적 사항

둘째 테러범행을 암시하는 준비진행 혹은 동향에 관한 정보

셋째 테러집단 상호간 혹은 특정테러집단과 다른 단체와의 관계

넷째 테러집단이 소지하고 있는 화기의 종류 및 성능, 상호통신연락체제, 범행대상의 선택경향 등에 관한 정보

다섯째 대테러활동에 관한 각종 기술 및 장비에 관한 정보, 즉 신형화기와 폭발물에 관한 정보, 협상기술에 관한 정보 및 테러관련 연구자료 등

여섯째 대테러활동에 관한 기록, 즉 작전일지, 보고서, 기록사진, 인터뷰기록 등

일곱째 전문요원의 교류, 즉 대테러작전수행시 전문가 파견 및 장기적 교류 계획에 기반을 둔 정기적 상호왕래

---

5) Al. Arab Khashaf, *Terrorism, American Style*, Gaithersburg, Md.: International Association of Chief of Police, 1974, p. 112.

그러나 테러리즘의 추세에 관한 정보나 기타 대테러활동에 필요한 기술을 외국의 경찰기관으로부터 입수하는 문제에는 보안유지의 필요성에서 오는 어쩔 수 없는 한계가 있을 것이다.

Ⅲ. 민간경비부문의 참여

우리나라에 있어서 민간경비산업이 아직 정착단계에 이르지 못하고 있다. 민간경비부문은 아직 그 역사가 보잘 것 없을 뿐만 아니라 거기에 종사하는 인원 역시 질적으로나 양적으로 경찰의 주요 협력파트너로서 역할을 수행할 정도에 미치지 못하고 있다. 그러나 몇몇 선진국의 경우, 그 중에서도 특히 미국의 경우를 보면 민간경비부문의 일원으로서 치안활동에 종사하는 인원이 오히려 정규경찰의 수를 능가할 정도에 이를 뿐만 아니라 그 내용에 있어서도 경찰의 보조기능을 충실하게 수행하고 있다. 따라서 미국의 경우에는 법집행에 관한 기획을 수립할 때 민간경비부문과의 긴밀한 협조유지가 필수적 요소로 간주되며 이와 같은 경향은 대테러활동을 위한 마스터플랜을 수립하는 과정에서 특히 두드러진다. 대테러프로그램을 운용함에 있어 민간경비부문의 역할이 중요한 이유 중의 하나는 대테러활동 중 예방적 단계에 있어서 그들의 기능이 절대적으로 필요하기 때문이다. 테러가 지니는 특성의 하나로서 범행대상의 불예측성을 드는 것이 일반적이기는 하지만 요인암살이나 시설물 파괴 등의 경우에는 어느 정도까지는 예측가능성이 있다 할 것이다. 그러나 부족한 경찰인력으로 테러의 표적이 될 만한 요인이나 시설물에 대하여 일일이 개별적인 안전대책을 강구한다는 것은 사실상 불가능하다. 따라서 스스로 테러의 위협을 강하게 느끼는 요인이나 시설물책임자의 입장에서는 경비의 부담이 따르더라도 민간경비요원을 고용하여 일정한 보수를 지불하면서 안전서비스를 제공받고 있는 경우가 많다. 이와 같은 측면을 감안하면 경찰의 대테러활동에 민간경비단체의 참여가 있어야 하는 이유가 명백해진다. 물론 민간경비요원들의 활동에는 정규경찰관에게 부여된 것만큼의 권한이 부여될 수 없는 일이기 때문에 법집행기관 상호간에 있어서의 그것과는 달리 종속관계의 범위를 벗어날 수 없다는 한계가 있기는 하다.

민간경비부문이 어느 정도 수준에 도달해 있는 경우 정규경찰과 민간경비부문 사이에 대테러활동을 위한 협력체제의 확립을 위하여 경찰의 입장에서 생각할 수 있는 사항은 다음과 같다.[6)]

첫째 민간경비단체의 장, 기업의 안전담당관 및 민간경비요원의 교육을 담당하는 기관의 장에 대하여 테러리즘의 일반적 추세에 관한 정기적 강연회 개최

둘째 위에 열거한 기관의 안전책임자에 대하여 폭발물 탐지법 및 납치예방법 등에 관한 정기적 강연회 개최

셋째 테러공격이 예상되는 시설물의 안전책임자에게 안전대책의 수립이나 안전진단 등에 관한 자문서비스 제공

넷째 민간경비부문 종사자에 대하여 테러와 관련된 정보 제공

다섯째 민간경비부문 종사자들로 하여금 경찰의 대테러 기획이나 작전수행에 적극 협력하도록 유도. 예컨대, 자신들의 보호하에 있는 요인의 활동스케줄이나 시설물의 안전대책에 관한 정보 등을 자발적으로 제출케 하며 또한 자체적으로 인지하는 테러공격의 징조를 보고하고 경찰의 요청을 접수하는 고정요원 임명

여섯째 긴급시 합동작전이 가능하도록 공동안전대책수립. 이때 고려되어야 할 사항으로는 작전시 임무의 분담 및 책임소재의 명시, 경찰개입 및 철수 요건의 명시, 합동수사 및 작전결과의 평가에 관한 내용 등이 포함되어야 할 것이다.

위에 제시한 내용을 보면 경찰의 입장에서는 민간경비부문에 대하여 가능한 한 많은 서비스를 제공해야만 필요한 반대급부를 기대할 수 있는 것처럼 보일 수도 있다. 그러나 민간경비부문이 존재할 수 있는 근거를 생각해 보면 양자의 관계가 결코 일방적 관계가 아님을 알 수 있다. 즉 민간경비부문의 주요임무는 테러를 비롯한 각종범죄의 위협으로부터 요인이나 시설물을 보호하는 것인 바, 그와 같은 임무를 충실히 수행하기 위해서는 경찰의 협조를 얻는 일이야말로 절대적 필수요건이 된다.

6) Fred Rayne, "Executive Protection and Terrorism," *Top Security*, Vol. 1, October 1975, p. 220.

Ⅳ. 정신과 전문의의 참여

테러범행의 근본원인으로서 정신병적 요소가 차지하는 비중에 대해서는 아직 설득력 있는 이론이 없는 것 같다. 따라서 정신병적 요소가 관련되어 있는 사건이 발생하였을 때 경찰이 사용하는 각종의 문제해결방법들은 모두가 실험적 단계를 넘어서지 못하고 있다.

그러나 분명한 사실은 테러사건이 일단 발생하게 되면 사건에 관여하는 모든 사람범인, 경찰관, 시민이 긴장상태에 놓이게 되며 더 나아가서는 심리적으로 압박을 받아 합리적 판단능력을 상실하는 경우가 허다하다는 것이다. 따라서 대테러작전계획을 수립함에 있어서는 그와 같은 상황을 감안하여 미리 행동원칙을 정해 둘 필요가 있는데 이때 정신과 전문의의 도움없이 경찰이 독자적으로 기획을 하거나 의사결정을 내린다면 포괄적인 전략을 기대할 수 없다. 대테러활동계획의 수립과정에 정신과 전문의의 참여가 요구되는 범위와 내용은 다음과 같다.[7)]

첫째 경찰교육에의 참여. 교육과정에의 참여는 교과과정의 선택에서부터 실제적 강의단계까지를 포함한다.

둘째 테러발생개연성 분석에의 참여. 테러가 발생할 가능성이 어느 정도인가를 분석하는 단계에 관여하여 범죄심리에 관한 전문지식을 제공한다.

셋째 용의자와의 협상에 참여. 협상에 참여한다 함은 협상을 담당한 경찰관에게 협상에 필요한 조언을 하거나 직접 협상을 중재함을 의미한다.

넷째 협상결과 분석에의 참여. 정신과 전문의는 협상결과를 분석하는 과정에 참여하여 협상과정에서 드러난 범인의 심리상태에 대하여 의견을 피력하기도 하고 범인의 심리상태 파악에 활용된 기술이 성공적 효과를 거두었는지의 여부를 평가하기도 한다.

다섯째 테러연구에의 참여. 유능한 정신과전문의들이 테러범의 심리상태연구에 관심을 기울이도록 하려면 그들로 하여금 경찰의 기록을 자유로이 열람할 수 있도록 조치를 취할 필요가 있을 것이다.

---

7) Albert J. Glass, "The Psychological Aspects of Emergency Situations," *Police*, June, 1972, p. 18.

대테러협력체제의 구축에 정신과전문의의 참여가 필요하다는 사실은 누구도 부인하지 않을 것이다. 그러나 참여의 대상은 어디까지나 범죄심리학분야 혹은 경찰활동분야에서 충분히 경험을 쌓은 사람으로 제한해야 할 것이다.

Ⅴ. News Media와의 협력

테러사건이 발생하게 되면 이는 훌륭한 정보자료가 되며 따라서 News Media들은 서로 앞을 다투며 보도경쟁을 벌인다. 대부분의 사람들은 테러 분자들이 노리는 것은 표면적 요구사항의 관철이 아니라 전파효과publicity 그 자체라고 믿고 있다. 그러한 견해를 따르는 입장에서 보면 Media의 경쟁적 보도자세는 테러범들의 범행을 적극 지원하는 결과를 가져오는 동시에 제2, 제3의 유사범죄를 유발시키는 원인으로 작용한다고 생각될 것이다.

그러나 견해를 달리하는 입장에서는 보도의 공정성이 유지되는 한 Media의 보도경쟁은 오히려 시민들의 대테러의식을 진작시킴으로써 스스로 대테러안전책을 강구하게 할 뿐만 아니라 국가적 차원에서의 대테러활동을 용이하게 하는 결과를 가져온다고 주장한다.[8)] 이와 같은 주장을 인정하는 입장에서 보면 Media의 보도를 무조건 통제한다거나 자체적으로 보도를 억제하도록 유도하는 처사는 대테러활동의 성공적 수행을 방해하는 행위로 간주될 것이다.

경찰에게는 Media의 보도를 통제할 수 있는 권한이 주어져 있지도 않으며, 실제로 Media를 통제할 능력도 없다는 점을 감안하면 서로 대립관계에 놓인 두 견해 중 어느 쪽이 타당하든 문제삼을 일이 아닐 수도 있다. 그러나 일단 상황이 발생하여 성공적으로 진압작전을 수행해야 하는 경찰의 입장에서는 Media에 의한 필요 이상의 보도가 작전을 방해하게 될 수도 있으므로 필요한 최소한의 보도만을 기대하는 것이 당연할 것이다.

따라서 경찰의 이와 같은 기대가 Media의 보도에 반영되기 위해서는 경찰 스스로가 평상시 능동적 행동을 취함으로써 Media 종사자들과의 관계를 개선해 둘 필요

8) Rodney Ford, "The Broadcasters Viewpoint in Civil Disorders and Riots," Police Chief, Vol. 3, April 1969, p. 32

가 있는바, 이러한 목적을 위한 방안을 제시해 보면 다음과 같다.[9]

첫째 테러와 관련한 상식적 보도의 장려

둘째 테러사건의 보도에 앞서 Media 스스로가 전문적 견해를 가질 수 있도록 적극 지원

셋째 Media 보도의 내용, 경찰의 임무수행능력, 경찰과 Media의 관계 등에 관하여 상호 의견을 교환할 수 있는 정기적 모임 개최

넷째 테러발생시 경찰이 수집한 정보가 신속하고도 정확하게 Media에 전달될 수 있도록 필요한 수단 및 절차 마련

Ⅵ. 결 론

국내에서 일반테러사건이 발생했을 때 경찰이 중심이 되어 모든 관련기관이 참여하는 협력체제가 구축되어야 비로소 실효를 거둘 수 있는 것이다. 따라서 여기에서는 경찰의 입장에서 보아 특히 상호협력 체제를 확립할 필요가 있다고 생각되는 기관들을 제시하고 해당기관과 협력 체제를 구축하는 데 있어 필요한 조치들을 소개하였다.

그런데 우리나라는 대통령훈령 제28호에 의거 북한의 대남침투공작에 효율적으로 대처해 왔으나 국제적인 테러활동이 심화되고 이에 대처하기에는 미흡하여 대통령훈령 제47호 국가대테러활동지침을 마련하였다. 이에 따라 국무총리를 의장으로 하는 테러대책회의를 설치하였으며 그 밑에 테러대책상임위원회를 두었고, 관계부처는 테러가 발생하거나 발생이 예상되는 경우 테러사건대책본부를 설치 운영한다.

그러나 국내에서 테러가 발생했을 경우 대부분 경찰을 중심으로 작전이 수행되기 때문에 경찰을 중심으로 한 대테러활동능력을 개발해야 할 것이다.

따라서 구체적인 사건이 발생했을 때 관련부처간의 상호협력이 용이하도록 사전에 적절한 장치를 마련하는 것이 무엇보다 중요하다.

---

9) American Bar Association, Standards for the Urban Police Function, Chicago: American Bar Association, 1973.

테러사건과 Media

Ⅰ. 서 론

Media는 현대산업사회에 없어서는 안 될 의사소통의 매개기능을 담당한다. Media는 사회적 필요의 일부인 동시에 사회에 에너지를 불어 넣는다. 그리고 전자기술이 지속적으로 발전함에 따라 대중전달의 속도와 그 지정학적 대상영역은 계속해서 확대되고 있다.

1960년대 이후 테러-폭력사건의 증가가 과학기술의 혁신과 보조를 같이 해 왔다는 점에서 보면 Terrorism과 Media의 관계는 공존공생Symbiotic의 관계에 있는 것 같다. 바꾸어 말해서 테러리즘을 추구하는 범죄자들은 자신들의 공포유발 목적을 달성하기 위하여 Media에 의존을 하며, 반대로 Media는 그와 같은 사건들을 가치있는 뉴스거리로 활용을 한다.

Terrorism이 반정부주의자들에 의하여 저질러지는 행위냐 아니면 국가의 지원을 받아서 저질러지는 행위냐의 문제와 관계없이, Terrorism이라고 하는 것은 어느 경우든 Media를 하나의 도구로 활용하는 것 같다. 상식의 선에서 본다면 국가를 배후로 하는 테러리즘의 경우에는 강압적인 폭력이 Media에 노출되는 것을 금지시키는 편이 언제나 유리한 것처럼 보인다. 따라서 고문, 임의적인 체포, 감금 등과 같이 국가의 지원을 받아 저질러지는 인권침해사례에 있어서는 국가가 그러한 뉴스가 전파되는 것을 방지하는 일에 전력을 기울이기도 한다. 그런가 하면 1979년 11월 테헤란에서 있었던 이란 인들의 미대사관 점거사건과 같은 경우에는, 범인들이 자기네들의 범행을 유발한 근본원인에 대하여 세계가 주목해 줄 것을 호소했었다.

테러행위를 자행하는 자들은 최대한의 선전효과Publicity를 얻기 위하여 자신들의 불만을 가능한 한 널리 알리려 한다. 테러는 약한 자들의 무기이다. 그것은 그 수가 너무 작거나 혹은 힘이 부족하여 합법적 절차에 의해 가지고는 추구하는 바의 목표를 달성할 수 없는 사람들이 사용하는 투쟁방식이다. Media의 발달은 그러한 자들에게 순식간에 강력한 존재로 부각할 수 있는 장치를 제공해 줌으로써 테러리즘을 적은 노력으로 사회·정치적 변화를 성취할 수 있는 메커니즘으로 만들어 놓았다.

일반적으로 Media는 다음과 같은 기본기능을 가진다.[1)]

---

1) M. Cherif Bassiouni, Terrorism, Law Enforcement and the Mass Media : Perspectives Pro-

1. 정보제공Informational: 보다 많은 사람들에게 뉴스거리가 된 사건의 흐름을 제공한다.

2. 판단의 기준제공Judgemental: 일반대중에게 정보를 해석하는 데 필요한 판단의 기준을 제공한다.

3. 교육기능Educational: 사회적 목표와 가치를 정의하거나 명확히 함으로써 한 세대로부터 다음 세대로 문화적 유산을 전달한다.

4. 상호작용적 기능Interactional: 개인이나 집단의 판단이 형성될 수 있고 또한 견해가 교환될 수 있는 기초를 제공한다.

5. 오락기능Entertainment: 오락물이나 긴장해소물을 제공한다.

Media의 기능과 관련하여 자주 거론되는 문제 중의 하나가 보도의 공정성에 관한 것이다. 아무리 보도의 공정성이 보장된다 하더라도 거기에는 만성적인 문제점들이 존재한다. 비록 많은 문헌들이 테러와 Media의 관계에 대하여 관심을 보여주고 있지만 누구나가 수긍할 수 있는 연구결과는 아직 나오지 못하고 있는 것 같다. 따라서 여기에서는 테러사건에 대한 Media의 보도로 인해 생겨나는 몇 가지 문제점들을 이해하는 데 한정하고자 한다. 또한 신문이나 잡지 등의 인쇄 매개물보다는 TV나 라디오 등의 방송매체와 Terrorism의 관계에서 생기는 문제점을 분석하는 것으로 그 범위를 제한키로 한다.

Ⅱ. 테러범과 Media와의 관계

테러리즘의 정의에는 심리적 요소가 다분히 함축되어 있다. 테러에 의한 폭력은 실제로 일어난 손상을 능가하는 심리적 효과를 창출해낸다. 폭력행위 그 자체만 가지고는 테러범들의 목표달성이 제한적일 수밖에 없다. 그러므로 테러범들은 가능한 한 널리 자신들의 행동을 전파시킴으로써 행위의 효과를 극대화하려 한다. 즉 그들은 자신들이 의도하는 사회·정치적 Message를 전파시키기 위하여 Media에 의존한다.

---

blems Proposals, in *Journal of Criminal Law and Criminology*, Northwestern University School of Law, Vol. 72, No. 1, 1981, p. 14.

테러리즘은 대개 아래에서 제시한 3단계를 거쳐 실행된다. Media는 그 각각의 단계에 있어 중요한 역할을 담당하게 되며 제2단계에 있어서의 그것이 특히 문제가 된다.[2)]

제1단계: 전술적 단계로서 적절한 목표물에 대하여 공격을 가한다.

제2단계: 전략적 단계로서 Media를 이용하여 불평 혹은 공포유발효과를 확산시킨다.

제3단계: 마지막 단계로서 기대하는 바를 성취한다.

Terrorism의 공식은 현저하게 가시적인 목표물을 극적으로 공격하여제1단계, Media의 주목을 받음으로써제2단계, Media 조장효과를 극대화하는 것제3단계이다. 이러한 과정에서 Media는 자신도 모르는 사이에 실제로 존재하지도 않는 사회적 영향을 형상화시킴으로써 테러범들의 목표달성을 용이하게 해준다. Media를 의식하는 범인들은 단순한 전파효과를 노리는 것으로 그치지 않고 자신들의 견해를 공표할 목적을 가지고 Media라는 도구를 교묘하게 의식한다.

예컨대 테러범들은 Media를 통하여

1. 정부의 취약성 및 무능을 폭로시키려 하며
2. 신중하고도 선별적인 행동으로 폭넓게 대중의 동정을 모으려 하며
3. 일반대중을 양분시켜 급진적이 되게 하며
4. 정부를 자극하여 스스로 명예를 실추시키는 강압적 행동을 하게 하거나
5. 자신들의 행동이 영웅적인 것처럼 보이도록 악랄한 행동을 자행한다.

1979년 11월에 발생한 이란 인들의 미대사관 점거사건은 범인들이 전략적 목표를 달성하는 데 있어 Media가 어느 정도로 이용가치를 지니는가를 잘 대변해 준다.

---

2) M. Cherif Bassiouni, *Progomenon to Terror Violence*, Crighton L. Rev. 1979, p. 745, 752.

Ⅲ. 테러사건보도와 일반대중의 심리

언론의 자유가 보장되는 민주주의사회에서는 테러사건의 보도와 관련하여 4가지 가설을 생각할 수 있다.

첫째, Media에서의 테러사건 보도는 전염효과contagion, 모방효과imitation 등의 파생효과를 가져와 다른 사람들로 하여금 동일한 범행을 저지르도록 자극을 줄 수 있다.

둘째, Media에 의한 보도가 정도를 넘어서게 되면 테러범들이 노리는 바인 공포 분위기를 조성시키게 된다. 필요 이상의 보도는 범인들의 목표 달성에 기여하기도 하지만, 다른 한편으로는 정부로 하여금 강압적 행동을 취하도록 압력을 가함으로써 바람직하지 못한 사회적 결과를 야기시키기도 한다.

셋째, Media의 테러사건 보도는 테러리즘에 대한 일반대중의 비난 감정을 둔화시킨다.

마지막으로 Media의 테러사건 보도는 인질들의 생명을 위태롭게 하며 효과적인 법집행을 저해한다. 이러한 문제들은 주로 진행중에 있는 사건을 동시 생방송으로 보도할 때 야기되는바 아래에서는 이러한 문제들에 대하여 보다 자세한 분석을 시도해 보기로 한다.

1. 전염의 가설

테러사건에 대하여 Media가 관심을 보이게 되면 테러사건이 증가한다고 보는 가설을 전염의 가설The Contagion Hypothesis이라 한다. 이러한 가설이 실증적으로 입증된 것은 아니지만 많은 테러 사례들을 조사해 보면 그 타당성이 어느 정도는 인정된다. 예컨대 Media의 테러사건 보도는 그 범행을 저지른 집단으로 하여금 대중의 관심을 지속시키기 위한 수단으로서 범행을 반복하도록 고무시킬 수도 있을 것이며, 더 나아가 성공적 테러범행의 대대적인 보도는 다른 집단으로 하여금 보다 대담한 범행을 저지르도록 동기를 부여할 수도 있을 것이다.

미국의 저널리스트 Hendrick이 Michigan 교도소에 수감되어 있는 테러범들과 면담을 실시하고 나서 발표한 결과는 그러한 가능성을 간접적으로 대변해 준다. 그의 면담결과에 의하면 전체 면담자의 90%가 TV의 범죄물을 보고 새로운 수법을 배웠다고 답변하였으며, 그 중 40%는 TV에 방송되었던 범죄사례를 그대로 흉내내었다고 대답한 것으로 되어 있다.[3] 그리고 Yale 대학의 심리학교수 Robert Jay Lifton은 1977년 3월 9일에 Washington D.C.에서 발생한 Hanifi 사건을 논평하면서, "Media의 테러사건 보도는 좌절에 빠진 사람 혹은 불만해소책이 결여된 사람들로 하여금 유사한 행동을 모방하게 만든다"라고 하였다.[4] M. Sommer는 Media의 테러사건 보도가 경찰책임자의 입장에서는 어떻게 받아들여지고 있는지를 연구한 사람으로 잘 알려져 있는데, 그는 미국 전역의 경찰서장들을 대상으로 조사를 실시하고 나서 전체 조사자의 93%가 "Media의 테러사건 보도는 Terrorism의 확산에 기여한다"고 믿고 있다고 하였다.[5]

위의 연구들은 Media의 테러사건 보도에 따른 전염효과를 입증하려는 의도에서 비롯된 것들이며, 그 결과 또한 긍정적 결론을 가능하게 한다. 그러나 효과적인 법집행으로 인하여 범행이 실패로 끝난 경우에는, 그러한 사례를 적극 보도함으로써 오히려 일종의 저지효과를 기대할 수 있을 것이다. 그리고 테러범들 중에는 쟁점으로 부각되고 있는 사회문제에 대하여 대중의 관심이 집중되기를 바라는 마음에서 범행을 저지른 자들도 많다는 사실을 상기한다면 Media에 의한 적극적 보도는 이른바 통리효과Cathartic Effect를 통하여 그들의 범행동기를 강화시키는 데 기여할 수도 있을 것이다.

2. 공포분위기와 심리적 예단

Media의 테러사건 보도와 관련된 가장 보편적 문제는 아마도 보도의 결과로 나타날 수 있는 공포감의 만연일 것이다. 이는 생명을 빼앗길 수도 있다는 두려움이라든가 사회적 안정에 동요가 생길지도 모른다는 두려움 등이 널리 파급되는 것을 일컫는다.

그것이 담당하는 사회적 기능을 고려할 때, Media는 사람과 그 주변 환경 사이에

---

3) M. Hendrick, When Television is a School for Criminal, *TV Guide*, Jan. 29, 1977, p. 4.
4) *New York Times*, March 19, 1977, p. 33, Col. 2.
5) M. Sommer, *Project on Television Coverage of Terrorism*, reported in editor and publisher, Aug. 27, 1977, p. 12.

존재하면서 중개자로서의 역할을 수행한다. 그리고 사회가 점차 복잡해지고 개인의 복지에 영향을 미치는 사건들이 일반사람들의 경험을 초월한 영역에서 진행되는 상황에서는 사람들이 주변 환경에 대한 믿을 수 있는 정보를 얻기 위하여 Media에 의존하는 정도가 커질 수밖에 없다. Media는 외부세계로부터의 정보를 제공하는 과정에서 사람들로 하여금 세상을 보는 방법을 터득케 하여 결과적으로는 그들의 행동방식을 결정지어 준다. 일반대중의 감정에 대한 Media의 영향력은 제2차 세계대전 직전에 H. G. Well이 기획한 "War of the Worlds"란 프로가 야기한 예를 통하여 쉽게 이해할 수 있다. Harold Mendelson 교수의 기록에 의하면, Well은 단지 미국이 침략의 위기에 놓여 있다고 하였을 뿐인데도 사람들은 그 보도를 의심없이 믿었으며 또한 전시에 맞는 행동을 취한 것으로 되어 있다. 그는 또한 긴박한 상황에서는 Media의 사건보도가 대중에게 불안감을 줄 수밖에 없다고 하였으며, 한편으로 Media로 인하여 야기되는 그러한 불안감은 사람들이 현실적으로 위험에 직면해 있을 때에만 기능적Functional 측면을 지닌다고 하였다.[6)]

테러사건의 보도로 불안감이 조성된 상황에서는 사람들이 테러범들의 위력을 과대평가함으로써 불안감이 더욱 고조될 수도 있을 것이다. 그와 같은 상황에서 '사회에는 취약한 목표물들이 존재하지만 법집행은 효율적으로 이루어지지 못하고 있다'는 인식이 보편화되면 필연적으로 공포분위기가 조성될 수밖에 없을 것이다.

심리적 예단징후Psychological Prediction Syndrome를 유발시키는 테러사건의 발생은 공포의 정도를 한층 심화시킨다. 심리적 예단징후란 새로운 정보를 받아들이는 순간 과거의 지식이 되살아남으로써 유해한 결과를 미리 예단케 되는 심리적 반응을 말하며, 이러한 심리적 예단효과는 사람의 의식을 쉽게 자극할 수 있는 사건들의 보도빈도와 함수관계에 있는 것 같다. 그리하여 일단 사용된 특정의 용어가 신문이나 전자매체에서 반복적으로 사용되면 사람들은 그 사건의 실제적 사실에 관계없이 일종의 예단을 내리게 되는데 이러한 징후는 공포분위기를 고조시키는 데 기여하는 것으로 보인다.[7)]

공포분위기의 조성은 궁극적으로 사람들의 내성수준을 높이거나, 아니면 반대로

---

6) Mendelson, Social-psychological Perspectives on the Mass Media and Public Anxiety, *Journalism Q*, 1963, p. 513.

7) W. Scgramm, *The Process and Effects of Mass Communication*, McMillan Co., New York, 1954, p. 423.

사람들의 '대테러 저항력'을 향상시킨다고 하는 바, 이하에서는 이른바 면역형성효과에 관하여 살펴보기로 한다.

3. 면역형성효과

Media의 테러사건보도가 면역형성효과Immunization Effect를 지닌다는 주장은 다음의 3가지 명제를 근거로 한다.[8)]

첫째, Media가 테러사건을 지속적으로 보도하면 폭력에 대한 일반대중의 내성수준이 상승한다.

둘째, 테러범을 무례한으로 묘사하거나 혹은 사회적 통제수단의 영역을 초월한 사람으로 사람들은 테러리즘에 대하여 면역을 가진다.

셋째, 테러리즘 및 그로 인한 손상효과의 형상화는 사람들로 하여금 테러리즘에 대한 면역을 가지게 한다.

이상의 3가지 명제가 실제로 타당한지에 대해서는 아직 이렇다 할 입증자료가 나와 있지 않다. 그러나 인간에게는 주변으로부터의 충격을 스스로 순화시키는 속성이 있다는 사실을 상기한다면, 테러사건의 반복적 보도는 Terrorism에 대한 일반인들의 감정을 둔화시킬 것이라는 추측이 가능해진다. 그러나 문제는 Media가 테러사건을 보도함으로써 생길 수 있는 면역형성효과에 있는 것이 아니라, 그러한 효과로 인하여 유발될 수도 있는 제2차적 결과란 다음의 2가지 가설 속에 함축되어 있다.

첫째, Media의 보도에 따른 면역효과는 테러범들로 하여금 둔화된 대중감정에 공포를 불어넣을 수 있는 보다 더 악랄한 범행을 자행케 할 것이다.

둘째, 면역효과로 인하여 Terrorism에 대한 사회적 비난이 완화되면 보다 많은 사람들이 테러범행을 저지를 것이다.

그러나 여기서 우리는 Media의 테러사건 보도가 면역형성효과만 가져오는 것은

---

8) Gruenwald, *The Press, The Courts, And The Country*, Time, July 16, 1979.

아니라는 사실을 기억해 둘 필요가 있다. 예컨대 Media의 보도가 단순히 사건을 알리는 차원을 넘어 대중들에게 인질의 배후, 이해관계 및 외형적 특징 등을 상세히 보도해 주는 경우에는 오히려 일반인들의 경계심을 자극하여 개인적 차원에서 스스로 대테러 예방책을 강구하게 하는 효과를 기대할 수도 있을 것이다. 또한 Media의 보도가 인질석방의 조건으로 제시된 경우에는 사건을 널리 보도해 줌으로써 범인들의 보다 악랄한 행위를 예방할 수 있을 것인 바, 그러한 경우에는 Media의 보도가 오히려 안전장치Safety valve 구실을 한다.

Ⅳ. 테러사건 생중계에 따른 문제점

여기에서는 실제로 사건이 진행되고 있는 상황에서 Media와 법집행기관경찰 사이에 야기되는 문제들을 살펴보기로 한다.

일단 테러사건이 발생하게 되면 Media와 경찰은 서로 상반된 입장에서 사건을 대하게 된다. Media의 입장에서 보면 보다 정확한 정보를 보다 신속하게 전파시켜 위험지역에 있는 사람들로 하여금 적절한 대책을 강구토록 하는 동시에 근거 없는 소문을 통제하여 사회의 동요를 막는 것이 최선의 조치일 것이다. 그러나 경찰의 입장에서는 보다 신중하고도 치밀하게 진압작전을 전개하여 희생을 최소한으로 줄이는 것이 지상의 과제일 것이므로 사건의 성급한 보도는 사태진압을 크게 저해한다고 믿는 것이 당연할 것이다. 이처럼 양자의 입장이 서로 상반되어 있는 상황에서는 필연적으로 마찰영역이 존재할 수 있는 '신속 · 정확한 보도의 부정적 측면'을 기술하면 다음과 같다.

먼저 테러사건의 신속한 보도는 범인들에게 유익한 정보를 제공해 준다는 것이다. 이러한 판단은 과거에 인질극을 진압하는 과정에서 경험한 바를 근거로 하는 듯 보이는 바, 1977년에 일어난 LUFTHANSA 제트 여객기 납치사건 진압 과정에서 있었던 사례는 위의 주장을 뒷받침해 준다.[9] 당시 피납기의 기장은 정기송신채널을 통하여 기내에서 일어나고 있는 상황을 경찰에 알려주고 있었는데 Media가 동 사건을 보도

9) Revzin, A REPORTER LOOS AT MEMID ROLE IN TERROR THREATS, *Wall Street Journal*, March 14, 1977.

하면서 기장의 교신사실까지 보도하자 범인들은 기내에서 그 방송을 듣고 즉시 기장을 살해하였다. 같은 해 Washington D.C.에서 일어났던 Hanaas Abdul Khaalis 사건은 Media가 경솔한 보도를 함으로써 희생자를 증가시킬 수도 있었던 또 다른 사례다.[10] 이 사건은 모슬렘 수십명이 Washington D.C. 3개 빌딩을 점거하고 인질극을 벌였던 사건인데 당시 범인들이 점거중이던 빌딩의 한 구석방에는 11명의 남녀가 범인들 모르게 피신해 있었다. 이 사실을 안 경찰은 범인들의 눈을 피하여 음식물과 음료수를 공급하고 있었던 바, 밧줄을 통하여 음식물이 운반되는 광경을 목격한 어느 기자가 그 장면을 테이프에 담아 뉴스시간에 보도를 하였다. 밖에서 이 보도를 본 범인의 동료가 전화를 하여 즉시 이 사실을 범인들에게 알려주자 범인들은 피신자들이 숨어 있던 곳을 찾아내어 그들까지 인질로 삼으려 하였다. 다행히 범인들보다 먼저 경찰이 손을 써 11명 모두가 무사히 구출되기는 하였지만, 동 사건을 경험한 경찰로서는 Media의 경솔한 보도자세를 비난하는 것이 당연할 것이다.

상기 두 사례가 주는 교훈은, 인질극이 진행되는 상황에서는 범인들에게 정보가 될 수 있는 어떤 사실도 보도되어서는 안 된다는 것이다.

둘째, Media의 테러사건 관여는 경찰의 진압작전을 방해한다는 것이다. 바꾸어 말해서 범행이 계속되고 있는 상황에서 Media가 범인들과 직접 접촉을 시도하는 경우에는 다음과 같은 상황이 야기되어 경찰의 진압작전이 방해를 받는다는 것이다.[11]

1. 전화회선을 불통시킨다.
2. 테러범으로 하여금 Media의 주목을 받고 있다는 사실을 확신케 함으로써 성취감을 가지도록 한다.
3. 선동적 질문이나 칭찬을 함으로써 범인을 자극한다.
4. 미숙련 언론인이 개입함으로써 전문중재인의 역할을 고립시킨다.
5. 범인을 흥분케 하거나, 범인에게 동료의식을 느끼게 하거나, 혹은 경찰이 협상과정에 개입함으로써 범인과 경찰 사이의 심리적 균형을 깨뜨린다.

앞에 소개한 Hanafi사건은 Media가 범인과 직접대화를 시도할 때 생길 수 있는

---

10) THE HANAFI EPISODE: A MEDIA EVENT, *Washington Post*, March 18, 1977.
11) M. Cherif Bassiouni, spura, p. 761.

역효과의 예를 제공해 준다. 당시 Media에서는 끊임없이 범인에게 전화를 함으로써 경찰중재자와 범인과의 접촉을 거의 불가능하게 하였다. 어느 지방 방송에서는 생중계 인터뷰를 통하여 범인들이 Deadline을 정했는지의 여부를 물음으로써 범인들로 하여금 급히 Deadline을 설정토록 유도하여, Deadline의 부재시를 하나의 낙관적 요소로 여기고 있던 경찰을 당황하게 만들기도 하였다. 또한 어떤 방송에서는 범인들이 이미 무슬림교를 이탈한 자들이었음에도 불구하고 그들을 Black Muslims과 동일한 부류의 사람들이라고 지칭함으로써 범인들을 격노케 하기도 하였다. 이 방송을 들은 범인들은 뉴스담당자의 엉터리 보도에 대한 대가로 인질 중의 한 사람을 살해하겠다고 협박을 하던 중 경찰의 권유에 따른 뉴스담당자의 사과방송을 듣고서야 협박을 철회하였다.[12)]

셋째, 보도진들이 눈에 거슬리는 장비를 매고 범행현장을 누비는 처사는 경찰의 자유로운 이동을 심리적으로 방해하는 동시에 일반군중들로 하여금 모든 책임을 경찰이 져야 한다는 생각을 갖게 한다는 것이다. 수많은 보도진들로부터의 질문공세는 중대한 순간에 처해 있는 정책결정자의 주의를 산만케 할 것이다. 또한 플래시와 카메라를 든 보도진들이 테러현장에 붐비는 모습은 범인들로 하여금 강도 높은 보도를 기대할 수 있게 하여 범행을 계속하도록 자극하거나 혹은 자신들의 불만을 보다 널리 전파시킬 목적에서 기자회견을 요구하도록 만들 수도 있을 것이다.

이상에서 소개한 '신속 · 정확한 보도의 부정적 측면'들을 확신하는 입장에서 보면 테러사건의 생중계를 엄중하게 금지시키는 것만이 최선의 조치인 것처럼 보인다. 그러나 그와 같은 조치는 Media의 역기능을 통제하는 데는 도움이 될 수 있겠지만, 일반대중의 입장에서 보면 경찰의 행동을 감시할 수 있는 권한을 박탈당하는 것이 된다.

경찰의 입장에서 Media의 보도자세를 비난하는 근거는 대략 위의 3가지 경험에 기인한다. 그런 Media의 보도가 언제나 부정적 측면만을 지니는 것은 아니다. 실제로 범인과의 직접접촉이 불가능한 요인납치사건에 있어서는 Media를 통한 협상방식이 널리 활용되고 있으며, 테헤란 미대사관 점거사건의 경우처럼 자국의 경찰력이 미치지 못하는 지역에서 사건이 발생한 경우에는 Media의 보도가 유일한 정보원일 수도 있다.

---

12) Fenivesi R. Eckert, *The Medla and Terrorism*, More, May 1979.

Ⅴ. 결론: 경찰과 언론의 관계개선

현대사회에 있어서 대중매체가 차지하는 비중은 거듭 설명이 불필요하다. 여기에서는 주로 테러사건의 보도와 관련된 Media의 역기능적 측면을 분석하는 데 치중하였으나, 일반생활에 있어서 Media가 가지는 기능적 측면은 그 어느 것과도 견줄 수 없을 만큼 중요하다.

앞에서 시도한 분석을 종합해 보면, Terrorism과 Media의 관계에서 문제가 되는 것은 Media의 '보도행위' 자체가 아니라 Media의 '경솔한 보도자세'임을 알 수 있다. Media 역시 하나의 기업이라는 점에서 보면, '신속·정확한 보도'는 시청자를 고객으로 하여 제작되는 하나의 상품이다. 따라서 테러범죄와 같은 사건의 발생은 보다 널리 히트할 수 있는 특종상품의 제작을 가능케 하는 좋은 재료가 되며, 타 매체와의 경쟁에서 살아남기 위해서는 남보다 먼저 이 재료정보를 입수하여 보다 신속하게 상품보도을 공급해야 할 것이다. 그러나 문제는 Media가 타 매체와의 경쟁을 지나치게 의식하여 특종상품의 조기공급만을 강조할 뿐, 그 질이나 파급효과는 경시해 버리는 데서 비롯된다.

Media의 경솔한 보도를 예방하기란 극히 어렵다. 보도사건의 완전통제를 한 가지 방법으로 생각할 수도 있겠으나, 그렇게 되면 민주주의의 기본전제인 언론과 보도의 자유를 제한하는 것이 되어 또 다른 문제를 야기하게 된다. 바로 그렇기 때문에 우리는 Media 스스로가 신중한 자세를 가져야 할 것을 거듭 강조하게 되는 것이다.

테러사건이 발생하였을 때, 경찰과 Media 사이에 야기되는 적대감정이 표출되면 역시 시급한 해결이 요구되는 문제이다. 경찰과 Media 사이에 불신과 적대감정이 표출되면, 이는 결국 '대민봉사'라고 하는 양자 공통의 가치를 평가절하시키게 될 것이며, 궁극적으로는 테러분자들의 이익에 기여하는 결과가 될 것이다.

따라서 테러에 관한 Media의 보도자세는 가능하면 피납자가 석방될 때까지 상세한 내용보도를 삼가며 과잉 표현이나 선동적인 면을 피하고 정확성에 치중하며 테러사건을 보도하는 가이드라인을 사전에 마련해 놓도록 유도되어야 할 것이다.

한편 경찰에서는 평소부터 적극적으로 언론기관과 계속적인 접촉을 가져야 한다. 이로써 양자간의 적절한 관계가 이루어져 문제가 되는 기사의 타당성에 대하여 솔직하게 논의하게 되고 보도면에서는 지극히 요망된다 하더라도 공표되면 경찰업무집행에 지장을 줄 수 있는 내용을 삼가게 된다. 특히 경찰기관에서는 대언론정책을 수립하여 경찰에 유리한 언론이 이뤄지도록 세심한 관심을 기울여야 한다. 테러사건에 있어서는 즉각적인 뉴스 또는 뉴스가치 있는 보도자료는 실수 없이 모든 언론기관에 제공하는 등 동일한 대우를 해야 한다. 그리고 현장에서의 중대발표를 위한 기자회견의 경우도 예비모의실습방법을 채택하여 녹음기, TV 장치를 사용한 연습을 받을 필요가 있다. 경찰기관장은 경찰에 특별히 유리한 기사를 게재한 것에 대해 치사하는 서한을 뉴스편집자 또는 발행인에게 보내면 좋은 관계를 공고히 하는 데 크게 이바지 할 수 있을 것이다.

테러사건의 수사를 위한 대테러기관의 역할

Ⅰ. 서　　론

테러범의 폭력행위는 사회의 급진적 변화, 특정한 요구에 대한 수용, 그리고 현 정부의 무력화를 목표로 하고 있다. 이러한 테러폭력행위는 방화, 폭탄, 강도, 납치, 그리고 살인과 같은 폭력행위가 조직적이고도 잔인하게 저질러져 테러행위의 공포가 지구촌을 휩쓸고 있어 어느 지역도 안전지대가 없는 것이 현실이다.

최근에 발생한 테러사건의 양상을 보면 테러 조직 간의 상호연대, 자금 및 무기 지원 등을 통해 점차 국제화, 대형화되어가고 있을 뿐만 아니라 그 피해대상이나 규모면에서도 불특정 다수인에 대한 무차별적인 공격이 증가하고 있으며 그 수법 또한 과격화, 다양화되어 가는 경향을 보이는 등 심각성을 띠고 있다. 예컨대 1995년 미국 오클라호마시티 연방정부건물 폭탄테러나 일본 도쿄 지하철 독가스테러, 프랑스 파리 시내 연쇄 폭탄테러사건들, 그리고 1995년 애틀란타 올림픽 기간 중 발생한 폭발물 테러사건, 2001년 미국 뉴욕에서 발생한 9·11테러, 2005년 영국 런던의 지하철에서 발생한 테러 등은 종전의 테러양상과는 달리 불특정 다수인을 대상으로 대량파괴와 인명살상을 야기할 수 있는 폭발물이나 화생방 무기를 사용하여 모든 사람들을 테러의 위협으로 밀어넣고 있다.

1996년 7월 말 서방 선진 7개국과 러시아 등 8개국은 파리에서, 15개 아랍국가들은 카이로에서 각각 테러대책회의[1]를 갖고 연합전선 구축에 나섰지만 지구촌에서 테러범을 추방하기에는 역부족인 것 같다. 테러범이 살상무기에 손쉽게 접근하고 국제사회의 이해관계가 복잡하게 얽혀가는 한 테러행위는 인류가 안고 살아야 하는 난치병과 같은 존재일 수밖에 없다.

범죄수사의 중요한 역할은 테러범행의 모의가 조직적이었든지 또는 테러집단의 조직원이 1인이거나 혹은 더 많은 인원에 의해 계속적으로 저질러진 것이었든지 간에 지속적으로 수사를 행하는 것이다. 특히 경찰정보는 테러사건이 행해지기 전에 그것을 단념시키기 위한 테러리즘에 대한 방어의 최전선인 것이다. 그래서 대테러에 관한

---

1) 테러대책회의에서는 다음과 같은 원칙들에 합의하였는데 그 내용은 수사공조, 폭발물 식별장치, 신종테러대응, 자금줄 차단, 통신망 감시, 도피처 차단, 대테러법제정 및 국제협약 체결 등이다.

경찰활동부서들은 테러범들이 위협을 하고 있거나 실행 중에 있는 테러범들의 행동을 억제하는 데 중요한 책임을 지고 있다.

그런데 정치적 테러범은 일반적인 폭력범죄를 저지르는 사람들과는 커다란 차이가 있다. 정치적 테러분자들은 이념적 확신에 의해 자극되어 있기 때문이다.

폭력범죄를 수사하기 위해서는 기본적 수사기법들은 사용해야 하지만 정치적 테러범들에 의한 폭력행위는 이러한 확신범convictional criminal들을 추적해서 소추하기 위하여 기본적인 수사기법들을 변경하여야 한다. 왜냐하면 정치적 테러범들은 힘은 총신gunbarrel에서 나온다는 철학을 믿고 있으며 테러집단의 목표를 달성하고자 테러수법을 훈련하고 학습하고 있으며 테러집단의 다른 조직원들로 하여금 엄중히 감시를 하고 있으면서 그 집단의 행동강령 위반에 대한 엄중한 징계조치를 취하고 있기 때문이다.

여기에서는 테러범들에 의한 폭력행위에 대응하기 위한 합리적인 수사방법과 절차를 제시하기 위하여 테러집단의 특성을 살펴보면서 경찰당국이 수집한 예방정보의 가치는 무엇이며, 대테러경찰기관과 테러담당수사관들은 어떠한 역할을 부여받고 있으며, 주요국가의 대테러 수사활동은 어떻게 전개되고 있는가를 알아보고자 한다.

Ⅱ. 테러집단의 특성

정치적 테러범의 광범위한 목표는 도시게릴라전을 어떻게 전개할 것인가를 저술한 카를로스 마리겔라Carlos Marighella[2]에 의하여 다음과 같이 요약되고 있다.

첫째로 경찰과 군부대는 정치적 테러범들로부터 국민들을 보호하는 데 무기력하다는 것을 일반 국민에게 보여주는 것이다. 둘째로 테러행위를 통하여 일반 국민의 대다수가 급진적으로 되도록 하기 위하여 경찰과 군부대에 의한 과잉반응을 하지 않도록 하는 것이다. 셋째로 궁극적으로는 수립된 정부를 전복하는 것이다.

테러집단들의 무차별적인 폭탄테러는 그들의 선전효과와 국민들의 자기들에 대한

2) 마리겔라는 1968년 도시게릴라 집단을 비밀 조직하여 1년 동안에 100건의 은행강도를 범행하고 미군 대위 한 명을 정탐꾼으로 몰아 살해하였다. 1969년에 그는 살해되었으나 그가 개발한 테러전술을 종합하여 「도시게릴라전 편람」을 출판하였는데 이 책은 테러지도자들의 기본적인 필독서가 되었다.

인식을 얻어내기 위한 행동이다. 어떤 극단적인 테러행위는 특히 폭탄을 폭파시킬 때에 사람들이 부근에 있어서 우연히 당하게 된 피해자들이 있을 때 주목을 끌게 되는 것이다.

청색목표target blue라고 하는 경찰관들에 대한 매복살해는 이유 없는 폭력으로 같은 범주에 해당된다. 또한 경찰관들은 닥치는 대로 피해자로 선택되는데 그것은 그들이 누구이기 때문이 아니라 그들이 무엇을 상징하고 있기 때문이다. 주목을 끄는 것은 법질서로 무장된 대표자인 경찰관을 살해하기 위해 테러집단이 기꺼이 하는 것이다.[3)]

인질을 잡는 것은 주의를 끌기 위해 일부러 꾸미는 방법이다. 만일 테러범들의 요구가 만족되지 않는다면 인질들은 죽게 될 수도 있다. 인질들은 현장의 피해자들이지만 테러리즘의 이러한 형태는 뉴스매체를 통하여 그 사건이 모든 사람에게 알려지도록 목표로 삼는다. 극적인 인질상황은 모든 인질들은 살아 있다고 발표하도록 경찰을 강요하지만 결국에는 인질범들의 항복으로 그 상황이 종결된다. 부수적인 선전효과는 테러집단이 경찰에 대하여 계속적으로 저항을 함으로써 가능한 한 그들의 요구가 받아들여지도록 하는 데 있다.

항공회사들은 인질테러범의 가장 중요한 목표가 되고 있다. 테러범들은 승객들과 수백만 달러의 항공기를 손에 넣게 되고 안전한 피난처를 찾아서 항공기로 여행함은 잘 알려져 있다. 그래서 기초적인 연극을 위한 추적활동이 추가된다.

보복 테러리즘은 좋은 사람들의 이미지로서 테러집단의 주역으로 그리고 나쁜 사람의 이미지로서 국민에게 알려져 있는 정부 혹은 기업의 대표자로 조심스럽게 구조화되어 있는 세 가지 드라마라고 할 수 있다. 첫 번째 행위는 인질을 납치하여 그를 제거하는 것, 예를 들면 우연히 지나가는 사람을 살해하는 것으로 아주 흔히 발작의 잔인성으로 강조되고 있다. 두 번째 행위는 테러집단의 지위를 국민 혹은 개혁의 대표자로서 그들의 역할을 묘사하는 것이다. 세 번째 행위는 공정한 재판이라 주장한 후 피해자를 처형한 것을 뉴스매체에 보도케 함으로써 피해자의 시신을 발견하도록 하는 것이다. 그래서 테러범들이 추구하고자 하는 경찰의 추적활동을 끝나게 한다.

이러한 보복 테러리즘은 정치지도자와 기업지도자들을 암살하거나 정보제공자들을 살해하기보다는 불구자로 만드는 IRA에 의해 개발된 기법인 무릎쏘기knee-capping

---

3) Robert Daley, *Target Blue* (NY.: Delacorte Press, 1973).

와 테러집단의 불성실한 자의 처형 혹은 테러집단에 침투시킨 경찰정보제공자를 처형하는 것이다.

이러한 계획적인 드라마에 있어서 뉴스매체는 그 사건과 그 환경을 상세히 설명할 뿐 아니라 테러범의 피해자와 테러범들의 주장의 정당성에 관한 신념에 대한 잘못을 지적한다.

테러범들에 의한 무장 강도행위는 테러집단의 행동들을 지원하기 위하여 자금을 획득하기 위한 기본적 수단이다. 테러집단과 그들 활동의 완전한 공개를 피하기 위하여 테러집단은 빈민을 강탈하기보다는 돈을 대량으로 가지고 있는 은행과 같은 금융기관에 공격을 집중하여 이러한 폭력행위를 로빈 후드처럼 미화하려고 한다.

몸값을 받아내기 위한 납치행위는 테러범들을 위한 유익한 활동이 된다. 다국적 기업의 간부를 주로 목표로 하여 몸값으로 수백만 달러를 요구하는 특징이 있다. 비록 이러한 범죄는 모든 국가에서 흔히 일어나는 것은 아니나 그러한 사건의 발생가능성은 있다. 테러범들은 인질을 납치할 때 선택된 목표를 계획적으로 습격한다. 그래서 피해자를 구출하거나 몸값을 지불하지 않으면 인질은 흔히 살해된다.[4]

최근의 어떤 테러집단은 핵심활동대원을 두고 있어 정신적, 정치적, 그리고 재정적 지원을 제공하여 그들의 활동을 돕고 있으며 무기를 지원하는 집단을 가지고도 있다. 활동대원은 항상 내부적 안전 목적을 위하여 10명 중 6명 정도는 작은 세포로 나누어져 있다. 대원의 신원은 엄격하게 비밀로 보호되어 있다. 세포대원들은 상호간에 단지 신분을 알고 있을 뿐이며 세포 혹은 지원자들 간에 커뮤니케이션을 제공해주는 기능을 담당하고 있는 자는 가능한 한 하나 혹은 둘 정도의 연락대원이 있을 뿐이다.

초국가적 테러집단들의 명칭들은 보통 테러범들이 태어난 국가나 그들의 활동을 지휘하고 있는 자와 적대시되는 국가와 상당한 관계가 있으며 혹은 그 집단의 역사나 상당히 중요한 사건과 관계가 있다. 토착의 테러집단들은 보통 그 집단의 목적과 관련된 명칭을 가지고 있지만 연계는 아주 빈약하다. "기상예보자The Weathermen" 혹은 "지하기상예보자Weather Underground"[5]는 확실히 대원들이 젊은 집단이라는 것을 가리

4) Charles A. Russel, "*Businesses Becoming Increasing Targets,*" Patrick J. Montana and George S. Roukis, ed., *Managing Terrorism: Strategies for the Corporate Executive* (Westport, Conn.: Quorum Books, 1983), pp. 55~71.

5) 기상예보자는 「혁명청년운동」에서 파생된 단체로 그 명칭은 1969년 「민주사회학생」의 비정통 좌익핵심에 의해 채택되었다. 그들은 혁명의 최고목표는 세계공산주의에 의한 미국제국주의의 멸망이며 신세계공산주의는 소련이 아닌 제3세계에서 나온다고 주장했다. 경찰은 주민의 이탈

키지는 않으나 폭력적인 혁명적 행동에 헌신하고 있다. "공생해방군Symbioness Liberation Army"[6]의 명칭도 정치범 및 급진개혁 수형자들이 급진파에 이끌려 커다란 테러집단으로 발전된 백인 급진파집단을 가리키는 것은 아니며 종전에 수형자들이 군인들이었기 때문에 이름 지어진 것이다.[7]

1960년대 이후부터 1980년대 사이에 발생한 테러사건의 테러범들의 인격적 특성을 살펴보면 대부분은 대학교육을 받았고, 잘 훈련된 도시인이며, 각국의 언어를 구사할 수 있고, 여행을 잘 하고, 그리고 약아빠진 사람들이었다. 그러나 특히 중동지역의 테러범들은 자녀들이 많고, 농촌출신이고, 숙련되지 않은 실업자로서 무식하며, 훈련도 받지 않고 그리고 교육도 제대로 받지 않은 출신이 많았다. 오늘날 테러범들이 그들의 목표를 성공적으로 달성했다고 했을 때 그 성공은 그들이 잘 훈련되어 있는 때문이 아니라는 강한 의구심이 있지만 공항안전, 정보, 수사 분야에서 기대했던 만큼 업무를 수행하지 않았기 때문일 것이다.[8]

Ⅲ. 예방정보의 가치

예방정보preventive intelligence는 테러활동수사에 필수불가결한 요소이다. 중앙경찰기관은 보통 테러활동에 연루되어 있는 커다란 잠재능력을 가진 용의자들과 테러집단들에 관한 정보자료를 지방기관들에 제공한다. 지방의 테러에 관한 최근의 정보자료에 대한 관리는 지방경찰기관의 책임이지만 중앙에 보고된다.

예방정보는 수사에 초점을 두고 있는 것이다. 정보활동은 봉급을 받거나 안 받는

을 방지하는 아교와 같은 역할을 하며 그 자체가 국가의 상징이기 때문에 테러의 특수목표가 되었다. 일단 범죄를 저지른 자들은 체포를 피해야만 했고 그들 스스로를 지하기상예보자라고 불렀다. 지하기상예보자는 1970년대 중반에 사라졌다.

6) 미국 캘리포니아 주 샌프란시스코를 중심으로 활약하던 좌익 과격파 테러집단인 공생해방군은 1974년 재벌이며 신문기업가의 딸인 「페트리샤 허스트」를 납치함으로써 유명해졌다. 이 단체의 요원은 20여명 정도로 22~30세였으며 대부분이 부유한 백인가정 출신이었다. 정치적으로 중요성은 없었지만 억압받는 흑인과 소수민족을 대표한다고 주장했다.

7) National Advisory Commission on Criminal Justice Standards and Goals, *Report on Disorders and Terrorism* (Washington, D.C.: U.S. Department of Justice, Law Enforcement Assistance Administration, 1976), pp. 517~521.

8) Thomas Strentz, "A Terrorist Psychosocial Profile: Pas and Present," *FBI Law Enforcement Bulletin*, LVⅡ, No. 4, April 1988, pp. 13~19.

정보제공자, 경찰첩보원, 그리고 다양한 감시기법들을 포함할 수도 있다.

예방정보활동을 시작하기 전에 법률적 기준이 고려되어야만 한다. 테러행위의 혐의는 예상되었거나 혹은 과거 테러활동과 관련하여 조사되어야만 한다. 첩보원정보제공자 혹은 경찰첩보원은 경찰기관에 고용되어 있는 자이다. 한때 경찰은 정보를 수집하는 수사관을 장려하였고 그들은 수사관의 활동에 대한 어느 정도의 책임을 지고 있다.

미국 대법원은 경찰이 정보제공자 혹은 첩보원을 사용하는 것에 대하여 헌법상의 보장을 마련하는 것을 꺼렸다. 그러나 비밀정보제공자의 이용은 그의 비밀 증언이 헌법상 용납할 수 없는 것으로서 되지 않는 한 위헌은 아니다.

형사소추를 위해 증거를 수집하기 위한 경찰의 전략은 헌법상 규정에 의해 아직 방해받지 않고 있다. 예를 들면 마약판매자로부터 마약을 구입하는 경찰수사관들은 그들의 진짜 신분과 직업을 비밀로 하여야 한다. 현재로서는 피고인이 만일 그가 공모자 혹은 절친한 친구라고 생각하는 누군가에게 그의 범행계획을 자발적으로 털어놓는다면 헌법상 비밀보호를 주장할 수 없다는 것을 분명히 한 것이다.[9]

Ⅳ. 경찰작전부대와 수사관의 역할

1. 경찰작전부대의 역할

경찰기관의 작전부대는 일찍이 그들이 위협을 받고 있거나 진행 중에 있는 테러범들의 행동을 통제하는 책임을 지고 있다. 순찰 팀은 이러한 경우에 그들에게 유용한 전문가들로서 방어의 최전선을 맡게 된다. 전문가들은 위협분석에서 그 위협의 진실성과 가능성에 대한 판단을 내리며, 폭발물 탐지 및 처리 전문가들은 폭발물과 소이탄을 찾도록 지휘될 것이며 폭발물을 발견한다면 그것을 처리할 것이며, 인질 협상자들은 인질납치사건에 있어서 테러범들과 통신을 개설할 것이며 그 사건의 종결을 이끌어 내도록 협상할 것이다.[10]

---

9) Paul B. Weston and Kenneth M. Wells, J.D., *Criminal Investigation: Basic Perspectives*, 5th ed. (Englewood Cliffs, NJ: Prentice-Hall, 1990), p. 361.

10) Robert H. Kupperman, *Facing Tomorrow's Terrorist Incident Today* (Washington, D.C.: U.S. Department of Justice, Law Enforcement Assistance Administration, 1977), pp. 12~16.

또한 작전부대의 지휘관은 다음과 같은 예비수사의 책임을 지게 된다.

먼저 테러의 위협을 받았을 경우이다.

1) 위협의 일자와 시간, 어떻게 받았고 누가 받았는가.

2) 목표, 시간요소, 무기권총, 폭탄 등를 포함한 위협행위의 성질

3) 위협에 따르는 요구 또는 불만

4) 종전의 테러범의 위협 혹은 행동에 대한 책임의 요구를 포함한 위협자의 공식적인 정치적 혹은 조직적 제휴관계

5) 위협자의 배경소음전화위협, 말투의 특성, 분명한 개인적 특성과 같은 자료

다음으로 테러사건이 발생했을 경우이다.

1) 현장에서 테러범의 체포와 증거의 수집, 그리고 현장에서 도주한 테러범에 대한 자료수집과 비상경보준비

2) 피해자와 증인을 인터뷰하고 테러범은 물론 그들의 수법을 확인하는 것과 같은 증거에 대한 현장수색요원의 선발

3) 모든 수집된 정보와 증거를 대조하고 예비보고서를 준비하기 위한 경찰관과 감독관의 선발

2. 범죄수사관의 역할

테러활동에 책임이 있는 범죄 수사관의 역할은 다음과 같이 요약할 수 있다.

1) 책임 있는 일당과 공모자의 확인

2) 피해자 및 증인의 재인터뷰, 성명서 입수, 기사 검토, 물적 증거 및 실험검사에 관한 추적수사

3) 교사자의 확인과 범죄 및 범죄음모와 관련되어 있는 사람의 확인

4) 체포되지 않은 테러리스트, 공모자 및 교사자의 추적

5) 납치사건에 있어서 피해자와 테러범의 위치를 알아내기 위하여 추적기동조직,

테러범의 신원과 인질을 잡아둔 범인의 은신처를 찾기 위한 즉각적인 행동, 구출계획의 참여, 그리고 몸값을 지불한다면 몸값 협상 및 몸값 지불 중 납치자의 단서를 엄밀히 조사, 그리고 납치된 자의 구출

6) 테러활동 혹은 음모와 관계가 있어 수배중인 모든 인물의 체포

7) 제휴관계, 과거의 경력과 협조가능성을 적발하기 위하여 모든 체포자의 수사
(a) 공범자와 증인의 역할은 무엇인지 (b) 정보를 제공했는지

8) 혐의자에 대한 많은 정보를 확보하기 위한 예방정보감시의 증대

9) 특정한 범죄에 대한 소추와 관련 있는 증거의 다양한 품목의 타당성과 증거제시의 가치를 강조하는 사건의 준비[11]

사회연락망분석social network analysis은 테러리즘을 수사하는 데 매우 유용하다. 이것은 테러의 혐의가 있는 자들이 잘 알려져 있는 테러집단의 조직원들과 연결되어 있는가 또는 테러집단에 가입되어 있다고 생각되는 혐의자와 연결되어 있는가를 밝히는 것이다. 먼저 개개의 혐의자는 상호간에 연결되어 있고, 그 다음에 테러집단과 연결되어 있고, 그리고 그 다음에 테러사건과 범행현장에 연결되어 있는 경우가 대부분이다.[12]

또 다른 연락망분석은 그들의 공격목표, 특히 살해 혹은 납치해야 할 목표들에 관한 확실한 정보를 테러범들이 어떻게 확보하는가를 분석하는 것이다. 여기에서 연결점은 정보의 원천이 누구, 즉 조직원, 동조자, 협력자, 반체제자, 혹은 기타였는가를 가리키는 것이다. 이러한 개인들의 특징은 알려진 테러집단의 조직원과 정보원천 간에 연결의 발전에 관한 사회연결망분석으로 얻어지게 된다.[13]

수사관들은 높은 수준의 성실성과 수집된 증거의 법적 중요성에 대한 진가와 함께 범죄수사관의 모든 기본적인 준칙이 요구되며 테러사건에 배치되어 활동하게 된다.

미국에서 테러분자들에 대한 최근 재판의 대부분은 증거를 수집하기 위해 수사관

---

11) Paul B. Weston And Kenneth M. Wells, J.D., *op cit.*, pp. 362～364.

12) Christopher A. Hertig, "*The Investigation of Terrorist Activity,*" Michael J. Palmiotto, ed., *Critical Issues in Criminal Investigation* (Cincinnati, Ohio: Anderson Publishing Co., 1988), pp. 235～245.

13) Walter Laqueur, *The Age of Terrorism* (Boston: Little, Brown and Co., 1987), pp. 109～111.

들이 사용한 방법의 합법성 혹은 불법성의 문제가 잔존해 있거나 시달려왔다. 전자도청에 의한 증거는 프라이버시의 부당하고도 명백한 침해 때문에 공격을 받았다. 신뢰할만한 가치가 없는 증인으로서 평가된 첩보원, 그리고 그들의 증거를 얻기 위해 소추했지만 진실성이 없는 정보제공자 때문에 공격을 받았다. 만일 수사팀이 이러한 공격으로 나타난 손실을 극복할 수 없다면 법관들은 이러한 영역에서 증거의 합법적 의미를 떨어뜨리게 될 것이고 유죄에 정당한 의심이 간다고 결론을 내릴 것이다.

Ⅴ. 주요국가의 대테러 수사활동

1. 영 국

영국에서는 테러사건의 수사와 정보 수집은 런던경시청 특별반Special Branch에서 취급하고 있다. 1989년 테러방지법에 의하여 테러조직의 일원이라는 합리적 의심만 있으면 경찰은 영장없이 체포하여 구속할 수 있도록 규정하고 있어 강력한 수사권을 경찰에게 부여하고 있다. 동법 14조에 의하면 경찰은 테러단체의 가입, 지원, 회합, 추방명령위반, 테러범죄에 대한 지원, 테러단체에 대한 자금지원, 테러자금운용, 테러행위불고지 범죄행위의 실행, 예비 또는 선동에 관여한 경우, 또한 북아일랜드사건과 연관된 테러행위 등 국외테러범죄에 대해서도 영장없는 체포가 가능하도록 하고 있으며 이 경우 경찰은 48시간까지 구속할 수 있고 법원의 관여 없이도 최고 5일간 내무장관의 허가로 구속할 수 있다. 또한 동법 17조에서 테러범죄의 수사를 위하여 정보를 수집하기 위한 특별수사권을 인정하고 있다.

테러범죄의 수사를 행함에 있어 수사에 중대한 단서가 되리라고 보이는 자료로서 그 자료가 법적 예외특권이 인정되거나 공개금지자료 또는 특별절차를 요하는 자료가 아닌 한 압수수색할 수 있다.

적법절차와 인권존중이라는 법 전통에도 불구하고 테러범에 대한 강력한 수사권을 부여한 것은 자유민주주의 법질서 및 법치주의를 위협하는 중대한 범죄로서 인식하고 테러의 폭력으로부터 보호해야 할 국민의 인권을 더욱 중시한 데서 비롯된 것이다.

2. 미 국

미국에서 테러범죄에 대하여 수사권을 갖는 대표적인 기관은 연방수사국FBI이다. 연방수사국은 테러범죄의 국내외의 정보활동을 담당하며 국내테러범죄단체의 감시활동도 행할 수 있는 권한을 가지고 있다. 특히 국제테러조직과 연계된 사건의 경우 중앙정보국CIA과 연계하여 수사한다. 이 경우 테러범죄의 수사과정에는 도청과 미행 등을 주로 담당하는 기술지원팀Technical Service Squad과 특수감시대Special Surveillance Group의 지원을 받게 된다. 테러범죄의 진압을 위하여 연방수사국 산하에 특수부대인 SWAT가 있고 대규모 테러사건에 대처하기 위하여 인질구출팀Hostage Rescue Team을 1982년에 창설하였다.

미국은 국내테러단체보다는 국외에 근거지를 둔 외국인에 의한 테러가 빈발하고 있는 점을 고려하여 미국인이 아닌 자에 대한 해외전자감시활동을 행함에 있어 영장없는 수색을 허용하고 있다. 영장주의의 엄격한 구속을 받는 미국 내에서의 수사와는 달리 테러범죄와 관련해서는 해외정보수집을 위하여 전자감시가 가능한 것이다.

3. 독 일

독일에서는 테러사건에 대한 수사를 담당하는 연방수사국Bundeskriminalamt: BKA의 테러대책부 및 국내외 테러관련 정보수집을 담당하는 연방정보국Bundesnachrichten-dienst: BND의 테러대책과, 그리고 연방헌법수호국에 테러대책과를 두고 있다. 연방수사국의 테러대책부는 테러사건의 조사 및 평가, 정보수집, 체포의 3개 분야로 나누어져 있다.

독일의 수사기관에는 테러범죄에 대한 정보나 증거수집을 위하여 전화도청, 전자감시, 컴퓨터정보자료검색 및 저인망수사를 이용한 수사기법이나 잠입수사원 또는 비밀연락원을 이용하는 잠입수사 등의 다양한 방법이 사용되고 있다.[14)]

테러범죄의 상당한 혐의가 있는 경우에는 테러범이 어떤 건물 내의 주거 기타 장소에 있다고 믿을 만한 사유가 있을 때에는 그 체포를 목적으로 주거 기타 장소에 대하여 수색을 할 수 있다. 또한 테러범의 검거를 위하여 공공장소에 검문소를 설치하

14) 이건종, 「각국의 테러범죄대응책에 관한 연구」, 한국형사정책연구원, 1995, pp. 107~109.

여 신원확인 및 휴대물품의 수색을 행할 수 있다. 테러의 혐의를 받는 자에 대하여서는 영장없이 신원확인에 필요한 조치를 취할 수 있으며 신원확인을 위하여 12시간의 범위 안에서 구금을 할 수 있다.

4. 프랑스

프랑스에서는 1984년 10월 경찰청Police Nationale 산하에 테러대책조정기구를 설치한데 이어 1986년 9월 파리 지방검찰청 내 중앙테러대책본부를 두어 테러범죄에 대한 업무를 전담케 하고 있다.[15] 또한 테러관련 정보수집을 위해 내무성 종합정보국, 국제협력국 등이 있으며 특히 국제테러에 관한 정보수집 및 수사를 위해 보안국에 대테러 특수부대GIPN가 있다.

1986년 테러대책법에 의해 대통령이 테러집단에 대해 해산명령을 할 수 있으며 테러범죄를 직접적으로 교사하거나 옹호하는 출판행위를 처벌하도록 하고 있으며 테러범의 체포를 용이하게 하기 위하여 현상금제도를 두도록 하였다. 테러범의 수사에 있어서는 검사 또는 법원의 허가를 얻어 보호유치를 통상 48시간이지만 48시간 연장할 수 있으며 거주자의 동의 없이도 가택을 수색하고 압수할 수 있다. 또한 테러범도 다른 범죄자와 마찬가지로 현행범여부를 불문하고 긴급체포를 할 수 있으며 구속시에는 구속 후 2일 이내에 법원에 인치하면 된다.

프랑스도 다른 구미제국과 마찬가지로 수사권의 강화 및 테러범죄처리의 집중화, 신속화, 처벌의 강화를 특징으로 하고 있다.

5. 일 본

일본에서는 테러범죄에 대한 담당기관으로서 경찰청 경비국 외사과가 있다.[16] 외사과는 적군파 등에 관한 정보수집 및 사건수사뿐만 아니라 일본 국민에 대한 위험성이 높은 국제테러에 관한 정보수집 및 수사에도 심혈을 기울이고 있다.

일본에서 테러범죄에 대한 수사는 형사법상 특례를 인정하고 있지 않아 일반 범

---

15) M. Wieviorka, "*France faced with Terrorism,*" Terrorism, Vol. 14, 1991, pp. 168~169.
16) 1994년 7월 1일부로 경비국 외사 제1과와 외사 제2과를 통합하여 외사과를 두었다.

죄와 동일한 절차에 의해서 이루어진다.

적군파 등의 테러조직이 국제적으로 연계하여 활동함에 따라 각국 경찰기관과 정보교환을 강화하고 있으며 국제테러범의 검거를 위해 국제형사경찰기구를 통한 수배를 이용하여 국제테러범의 잠입을 저지하고, 국제테러용의자의 발견 및 검거활동을 강력하게 추진하고 있는 한편 테러단체에 대한 국내지원단체의 실태를 파악하는 데도 노력하고 있다.

Ⅵ. 결 론

이상에서 테러범의 목표와 전략, 범죄수사를 위한 예방정보의 가치와 수사관의 역할, 그리고 주요 각국의 테러범죄 수사절차에 관해서 살펴보았다.

아직도 지구상에서 활동 중인 테러집단은 수없이 많다. 지난 1988년 미국정부의 테러특별연구기관은 테러백서에서 144개의 테러조직을 공개했으나 지금은 그때보다 훨씬 늘어났다는 것이 일반적인 분석이다. 종교, 인종, 이념을 축으로 한 테러조직은 현재 줄잡아 51개국에 근거지를 두고 있는 것으로 파악되고 있다.

선진 주요국가는 최근 테러행위에 의한 자국민의 피해가 잇따르자 테러범죄퇴치를 위해 사생활의 자유가 다소 침해되더라도 테러에 의한 피해를 근절시키려는 입법이 적극적으로 마련되고 있음을 볼 수 있다. 우리나라는 아직까지 테러의 안전지대로 인식하는 경향이 있으나 북한의 테러행위가 국내외적으로 끊임없이 전개되고 있는 현실에서는 대테러관련기관간의 예방정보 수집과 수사기법의 교환 및 모의실습실험, 인터폴과 유엔을 통한 국제적 노력을 활발히 전개하여야 할 것이다. 더구나 핵무기나 생화학무기 혹은 컴퓨터망을 공격하는 사이버 테러가 언제 발생할지도 모르기 때문이다.

테러사건의 효과적인 대응을 위한 전술팀과 협상팀의 역할과 정보

Ⅰ. 서 론

Ⅱ. 성공적인 사건해결은 봉쇄와 협상

Ⅲ. 전술팀과 협상팀들이 겪는 문제점

Ⅳ. 전술팀과 협상팀들에 공통되는 정보

1. 인질상황을 관리하는 데 있어서의 순서
2. 인질상황에서 즉각적인 요구사항
3. 인질상황에서 최초 순찰자의 임무
4. 지휘관의 대응
5. 인질상황에서 전술팀의 목적과 기능
6. 인질상황을 평가하는 8가지 필수요소
7. 인질범을 성공적으로 다루기 위해 필요한 사항
8. 시한에 대한 평가
9. 인질상황의 진전에 대한 평가 방법
10. 인질범이 자수를 할 경우의 처리방법
11. 인질상황이나 대치상태를 처리하는 과정에서 적용되는 의사소통 기법
12. 인질범과 대화할 때 적절한 언어의 사용기법
13. 협상팀이 지휘관이나 전술팀에게 제공할 수 있는 것
14. 인질상황이나 대치상태에서 정보의 수집과 이용
15. 위험성이 높은 요소

Ⅴ. 전술팀의 기능과 협상팀의 전략적 활용

Ⅵ. 결 론

Ⅰ. 서　론

테러리즘의 유형과 양상이 점차 다양해짐에 따라 각국 정부는 사건이 갖는 특성에 따라 효과적인 대응전략을 수립하고 실행에 옮기게 된다.

일반적으로 인질상황이나 대치상황 그리고 자살상황에 효과적으로 대처하는 데에 있어서는 궁극적으로 두 가지 측면이 고려될 수 있는데 무력을 사용치 않는 평화적 해결과 무력에 의한 진압이다. 일단 사건이 발생하면 피해의 극소화를 위한 조치와 아울러 범인과의 대화를 통한 협상, 설득 또는 무력을 사용치 않고 범행을 포기토록 하는 등 평화적인 방법과 최후수단으로 사용될 수 있는 무력공격이 있을 수 있으나 특공대의 투입 등 무력에 의한 진압은 최소의 희생으로 성공할 수 있다는 확신이 섰을 때에만 채택되어야 하며 잘 훈련된 특수부대가 있다는 것이 전제되어야 한다. 인질상황이나 대치상황이 발생했을 때 협상팀과 전술팀은 이에 대한 일반적인 자세와 일반적인 지식이 다르기 때문에 이러한 상황이 벌어지면 심각한 문제를 야기한다.

이와 같은 맥락에서 인질 및 대치상황에 대한 포괄적인 접근방법을 개발하고자 시도하였다. 그러나 이러한 접근방법은 협상팀과 전술팀의 두 진영에서 각기 발전되어 양쪽이 다른 방법으로 같은 일을 수행하도록 설계되었다. 초기에는 이러한 상황에 관계된 모든 사람들이 전술적 기술과 협상기술의 훈련을 모두 함께 받는 것을 강조하고 있다. 아마도 이러한 과거의 강조사항이 미래에 대한 교훈이 될 수도 있을 것이다. 고도로 전문화된 전술팀과 마찬가지로 숙달된 협상팀의 임무수행과정에서 교차훈련을 받은 사람에게서 나타날 수도 있는 상승작용은 없어져 버렸다. 전술팀들은 자신들의 임무가 그 성질상 의사소통의 기술이나 심리적인 감수성을 발달시킬 것을 요구하지 않는다고 생각하는 경향이 있다. 또한 협상자들은 자신들에 의한 사건해결의 이득에 대해 마찬가지로 편협한 생각을 가질 수도 있다.

협상팀을 전술팀의 특수기능으로 간주하는 사람들은 두 집단을 병합함으로써 능률적인 지휘통제가 가능하고 전반적인 전략적 상황에 보다 효과적인 통제를 할 수 있다는 주장도 있으나 인적 자원의 활용, 예산문제, 시간 또는 지역적인 특수성, 전문기능에 의한 조직의 분리라는 관점에서 본다면 협상팀과 전술팀은 분리되는 것이 합리적이라는 견해가 지배적이다.[1] 그러나 전문화된 전술팀과 협상팀을 각각 구성하는 것이 이 두 팀을 합해서 한 팀으로 만드는 것에 비해 어떤 가치가 있을지도 모르지만 그 가치란 상호작용과 의미있는 합동훈련경험의 부족으로 말미암아 상실되거나 적어도 흐려질 수 있다. 양 팀이 서로를 이해하고 인정할 때 이러한 긴급한 상황을 성공적으로 해결할 수 있는 가능성은 더 높아지는 것이다.

이러한 목적을 달성하기 위해서는 겉핥기식으로 각 팀이 존재한다는 것을 인식하는 정도가 아니라 상대 팀이 활동을 하는 기반이 되는 지식에 대해 배우려는 의지가 필요하다. 경찰학교나 재직 중에 행해지는 훈련이 그 출발점이 될 수 있다. 합동훈련이 서로 간에 잘못 이해하고 있는 점을 고치고 서로를 잘 이해하도록 하는 데에 도움이 될 수 있다. 팀원들이 가지는 자세가 가장 중요한 것인데 이는 또한 바꾸기도 어렵다. 그러나 태도에 있어서의 변화는 바로 행동의 변화로 이어지는 것이다. 지휘관과 특수팀원들은 합동으로 행동하는 경우와 그 결과로 발생한 습득사항에 대해 열린 마음을 가지는 것이 이 과정이 잘 이루어지도록 돕는 길이다.[2)]

누구도 일반적인 지식 전반에 대해 잘 알고 있지는 못하며 인질상황, 대치상황 혹은 자살기도사건과 같은 극도로 민감하고 변화하기 쉬운 상황들을 해결하는 데 필수적인 특별한 지식을 가지고 있는 것은 아니다. 상호간의 신뢰와 지식, 그리고 훈련에 의해서만 서로가 서로에 대해 가지고 있는 정보를 교환하고 전체적인 상황처리과정이 더 나아질 수 있는 것이다.

여기에서는 각 팀 간의 서로 다른 견해에 대해 논의하고, 필요한 공통적인 지식은 어떠한 것이며, 이러한 딜레마를 해결할 수 있는 몇가지 방안을 제시하고자 한다. 여기에서 다루는 문제는 결코 새로운 것은 아니다. 이러한 문제는 과거에도 있었으나 아마도 미래의 더 훌륭한 방법을 모색하는 데 우리에게 시사점을 제공해 줄 것이다.

---

1) 미국의 경우 로스엔젤레스 경찰국의 협상전문경찰관은 특공대(SWAT)에 소속되어 있는 반면 뉴욕 경찰국의 협상전문가들은 특공대(SWAT)와는 별도로 협상팀을 이루고 있다.

2) James L. Greenstone, *Tactics and Negotiating Techniques*(TNT): The Way of the Past and the Way of the Future," Martin I. Kurke & Ellen M. Scrivner, *Police Psychology Into the 21st Century* (Hillsdale, New Jersey: Lawrence Erlbaum Associates, Publishers, 1995), p. 358.

Ⅱ. 성공적인 사건 해결은 봉쇄와 협상

인질사건이나 대치사건 그리고 자살기도사건들을 다루는 데에 있어서 적절하고도 많은 사람들에 의해 수용되는 최근의 경향을 보면 인질협상과정에 관한 훈련을 받은 경찰관들이 그러한 사건을 성공적으로 해결하는 경우가 더 높은 것으로 나타났다.[3] 이러한 상황에 있어서 성공을 거둔다는 것은 경찰관이나 인질범, 그리고 인질 등 사건에 관련된 어떤 사람들도 사망하지 않고서 사건이 해결되는 경우를 의미한다.

전술팀이 개입하는 것은 필수적인 것으로서 그렇게 하는 것이 상황을 적절히 봉쇄할 수 있게 하기 위해서이다. 이렇게 상황이 봉쇄되면 협상의 기술은 최대의 효과를 발휘할 수 있다. 적절히 훈련된 경찰관에게 그들이 필요로 하는 시간이 주어지고, 그들이 필요로 하는 협조가 주어진다면 그들이 훈련받은 대로 협상을 진행해 나가도록 되는 인질상황에서는 인질범이나 인질 혹은 다른 관계자들이 사망하는 경우는 최소한에 그친다.

미국 내의 여러 도시에서 표집한 표본의 성공률을 보면 이는 더욱 확실해진다. 텍사스 주의 휴스턴에서는 1978년부터 1990년까지 450건의 상황이 벌어졌는데 이 중에서 오직 2명의 인명만이 손실되었다. 텍사스의 포트워스에서는 같은 기간 중 일어난 40건의 인질사건 모두가 인명피해 없이 해결이 되었다. 뉴욕시경에서도 1976년부터 현재까지 평균적으로 대략 매년 340건의 상황이 일어났는데 99%가 성공적으로 해결되었다. 텍사스의 샌안토니오에서 행해진 조사에 따르면 그 지역 경찰서는 인질범을 공격하는 경우에 부상이나 사망하는 경우가 78%가 된다는 점을 밝혀 주었다. 화학무기를 사용하면 사상자를 낼 확률이 50%이고 명령에 따라 총기를 사용하는 경우에도 사상자를 낼 확률은 100%라고 한다. 봉쇄와 협상이라는 방법을 사용하면 관련자들이 사상할 확률은 1% 미만이다. 테네시 주의 샤타누가에서는 15년 동안에 문자 그대로 수백 건의 인질, 대치상황과 자살기도사건이 일어났는데 이 중 오직 3명만이 자살로 인해 목숨을 잃었다. 인질이 잡혀 있을 때는 사건 성공률이 15년 동안 100%였다. 이는 일반적으로 인정된 절차를 통하여 경찰협상가들을 훈련시켰기 때문이다.[4]

---

3) John A. Culley, "Defusing Human Bombs-Hostage Negociations," *FBI Law Enforcement Bulletin*, October 1974, pp. 1～5.

4) James L. Greenstone, *op cit.*, pp. 358～359.

인질 및 대치사건 분야에 대한 자료들을 살펴보면 다음과 같다.

처음부터 봉쇄와 협상이라는 방법은 미국에서 점차적으로 증가하고 있는 인질상황의 대부분을 안전하게 해결하는 데 매우 성공적이었다.

성공적으로 해결하기 위해서는 훈련된 협상가들이 있어야 하고 이들이 활용되어야 한다.[5)]

1980년부터 1989년까지 9년 동안에 일어난 수많은 인질, 대치, 자살사건을 통해서 우리는 위기개입과 인질 협상기법이 모든 사건을 인명의 손실없이 해결할 수 있도록 해주었다는 것을 알게 되었다.[6)]

정신적으로 장애를 겪고 있는 인질범들과 협상하는 것을 비교 연구한 결과도 훈련된 협상가들이 정신장애를 겪고 있는 인질범을 상대하는 데 있어서도 훨씬 낫다는 점이 밝혀졌다.[7)]

Ⅲ. 전술팀과 협상팀들이 겪는 문제점

FBI에서는 테러사건이 발생했을 경우 전술팀이나 협상팀들이 겪고 있는 일반적인 문제점을 다음과 같이 지적하고 있다.

---

1) 의사소통과 절차 면에 있어서 협상팀과 전술팀간의 조정의 부족
2) 상호간의 이해부족으로 인한 상호 신뢰의 부족
3) 협상팀과 전술팀 모두에게의 부적절한 정보 수집과 배포
4) 적절한 전술팀의 지원이 없는 가운데에 협상가를 인질범과 정면으로 협상에 임하게 하는 것. 인질협상은 개인적으로 행해지는 일이 아니다. 이는 팀의 공통된 노력에 의한 것이다.
5) 협상가에게 적절한 지원을 해주기보다는 정신과 전문의에게 과도하게 의지를 하는 점
6) 불필요한 강요로 협상팀을 보호하지 못하는 점

---

5) James L. Greenstone, "The Key to Success for Hostage Negotiations Teams: Training, training and more training," *Police Forum*, January, 1992, p. 2.

6) W.R. Fowler & J.L. Greenstone, *Crisis Intervention Compendium* (Littleton, MA.: Copley, 1989), p. 100.

7) R. Borum, *Developing Effective Negotiation Strategies for dealing with mentally disturbed Hostage Takers*, Unpublished research manuscript, 1987, p. 3.

7) 자주 개입을 받고 부가적인 임무가 있기 때문에 협상 조정가와 전술팀 명령자가 각자의 임무를 적절히 수행할 수 없는 점
8) 전술팀과 협상팀에 관련된 모든 사람들에게 적절한 임무교대 브리핑을 하지 못하는 것
9) 협상자가 재배치에 관한 문제에 있어서 전술팀 명령자나 현장지휘관에게 정직하게 말하기를 꺼리는 점
10) 대상자가 자살을 해버린 경우에 오는 실패감
11) 팀원 선발에 있어서 부적절한 기준설정
12) 협상팀과 전술팀의 부적절한 구성과 적절한 상호 지원에 대한 약속이 없는 것
13) 절차와 장비들에 대한 교차훈련을 협상팀과 전술팀들에게 적절하게 실시하지 못하는 것
14) 충분하게 합동훈련을 실시하지 못하는 점
15) 양 팀이 관련 부서와 합동으로 훈련을 하지 못하는 점
16) 계속적으로 최신의 훈련을 하지 못하는 점
17) 전술팀과 협상팀의 양쪽의 훈련에 지휘관이 참여하지 못하는 점
18) 무기의 안전성을 보장하지 못하는 점
19) 훈련에 참여하는 인원들 모두가 훈련을 통해서 달성하고자 하는 바가 무엇인지 정확히 이해하지 못하는 점
20) 현장지휘관이 위기관리 대처훈련을 충분히 받지 못하는 점
21) 현장지휘관이 협상팀이나 전술팀에 대한 통제를 잃게 될지도 모른다는 두려움
22) 협상이나 전술적 대응과정에서 현장지휘관이나 상관의 너무 지나친 개입
23) 협상팀과 전술팀이 정확히 어떤 임무를 맡고 있는가를 이해하지 못하는 데서 오는 부적절한 규제
24) 각자의 임무를 이해하지 못하는 데서 기인하는 협상팀과 전술팀간의 신뢰의 부족
25) 사건 발생시에 협상가나 전술팀 경찰관과 상호관계를 맺도록 되어 있는 사람들의 부적절함[8)]

Ⅳ. 전술팀과 협상팀들에 공통되는 정보

테러사건을 해결하는 데 관련된 사람들 모두가 이해해야만 하는 중요한 정보들 가운데 일부를 다음에 기술한다. 이러한 정보들은 일반적으로 함께 제시되지는 않는데 이는 일반적으로 특정한 팀에게만 해당되는 정보라고 간주되어서 다른 팀에게 공개하지는 않는다. 그러나 분명히 해야 할 점은 이러한 정보들을 이해하는 것이 협상

8) FBI, *Advanced Special Topics Seminar*, Johnson County Community College, June, 1991.

팀들이나 전술팀들이 총체적인 성공을 거두는 데에 필수적인 것이다.

1. 인질상황을 관리하는 데 있어서의 순서

사건이 발생하면 우선적으로 경찰이 나서게 된다. 아래에서 기술한 모든 활동은 주어진 특정상황에서 모두 가능한 것만은 아니며 그 순서를 결정하는 데 있어서 절대적인 공식이 있는 것도 아니다. 그러나 일반적으로 다음의 단계적 조치들은 어떠한 경우라도 우선적으로 취해져야 한다.

---

1) 의사소통을 확립한다.
2) 인질범이 마약이나 약물을 복용했는지의 여부를 확인한다.
3) 석방된 인질에게서 정보를 얻는다.
4) 최초로 인질범과 접촉을 한 사람이나 최초 대응경찰관과 면담을 한다.
5) 인질범에 대한 정보를 수집한다.
6) 인질극이 일어나고 있는 건물이나 장소에 대한 정보를 수집한다.
7) 협상팀들과 전술팀들을 가동시킨다.
8) 인질범의 요구를 알아내고 협상 가능한 것과 협상이 불가능한 것을 정한다.
9) 지휘소를 설립한다.
10) 필요한 경우 예비 병력을 빠른 시간 내에 동원한다.
11) 주간 혹은 야간 작전에 적응한다.
12) 현장에 의료팀과 소방 인원들을 확보한다.
13) 모든 관련인원들이 인질범에게 보이지 않도록 배치하고 그 상황을 유지한다.
14) 언론을 통제하고 방송 센터를 세운다.
15) 인질범의 정신건강 상태를 확인한다.
16) 협상을 지연시켜 시간을 번다.
17) 협상팀들을 위해 격리된 공간을 마련한다.
18) 전화 교신망을 직접 연결한다.
19) 모든 경계선을 통제한다.
20) 협상팀들의 통제를 유지한다.
21) 유동적인 자세를 취한다.
22) 전술팀을 위해 내부에 효율적인 경계선을 설치한다.
23) 임무를 부여받지 못한 경찰관들과 예비병력, 자치단체의 공무원들과 기타 다른 믿을 만한 인원들을 동원해 외부의 경계선을 설치한다.
24) 전술팀과 협상팀에게 모든 실질적인 지원이 가능한지 확인한다.
25) 협상팀들에게 필요한 장비 이외에도 일반 지휘체계에 필요한 장소와 장비를 확보한다.

---

2. 인질상황에서 즉각적인 요구사항

1) 경찰관들의 필요한 물건에 주의한다.
2) 언론의 요구사항을 고려하고 가능하면 응답한다.
3) 상황의 특성에 따라 필요하다면 물품을 수송하거나 차단시킨다.
4) 소방관서에 현장과 특정한 지역에서 대기해 줄 것을 요청한다.
5) 긴급 의료요원들을 지휘관의 명령에 따르도록 준비시키고 특정 장소에서 대기하도록 한다.
6) 긴급 의료요원들과 소방 담당자들에게 사건의 진행상황에 대해 통보한다.
7) 군중들의 교통을 통제한다.
8) 가능하다면 사건 관련자들의 친척들을 밝혀내고 면담을 한다.
9) 현장에 도착하는 자치단체지역의 담당자나 정치인들을 상대할 계획을 마련한다.
10) 사건현장 주위의 가게들이나 사업가들의 요구와 이 상황이 그들에게 어떠한 영향을 미칠 것인가에 대해 고려한다.

3. 인질상황에서 최초 순찰자의 임무

1) 명령 대응체계를 갖춘다.
2) 최초의 경계선을 설치한다.
3) 군중통제를 시작한다.
4) 감독관에게 이 사실에 대해 통고한다.
5) 전술팀과 협상팀들에게 사건에 대해 알린다.
6) 최초의 지휘소를 설치한다.
7) 현장에 대해 권한을 가진다.
8) 감독관이 교체시킬 때까지 혹은 전술팀과 협상팀들이 도착하기 전까지 현장의 통제를 유지한다.
9) 상황이 악화되는 것을 막는다.

4. 지휘관의 대응

1) 긴급시의 대책을 수립한다.
2) 명령계통의 위 아래로 정보의 흐름이 용이하도록 한다.
3) 현장의 모든 경찰관들을 조정하고 책임구역을 설정한다.
4) 현장지휘관을 임명한다.

5. 인질상황에서 전술팀의 목적과 기능

1) 4명 혹은 그 이상으로 팀을 이루어서 운영하거나 때로는 2의 배수로 팀을 구성하는데 이 경우도 최소인원은 4명이다.[9)]
2) 팀의 다른 멤버들과도 교차훈련을 한다.
3) 철저하게 개인적으로 통제가 되어 있어야 한다.
4) 특별한 무기들을 사용하고 능수능란하게 다룰 수 있도록 되어야 한다.
5) 정신적으로 강하게 무장되어 있어서 더욱 상황에 효과적으로 대응할 수 있어야 한다.
6) 폭발물, 부비 트랩과 협상기법에 대한 지식이 있어야 한다.
7) 극도로 위험한 상황에서 적절한 전술을 적용하고 필요한 장비들을 사용할 수 있어야 한다.
8) 인질범이 당국과 협상하겠다는 마음을 갖도록 한다.
9) 인질협상팀들의 노력을 지원한다.
10) 인질상황 혹은 대치상황에 대한 정보를 제공하고 감시를 한다.
11) 유리한 위치를 확보하고 지휘지역을 안전하게 하여 총기류 통제 임무를 행한다.
12) 총기류 사용에 있어서 철저한 규율을 유지한다.
13) 부대배치를 공개되지 않도록 유지한다.
14) 필요한 경우 구출 임무를 수행한다.
15) 현장지휘관의 요청이나 미리 정해진 전략에 따라서 강도들이나 약탈자들, 방화범들과 폭도들을 정기적으로 대하는 경찰관들과 소방대원들을 지원한다.

9) 전술팀의 규모와 편성은 소속기관의 규모와 필요성에 좌우된다. 일반적으로 1개팀은 5명으로 편성되나 경우에 따라서는 6~8명으로 구성하는 것이 좋을 때도 있다. 그러나 3명 이하로 편성되는 팀은 거의 없고 마찬가지로 5명 이상으로 편성되는 팀도 거의 없다.

6. 인질상황을 평가하는 8가지 필수요소

1) 인질범의 입장에서 살아야 한다는 필요성
2) 당국이 무력을 사용할 것이라는 위협
3) 인질범과 협상팀 사이의 의사소통
4) 인질범 가운데서의 지도자
5) 실질적인 요구사항들
6) 전술팀에 의한 봉쇄
7) 시간
8) 인질들을 돕거나 상처를 입힐 수 있는, 그러나 도우려는 의지를 언제나 드러내는 경찰협상팀

7. 인질범을 성공적으로 다루기 위해 필요한 사항

1) 처음에 시작할 때에 협상할 여지를 많이 준다.
2) 인질범이 그가 얻으려는 모든 것에 대해서 노력하도록 한다.
3) 양보를 할 때마다 그 대가로 무엇인가를 얻도록 한다.
4) 시간을 유리하게 이용한다.
5) 모든 요구사항과 모든 양보조치에 대한 기록을 한다.
6) 인질범에게 너무 많이 또 너무 빨리 굴복해서는 안 된다.
7) 요구사항을 말하라고 요청해서는 안 된다.
8) 이전의 요구사항을 꺼내서는 안 된다.
9) 어떠한 요구사항도 사소한 것으로 간주해서 무시해서는 안 된다.

8. 시한에 대한 평가

1) 시한을 지키지 않음으로 해서 사망사건이 일어나는 경우는 매우 드물다는 사실을 기억해야 한다.
2) 협상이 일어나기 전에 사망자가 생겼다고 해서 이를 청신호로 받아들여서는 안 된다.
3) 만일 유일한 요구사항이 죽여달라는 것이고 인질범이 자살을 할 확률을 평가할 수 없을 때 전술팀의 개입이 필요할지도 모른다.
4) 일반적으로 우회적으로 말함으로써 시한을 어겨라. 말의 주제를 바꾸거나 혹은 필요하다면 늦어지는 것에 대해서 관료들이나 고급공무원들을 비난하라.
5) 만일 당신의 인질범과 시한이 다가오기 전에 전화통화를 하고 있지 않다면, 시한이 되기 몇분 전에 전화를 해서 시간이 지날 때까지 전화를 계속하라.

9. 인질상황의 진전에 대한 평가 방법

1) 사상자가 없다.
2) 인질범이 말을 더 많이 한다.
3) 대화의 내용이 덜 폭력적이다.
4) 말하는 방식이 바뀌었다.
5) 인질범이 자신의 개인 사생활에 대해 더 말하고 싶어 한다.
6) 협상팀이 전화를 끊으려고 할 때에 인질범이 더 많이 저항을 한다.

10. 인질범이 자수를 할 경우의 처리방법

1) 자수의 과정에 있어서 세밀한 점까지 전술팀과 협상팀들은 함께 조심스럽게 다루어야 한다. 모든 사람들이 일관성 있게 행동해야 한다.
2) 인질범과 자수의 과정에 있어서 세밀한 내용까지 이야기한다.
3) 자수나 이와 관련된 절차에 대해서 가볍게 이야기해서는 안 된다.
4) 자수에 대해 너무 많이 이야기함으로써 자신이 가지고 있는 불안감을 드러낼 필요는 없다.
5) 인질범이 밖으로 나오기를 꺼린다면, 왜 꺼려하는지에 대해 묻고 다시 한 번 확신을 준다.
6) 자수에 대해 긍정적인 반응을 보이고 '만일 인질범이 나오게 된다면'이 아니라 '인질범이 나오게 될 때'에 대해서 말하라.
7) 자수에 대해 잘 계획을 세우기 위해서 충분한 시간을 벌라. 그러나 인질을 겁에 질리게 할 정도로 전술팀을 내보내거나 너무 오랜 시간이 걸리게 해서는 안 된다.

11. 인질상황이나 대치상태를 처리하는 과정에서 적용되는 의사소통 기법

1) 인질범이나 대치극을 벌이고 있는 사람들에게 그들이 누구이며 무엇을 하는 사람인가 혹은 누가 대표인가, 그리고 왜 거기에 있는가에 대해서 말하는 것으로 대화를 시작한다.
2) 이야기하는 것을 권장하기 위해 넓은 방면으로 이야기를 시작한다.
3) 인질이 아니라 인질범에 대화를 집중시킨다.
4) 서로 간에 친밀감을 일으키게 하기 위해서 인질범의 감정을 반영한다.
5) 찬성하거나 반대하지 않고 인질범의 감정을 받아들인다.
6) 이해하는 것이 꼭 동의하는 것을 의미하지 않는다는 사실을 기억해야 한다.

7) 침묵에 대해 두려워해서는 안 된다. 이를 필요한 만큼 이용해야 한다.
8) 말이나 요구사항을 할 때 분명하게 해야 한다.
9) 미사여구를 써서는 안 된다. 특히 그 말들이 주제와 별 관련이 없거나 의미에 적합하지 않은 경우는 더 그러하다.
10) 낙관적인 관점을 유지하려고 애쓴다.
11) 필요하다면 인질범을 칭찬한다.
12) 조심스럽게 계산되지 않았다면 반대 의사를 표시해서는 안 된다.
13) 만일 필요하다면 말의 의미를 정확히 해 줄 것을 요구한다. 자유롭게 해석할 수 있는 질문들을 한다.
14) 인질이나 인질범에게 자신의 가치를 부여하려고 해서는 안 된다.
15) 방어적이 되려고 해서는 안 된다.
16) 인질범이 말하는 것에 대해 수용하는 자세를 유지해야 한다.
17) 인질범이 감정을 발산하도록 한다.
18) 대화를 하면서 문제를 해결하려는 방향으로 유지하려 노력한다.
19) 인질범이 말하는 것은 어느 것이건 사소한 것으로 치부해서는 안 된다.
20) 미리 계획을 하지 않고서는 화난 반응을 보여서는 안 된다.

12. 인질범과 대화할 때 적절한 언어의 사용기법

1) 먼저 당신을 더 잘 알고 싶습니다.
2) 그것에 대해 좀 더 말해 줄 수 없습니까?
3) 당신이 어떠한 생각을 가지고 있는지 듣고 싶습니다.
4) 그것을 나에게도 가르쳐 줄 수는 없습니까?
5) 내 생각에 그것이 당신에게 매우 중요한 것 같군요.
6) 어디 한 번 말씀해 보십시오.
7) 그거 재미있군요.
8) 알겠습니다.
9) 그렇습니까?
10) 아.
11) 네.수긍의 표시

13. 협상팀이 지휘관이나 전술팀에게 제공할 수 있는 것

1) 인질범의 감정의 상태나 위협의 정도에 대한 정보
2) 대화하는 도중에 알게 된 인질범이나 인질에 대한 정보
3) 인질이나 인질범의 프로필
4) 주모자나 다른 관련인물들의 위치
5) 필요한 경우 관심을 다른 데로 돌리게 하거나 기습요인
6) 시간을 벌어줄 수 있다.
7) 전술 전략을 짜는 데 있어서 원조

14. 인질상황이나 대치상태에서 정보의 수집과 이용

1) 정보를 수집하고 이해하고 이용하는 것은 전술팀과 협상팀에게 공통된 임무이다.
2) 어떠한 팀도 수집된 정보에 대한 독점권은 없다.
3) 더욱 효과적이 되기 위해서는 정보가 지휘계통의 위 아래로 잘 전달되어야 한다.
4) 인질사건을 성공적으로 해결하는 것은 정보를 효과적으로 수집하고 처리하고 전달하는 데에 달려 있다.
5) 중요한 상황이 계산된 반응에 의해 생겼다면 이에 대한 결정은 모든 사람들이 정보가 갖추어져 있는 상황에서 내려져야 한다.
6) 정보의 수집은 선택적이어야 한다. 너무 많은 정보를 수집하는 것은 너무 적은 정보를 수집하는 것만큼 나쁘다.
7) 올바른 정보 수집은 주로 올바른 질문을 했는가, 누가 그 질문들을 했는가에 달려 있다.
8) 효과적인 정보의 수집은 사전 계획과 현상에서의 능숙함의 결과이다.
9) 전술적 정보는 현장에서 즉각적으로 수집되어야 하고 효과적으로 분석되어야 한다. 특수한 정보는 그때 의사결정자에게 넘겨야 한다.
10) 모든 수집된 생생한 정보들이 갖는 작전상의 가치는 빠르고 효과적으로 평가되어야 한다.
11) 수집된 생생한 정보의 평가를 위해 장소가 설정되어야 하는데 그곳은 안전하며 모든 정보가 전달되어야 한다.
12) 가능한 한 빨리 모든 정보가 문서화되어야 한다.
13) 정보는 타당성과 신뢰성의 측면에서 계속적으로 평가되어야 한다.
14) 모든 관련당사자들은 자신이 누구이고 어떤 상황에 놓여 있는지를 밝혀 주는 관계를 맺고 있어야 한다. 인질범도 이러한 관계를 맺고 있어야 한다.
15) 범죄수법, 친숙하지 않은 무기를 사용하는 방법, 일반적이지 않은 요구사항을 처리하는

법, 특정한 행동 양상에 대해서 특별한 주의를 기울인다.
16) 인질범이나 인질의 개인 사생활에 대해 어떠한 정보를 얻어낼 수 있는가?
17) 인질범이 다른 사람들과 협조하여 행동하고 있는지 단독으로 행동하고 있는지를 밝혀내기 위해 노력한다.
18) 만일 공범이 있다면 공범들과 이 인질범의 관계는 어떠한가?
19) 인질범이 그 지역사회에 알려진 사람인지 아니면 낯선 사람인지 알아낸다.
20) 인질범의 정치성향, 신봉하는 이념, 사회적인 배경에 대한 정보를 확인하려고 노력한다.
21) 정보와 그 의미에 대해 추측하려고 해서는 안 된다. 어떤 것에 대해서도 가정을 하게 된다면 전체 작전의 성공적인 수행에 있어서 장애가 될 수도 있다.

15. 위험성이 높은 요소

위험성이 높은 요소는 협상팀들과 전술팀원들 모두가 꼭 이해해야만 한다. 이러한 요소가 등장하기 시작한다면, 혹은 이미 사건에서 발생했다면 인질범이나 인질이 사망할 확률이 엄청나게 높아진다. 정보는 핵심적인 문제가 된다. 만일 협상팀들이 이러한 요소에 대해 알게 된다면 협상팀들의 전술적인 역할이 넓어진다. 전술팀장은 전술적인 방법으로 문제를 해결하는 것이 필요하다는 사실에 대해 통보를 받게 된다. 비록 협상이 여전히 가능하다 해도 모든 관련 당사자들은 이러한 요소가 존재할 때의 위험에 대해 잘 알고 있어야 한다. 위험성이 높은 요소들의 수가 많아질수록 인질범이 인질을 살해하고 자살을 할 확률이 높아진다.

위험요소에는 다음과 같은 것이 있다.[10)]

1) 인질범은 특정 행동이 경찰로부터 반응을 얻어낼 뿐만 아니라 때로는 대치상황으로 이끌 수도 있다는 사실을 알고서도 그러한 행동을 한다.
2) 인질범이 인질을 잘 알고 있고 특별하게 선택한 경우이다. 특히 인질이 인질범과 애정관계가 있었거나 가족의 일원일 때 그러하다.
3) 인질과 인질범 간의 예전의 관계가 매우 좋지 않아서 경찰의 전술적인 개입이 필요한 경우, 특히 문제는 가정폭력이나 아동학대의 주장 혹은 인질이 인질범을 고소한 적이 있었던 경우가 특히 위험하다.

10) G.D. Fuselier, C.R. Van Zandt & F.J. Lanceley, "High Risk Factors and the Action Criteria in Hostage/Barricade Situations," *FBI Law Enforcement Bulletin*, January 1991, pp. 2~3.

4) 특별한 요구사항이 없이 인질에 대한 위협을 한다.
5) 예전에도 유사한 사건을 저질렀던 경험이 있다.
6) 인질범이 최근에 여러 가지 일로 스트레스를 일으키는 자극을 받았을 경우
7) 인질범의 사회적 배경이 "명예의 실추"에 대해 중요하게 생각하는 경우, 혹은 친척관계에 있어서 남성의 우월성을 강조하는 경우
8) 가족들이나 지원하는 조직들이 없을 때
9) 자살하겠다는 의도를 입 밖으로 내어 말할 때
10) 인질범이 구두로 의사를 표현하거나 자신이 계획한 일을 순서에 맞게 해 놓았을 때
11) 충동적인 행동을 한 경험이 있을 때
12) 희망이 없고 더 이상 어쩔 수 없다고 느끼는 경우
13) 협상팀이 사건에 대해서 본능적으로 느끼는 감정
14) 총기를 실험해 볼 때

V. 전술팀의 기능과 협상팀의 전략적 활용

전술팀은 행동지향적인 특성을 지니고 있기 때문에 가능하면 즉시 공격을 개시하여 진압할 수 있는 방향으로 상황을 이끈다. 일반적으로 1개 팀은 팀장, 사격수, 관찰자, 정찰자, 후방경호자로 구성된 5명으로 편성된다.

먼저 전술팀장은 팀의 임무에 대해 책임을 진다. 즉 계획을 세우고, 조직을 하며 각 임무에 맞는 특정한 전술을 적용하며, 팀을 통제하고 지휘하며 이끈다. 팀장은 현장 지휘관과 모든 정보에 대한 의사소통을 하게 된다.

둘째로 사격수는 중·장거리에서 방어를 하며, 저격병을 통제하고, 모든 거리에서 정확하게 기지보호를 위한 총기 사용을 하게 된다.

셋째로 관찰자는 사격수의 감시병 역할을 하는데 중·장거리에서 방어를 하고 통신병의 역할도 한다.

넷째로 정찰자는 들어오고 나가는 길을 알아냄으로써 팀을 목표물에게로 안내하고 돌아온다. 이들은 팀에게 안전을 제공하고 단거리에서의 방어를 한다.

다섯째로 후방 경호자는 보안, 단거리 방어, 안전하게 확보된 위치에서 대치극을 벌이고 있는 목표물에게 단거리에서의 총기발사를 한다. 따라서 전술팀 훈련은 자연스럽게 총기류에 치중되기 쉽다.[11)]

한편 협상팀들은 내심으로 자기가 범인을 설득하여 자수시켰으면 하는 개인적인 소망을 가지게 되면서도 동료인 전술팀의 성급한 진압작전에 대해 갈등을 나타내게 된다. 협상팀을 전략적으로 활용하는 데 있어서 예전의 방침은 다음과 같았다. "협상팀들에게 전술팀이 개입할지도 모른다는 점에 대해서는 말하지 말라. 그렇게 된다면 협상팀이 그 사실을 인질범에게 유출시킬 수도 있다." 그러나 사실은 협상팀이 인질범에게 사실을 알려준 사례가 보고된 바도 없으며 FBI의 기록에도 그러한 사례는 없다는 것이다. 반면에 협상팀들은 전술팀의 개입에 의한 사건해결이 용이하게 하는 역할을 담당해 왔다. 많은 경우에 있어서 이러한 방법으로 문제가 해결되었다는 사실이 보도되었다.

협상팀들은 전술적으로 무슨 일이 일어날 것인가에 대해 알고 있어야만 한다. 협상팀들은 전체팀의 일원이고 전체 팀운영의 일부분이다. 전술팀의 개입이 불가피하다고 해서 협상이 실패하는 것은 아니다. 전술팀과 협상팀이 함께 일하기 때문에 협상은 특정한 사건을 해결하는 데 있어서 총체적인 해결책의 일부분이 되는 것이다.

Ⅵ. 결 론

인질사건이나 대치사건을 다루는 데 있어 공통된 중요한 점은 경찰관들이 전술팀에 배치되어 있어서 협상훈련을 받을 필요가 없다고 흔히 주장하는 일이다. 전술팀과 협상팀이 한 팀에 같이 있든 혹은 다른 팀으로 나뉘어 있든, 공통된 태도를 나타내는 공통된 지식을 소유하고 있는 것이 이러한 상황을 해결하는 데에 더욱 효과적이 될 수 있다. 공통된 행동과 공통된 지식 그리고 별개로 팀을 구성하는 것이 성공으로 이끄는 핵심이 될 수 있다. 관련된 모든 사람들은 일관성 있게 행동해야 하며 공통된 목표를 위해 움직여야 한다.

현재 가지고 있는 태도는 다음과 같은 사실을 의미한다.

첫째, 협상은 진정한 경찰의 업무가 아니다.

둘째, 무엇인가 수행해야 할 진정한 업무는 전술팀에 의해서이지 협상팀에 의해서는 아니다. 많은 경찰서 내에서 전술팀과 협상팀에 참가할 지원자를 뽑을 때 많은

---

11) 구광모, "협상팀과 특공대의 상호역할과 한계,"「대테러연구 IX」, 치안본부, 1987, p. 106.

사람들은 전술팀에 지원한다. 반면 협상팀에 지원하는 사람은 거의 없다.

셋째, 협상의 목적은 상황을 해결하기 위해서 전술팀이 개입하기 전까지 인질범의 기분을 맞춰주기 위해서이다.

넷째, 협상을 시도해야 하겠지만 만일 잘 되지 않는다면 전술팀이 나서서 일을 해결해야 한다.

다섯째, 어떤 관서에서는 협상팀을 만들지 않고서 전술팀만을 구성하는 경우가 있다.

여섯째, 어떤 관서에서는 협상팀만을 구성하고 그들을 지원할 전술팀을 구성하지 않는다.

일곱째, 만일 비교적 작은 규모의 경찰서가 문제를 겪게 되었는데 협상팀이나 전술팀이 없다면, 그들은 아마도 더 큰 규모의 대도시의 경찰서의 전술팀에게 지원을 요청할 수 있다고 생각할 것이고 그들은 지금까지 그들이 계속 무시해 왔던 일에 대해 언제나 지원을 얻을 수 있을 것이라고 생각한다.

이러한 태도로 비추어 보았을 때 전술팀과 협상팀은 더욱 큰 효과를 올리기 위해서는 따로 구성되어야 한다. 양 팀이 분리되어 있다면 공통된 지식과 이러한 사건을 해결하는 데 있어서 공통된 자세를 가져야만 한다. 각 팀은 서로 다른 팀과 합동으로 훈련을 해야만 하며, 서로를 이해하고, 비록 서로의 임무가 다르기는 하지만 같은 목표를 가지고 공통된 작전을 수행하는 일부분으로 보아야 한다.

협상팀과 전술팀원들을 한 팀에 배치하거나 서로를 잘 이해하지 못하는 두 팀으로 분리해 배치하는 것은 문제를 해결하는 데 어렵게 한다. 문제의 해결은 양 팀이 같은 목적을 지니고, 같은 접근방법을 취하며, 같이 훈련받고, 같은 태도를 가지고 있을 때에만 달성될 수 있는 것이다.

따라서 우리나라에서도 협상팀과 전술팀은 조직을 분리하여 운영되는 것이 바람직하다. 다만 두 집단간에 지속적이고도 친밀한 유대관계를 갖도록 여건을 조성해야 할 것이다. 문제는 전술팀과 협상팀이 서로를 얼마나 이해하고 협동하는가 하는 데 있기 때문이다.

서유럽국가에서의 테러에 대한 대응정책

Ⅰ. 서　　론

지난 25년 동안 서유럽의 자유 민주국가들은 그들 국가의 정당성 및 수용성에 부합하는 방법으로 테러행위에 어떻게 대응할 것인가 하는 문제로 고심해왔다. 현대 자유주의국가의 기본이 되는 것은 정부가 국민의 기본적인 권익을 보호하기 위한 법을 제정하고 시행함으로써 그들의 안전을 보장하는 것이다. 테러행위로 인해 개인의 자유로운 환경에서 살 권리를 타인에 의한 폭력과 강압으로 위협받게 된다는 점을 고려해 볼 때, 자유주의 국가가 이러한 폭력에 대해 확고하게 대처하는 것은 당연하다고 할 수 있다.

그러나 자유국가의 기본적인 과업은 자유민주적인 생활방식을 수호하는 것이기 때문에 이러한 생활방식을 가능하게 하는 기준과 전통을 해치지 않는 것이 중요하다. 따라서 정부가 불법적이고 혹은 위헌소지가 있는 대응방법을 강구한다면 그 정당성을 해칠 뿐만 아니라, 해결하려는 문제보다도 상황을 더욱 악화시킬 수도 있다. 바로 이러한 이유 때문에 자유 민주국가들은 독재정권이 폭동을 진압하기 위해 사용했던 무차별적인 대응방법의 사용을 자제해왔다. 그 대신에 효과적이고 민주정신에 위배되지 않는 조치를 취하기 위해서 노력해온 것이다.

테러행위는 절대적인 성격을 지니고 있는 데 반하여 민주주의는 타협적이기 때문에 민주국가에서 테러행위를 근절하기는 어려운 것으로 보일 수도 있다. 당사국들은 테러행위에 효과적으로 대응하기 위해서 민주적 특성을 희생해야 한다는 것을 받아들이거나 혹은 민주적인 생활방식에 중심이 되는 전통을 고수하기 위해서 이러한 폭력행위가 지속되는 것을 참아내야만 한다.[1] 그러나 기존의 정치 및 사법원리에 부합하는 방식으로 테러에 대응하게 되면 민주적인 체제를 공고히 하게 되고 따라서 이러한 제도를 파괴하려는 세력을 고립시키고 약화시킬 수 있게 된다.

여기에서는 효과적이면서도 자유주의의 원리에 부합하는 적절한 방법으로 테러에 대응하려는 자유 민주국가의 지침이 될 수 있는 핵심적인 원리를 살펴 볼 것이다. 먼저 자유주의국가와 철학적 기반에 대해 살펴보고 이것이 테러행위와 어떤 관련이 있

1) Alex Schmid, "Terrorism and Democracy," *Terrorism and Political Violence* 4 (Winter 1992), p. 15.

는지 알아보겠다. 테러에 대해 자유주의적으로 대응하는 데 있어 특이한 문제를 알아보기 위해서 자유민주적인 수용성과 현실적인 효과성 사이에 괴리가 가장 큰 네 분야인 대테러 입법추진, 테러진압 특수공격대의 운용, 비밀리에 정보를 수집하는 방법의 사용, 정부의 대중매체 통제에 대해서 살펴 볼 것이다. 마지막으로 사회적·정치적 정당성에 관한 자유 민주국가의 규범에 부합하는 대테러 정책을 제시할 것이다.

Ⅱ. 자유주의국가와 테러행위의 범죄성

자유주의국가는 형법이 자유를 위해 필요하고 바람직한 제어장치라고 본다. 형법의 목표는 개인의 권리를 타인이 임의로 침해하지 못하도록 보호하는 것이다. 일반적으로 이러한 형법은 개인이나 사회에 나쁜 영향을 끼치는 경우 개인의 자유를 제한할 수 있다.

이러한 형법의 철학적 기반을 고려할 때 테러행위는 어떠한 자유주의국가의 법 테두리 안에서도 용인될 수 없는 행위이다. 테러행위는 사회의 정상적인 활동을 해치는 것이며 그 목표는 직접적인 파괴행위뿐만 아니라 궁극적으로 사회에 강력한 힘을 행사할 수 있는 지지기반을 점차적으로 없애려는 것이다.

테러행위의 불법성은 테러행위가 끼치는 직접적인 해악뿐만 아니라 자유주의사회에 미치는 장기적인 위협도 고려될 수 있다. 직접적인 위협으로는 살인, 폭파, 상해, 유괴 및 납치 등이 있는데 이는 타인의 폭력적인 강압으로부터 보장되어야 하는 개인의 자유에 대한 위협이 되기 때문에 자유주의국가의 법 체제하에서 통제되어야 한다. 따라서 이러한 행위와 연관되어 있는 어떠한 행동도 논리적으로 불법적인 행동으로 간주되어야 할 것이다. 이러한 이유 때문에 테러범들은 갱, 폭도, 연쇄 살인범과 마찬가지로 범죄자로 취급을 받는 것이다. 뿐만 아니라 테러행위가 자유주의사회에 끼치는 장기적인 위협 때문에 더욱 불법적인 행동이 되는 것이다.

테러행위는 심리적인 전술이라는 점이 가장 중요하다. 그 목적은 파괴하려는 것이 아니라 공포와 와해심리를 조장하는 것이다. 그 최종목표는 사회가 결합할 수 있고 기능할 수 있도록 하는 연대의식, 응집력, 상호의존 등을 완전히 없애려는 것이다. 그들이 바라는 것은 지역사회의 기능이 마비되어 결국에는 자신의 안전만을 걱정하도록 두려움에 떨게 하고 사회로부터 고립시키려고 하는 것이다. 다시 말하면 테러행위는 사람들에게 정부는 더 이상 기본적인 안전보장도 해줄 수 없다는 점을 믿도록 하고, 개인이 자유로운 자신의 삶을 영위하는 방식에 대해 독자적인 결정을 내릴 수 있게 하는 최소의 필요조건을 제공하는 정치질서를 해치려고 한다.

테러범들에게 그들 자신만의 독특하고 기이한 행동규범을 지켜주는 법률은 없다는 점을 기억하도록 하는 것이 중요하다. 법은 테러범들이 전복시키려고 하는 체제의 상징이자 핵심적인 것으로 간주된다. 개인이 테러범들로부터 자신의 안전을 보장하기 위해 할 수 있는 일은 아무것도 없다. 왜냐하면 테러범들과 마주했을 때 상황을 타개하기 위해 적용할 수 있는 예상 가능한 일반적인 기준이라는 것이 없기 때문이다. 이러한 점을 생각해 볼 때 테러범들은 자신들의 독특한 체제의 범주를 벗어나서는 어떠한 권리도 인정하지 않는다는 점에서 독재군주의 전형과도 같다.[2] 테러행위는 자유주의적 생활방식과는 진정으로 반대되는 것이라 할 수 있으며 따라서 이러한 테러행위를 방지하는 것은 형법체계의 핵심적인 목표가 되어야 한다.

자유주의국가에서 테러행위의 범법성을 확립하는 기준이 되는 것은 도덕적인 것이라고 하기보다는 기능적인 것이다. 자유주의국가의 형법체제의 철학적 배경은 경찰기관의 강제적인 권한으로 공공의 질서와 개인의 권리가, 특히 삶과 자유를 보장하기 위해 어느 정도 제한되어야 한다는 데 있다. 사회의 안정을 지키기 위해서 꼭 필요한 경우가 아니라면 국민의 사생활에 개입하거나 어떠한 특정행동을 조장하는 행동을 해서는 안 된다. 테러행위의 범죄성은 테러행위가 사회에 끼치는 즉각적이거나 장기적인 위협 때문이지 도덕적으로 악하거나 옳지 않은 행동이라는 그러한 생각에서 하는 것은 아니다. 테러행위는 행위의 성격으로 정의되는 것이지 범죄자가 누구인가가 중요한 요소는 아니다. 그리고 단순히 정치적인 이유에 의해서 정당화될 수도 없다. 그러므로 테러행위에 대한 대응을 하는 과정에서 자유민주국가는 법의 지배의 정당성을 옹호하기 위해 노력하는 것이 꼭 필요하다. 그렇게 하지 않으면 테러행위의 범죄성을 성립하는 기본요소를 스스로 해치는 일이 되기 때문이다.

---

2) Paul Wilkinson, "Pathways Out of Terrorism for Democratic Societies," Paul Wilkinson and Alasdair Stewart(eds), *Contemporary Research on Terrorism* (Aberdeen: Aberdeen University Press, 1989), p. 454.

Ⅲ. 대테러 정책의 접근방법

테러리즘에 대한 대응책을 강구하는 데 있어서 우선 두 가지 관점을 살펴 볼 필요가 있다. 첫째는 자유민주주의 원리에 따르면 테러에 대한 국가의 조치가 요구된다. 둘째는 대테러 정책이 헌법에 명시된 자유민주주의적 개념과 일치해야 한다. 그러므로 자유 민주국가가 추구하는 바는 효율적이면서도 수용 가능한 대응책을 찾는 것이다. 대테러 정책은 주로 아래의 두 가지 중 하나로 특정지어진다. 첫째는 테러행위를 범죄로 간주하고, 국가 법제도의 테두리 안에서 그에 대응하는 형사사법모델criminal justice model이다. 둘째는 테러행위를 혁명적이며 게릴라적 교전으로 간주하고, 그 대응책임은 군에 있으며 특별전담반, 보복공격, 응징작전, 파병 등의 방법을 사용하는 전쟁모델war model이다.[3]

유럽과 북미의 자유민주국가들이 채택하는 전형적인 접근방법은 테러행위를 법의 지배rule of law 내에서 기소 및 처벌되는 범죄로 취급하는 것이다. 그 대응방식은 형사사법 모델에 부합하는 것이다. 군 병력을 동원할 수 있음에도 불구하고 보호 및 수사업무를 통하여 테러에 대응하는 책임을 지니고 있는 것은 기본적으로 경찰이다.[4] 대부분의 자유민주국가들은 테러범들의 정치적인 역할을 간접적으로 인정하여 테러행위를 정당화할 수도 있다는 두려움에서 전쟁모델을 채택하는 것을 두려워한다. 더욱이 민간인들은 군의 권한을 잘못 인식하고 있는 경향이 많으며, 군인들이 권력을 지니게 될 가능성이 많기 때문에 이는 시민의 자유에 상당한 악영향을 미칠 수가 있다고 생각한다. 결과적으로 군의 힘을 이용하는 것은 극도의 사회적 불안 혹은 긴급사태가 발생했을 때 마지막 수단으로 사용되어야 한다. 예를 들면 북아일랜드에서의 영국군의 동원, 1970년 10월 퀘백자유선언FLQ 사태가 최고조에 달했을 때 캐나다 군부대가 동원된 경우가 있다. 이러한 경우에도 군은 테러대응에 있어서 주요한 자원이라고 하기보다는 보조자적인 임무를 띠는 것이며 언제나 민간인의 확고한 통제 하에 있게 되는 것이다. 군의 위치에 대해서 라카지Jeannou Lacaze가 유럽 의회의 외무안보위원회에 제출한 유럽의 테러리즘에 관한 보고서에서 아래와 같이 지적하고 있다.

---

3) Ronald Crelinsten and Alex Schmid, "Western Responses to Terrorism: A Twenty Five Year Balance Sheet," *Terrorism and Political Violence*, 4(4) (Winter 1992), pp. 332~333.

4) G. Davidson Smith, *Combating Terrorism* (London: Routledge, 1990), pp. 48-49.

> 테러는 평시에 일어나는 문제이기 때문에 평시에 적합한 방법을 사용해서 해결해야 한다. 비록 테러가 평시에 벌어지는 새로운 유형의 전쟁이라고 확고하게 믿는다 해도 전시의 법령을 적용하는 것은 어떠한 당위성도 찾을 수 없다. 그렇게 된다면 법의 남용 가능성을 열어주게 되고, 이는 테러행위만큼이나 심각한 결과를 단기적으로 낳는 것이다. 대신 법을 완전히 이용하여 범죄를 저지른 자들이 사회에서 더 이상 위협적인 존재가 아니라는 것을 확실하게 해야 한다. 테러범들은 일반적인 범죄자일 뿐이며, 일반적인 범죄자로서 재판을 받아야 한다.[5)]

자유민주국가가 법과 질서 문제로서 테러의 위협에 직면했을때 피해야 하는 위험의 두 가지 형태는 테러행위에 대해 대응하는 방법이 수용할 수 없고 효과적이지 못한 것일 경우이다. 첫 번째의 위험은 국가공무원이 전통적인 사법 및 법집행 절차에서 벗어나 급진적이고 정당화할 수 없는 행동을 저질렀을 때 발생한다. 간단히 말하면 국가가 과민반응을 할 때인 것이다. 이는 정치인들이나 경찰관들이 법의 지배하에 만들어진 헌법상의 안전장치 때문에 효과적으로 테러에 대응하는 것이 어렵다고 판단할 때 발생한다. 법적인 구속에 얽매이지 말자는 주장이 제기되고 국가는 점점 더 합법과 불법 사이의 회색지대로 들어가게 되는 것이다. 바로 그 회색지대가 테러범들이 활동하는 영역이다. 본질적으로 국가의 형사사법체계가 정치에 의해 영향을 받게 되는데 이러한 상황을 키르크하이머Otto Kirchheimer는 정치적 사법political justice의 질서라고 말했다. 이러한 경우에는 적법절차의 원리the principles of due process를 보장하는 규칙과 권리가 고의적으로 잘못 해석되거나 완전히 무시되는 것이다.[6)]

두 번째 위험은 국가가 자국의 법의 지배를 위협하는 요소에 대해 결단력 있는 사법 및 법집행 행동을 취하지 않을 때 발생한다. 테러범들이 언젠가는 법적인 기준이나 관행을 따르도록 만들겠다는 희망을 가질 경우 국가가 선호하는 정책은 화해와 조정이다. 다시 말하자면 이러한 경우에는 법에 어긋나는 방법을 사용하는 것이 아니라 유화정책과 협상을 통해서 국가의 법과 질서를 지키려는 것이다. 이러한 방법을 사용하는 것을 강압적으로 막지는 않지만, 이 방법이 과연 수용할 수 있는 것인가 하는 점은 여전히 의심스러울 수밖에 없다. 이러한 방법을 사용해서 공공의 안전이 위

---

5) Jeannou Lacaze, *Report of the Committee on Foreign Affairs and Security on Terrorism and its Effects on Security in Europe* (European Parliament Session Documents, A3-0058/94, 2 February 1994), p. 8.

6) Otto Kirchheimer, *Political Justice* (Princeton, New Jersey: Princeton University Press, 1961).

협을 받고 테러행위를 더욱 조장하는 결과를 낳았을 때는 더욱 그러하다. 윌킨슨 Wilkinson은 이 문제에 대해 다음과 같이 지적하고 있다.

만일 민주정부가 과격론자들에게 굴복하여 그들이 국가를 전복하거나 공공연히 법을 무시하고 국가 내에서 경쟁관계에 있는 정부인 것처럼 대우한다면 자유민주국가는 경쟁관계에 있는 분파와 영토분리 등으로 무정부상태가 될 것이다.[7]

자유민주국가가 테러에 대응할 때 가장 중요한 문제는 독특한 사회 체계를 유지하는 것이다. 만일 테러행위를 통제하지 않으면 점차적으로 사회에서 법의 힘을 약화시킬 것이며 사람들의 분노를 일으킬 것이다. 이러한 상황에서 국민들은 타인의 강압적인 침해로부터 자신들을 보호해 주기 위해 안전한 사회를 유지해주는 정부의 능력에 대해 회의를 갖게 될 것이다. 결국에 가서는 법의 지배에 대한 신념이 극단적인 형태의 다원주의로 변화하여 개인적인 기준에서 보자면 어떠한 행동이든 정당하다고 생각하게 되며 국가는 허무주의적인 성격을 띠게 되고 모두가 자신 아닌 다른 모두와 전쟁을 벌이게 되는 홉스주의적인 사회의 모습을 띠게 될 것이다.

세 번째 가능성은 정부가 완전히 무능하여 테러행위에 대해 대응하지 못하는 것이다. 이러한 상황은 일반적으로 국가가 지금 발생한 상황과는 적합하지 않은 방법을 취했을 때 발생한다. 그러나 이와 같이 무능한 대응은 보통 행동을 취해야 하는 필요성과 과민반응을 하거나 미온적인 반응을 하지 말아야 한다는 필요성 사이에서 올바른 결정을 내릴 수 없는 국가의 무능함을 나타내는 것이다. 그러므로 이러한 경우는 너무 과민반응을 보이거나 너무 화해에만 의존하는 앞의 두 위험과 밀접한 관계가 있다.

따라서 자유민주국가가 대테러에 있어서 형사사법모델을 적용할 때 국가의 생존능력이 위협을 받게 될 수 있는 것은 주로 두 가지의 경우가 있다. 지나친 억압으로 끝내는 경찰국가에 이르거나 또는 지나친 수용으로 무정부상태에 이르게 되는 것이다. 두 개의 결과는 모두 수용 불가능한 것이며, 처음에 유지하려 했던 자유민주주의적 생활방식을 희생했을 때에만 테러행위를 종식시킬 수 있다는 생각은 자유민주주의 관점에서 보았을 때 결국에는 자멸적인 것이다. 따라서 자유민주주의적 수용성의 개념을 벗어나지 않는 성공적인 대테러정책을 시행할 수 있게 하는 원리들은 무엇인가 하는 질문이 제기된다.

---

7) Paul Wilkinson, *Terrorism and the Liberal State* (London: Macmillan, 1986), p. 123.

Ⅳ. 테러행위에 대한 대응방법

수용성에 대한 기준은 절대적이지는 않다. 그 기준은 문제가 되는 테러의 위협 정도에 따라 다양할 것이다. 일반적으로 테러가 더욱 지속적이고 심각할수록 대다수는 안전을 강화하기 위해 개인의 자유를 더욱 제한하는 것을 받아들인다. 그러나 그러한 가변성도 또한 한계가 있는 것이 사실이다. 어떠한 행동도 참아내야만 한다면 즉시 그 상황에 필요불가결하고 적절하다고 인식되어야만 한다.

테러행위에 대한 자유주의국가의 대응방법으로는 특별 대테러 법령의 제정, 대테러 공격팀의 운용, 기술력을 이용한 비밀 정보수집, 그리고 매체에 대한 통제 등이 있다.[8)] 아래에서 이러한 방법에 대해 살펴본다.

1. 대테러 법령의 제정

특별 대테러 법령의 존재를 받아들인 것은 오랜 기간 동안 지속되고 파괴적인 테러활동을 경험한 서유럽국가들이다. 스위스나 오스트리아, 룩셈부르크나 네덜란드와 같은 국가들, 즉 모두 이러한 유형의 폭력을 비교적 거의 경험하지 않은 국가는 명백히 개별적인 대테러 법령을 제정하려는 구상에 반대한다. 이것은 관례적인 경찰활동의 방법, 사법절차 및 재판에서 벗어나는 중요한 방법들이 당면한 폭력의 수준에 필수적이거나 혹은 적절한 것으로 국민들이 받아들이지 않았기 때문이다. 이러한 행동은 거의 틀림없이 개인에 대한 국가의 부당한 권력의 확장으로 보일 것이고 자유민주주의를 운영하는 데 중대한 위협요인으로 보일 것이다. 결론적으로 이러한 상황들은 이러한 국가들이 테러에 직면했을 때 나타내는 대응은 확실히 그들 각각의 전통적인 범죄자 처벌제도에 의해 금지하고 있는 영역에 있게 된다.

반면에 이에 반대하는 국가들인 영국, 독일, 프랑스, 스페인, 이탈리아 등은 그들이 직면하고 있는 다양한 테러의 위협을 다루는 강력한 법적 권한을 가진 조치를 가지고 있다. 이것은 분명히 테러에 대한 오랜 경험의 영향을 받았기 때문이다. 이러한 상황에서 대테러 법령의 제정은 대부분 긍정적인 의미로서 테러가 본질적으로 악한

---

8) Peter Chalk, *West European Terrorism and Counter-Terrorism* (London: Macmillan, 1996), p. 99.

것이기 때문에 사회를 지키는 필요악necessary evil으로 받아들이고 있다.

영국의 경우 정부에서 채택한 대테러 법령은 1989년 3월 22일 최근의 형태로 제정되기 이전인 1974년에 최초로 만들어진 테러방지법Prevention of Terrorism Act: PTA에서 발견되고 있다. 테러방지법의 더욱 엄격한 형태는 1991년부터 북아일랜드에서 시행되고 있는 북아일랜드법Northern Ireland Emergency Provisions Act으로서 경찰의 수사, 체포, 조사권을 더욱 강화시키고 있음은 물론 동시에 다양한 사법관할과 법정 밖에서 집행절차를 수행하도록 하고 있다.

독일의 경우 일련의 대테러 법령은 테러에 의해 고소되거나 기소된 사람에 대한 구금과 재판에 대한 절차법을 변경하였다. 그것은 1974년 법률로서 테러에 대한 재판에 있어서 공동변호를 금지시켰으며 기소된 피고인의 범죄에 가담한 혐의가 있으면 변호권을 총체적으로 배제하는 것을 포함시켰다. 1976년 법률은 테러단체에 가입하는 것과 그에 대한 종사, 실행, 그리고 어떠한 지원이나 동조 및 격려하는 것을 범죄로서 규정하였다. 1978년 법률은 경찰에게 테러범에 동조하는 변호인을 테러범과 단절시키도록 하는 권한과 보다 많은 조사권을 보장해 주었다. 또한 1978년 법률은 경찰에게 테러범에 동조한 변호사는 테러사건을 맡을 수 없게 하였다.[9]

프랑스에서는 1986년 국가의 안전에 관한 테러 및 공격에 대한 투쟁struggle against terrorism and attacks on the security of the state에 관련된 법률이 소개되었다법률 86-1020. 이것은 개인이나 집단에 대한 공격에 관련된 범죄에 적용할 수 있는 재판관할 및 절차에 관한 새로운 준칙을 마련하였는데 협박 혹은 테러의 수단에 의해 공공질서를 파괴하고 있는 것에 목표를 두고 있다.[10]

스페인에서는 대테러 법률이 1980년에 통과되어 테러 용의자들을 72시간까지 유치장에 감금할 수 있도록 허용했으며 경찰이 영장 없이 가택을 수색하고 우편과 전화통화를 감청할 수 있는 권리를 허용하였다. 이것은 1986년 기본법 8호로서 그 후에 보충되었다. 이 법률은 또한 법관들에게 테러범들을 지원하는 정치적 조직을 금지시키고 언론기관을 폐쇄시킬 수 있는 권한을 주었으며 재판 없이 테러범의 구금기간을 6월에서 2년까지 연장할 수 있는 권한을 주었다.[11]

---

9) Kurt Groenwold, "The German Federal Republics Response and Civil Liberties," *Terrorism and Political Violence*, 4(4) (Winter 1992), pp. 143~145.

10) Gilbert Guillaume, "France and the Fight against Terrorism," *Terrorism and Political Violence*, 4(4) (Winter 1992), p. 132.

마지막으로 이탈리아에서는 많은 긴급법률emergency laws이 제정되어 1975년 Reale법, 1978년 법률 191 및 1980년 Cossiga법 등이 1975년과 1980년 사이에 공포되었다. 이러한 법률들 중에 가장 중요한 부분은 폭력적인 범죄와 민주질서를 저해하는 테러와 관련해서 배심원의 평결없이 12년형을 내릴 수 있게 한 것과 경찰에게 검문, 조사, 심문에 관한 권한을 터주기 위해 48시간 동안 법관의 허락없이도 이것들을 수행할 수 있게 했고, 1977년 이후에는 건물 소유자들에게 테러와 관련한 임대와 매각에 관한 동의를 공표하도록 강제했다.[12]

위에서 열거된 법령들이 나온 시기를 살펴보는 것이 중요할 것이다. 테러범들의 활동이 증가하면 높은 수준의 폭력이 항상 동반된다. 영국의 테러방지법은 1970년대 초반 왕당파와 공화파의 활동이 강화된 결과로 나왔다. 독일의 대테러 법률은 1977년 적군파Red Army Faction: RAF 테러집단이 정치적으로 폭력활동을 지속적으로 전개하였을 때 나왔으며, 프랑스에서는 자크 시락총리에 의해 시행된 86-1020법은 직접행동대Action Direct: AD, 적군파Red Army Faction: RAF, 공산주의투쟁세포Communist Combatant Cells: CCC가 활동할 때 나왔다. 스페인의 바스크 조국해방Euskadi ta Askatasuna: ETA의 폭력이 1978년에서 1980년 사이에 자행될 때 대테러 법률이 법제화된 것도 마찬가지다. 마지막으로 이탈리아의 법은 1975년에서 1980년 사이에 테러가 극에 달할 때 나온 것이다.

이러한 관련성은 부분적으로 강제적 폭력에 대해 보호하고자 하는 국가의 바람으로 설명될 수 있다. 본질적으로 국가는 권력에 관해서 민감한 경향을 나타낸다. 강압적인 권력이 집중되고 축적될 때에는 군사적 충돌은 아니더라도 국제질서의 혼란이나 자국 이기주의가 나타나기 쉽다.[13] 조직화되지 않고 무정부적인 국제사회 질서에서는 각각의 국가가 가질 수 있는 주된 이점은 자체의 안전성확보와 국제세력 균형 안에서의 힘의 균형을 유지할 수 있는 것을 확인하는 데 있다. 이러한 방침은 차례로 반드시 대내외적인 위협과 방해요인으로부터 안전해지려는 것을 의미한다.[14] 따라서 사람

---

11) Fernando Jiminez, "Spain: The Terrorist Challenge and the Government's Response," *Terrorism and Political Violence*, 4(4) (Winter 1992), p. 117.

12) Donatella Della Porta, "Institutional Responses to Terrorism: The Italian Case". *Terrorism and Political Violence*, 4(4) (Winter 1992), pp. 156~163.

13) C. Tilly, Coercion, *Capital and European States* (Cambridge: Polity, 1990), p. 19.

14) Monica den Boer and Neil Walker, "European Policing After 1992," *Journal of Common Market Studies*, 31(1) (March 1993), p. 17.

들은 법의 지배뿐만 아니라 강압적인 폭력으로부터 국가의 기본질서를 위협하는 테러에 대하여 국가가 강제적으로 대응하기를 기대한다.

그러나 이것은 부분적 설명에 불과하며 동시에 중요한 것은 자유민주국가의 형법체계의 중심에 있는 정치적 의무와 책임간의 상호관계에 있다. 만약 자유민주국가가 그들의 시민의 신뢰를 보장받기를 바란다면 해로운 폭력적 요소로부터 개인을 보호할 능력을 믿게끔 전파하는 것이 절대로 필요하다. 결론적으로 정상적인 법률의 집행으로는 자유민주국가가 언제든 직면할 수 있는 내부적인 위협요소에 더 이상 대처할 수 없다는 인식이 퍼지고 있을 때 국민은 추가적이고 더욱 한정적인 방법들—영국, 스페인, 이탈리아, 독일, 프랑스에서 사용되었던—로서 기본적인 법적 절차를 보충하도록 그 권한을 기대하게 되는 것이다.

하지만 자유국가의 원칙 안에서 모든 권력의 축적은 사회적으로 합법적으로 관리되어야 하는 것이 중요하다. 자유주의정부는 마키아벨리의 발상처럼 그들의 규칙대로 위협에 대해 아무런 방법이나 사용할 수 있는 권력을 부여받고 있는 것은 아니다. 극단적이고 과격한 법률 외적 행위는 그것이 아무리 극도의 폭력이 난무하는 시기나 헌정질서가 용납하는 시기에 행해졌어도 특별한 상황이 요구되는 수준을 지나쳤을 때에는 용납될 수 없다.

영국정부에 의해 1971년과 1975년 사이에 북아일랜드에서 재판 없이 억류가 행하여진 경우가 좋은 예이다. 그 방법이 비록 공화파와 왕당파의 대립에서 폭력으로 이어진 것이었지만 이러한 규칙적인 자유민주적 절차의 법률적 정치는 법의 지배가 개신교왕당파 집단의 카톨릭공화파 집단에 대한 명백한 우위에서 이루어진 것으로 형사사법제도의 직접적인 정치화의 예로서 지탄을 받게 되었다.[15] 많은 국내외적 비난들로 1970년대 중반 테러방지법으로 대체되고 가혹한 정책이 폐지되게 되었다.

더구나 이러한 사법관할외의 절차가 효과성과 적합성으로만 국내적 안정과 질서의 필요에 의해 인정되었다면 그러한 방법은 의문시되어야 하며 더 이상 받아들여질 수 없게 된다. 예를 들면 이탈리아에서는 1980년과 1982년 사이에 범죄가 확산되어 좌익 테러조직들이 신규 모집을 하고 지원이 증대되는 결과를 낳았다. 급진에 대응한다고는 했지만 탈법적인 제재를 주장한 사람들은 결국 사태를 극단적으로 몰고 가서 그들이 경험했던 진압과 테러범들이 체포를 피하면서도 그들에게 논리적 지지를 얻게

---

15) Conor Gearty, *Terror* (London: Faber & Faber, 1991), p. 141.

끔 한 결과를 초래했다. 그 후 그 정책에 대한 판단은 시민들의 법적 권리에 대한 용납할 수 없는 후회를 낳았고 테러에 효율적으로 대항한다는 보상도 받지 못했다. 이것은 1982년 이후 새로운 정책적 접근을 가져와 진압을 적게 하고 그들에 대한 협력과 사회복귀를 위한 동기이른바 1982년의 속죄법과 1987년의 분리법를 더욱 제공하는 데 집중하는 경향을 가져 오게 되었다.

2. 특별 대테러 공격팀의 운용

경찰력의 운용은 국가에서 사용할 수 있는 내부적인 강력한 권력의 가장 가시적이고 외향적인 표시이다. 이러한 권력을 지닌 정부가 확고하게 통제되고 공평하게 방어적 역할을 함으로써 지역사회에 봉사하는 목적만을 가지게 하는 것이 무엇보다도 중요하다.

결론적으로 자유민주국가 내에서 경찰은 필요한 최소한도의 권한의 원칙에 의해 운영되는 것이다. 본질적으로 이것은 제지와 금지 혹은 필요하다면 폭력을 포함하여 공공의 질서를 유지하기 유하여 최소한도 수준의 권한이 사용되는 것을 의미한다.[16)] 전체적인 목적은 국민을 보호하고 공평성과 신중성이 나타나도록 하여 가능하다면 국민의 지지를 불러 일으켜 폭력의 확산을 막고 최소한의 개인적 및 신체적 손상의 위험한 상황을 종결시키는 것이다.

이러한 풍조는 명백히 군대의 작전을 운용하는 것과 대조된다. 군인들은 적을 제거하고 목적을 쟁취하는 데 필요한 최대수준에 적용되도록 훈련을 받는다. 그 결과 그들은 생명의 손실을 최소화하며 국민의 지지를 얻거나 대결을 피하는 데 관심을 두지 않는다.

자유국가 내에서는 이러한 두 개의 역할이 완전히 구분되어 있다. 최대한의 힘이란 개념은 제한되고 통제되며 책임있는 행동을 통해 개인의 자유를 보호한다는 철학을 가진 국가의 경찰활동을 지배하는 데 결코 사용될 수는 없다. 이것은 북아일랜드에서와 같은 예외는 제외하고 경찰력이 군대보다 테러에 맞서게 하는 이유라고 할 것이다.

이러한 상황이 주어지면 경찰의 무장은 준군사적으로 발전되고 경찰조직 내에서

---

16) Paul Wilkinson, op *cit.*, p. 43.

대테러 대응팀은 명백하게 자유정부에 독특한 도전으로 자리 매김된다. 모든 서구유럽 국가들은 일상적 경찰업무에 포함되지 않는 특별한 훈련과 기술을 습득하여 어렵고 잔인한 임무를 수행하는 팀을 운영한다.

이러한 경찰의 예로서는 독일의 GSG-9, SEKS, 프랑스의 GIGN, RAID, 이탈리아의 NOCS, GIS, 네덜란드의 BSB, 스페인의 GEO, 벨기에의 SIS 등이 있다.

대표적인 예외로서 영국은 특수공군부대SAS의 반혁명비행단CRW이 군대 조직 내의 대테러 특수부대로 되어 있다. 이것은 경찰구조가 유럽대륙보다 덜 중앙집중화되어 있고 더욱 다원화되고 있는 경향에 있기 때문이다. 그러므로 이것은 중요한 시민의 무질서를 다루도록 특별히 설계된 준군대적인 제3의 부대의 개념으로는 적합하지가 않다. 그러나 얼스터 경찰대Royal Ulster Constabulary: RUC는 대테러 대응팀으로 신속한 기동력을 가지고 있다.

이러한 조직은 군대와 경찰의 중간형태를 띠고 있다. 이러한 대테러 부대는 훌륭하고 능숙하며 빠른 공격 기술을 가지고 있고 강력한 힘을 사용하는 광범위한 지식을 가지고 지역사회에서 떨어져 원거리에서 임무를 수행하기도 하며 군대식의 엄격한 계급 구조를 보인다. 더욱이 테러는 국가의 막강한 공권력에 독특하게 도전하기 때문에 그들의 행동은 최소에서 최대로 확장된다. 이러한 모든 것은 전통적으로 방어적이며 지역사회지향의 역할을 가지고 있는 경찰을 보다 잠재적인 강력한 공격력을 가지도록 전환시키는 효과를 갖게 된다.

이러한 군대화의 과정은 자유국가 내에서 두 가지 조건이 충족되어야 한다. 첫째는 기꺼이 꼭 필요하고 불가결한 목적으로 대테러 부대가 창설되어야 한다는 것이 분명하고, 둘째는 이러한 조직에 고용된 인력이 다른 가능성들이 포기된 상태에서만 정확히 통제된 방법으로 사용되어야 한다는 것이 분명하여야 한다. 이러한 조직의 수용은 다른 경찰조직이 범죄 활동이나 불순세력을 막는 데 사용되는 것과 같은 방식으로 대테러 부대가 정확하고 차별되게 종사할 수 있는 인식에 기초해야 한다.

준군대적인 경찰조직과 관련되어 가장 많이 나타나는 문제는 과도한 힘이 남용되었을 때 책임의 소재 및 정도와 함께 민주주의에 적합한 힘의 수준에 관심을 갖는 것이다. 이미 지적했듯이 대테러 부대는 충분한 힘의 원리에 따라 운영된다. 그러나 충분한 힘이란 측량하기 힘들다. 실례로 인질을 납치하고 있는 테러범에 대해서는 테러범을 제거하는 것이 요구될 것이고 어떤 경우는 테러범이 항복하도록 설득하는 데 위협을 줄 만큼의 힘이 요구될 것이다. 그러나 힘의 사용은 언제나 치명적 폭력을 수반하는 것은 아니다. 상대방을 제압할 수 있는 수류탄과 CS가스 같은 무기들은 1980년 런던주재 이란 대사관에 대한 SAS의 공격에서 중요한 역할을 하였고, GSG-9는 1977년 모가디슈에서 루프트한자 여객기를 탈환하는 데 중요한 역할을 했다.

그러나 의심할 바 없이 분명한 것은 대테러 조직은 국가에서 수용하고 있는 헌법의 한계에서 행동하여야 한다는 것이다. 더 나아가 어떠한 부대의 사용도 직면하고 있는 위협의 수준에 적합하여야 한다. 그것은 과도하게 공격적인 행동이나 법의 지배를 공공연히 일탈하는 행동에 대하여 관용을 베풀지는 않을 것이다.

대테러 특수부대의 활동이 자유민주국가의 허용범위를 넘어서 비판을 받았던 예가 있다. 이러한 예로서 특히 중요한 것은 다음과 같다. 첫째는 1980년대에 SSU와 SAS에 의해서 북아일랜드의 PIRA 조직원으로 알려진 자를 체포하기보다는 살해하도록 하는 계획적인 정책을 착수한 것이다. 그 사건에 대한 조사에서는 SSU와 SAS가 사망한 5명의 시체에 교묘하게 고의적으로 총을 발포함으로써 법망을 빠져 나가려 했다고 결론지었다. 경찰의 고위간부가 더 깊이 관여했는가는 여전히 의문으로 남아 있다. 그 사건은 영국 정부와 RUC 및 SAS의 위신을 떨어트렸으며 북아일랜드에서의 대테러 비밀부대의 활동에 대해 더욱 강력한 사법적인 통제와 의회의 통제로 이어지게 되었다.

두 번째는 이탈리아의 NOCS이다. 1970년대와 1980년대 초에는 대테러 구조작전에서 탁월한 명성을 얻고 있었음에도 불구하고 자백을 받기 위해서 5명의 붉은 여단 Red Brigade 테러범들을 고문한 것에 대한 혐의로 이미지가 심히 추락했다. 이렇게 해서 모든 NOCS 활동들을 종결시키라는 압력을 받게 되었고 그 대신에 1980년대 중반 GIS라는 새 조직이 탄생되면서 폐지되었다.

세 번째는 GSG-9대원이 1993년 RAF 조직원이며 부상중인 그램스Wolfgang Grams에게 치명적 총상을 입힌 사건이다. 사건 목격자에 의하면 그램스가 기차 선로 위에 부상을 입고 누워 있을 때 잠복하고 있던 2명의 GSG-9대원이 총상을 가해 사망했다는 것이다. 그 사건은 GSG-9의 명성을 추락시켰으며 기관을 폐쇄시키라는 강력한 요청으로 이어졌다. 더욱이 연방검사장인 스탈Alexander von Stahl과 내무부 장관인 세이터스Rudolf Seiters의 해임으로 이어졌다.

3. 비밀 정보수집

기본적으로 정보관련업무는 사실을 수집하고 분석을 통해서 결정을 내리고 이를 통해 얻은 결과를 정책 결정자에게 제공하는 일련의 과정을 의미하는 것으로 볼 수 있다. 그러나 단순히 사실을 수집하는 것은 국내 정보 관련기관들이 주로 수행하는 활동 가운데에서 중요하게 구별되는 것은 아니다. 개념적인 관점에서 보았을 때 사실이라는 것은 찾아서 얻어진 정보유형과 함께 얻어지는 그러한 방법은 아주 중요하다. 스파이, 인적 정보human intelligence: HUMINT는 특성상 국가의 이익과 가치 및 목표에 해를 주려는 의도나 능력을 가진 자의 비밀스러운 의도와 연관하여 은밀하게 정보를 획득하는 데에 있다.

최신의 정확한 정보를 얻는다는 것은 테러행위를 막기 위해서나 실제로 진행 중에 있는 테러범들의 행동을 성공적으로 막기 위해서도 꼭 필요하다. 이러한 정보가 모아져서 범죄자나 공범자를 확인하기도 하고 은신처, 공급선, 신규 모집인원 등을 알아내기도 한다. 더욱이 정보는 모두 위기에 관한 의사결정 과정에 막대한 역할을 하는 수요의 패턴이나 운영방법을 수립하는 데 결정적인 역할을 한다. 끝으로 정보는 테러의 목표, 정치적 동기, 테러조직의 리더십 및 구성원들에 관한 정보를 제공함으로써 정부차원의 이해를 높이게 된다.

테러행위에 맞서 싸우는 데 있어서 정보기능의 중요성은 특별하거나 또는 중요하게 대테러 활동에 관여하고 있는 모든 서유럽 국가들이 그러한 기관들을 존속시키고 있다는 사실로 나타난다. 프랑스에서는 대테러에 관련하여 the Direction de Documentation Exterieure et de Contre-EspionnageSDECE와 같이 다른 정보기관과 함께 밀접하게 관련하여 활동하는 the Direction de la Surveillance du TerritoireDST가 주로 그러한 업무를 담당한다. 독일에서는 PIOSPersonen, Instituten, Objekte, Sachen로 알려진 중앙 자료기지에 의존해야 하는 BfV와 함께 대부분의 대테러 조사를 수행하는 것으로 BundeskriminalamtBKA가 있다. 네덜란드 안전국인 Binnenlandse VeilgheidsdientBVD는 스위스의 Staarsschutz가 그런 것처럼 특수한 대테러 역량을 유지하고 있다. 스페인의 대테러 형태는 스페인의 내외부의 정보를 수집하는 Defence Ministry's Cesid Department, 작은 마을이나 국경 및 지방지역을 담당하는 the Guardia Civil, 대도시를 책임지는 the Policia Nacional가 중요한 부분을 차지하고 있다. 이탈리아에서는 the Servisio Informazinone Sicurezza DemocraticoSISDE가 주로 비밀 대테러 감시를 거의 독점적으로 하고 있다. 그리고 영국에서는 1992년까지는 SO13-런던경찰청 대테러팀Scotland Yards Anti-Terror Squad이 맡던 역할을 M15안전국이라고도 알려진가 대테러 정보업무를 주로 책임지고 있다.

이와 같이 정보업무가 대테러 활동에서 아주 중요한 역할을 하고는 있지만, 그럼에도 자유주의국가에서 과도하게 은밀한 정보업무를 하는 것은 개인의 사생활에 대한 부당한 침입이나 조사로 이어질 소지가 있다. 개인의 프라이버시와 이것이 수반하는 정부권력의 과도한 집중과는 별개로 이러한 감독은 또한 다원적인 자유민주주의국가의 중대한 역할을 하는 시민들이 사회 정치적인 조직에 참여하거나 또는 의견을 표현하고자 하는 것을 기하급수적으로 감소시키는 효과가 있다고 알려져 있다. 더욱이 통제되지 않은 정보기관은 상대 정당을 음해하거나 반대자나 합법적인 정부의 비판자들을 억압함으로써 전체 정치조직을 와해시킬 수 있는 위험이 있다.

결과적으로 다른 대테러 활동의 모든 국면들과 같이 은밀한 정보수집과정에 있어서 가장 필요한 것은 균형에 있다. 흔히 말하는 법과 민주주의를 수호하기 위해서 그리고 개인의 자유와 권리를 지키기 위해서 균형은 이루어져야만 한다. 균형에 대한 필요성은 국제법과 특히 인간의 권리에 대한 유럽협약에 잘 나타나 있다. 그 협약은 균형에 대해 아주 분명하게 지적하고 있는데, 국가가 자국을 보호하기 위해서 은밀한 정보기관을 설립하는 것은 합법적인 권리이지만 또한 개인의 권리와 자유를 보호하는 데도 막중한 책임이 있다는 것이다.

정보기관에 대한 수많은 비판가들은 민감한 정보를 담은 파일이 많은 사람들에게 알려지면 하나의 목적으로 수집된 정보가 다른 목적을 위해서 잘못 쓰일 수도 있다고 주장하면서 억압을 할 가능성을 지적하고 있다. 이와 같이 모든 정보활동은 분명하고 정확한 명령을 가지고 있고, 확실한 법적 기반 위에 있으며, 국가가 중대한 범죄의 범행에 연루되어 있다고 믿을 만한 합법적인 이유를 가지고 있는 자를 감시하는 데에만 쓰여야 한다. 그러므로 남용과 자의적인 적용에 대한 확실한 보장이 수반되어야 하는 것이 절대로 필요하다.

정보활동이 이러한 조건 없이 이루어지고 있는 것이 확실하다면 국가가 범죄수사를 할 때 요구되는 국민의 지지를 얻는다는 것은 당연히 불가능하게 된다.

아이러니하게도 정보활동에 대해 정상적인 한도를 넘지 않는다고 지적되고 있는 국가인 스위스가 이것을 가장 확실하게 보여주고 있다. 1989년에 있었던 정치적 사건에 의하면 스위스 안전국인 Staatsschutz가 전체 인구의 1/6에 달하는 900,000명에 대한 파일을 가지고 있었다는 것이다. 정보의 상당 부분이 치안의 관점에서 볼 때는 무용지물이었고 어느 경우에서는 완전히 잘못된 것도 있었다고 한다.

비밀스럽게 진행되는 대테러 감시가 정보기관들에 대한 효과적인 통제를 한다는 것은 관료들에게는 극히 어렵다는 점을 주장할 수도 있다. 그들의 일상 업무가 필요에 의해서 비밀로 진행된다면 감독관들이 무엇을 정확하게 하고 있는지 어떻게 알 수 있겠는가?

그러나 비록 정보기관이 파격적이고 비밀스러운 방법으로 운영되어야만 한다는 것이 옳기는 하지만 또한 왜 합법적인 법의 지배 내에서 활동하는 것이 요구되지 않는가에 대해서는 이유가 되지 못한다. 정보기관은 민주적으로 선출된 정부에 대해서 또 입법부나 유권자들에게도 그들의 행동에 책임을 지게 될 수 있다.

예를 들면 정보활동은 사전에 신원을 확인할 수 있는 한정된 사람들에 의해 구성된 행정부나 입법위원회에 의해서 감시되고 통제를 받을 수 있다. 예를 들면 이탈리아에서 정보기관은 수상에 의해서 직접통제를 받고 있는 하나의 통합된 기관으로 합병되었으며 그 활동이나 예산의 사용은 의회가 책임을 진다.

이러한 접근방법은 영국의 1989년 안전법Security Service Act에 기반을 두고 있다. 법률에 의한 통제의 체제는 정부의 각료, 독립적인 사법부의 일원과 정부의 고위문관을 포함하고 있다. 법적 근거에 따라 정보업무를 담당하는 각 부서의 장들은Security Service 및 M15-국내안보; Secret Intelligence Service(SIS) 및 M16-국외안보; Government Communications Headquarters(GCHQ) - 국외안보 및 통신위성 감시 직접적으로는 내무부장관에게 책임을 지며 그를 통해 일반대중에게도 책임을 진다. 더욱이 최근의 정보기관법Intelligence Service Act 1993년은 의회의 의원들로 구성된 새로운 감독위원회Oversight Committee of MPs에게 영국의 정보기관 세 군데를 조사하게 함으로써 의회의 통제를 강화하려 했다. 의회조사의 이러한 후자의 형태는 최근 독일과 네덜란드의 공식적인 감시위원회에서 맡고 있는 감시 기능의 성질과 유사하다.[17]

정보기관에 대한 적당한 통제의 중요성은 과장될 수 없는 것이다. 실제로 정보기

---

17) "Secret Service Unite Against Crime," *The Financial Times*, 20/11/93; "No Tapping of Subversives," statewatch 2(5) (September-October 1992), pp. 6~7.

관은 자유민주국가의 가치와 복지 및 이익에 반하는 Caliban이라는 기관을 만드는 위험을 피하기만 한다면 아주 필요한 것이다. 특히 이러한 것이 발생한 예를 든다면, 1970년대 중반 이탈리아의 Servisio Infomazinone DemocraticiaSID의 경우를 들 수 있다. 이탈리아가 그 당시 경험했던 우익의 테러행위의 거센 물결은 무엇보다도 이탈리아 정보기관에서 인정한 우익과격주의의 보호로 설명될 수 있다.

군사 정보기관인 SIFARServisio Informazinone della Forze Armata뿐만 아니라 SID 그 후 두 기관은 해체되었음는 법과 질서에 대한 국민의 요구를 유발하도록 극단적인 폭력의 위협을 이용하는 긴장의 전략으로써 가장 잘 묘사될 수 있는 정책을 채택했다. 그러한 전술은 우익 테러집단들의 활동을 보호하거나 몇몇 예에서는 그 공격에 직접 참가하여 수행했다. 실제로 이탈리아 의회의원에 의해서 실시된 한 조사에 의하면 직접적인 비밀기관의 참여는 이탈리아 영토에서 저질러진 것들 중 가장 심각한 테러범의 공격에서 발견되고 있다.

4. 매체의 통제

일반적으로 매체와 테러행위 간에는 상호 유익한 관계가 존재하는 것으로 인식되고 있다. 한편 테러사건의 본질적인 요소는 정치적인 의사소통과 심리적으로 파괴적인 전쟁 형식의 형태로 그 기능이 돌아간다. 다른 한편으로는 현재와 같이 과도하게 지나친 대중매체의 경쟁 시대에서 매체조직들은 순수한 정보 전달만으로는 확보가 불가능한 타입의 청중들의 환심을 사기 위해서 감성 지향적인 사건에 초점을 맞추어 왔다. 테러범들 역시 이것을 잘 알고 있고, 그에 따라 그들의 활동을 의식적으로 각색하고 교묘하게 그들의 활동을 생생한 구경거리—뉴스 미디어가 절대로 간단히 간과할 수 없는 사건으로 만든다. 결과적으로 공생관계가 유지되는 것이다. 테러범들은 매체에 많은 청중들을 사로잡을 수 있는 뉴스들을 제공한다. 그 대신에 매체는 테러행동의 감성적 측면을 강조하고 정치적 요구나 성명서들을 전달할 수단을 제공하여 효과적으로 공개적인 강령을 테러범에게 제공한다.

자유민주주의국가가 직면하는 딜레마는 정부 규제로 인한 문제점들을 야기하지 않고 테러행위에 대한 매체의 기능 중 그러한 부정적인 결과들을 어떻게 제한하는가 하는 것이다. 한편으로는 매체가 테러범들에게 여론의 창구를 제공하기 때문에 정부는 테러범들의 정치적인 요구에 의한 방송이나 사건의 보도에 관한 제재를 가할 수 있도록 정당화된다. 이러한 생각은 주로 테러사건에 의해서 중대하게 영향을 받아온 국가의 태도나 정책을 강조하게 된다.

예를 들면 영국 테러방지법PTA은 추방된 집단의 구성원이나 지지자들이 직접적으로 매체를 통해 방송하는 것을 특히 금지했다. 스페인 헌법Organic Law은 판사에게 테러행동을 지지하는 매체를 폐쇄할 수 있는 권한을 주었다. 독일 형법Penal Law 129a조의 3항에서는 테러범들의 성명서나 선전을 금지시켰다.[18)]

한편 대단히 명백하고도 기본적인 긴장이 매체의 통제와 어떠한 정치적 통제로 독자적인 출처에 의하여 알고 있는 국민의 권리를 강조하는 자유민주주의국가의 개념 사이에 존재한다는 것을 인정해야 한다. 언론의 자유는 자유민주국가의 건전한 기능에 필수적이다. 언론의 자유는 매체가 비판적인 대중논쟁을 토론회로 이끌어지도록 허락하고 라디오, TV와 언론사들의 역할이 정부의 간섭으로 인해 수동적인 전달로 축소되지 않게 하여야 하는 것이다.

결과적으로 테러행위를 중대한 캠페인으로 받아들이지 않는 국가는 언론의 자유를 분쟁이 발생했을 때 항상 지지해야만 하는 논쟁의 여지가 없는 가치로 간주하는 경향이 있다. 네덜란드는 테러범들의 동조자들에게조차 매체에 대한 접근이 가능한 한도까지 허용되는 좋은 예가 되는 국가이다. 실제로 1978년 붉은 저항전선Red Resistance Front에 관련된 자가 *Knipselkrant*이라는 저널을 발행했다. 이 신문은 연간 35회를 발행했으며 정기적으로 PIRA, ETA, BR, RAF, CCC, AD를 포함한 테러단체로부터 성명서나 전략문서들도 발행했다.

결과적으로 매체에 대한 제한을 하기 전에 그러한 행동의 효과가 사회가 직면한 위협의 정도와 균형이 맞는가가 중요하다. 제기될 필요가 있는 결정적인 문제는 국민의 권리가 사회를 보호하기 위한 사회의 권리를 포함한 모든 다른 권리에 우선하는가 하는 것이다. 대답은 분명히 아니라는 것이다. 자유민주주의국가의 대테러 정책의 다른 모든 측면에서 볼 때 일반적으로 문제는 절대성이 아니라 균형에 있다. 분명히 매체는 알 권리를 수호하고 체계적으로 규제에 반대해야 한다. 그러나 올바른 판단은 대체로 사회를 위해 합법적으로 제재가 되는 경우를 고려해서 만들어진다는 것도 마

---

18) Schmid, "Countering Terrorism in the Netherlands," *Terrorism and Political Violence*, 4(4) (Winter 1992), p. 96.

찬가지로 중요하다.

그러나 누가 이러한 판단을 해야 하는가? 자유민주국가의 독립적인 언론이 무엇보다도 중요하다고 볼 때, 정부의 규제는 부정적인 면이 더욱 많다. 광범위하게 이루어지는 테러범들의 활동을 예로 들더라도 그러한 경향은 정부의 어떠한 통제의 형태도 검열의 결과를 가져올 수 있는 조그마한 실마리로 해석된다. 확실히 만족스러운 해답은 매체 자체의 규율을 적용해서 정부간섭의 이러한 형태를 비판가들이 두려워하는 분명한 통제를 할 필요를 피하는 것이다. 이러한 규율은 테러범이나 그 조력자에 대한 직접적인 인터뷰를 제한하거나, 정책적인 경찰정보를 누설하는 질문을 피한다거나, 잘 조사되고 균형이 있으며 정확하고 크게 물의를 일으키지 않는 보도를 하는 전통적인 기준을 고수하는 것이다.

아일랜드는 최근 자율 규제를 하기 시작한 서유럽 국가로서 좋은 예가 된다. 아일랜드는 방송법 31장을 폐지하였으며 정부는 테러행위에 관련된 매체를 통제하는 데 Radio Telefis EireannRTE 기관의 지침을 따르고 있다. 예를 들면 금지된 단체와 인터뷰를 할 때에는 사전에 녹음을 한 후에 해당부서의 장이나 필요한 경우에는 RTE의 감독관에 의해 확인한 후 방송을 하도록 했다.

매체단체는 자율규제가 국민의 알 권리라는 원칙을 무시하고 언론의 개방에 대해 대중적 신뢰를 감퇴시킨다는 이유로 이를 반대할 것이 틀림없다. 그러나 자발적인 노력 없이는 영국, 스페인, 독일의 언론인들이 현재 그렇게 반대하는 법적 제한이라는 결과를 낳게 될 것이다. 더욱이 언론의 자유는 어떤 상황에서든 모든 종류의 규제를 반대함으로써 지켜진다는 주장은 사실이 아니다. 책임있게 이 기능을 수행하기 위하여 매체는 공표를 하지 않고, 비공개로 하고, 어떤 상황에서는 사실을 발표하는 것을 보류하고, 기밀성을 지키는 등의 사항을 지켜야 한다. 언론인들이 그 지역사회의 합법적인 제도 내에서 싸움을 했던 전쟁에 대한 관념과 논의 및 지성보다는 오히려 폭력 및 협박에 의지하려는 그러한 체제 밖에서 일어나는 투쟁과 구별하는 것은 아주 중요하다. 그럼 특정 국가의 상황에 대한 이 짤막한 논의는 어떻게 유용하게 결론지을 수 있을까? 첫째로, 자유민주주의적 수용성과 운영상의 효율성 간에는 확실히 어떠한 긴장이 존재한다. 둘째로, 이러한 긴장은 반대로 테러행위라는 위협과 관련이 있다. 테러행위의 위협이 특히 위협적으로 지각이 되는 경우 수용성의 기준은 더욱 유연해진다. 마찬가지로 테러행위에 대한 위협이 그다지 심각하지 않는 경우, 수용성의 기준은 더욱 확고해진다. 셋째로, 모든 사건에 있어서 합법적인 경찰활동에서 벗어난 것은 명백한 위협이라는 근거를 제시하여야 한다. 넷째로, 그러한 위협이 존재한다 하더라도 국가는 모든 강제적인 행동으로부터 자유롭지 못한 것이다. 마지막으로, 수용이 가능하다고 여겨지는 것은 테러행위를 제거하고 법의 지배와 시민의 권리를 지키는데 그 성과가 달려있게 되는 것이다.

Ⅴ. 결 론

일련의 전체적인 지도원리는 앞에서 살펴 본 효율적이고 또한 수용 가능하다면 자유민주주의적 대테러 전략의 기조를 형성해야 한다는 것이라 할 수 있다.

일반적으로 테러행위에 대한 자유민주주의적 대응은 하나의 가장 중요한 좌우명, 즉 법의 지배를 지키고 유지할 책임으로 귀결된다. 테러행위의 위협이 완전하게 제거되지 않는다면 어떠한 국가가 최대한도의 범위 내에서 강제적인 권력의 행사를 가능한 충분한 정도로 사용하도록 준비하는 것을 최소화시켜야 할 것은 명백하다.

그러나 국가는 쉽사리 과도하게 진압하는 것을 회피하여야 하는 한편 그 자신의 자유민주주의적 감수성으로 이겨내도록 하는 것이 중요하며 허약하고 우유부단한 대응으로 이어지게 되는 것을 자신이 허용하지 않는 것이 중요하다. 지나치게 과도하게 하는 것만큼이나 지나치게 미온적인 것도 자유민주주의적 가치, 신념 그리고 책임에 배신하는 것이기 때문이다.

만일 국민의 지지를 확보한다면 법과 질서 및 합법적 권위를 유지하는 책임은 효율적인 행동으로 바꿀 필요가 있다. 이것은 아래의 상호의존적인 기준이 대테러 정책의 길잡이가 될 때 일어나기 쉽다. 첫째로, 대응은 제한되고 잘 정의가 될 필요가 있다. 어떠한 대테러 활동도 긴박한 상황으로 요구되는 선을 넘으면 안 되며, 테러범에 대해서만 행해져야 한다. 일반적 억압은 피할 수 없이 정부를 이간시키고, 중도적인 사람들로 하여금 극단적 조직으로 가게 하며, 국가가 그 정치적 권력을 획득할 목적으로 위기 상황을 이용한다는 의심을 낳게 되기 때문이다.[19)]

둘째로, 대응은 믿을 수 있어야 한다. 일반 국민은 국가의 행동이 결과를 만들어

---

19) Paul Wilkinson, *Terrorism and the Liberal State* (London: Macmilan, 1986), p. 124.

내기 위하여 꼭 필요했고 효율적이었다는 확신을 가져야 한다. 자유주의 사회에 즉각적이고 장기적인 위협으로서 폭력의 이러한 특별한 형태는 일반적인 범죄와는 질적으로 다른 모험이고 결과적으로는 특별한 대응을 요하는 위험으로 나타난다는 것이 분명하다. 신뢰성은 테러행위와 대치할 때나 시민의 자유를 보호할 때나 효율적이라는 인식이 필요하다. 만일 정부가 특별한 대테러 수단을 실행하거나 유지하는 데 적절하나 정당성을 제시할 수 없다면, 불신감credibility-gap을 맛보게 될 것이고, 실행한 일이나 진행될 일에 대해서 필요한 대중적 지원을 얻지 못하게 될 것이다.

마지막으로, 모든 대테러 수단의 발동, 사용 및 지속은 계속적인 의회의 감독과 독립적인 사법의 조사를 받을 필요가 있다. 개인의 권리나 자유를 부당하게 제한하거나 남용하지 않는 균형이 잡힌 대응을 하기 위하여 국가는 그 행동에 대해 대중적으로 책임을 지고, 적당한 장치가 불만을 제거하기 위하여 있어야 하는 것은 필수적이다. 그러므로 대테러 수단은 분명하고 간결한 규칙에 의해서 정형화되어야 하고 이와 관련하여 그 각각의 권한, 의무 및 책무에 대한 적절한 평가를 할 수 있어야 한다. 이것을 달성하기 위한 가장 좋은 방법은 대테러 정책의 전체에 대한 통제가 시민의 권위아래 유지되고, 행동에 대해서 국민에게 책임을 지며, 그러므로 민주적으로 표현된 의지의 총체적인 영향력을 통합하게 되는 것이다.

아주 분명하게도 앞에서 기술한 기준은 현실화되어 대단히 단순화되었다. 그러나 그것이 근원적인 가치나 책무로 유지되기를 바란다면 테러행위에 대한 자유민주주의적 대응에 지침이 되는 기본적 원칙을 조명하도록 하는 것은 매우 유익하다. 테러행위에 대해 손쉬운 해결책quick fix을 마련하려는 바람이 만일 합법적인 자유주의적 원리가 그 과정에서 왜곡되고 폐기되어 특히 장기적인 이슈와 영향을 모호하게 하도록 해서는 안 된다는 것이 중요하다. 궁극적으로는 테러행위에 대한 자유주의적 대응의 효과성은 그 수용성에 달려 있다고 할 수 있다. 그러므로 어떠한 해결책이라도 자유민주주의적 정치 생명의 폭 넓은 과정에 있는 장기적인 영향에 관심을 기울여야 한다.

우리나라에 있어서도 서구 유럽국가에서 대테러 대응책으로 채택하고 있는 네 가지의 방법이 실시되고 있다고 볼 수 있다. 그러나 우리의 경우 아직도 단일의 대테러 법률은 제정되고 있지 않다.

영국 테러방지법의 성격과 적용

Ⅰ. 서　　론

우리나라는 남북간의 화해무드 속에서도 아직도 군사적 대결상황이 지속되고 있다. 더구나 북한의 대남적화통일전략에 따라 최근까지 비정규전부대의 도발위협에 국가안보적 차원에서 이에 대처하고 있다. 이러한 노력은 입법적 측면에서 많은 관계법령을 마련하고 있을 뿐만 아니라 정책집행에 있어서도 일반적인 치안유지대책은 물론 대간첩작전 내지 비정규전의 수행에도 만전을 기울이고 있다. 이와 같은 조치는 대테러리즘 대책과도 밀접한 관련을 맺고 있으나 테러행위에 대한 예방과 처벌규정이 각종 법률에 산재되어 국제테러행위에 대비한다는 특별한 목적을 위한 것이라기보다는 대부분 일반적인 국가안보 내지 치안유지를 목적으로 제정되어 있다.

국제테러사건의 봉쇄를 위하여 무엇보다도 중요한 것은 테러범의 입국을 봉쇄하고 테러에 사용될 수 있는 물품의 국내반입을 규제하는 것이다. 이에 대해서는 출입국관리법, 여권법, 관세법 등에 규정되어 있다. 또한 테러행위의 처벌을 위해서는 형법, 국가보안법, 형사소송법 등에 의거하고 있다. 물론 그 외에도 항공안전 및 보안에 관한 법률, 총포도검화약류 등 단속법, 보건범죄단속에관한특별조치법, 폭력행위 등 처벌에 관한 법률 등 특별법은 너무나도 많다.

그러나 최근 북한당국을 비롯한 테러지원국가나 단체의 비호에 의하여 자행되는 테러행위에 적용될 수 있는 국가보안법의 폐지, 개정 또는 대체입법의 주장이 제기되고 있어 이에 대한 대응책을 마련하여야 한다. 우리나라에는 아직까지 순수한 대테러관계기본법이 제정되어 있지 않다.

여기에서는 영국이 북아일랜드 IRA로부터의 테러위협에 대처하기 위하여 제정한「테러방지법」Prevention of Terrorism Act에 대하여 살펴보면서 우리나라에서 대테러관계기본법을 제정할 경우 참고에 도움을 주고자 한다. 이 법은 IRA 및 기타 테러조직에 속하거나 지원을 하거나 공식적으로 지지를 표명한 자를 처벌할 수 있도록 하였고 북아일랜드사건과 관련하여 정부정책이나 여론에 영향을 주고자 기도하는 자에 대하여 내무대신의 판단 하에 국외추방을 할 수 있도록 하였다. 또한 테러행위를 준비 선동하는 데 관련된 자 등에 대해 입국금지조치를 규정하였다. 그리고 테러행위와 관련되어 혐의가 있는 자를 경찰이 체포·구금할 수 있는 권한을 부여해주고 있다.

Ⅱ. 테러방지법의 내용과 적용사례

1. 금지된 테러조직들

1974년 테러방지법은 11월 29일 공포되었는바 이 법은 3개장으로 되어 있다. 1장은 금지된 테러조직들을 다루고 있고, 2장은 테러리즘에 가담하여 의심이 가는 자들을 영국에서 추방하는 것이며, 3장은 테러리즘과 관련되어 의심이 가는 자들을 경찰에 의해 체포·구금할 수 있도록 규정하고 있다. 또한 이 법에는 세 가지 부칙이 있는데 첫째는 국무대신에 의하여 금지된 조직들을 규정하고 있으며 다른 두 가지는 추방령, 가택수색영장, 구금과 불심검문을 위한 권한과 각각 관련 있는 중요한 조항들이 포함되어 있다. 11월 30일에는 1974년 테러방지규칙이 발효되었는데 여기에는 영국을 입국 혹은 출국하는 자들의 검문검색을 규정하고 있다. 이 법령은 부분적으로 개정되었지만 권한의 지속성을 담보할 수 없어서 강력하고도 확대된 새로운 법을 입법화한 것이다.

1976년 3월 25일 제정된 새로운 법률은 검문관들의 권한을 강화하는 것으로 1974년 법을 폐지시킨 영구적인 성격을 지닌 것이다.

1976년 테러방지법의 1절과 2절은 영국에서 일어나고 있는 테러리즘과 관련을 맺고 있고 북아일랜드사건과 관계되어 있는 금지된 조직들에 대하여 내무대신에게 권한을 부여하고 있다. 금지된 유일한 조직은 IRA로 임시파와 공인파[1])를 구별하지 않았다. 이 법의 1절과 2절은 또한 금지된 조직의 회원이 되거나 재정적으로 또는 다른 방법으로 지원하거나, 금지된 조직을 위해 공식적으로 공헌을 하거나 회합을 준비하거나 지지를 표명하는 범죄 때문에 제정되었다. 금지된 조직을 위하여 공식적으로 지지를 표명하는 것과 관련있는 행위는 1976년 법을 실시하기 오래전인 1936년 공공질서법Public Order Act 1936에 이와 유사한 조항이 있어 이에 의거하여 적용되어 왔다.

1976년 법의 10절에서는 북아일랜드사건과 관련 있는 테러행위에 사용될 것이라는 것을 알고 있거나 의심이 가는 자금이나 물품 또는 기부금, 기증품 혹은 대여물을

---

1) 1969년 북아일랜드 분쟁을 기점으로 통일 아일랜드를 지향하는 전략상의 차이에서 IRA는 과격파인 임시파(Provisional)와 온건파인 공인파(Official)로 분열되었다. 그 후부터 일반적으로 IRA는 테러행위가 심한 북아일랜드의 과격파 조직인 PIRA로 지칭되고 있다. OIRA는 정치적인 승리를 주장하는데 반하여 PIRA는 군사적인 승리를 추구하고 있다.

제공 또는 청탁하는 범죄에 대하여 경찰의 권한을 강화시켰다.

치안판사법정에서의 유죄판결은 최대한 400파운드의 벌금[2] 및 6월의 징역 또는 그 어느 한쪽에 처해질 수 있는 반면에 만약 그 사건이 배심원 앞에서 다루어진다면 최대 형벌은 무제한의 벌금 및 5년의 징역 또는 그 어느 한쪽에 처해진다. 그 법령에 의한 모든 범죄사건에서 기소는 검찰총장의 동의가 요구된다.

성공적인 기소사례로서는 IRA 지원을 위하여 포스터를 판매, 제작하여 1975년 2월 10일 「글래스고우」 보안관법정에서 유죄로 판명된 James Fegan이 6월의 징역형을 선고 받은 사건이다.

또 하나는 신페인Sinn Fein[3] 당의 창설자인 John Higgins가 1977년 4월 1976년 법의 10절에 위반되어 10년의 징역형이 선고된 사건이다. 그는 테러범의 목적을 달성하기 위하여 고용된 신참자인 John Banks로부터 포섭용 라디오, MI카빈총 1,000정, 총탄 60,000발을 소지한 혐의로 기소되었다. 그와 함께 재판을 받은 다른 두 사람도 유죄가 확정되어 각각 8년과 2년 징역형이 선고되었다.[4]

아마도 이러한 조항을 통한 가장 중요한 점은 위협의 효과이다. 금지된 조직을 위한 지원이 어떤 정도인가의 불확실성은 아일랜드문제에 관한 정치적 활동에 가담하고 있는 자들에게 용기를 잃게 했다. 그들의 활동이 어떤 정도인가 하는 많은 불확실성이 있다고 할지라도 공화주의자는 모두 그 법에 의하여 금지되었다. 「시민의 자유를 위한 국민회의」National Council for Civil Liberties는 「신페인」 당의 신문인 *Easter Lillies*의 판매행위와 공화국 수형자의 가족들을 위한 모금행위에 도움을 얻으려고 공화국 조직들과 상의를 했다. 한편 그 법에서는 공화국 신문의 판매행위는 범죄행위에 해당되지 않아 IRA의 지원을 위한 캠페인이 아니라는 지침을 마련해 놓고 있었지만 NCCL에는 경찰이 사람들을 체포했고 구금했고 신문했다는 많은 보고서가 접수되었다. 전반적인 효과는 주요한 공화국정치조직인 「신페인」 당의 정치적 활동을 위축시켰으며 한편으로는 아일랜드사건의 논의를 기화로 비공식적인 검열이 행해진 것이다.

1974년 법이 시행된 직후 IRA와 협력한 건물로 알려진 양조장이 폐쇄되었다. 또

---

2) 1977년 형법에서는 금지된 조직을 위하여 지원을 한 경우 벌금을 1,000파운드로 인상했다.

3) 「신페인」은 원래 1905년에 설립된 「아일랜드 민족주의자당」으로서 합법적인 단체이다. 이들은 아일랜드의 재통일을 꿈꾸었는데 이들의 무력부가 IRA이다.

4) Brian Rose-Smith, "Police Powers and Terrorism Legislation," Peter Hain(ed)., *Policing the Police* (London: John Calder, 1979), p. 123.

한 만약 신문이나 추첨권의 판매, 모금행위, IRA의 군가를 부르거나 회합을 위하여 장소를 제공하고 깃발, 군기, 우편엽서, 광고의 게시와 같은 행동들을 그들의 집과 토지에서 허락한다면 소추를 당하게 될 것이라고 경고했다. 이에 따라 특정한 활동들을 전개할 것인지가 애매하였으며 그 결과 많은 건물과 클럽들은 진짜 자선사업이나 정치적 회합을 위해 그들의 건물을 사용하려고 할지라도 모금원들의 출입이 봉쇄되었다.

다른 사건은 보도기관에 연루되어 단식을 한 공화국 수형자인 Frank Stagg가 사망한 후 BBC와 테임즈TV가 영국의 교도소에 있는 아일랜드 수형자들의 처우 상태에 관하여 「수형자원조위원회」의 비서를 인터뷰했다. BBC의 인터뷰는 전혀 방송이 되지 않았던 반면에 테임즈TV의 인터뷰는 가혹하게 편집되었다. 「독립방송협회」Independent Broadcasting Association는 영국 교도소에 수감되어 있는 아일랜드 수형자들의 처우상태에 관한 보도가 매우 조심스러운 태도로 IRA를 위한 지원으로 해석될 수 있다는 견해를 다룬 것으로 생각했다. 테임즈TV가 '이 주일'This Week이라는 프로그램에서 경찰이 심문하는 동안 혐의점에 관하여 「Ulster 경찰대」Royal Ulster Constabulary의 잔인성에 관한 진술과 관련된 앰네스티 보고서에 대한 특집을 하도록 계획했을 때인 1978년 6월 IRA는 다시 강한 비판적인 태도를 보였다. 더구나 많은 반대와 비판에도 불구하고 '이 주일'에서 자료를 얻어 가지고 같은 주제에 관한 프로에서 그것의 일부를 계속 방영한 것은 IRA가 오히려 BBC를 지지하고 있는 것임에 틀림없다.

우연한 기회에 런던의 Camden지역에 있는 「아일랜드 센터」의 지도자인 Father William Cagney는 아일랜드 지역사회의 태도에 관해서 BBC와 인터뷰했다. 인터뷰가 진행되는 동안 Father Cagney는 테러방지법의 운영과 그것에 관한 영국에서의 아일랜드 인들의 반응을 토론했다. 토론하면서 그는 많은 사람들이 체포되고 구금되었으며 심문을 받았고 영국에서 추방되었다고 언급했고 그 법을 전체적으로 비판했다. 비록 그는 약 40분 동안 인터뷰했지만 그 인터뷰는 결코 방영되지 않았다.[5)]

1977년 5월 Hammersmith시는 영국에 거주하는 아일랜드 주민과 영국으로 여행하는 자들이 그 법의 효력을 논의하기 위해 소집된 노동조합원들의 회합을 회합 이틀 전에 금지시켰다. 금지이유는 3월에 있었던 회합이 IRA를 위해 모금을 했던 것과 같

5) *The Irish Times*, 25th May 1976.

다고 *The Daily Telegraph*에서 보도했다[6]는 것이었다.

그 보도는 잘못된 것이었고 모금행위는 테러방지법을 고려하여 노동조합위원회의 이익을 가져다주는 것이라고 설명했는데도 시의 관리들은 무조건 거절했다.

결국 정부당국은 북아일랜드와 관련 있는 회합과 대회를 위하여 「트라팔가」광장을 사용하는 것을 금지함으로써 북아일랜드에 관한 논의를 박탈했다. 그러한 정책을 완화했던 유일한 기회는 아일랜드에 대한 정부노선을 전체적으로 지지한 「평화시민」Peace People에 의해 조직된 대회를 위한 것이었다.

그러므로 비록 경찰권을 조금도 확대하는 규정이 아니라고 하더라도 그 법의 이러한 규정의 효과는 합법적인 정치활동을 구속하고 토론을 제한하는 것이 되었다. 또한 그들이 공화국의 선전사업에 종사하고 있다는 유일한 점 때문에 그들은 테러범으로 의심받고 있다고 주장하며 이것이 그들을 체포하기 위한 구실을 제공함으로써 아일랜드 공화당원들과 그 동조자들을 괴롭히고 위협하도록 경찰에게 권한을 주게 된 것이다. 이와 관련해서 「신페인」 당의 신문판매원들의 체포는 이미 적용되고 있었고, 유사하게도 「신페인」 당의 이익을 위해 모금하고 있는 자들에게도 예외적인 것은 아니었다.

2. 추방령

테러방지법의 2장은 테러행위의 중개, 준비 혹은 선동[7]에 가담하고 있다고 믿고 있는 자를 영국으로부터 추방하거나 또는 입국하는 것을 방지하기 위한 권한을 내무대신에게 주고 있다. 이러한 규정에 의하여 내무대신은 북아일랜드로부터 영국Great Britain[8]으로 입국하는 자들을 제한할 수 있으며 북아일랜드 인들을 되돌려 보낼 수 있게 되었다. 이러한 권한은 아일랜드공화국 국민들을 되돌려 보내기 위한 권한을 부여했던 「폭력방지법」Prevention of Violence Act을 발전시킨 것이다. 추방령은 20년 동안 영국에서 통상 거주했거나, 영국에서 출생하여 일생을 영국에서 생활한 영국United Kingdom[9] 국민을 위하여 만들어진 것은 아니다. 1976년 법은 영국에서 사람들을 추방

---

6) *The Daily Telegraph*, 28th March 1977.
7) Prevention of Terrorism(Temporary Provisions) Act 1976, Section 12(i)(b).
8) 여기에서의 영국은 England, Scotland와 Wales를 의미한다.
9) 여기에서의 영국은 Great Britain과 북아일랜드를 의미한다.

하는 것을 허락하는 폭력방지법과 같은 규정을 반영하고 있다.

내무대신은 이미 성문법과 관습법에서 영국으로부터 사람을 추방하기 위한 광범위한 권한을 가지고 있다. 그래서 1973년 초 더블린에 있는 공인 「신페인」 당의 지도자의 한 사람인 Sean Kenny가 영국의 맨체스터로 상륙허가신청을 낸 것이 거절당하여 그는 즉시 더블린행 비행기로 보내졌다. 이것은 테러방지법이 발효되기 전에 영국에서 추방한 하나의 예이다. 이 사건은 내무대신이 국가안전을 위협하게 될 것으로 생각할 경우 국내로 입국하는 것을 방지하거나 추방하기 위한 관습법의 권한을 행사한 것으로 생각된다. 1973년 1월 발효했던 1971년 이민법[10]에서 국무대신은 공익에 이바지하지 않는 개인에 대하여 대단히 광범위한 사유로써 입국을 거절하거나 추방할 수 있는 권한을 가지고 있었다. 이러한 규칙을 배경으로 국가안전의 근거가 마련되었으며 거기에는 항소권이 인정되지 않았다. 이러한 모든 권한들은 아일랜드공화국 국민들에 대하여 입국을 거부하거나 추방할 수 있는 권한을 내무대신에게 부여할 수 있게 된 것이다.

비록 추방의 개념이 영국이나 다른 나라에서 전례가 없었던 것은 아닐지라도 추방을 할 수 있는 권한은 그 법에서 담고 있는 시민의 자유에 관한 가장 가혹한 공격의 하나였다. 1922년에 발효된 「특별권한법」Special Powers Act은 내무대신에게 추방할 수 있는 권한을 부여했다. 이와 같은 권한은 영국공산주의자인 Tom Mann을 Tyrone시에 있는 Clogher에 제한하도록 가혹하게 행사되었다. Mann은 실업자의 투쟁과 관련 있는 대규모 대회에서 연설하기 위하여 1933년 10월 Belfast로 왔다. 그는 Belfast에서 체포되었고 금지규정에 따라 다음 날 영국에서 Ulster경찰대에 의해 추방되었다.

다른 사건은 1년 뒤 영국공산당의 Harry Pollitt가 Belfast의 공산당대회에서 연설하기로 되어 있었으나 금지규정은 그에게도 적용되었다. 그는 배에서 내리자마자 체포되었고 하루종일 감금된 후 그날 밤 영국에서 되돌려 보내졌다.[11]

1974년 11월 처음으로 테러방지법의 제안들이 재검토되었을 때 사법적 항소제도의 외형으로는 조사된 사건에서도 내무대신의 허가없이 누구든지 추방하거나 축출할 수 없다고 많은 사람들은 생각했다. 그때까지 테러방지법은 그러한 권한을 규정하고 있지 않았다. 그 대신에 그 법은 1974년 법에서 48시간 이내에 추방영장을 사람에게

10) Immigration Act 1971, Section 3(5)(6).
11) Brian Rose-Smith, *op cit.*, pp. 126~127.

송달하고 1976년 법에서는 96시간 이내로 개정하여 내무대신에게 문서로 신청하도록 규정했다. 그 법은 항소보다는 오히려 신청을 하도록 했다. 신청이 제기되었을 때 내무대신은 그들이 추방할 필요가 없는 사람이 아니라고 생각되면 억류자를 인터뷰하기 위하여 그에 의해 임명된 2명의 법률고문 중 어떤 한 사람에게 명령할 수 있게 하였다. 법률고문은 추방을 결정하는 데 증거에 대한 어떤 지식이 없이 때때로 인터뷰를 행하여 억류자는 어떤 진술을 할 때 부인을 했다. 그런데 억류자는 인터뷰하는 동안 변호사나 어떤 다른 사람에 의하여 진술하는 것은 허락되지 않았다. 더구나 이것의 가장 치명적인 국면은 억류자이던 그의 변호인이던 추방을 결정하는 데 증거를 열람하는 것이 허락되지 않았다. 신청을 한 사람과 그의 법률고문은 경찰조서의 논거에서부터 내무대신에 이르기까지의 진술을 반박할 수 없는 지위에 놓여 있었다.

추방에 대한 이유에 관해서 정부는 오직 한 가지만 가지고 있었다. 그들은 혐의에 관한 정보가 법정에 제출될 수 없는 고도의 신중을 요하는 것인데도 사용되고 있다는 것이다. 간첩행위에 관련된 형사소추에서 그리고 일반적으로 「공공기밀법」Official Secret Act에 따라 심문을 비공개리에 할 수 있고 부분적으로 자주 그렇게 해왔는데도 불구하고 정부는 그러한 권한을 행사하기를 원하는 사건은 오직 제한된 계층에게만 행해졌으며 증거가 법정에서 확신을 얻는 데 충분하지 못한 사건에서는 행해지지 않는다는 것을 누구든지 믿고 있다고 생각하고 있었다. 확실히 1974년 법에 관한 토론에서 국무대신 겸 내무대신인 Alex Lyon은 다음과 같이 말하여 정부는 의회를 안심시켰다. 그는 "만일 증거가 영국에서 범죄의 유죄판결에 사용할 수 있다면 그 사람은 기소될 것이며 배심원의 결정에 복종할 것이고 또한 유죄로 선고될 수 있고 법의 정상적인 절차에 따라 처리될 것이다"[12] 라고 말했다.

Fleet가의 건물에서 술집을 경영하고 있는 Edward James Forrest는 1974년 10월 체포되어 폭발물의 소지로 기소되었다. 1975년 1월 6일 Clerkenwell 치안판사법정에서 그날까지 매주 1회 소환에 출두한 후 검찰국장이 증거를 제출하지 못하여 그는 석방됐다. 그 기간 동안 그는 Brixton교도소에 수감되었다. 그가 법정에서 나오자마자 그는 테러방지법에 의해 체포되었고 금지조항으로 그를 구금했던 Brixton교도소에 재수감되었다. 그는 어떠한 항의도 거절되었고 이틀 후 북아일랜드로 추방되었다. 분명히 검사는 배심원 앞에서 충분하게 목적을 달성한 명쾌한 사건으로 생각지는 않았다.

12) *Ibid.*, p. 128.

정부가 발표한 것과는 달리 추방령은 법정에서 유죄판결을 내리는 데 불충분한 증거가 있는 자에 대하여 당국이 테러행위에 가담하고 있다고 의심이 가는 사람을 단순히 쫓아버리기 위한 장치인 것이다. 이것은 억류와 같은 형태가 있기 때문에 유죄로 입증되기까지는 무죄추정의 원리the principle of the assumption of innocence를 부정하는 것이며 확립된 안전장치로부터 이탈을 의미하는 것이다. 요약하면 모든 과정은 정상적인 사법절차를 회피하고 공식적으로 추방령을 집행하여 공평하고도 타당한 심리의 권리를 부정하는 절차였다고 할 수 있다.

이러한 규정은 원한을 품고 있을지도 모르고 재정적 혹은 다른 압력을 받고 있을지도 모르는 사람들로부터 얻은 단편적인 정보와 내용이 빈약한 진술에 사용할 수 있도록 대단히 강력한 지위를 경찰에게 주었다. 경찰은 내무대신에 의해 받아들여지기만 한다면 증거로서 모든 것을 제출할 수 있으며 추방된 사람의 생명과 가족을 유린하는 효과를 가질 수 있었다. 오심에 대한 안전장치로서 혹은 편견 없는 배석판사로서 내무성고문을 천거하는 것은 국무대신이 어쨌든 그의 자문에 꼭 따르는 것은 아니기 때문에 최상의 믿을 수 있는 계략이 되었다. 그러나 이러한 한계에도 불구하고 소수의 신청은 교정되었다. 1977년 11월 추방령이 집행된 78명 중 20명이 신청을 한 결과 6명은 취소되었다. 그래서 그들은 3주 혹은 4주 동안 교도소에서 대항을 하지 못했기 때문에 소수는 신청을 하는 것이 필요했고 그 기간에 그 사건이 취급되었다. 그들의 신청이 결정될 때까지 그들이 보석으로 석방될 가능성이 주어질 수 있는 조항은 없었다.

1974년 법이 법률로 발효된 몇 시간 안에 「특수분과」Special Branch는 추방령을 조사하여 많은 사람들이 관련된 사건기록을 내무대신에게 설명했다. 추방령은 「신페인」당을 조직한 Brenden Magil, 그의 대리인 Seamus McGarrigle, 새로이 선출된 의장인 Sean Greely 등이 이미 국외에 머물고 있었기 때문에 집행할 수 없었다. Magil과 McGrarrigle은 자폭한 James McDaed의 장례식 때문에 아일랜드로 갔고 그때 폭탄을 반입하려고 시도했다. 추방령은 이 두 사람에 대하여 만들어진 것으로 생각되었지만 John Rafferty가 또 다시 집행되었을 때 「신페인」 당의 회원들은 경악했고 분노했다. Rafferty는 그 운동의 지도자가 아닌 것으로 여겨졌으며 단지 2년 동안 「신페인」 당에 있었기 때문이다. 더구나 놀라운 일은 아일랜드 노동당의 유능한 회원인 Gerald Doherty, James Flynn과 Brendan Phelan에 반대하여 추방령이 만들어졌다는 점이다.

이 조직은 영국에서 공화국 운동의 정치적 당파이며「신페인」당과 같은 합법적인 조직이었다. 테러방지법은 임시파와 공인파 IRA의 구별없이 IRA를 추방했다. 공인파 IRA는 1972년 6월 이래 휴전상태를 유지하고 있었으며 영국에서 공인파 공화국운동은 일관되게 폭파운동을 비난하고 있었다. 그러므로 이와 같은 초기 경찰의 선제효과는 아일랜드에서 영국정부의 정책을 가장 신랄하게 비판한「신페인」당과 아일랜드 노동당의 조직을 영국에서 효과적으로 분쇄했다.

처음 추방령이 제정되었을 때 체포되고 억류되어 추방된 사람들이 북아일랜드로 도착되기를 기대했다. 확실히 북아일랜드로 되돌려 보내진 최초의 두 사람인 James Flynn과 Noel McCombe는 도착 즉시 체포되었고 그 후 48시간 동안 억류되어 심문을 받고 석방되었다. 세 번째 사람인 Albert O'Rawe도 마찬가지로 추방된 후 자유롭게 되었다. 게다가 1977년 10월 18일 영국에서 북아일랜드로 추방된 67명 중 12명이 도착 후 심문을 받았고 그 중 오직 한 명은 기소되었는데 그는 북아일랜드에서 저지른 범죄행위와 관련이 있었다.[13] 이러한 형태는 추방된 많은 사람들에 대하여 경찰의 주장이 대단히 의심스럽다는 것을 암시하는 것이다.

그 법이 존재함으로써 아일랜드 지역사회에서는 두려움이 일어났기 때문에 몇몇의 사건에서 경찰은 그 법에 의해 체포된 사람들을 그들의 심문에 응하도록 강제하여 추방의 위협을 할 수 있게 되었다. 그러나 이러한 위협은 경찰이 원하고 있는 효력을 지니고 있는 그 법의 규정에 관하여 모르고 있어서 사람들은 당황했다. 영국에 입국하고 있는 사람들에 대하여 경찰에 의하여 행해진 수많은 비공식적인 추방의 보고가 있다. 이것은 공화주의자보다도 왕당원에 대하여 더욱 자주 사용되었다.

1976년 1월「Ulster 방위협회」[14]의 4명의 회원은 영국에 도착해서 경찰에 의해 떠나도록 명령을 받은 것을 불평했으며 왕당원들이 항의를 했을 때 그 법을 적용할 것을 위협했고 그들을 7일 동안 억류했다. 그러한 방법으로 행함으로써 경찰은 법을 집행하는 권한을 맡게 되었으며 테러방지법과 관련해서는 극히 위험스러운 판례라고 할 수 있을 것이다.

---

13) *Ibid.*, pp. 129~130.

14) Ulster Defence Association은 1971년 얼스터 내에 있는 여러 개신교방위협회를 모아 창설되었는데 출입금지지역을 포함한 모든 곳에서의 법질서 회복에 참가했다. UDA는 준군사적 단체로서 고의로 IRA를 모방했으며 벨파스트에서 영국군을 공격하기도 했다. 이 협회는 스코틀랜드와 밀접한 연계를 가졌으면 또한 지원을 받았다.

3. 체포와 구금의 권한

테러방지법의 3장에서는 경찰의 권한을 최대한으로 강화시켜 혐의가 있는 테러범의 체포와 구금에 대하여 규정하고 있다. 이 법은 이 법에 따른 범죄를 범하고 있거나, 테러행위의 중개, 준비, 교사와 관련되어 있거나, 추방을 받아야 하는데 상당히 의심이 가는 사람을 경찰이 영장없이 체포해도 좋다는 것을 규정하고 있다.[15] 테러행위는 폭탄을 투척하는 것과 같은 가장 뚜렷한 것으로부터 메시지나 정보 또는 첩보를 전달하는 것까지 여러 가지 종류의 활동을 포함하고 있다. 경찰은 공화국신문을 판매하거나 「신페인」 당의 선전사업에 가담하고 있는 것을 알고 있기 때문에 사람을 용이하게 체포했다. 더구나 경찰은 필요에 따라 테러행위를 구성하는 정의를 중요한 의미로서 확장하려고 시도했다. 그것은 1976년 3월 말 그 법에 의해 체포된 Margaret O'Brien과 그녀의 남편 Frank, 그녀의 15세 된 딸의 사건에서 나타났다. 약 25년 전 아일랜드공화국에서 영국으로 왔던 O'Brien은 「아일랜드 시민권협회」Irish Civil Rights Association의 비서였으며 그녀의 업무는 영국에서 공화국수형자들의 부양가족들을 위하여 자금을 모으는 것이었다. 경찰은 O'Brien의 이러한 특별한 활동에 관심을 가졌으며 추방령을 적용할 작정으로 심문하는 동안 그것을 분명히 했다. 경찰의 논거는 유죄의 선고를 받은 테러범들의 부양가족들을 위하여 자금을 모은다는 것이었고 O'Brien이 테러활동에 가담하고 있다는 것이었다. 여기에서 경찰에 의해 새로운 영역으로서 테러행위의 정의를 확대하려는 시도가 있었으며, 이로 인하여 피억류자와 유죄로 선고된 수형자들의 부양가족을 위해서 보살펴 주는 상당수의 자선사업이 종말을 맞게 되었다. 실제로 추방은 하지 않았기 때문에 O'Brien과 그녀의 가족들은 결국 석방되었다.

더구나 거기에는 그녀를 석방함에 있어서 다른 중요한 요소가 있었던 것 같다. 그것은 그녀가 체포된 후 얼마 안 있어 분명해졌는데 경찰체포에 「특수분과」Special Branch와 「대테러팀」Anti-Terrorist Squad 간에 분열이 있었다. 실제로 그녀를 체포했던 「특수분과」는 그녀의 자금모금행위와 그녀의 동료들에 관하여 심문하는 것에 열중했는데 반하여 「대테러팀」은 그러한 조치가 아일랜드지역사회에서 괴롭히는 것으로 보일 수 있고 그것은 오직 적대감과 증오심을 갖게 될 뿐이라는 견해를 나타냈다.

15) Prevention of Terrorism Act 1976, Section 12.

O'Brien은 아일랜드지역사회에서 인기가 있는 인사였으며 그녀의 체포는 정치활동가들이 지하에서 활동하도록 해서 그들을 추적하기가 더욱 어려워졌고 비교적 죄가 없는 안전판의 공화국사람들과 그들의 동조자들을 탄압하는 것으로 「대테러팀」은 생각했다. 또한 내무성고위관리들은 아일랜드 시민권협회와 같은 조직들은 가시적이고 접근하기 쉬울 때 안전효과를 위하여 더욱 가치가 있다는 견해를 가지고 체포에 반대했다는 징후가 있다.

이 사건의 결론은 영국에서 상당한 반아일랜드감정이 있다는 것이 증명되었다. Frank O'Brien은 그가 체포된 뒤 그날 경찰서 유치장에서 석방되었다. 구금되어 있는 동안 그는 폭탄뿐만 아니라 영국의 교도소에 수감되어 있는 공화국수형자들의 처와 가족들을 위한 모금에 대해서도 심문을 받았다. 그가 다음 날 일터로 돌아왔을 때 그의 동료들은 그와 함께 일하기를 거부했고 그에게 설명을 요구하기 위한 회의가 소집되었다. O'Brien은 회의를 거부했으며 그 법에 따라 억류되었으나 어떤 범죄에도 혐의가 없기 때문에 경찰에 의해 석방되었다는 것을 동료에게 알렸다. 그 사건의 결과 O'Brien은 일을 그만두게 되었고, 그는 단순히 테러리즘에 관련된 재판을 하고 있는 법에 따라 체포되어 테러범으로 낙인찍혔기 때문이라는 그 동료들의 편견에 의하여 좌절되었다는 것이다. O'Brien 가족은 체포된 후 몇 주 안 되어 영구히 아일랜드로 되돌아가기 위한 결심을 했으며 그 결과 「특수분과」의 본래 목적을 달성한 것이 되었다.[16)]

테러방지법은 '공중이나 어떤 공중의 일부를 공포로 몰아 놓을 목적으로 폭력을 사용하는 것을 포함한 정치적 목적을 위하여 폭력을 사용하는 것'[17)]으로 테러리즘을 정의하고 있다 이와 같은 애매한 정의는 테러리즘에 관련되어 있거나 그것을 지원하고 있는 조직을 금지하기 위한 내무대신의 권한을 더욱 남용하는 데 도움이 되었다. 그것은 아일랜드사람의 권리를 지원하고 있지만 테러행위에 관련하고 있는 조직들을 금지시킬 수 있는 권한을 주고 있는 것이다. 더구나 만일 내무대신이 북아일랜드사건과 관계가 있는 시위에서의 폭력으로 공중의 일부가 공포 속에 떨고 있다는 견해를 갖게 된다면 그 시위에 참가하고 있는 모든 조직들을 금지시키는 것으로 귀착된다. 그 법의 가장 중요한 내용에 관한 이와 같은 모호성은 형사제재를 규정하고 있는 법

---

16) Brian Rose-Smith, *op cit.*, pp. 131~132.
17) Prevention of Terrorism Act 1976, Section 14(1).

률은 용어에 있어서 확실해야만 한다는 영국법의 근본적인 원리와 모순된다. 더 나아가 개념의 불확실성은 그 법의 권한이 멀리까지 영향을 미치게 된다. 따라서 그것은 표면상으로는 아일랜드와 관련 있는 테러리즘을 취급하고 있는 반면에 그 법의 확실한 부분은 분명하게도 아일랜드와 전혀 관계가 없는 사건들에도 적용될 수 있었다. 첫째는 테러리즘의 정의는 북아일랜드와 관계있는 행위에 결코 한정되지는 않는다. 둘째로 체포규정은 마찬가지로 그러한 소송절차의 정지가 없다. 형사제재를 부과하고 혹은 새로운 범죄를 만들어내는 그 법에서의 다른 모든 규정은 북아일랜드사건과 관련 있는 용어로서 꾸며져 있다. 그 법은 경찰이 테러행위의 중개, 준비 혹은 교사와 관련되어 상당히 의심이 가는 사람을 체포해도 좋다[18]는 것을 규정하고 있다. 그러므로 그 법에서는 테러리즘의 정의와 아일랜드와 관련 있는 어떤 소송절차의 정지가 없음을 보여주고 있으며, 이러한 부분은 조직화된 노동계급과 있을 수 있는 갈등이 있는 상황에 대한 중요한 무기임이 증명되었다.

그 법은 영장없이 혐의가 있는 사람을 체포할 수 있는 것에 부가하여 경찰에게 48시간까지 계속 그러한 사람들을 구금할 수 있는 권한을 규정했고 그때 내무대신의 허가를 받아 5일 동안 더 구금할 수 있게 하였다. 더구나 영국을 출입국하여 체포된 사람들에 관해서는 그 법은 7일 동안 구금할 수 있고 그때 내무대신의 동의로 5일 동안 도합 12일을 구금할 수 있도록 규정했다.[19] 구금기간 동안 사람은 법원에 소송을 제기할 수 없었다. 영장없는 체포와 구금의 권한은 이민관리나 세관원도 할 수 있지만 보통 특수분과원인 조사관의 승인이 있어야한다.

경찰은 범죄행위를 실행하여 혐의에 대한 상당한 이유가 있는 사람을 영장없이 체포할 수 있는 권한을 오랫동안 가지고 있었고 불가피하게 그러한 체포는 구금과 심문기간에 행해졌다. 그러나 구금의 권한은 피의자가 체포되자마자 치안판사법원에 데려가야만 하는 요구에 의해 이미 제한되어 있었다. 부가하여 체포를 했을 때 경찰은 그에게 적용된 혐의의 성질을 체포된 사람에게 알려야만 한다. 단순히 심문을 목적으로 누구든지 구금할 수 있는 권한은 없다. 만일 공식적으로 체포되기 전에 경찰서를 퇴거하려는 사람을 허락할 수 없다고 분명히 한다면 그때 구금은 불법이 된다.

그래서 테러방지법은 기소를 하거나 혹은 그를 법원에 데려갈 필요없이 체포가

---

18) *Ibid.*, Section 12(1)(b).

19) Prevention of Terrorism(Supplementary Temporary Provisions) Order 1976, Article 10.

조사관에 의해 행해졌을 경우 7일 또는 12일까지 유치장에 사람을 구금할 수 있는 권한을 처음으로 경찰에게 주었다. 더구나 테러리즘에 가담했다고 상당히 의심이 가는 사람을 체포할 수 있는 권한은 테러리즘의 정의가 어떤 형사범죄의 정의보다 더 넓기 때문에 범죄의 혐의가 없는 경우에도 체포할 수 있는 권한이 주어지는 것은 이례적인 것이었다. 이것은 경찰권의 중대한 강화를 나타낸 것이지만 실제에 있어서는 경찰의 위법행위를 단지 합법화시킨 것이다. 경찰이 사람을 체포하여 심문을 목적으로 7일 또는 그 이상의 기간 동안 유치장에 구금한 경우는 오래되었다. 그런 상황에서 사람들은 그들의 조사로 경찰을 돕고 있는 것처럼 자주 완곡하게 말하고 있지만 그들이 원하는 것처럼 경찰서를 퇴거하기 위한 자유는 없었다.

Ⅲ. 결 론

영국의 법적 전통에 있어서 법의 지배는 개인의 권리에 대한 정부의 남용에 대하여 주요한 안전장치로 생각되었다. 그러나 지난 20년간 북아일랜드에서의 테러활동으로 영국정부는 개인에게 주어진 전통적인 법적 보호를 다소 폐기하고 있는 몇가지의 대테러법을 제정하는 데 앞장섰다. 그 법들은 특정한 형사범죄로 기소된 피고에 대한 반대의 입증책임, 의심이 가는 테러범의 체포와 구금과 같은 조치를 규정했다. 이것은 대테러법을 제정하려고 생각했던 1972년에서 1977년 사이에 제정되었다.[20)]

물론 영국은 법률문화가 시민의 자유에 대해 강력한 공약을 표명하고 있는 비교적 안정된 정치체제이지만 북아일랜드에서의 테러활동과 같은 총체적인 범죄위험에 직면하고 있는 상황에서는 시민의 자유가 다소 폐기되는 것을 받아들였다는 것은 테러행위에 대한 강력한 법적 대응이 아닐 수 없다. 그래서 영국의회는 두 가지 주요한 대테러법률을 제정했는바 북아일랜드법Nother Ireland (Emergency Provisions) Act과 테러방지법Prevention of Terrorism (Temporary Provisions) Act이 그것이다. 이 법들은 첫째 영국에서 테러와 관련있는 조직들의 활동을 금지했다. 둘째 영국과 북아일랜드에서 테

---

20) Matthew Lippman, "The Abrogation of Domestic Human Rights: Northern Ireland and the Rule of British Law," Yonah Alexander and Kenneth A. Myers, *Terrorism in Europe* (London: Croom Helm, 1982), pp. 179~180.

러행위를 지원할지도 모르는 활동을 억제하기 위하여 형법을 강화했다. 셋째 북아일랜드에서 어떤 중죄로 기소된 피고에게 주어진 적법절차의 보호절차를 박탈했다. 넷째 일정한 조건아래에서는 북아일랜드에서 경찰에 의해 영장없이 압수, 수색, 체포의 권한이 부여됐다.

결과적으로 IRA를 지원하는 것과 같은 정치적 행위는 개인에게 벌금을 부과하고 구금할 수 있는 범죄행위로 낙인이 찍혀지게 된 것이다.[21]

국가긴급사태에서는 어느 정도의 인권보호의 손상은 허락하지 않을 수 없게 되었다. 따라서 테러행위에 대한 억제운동은 초당파적 지원이 필요함을 절감하게 한다.

---

21) *Ibid.*, p. 195.

한국에서의 테러발생 가능성과 대처방안

Ⅰ. 서 론

최근 세계의 각 지역은 종래의 정치적 이데올로기 대신에 급진적인 종교적 사상이나 과격한 민족독립운동을 배경으로 한 테러가 빈발하고 있다. 특히 이슬람 과격파는 그 네트워크를 전 세계적으로 넓혀가고 있으며 그 활동거점도 중동뿐만이 아니라 구소련 연방제국이나 아프가니스탄, 파키스탄, 필리핀 등 아시아 제국으로 세력을 확대시켜 일반시민을 이용한 자폭테러, 파괴력이 큰 폭탄에 의한 대량 무차별 테러 등을 감행하고 있다.

현재 테러조직은 전 세계적으로 71개국에 567개 조직이 활동하고 있는 것으로 파악되고 있다. 따라서 최근 선진국들의 대외정책의 기조는 무엇보다도 대테러 정책에 목표를 두고 있다. 많은 선진국가들은 1976년부터 테러방지법을 제정하여 테러대응책을 강구하고 있다. 특히 최근에 들어와 미국은 국제테러규제법1984, Anti-Terrorism & Effective Death Penalty Act1996, 애국법USA PATRIOT법 2001.10[1]을, 영국은 Terrorism Act 20002001.2[2]을, 프랑스는 테러리즘과 국가안보 침해에 관한 법1986[3]을, 러시아는 테러와의 전쟁에 관한 러시아연방법1999.7[4] 등 개별법을 두고 있으나 우리나라는 대테러 정책에는 비교적 관심이 적었고 개별법조차 가지고 있지 못하다.

특히 지난 2001년 9월 11일 일어난 미국의 동시다발 테러사건으로 정부는 물론 국회에서도 대테러에 대한 관심을 보이기 시작했고 테러방지법을 제정하려고 노력하였으나 아직까지 제정되지 않고 있다. 이것은 우리나라에서 개최되는 대규모 국제행사가 테러의 좋은 표적이 되고 있기 때문이기도 하다. 물론 우리도 대통령훈령 제47

1) 「USA PATRIOT ACT 2001」은 기존의 대테러법을 대폭 강화한 내용의 법안으로 2001년 9월 19일 의회에 제출하여 상하 양원을 통과하여 10월 26일 발효된 것으로 외국인 테러혐의자에 대해 영장없이 7일간 구금이 가능하도록 하였으며, 수사기관의 감청권한을 확대, 돈세탁 방지 및 테러 혐의자에 대한 자산 동결권을 대폭 강화, 테러나 긴급상황 통제를 위한 군병력 동원 등을 포함하고 있다.

2) 「Terrorism Act 2000」은 2001년 2월에 제정된 것으로 과격 민간단체의 폭력행위와 사이버공간에서의 파괴적 행위도 테러로 규정, 테러사건에 동원된 군병력에 사법경찰권부여, 불고지죄 처벌, 테러혐의자를 영장없이 체포하여 7일간 불기소상태에서 구금 등을 규정하고 있다.

3) 일반범죄는 긴급구속 기간이 2일이나 이 법률에서는 긴급구속 기간을 4일로 연장했다.

4) 테러진압 작전본부에 테러지역 내 교통통신의 임의 사용, 개인 기본권의 일시 제한, 군 병력 및 연방기관이 보유한 각종 수단을 동원할 수 있는 권한을 부여하고 있다.

호인 '국가대테러활동지침'에 의거 대테러에 대한 조직기구가 없는 것은 아니나 이는 테러범의 수사 및 처벌, 신종테러 등에 대해서는 규정하고 있지 않는 등 국가 대테러 업무를 효율적이고도 체계적으로 수행할 수 없는 것으로 현실성이나 미래에 대한 감각이 뒤떨어지는 것이다.

따라서 여기에서는 우리나라에서 과연 테러가 발생할 가능성이 있는가? 있다면 어떤 유형의 테러가 발생할 것인가? 이러한 테러에 어떻게 대비할 것인가? 등을 살펴보고자 한다. 테러에 대해서는 안전지대란 없으며 누구나 언제 어디서든 목표가 될 수 있기 때문이다.

Ⅱ. 테러발생 가능성

먼저 국내에서 테러가 발생할 가능성을 검토해 보자.

첫째, 북한에 의한 테러 가능성이다. 우리나라는 건국 이래 현재까지 북한에 의한 테러 이외에는 국제테러사건이 발생하지 않은 것이 사실이다. 1·21 청와대 습격사건, 김포공항 폭파사건, 아웅산 폭파사건, KAL기 폭파사건 등 국가안보와 관련된 주요테러사건이 북한측에 의해 자행되었다. 또한 미국 국무부는 1988년 1월 북한을 비롯한 이라크, 이란, 수단, 리비아, 쿠바, 시리아 등 7개국을 국가지원 테러리즘 국가로 지정하였으나 2008년 10월 북한은 제외시켰다. 특히 북한은 지난 1987년 KAL기 폭파사건 이후 20년째 테러지원국으로 분류해놓고 있었다. 남한에 대한 테러의 주체성은 아직도 북한임을 완전히 배제하기 어렵다. 북한은 대남테러에 있어서 지금까지의 직접개입보다는 간접개입 가능성이 크다. 우리나라는 여행자유화 조치이후 외국인의 출입이 자유롭기 때문에 제3국인을 이용한 테러가능성을 예견할 수 있을 것이다. 특히 남한 내에 있는 친북인사들이 각종 테러에 가담할 가능성은 더욱 배제할 수 없다. 6·15 선언 이후 북한으로부터 직접적인 테러행위는 나타나지 않고 있다. 하지만 남한에 간첩을 파견하거나 남한 내의 고정간첩들과는 계속 활동을 하고 있다고 보는 것이 정상일 것이다.

둘째, 주변국인 일본의 극우파와 중국에 있는 조선족에 의한 가능성이다. 일본의 군비 증강에 편승하여 극우파들의 영향력이 확대될 것으로 이들은 민족적·복고적 의식을 가진 극단주의자들로서 이들이 국내에 잠입하여 폭력이나 테러를 저지를 수도 있다. 따라서 일본의 극우주의자, 옴진리교와 같은 종교적 극단주의자에 의한 예기치 못한 사태 내지 테러발생 가능성을 예견해 볼 수 있을 것이다. 또한 중국에 있는 조선족들은 정치적 또는 경제적 문제, 한국인들의 행동에 대한 복수심 등으로 납치 혹은 폭력, 그리고 암살까지도 저지를 가능성이 있다.

셋째, 친미 및 반미국가간의 테러 가능성이다. 미국의 아프간 탈레반Taliban 정권에 대한 공격으로 탈레반을 지지하는 반미적인 회교권 국가인 이란, 이라크, 레바논, 시리아 등과 회교권 국가이지만 친미적인 성향을 띠고 있는 사우디아라비아, 쿠웨이트, 아프간 공격에 영토를 사용하도록 허락해 준 파키스탄과 같은 국가 간 갈등이 심화될 가능성이 있으며, 이에 따라 국내에 거주하는 이들 국가의 국민들 간에 갈등이 생기고 이들 간 테러가 발생할 가능성이 있다. 또한 오사마 빈 라덴Osama bin Laden 추종자인 알카에다al-Quaeda 조직이거나 반미적인 회교국가에 의한 재래식 및 첨단 무기를 이용한 테러 가능성이다. 이것은 우리가 미국의 대테러정책을 지원하고 있으며 3만 7천여 명의 미군과 그 시설, 그리고 민간기업이 산재하고 있기 때문이다.

넷째, 국내의 불만세력에 의한 테러 가능성이다. 정부의 대내정책은 물론 대외정책에 대해 불만을 가지고 있거나 상대적 박탈감을 느끼고 있는 자는 어떤 형태의 테러행위를 자행할지 예측할 수 없다. 특히 일본 도쿄 지하철 독가스 살포사건이나 미국에서의 탄저병 테러사건과 같은 모방 테러가 발생될 수도 있다.

Ⅲ. 발생 가능한 테러유형

테러의 방법도 시대에 따라 많은 변화를 가져왔다.

1980년대 테러의 대부분은 테러대상자를 암살 또는 납치하거나 항공기를 납치하여 그들의 요구를 관철하거나 상대국을 위협하기 위해서 항공기를 폭파하거나 공항에 폭탄을 투척하는 것이 일반적이었다. 이때에 사용한 장비는 총기류와 폭탄류가 대부분이었다.

1990년대에는 각종 건물이 테러의 대상이 되었고 이때는 폭탄테러가 대부분이었기 때문에 피해자가 많아졌으며 불특정 다수인이 희생되었다. 1986년 체르노빌 원전사고로 원전기술자 800명이 재판정에 서게 되자 타 지역 원전에 근무하던 과학자들이 해외로 출국하게 되었으며, UN의 테러방지기구가 작성한 보고서에 의하면 이로 인하여 핵물질 밀거래 사건이 1993년부터 2000년까지 550건이나 발생되었다고 한다.

2000년대에 들어와서는 테러분자들의 장비로 중화기나 생물, 화학 및 방사능 물질이 사용되고 있다. 따라서 핵테러, 세균살포, 사이버공간에서의 테러 같은 형태로 대규모화, 첨단화되었다고 할 수 있다. 2008년도에 발생한 테러는 3,211건으로 이 가운데 2,288건이 이슬람 원리주의 테러, 615건이 민족주의 테러, 141건이 극좌테러, 20건이 극우테러 등이었으며 사상자도 33,279명이었다.

〈표 1〉 1995년 이후 국제테러건수의 추세

구분＼연도	1995	2000	2005	2006	2007	2008
발생건수	440	423	1,877	2,885	3,435	3,211
사상자수	6,456	1,196	21,309	37,936	38,585	33,279

자료: 미국 국무부, Patterns of Global Terrorism.

원자력기구의 보고서에 의하면 핵위협 및 생화학전의 위협이 되는 테러단체는 약 130여개가 있으며 이들 중 55개는 인종분쟁에, 50개는 종교분쟁에, 20여개는 공산당의 이념에, 나머지 5개는 극우파적인 테러단체로 분석하고 있다.

한국 내에서 테러발생 가능성은 얼마든지 있을 뿐 아니라 성공률도 아주 높다고 볼 수 있다. 다만 국내의 치안상태가 다른 국가들보다 안전하다는 장점이 테러 발생 여건을 상쇄하고 있을 뿐이다. 그러나 경찰관 수에 비하여 치안대상 시민이 너무 과중하다는 점이 테러 발생 요인과 성공확률이 높다는 뜻이다.

국내에서는 최근 남북 정상회담개최 등 화해 협력분위기에 따라 북한 및 친북 테러단체에 의한 테러사건은 발생하지 않았으나 경기도 파주 미군기지 폭파위협, 파키스탄 인에 의한 주한미군 테러위협 등 주한 미군 및 그 시설에 대한 테러위협이 계속되었고, 한총련 등 국내 운동권의 정부기관 홈페이지 사이버 시위 등 범죄적 위협도 증가하고 있다.

우리나라에서 발생 가능한 테러 형태는 다음과 같다.

첫째, 폭탄테러의 가능성이다. 첨단기술을 가진 공장을 폭파하거나, 통신케이블을 파손하거나, 교통통제실을 폭파하여 교통을 혼란케 하거나, 가스 공급처를 폭파하여 마비케 하든가, 컴퓨터의 연결망을 마비시키거나, 송유관을 폭파함으로써 수십만명의 시민들이 불편을 당하게 하는 행위를 저지를 수 있다. 정부의 주요 기관에는 차량폭파를 시도할 것이다. 이때는 리모콘으로 폭파케 하거나 마약중독자를 차량운전자로 이용할 가능성이 있으며, 차량운전자에게 차내에 폭탄이 적재해 있다는 사실도 은폐할 것이다.

둘째, 세균살포의 가능성이다. 종래의 테러의 수단과 방법이 점차 생화학무기를 사용하는 형태로 발전하고 있다. 세균은 가장 편리하게 소지하거나 사용할 때 용이하게 활용될 수 있으며 파급효과가 크고 증거인멸이 용이하기 때문이다. 우리도 북한의 생화학무기 공격의 위험에 가장 첨예하게 노출되어 있어 만일의 경우 가장 많은 피해를 볼 수 있는 위치에 놓여 있다. 우리나라는 세계에서 인구밀도가 높은 국가에 속하고 있기 때문이다. 특히 북한은 지난 60년대부터 소련의 지원으로 화학무기 개발에 착수해 70년대부터는 독자적인 생산조직과 체계를 갖추었으며 화학무기의 경우 현재 세계 3위의 생산국으로서 5,000t을 보유한 것으로 추정되고 있다. 생물무기도 페스트균, 콜레라균, 탄저균 등 13여 종의 생물무기를 안주 등 8개 생산시설과 4개 연구소, 6개 저장시설을 갖추어 다량 보유하고 있는 것으로 추정되고 있다. 만일 북한에서 세균테러를 자행할 경우 그 대상지역은 좌파성 인사들이 없는 건물이나 기관을 택하게 될 것이다. 경찰청, 검찰청, 국세청, 국가정보원, 군부대, 정부종합청사, 언론사 등이 그 주요 목표가 될 것이다. 또한 원자력발전소, 지하철, 시장, 백화점, 상가, 공원, 경기장 등 공공장소에 생화학 무기를 살포하여 무차별 살상을 저지를 가능성도 배제할 수 없다.

셋째, 사이버 테러의 가능성이다. 정보화의 진전에 따라 인터넷을 통한 해킹, 컴퓨터 바이러스 등 첨단정보기술을 이용하여 군사부문은 물론 주요국가기반구조인 금융, 통신, 운송, 에너지, 전력 등 여러 분야의 기밀을 절취하거나 정보통신기반을 교란 또는 파괴, 무력화시켜 국가안보를 위협하고 사회불안을 조성시키게 된다. 따라서 대규모 정보통신 기반시설을 갖춘 기관, 기업, 단체에서는 침입차단시스템과 침입탐지시스템 등 정보보호 제품을 반드시 설치하고 효과적인 해킹방지프로그램을 사용해 지속적으로 점검해야 한다. 또한 정보보안관련 전문인력을 양성하여 세계 최고 수준의 보안기술을 개발하여 사이버 테러에 대응하여야 한다.

Ⅳ. 대테러 대처방안

테러리즘에 대처하는 방안은 여러 가지가 있을 수 있다. 여기에서는 대테러에 관련된 법규의 제정, 대테러 프로그램의 개발, 대테러 관련 부처의 대테러 능력 강화, 정부와 국민 간의 대테러 인식의 전환, 국제적인 협력체제구축 등에 관하여 정책적 대응방안을 제시하고자 한다.

첫째, 테러방지법의 제정이 요청된다. 그동안 정부는 대통령훈령 제47호인 '국가대테러활동지침'에 의거하여 북한의 대남한 테러리즘에 대처해 왔다고 할 수 있다. 국무총리를 위원장으로 하는 테러대책회의를 구성하고 국가대테러 정책을 심의하며 관계기관 간 대테러업무의 유기적인 협조 조정 및 테러사건에 대한 대응대책의 결정 등을 위하여 대테러대책회의 밑에 테러대책상임위원회를 두었다. 최근 발생되는 국제테러는 무차별 극단적으로 자행되는 전쟁수준의 "뉴테러리즘" 양상을 보이고 있어 기존의 테러대응체계로는 효율적인 예방과 진압이 어려운 실정이다. 우리는 테러행위에 대한 예방과 처벌규정이 각종 법률에 산재하여 테러행위에 대비한다는 특별한 목적이 있는 것이 아니라 대부분 일반적인 국가안보 및 치안유지를 목적으로 제정되어 있다. 따라서 테러방지법에는 테러에 대한 개념규정은 물론 정부의 정책목표, 전담기구의 설치, 관련부처간의 공조체제, 테러사건 수사 및 진압의 방법과 절차, 권한의 남용방지, 테러범의 처벌 등을 포함시켜 테러로부터 국가의 안전을 보장하고 국민의 생명 및 재산을 보호하여야 할 것이다.

둘째, 효율적인 대테러 프로그램을 개발하여야 한다. 대테러 활동은 사전예방단계와 사후 작전단계로 구분된다. 사전예방단계는 테러정보수집, 위협분석, 계획수립, 교육훈련활동 등이며, 사후작전단계는 신속한 사건처리를 위한 통신체계구축, 인적·물적 자원의 동원 및 배분, 결과분석 및 평가 등이다. 이에 대한 효율적인 프로그램을 마련하여야 한다. 이러한 구체적인 세부프로그램을 효율적으로 실행에 옮기기 위해서는 매뉴얼을 작성하여 대테러 요원들에게 교육시켜야 할 것이다.

셋째, 대테러 능력을 강화시켜야 한다. 대테러 활동의 완벽한 대비태세를 갖추기 위해서는 전문인력 및 전문기술을 체계적으로 개발하여 출입국관리 및 보안 검색의 기술적 보강, 즉 위조여권 식별능력, 폭발물 등 위해물질의 탐지능력, 테러용의자의 검색시스템 등을 강화해야 한다. 총포, 화약류 등 테러에 이용될 수 있는 위험물의 안전관리, 대테러 요원에 대한 종합적이고도 입체적인 모의훈련 등 전문교육훈련을 강화시켜야 한다. 경찰은 특히 해외에 있는 공관이 점거되었을 경우에 신속히 대처할 수 있도록 경찰청 내에 가칭 "국제테러대응팀Terrorism Response Team"을 창설하여 평소에 국제테러사건의 수사수법의 연구, 각국 인질교섭전문가에 의한 훈련 등을 행하여 테러사건의 대처능력을 향상시켜야 한다.

넷째, 테러에 대한 인식의 전환이다. 우리나라는 고층건물, 지하철, 상수도 등 다중이 이용하는 시설이 매우 취약한 상태에 놓여 있다. 무엇보다도 국민전체가 테러범에 대한 철저한 감시와 신고율의 제고는 물론 테러를 당했을 때의 생존전략 등에 대한 홍보가 이루어지도록 정부와 국민이 혼연일체가 되어야 한다.

다섯째, 국제적인 협력 체제를 강화해야 한다. 테러에 대한 예방 및 사건수사의 원활한 수행을 위해 국가 간 상호 수사공조와 범죄인인도 등에 대한 협약을 체결하여 테러의 확산을 방지해야 한다. 또한 경찰관의 해외파견 등을 통하여 각국의 테러대응기관간의 협력을 강화하여 기술협력을 물론 정보를 교환하고 정보수집활동을 전개하여 장차 테러를 감행할 수 있는 집단을 조기에 발견 또는 파악하는 데 노력을 기울여야 한다. 특히 이슬람 과격파 등 국제테러정세에 대하여 전문적이고도 종합적인 분석을 하여야 한다. 미국의 테러참사로 테러지원국가로 지정된 국가와는 정도의 차이는 있을지라도 정치적·경제적 제재조치를 취하지 않으면 안 될 것이다.

대규모 국제행사에 대한 대테러방안

Ⅰ. 서 론

Ⅱ. 주요국제 행사에 대한 테러대책 사례분석

1. 기본적 테러대책
2. 주요 국제행사 테러대책 실태

Ⅲ. 대규모 국제행사 개최시 대테러방안

1. 테러위협요인에 대한 완벽한 정보의 수집 · 분석
2. 대테러 예방활동의 강화를 통한 테러발생 가능성의 사전차단
3. 국내 · 외 유관기관간의 긴밀한 공조체제 구축
4. 적정규모의 예산 · 인력 · 장비의 투입
5. 실전모의훈련(FTX)의 실시
6. NGO에 의한 폭력시위의 봉쇄
7. 시민협조를 위한 홍보활동의 강화
8. 평가 및 환류(Feedback) 강화

Ⅳ. 결 론

Ⅰ. 서 론

세계화・개방화 추세와 함께 세계 각 국가와 도시들은 정보통신산업, 환경산업과 더불어 21세기 3대 유망산업으로 인식되는 관광산업 중에서도 특수 관광분야인 국제회의나 인센티브 관광 및 전시・박람회 등의 유치에 적극적인 노력을 기울이고 있다. 우리나라도 급속한 경제성장에 따른 국력신장으로 여러 국가들과 교류협력을 지속적으로 확대하고 있으며, 사회 간접자본시설을 건립 혹은 지정하여 각종 국제행사를 유치함과 동시에 '국제회의산업육성에관한법률1996년'을 제정하는 등 정책적 지원을 강화하고 있다. 이러한 노력의 결과로 '88올림픽', '2000년 ASEM 회의', '2002년 월드컵', 2005년 APEC 정상회의 등 주요 국제행사들을 치를 수 있었다.

국제행사를 유치하기 위해서는 국가간의 치열한 로비와 경쟁을 거쳐야 하는 것으로 개최국가와 도시의 인지도는 물론 경제와 정치의 안정도, 참석자와 행사장의 안전보장 및 문화 등 사회 각 분야별 제반사항이 결정적 요소로 작용한다. '9・11테러'로 전 세계는 테러리즘에 대한 공포가 만연됨에 따라 대규모 국제행사결정에는 테러위협이 핵심요소가 되고 있다. 또한 2005년 7월 7일에 발생한 '7・7 런던테러'는 우리에게 또 한번의 충격을 주고 있다.[1] 더구나 이 사건은 스코틀랜드 글렌이글스에서 'G8 정상회담'이 열리고 있는 중에 발생했다. 'G8 정상회담' 때문에 영국 전역이 극도의 비상경계 상태에 있는 상황에도 테러가 발생했다는 점에서 2010년 11월 G20주요 20개국 정상회의를 개최하려는 우리나라에 시사하는 바가 크다고 하겠다.

우리나라는 세계 6대 테러지원국 중의 하나였던 북한과 대치하고 있으며,[2] 전쟁으로까지 확대되어 세계평화에 위협이 되고 있는 항공기폭발테러의 배후세력인 중동국가 체류자가 20여개국 15,000여명 이상 상주하고 있다.[3] 또한 이슬람원리주의자들

---

1) '7・7 런던테러'는 지하철 3곳, 버스 1개 차량에서 발생했다. 사망자는 75명, 부상자는 700여명에 이르렀다. 영국경찰은 수천명을 투입하여 사상 최대규모의 테러범 검거작전을 전개하여 4명의 테러범을 검거하였는데 이 중 3명이 파키스탄계 이민 2세대로 밝혀지면서 국제사회에 커다란 충격을 주었다.

2) 2005년 4월 27일 미국무부가 발표한 "국별 테러리즘 보고서"에는 국제적인 테러행위에 직접 가담했거나 이를 지원, 방조한 혐의가 있는 나라를 테러지원국(불량국가)으로 분류하고 있으며, 북한을 비롯한 이란, 쿠바, 시리아, 리비아, 수단 등 6개국을 재지정하고, 이라크를 제외했다.

에 의한 주한미군에 대한 반미감정과 우리 정부의 이라크 파병에 따른 반한감정 등이 극에 달해 있는 실정이다. 이에 따라 국제 테러조직인 '알 카에다'의 2인자 아이만 알-자와하리가 "미국, 영국과 함께 한국을 테러공격 목표로 하라"는 메시지를 전할 정도에 이르렀다.[4)]

따라서 우리나라도 이젠 더 이상 테러의 안전지대가 될 수 없다. 이미 테러의 심각성은 우리나라가 2005년 개최된 APEC 정상회의에서도 그 주요 5대과제 중 하나인 반테러 협력을 채택하고, 2001년 10월 중국 상해 정상회의에서 반테러 선언을 발표한 이래로 반테러 실행계획을 이행해 오고 있는 것에서 알 수 있다. 현재 자행되는 테러양상은 소위 21세기형 '뉴테러리즘'이라 해서 가능한 한 모든 수단을 동원한 자살공격과 민간인에 대한 무차별적 살상을 특징으로 한다. 또한 이러한 테러가 단순히 공포조성의 단계를 벗어나 그 피해가 국가안보 자체를 위협하는 수준에 이르게 되었다.[5)]

앞으로 국제사회는 치열하게 테러와의 전쟁을 치루어야 한다는 인식을 바탕으로 우리의 대테러역량을 극대화할 수 있는 구체적이고도 종합적인 방안을 강구해야 할 것이다. 우리 정부당국도 테러의 표적이 될 수 있는 모든 가능성을 차단하는 차원에서 다양한 대책을 마련하고 특히 아이만 알-자와하리의 메시지 이후에는 3만 3,000여 명의 주한미군과 그 가족, 군무원, 군납업자에 대해 야간통행금지령까지 발동했었다.[6)] 이미 우리나라는 2002년 월드컵대회 31일 동안 1일 24,741명, 연인원 73만 명의 경찰력이 동원된 월드컵을 훌륭히 치룬 바 있지만,[7)] 우리나라가 개최할 국제행사에서 테러사건이나 각종 안전·범죄사고가 발생할 경우 국가적 이미지 손상은 심각할 것이다.

따라서 이 연구는 대규모 국제행사 개최시 대테러 방안을 모색하기 위하여, 한국을 포함한 세계 각국에서 개최되었던 주요국제행사에 대한 대테러사례를 분석하여, 향후 대규모 국제행사의 성공적인 개최를 위한 보안·대테러·경호/경비 시스템을 구축하고자 하는 데 그 목적이 있다.

---

3) 경찰청, 「2004 경찰백서」(서울: 경찰청, 2004), p. 314.
4) http://www.chosun.com/w21data/html/news/200410020044.html.
5) D. J. Whittaker, *The Terrorism: Reader*(ed) (London: Routledge, 2003), pp. 17~19.
6) 국가정보원, 「2004년도 테러정세」(서울: 국가정보원, 2005), p. 76.
7) 경찰청, 「2002 월드컵 경찰백서」(서울: 경찰청, 2002), pp. 8~9.

이 연구의 수행을 위해서, 우선 테러관련 각종 국내·외 연구문헌과 대테러관련 기관의 보고서 및 통계자료의 분석을 중심으로 한 문헌연구방법의 제한점을 보완하고자 질적 연구방법으로서 한국에서 개최했던 대규모 국제행사의 보안관계자, 대테러관련 업무 담당자와의 심층면담을 병행하여 실시하였다.

Ⅱ. 주요국제 행사에 대한 테러대책 사례분석

1. 기본적 테러대책

우리나라의 현행법상 테러범죄에 대한 명시적인 정의규정은 없다. 다만 대통령훈령 제47호 국가대테러활동지침 제2조에서 테러에 관하여 국가안보 또는 공공의 안전을 위태롭게 할 목적으로 행하는 행위라고 정의하고 있을 뿐이다. 이러한 정의는 기존의 국제협약이나 의정서에서 규정된 행위 가운데 정치목적 등 목적성을 제외하고 행위유형을 나열한 것으로 목적 여하를 불문하고 국제법상 테러범죄로 인정되고 있는 것을 모두 포함하고 있는 것이다.

테러가 세계의 곳곳에서 널리 확산되고 있지만, 테러분자들의 목적 그리고 전략과 관련해서 보면, 테러리즘은 항상 실패해 왔다고 보인다. 테러리즘은 테러분자들의 목표를 달성하는 데 실패했을 뿐만 아니라, 대부분의 테러집단들은 그 수명이 길지 못했다.[8)]

하지만 테러의 양상과 테러 대응활동에 대한 요구는 여러 면에서 빠르게 변화하고 있다.[9)] 근래에 와서 핵테러의 잠재성이 널리 논의되고 있고, 화학무기와 생물무기 그리고 사이버테러리즘 같은 컴퓨터화한 무기를 이용한 테러의 위험성에 대한 논의가 심도있게 이루어지면서 수많은 대테러 이론과 시책들이 낡은 것이 되고 있다.[10)]

미국은 모든 테러활동을 범죄적이고 용서할 수 없는 일로 간주하고 있다. 그래서 미국은 테러를 예방하고 테러범들을 법적으로 처단하기 위한 모든 조치를 지원하

---

8) D. J. Ross, and T. Gurr, "Why Terrorism Subsides: a comparative study of Canada and The United States," *Comparative Politics*, 21 July, 1989, p. 34.

9) B. Hoffman, *Inside Terrorism* (New York: Columbia Univ. Press, 1988), pp. 3~6.

10) Graham Allison, *Nuclear Terrorism* (New York: Times Books, 2004), p. 11.

고 있고, "9·11테러"의 영향으로 새로운 정부기관국토안보부을 창설하여 테러에 대응하여 국가 안보를 견지하기 위한 체계적인 정부활동을 하고 있다.[11] 그리고 미국의 대테러 기본정책의 하나는 테러범들에 의한 협박에 절대로 양보하지 않는다는 것이다. 왜냐하면, 양보할 경우 더 많은 테러활동을 불러올 뿐이라고 확신하기 때문이다.[12]

우리나라의 경우에도 기본적으로 이러한 정책을 택해야 하며, 다만 불양보No Concessions가 불협상No Negotiations을 의미해서는 안 된다.

대테러 정책 담당 기관들이 당면하는 의사결정은 매우 복잡할 수 있는데, 분명한 것은 기본적인 의사결정은 비교적 적은 수의 중요한 이슈들, 즉 우리가 생활하고 있는 사회의 일반적 본질, 경찰력, 시민권 그리고 법규정 같은 이슈에 초점이 집중되어 있다는 것이다.

그렇다 하더라도 특정한 정책들이 형성되어야 하는데, 그것들은 사회가 테러나 폭력에 대한 합법적 반응을 어떻게 보는가에 대한 일반적 이해의 틀 속에서 형성될 필요가 있는 것이다.[13]

국가지원 테러의 중요한 특성들로는 이념적 지원, 재정적 지원, 군사적 지원, 운영적 지원, 테러공격의 선도와 지휘, 정부기관에 의한 직접적 테러공격 시행 등을 들 수 있는데, 이러한 특성들은 국가가 테러리즘에 어느 정도 관여하느냐의 정도 즉, 지원의 수위를 말해주는 것이다.[14] 문제의 국가들이 어떤 수준, 어떤 형태로 테러리즘에 관여하든 나름대로의 합리성을 가지고 있겠지만, 일반적으로 이러한 국가들의 정책목표는 합리적인 비용-편익 분석에 의하여 설정된다고 보아야 한다. 즉 그들이 행위에 지불해야 되는 대가를 고려하여 적절한 차원에서 관여하게 되기 때문에 대개의 경우에는 비용이 편익을 능가하게 하는 억제적인 대테러 전략을 택하게 된다. 그런데 테러리즘을 지원하는 국가들이 민주주의 국가들이 아니고, 합리적으로 사고하고 행동하지 않는 경우가 더러 있어서 억제활동이 무의미할 수도 있다.[15]

---

11) Arnold M. Howitt & L. Pangi, Robyn, *Countering Terrorisim* (Massachusetts: BCSIA, 2003), pp. 226～227.

12) C. Lewis, "The Terror that Failed," *Public Administration Review*, 60, 2000, pp. 21～22.

13) D.J. Whittaker, *op cit*, pp. 26～32.

14) B. Ganor, *Countering State-Sponsored Terrerism International Policy Institute for Counter Terrorism* (Israel, 1998), pp. 41～46.

15) C. Hewitt, *Understanding Terrorism in America: From The Klan to ALQaeda* (London:

그렇다고 하더라도 테러를 성공적으로 억제하기 위해서는 테러행위로 인한 손실이 편익을 능가하도록 하는 대테러 정책을 택해야 한다.

(1) 국제사회가 테러지원국가에 대하여 행할 수 있는 단계별 억제책

이러한 억제책에는 테러지원에 대한 경고에서 국제적인 비난과 문화적 배척Cultural Boycott에 이르기까지 단계별로 다양한 억제책을 강구할 수 있다. 여기에서 문화적 보이콧의 예로는 국제행사에 대한 지원금지, 국제적 문화프로그램이나 교육프로그램에서 해당 국가를 제외시키는 일, 다른 나라에 살고 있거나 일이나 학업에 종사하는 사람들의 축출 등을 들 수 있다.[16)]

단계별로 억제 방법을 살펴보면, 첫째, 테러지원을 중단하도록 경고하는 것, 둘째, 외교적 보이콧예: 국제기관에서 해당 국가를 배제시키는 것, 셋째, 경제적 제재예: 무기의 구매나 수출 등을 제한하는 것, 넷째, 법률적 단위의 제재예: 테러지원국가의 정치, 군사지도자를 전쟁범죄자로 정의하거나 인륜에 반한 범죄자로 국제재판에 회부하는 것. 끝으로, 테러지원국가에 대한 형벌과 제재의 최종단계는 공격단계로 이는 국제공조 하에 테러조직이나 군사시설에 대한 공격을 의미한다.

(2) 테러억제와 관련하여 정책적으로 고려할 점

국가지원테러를 억제하는 데 고려해야 할 정책적 이슈들은 국가안보와 경제적 이해관계의 상충, 제재효과에 대한 공리적 측면, 국제사회의 안보적 측면, 그리고 제재에 대한 국제적 일체성 등으로 요약될 수 있다.[17)]

첫째, 이해관계의 상충

테러관련 국가들과의 투쟁은 국가들과 초강대국들, 국가연합과 동맹, 집단들과 조직들 간의 이해 상충을 반영한다. 그런데 국내적으로 볼 때 대테러 대책의 수립에 있어 국가안보와 경제적 이해의 상충을 고려하게 된다. 예를 들면, 많은 경우 경제적 이해가 안보이해를 능가하게 된다. 즉, 대부분의 국가들이 테러를 종식시키기 위하여 그들의 경제적인 이권을 희생하지 않으려 한다는 것이다. 독일, 프랑스, 이탈리아 등은 미국과 반대로 경제적 이해관계에 보다 많은 비중을 두고 있는데, 우리나라의 경우

Rout-ledge, 2003), pp. 21~23.

16) D.J. Whittaker, *op. cit*, pp. 52~55.

17) *Ibid*, pp. 61~63.

이란, 이라크, 리비아 그리고 수단과 같이 테러지원국가로 지목 받고 있는 나라들과의 관계에 있어서 정책적 고려의 초점을 어디에 두는가는 대테러 정책을 수립하는 데 중요한 기준이 된다.

둘째, 제재효과에 대한 공리적 측면

테러지원국가들에 대한 심한 제재는 테러를 억제하기보다 그들 국가를 벼랑 끝으로 몰아 오히려 국제테러를 확산시키는 결과를 가져올 것이라는 관점에서 정책적으로 태러지원국가들과의 '심도 있는 대화'를 강조하는 사람들이 있다. 이들은 제재효과의 공리적 측면을 강경대응책을 택하는 나라들의 입장과 다른 측면에서 보고 있다. 즉 테러지원국가들과의 문화적, 경제적 관계를 유지하여 대화 통로를 유지하는 것이 그들에게 제재적 영향을 미칠 수 있는 가능성이 크다는 것이다. 따라서 '대화 접근방법'을 위해서는 '당근과 채찍' 접근방법을 사용할 수 있다고 주장한다. 그러나 이러한 대테러정책은 오히려 테러지원국가들의 경제적 기반을 유지시켜 계속적인 테러지원이 이루어질 가능성이 크기 때문에 국제관계나 경제적 측면에서 테러지원국들을 국제적으로 고립시키는 것일부 유럽국가들의 주장과 반대됨이 대테러 효과를 높이는 길이라고 생각하는 사람들도 있다.

셋째, 국제사회의 안보적 측면

테러문제를 공리적 측면에 근거하여 정책적으로 다루었을 때 전체 국제사회는 물론 특정한 주권국가의 안보에 위협을 초래할 수 있을 것이다. 테러지원국가들에 대한 제재가 대화통로를 막고 테러를 증폭시킨다는 주장은 테러범들에 대한 회유책을 쓰는 것과 같은데, 이렇게 되면 테러조직과 테러지원국가의 책임을 감추게 되어 테러범들의 추방을 어렵게 만들고 심지어는 재판 전이나 재판 직후에 테러범들을 석방하게 되어 테러를 조장하는 결과를 가져올 수 있다.

더 나아가 이러한 대테러정책은 국가 간의 협력관계를 해치게 되어 국제적 협력을 통한 테러지원 단체나 지원국에 대한 제재활동이 약화되는 결과를 낳게 된다. 따라서 테러지원단체나 지원국가 그리고 테러범들에 대한 제재활동을 위한 정책적 고려는 국제사회의 안보와 국가간의 협력관계에 비중을 두어야 할 것 이다.

넷째, 제재에 대한 국제적 일체성

테러에 대한 제재조치를 취하는데 있어서 국제적으로 일체성이 없으면, 예를 들어, 경제적 제재에만 치중하여 외교적 제재를 가하지 않는다면 제재의 일체성이 없어서 테러방지효과가 감소된다는 것이다. 앞에서 설명한 대로 외교적, 법률적, 경제적 제재와 더불어 공격적 활동의 총체적 제재가 가해질 때 비용-편익 측면에서 비용을 늘리는 효과가 발생하여 테러리즘을 근절하는 데 도움이 된다는 것이다. 특히 국가지원테러의 경우, 이러한 정책적 고려는 테러제재 효과측면에서 매우 중요한 요소이다.

2. 주요 국제행사 테러대책 실태

(1) 제4차 필리핀 마닐라 APEC 정상회의(1996.11.19~20)

1) 경호환경

필리핀 APEC 개최에 즈음하여 안전문제에 대한 우려가 미국, 일본 등에서 지속적으로 제기된 가운데 지정학적으로 복잡한 해안선 및 공안요원들의 부패, 인질 납치 사건의 빈발 등 사회구조적 불안요인으로 인해 당시 라모스 대통령이 연일 TV 생방송, APEC행사 홍보를 통해 한 건의 불미한 사건도 발생치 않아야 한다고 강조했으나, 북한선박입항,[18] 네팔 인 신분을 위장한 북한 공작원의 필리핀 잠입 첩보가 입수되어 회원국 경호요원들이 행사기간 내 긴장상태의 경호작전을 구사할 수밖에 없는 불안한 경호 정세였다.[19]

2) 경호당국 준비 및 조치 동향

필리핀 경호당국은 1996년 3월부터 APEC행사에 대비한 경호체제를 정비하고 단계적인 훈련 및 준비를 지속한 가운데 6개의 특별팀TASK FORCE을 편성 운영, 총 1만 5천여명의 경호관계 요원들로 하여금 특별 훈련과정을 이수하도록 하였으나, 행사 실시중 동원된 각급 군·경 단위요소간 상호 유기적 통제 및 긴밀한 협조체제가 미흡, 즉각적인 경호조치가 부족한 것으로 평가되었고 현장배치 공안요원들의 이완된 근무체제로 현장에서 발생하는 상황조치 능력은 극히 미비하였다. 요인입국시 공항에서 숙소 이동간에는 경호상 발생하지 않아야 하는 모터케이드 정지상황까지 일어났고, 또한 마닐라의 협소한 도로여건에도 불구, APEC 전용차선제 실시로 마닐라 시내

---

18) 동남아 항구를 오가며 원목을 운송하는 "화물선"으로 말레이시아에서 원목을 선적, APEC 행사전인 1996년 11월 18일 마닐라 항에 도착, 당시 필리핀 경호당국과 행사참가국 공안관계관 합동으로 안전보안대책을 강구하였다.

19) 박용석, "대규모 국제 행사시 요인경호에 관한 연구," 연세대학교 행정대학원, 석사학위논문, 2000, p. 40.

는 일반차량으로 인한 최악의 교통체증을 초래하였으며 요인경호측면에서도 수많은 허점과 실패 사례를 낳았다.

결국 제4차 마닐라 APEC 행사는 최근 실시한 대규모 국제정상회의 행사시 전형적인 실패사례로 낙인되었고, 필리핀 공안당국의 업무수행 능력뿐만 아니라 국가 이미지 전체에도 상당한 손상을 입게 되었다.

3) 평가

대규모 국제행사 개최시에는 요인들의 경호를 담당하는 단일 조직의 능력만으로는 행사를 성공리에 완수할 수 없다. 적어도 20여개국 이상이 참여하는 정상회의에서는 요인의 공항입국에서부터 종료 후 출국까지 일반인이 상상할 수 없을 정도의 복잡한 경호절차를 요구한다. 따라서 대부분의 국가에서 보듯이 전 국가 공안기능이 하나의 톱니바퀴처럼 유기적이고도 능동적인 협조체제의 구축이 선행되어야 한다. 그러나 필리핀 APEC행사의 경우 즉각적인 경호조치의 미흡은 물론이고 행사관련 근무자들의 이완된 근무체제는 국제행사에서 유례를 찾아보기 힘들 정도로 최악의 경호조치였다는 것이 세계 경호기관들의 공통된 평가이다.[20]

필리핀 경호당국에서는 요인들의 입국시 경호상 가장 취약한 상황이라고 할 수 있는 요인탑승차량 정지사태까지 발생하였고 또한 일반 차량들까지 뒤섞여 최악의 교통체증을 초래한 것도 유관부서간 사전준비 소홀에 따른 결과라 할 수 있다. 이러한 결과는 결국 국가의 국제적 위신 하락과 공안기능에 대한 불신을 초래, 국제무대에서 국가경쟁력을 저하시키는 요인으로 작용하고 있다. 따라서 이제 세계정상들에 대한 경호는 외향적, 물리적 요건만으로 해결할 수 없는 문제임은 두말할 나위가 없고, 행사계획 단계에서부터 종료단계까지 세부적이고 구체적인 행사계획에 대해 유관부서간 유기적인 협조체제를 요구하는 것이다. 이러한 선행조건 해결없이는 대규모 국제행사에서 성공적인 행사 종료를 기대하기는 어렵다.[21]

(2) 제3차 아시아 유럽 정상회의: 서울 (2000.10.19~21)

1) 행사개요

ASEM이란 Asia-Europe Meeting을 줄인 말로서 아시아 10개국과 구주연합EU

20) 상게논문, pp. 43~44.
21) 상게논문, pp. 60~61.

15개 회원국의 대통령 또는 수상 및 EU 집행위원장이 모여서 2년에 한 번씩 개최하는 아시아·유럽정상회의를 의미한다.[22)]

1996년 제1차 ASEM 방콕회의, 1998년 제2차 ASEM 영국회의를 거쳐 2000년 10월 20일부터 21일까지 개최된 제3차 ASEM 서울회의는 한반도 유사이래 처음으로 세계 26개국 정상이 방한한 행사였다.[23)]

2) 안전활동

① 인적 위해요소

ASEM 행사의 중요성을 감안하여 인적 위해요소 관리를 위해 보안활동 강화와 적극적인 경호위해첩보 수집활동을 전개하였으며, 2000. 9. 17 ~ 10. 6은 16개 국내선 공항 보안활동 지도점검을 실시하였고, 2000. 10. 16 ~ 10. 22은 김포공항 및 제주공항 보안활동 특별점검을 하는 등 국내선 공항 보안활동을 강화하였다. 또한 2000. 10. 13 ~ 10. 22은 국내선 탑승객의 신원을 확인하였으며, 승객·화물 보안검색 강화, 테러 등 위해행위를 차단하기 위해 총기 · 폭발물 등 안보 위해물 기내 탑재를 차단하고 VIP 탑승기 승객에 대한 신원·휴대품 정밀검색을 실시하였다.[24)]

또한, 체한 외국인 2,089명 중 신원특이자 143명에 대하여는 1: 1 감시활동을 전개하고 기타 인원은 동향 파악을 철저히 하였다.

〈표 2〉 체한외국인 관찰현황

계	혼인귀화자			영구귀국자				중점관리자 (첨단산업)	기타관찰자				
	소계	중국	일본	소계	중국	사할린	일본		소계	신원특이 외국인	신원특이 교포	북한 국적자	테러지원 국가
2,089	1,708	1,694	14	164	9	143	12	74	143	2	18	3	120

출처: 경찰청, 「제3차 아시아·유럽정상회의 결과보고서」(서울: 경찰청, 2001), p. 60.

22) 경찰청, 「제3차 아시아·유럽정상회의 결과보고서」(서울: 경찰청, 2001), p. 11.
23) 상게서, p. 15.
24) 상게서, pp. 60~61.

② 물적・지리적 취약요소

총포, 화약류 등 물적 취약요소에 대하여 단계별3단계로 D-7부터 재고조사 실시 후에 취약요소를 정밀・분석하여 위해요인을 제거하고, D-1 18:00까지는 사용제한 및 가영치, 격납, 봉인 등 안전조치를 하였으며 특히 9. 25 ~ 9. 29까지 5일간 지방경찰청별로 불법 총기류 특별 단속을 실시하여 총 17건을 단속(구속 1명, 불구속 17명)하여, 총 19,870점을 압수권총 1, 공기총 2, 모의총 12점 등하였다.

남산지역 수색과 관련하여서는 군과의 작전지역 범위 설정시 남산철조망 외곽공원・등산로 등 민간인 출입지역은 경찰이 전담하고, 철조망 안쪽의 민간인 출입금지구역은 군이 전담하여 책임구분을 명확히 하였고, 군에서는 곡사화기 유효사거리를 고려하여 남산 도서관, 남산케이블카 타는 곳의 민간인 출입지역까지 경찰에서 수색과 순찰조 운용 등을 실시해 주도록 협조요청 하였으나 숙소인 신라・하얏트 호텔에서 먼 거리로 위해성이 희박하여 방범 등 일반치안활동을 강화하였다.[25]

3) 경호경비의 실시

① 경호지침

경호책임 중 서울공항과 예비공항의 군부대 및 군 시설물에 대하여는 군에서 담당하고 김포공항은 군 경호사령부 구성이 논의되었으나 경찰에서 경무관을 지정, 3개 경찰서・대장을 총괄지휘, 부책하기로 하고 경호실 지침에 의해서 경호경비를 실시하였고 회의장, 숙소 1선은 경호실 책임으로, 경찰은 인원과 장비를 지원하고 2, 3선과 연도는 경찰책임으로 경호실 지침에 의거 3선 개념의 경호경비를 실시하여 완벽한 책임 경호경비체제를 유지하였다.[26]

② 통제선 및 특별치안강화지역의 운용

차량통제선 역시 바리케이드를 설치하고 교통통제 대책을 사전에 시민에게 충분히 홍보하였으며 교통경찰관 및 안내 입간판을 배치하고 원거리에서 차량을 우회 조치하여 회의장 주변 교통혼잡을 미연에 방지할 수 있었으며 각국 정상 이동시 원활한 교통소통으로 완벽한 경호경비 임무를 수행하였다.

또한 집회・시위 통제선을 개념적으로 설정하여 집회・시위 허용 여부를 판단하

---

25) 상게서, p. 64.
26) 상게서, p. 69.

는 업무 지침으로 활용하고 명확한 집회·시위 관리가 가능하게 하였으며 철저한 검문검색 실시로 NGO 및 과격 폭력단체의 집회·시위를 사전에 미연 방지하였다.[27)]

경호편람상 방범 및 정보·보안활동 강화 내용을 규정하고 있는 특별치안강화지역을 회의장·숙소 반경 1.5㎞ 이내로 설정, 관할 파출소장을 사전 교육시키고 112순찰차량 및 도보순찰의 특별 순찰선을 책정하고 주요 접근로에 목 검문소, 임시교통초소를 운영하는 등 위해요소를 사전 집중 관리하여 차단·봉쇄하였으며 NGO 등 불법단체의 집회·시위에 대비하여 집회시위 차단선 개념으로 설정하여 명확한 지침을 부여하였다.[28)]

③ 비상경계의 실시 및 교통관리

D-510. 14 09:00부터 행사해당 지방청경찰서 관내에 경계강화를, D-210. 17 09:00부터는 서울청 전 지역에 갑호비상을 기타 지역에는 경계강화를 실시함으로써 모든 치안역량을 총 집중하여 완벽한 경호경비에 만전을 기하였다. 행사관련 없는 기타 지방청도 경찰청장의 지시에 의거 비상경계 수준의 치안상황을 유지하였다.[29)]

④ 연도 경호경비 및 대테러대책

NGO 등의 연도 기습 시위시 도로점거 등을 신속하게 해산시키기 위해 각국 정상 모터케이드 출구에 숙소별 진압예비대 1개 소대씩 마이크로버스에 승차시켜 정상 출발 10분 전에 사전 출발하여 통로 확보토록 하고 진압예비대를 취약지 17개소에 18개 중대를 거점 배치하고 OP조를 운용하였다.[30)]

2000. 9. 6 대테러 실무위원회위원장 행정자치부장관를 개최하고 경찰특공대의 헬기, APC 특수진압차량 등 장비를 최대 동원, 요인 구출·폭발물처리 등 대테러 진압 시범 훈련을 실시하였다.

서울청 특공대 및 특공대 B팀에 대한 사전반복 교육훈련실시로 최상의 전력을 유지하였고 부족한 인원은 지방청 특공대 요원을 지원받았으며 군과의 회의장 대테러 임무분장에 대하여 군과 합동근무를 검토하였으나 작전구역 설정 및 돌발상황 발생시 지휘권의 문제가 있어 회의장은 경찰특공대가 전담하고 군은 공항지역 작전을 담당하

27) 상계서, pp. 76~77.
28) 상계서, p. 80.
29) 상계서, p. 83.
30) 상계서, pp. 86~87.

도록 조정되었다.[31)]

4) 평가

ASEM 회의는 대한민국 유사이래 처음으로 세계 26개국 정상을 초청하여 대외적으로는 외교활동 다원화 등 국가위상과 신인도 제고에 크게 기여하였고, 대내적으로는 치안역량과 상황대처 능력을 제고하여, 대규모 국제행사의 경호 · 경비를 완벽하게 치러냈다고 평가할 수 있다.

하지만 유관기관과의 업무협조 과정에서 유관기관간의 업무협조에 대한 이해부족으로 업무를 수행하는 과정에서 다소 어려움이 있었던 것이 사실이다. 각 기관들은 기관들간의 직무를 올바르게 이해하고 협조하는 노력이 지속적으로 필요하다.

(3) 한 · 일 월드컵대회: 한국 · 일본(2002.5.31~6. 30)

1) 경호환경

2002년 월드컵축구대회는 아시아에서는 처음으로 개최되는 대회일 뿐만 아니라, 국제적으로 이슬람 원리주의 · 민족주의 등 다양한 동기에서 비롯된 테러사건과 9 · 11 미국무역센터 항공기테러사건 등이 계속적으로 발생하고 있는 시점에서 주요인사 및 선수단 등 대회 참가단에 대한 테러예방활동 등 신변안전보호가 절실히 요구되고 있으며, 특히 미국팀의 1라운드 경기가 한국에 배정되어 미국선수단에 대한 테러우려 등 국내외적으로 어려운 치안환경 속에서 개최되었다.[32)]

선수단 신변보호를 위하여 신변보호대원을 조기에 선발, 종합학교 교육 및 완벽한 신변보호 임무수행을 도모하기 위한 합동 워크샵을 개최하고, 각국 선수단별 경기개최도시의 경기장 · 호텔 · 연습장은 물론 장소별 접근도로 등 이동구간을 현장답사케 함으로써 신변보호 위해요소를 사전 파악하고 완벽한 임무수행을 위한 종합 FTX 실시하는 등 철저한 준비로 현장대응 능력을 제고하였으며, 첨단장비인 GPS위치정보시스템와 TRS디지털 안전무선망를 지급 실시간 위치 확인 및 통신이 가능토록 하였고 특히, 반테러전쟁을 계속하고 있는 미국팀에 대하여는 동승 신변보호대 2명 외에 경찰특공대 1개팀8명을 별도로 추수케 하고, 지방청별 기동보호대를 편성 필요시 즉각 지원할 수 있도록 대비하는 등 대회기간 중 한 건의 사건 · 사고 없이 임무를 수행함으로써

31) 상게서, pp. 90~91

32) 경찰청, 「2002 월드컵 경찰백서」(서울: 경찰청, 2002), p. 451.

완벽한 신변보호와 안전 월드컵에 크게 기여할 수 있었다.[33)]

2) 당국의 조치 및 동향

① 신변보호대 편성·운용

참가단의 신분에 따라 요인·선수단보호대, 에스코트로 편성 운영하였으며, 요인보호대는 V1국빈, V2FIFA VIP, V3FIFA 임원급으로 구분하여 대상에 따른 적정 경력으로 근접수행보호 임무를 수행하였으며, 미국팀은 경찰특공대 8명이 입국시부터 출국시까지 전담하여 신변보호를 하였다.

신변보호대상은 최초 계획상으로는 V1, V2, V3급으로 하였으나, 유관기관 및 한·일 관계자회의 등을 통하여 최소한의 범위로 하기로 하여 대상자 1명과 신변보호요원 1명으로 전담편성하여 요인은 FIFA 회장인 J.S. Blatter를 선정하여 근접수행원 1명을 편성하여 근접수행하고 이동간에는 요인차량동승 신변안전확보를 하며 동승을 거부하거나 좌석이 부족할 때 별도차량으로 추수조직위에서 차량제공하였으며, 위해첩보·우발사태발생시 요인보호대 예비대를 운용하였다.[34)]

또한 테러위험국인 미국선수단에 대해서는 경찰특공대 1개팀 8명을 무장추수하였고, 인천공항 입국시에는5.24 경찰헬기를 동원하여 지공입체 경비를 실시하였다.

신변보호시 에스코트는 선수단·심판진·FIFA 회장 등 에스코트 대상에 대하여는 전담조를 편성 및 운영하였고 에스코트 지방청 관할구간별 인수인계 및 협조체제를 유지하였다.

② 신변보호대 교육훈련 및 FTX

신변보호 지침과 근무요령에 대한 전반적 이해 도모 및 사격, 외국어 등 실무능력 함양을 위한 교육을 목표로, 선수단 이동 동선을 실제와 같은 순서대로 답사함으로써 신변 위해요소를 사전에 파악 대비하여 현장 대응능력을 제고하였다. 또한 선수단 지원팀간 합동훈련을 실시하여, 팀워크 구축으로 유기적이고 원할한 임무수행을 도모하였다.

이러한 FTX로 몇가지 문제점이 발견되었는데, 항공기 탑승시 총기휴대 관련 협조가 원활하지 못한 점, 수원경기장 선수대기실 출입경로가 1개소로 예비경로 확보가

33) 상게서, pp. 455~457.
34) 상게서, p. 459.

필요한 점, 천안 삼성에스원 연습구장에 철조망이나 담장이 없어 위해요소 진입이 용이한 점, 김해공항 출구에서 버스 승차지역까지 선수단 전용동선 확보가 미흡한 점, 부산 메리어트 호텔의 선수단 투숙층 비상계단 2개소가 개방되어 있어 폐쇄가 필요하다는 점, 제주공항 대기장소 및 선수단 전용 엘리베이터가 확보되지 않은 점, 지방청 CP 요원들의 TRS 무전기 활용방법이 미숙한 점, 제주공항에서 서귀포까지 도로굴곡이 심해 교통사고가 우려되는 점 등이었으며, 이 중 항공기 총기휴대문제는 인천공항과 전 국내공항경찰로 하여금 총기휴대가 원활하게 되도록 항공사 기장들과 협조토록 지시하고, TRS무전기 사용미숙 문제는 전 외사요원들에게 재강조하여 교육지시하였으며, 기타 다른 기관의 대책이 필요한 부분은 해당 기관에 통보, 보완하였다.[35)]

국가별 신변보호요원 2명을 입국시부터 출국시까지 전담지정, 운영함으로써 선수단의 대면관계 지속, 신뢰성과 안전성을 확보하는 등 업무전반에 익숙하고 일관성 있는 업무추진으로 원활하고 전문화된 완벽한 신변보호를 할 수 있었다. 특히 미국팀에 대하여는 특공대 1개팀을 추수하는 등 테러에 대비한 위해요소를 철저히 차단한 완벽한 신변보호로 안전월드컵에 크게 기여하였다.[36)]

③ 월드컵 대회관련 대테러활동

가. 대테러기본활동

대회관련 시설에 대한 안전경비활동을 강화하였으며, 인적・물적・지리적 취약요소의 안전관리, 경기장・국제금융회의IMC・국제축구연맹FIFA총회장・숙소 등에 경찰특공대를 전진 배치하였고 테러대응 역량강화를 위한 민・관・군 협력체제를 구축하였다.

경찰 대테러 대응팀을 편성・운용하였으며, 테러사건 발생시 효과적인 대응진압을 위해 협상전문위원과 어권별 통역전문위원을 운용하였다. 경찰특공대의 작전담당구역 설정 및 대회기간 중 전담구역을 지정하여 대테러 활동을 전개하였으며, 미국 등 테러위험 대상국가 및 중요 경기시 경찰특공대를 증가 배치하였다.

---

35) 상게서, p. 461.
36) 상게서, p. 467.

〈표 3〉 대테러대응팀 대응체계

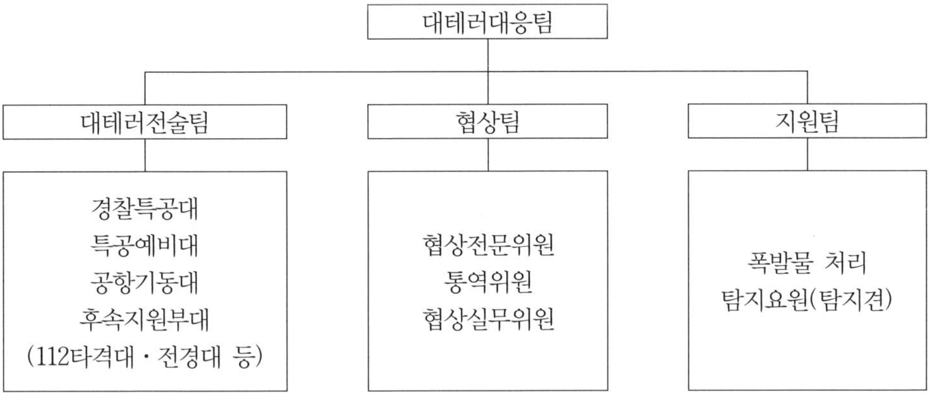

출처: 경찰청, 「2002 월드컵 경찰백서」(서울: 경찰청, 2002), p. 475.

나. 대테러 교육훈련

월드컵대회에 대비하여 서울특공대 등 6개 지방청 특공대에서 837회 연 31,435명에 대하여 대테러 일상훈련을 반복실시하고 개인전술 등을 연마하여 대테러 대응역량을 제고하였다.

경찰특공대의 군부대 위탁교육, 98년 프랑스월드컵 안전활동 경험이 있는 프랑스 경찰특공대RAID와의 합동훈련, 폭발물 처리요원의 공군 위탁교육, 미국 및 프랑스 전지훈련, 한 · 미 합동 폭발물 처리 세미나 참석, 탐지견 및 관리요원 교육, 현장적응훈련 등을 실시하였다.[37]

3) 평가

한 · 일 월드컵 대회는 '9 · 11 테러' 이후 처음으로 열린 최대규모의 국제행사였다. 특히 새로운 치안수요로 등장한 길거리 응원전에 대해 '안전과 질서'의 원칙 아래 유연하게 대처하여 단 한 건의 테러나 난동없이 '질서'와 '열정'의 조화라는 세계인의 찬사를 받았다.

또한 테러와 훌리건 난동에 완벽히 대비하기 위하여, 테러 · 훌리건 정보교류 및 테러리스트와 훌리건리스트의 입수 및 입국규제 조치가 즉각적으로 이루어져, 단 한 건의 테러발생 및 훌리건 난동이 없었다는 점은 유관기관간의 긴밀한 공조체제의 결

37) 상게서, pp. 487~490.

과라고 할 수 있다.

(4) 제11차 태국 방콕 APEC 정상회의(2003.10.20~21)

1) 행사개요

태국 방콕에서 열린 제11차 APEC 정상회의제15차 각료회의는 2003년 10월 14일부터 21일까지 8일간 개최되었다.

총 두 차례 정상회의가 열렸으며, 제1차 정상회의장은 Government House총리공관에서, 2차 정상회의는 Ananta Sanmakhom Hall구 국회의사당에서 개최되었으며, 각료회의 및 기자회견 장소는 Queen Sirikit국립컨벤션센터가 사용되었다.

참가규모는 등록인원을 기준으로 총 13,099명이었으며, 각국 대표단 3,500명, 초청자 72명, 연락관 122명, 기자단 4,555명, 조직위원회 707명외교부 및 관련부처관계자, 경호 및 보안관계자 3,700명, 자원봉사자 433명이었다.[38)]

2) 경호준비사항

내무부 감독하의 경호 및 교통통제 담당 소위원회는 태국 왕실경찰로 하여금 정상, 장관, 그 배우자들 그리고 다른 대표들의 경호와 교통통제, 모터케이드 루트, 공항과 항공기 경호와 호텔경호, 회의장 경호, 등록과 소방통제, 의료서비스를 담당하도록 하였다. 특별경호원은 첩보, 비상상황 예방조치를 위해 배치되었다.

각 정상들을 위한 경호수준은 회원국들의 경호담당자들과 함께 위험수준의 평가를 시행하여 결정하였다. 각 정상의 기본적 경호실무팀은, 각 회원국에 배치되는 태국 경호팀장, 배정받은 회원국 정상과 동승하는 태국 경호원장, 나머지 팀원은 회의가 진행되는 중 경호와 원활한 진행을 책임질 여러 명의 경호원으로 구성되었다. 경호원은 각 정상의 배우자, 장관 그리고 장관의 배우자에 배정되었다.[39)]

각국 정상들의 특별기 착륙 후, 전용기는 태국 왕실 공군본부의 특별지구와 공군항공터미널에 대기시키고 두 곳 모두 방콕국제공항 안에 위치시켰다. 특별기가 도착하기 전, 태국 경호단은 활주로, 유도로, 주기장, VIP라운지, 인접지점, 주변지역을 경호했다. 회원국들은 특별기 착륙시 항공기 안의 경호를 책임지고, 태국 경호단은 특별

---

38) 부산광역시, 「역대 APEC 개최사례(2003년 태국 방콕 APEC)」(부산: 부산광역시, 2005), p. 55.

39) 상게서, pp. 57~58.

기 주변의 경호를 담당하고 외부 경호와 24시간 감시를 담당할 경호원을 배정했다.

항공기주기장에 들어가는 회원국의 차량은 APEC 2003 대책본부가 발급하는 차량출입증을 제시하도록 했다.

태국 경호단은 모든 지정호텔과 행사장사교적 연회와 배우자 프로그램을 포함의 철저한 보안체크를 담당하였으며, 모든 호텔과 최종고위관리회의CSOM, 각료회의AMM, 정상회의AELM 회의장은 경호통제시스템, 화재통제시스템, 엑스레이 보안점검시스템과 구명장비를 완전히 갖추고 비상안전지역을 지정했다.

모든 VIP 차량은 태국 경호단의 기술, 보안점검을 받으며, 반입되는 차량은 APEC번호판을 부여받고 태국경호차량이 인도할 경우에만 도로에서 사용될 수 있었다. 정상과 장관이 사용할 경우 태국 경호단과 각 회원국의 경호원이 경호를 담당했다. 태국 경호단은 주차된 VIP 차량을 24시간 동안 보안 감시를 담당하고, 필요시에 각 회원국의 경호원이 공동으로 담당하였다.[40]

3) 대테러활동

2003 방콕 APEC 정상회의 당시에 NGO단체나 반전단체의 시위는 심각한 정도는 아니었다. 태국의 반전단체와 중국의 파룬공회원 등이 시위를 벌였지만 별다른 불상사는 없었다. 800여명의 시위진압특수부대가 만약의 사태에 대비하여 업무를 수행하였지만 우려할 정도의 폭력시위는 없었고 평화적인 시위는 일정한 지역 내에서 발생하였다. 방콕 이외 다른 지방의 주민들이 시위를 하기 위해 방콕으로 오는 경우에는 그 지역의 경찰관들이 따라와 방콕 경찰에게 정보수집과 조사업무를 도와주고 지역주민들에게는 회의장소나 정상숙소 등이 위치하는 시내중심지역에는 접근하지 않도록 설득하는 역할을 담당하였다.[41]

가장 우려스러웠던 것은 테러사태가 발생하는 것이었기 때문에 6,000여명의 경찰병력이 매일 순찰과 감시업무를 수행하였다. 회의가 열린 컨벤션센터와 왕궁주변의 고층건물의 옥상에는 총기를 휴대하고 중무장한 경찰관들이 하루 24시간에 걸쳐 경계업무를 수행하였다. 또한 각국의 정상들이 차량을 이용해 이동할 때에는 공중에서 헬리콥터가 경계근무를 수행하였다. 그리고 각국의 정상들에게는 독일 BMW사의 특수

40) 상게서. pp. 67~68.

41) 이하의 내용은 2005년 4월 22일 태국 방콕 현지에서 루차이(Luechai) 태국 경찰특공대장과의 면담 및 인터뷰 내용을 정리한 것이다.

방탄차량이 제공되었다. 태국의 경찰은 태국의 육군, 해군, 그리고 공군과 테러대비활동을 전개하는 데에 있어 긴밀한 협력관계를 유지하였다. 이러한 모든 대테러활동은 태국총리실 산하의 APEC 정상회의 운영센터에서 조정하였다.

정상들의 숙소인 특급호텔에는 출입이 허용된 I.D 카드를 가진 경찰관들만이 들어갈 수 있었고 다른 경찰관들의 출입이 금지되었다. 이 때문에 정상들의 숙소경비를 담당하는 경찰관과 출입이 허용되지 않은 경찰관들 사이에 언쟁이 벌어지기도 하였다. 미국의 부시대통령이 머무는 호텔이 어디인지는 공개적으로 발표되지 않았는데 미국대사관에 머물지는 않았다.

회의장소와 정상들의 숙소 주변 5km 이내에는 철저한 검문검색이 이루어져 폭발물 등의 반입이 불가능하였는데, 이러한 검문활동을 위해 제복을 입은 경찰관들뿐만 아니라 비표를 착용한 비제복경찰관들이 동원되었다. 특히, 제복을 착용하지 않은 특수정보요원들은 전 세계의 주요 테러리스트들에 대한 인상명세정보를 수집하여 공항이나 주요지역에서 수상한 사람들에 대한 검문검색을 실시하였다.

경찰관들은 공항, 대사관, 영사관, 버스정류장, 교통시설, 백화점, 중심지의 업무지역 등에 대한 안전점검을 APEC 정상회의가 열리기 한 달 전부터 정기적으로 실시하였다. 또한 회의장소나 정상들의 숙소 및 APEC관련행사가 열리는 지역의 경찰들은 각 가정과 건물을 방문하여 주인과 세입자 및 사용자를 건물등록대장과 비교하여 확인하고 테러발생가능성을 주민들에게 설명하며 협조를 구했다. 특히, 그 지역에 새로 온 사람들을 중점적으로 점검하였다.

방콕 APEC 정상회의가 열리기 직전에 자카르타와 뭄바이에서 폭탄테러사건이 발생하여 테러발생가능성에 대한 우려가 있었다. 또한 알 카에다 조직의 실력자로 알려진 인물인 햄버리가 자동소총을 소지한 채 젊은 여성과 방콕으로부터 90km 정도 떨어진 도시의 호텔에 투숙해 있다가 주민들의 신고에 의해 검거되는 일이 발생하였다. 검거과정에서 그는 3명의 태국 경찰관들을 쓰러뜨리기도 하였다. 그는 테러의 공격목표가 미국과 일본 및 이스라엘이라고 밝혔다. 이 사건을 통해 주민들에게 테러발생가능성을 설명하고 수상한 자를 신고하도록 적극적으로 홍보하는 것이 얼마나 중요한지를 생생하게 경험하였다. 또한 태국경찰은 택시와 대중교통 운전자들에게 수상한 사람을 목격하면 신고를 하도록 알리고 협조를 구했다.

안전을 위해 필요한 경우에는 교통체증을 감수하고 도로를 폐쇄하기도 하였는데,

특히 시위대가 접근하는 경우에 미국대사관으로 통하는 도로들을 차단하였다. 이번의 APEC 정상회의 때는 아니지만 예전의 미국 클린턴대통령이 방문하였을 때는 건물옥상에서 경계활동을 벌이던 태국경찰이 저격수로 의심되는 인물을 발견하여 긴급하게 미국의 대통령경호팀에 상황을 알리기도 하였다.

Ⅲ. 대규모 국제행사 개최시 대테러방안

1. 테러위협요인에 대한 완벽한 정보의 수집 · 분석

미국은 2002년 6월에 22개 부서를 흡수 · 통합 운영하고, 17만 명의 직원이 근무하는 국토안보부Department of Homeland Security: DHS를 신설하였다.[42] 국토안보부의 임무는 ① 정보수집과 경고, ② 국경 및 수송안전, ③ 국내의 테러방지활동, ④ 주요시설 및 자원보호, ⑤ 테러로 인한 대참사 억제, ⑥ 위급상황에 대한 대비 및 대응이다.[43]

영국의 경우 내무성 조직범죄 · 국제범죄국 테러방호부가 법제도를 포함한 테러대책에 관한 정책의 기획 · 입안을 담당하고 있다. 또한 보안청SS은 내무장관의 감독하에 국내의 테러관련 정보의 수집, 국내외에서 수집된 테러관련 정보의 분석, 평가 및 효과적 활용에 대해 책임을 지고 있다. 또한 국외에서의 테러관련 정보수집은 외무장관의 감독하에 비밀정보청SS이 테러방지를 포함한 국가안전보장상 필요한 모든 정보를 수집하고 있다.[44]

이러한 선진각국의 사례에서 살펴볼 수 있는 것처럼 대테러 대책의 수립에 있어서 정보수집의 중요성은 아무리 강조해도 지나침이 없다.

이와 관련하여 경찰의 테러대응조직을 강화시킬 필요가 있다. 테러정보의 수집 · 분석, 테러발생 징후의 조기예측 및 경보발령, 발생 이후의 수습 · 대응, 사후의 재발방지대책 책정 등을 종합적으로 담당할 수 있도록 테러대응 조직을 구축하여, 수집된

---

42) http://aspire7.hihome.com/reference/bigbrother-1.htm.

43) http://www.whitehouse.gov/homeland/.

44) Barry Davies., *Terrorism* (London: Virgin Books, 2003), pp. 158~159.

정보를 바탕으로 적절하게 판단하고 지시하는 가칭 '위기관리책임자Chief risk officer'를 둘 필요가 있다.[45)]

테러정보의 수집·분석을 위해서는 테러에 관한 지식과 경험이 필요하며, 이를 위해 전문가를 교육·양성해야 한다. 그리고 이들 테러 전문가를 위험지역이라 판단되는 국가에 파견하여 현지 정보를 수집·분석하고 전송하는 시스템을 구축해야 한다.

또한 테러에 신속히 대응하기 위해서는 미국이 주요 자치경찰에 경찰특공대SWAT를 설치하고, 일본이 전국의 7개 도도부현에 경찰본부 특수부대SAT를 설치하고 8개 도도부현에 생화학테러 전문부대를 설치하여 대응하고 있는 것처럼, 우리도 전국의 지방경찰청에 경찰특공대의 조직을 확대 설치할 필요가 있다.

2. 대테러 예방활동의 강화를 통한 테러발생 가능성의 사전차단

대규모 국제행사 개최시 개최지의 행사관련 국가중요시설과 외국시설 등에는 중요도에 따라 사전에 일정한 기간을 두고 인력을 고정배치하거나 순찰활동 등을 강화하고, 테러 대상이 될 수 있는 총·포 화약류 취급업소, 한 건의 테러발생으로 그 피해규모가 막대한 다중이용시설에 대한 지속적인 사전점검활동도 필요하다.

국제행사의 특성상 주요 인사들의 출·입국과 관련하여 공항·항만 등에 대한 보안활동 강화로 국제테러분자의 입국차단을 위해 입국규제자 검색 및 여권 위·변조 적발에 철저를 기하는 등 입국 심사를 강화하고, 탑승객 휴대품·수화물에 대한 검색 강화와 행사 참가단 입출국시 사전 안전검측의 실시 및 안전유지에 인력을 투입하여야 한다.

이와같이 대테러 예방활동을 강화하여 테러발생 가능성을 사전에 차단해야 한다.

3. 국내·외 유관기관간의 긴밀한 공조체제 구축

현재 우리나라에서 테러가 발생한 경우는 테러대책상임위원회가 그 대응대책을 심의 결정하고 통합 지휘하며, 분야별 테러사건대책본부는 이를 시행한다. 테러대책본부는 현장지휘본부를 가동할 수 있으며, 테러사건수사를 위하여 테러사건수사본부를

45) 한국형사정책연구원, 「21세기 경찰발전방향」 (서울: 한국형사정책연구원, 2004), p. 362.

설치 운영한다. 테러도 범죄의 하나이기 때문에 치안의 유지 및 범죄에 대한 수사와 기소를 통하여 테러행위를 예방하고 수사·진압 및 처벌하는 일반적 기능을 가진 경찰과 검찰이 주요 역할을 수행하고 있으며, 정부 각 기관이 각각의 영역 내에서 대테러임무를 수행하고 있다.

테러가 발생하거나 발생이 예상되는 경우 대통령실은 국가대테러위기관리체제에 관한 기획조정 등, 금융위원회는 테러자금의 차단과 조사, 교육과학기술부는 방사능테러, 외교통상부는 국외테러사건, 법무부대검찰청포함는 테러혐의자의 잠입저지와 수사총괄, 국방부합동참모본부 국군기무사령부포함는 군사시설테러사건, 보건복지가족부는 생물테러사건, 환경부는 화학테러사건, 국토해양부해양경찰청포함는 항공기 및 해양테러사건, 행정안전부경찰청, 소방방재청포함는 국내일반테러사건, 지식경제부는 기간산업시설대한 테러, 관세청은 테러물품의 반입에 대한 저지, 국가정보원은 테러관련정보의 수집 작성 및 배포 등을 맡는다. 이러한 분야별 테러사건의 대책체제는 다양한 정보수집을 가능하게 하지만 정보의 통일적 관리가 쉽지 않기 때문에 국가정보원에 테러정보통합센터를 운영하고 있다.

또한 대테러전문가 양성 및 첨단장비 확보에 있어서도 아직 미흡하다. 테러의 방법이 날로 지능화되고 있어 이에 대응하기 위한 각종 첨단장비 확보는 필수적이다.

위기관리와 안전관리는 별개의 것이라기보다 상호 통합되고 연계될 때 효과를 거둘 수 있기 때문에 부서간의 주도권 다툼보다는 국민의 생명과 안전을 중시해야 한다는 점에서 통일적인 체제가 필요하다고 할 것이다. 이와 같은 측면에서 테러리즘을 통제하기 위하여 정보기관과 법집행기관 사이의 협력을 위한 새로운 체제가 요구된다.

이와같이 국내 테러대책기관간에 있어서도 관계기관간에 신속하면서도 정확한 첩보 및 정보를 제공하여 신종테러 및 사건 등의 위해를 사전방지, 초동조치 및 진압이 될 수 있도록 공조체제가 이루어져야 한다. 그리고 테러관련 최선의 정책은 예방이기 때문에 국제적으로 테러에 관한 정보교환은 무엇보다 필요하다고 하겠다.

4. 적정규모의 예산·인력·장비의 투입

정확한 경호경비대상의 판단과 전문화된 적정 소요인력이 확보되어야 한다.

대규모 국제행사는 각국의 요인들의 참여가능성이 높은 만큼, 경호경비에 관한 적정한 인력·예산·장비의 투입은 무엇보다도 중요하다.

구체적인 소요인력 판단의 기준은 ① 인적 대상별로 요인경호와 신변보호, 물적 대상별로 대회안전과 일반안전으로 각각 구분하여 ② 기본적인 인원배치를 복선화하되 중요도 측정, 시설이용 상황24시간근무여부, 행사출동횟수, 경호경비환경 등을 고려하여 ③ 경호원, 경찰, 군인 등 각각의 임무와 연계된 전문요원을 중심으로 적정하게 산출하여야 한다.

5. 실전모의훈련FTX의 실시

국제행사의 중요성을 감안할 때 경호·경비 유관기관인 대통령경호처와 경찰 그리고 유관기관간의 실전을 방불케 하는 실전모의훈련이 수차례 실시되어야 한다.

또한 첨단 장비의 활용으로 행사 참석자의 불편을 최소화하고, GPS등의 활용으로 행사권 전역에 정상 모터케이드의 현 위치와 이동상황을 파악함으로써 완벽한 교통관리 등 과학적 경호경비 체제가 이루어져야 하며, CCTV와 헬기 등을 이용하여 주변 교통상황의 관리와 NGO의 집회시위관리를 하여야 한다.

6. NGO에 의한 폭력시위의 봉쇄

NGO들은 자신들의 주장을 관철하고 행사 진행을 방해하기 위해 과격 폭력성을 계속 드러낼 것으로 전망된다.

해외에서는 '99. 11. 세계무역기구WTO 시애틀 각료회의 및 2000. 1. 스위스 경제포럼WEF, 2000. 9. 26. 체코 프라하 IMF/IBRD 총회 행사장에서 과격폭력 시위가 발생했고 국제환경단체인 '그린피스'는 과거 핵물질을 수송하는 선박의 항해를 방해하기 위해 자해적 충돌공격을 기도한 바도 있다.[46] 최근 세계 도처에서는 자국이익의 추구 및 관계국과의 결속 강화 차원에서 다양한 형태의 국제행사들이 지속적으로 개최되고 있고, 시애틀 WTO총회 개최시 NGO의 단결된 조직력을 바탕으로 회담결렬에 성공한 이후 세계 주요 NGO들은 각종 국제행사에 대규모 인원을 파견하여 조직홍보 및 요구사항 관철을 위한 수단으로 활용하고 있다.[47]

---

46) 경찰청, 전게서, pp. 127~128.

현 국제사회는 'NGO의 시대' 또는 'NGO 르네상스 시대'라고 부를 만큼 NGO들이 우리 생활 가까이 다가오고 또한 이 시민사회단체들의 사회적 위상도 높아지고 있는 실정이다. 더욱이 세계는 지금 새천년을 맞이하여 변화의 소용돌이를 통과하고 있으며 환경, 여성, 인권, 문명권의 충돌 등 이른바 '글로벌 이슈들' 해결에 높은 관심을 보유하고 있어 NGO 활동이 더욱 강한 구심점을 형성하고 있다고 볼 수 있다.[48)]

주 행사장과 일정거리가 있는 지점에서의 평화적 시위개최는 허용하여 NGO들의 활동 명분도 인정해 주는 것도 시위시 경찰과 충돌을 사전에 방지할 수 있는 하나의 방법으로 볼 수 있다.

최근 국제행사시 NGO들의 활동성향에서 얻을 수 있는 교훈을 경호경비 유관기관 입장에서 살펴보면 다음과 같다.

첫째, 시위개최 NGO에 대한 정보공유 및 정확한 정·첩보 입수 활동이 강화되어야 한다. 정확한 정·첩보를 바탕으로 NGO의 활동계획 및 행동반경을 사전에 인지, 시위대의 성격 및 상황에 따라 유연하게 대처함이 필요하다.

둘째, 일반 군중들의 NGO 합류배제를 위한 방지책을 강구해야 한다. 일반적으로 과격 불법 시위장에는 NGO뿐만 아니라 일반군중들이 상당수 합류되어 돌발적 상황으로 비화될 수 있는 가능성을 고려하여 서로간의 상호작용을 배제시켜야 한다.

셋째, 평화적 시위개최 NGO와 불법 NGO에 대한 차등 대응이 필요하다. 평화적 시위개최 NGO에 대해서는 최대한 활동을 보장해주되 과격성향의 불법 NGO는 초동단계부터 강력 대응하여 시위의지를 사전에 봉쇄해야 한다.

최근 국제행사시 NGO에 의한 시위발생은 불가피한 것으로 이에 대해 공안기관에서도 과격, 평화시위 성향을 분석하여 차등적, 선별적으로 대응함이 필요하며 필요시 일정 수준의 집회, 시위는 허용함이 바람직하다고 할 수 있다.

7. 시민협조를 위한 홍보활동의 강화

국제행사의 성공개최여부는 시민들의 협조에 달려 있다고 해도 과언이 아니다. 행사기간 중의 교통통제나, 차량 2부제 실시에 따라 시민들의 불편이 수반되는 것은

---

47) 조선일보, 2005년 3월 9일 13면.

48) 신광영, "NGO와 국가정책,"「한국행정연구」, 8권 제1호, 한국행정연구원, 1999, p. 22.

불가피한 일이기 때문에 사전 홍보로 시민의 자율참여 및 협조를 유도해야 한다.

따라서 시민들을 대상으로 각 국제행사의 중요성을 알리고, 선진시민의식을 보일 것을 요구하는 사전 홍보활동은 매우 중요하다. 홍보의 방법으로는 여러 가지가 있을 수 있지만, 행사주관기관의 홈페이지를 통해 행사의 개요 및 중요성, 시민협조 사항, 교통통제 등 홍보의 방법이 있을 수 있고, 행사개최지역 전역에 주요 정체예상로 및 차량 2부제 준수, 대중교통 이용을 당부하는 교통안내 입간판을 설치하고, 행사장 인근 통제구간 및 우회도로 안내 등을 설치하는 방법을 고려해 볼 수 있다.

또한 각 행사마다 구성될 경호안전통제단 내 경호안전 공보위원회를 구성하여 행사관련 보도 자료를 사전심의하고, 언론 보도내용 중 문제기사에 대해 일차적 조정을 위한 상호연락 및 공동으로 대응해야 한다.

특히 국제행사와 관련하여 특별치안강화지역 등의 지정의 홍보 및 협조, NGO 집회·시위 대책 등 경호 경비 준비상황을 적극적으로 홍보하여 행사개최를 반대하는 집단 및 동조세력에게 회의의 원만한 진행에 관한 동조를 구해야 한다.

또한 인터넷 홍보는 단방향의 홍보를 양방향으로 전환할 수 있는 매체로서 시민의 자발적인 참여를 유도할 수 있으므로, 보다 적극적인 활용이 요구된다고 하겠다.

8. 평가 및 환류Feedback 강화

위에서 언급한 대테러방안들이 테러발생 가능성을 사전에 차단하기 위한 것이라면, 대테러정책에 대한 사후 평가로서 환류체제를 강화해야 한다.

국제행사 개최 후 대테러방안에 대한 평가 및 환류는, 이후 개최할 다른 주요 국제행사의 안정상태유지를 이해하는 데 아주 중요하다. 평가를 통한 정보는 체제의 투입으로 되돌아와서 전환과정 또는 미래 산출의 변화를 가져올 수 있다. 이런 평가 및 환류체제의 강화를 통해 장래에 대규모국제행사 개최시, 대테러방안 수립에 적극 활용해야 할 것이다.

Ⅳ. 결 론

이상에서 세계 각국에서 개최되었던 4개의 주요국제행사에 대한 대테러사례를 분석하여 국제행사 개최시 대테러 방안으로 다음과 같은 정책적 제언을 제시하고자 한다.

첫째, 테러위협요인에 대하여 완벽한 정보를 수집하고 분석해야 한다. 대테러 대책의 수립에 있어서 정보수집의 중요성은 아주 중요하다. 또한 테러정보의 수집・분석을 위해서는 테러에 관한 지식과 경험이 필요하며, 이를 위해 전문가를 교육・양성할 필요가 있다.

둘째, 테러예방활동을 강화하여 테러발생 가능성을 사전에 차단해야 한다. 테러예방활동에 있어서는 국제행사관련 국가중요시설, 외국시설, 총・포 화약류 취급업소, 출입국시설, 다중이용시설에 대한 사전점검을 강화하여야 한다.

셋째, 국내・외 유관기관간의 긴밀한 공조체제를 구축해야 한다. 주요국제행사 개최시 경호관련 부서는 참가국들 경호기관과의 긴밀한 업무 협조 및 정보공유를 통해 발생 가능한 테러와 경호안전 위협을 사전에 차단해야 할 것이다.

넷째, 주요 국제행사시에는 각국의 요인들의 참석가능성이 높은 만큼, 경호경비에 관한 적정한 인력・예산・장비의 투입은 무엇보다도 중요하며, 구체적인 인력・예산・장비 계획의 수립이 필요하다.

다섯째, 국제행사의 중요성을 감안할 때 경호・경비 유관기관인 경호처와 경찰 그리고 유관기관간의 실전을 방불케 하는 실전모의훈련FTX이 수차례 실시되어야 한다.

여섯째, 국제행사를 반대하는 시위를 개최하는 NGO에 대한 정보공유 및 정확한 정・첩보 입수 활동이 강화되어야 한다. 정확한 정・첩보를 바탕으로 NGO의 활동계획 및 행동반경을 사전에 인지, 시위대의 성격 및 상황에 따라 유연하게 대처함이 필요하다.

일곱째, 국제행사 성공개최여부는 시민들의 협조에 달려 있다. 행사기간 중의 교통통제나, 차량 2부제 실시 등에 따라 시민들의 불편이 수반되므로 시민에 대한 사전 홍보로 시민의 자율참여 및 협조를 적극 유도해야 한다.

마지막으로 대테러정책에 대한 사후평가로서 환류체제를 강화하여 향후 대테러 방안 입안시에 적극 활용해야 할 것이다.

주요 선진국의 대테러정책 조명

Ⅰ. 서　　론

우리는 세계 각지에서 발생한 테러사건에 대한 보도를 매일같이 접하는 시대에 살고 있다. 최근에도 여러 가지 정치적·종교적·인종적 갈등을 이유로 한 테러사건이 빈발하였으며, 국가 간의 갈등을 테러행위라는 수단을 이용하여 해결하려는 활동도 끊이지 않았다.

뿐만 아니라 세계 각 지역에서 발생하고 있는 테러사건의 특징을 보면 과거에는 정치적 목적, 인종적 갈등, 국가 간 갈등을 이유로 테러를 자행하는 경우가 주류를 이루었으나 오늘날에는 이러한 이유보다는 아무런 목적 없이 불특정 다수인을 대상으로 하는 테러사건이 빈발하고 있어서 이제는 전 세계 어느 지역도 테러로부터 안전지대가 될 수 없음을 실감케 해 준다. 2004년에 발생하였던 스페인 마드리드 열차테러, 이라크 카르발라 연쇄폭탄테러, 러시아 북오세티아 학교 인질사건, 인도네시아 주재 호주대사관 차량 자살폭탄테러 등과 같은 테러사건들, 그리고 2005년의 영국 런던 지하철 및 버스 연쇄폭탄테러, 2008년 인도 뭄바이 호텔폭탄테러 등이 불특정다수인을 상대로 한 새로운 형태임을 알 수 있다.

이러한 테러행위는 정치지도자나 군인 혹은 여객기나 정부건물들과 같이 특정 국가를 대표하는 경성목표물hard targets을 목표로 삼았던 과거와는 달리 다수의 선량한 시민들 혹은 그들이 이용하는 시설과 장소, 소위 연성목표물soft targets을 그 대상으로 삼고 있다는 점에서 피해의 심각성을 더해 준다. 더구나 테러사건에 의한 폭력행위는 엄청난 자연재해나 현대의 고도로 발달된 과학기술이 불러온 재해들과 같은 정도로 큰 재앙을 일으킬 수 있다. 실제로 테러범들이 화학적, 생물학적, 혹은 핵물질들을 사용하거나 전기, 통신, 교통망 등 국가기반시설의 붕괴를 일으킨다면 자연재해보다도 더 큰 피해를 안겨다 주게 된다. 이와같이 최근 국제테러 양상이 전쟁수준의 가공할 파괴력을 가지면서 세계 각국은 국가안보 위기관리차원에서 총력대응체제를 갖추기 위해 대테러 관련법규를 제정하거나 보완하고 전담기구와 기능을 강화하고 있다.

테러의 양상과 테러 대응활동에 대한 요구는 여러 면에서 빠르게 변화하고 있다.[1] 근래에 와서 핵테러의 잠재성이 널리 논의되고 있고, 화학무기와 생물무기 그

---

1) Bruce Hoffman, *Inside Terrorism* (New York: Columbia Univ. Press, 1998), pp. 3~6.

리고 사이버테러리즘 같은 컴퓨터화학 무기를 이용한 테러의 위험성에 대한 논의가 심도있게 이루어지면서 수많은 대테러 이론과 대응책들이 낡은 것이 되고 있다.[2)]

따라서 테러대응책을 강구하는 데 있어서 비록 새로운 제안이라 하더라도 머지않은 장래에 낡고 쓸데없는 것이 되어버릴 수 있다. 하지만 그렇다 하더라도 국제관계와 연계된 국내외에서의 테러가능성이 높아지고 있고, 사회구성원들도 테러로 인한 심리적 불안을 느낄 수 있는 상황에서 대테러 방안을 모색해 보는 것은 의미 있는 일이라 생각된다.

여기에서는 미국의 대테러 정책에 대해서는 특히 9·11테러 이후 국내에 많은 소개가 되어 왔기 때문에 미국을 제외한 영국, 일본, 이스라엘 등 주요선진국들의 대테러 정책은 어떤 것이며, 그들은 어떻게 테러에 구체적으로 대응하고 있는가를 살펴봄으로써 우리나라의 대테러 정책들을 수립하여 시행하는 데 도움이 되었으면 한다.

Ⅱ. 대테러 정책의 기본방향

테러리즘에 대한 미국의 정책은 9·11테러로 인한 부시정부의 응징정책뿐만 아니라 1995년 초 클린턴정부 때부터 테러와의 전쟁을 선포했다. 여기에는 대테러 정책의 기본 3원칙이 있다. 첫째는 테러범들과는 어떠한 협상이나 거래도 하지 않으며, 어떠한 위협도 받아들이지 않는다. 둘째는 테러범들에 대해서는 반인륜적인 범죄자로 규정하고 군사적인 행동으로서 조치하며 법에 의하여 처리한다. 그리고 셋째는 테러범들이나 그들의 조직들에게 경제적, 교육적, 정치적 등 각종 테러행위를 간접 또는 직접적으로 지원한 국가나 단체에 대해서도 대테러 입장에서 보복을 감행한다는 것이다.

그러나 일반적으로 대테러 대응책은 좀 더 방어적인 Anti-terrorism과 좀 더 공격적인 Counter-terrorism으로 나눌 수 있다.[3)]

Anti-terrorism이라 함은 대테러방안 중에서 사전에 취해지는 예비책을 일컫는 것

2) Graham Allison, *Nuclear Terrorism* (New York: Times Books, 2004), p. 11.
3) 이황우·한상암 역, 「대테러정책론」(서울: 진명문화사, 1996), p. 176.

이며, 따라서 수동적degensive 의미에서의 테러대응책을 말한다. 이에 대하여 Counter-terrorism이라 함은 일단 범행이 발생한 상황에서 어떻게 대처할 것인가를 다루는 것으로서 주로 구조작전의 측면에 관한 것이다. 따라서 이는 능동적proactive 의미에서의 대테러 정책이라 할 수 있다.[4]

이처럼 대테러정책의 문제는 예방과 사후조치라는 양면으로 나누어 생각할 수 있는 것이지만, 사실상 사후의 구조작전이라고 하는 것은 인질극이나 요인납치 등의 특수한 경우를 제외하고는이 경우에도 항상 어느 정도의 희생은 따른다 큰 의미를 갖지 못한다. 예컨대, 요인암살이나 시설물의 폭파, 혹은 항공기 납치 등의 경우에 있어서는 일단 범행이 실현되고 나면 아무리 잘 훈련된 특수부대라도 소용이 없으며, 설령 범인을 체포한다 하여도 피해에 대한 보상은 도저히 불가능한 것이다. 물론 테러사건이 발생하면 피해의 극소화 조치와 테러범과의 협상, 설득 또는 무력을 통한 인질구출작전을 수립하게 되는데 이는 단계별로 위협단계, 점거단계, 인질구출단계로 나눌 수 있다. 따라서 대테러 정책 중 가장 효과적인 방법은 사전 예방적 정책임은 두말할 필요가 없다.

대테러 정책을 수립하는데 있어서 기초 자료는 다음과 같다.

1. 테러행위의 몰락요인

테러가 세계 곳곳에서 널리 확산되고 있지만, 테러분자들의 목적 그리고 전략과 관련해서 보면, 테러리즘은 항상 실패해 왔다고 보인다. 테러리즘은 테러분자들의 목표를 달성하는 데 실패했을 뿐만 아니라, 대부분의 테러집단들은 그 수명이 길지 못했다. 물론 민족 갈등적 상황이나 지역 갈등적 상황 때문에 오랜 수명을 유지하는 경우도 있는 것이 사실이다.

Ross와 Gurr는 정치적 테러리즘의 몰락을 가져오는 4가지 요인을 제시하였는데 사전공동화pre-emption, 제재deterrence, 무기력화back lash 그리고 소진burn out이 그것이다.[5]

---

4) John Arquilla, David Ronfeldt, and Michele Zanini, "Networks, Netwar, and Information-Age Terrorism," Ian O. Lesser(et al.), *Countering the New Terrorism* (Santa Monica, CA: RAND, 1999), p. 74.

5) D.J. Ross, and T. Gurr, "*Why Terreroism Subsides: a comparative study of Canada and*

이 중에서 사전공동화와 제재는 대부분 중복된다. 왜냐하면, 이러한 조건들은 대테러정책을 말하는 것으로서 구별하기 어렵기 때문이다. 사전공동화의 예로는 사살과 구금을 들 수 있는데, 이는 제재기능이 있는 것으로 정당화된다. 미국의 경우에는 대부분의 테러캠페인이 중지되었는데, 이는 테러집단의 핵심 구성원들이 경찰에 의해 검거되었거나 사살되었기 때문이라고 설명된다. 어쨌든 대부분의 나라에서 테러진압을 위해선 엄격한 법집행이 이루어져 왔고, 테러동정론자들과 테러지원자들의 억압도 병행되어 왔다. 9·11테러 이후 미국의 대테러 정책은 특히 이러한 방향으로 나가고 있다고 할 수 있다. 소진은 여러 가지 이유로 스스로 소멸되는 것이지만, 무기력화는 정치적 지원을 상실하는 것인데, 이것이 테러집단 붕괴의 직접적 원인이 되는 경우는 드물다고 한다. 그렇지만 대중적 지지와 지원을 받고 있는 테러집단은 그렇지 못한 집단에 비하면 검거를 면하기 쉽고, 새로운 집단구성원을 모집할 수 있으며, 그 수명이 더 오래 유지될 수 있다. 따라서 국가지원테러의 경우에는 테러지원국가에 제재를 가해야 하고, 특별한 집단이 배후에서 작용하는 경우에는 지원집단이나 모집단에 대한 발본색원적 조치를 취하여 테러의 근원적 원천을 괴멸시켜야 한다.

미국이나 다른 서구국가들과 마찬가지로 우리나라도 1980년대까지만 해도 테러리즘은 주로 경찰의 문제로 치부하였다. 그러나 정부는 2005년 3월 테러대응체계 보강을 위하여 국가대테러활동지침을 전면 개정하여 테러대책상임위를 신설하고, 유관기관 합동으로 테러정보통합센터를 국정원에 설치하는 한편 테러경보제도를 사상 처음으로 도입하였다. 미국도 이란 테헤란 주재 미국 대사관의 점거사건과 레바논의 미국 시설들에 대한 차량폭탄공격 때문에 대테러 정책을 재평가하기에 이르렀고, 테러리즘에 관한 기본정책은 국내·외에서 미국인에 대한 모든 테러행위를 포괄하고 있다. 그리고 미국은 모든 테러활동을 범죄적이고 용서할 수 없는 일로 간주하고 있다. 그래서 미국은 테러를 예방하고 테러범들을 법적으로 처단하기 위한 모든 조치를 지원하고 있고, 9·11테러의 영향으로 새로운 정부기관, 즉 국토안보부Department of Homeland Security를 창설하여 테러에 대응하여 국가안보를 견지하기 위한 체계적인 정부활동을 시작하였다. 그리고 미국의 대테러 기본정책의 하나는 테러범들에 의한 협박에 절대 양보하지 않는다는 것이다. 왜냐하면, 양보할 경우 더 많은 테러활동을 불러올 뿐이라고 확신하기 때문이다.[6)]

The United Stats," Comparative Politics, 21 July, 1989, pp. 34~37.

우리나라의 경우에도 기본적으로 이러한 정책을 택하고 있으며, 다만 불양보no concessions가 불협상no negotiations을 의미하는 것은 아니다.

대테러 정책 담당기관들이 당면하는 의사결정은 매우 복잡할 수 있는데, 분명한 것은 기본적인 의사결정이 비교적 적은 수의 중요한 이슈들, 즉 우리가 생활하고 있는 사회의 일반적 본질, 경찰력, 시민권 그리고 법규정 같은 이슈에 초점이 집중되어 있다는 것이다. 그렇다 하더라도 특정한 정책들이 수립되어야 하는데, 그것들은 사회가 테러나 폭력에 대한 합법적 반응을 어떻게 보이는가에 대한 일반적 이해의 틀 속에서 수립될 필요가 있을 것이다.[7]

2. 테러의 위험수준과 대테러 프로그램

대테러 기본정책을 수립하고 구체적이고 세부적인 정책들을 수립하는 데 참고가 될 수 있는 테러 위험수위를 말해주는 '5가지 위험수준Five threat levels-미국 국방성 구분'[8]과 Wandlaw교수가 제시한 취사 선택적 대테러 프로그램[9]의 예를 소개한다.

위험수준은 테러범들의 실재, 능력, 의도, 역사, 목표 그리고 안보환경에 근거한다고 한다.

(1) 테러의 위험수준

① 심각한 수준Critical Level

테러집단이 국내에 잠입했거나 할 수 있는 상황, 이 경우 테러집단은 공격할 능력이 있고 목표선정에 관여하고 있다. 그러나 그 집단의 역사와 의도는 알려져 있거나, 그렇지 않을 수도 있다.

② 높은 수준High Level

공격할 능력과 역사, 그리고 의도를 가지고 있는 테러집단이 존재한다는 것을 알려주는 단계

---

6) C. Lewis, "The Terror that Failed," *Public Administration Review*, 60, 2000, pp. 21~22.
7) D.J. Whittaker(ed), *The Terrorism: Reader* (London: Routledge., 2003), pp. 26~32.
8) *Ibid.*, pp. 33~41.
9) Wandlaw, *Political Theory, Tactics and Counter-Measures* (Cambridge: Cambridge Univ. Press, 1982), pp. 127~135.

③ 중간 수준Medium Level

의도가 알려지지 않았다는 것만 제외하고 높은 수준과 같은 조건에 처한 단계

④ 낮은 수준Low Level

테러집단들이 존재하고 공격할 능력이 있는 상황. 그들의 역사는 알려지거나 그렇지 않을 수도 있다.

⑤ 무시할 수준Negligible Level

테러집단들의 존재나 능력이 나타나거나 그렇지 않은 상태

⑵ 취사 선택적 대테러 프로그램

① 테러리즘의 내재적 원인들에 대한 장기적 해결방안을 추구하는 노력—이러한 접근방법은 테러의 객관적 원인을 제공할 수 있는 수정 가능한 사회 내 불평등을 인정하는 데서 시작된다.

② 보안기관의 규모와 권한의 증대예: 인력증원, 수색권한, 재판 없이 구금할 권한 등

③ 테러행위에 대한 사형제도의 도입—사형 제도를 폐지하려는 상황에서 이러한 움직임은 정책결정상 상당한 혼란을 초래할 수 있다.

④ 집회의 권리를 제한하고 신분증과 주민등록제를 이용한 사회구성원들에 대한 통제를 강화하는 법률제정

⑤ 테러공격을 저지하기 위한 제3의 기동타격대나 군부대의 창설—이 경우 경찰의 역할과 시민—군대관계 등에 관한 정책결정이 고려되어야 한다.

⑥ 테러분자들과의 '비타협' 정책의 발표—이러한 정책은 개인의 생명의 가치, 국가의 권위와 위상과 같은 이슈에 관한 광범위한 결정을 시사한다.

⑦ 물리적·절차적 안전 증강—이러한 정책은 경제성, 보안요원에 부여된 권한, 그리고 인권과 같은 이슈와 관련이 있다.

⑧ 테러활동을 보도하기 위한 언론매체의 역량에 대한 법률적 한계 설정—이러한 제한에는 뉴스보도의 시기, 기간 또는 내용이 포함되며, 언론의 자유, 표현의 자유, 그리고 정부의 본질에 관한 가장 논쟁적인 정책결정들이 포함된다.

⑨ 위에서 제시한 여러 조치들의 조합을 강제하는 특별한 대테러 관련법 제정

⑩ 개인이나 사조직에서 테러범들에 몸값을 지불하는 것은 불법으로 규정할 것과 인질상황을 경찰에 보고할 법적 의무를 주민들에게 부과할 것

⑪ 체포된 테러범 추방이나 재판 그리고 공중납치범들에게 피난처를 제공하는 국가들에 대한 항공서비스의 중단을 규정하는 국제협약에 대한 서명을 증진시키는 일—이것은 국제적 조치들의 효과성, 테러리즘의 정의 그리고 '정치적 예외' 조항들을 둘 것인가 하는 문제들에 관한 정책결정이 포함된다.

⑫ 인질협상에 대한 연구개발

⑬ 예방적인 조치로서 굉장히 침입적인 기술을 개발하고 배치하는 것예: 모니터링과 감시를 위한 기술

이상에서 열거한 여러 가지 취사 선택적 대테러 프로그램들은 대테러 기본정책을 수립하는 데 도움이 되는 기초자료가 될 수 있을 것이다.

국가지원테러의 중요한 특성들로는 이념적 지원, 재정적 지원, 군사적 지원, 운영적 지원, 테러공격의 선도와 지휘, 정부기관에 의한 직접적 테러공격 시행 등을 들 수 있는데, 이러한 특성들은 국가가 테러리즘에 어느 정도 관여하느냐의 정도 즉, 지원의 수위를 말해주는 것이다.[10] 문제의 국가들이 어떤 수준, 어떤 형태로 테러리즘에 관여하든 나름대로의 합리성을 가지고 있겠지만, 일반적으로 이러한 국가들의 정책목표는 합리적인 비용-편익 분석에 의하여 설정된다고 보아야 한다. 즉 그들이 행위에 지불해야 되는 대가를 고려하여 적절한 차원에서 관여하게 되기 때문에 대부분의 경우에는 비용이 편익을 능가하게 하는 억제적인 대테러 전략을 택하게 된다. 그런데 테러리즘을 지원하는 국가들이 민주주의 국가들이 아니고, 합리적으로 사고하고 행동하지 않는 경우가 가끔 있어서 억제활동이 무의미할 수도 있다.[11]

그렇다고 하더라도 테러를 성공적으로 억제하기 위해서는 테러행위로 인한 손실이 편익을 능가하도록 하는 대테러 정책을 택해야 한다.

⑶ 단계별 억제책과 고려요소

① 국제사회가 테러지원국가에 대하여 행할 수 있는 단계별 억제책

이러한 억제책에는 테러지원에 대한 경고에서 국제적인 비난과 문화적 배척

10) B., Ganor, *Countering State-Sponsored Terrorism International Policy Institute for Counter Terrorism* (Israel, 1998), pp. 41~46.

11) C., Hewitt, *Understanding Terrorism in America: From The Klan to AL Qaeda* (London: Routledge, 2003), pp. 21~23.

cultural boycott에 이르기까지 단계별로 다양한 억제책을 강구할 수 있다. 여기에서 문화적 보이콧의 예로는 국제행사에 대한 지원금지, 국제적 문화 프로그램이나 교육프로그램에서 해당 국가를 제외시키는 일, 다른 나라에 살고 있거나 취업이나 학업에 종사하는 사람들의 축출 등을 들 수 있다.[12)]

단계별로 억제 방법을 살펴보면, 첫째, 테러지원을 중단하도록 경고하는 것, 둘째, 외교적 보이콧예: 국제기관에서 해당국가를 배제시키는 것, 셋째, 경제적 제재예: 무기의 구매나 수출 등을 제한하는 것, 넷째, 법률적 단계의 제재예: 테러지원국의 정치, 군사 지도자를 전쟁 범죄자로 정의하거나 인륜에 반한 범죄자로 국제재판에 회부하는 것, 끝으로, 테러지원국가에 대한 형벌과 제재의 최종단계는 공격단계로 이는 국제공조하에 테러조직이나 군사시설에 대한 공격을 의미한다.

② 테러억제와 관련하여 정책적으로 고려할 점

국가지원테러를 억제하는 데 고려해야 할 정책적 이슈들은 국가안보와 경제적 이해관계의 상충, 제재효과에 대한 공리적 측면, 국제사회의 안보적 측면, 그리고 제재에 대한 국제적 일체성 등으로 요약될 수 있다.[13)]

첫째, 이해관계의 상충

테러관련 국가들과의 투쟁은 국가들과 초강대국들, 국가연합과 동맹, 집단들과 조직들 간의 이해 상충을 반영한다. 그런데 국내적으로 볼 때 테러대책 수립에 있어 국가안보와 경제적 이해의 상충을 고려하게 된다. 예를 들면, 많은 경우 경제적 이해가 안보이해를 능가하게 된다. 즉, 대부분의 국가들이 테러를 종식시키기 위하여 그들의 경제적인 이권을 희생하지 않으려 한다는 것이다. 독일, 프랑스, 이탈리아 등은 미국과 반대로 경제적 이해관계에 보다 많은 비중을 두고 있는데, 우리나라의 경우 이란, 이라크, 리비아, 그리고 수단과 같이 테러지원국가로 지목받고 있는 나라들과의 관계에 있어서 정책적 고려의 초점을 어디에 두는가는 대테러 정책을 수립하는 데 중요한 기준이 된다 하겠다.

둘째, 제재효과에 대한 공리적 측면

테러지원국가들에 대한 심한 제재는 테러를 억제하기보다 그들 국가를 벼랑 끝으로 몰아 오히려 국제테러를 확산시키는 결과를 가져올 것이라는 관점에서 정책적으로

12) Whittaker, *op. cit.*, pp. 52~55.
13) *Ibid.*, p. 61.

테러 지원국들과의 '심도 있는 대화'를 강조하는 사람들이 있다. 이들은 제재효과의 공리적 측면을 강경대응책을 택하는 나라들의 입장과 다른 측면에서 보고 있다. 즉 테러지원국가들과의 문화적, 경제적 관계를 유지하여 대화 통로를 유지하는 것이 그들에게 오히려 제재적 영향을 미칠 가능성이 크다는 것이다. 따라서 '대화접근방법'을 위해서는 '당근과 채찍' 접근방법을 사용할 수 있다고 주장한다. 그러나 이러한 대테러정책은 오히려 테러지원국가들의 경제적 기반을 유지시켜 계속적인 테러지원이 이루어질 가능성이 크기 때문에 국제관계나 경제적 측면에서 테러 지원국가들을 국제적으로 고립시키는 것일부 유럽국가들의 주장과 반대됨이 대테러 효과를 높이는 길이라고 생각하는 사람들도 있다.

셋째, 국제사회의 안보적 측면

앞에서 설명한 대로 테러문제를 공리적 측면에 근거하여 정책적으로 다루었을 때 전체 국제사회는 물론 특정한 주권국가의 안보에 위협을 초래할 수 있을 것이다. 테러지원국가들에 대한 회유책을 쓰는 것과 같은데, 이렇게 되면 테러조직과 테러지원국의 책임을 회피하게 되어 테러범들의 추방을 어렵게 만들고 심지어는 재판 전이나 재판 직후에 테러범들을 석방하게 되어 테러를 조장하는 결과를 가져올 수 있다.

더 나아가 이러한 대테러정책은 국가간의 협력관계를 해치게 되어 국제적 협력을 통한 테러지원 단체나 지원국에 대한 제재활동이 약화되는 결과를 낳게 된다. 따라서 테러지원단체나 지원국가 그리고 테러범들에 대한 제재활동을 위한 정책적 고려는 국제사회의 안보와 국가간의 협력관계에 비중을 두어야 할 것이다.

넷째, 제재에 대한 국제적 일체성

테러에 대한 제재조치를 취하는 데 있어서 국제적으로 일체성이 없으면, 예를 들어, 경제적 제재에만 치중하여 외교적 제재를 가하지 않는다면 제재의 일체성이 없어서 테러방지효과가 감소된다는 것이다. 앞에서 이미 설명한 대로 외교적·법률적·경제적 제재와 더불어 공격적 활동의 총체적 제재가 가해질 때 비용-편익 측면에서 비용을 늘리는 효과가 발생하여 테러리즘을 근절하는 데 도움이 된다는 것이다. 특히 국가지원테러의 경우, 이러한 정책적 고려는 테러제재 효과측면에서 매우 중요한 요소라 하겠다.

이상과 같이 테러가 국가적·사회적으로 미칠 수 있는 여러 가지 영향을 검토하였고, 국가나 집단지원테러에 대한 정책적 요소들과 대응책에 관하여 살펴보았다. 앞으로 예상되는 테러에 대비하여 대테러정책을 수립하는 데 있어서 이상에서 논의한 여러 가지 내용들이 기초 자료의 하나가 되기를 바라면서, 모든 범죄가 그렇듯이 예방이 최선으로 테러문제에 임해야 한다는 점을 강조하고자 한다.

Ⅲ. 주요선진국의 대테러 정책

1. 영 국

(1) 대테러정책

역사적으로 볼 때 영국에서의 테러행위는 아일랜드 민족주의와 관련된 경우를 제외하고는 유럽의 다른 나라에 비하여 심각한 편은 아니었다. 1960년대 말에 이르러 아일랜드 공화군IRA의 과격분자들이 그 활동 범위를 영국 본토로까지 넓혔고, 1974년 여름에는 런던의 웨스트민스터에 있는 의회 건물의 일부를 폭파시키는 등 테러의 강도가 더해가고 있지만 이들의 활동은 영국의 역사에서는 예외적인 현상이라고 볼 수 있다.

그 원인은 첫째, 영국은 지리적으로 대륙으로부터 다소 떨어져 있다는 점이다. IRA의 테러범들이 북아일랜드에 주둔하고 있는 영국군을 그 공격의 목표로 삼고 있지만 그들은 군대를 국가체제의 비정치적인 도구로 생각하여 왔다. 둘째는 계급간의 갈등이 유럽 다른 국가들보다 심하지 않다는 점이다. 특히 노동자계급의 정치의식이 높아 의회에 진출하는 비율이 높아지고 있다. 셋째 종교 및 교회의 영향을 들 수 있다. 평화주의를 오랫동안 간직하여 온 영국의 전통은 종교로 하여금 정치적으로 보다 건설적인 생활을 하도록 했다. 그러나 특히 1967년 민간운동과 함께 시작된 일련의 테러 활동은 국제테러리즘의 확산과 더불어 영국도 활동무대가 되지 않을 수 없었다.[14)]

1970년대에 들어와 영국에서 발생한 대부분의 테러는 북아일랜드와 관련되어 있거나 팔레스타인 해방기구 및 다른 아랍지역 테러범들에 의한 것이었다.

1969년 이래 영국군 주둔의 원인이 되었던 북아일랜드에서의 충돌이 1990년대까

14) 치안본부, 「서구경찰」, 1989, pp. 265~266.

지도 계속되었다. 유럽의 어떠한 국가도 대테러정책에 군사력을 동원하는 것이 필연적이거나 타당하다고 보는 국가는 없었으나 1982년 중반까지 약 170명의 경찰과 475명의 군인이 이 지역에서 죽음을 당했으며 민간인 희생자는 전체의 약 3배 가량이 된다.

영국에서도 모든 테러 및 인질사건을 범죄행위로 규정하고 있으며, 우리나라의 법무부와 행정안전부의 기능을 담당하는 내무부가 테러행위에 대한 대응책임을 지고 있다. 테러사건에 대한 부처 간 협조기구로서 비상대책 최고위기구인 국가비상대책위원회COBRA: Cabinet Office Briefing Room A를 두고 있으며,[15] 내무부가 그 대표로서 내각과 수상 및 의회에 테러사건에 대한 보고의무를 진다. 내무부장관 밑에 6명의 차관과 각종 지원기능 부서가 있는데 이 중 범죄진압·지역사회안전Crime Reduction & Community Safety담당 차관 밑에 5개국과 1실이 있는데 1개실인 국제·조직범죄실에는 국제부, 조직범죄부, 대테러부가 있다.[16] 내무부를 제외한 타 부처는 이 위원회에 차관급 대표자가 참석하는바 국방부는 대테러 공격팀인 SAS 등 군 지원책임을, 상무부는 민간항공에 대한 책임을, 외무부는 외국정부나 대사들의 질의에 응하고 필요한 외국과의 조정을 맡고 있다. 그 밖에 보안국SS: Security Service에서는 평상시 외국의 대테러 조직과의 일상 연락 및 협력체제를 유지하며, 테러활동에 관한 연구와 테러범 및 그 조직에 관한 정보를 수집한다.

영국은 1970년 초부터 급증하는 테러행위에 대응하기 위해 1974년에 테러방지법을 제정하여 공포했다. 이 법은 IRA와 기타 테러단체에 소속되거나 직접적이거나 간접적인 지원을 하는 행위를 처벌하도록 하고 있으며 북아일랜드 사건과 관련하여 정부정책이나 여론에 영향을 주고자 기도하는 자에 대하여 내무부장관의 판단하에 국외추방할 수 있도록 하였으며, 테러행위를 중개·조정·준비·선동하는 데 관련된 자 등에 대한 내무부장관의 입국금지조치 및 이에 대한 불복절차를 규정하였고, 테러범에 대한 불고지죄를 범죄행위로 규정하고 최장 5일 내의 범위에서 영장없이 체포할 수 있도록 하였다.

1977년에는 영국이 주동이 되어 유럽 내의 격증하는 테러행위에 대응키 위해 런던조약을 체결하였고, 인질 구출작전에서 큰 역할을 하고 있는 스턴탄Stun Grenade을

---

15) 내무부장관이 이끄는 정부위기관리팀은 정부청사 내 브리핑룸A에서 열린다고 해서 약자로 코브라(COBRA)라 불리고 있다.

16) 이황우, 「비교경찰제도(Ⅰ)」 (서울: 법문사, 2005), p. 36.

발명하여 런던조약을 위한 회의가 끝난 다음 날인 6월 1일 네덜란드 아센에서 발생한 몰루카 독립운동자들의 열차 인질납치사건의 해결과 1977년 10월 18일 소말리아의 모가디슈 공항 인질 구출작전에 스턴탄을 제공한 바 있다. 영국정부는 테러행위에 대하여 강경입장을 취하는 동시에 모든 테러 인질 사건을 범죄행위로 규정하고 있으며 영국에 주둔하고 있는 미국 전폭기F-111의 리비아 공격 발진을 허락함으로써 국제 테러리즘 대응에 적극적인 자세를 보이고 있다.[17)]

영국의 테러관련 입법으로 특기할 만한 것은 1983년 핵물질범죄법Nuclear Material Offences Act으로 이 법은 핵물질을 이용하거나 핵물질과 관련하여 행하여진 살인·강도·사기 등 각종 범죄행위 및 핵물질의 수령·소지·처분 및 이를 이용한 협박·공갈 등을 처벌하려는 것으로서 국적과 범죄행위지에 관계없이 영국에서 처벌할 수 있도록 규정하고 있다. 또한「테러리즘 방지에 관한 유럽협약」및「국제적으로 보호받는 인물에 대한 범죄의 예방 및 처벌에 관한 협정」의 입법조치로서 1978년에 테러금지법Suppression of Terrorism Act 및 국제적으로 보호받는 인물법을 헌법적 법률의 일부로서 제정하여 운용하였다.

영국은 대테러법Terrorism Act 2000에 의해 테러행위와 관련된 것으로 판단되는 어떠한 단체도 활동을 금지시킬 수 있도록 규정하였다. 2001년 2월 28일 내무부장관은 테러혐의가 있는 조직들에 대한 활동금지 권한을 가지고 이들의 영국 내 활동을 금지하는 조치를 발표하였다. 단체지정은 조직 활동의 특성과 규모·조직의 동향파악, 영국과 해외 영국국민을 대상으로 한 구체적인 위협, 영국 내 조직의 존재 및 대테러 국제사회 지원 필요성 등 요소를 종합 평가하여 테러조직으로 지정한다. 규제대상으로 지정된 단체는 자금지원, 선전활동 및 3인 이상 조직원의 회합 등이 전면 금지된다. 불법금지단체로 지정되면 이 단체에 가입만으로도 최고 10년형을 받을 수 있고 불법단체 지정에 대해 이의가 있을 경우 영국법원에 재판을 청구할 수 있도록 하였다. 그 후 2002년 1월 런던 경찰청은 과격 이슬람 무장단체에 대한 자금을 지원해 오던 6명의 혐의자를 테러법 위반혐의로 체포하기도 했다.

영국은 2001년 미국에서 9·11테러가 발생하자 안보 및 테러관련 예산을 늘렸는데 2000년도에 9억 5,000만 파운드17억 달러이던 것을 2002년에는 15억 파운드, 2004년에는 21억 파운드로 증액했다. 또한 대테러예산을 2011년까지 25억파운드에서 35억파

17) 김두현,「현대테러리즘론」(서울: 백산출판사, 2004), p. 456.

운드6조4천억원으로 증액시키겠다고 한다. 블레어정부는 2001년 정보, 경찰, 보건, 교통 등 부처를 망라한 국가 대테러특별팀National Anti-Terrorism Task Force을 발족시켜 의회와 지하철 등이 공격당할 경우를 대비해 훈련을 실시해 왔다. 영국은 과거에는 테러경보시스템을 Critical, Substantial, Moderate, Low, Negligible의 5단계로 구분하여 운영하면서 9·11테러이후 줄곧 Substantial 수준을 유지했다. 그러나 2003년 6월 보안국SS에 합동테러분석센터JTAC: Joint Terrorism Analysis Centre를 창설한 후, 테러경보 발동이 국민들에게 경각심을 높이기 위한 것이기 때문에 동일한 수준을 유지하기보다는 적절히 변경하는 것이 바람직하다는 판단하에 Substantial 수준을 Severe와 Substantial 2개로 분리하여 6단계로 구분하여 상황에 따라 경고수위를 조절하고 있다.

영국정부는 2004년 1월 테러 등 비상사태 발생시 정부에 강력한 권한을 부여하는 「비상조치법」을 개정하였으며, 테러위협에 효과적으로 대응키 위해 보안국 요원을 1,000여명 증원할 계획임을 밝혔고, 생화학테러 대응기구 「아마겟돈 청」이라는 비밀조직을 창설하여 운영중인 것으로 알려졌다. 또 2004년 7월부터 적십자, 보안국, 보건기구 등이 수정 제작한 '비상사태 대비'란 소책자를 영어, 힌두 어, 아랍 어 등 17개 국어로 제작해 일반에 배포했고, 인터넷에서도 다운받게 했다. 책자는 "안전한 건물로 들어가고Go In, 집에 머물고Stay In, 방송에 귀 기울일 것Tune In"을 강조한다. 각 병원과 기업, 학교들은 비상사태 대비훈련을 평소 해야 하며, '행동카드Action Cards'에 따른 개인별 임무가 설정돼 있다.[18)]

2005년 7월 7일 런던 지하철역 3곳과 버스 등 4곳에서 연쇄폭탄테러가 발생하여 56명이 사망하고 700여명이 부상당한 런던테러는 런던이 2012년 올림픽 개최지로 선정된 지 하루 만에 발생하였으며, 스코틀랜드에서 6일부터 G8 정상회의가 개최되고 있는 가운데 터진 것으로 커다란 충격을 주었다. 블레어총리는 긴급 각료회의를 주재하고 대국민 TV연설을 통하여 국민이 안정을 찾게 하는 데 리더십을 보였고, 켄 리빙스턴 런던시장은 폭발현장의 지하철에 탑승함으로써 시민들이 정상적인 생활패턴을 찾을 수 있도록 노력하는 리더십을 발휘했다. 또한 테러발생 뒤 비상대책기구들이 원활히 공조체제를 유지할 수 있었으며, 비상구조요원들이 즉각 투입되는 등 초기대응이 순조로웠다. 영국경찰과 보안국은 범인 검거 대규모작전에 들어가 테러현장에 설치된 CCTV를 분석하고 테러현장 인근에서 폭발직전 이뤄진 휴대전화 통화내역과 테

18) 조선일보 2005년 7월 9일자 8면.

러 용의자들의 최근 통화, 이메일 내역을 통하여 사건발생 6일 만에 용의자 거주지에 대한 압수수색을 실시하고 나서 사건을 완전히 해결하였다.

영국 내무부는 2005년 10월 13일 대테러법에 의해 불법단체로 활동이 금지된 15개 이슬람테러단체들의 명단을 발표하였다. 영국정부는 이들 단체가 알-카에다Al Queda와 연계된 것으로 믿고 있으며 현재 25개 외국단체 및 14개 아일랜드 테러단체가 활동이 금지된 상태에 있다.[19]

또한 이 법에서는 불고지죄를 두고 피고용인이 테러를 자행했을 경우 고용인은 미신고범으로 간주하며, 테러자금 몰수, 대테러담당 공무원에게 테러자금 계좌추적권까지 부여하고 금융기관은 이에 응하도록 규정하고 영장없는 체포 등 수사기관의 권한과 처벌을 강화하였다.

영국정부는 2008년 1월부터 영국비자를 신청하는 모든 외국인에 대해 지문날인과 디지털 얼굴사진 제출을 의무화하는 신비자발급 제도를 시행하였다.[20]

(2) 대테러 기구

1) 공수특전단SAS: Special Air Service

SAS는 1941년 독일 롬멜 원수가 지휘하는 아프리카군단을 무력화시키기 위한 보급로 차단, 공군기지 파괴 등의 기습작전을 수행하기 위해 '사막의 기습특공대'라는 이름으로 최초로 창설됐다. 이로써 영국은 테러진압특공대를 가장 일찍 창설한 국가가 되었다. 제2차 세계대전이후 제22 SAS연대로 재편성하여 정글에의 낙하산 강하, 선무공작, 기습 등 새로운 전술을 통해 작전을 성공적으로 수행해 왔다.

현재는 4개 작전대대로 편성되어 있으며 침투방식에 따라 고공팀, 수상팀, 지상기동팀, 산악·극지팀으로 구성되어 테러범들을 공격하고 필요하면 인질을 무력으로 석방시키는 대테러임무를 전담하는 특수부대이다. SAS특공대는 즉각조치팀이라고 칭하기도 하며 히어포드에 주둔하고 있다. 인원은 550명 내외이며, 3년 이상 복무한 자를 대상으로 3주간의 선발과정을 거쳐 보통 125명 중 10명 정도만 합격하는 것으로 알려졌다.

1969년부터 특공대원 중 15-20명을 선발하여 하이재킹, 인질극 테러에 대처하는

---

19) 국가정보원, 「월간 테러정세」, 2005년 11월, pp. 54~55.
20) 국가정보원, 「2008년 테러정세」, p. 72.

교육훈련을 실시했다. 1970년대에 대원이 증가되어 각 대대는 4개 중대로 편성되어 1개 중대가 78명으로 구성된다. 팀 구성은 장교 1명을 포함하여 15명으로서 4개 작전소대로 편성된다. 각 소대는 4명으로 작전시 4명이 작전팀으로 2인 1조로 행동한다. 통상 각 작전소대는 저격반, 감시반, 돌입반으로 구성된다.

특공 대원들은 스턴탄 개발, 야시경, 열원체 추적 영상장치, 내시경 등을 최초로 대테러장비로 도입하였다. 작전을 할 때에는 모두 검정색의 복장을 입고 필요한 경우에는 산소호흡장치와 보안용 안경이 달린 안면마스크를 사용한다.

SAS는 미국 델타포스, 독일 GSG-9, 네덜란드 해병대, 스페인 GEO와 밀접한 협력관계를 가지고 있으며 주요 국가의 대테러부대의 창설에 기본 모델이 되어 왔다.

SAS의 공식적인 작전은 1972년 관광 유람선 퀸엘리자베스Ⅱ호에 폭탄이 장착되었다는 첩보에 따른 해군 SBS특공대와 합동작전, 1975년 맨체스터발 여객기납치사건, 1975년 12월 IRA게릴라 난동사건, 1977년 네덜란드 747열차 인질난동사건에 스턴탄 제공, 1977년 10월 독일 루프트한자 여객기납치사건시 GSG-9에 스턴탄 지원, 1978년 이탈리아 알도 모로 수상 사건시 대테러공조, 1980년 4월 미국 델타포스와 이란 인질구출작전, 1980년 5월 주영 이란대사관 억류인질구출작전, 1991년 걸프전시 이라크 후방을 침투하여 각종 정보를 수집함으로써 공중전을 승리로 이끄는 등 커다란 공헌을 하였다.

2) 보안국SS: Security Service

보안국은 1900년 군조직의 일부로서 육군성 특별정보국이라는 명칭으로 창설된 후 1924년 보안국Security Service으로 명칭을 변경하고, 1940년에는 런던경시청의 특별국과 병합되어 내무부 산하기관이 되었다. 그때부터 보안국으로 불리었으나 지금도 대외적으로는 일명 M15라고도 한다.

보안국은 비밀에 쌓여 활동해 왔으나 1989년 보안국법Security Service Act이 제정되어 공식적으로 인정되었으며, 1991년에는 최초의 여성국장인 Stella Rimmimgton여사를 임명하여 활동을 양성화하기 시작했다.[21] 영국 내의 간첩활동, 태업 및 정부전복음모, 테러활동을 사전에 탐지 및 예방하고 이와 같은 목적달성을 위해 국내에서 지하공작업무도 수행하는 기관이었으나 최근에 테러, 마약, 불법이민, 조직범죄 등 과거

---

21) 권 촌, 「대테러세계대전」(서울: 한림미디어, 2002), p. 418.

경찰이 담당하는 영역까지 활동범위를 확장하여 경찰과 마찰을 빚기도 하였다. 1993년에 발간된 책자에 보안국의 기능은 테러방지, 방첩, 국가전복기도방지, 방호보안, 보안정보활동 등 다섯 가지로 되어 있다. 1,850여명의 요원으로 조직되어 있으며 6개 부서로 구성되어 있다.

테러 관련 정보의 수집, 분석 및 배포, 활용에 중점을 두고 경찰, 군대, 비밀정보부, 정보통신부, 외국 각 부처 및 외국 정보기관과도 공조 체제를 유지하고 있다.

1997-1998년 예산편성 중 M15 가용자원의 편성비율은 북아일랜드 관련 테러활동 업무25%, 국제테러활동15.5%, 방첩업무12%, 방호보안7.5%, 중대범죄2.5%, 무기확산2% 등이다.

2. 일 본

(1) 대테러정책

일본은 1960년대 후반 미・일 안보조약에 반대하는 학생시위가 고조되어 이를 계기로 각종단체들이 형성되기 시작하였는데 그 중 하나인 적군파가 결성되어 1972년 이스라엘 로드공항 학살사건을 포함하여 1972년에서 1977년까지 팔레스타인 인민해방전선PFLP의 이익을 위해 각종 테러행위를 감행하면서부터 강력한 테러대책을 내놓았다.[22]

1970년 「항공기 강취 등에 관한 처벌에 관한 법률」을 제정하여 폭행 또는 협박으로 비행중의 비행기를 강취하여 운행을 지배한 자는 무기 또는 7년 이상의 징역에 처하도록 하였고, 1974년에는 「항공의 위험을 생기게 하는 행위 등의 처벌에 관한 법률」을 제정하여 불법으로 업무중의 항공기 내에 폭발물・총포・도검 등을 소지하고 들어간 자는 3년 이상의 징역에 처하도록 하였으며, 1977년에는 「인질에 의한 강요행위 등의 처벌에 관한 법률」을 제정하여 「항공기 강취 등에 관한 처벌에 관한 법률」에 의한 죄를 범한 자가 당해 항공기 내에 있는 자를 인질로 하여 제3자에 대하여 의무가 없는 행위나 권리가 없는 것을 요구한 때에는 무기 또는 10년 이상의 징역에 처하도

22) 일본은 1977년 9월 JAL DC-8기가 피납되었을 때 팔레스타인 게릴라들의 요구에 굴복하여 인질석방금으로 600만달러를 지불하고 일본 내에 수감되어 있던 9명의 일본적군테러범들을 석방함으로써 안전구출정책을 추구하였으나 이 사건이 있은 후부터 테러에 대한 강경책으로 선회하였다.

록 하여 국제테러에 관한 법적 뒷받침을 했다.[23)]

또한 정치적 이념적 목적에 의한 내란・외환유치, 방화・살인・강도, 교통시설 폭파, 소란행위 등을 처벌하고 폭력주의적 단체를 규제하기 위한 「파괴활동방지법」1952년 독가스・폭발물 등을 사용하여 대량 인명살상을 야기하는 단체를 처벌하기 위한 무차별 대량 살인행위를 행한 단체의 규제에 관한 법률1999년, 세균병기개발금지법1982년, 화학병기규제법1995년, 독가스에 의한 인신피해방지법1995년 등이 제정되어 있다.

특히 일본은 9・11테러사건을 계기로 2001년 10월 29일 「테러대책특별조치법」의 제정, 「자위대법」개정, 「해상보안청법」개정 등 소위 테러대책 3법의 입법조치를 완료하여 일본 영내외 테러사건 발생시 자위대의 출동근거를 마련하였다. 테러대책특별조치법은 일본 영내외에서 테러발생시 자위대가 협력지원, 수색구조, 이재민 구호활동을 할 수 있는 근거를 제공하였으며, 자위대법에서는 자위대, 주일미군 시설에 대한 테러를 방지하기 위해 자위대를 출동할 수 있게 하는 한편 출동 전 국가공안위원장과 협의하여 사전 필요한 정보를 수집할 수 있는 권한을 부여하였고, 해상보안청법은 외국선박에 대해 무기를 사용할 수 있는 근거를 마련하였다.

또한 2000년부터 추진해왔던 핵물질, 생물제, 화학제 등에 의한 대량살상형테러 NBC테러에 대처하기 위한 각 성・청의 정책을 조정하기 위해 2001년 8월 경찰청, 방위청, 문부과학성, 외무성, 후생노동성, 경제산업성, 해상보안청, 소방청 등의 국장급이 참여하는 'NBC테러 대책회의'를 설치하였다. 이 대책회의는 NBC테러 발생시 관계 성・청의 역할분담을 명확히 하고 NBC테러의 원인물질 및 치료법에 대해 신속한 분석 및 감염원의 특정, 피해자 지원, 구명 및 의료 등 피해관리체제를 확립하는 한편 의약품 비축체제 정비, 핵물질 관리 및 보안체제 강화 등을 통해 NBC테러 방지대책을 강화하기 위한 것이다.

2004년 1월 자위대의 이라크 파견을 계기로 알-카에다 등 이슬람 과격세력에 의한 테러위협이 고조되어 외국인에 대한 출입국관리를 강화하고 테러자금에 대한 감시를 철저히 하고 있다. 이에 따라 일본 정부는 종합적 테러대책을 마련하기 위해 관방장관을 본부장으로 외상・방위청장관・경찰청장관 등이 참여하는 「국제조직범죄 및 국제테러대책 추진본부」를 2004년 9월에 설치하였고, 테러범 입국차단을 위해 항공사에 승객명부 사전제출 의무화를 추진하는 한편 아시아 국가로는 최초로 미국 주도의

23) 국제문제조사연구소, 「테러대책과 관련한 국내법상 미비점 검토」, 1986, p. 49.

「대량파괴무기 확산저지 구상」PSI훈련을 주관하는 등 국제적인 테러·대량살상무기 WMD: Weapons of Mass Destruction확산 방지 노력에도 적극 참여하였다.[24)]

또한 공공기관에 대한 테러를 예방하기 위해 철도와 지하철역 구내에 대한 경비를 대폭 강화하고 비상용 인터폰과 감시카메라 설치를 추진하고 있다. 일본 국토교통성이 2005년 10월 30일 발표한 테러예방책의 주요 내용은 테러용의자나 위험물 발견시 즉시 당국에 신고가 가능하도록 전국 모든 역에 비상용 인터폰을 순차적으로 설치하고, 또 지하철역 개찰구에 감시카메라를 설치해 미리 등록된 '위험인물'을 실시간으로 파악해내는 '얼굴인증시스템'을 운용할 계획이다.

일본정부는 공안조사청 차장 직속으로 36명으로 구성된 테러대책반을 신설하고 내각정보조사실에 공안조사청, 방위청, 경찰청 등 관계기관 공무원 합동으로 구성되는 대테러반을 설치하였다.

일본은 원칙적으로 테러대응은 경찰청이 담당하며 경찰청에 테러대책실이 설치되어 있다. 테러대처부대로서는 SAT외에 전국 경찰의 기동대에 설치된 '총기대책부대'는 총기 등을 사용한 사건에 대처하거나 원자력발전소 등의 중요시설의 경계경비를 주임무로 하고 있으며 중대사건이 발생한 때에는 SAT가 도착할 때까지 제1차적인 대응을 하고 그 지원을 하는 부대이며, 8개 도도부현 경찰에 설치되어 있는 'NBC테러대응전문부대'는 화생방테러가 발생한 경우 신속히 발생현장에 도착하여 관계기관과 제휴하에 정보수집, 원인물질의 회수·검사, 피해자의 피난유도 등을 임무로 하고 있다.[25)]

경찰청 경비국 외사과에 국제테러긴급대응팀을 설치하여 평상시에는 국제테러사건의 수사수법의 연구, 각종 인질교섭 전문가의 훈련 등을 통하여 사건의 대처능력을 향상시키며, 테러사건발생시에는 전문지식을 가진 요원을 현지에 파견하여 치안당국과의 제휴, 정보수집 및 각국 수사기관에 수사지원활동을 전개하도록 한다.

(2) 대테러기구

1) SATSpecial Assault Team

1977년 일본 적군파에 의한 비행기 납치사건을 계기로 경찰 내에 특수부대가 창

---

24) 국가정보원, 「2004년도 테러정세」, p. 60.
25) 일본 경찰청, 「평성 15년판 경찰백서」, 2003, p. 259.

설되었다. 경시청 제6기동대의 1개중대3개소대, 오사카부경찰 제2기동대의 1개중대2개소대로 편성되었다.

특수급습부대特殊急襲部隊라는 정식명칭은 1996년 8월 5일에 제정되었으며 7개의 도도부현 경찰에도 1개 소대씩 창립되었다. 임무는 하이재킹, 중요시설점거사건 등 중대테러사건, 조직적인 범행이나 강력한 무기를 사용하는 사건 등에 출동하여 피해자와 관계자의 안전을 확보하고 사태를 진압하여 피의자를 검거하는 것이며, 부대는 동경의 하네다 공항 근처에 위치한다.

SAT는 60명이 3팀으로 나누어지며, 제6기동대 제7중대로 조직된다. 팀의 구성은 기내로 돌입하는 돌입반, 저격반, 지원반으로 나누어지며 저격반은 실제상황에서 2교대로 철야 감시체제를 갖춘다. 또한 근접하여 도청 등의 작전을 펴는 전자기기 조작에 능통한 대원도 포함되어 있다. 근무는 3교대제로 훈련 중일지라도 반드시 1개소대는 긴급출동에 대비하여 24시간 대기체제를 갖추고 있다. 보통의 일정이 훈련, 대기, 비번의 구성으로 되어 있어 일반 경찰과 비교하면 상당히 힘든 근무환경이다.

일본 경시청의 SAT는 설립당시, 루프트한자항공 비행기 납치사건 때 출동하여 인질구출을 성공적으로 수행하여 각광을 받았던 독일의 테러진압부대인 GSG-9으로부터 지도를 받았다.

창설당시 제1기 대원들은 독일 GSG-9에서 교육을 받았으며, 그 결과로 처음에는 GSG-9와 똑같은 장비를 도입하게 되었다. 현재는 미국의 FBI와 SWAT으로부터 시가지 인질구출작전의 지도를 받고 있으며, 전술훈련도 병행하여 진행하고 있다. 정식으로 SAT가 특수팀으로 되기 전까지는 편성예산이 부족하여 구식무기를 사용했으나, 1996년부터는 비약의 발전을 이루어 라이플총, 자동소총, 특수섬광탄 등의 장비를 보유하고 있다. 1998년의 SAT예산은 자그마치 50억엔으로 그 중에는 헬기 2대도 포함되어 있다.

SAT의 대원이 되면 그들은 경찰관의 명부에서 이름이 삭제되어, 지금 그 대원이 어디에 소속되어 있는지 같은 SAT대원 이외에는 아무도 알지 못한다.

2) 해상보안청 특수경비대SST: Special Security Team

1996년 5월 해상보안청에 관서공항, 해상경비구조부 공항경비대와 해상보안청 플루토늄 해상수송대책실 소속 특수부대를 통합하여 총 40명으로 구성된 특수경비대를 창설했다. 편성은 3개팀으로 1개팀은 10명으로 해상보안본부고베의 오사카 특수경비기지에 위치하며 선박납치 대응을 주임무로 하고 있다.

이 부대는 본래 1992년 프랑스에서 일본으로 플루토늄을 수송할 때에 이를 경계할 부대가 새로 결성되어 운반선에 극비로 올라타고 경계에 임했다. 이 부대의 탄생 목적에는 플루토늄 수송과정에 테러집단에 의한 플루토늄이 강탈되는 것을 막아 핵의 확산을 방지하는 데 있고, 또한 미국측에서 요청이 있었다는 미확인 정보도 있다. 또 한반도 유사시 재한 일본인의 피난과 타 재외일본인의 해상수송에서의 호위, 원자력 발전소 등의 중요 시설이 밀집한 일본연안에 대한 대테러활동 및 경비, 그 밖에도 중요한 해상임무가 상정되어 있다.

대원은 젊은 해상보안관 중에서 체력, 사격, 격투기 등이 우수한 자를 선발하여 구성하고 있다. 대원들은 자위대에서 폭발물이나 기뢰의 취급을 배우고, 자위대의 연습에도 참가하고 있다고 알려졌다. 또 해상 납치사건에 대해서는 헬리콥터로 긴급배치, 로프 강하하여 테러범을 제압한다.

MP5 시리즈, 자위대 89식 자동소총, 저격용 고성능 라이플 등을 표준 장비로 하고 있으며, 그 밖에도 특수섬광수류탄등 대테러작전에 필수적인 장비를 갖추고 있다. 해상보안청법으로는 해상보안관의 무기휴대가 인정되어 있으며, 이 특수부대의 장비 보유도 문제없는 것으로 되어 있다.

3. 이스라엘

(1) 대테러정책

이스라엘은 테러범들이 억류 또는 납치한 희생자들의 생명과 귀환을 대가로 석방금의 지불이나 정치범의 석방 등 어떠한 양보도 절대로 하지 않겠다는 불양보정책을 고수하고 있다. 다시 말하면 「눈에는 눈, 이에는 이」라는 대테러 보복전략을 유지하고 있다.

1968년 6월 팔레스타인 테러범들이 납치한 여객기가 이스라엘 '엘알'항공사 소속이었는데 이 사건이후 여객기공격에 대한 즉각적인 보복과 납치예방을 위한 대책을 서둘렀다. 그 후 1968년 12월까지 6개월간 2대의 이스라엘 여객기가 공격대상이 되었는데 이에 대한 보복으로 레바논의 베이루트공항에 특공대를 침투시켜 항공기 13대를 파괴시켰다.

이스라엘은 자국민이 인질로 잡혔을 때 인질과 특공대의 희생이 아무리 커도 반드시 테러범을 소탕하며, 테러조직과 테러지원국에 대하여 보복을 감행하는 정책을 펴 왔다. 이와 같이 강력한 보복정책을 펴온 이스라엘은 1968년 이래 항공기 납치방지를 위해 조종실 격리, 무장보안관 탑승, 철저한 화물검색 및 수색, 화물칸의 장갑화, 납치되었을 때의 특수비행법 채택 등 다양한 대책을 마련해 왔다.[26)]

세계에서 가장 우수한 특공대를 보유하고 있는 국가로 이스라엘을 꼽는다. 1976년 6월 우간다의 엔테베공항을 기습하여 인질구출작전을 대담하게 성공시킨 사례를 들 수 있다. 그러나 이스라엘의 테러진압조직은 구체적으로 밝혀지지 않고 있다. 다만 정보국 산하에 대테러특공대인 사렛트 매트칼Sayatet Mat'kal과 경찰청 산하에 국내태업, 테러를 포함한 각종 위협에 관련된 정보를 수집 분석 평가하는 신베트Shin Beth가 있다. 육군과 공군에는 특수부대가 있는바 육군의 게릴라 소탕의 최정예부대인 골라니여단과 가장 경험이 많은 제269정보 및 정찰부대General Intelligence and Reconnaisance Unit 269가 있으며, 공군의 공정부대 중에서 대테러작전을 전문으로 하는 특공대가 있다.

이스라엘의 대테러업무의 특징은 아랍계의 빈번한 테러공격에 대해 모든 보안기관이 테러업무를 수행하고 있으며, 대테러업무가 일상화되어 유관기관간 유기적인 협조체제를 구축하고 있다는 점이다.

(2) 대테러기구

1) 사렛트 매트칼Sayeret Mat'Kal

1967년 6일 전쟁중동전쟁이 이스라엘의 일방적인 승리로 끝나게 되자 정규전으로 이스라엘에 대항할 수 없음을 자각한 팔레스타인 해방기구PLO의 대이스라엘 테러리즘 캠페인이 시작되었다. 이에 이스라엘 정부는 정보국 산하에 사렛트 매트칼이라는 대테러 특공대를 창설하게 되었다. 이 부대는 전략정찰과 대테러작전을 임무로 하고 있다.

1970년대까지 대원은 200여명으로 알려져 있으며, 대원의 선발은 육해공군의 우수한 자에 한한다. 훈련은 밀폐공간 전투, 낙하, 레펠 훈련 등 대테러 특공대와 다를 바 없다.

---

26) Samuel M. Katz, *Guards without Frontiers: Israel's War against Terrorism* (London: Arms and Armour Press, 1990), pp. 72~73.

이스라엘 당국은 자국 내에서 발생한 사건인 경우 자국민의 희생에 관계없이 무력으로 진압하고 국외에서 발생했을 경우에도 협상이 원활치 못하면 직접적 타격을 가한다는 것이 기본 방침이다 1968년 12월 팔레스타인 해방을 위한 인민전선PFLP에 의한 '엘알'항공기 납치에 대한 보복으로 40명의 사렛트 매트칼 정예 요원들이 베이루트 공항에 대한 공격을 단행하여 13대의 비행기를 폭파하기도 했다. 사렛트 매트칼은 1972년 5월에 발생한 사베나Sabena여객기 납치사건을 성공적으로 진압하여 최초로 대테러리즘 능력을 검증 받았다. 검은 구월단 소속의 테러범 4명이 사베나 여객기를 이스라엘의 로드공항으로 공중납치하여 탑승객 100명을 인질로 억류하고 이스라엘 정부 당국과 대치했다. 납치범들은 이스라엘 감옥에 투옥된 371명의 팔레스타인 테러범들의 석방을 요구했고 이에 이스라엘 정부는 국제적십자사의 대표자를 협상 중개인으로 활용하여 시간을 벌었고 그동안에 구출작전을 준비했다. 항공기 정비 기술자로 위장한 사렛트 매트칼 요원들이 납치된 항공기에 은밀히 접근하여 테러범 2명을 사살하고 2명은 생포하는 데 성공했다. 사렛트 매트칼의 구출작전은 최초의 성공적인 항공기 납치 구출작전으로 기록되어 있다. 또한 인질구출작전의 대명사로 알려진 1976년의 소말리아 엔테베작전도 인질 구조팀이 제35공수여단과 골라니 코만도 대원들의 합동으로 구성된 것으로 알려져 있지만, 핵심적인 역할을 담당했던 것은 사렛트 매트칼이다.

2) 신베트Shin Beth

이스라엘의 국내방첩과 보안업무를 담당하는 신베트는 일명 보안대라고도 하는데 경찰청 산하에 있으며 미국의 FBI에 해당하는 기관이다. 신베트는 극우파의 움직임과 전복을 기도하는 좌파의 움직임을 감시한다. 이들은 아랍 주변국과 구소련 계좌에 관한 정보를 캐는 상당수의 첩보원을 보유한 것으로 추정된다. 모든 외국 국적을 가진 사람들은 신베트의 대규모 네트워크의 감시하에 있다. 담당지역망은 1967년 이후 요르단 국경으로 철수하도록 되어 있는 팔레스타인 해방기구의 주요부서에 요원을 심어놓았다. 정부요인들을 경호하며 팔레스타인 과격파들의 암살시도를 완벽하게 차단하는 등 한치의 오차도 없는 경호로 세계적인 명성을 얻었다. 또한 해외에서 활동하는 이스라엘 관리들과 시설의 안전을 보장하며, 국내외의 사보타주와 테러를 포함한 모든 형태의 전복을 조사할 책임이 있다. 이 기관은 획득된 모든 첩보를 평가하고 공적으로 이용할 수 있는 정보를 조합하여 완성된 보고서를 해당 정부기관외무부장관에 제공한다.

이스라엘 국가담당정보기관으로서 최고 자격이 주어진 신베트의 평판은 1980년대 2개의 스캔들로 손상되었다. 1984년 4월 이스라엘군은 가자지구에서 4명의 팔레스타 인인에게 납치된 버스의 통제를 맡았다. 인질을 이양받은 이스라엘군 2명은 얼마 후 신베트에 의해 피살되었다. 이 사건에서 신베트의 역할이 누설되지 않도록 하기 위함 이었다. 또한 1995년 11월 라빈Itshak Rabin 이스라엘 총리가 극우파에 의해 암살되면서 신베트는 총리에 대한 위협경고를 심각하게 받아들이지 않음으로써 직무를 태만히 했다고 비난을 받은 일이다.

신베트의 조직은 부장 밑에 아랍업무처, 비아랍업무처, 방호안전처 등 3처division 와 5개과section로 구성되어 있고, 특히 아랍업무처는 아랍테러범에 대한 자료의 관리 와 대테러운영의 책임을 맡고 있다. 방호안전처는 이스라엘 정부 건물과 대사관, 과학 기관, 군사시설과 국영 엘알 항공 등에 대한 보호업무를 수행한다.[27]

Ⅳ. 결　론

우리나라는 세계 6대 테러지원국의 하나였던 북한과 대치해 있고, 전쟁으로까지 확대되어 세계평화에 위협이 되고 있는 9·11항공기 폭발테러의 배후세력인 중동국가의 체류자가 20여개국 15,000여명이 거주하고 있다. 또한 이슬람원리주의자들에 의한 주한미군에 대한 반미감정과 우리 정부의 이라크파병에 따른 반한감정 등이 높아 이라크 저항 세력의 테러대상이 될 가능성이 있다. 더구나 국제테러조직인 알-카에다의 2인자인 아이만 알-자와리가 한국을 테러공격의 목표로 하라는 메시지를 전할 정도에 이르렀다. 따라서 우리나라도 이제는 테러의 안전지대가 아님을 알 수 있다. 이미 테러의 위험은 지난 2005년 11월 개최된 APEC정상회의에서도 그 주요 5대과제 중 하나인 반테러협력을 채택하고 있는 것으로 입증되고 있다.

최근 자행되고 있는 테러양상은 소위 21세기형 뉴테러리즘이라 해서 가능한 모든 수단을 동원한 자살공격과 불특정다수인에 대한 무차별 살상을 그 특징으로 한다. 이러한 테러는 단순히 공포조성의 단계를 벗어나 그 피해가 국가안보를 위협하는 수준에 이르게 되었다.

---

27) http://www.confidentiel.net/article.php3?id article=120.

물론 우리 정부도 테러정보 수집 및 분석, 국제적 테러 정보교류 확대, 강력한 대테러부대 양성, 국가기반시설 보안대책 수립, 공항만 검색체제 강화, 대국민 계도 등 테러대비활동을 꾸준히 전개해 왔다. 그러나 우선 국내외적으로 고조되는 테러위협에 대응하기 위해서는 테러방지법을 제정하여야 한다. 기존의 대통령훈령인 국가대테러활동지침이 개정 공포되었으나 법률의 뒷받침 없는 국가의 테러예방활동은 오히려 더 큰 인권침해의 위험성을 내포하고 있다고 할 것이다. 더구나 미국을 비롯한 대부분의 선진국들이 테러방지법을 제정했거나 기존의 법을 대폭 강화한 사례를 보면 개인의 인권보호도 중요하나 다수의 안전을 보호하기 위한 조치도 반드시 필요한 것이다.

둘째로 대테러 관련부서들의 지원체제 및 교육훈련을 강화하고 국내외 대테러기관과의 유기적인 협력체제를 구축하여야 한다. 테러정보의 수집 및 분석, 테러발생 징후의 조기예측 및 경보발령, 테러발생 이후의 대응 및 수습, 사후의 재발방지대책 등 종합적이고 체계적인 위기관리체제를 구축하고 대테러 전담요원들의 교육훈련은 물론 테러유형별 주무기관과 합동으로 FTX를 통해 테러대응능력을 더욱 강화해야 한다.

셋째로 테러예방활동을 강화하여 테러발생 가능성을 사전에 차단해야 한다. 국가중요시설, 외국시설, 다중이용시설 등에 대한 지속적인 점검활동, 테러공항만의 검색강화는 물론 총포·화약류의 제조 및 유통관리 등 테러위협요인의 사전차단도 빼놓을 수 없다. 테러예방책이 대테러 정책 중 가장 효과적인 방법임은 두말할 필요가 없기 때문이다.

제 5 편

특정사례

25. 90년대 국제테러의 경향

26. 사이버 테러의 실태와 대응방안

27. 9·11 테러의 경과와 대응

28. 부산 APEC 정상회의에 대비한 대테러·안전대책

90년대 국제테러의 경향

Ⅰ. 서　론

1998년 8월 케냐와 탄자니아 주재 미 대사관의 폭파는 21세기를 향해가는 이 시점에서도 여전히 테러는 국제안보상 핵심적 위협이라는 점을 보여주고 있다. 19명이 사망하고 약 500명이 부상한 1996년 6월 사우디아라비아 다란 소재 미공군막사폭파와 4명이 사망하고 40명이 부상한 1995년 11월 리하드 소재 사우디-미국 합동 군사훈련장 폭파 등 이보다 먼저 발생한 테러사건들을 통해 보면 이제 해외주재외교관이나 건물 뿐 아니라 군인도 테러의 대상이라는 점에 관심이 모아지고 있다.

특히 북한은 정주영 현대명예회장의 방북활동이 진행되고 있던 중인 1998년 6월 잠수정을 속초해상에 침투시키는 사건을 자행하였고 국내 언론사 및 귀순인사에 대한 보복테러 위협을 계속함으로써 대남테러의 위협이 상존하고 있으며, 또한 국제화 추세가 지속되어 우리 국민들의 해외진출이 확대되면서 치안불안지역에서 공관원, 사업가, 유학생, 상사원 및 관광객들의 신변안전이 크게 위협받고 있어 이에 대한 대비책을 강구하여야 할 것이다.

더구나 유엔안전보장이사회는 1999년 10월 19일 모든 테러활동을 동기에 관계없이 정당화될 수 없는 범죄로 분명하게 못 박는 결의안을 만장일치로 채택했다. 안보리 결의안은 각국에 대해 테러범 체포, 기소, 신병인도 등을 통해 테러활동을 하거나 이를 계획 또는 자금을 지원한 관련자들에게 피난처를 제공하지 말 것을 요구하고 있다. 또한 국제테러 방지협약의 비준과 이행을 촉구하면서 테러범을 법정에 세우기 위한 노력에 동참해야 한다고 강조했다. 결의안은 망명 희망자에게 난민 지위를 부여하기 앞서 이들이 테러활동에 참여했는지를 확인해 줄 것도 촉구하고 있다.

여기에서는 국제테러의 여러 가지 측면들을 살펴보고 앞으로의 방향을 예측할 것이다. 우선 국제테러의 경향, 특히 테러를 통한 사망자 수가 증가하는 이유에 대해 고찰하고 군인의 보호와 군사기지 보안에 관심을 두면서 이에 따른 영향에 대해 살펴볼 것이다. 그리고 마지막으로 결론과 함께 테러의 경향과 활동패턴을 살펴보고자 한다.

Ⅱ. 1990년대 테러의 경향

1990년대에는 전 세계적으로 테러사건 발생건수는 줄어들었지만, 이에 따른 사망자는 증가했다. 여기에서는 이러한 경향의 원인과 테러활동의 패턴에 대한 영향을 살펴본다.

1. 테러의 특성 변화

과거 테러범들은 특정한 정치적, 사회적, 혹은 경제적 목적의식을 가지고, 지휘명령체계가 잘 정비된 하나의 조직에 속해 있었다. 일본의 적군파나 독일의 적군파 분파, 이탈리아의 붉은 여단 등 마르크스 레닌주의나 마오이즘, 스탈린주의를 신봉하는 극좌테러단체와 민족주의 국수주의적 색채를 지닌 아부 니달 조직Abu Nidal Organization, 아일랜드 공화국IRA, 바스크 조국해방, ETA 등은 기존테러범들이 속한 단체들의 대표적인 사례이다. 이들은 보통 성명을 통해 그들이 테러를 벌였다는 사실을 인정하며, 그 과정에 대해 상세히 밝혔다. 목표나 동기가 아무리 납득할 수 없고 불쾌해도 그들이 추구하는 이데올로기나 의도는 급진적이고 광적이지만 이해할 수는 있는 것이었다.

중요한 것은 이러한 잘 알려진 테러단체가 매우 선택적이며 차별적으로 테러를 행해왔다는 것이다. 이러한 단체들은 자신들에 혹은 자신들의 대의명분에 이목을 집중시키기 위해 테러를 자행했으며, 테러대상은 대사관, 은행, 항공사 등 그들의 적대감을 대표하는 곳이었고, 납치나 암살대상은 그들이 보기에 경제적 착취나 정치적 억압을 자행한 사람들이었다. 이들이 외국정부에 의해 직접적으로 조정 받거나, 외국정부를 간접적으로 대변하는 경우에도 법적으로 드러나지는 않았지만 이들 간의 관계는 언제라도 분명했다. 예를 들면 1986년 미국이 리비아에 보복공습을 펼쳤을 때, 카다피 장군은 일본의 적군파에게 대미테러를 행하도록 부탁하였다. 이러한 관계를 모호하게 하기 위해서 일본 적군파는 리비아의 후원 하에 행해진 테러활동에 대해 자신들은 가상의 단체인 '반제국주의 국제 여단Anti-Imperialist International Brigades' 조직원이며 테러가 자신들의 소행이라고 주장했다.[1] 이와 유사한 경우로서 1980년대 레바논에서 이

란의 후원 하에 행해진 헤즈볼라의 테러도 '이슬람 자하드'라는 가명을 사용한 채 자행되었다.[2]

전통적이고 잘 알려진 인종, 민족주의 집단, 분리독립주의자 집단, 이데올로기집단과 더불어 최근 불분명한 민족적 혹은 이데올로기적 동기를 지닌 테러집단이 등장하기 시작했다. 이러한 새로운 테러단체는 여러 종교와 천년 왕국설[3] 등을 추종하며, 단결력이 없으며 느슨한 조직을 구성하고 있다. 케냐와 탄자니아의 폭탄테러는 이러한 패턴에 관한 대표적인 사례이다. 과거에 잘 알려진 비종교적 테러단체는 테러 후 자신들의 소행임을 인정하고, 구체적인 과정을 소개한 후, 요구조건이 무엇인지를 분명히 밝혔지만, 케냐와 탄자니아 대사관 폭탄테러 후에는 자신의 소행이라고 인정한 확실한 테러단체가 없었다. 지금까지 드러난 유일한 구체적 정보는 폭탄테러는 이슬람교의 성지인 메카와 메디나를 보호하기 위한 것이었으며, 미군들을 끝까지 뒤쫓을 것이고 어디에서라도 미국의 이익에 대한 공격을 감행하겠다는 메시지였다.[4]

더욱이 대사관에 대한 공격은 현존하거나 알아 볼 수 있는 테러집단에 의해 행해진 것이 아니라 사우디아라비아의 백만장자 오사마 빈 라덴의 전 세계적 대미 테러의 일환으로서 자금지원을 받아 자행된 것으로 보인다. 일례로 1998년 2월 빈 라덴은 이스라엘 지원과 미군의 사우디 주둔을 이유로 미국에 대한 공식 전쟁을 선포하면서 이슬람교의 칙령인 파트와fatwa를 덧붙였다. 이 칙령을 발표한 후 빈 라덴은 자신의 폭력활동에 분명한 신학적·정치적 명분을 부여했다. 미국과의 전쟁을 위해 그는 이슬람 세계에 흩어져 있는 약 4,000에서 5,000명의 정예 군인을 동원할 수 있었던 것으로 알려졌다. 이와는 대조적으로 과거의 비종교적 테러단체들은 그 규모가 훨씬 작았다. 예를 들면 미 국방부에 따르면 일본의 적군파나 적군파 분파의 골수분자의 수는 20~30명을 넘지 않았다. 붉은 여단도 이보다 별로 크지 않아 총 50~75명의 골수 테러범들이 소속되어 있었다. IRA나 ETA도 고작 200~400 정도를 테러행위에 동원할 수 있었고, 아부 니달 조직도 한 번에 약 500명 정도의 무장인원을 동원할 수 있었다.[5]

---

1) Bruces Hoffman, *Inside Terrorism* (New York: Columbia Unversity Press, 1988), pp. 188~189.
2) U.S. Department of Defense, *Terrorist Group Profiles* (Washington, DC: U.S. Government Printing Office, 1988), p. 15.
3) 예를 들면 1995년 동경지하철구내에 사린가스공격을 자행한 일본의 옴진리교를 들 수 있다.
4) Ian O. Lesser, *et al.*, *Countering the New Terrorism* (Santa Monica, CA: RAND Corporation, 1999), p. 9.

새로운 동기와 새로운 능력을 보유한 다양한 테러단체는 최근 증가한 테러 사상률에 직접적인 책임이 있다. 앞으로 테러가 더욱 폭력적이고 더 많은 인명을 살상하게 될 것임을 보여주는 몇가지 증거가 있다.

2. 테러에 의한 사상률의 증가

1990년대에 테러건수는 줄어들었지만 사망자 비율은 증가하였다. RAND연구소에서 발행한 국제테러연감Chronology of International Terrorism에 따르면 걸프전이 일어났던 1991년 테러발생건수가 484건에 이르러 최고를 기록했다. 이는 1992년에는 343건, 1993년 360건, 1994년에 356건에서 1995년에는 278건으로, 1996년에는 250건으로까지 떨어졌다. 1996년의 총 테러발생건수는 23년 만에 최저치를 기록했다. 그러나 테러건수가 줄어들었다고 해서 테러로 인한 사망자 수가 줄어들지는 않았다. 오히려 1996년에 테러로 인한 사망자 수는 총 510명으로 최고치를 기록했다. 이는 1995년에 비해 223명이 증가한 것이며 1994년보다는 91명이 증가한 수치이다. 사실 1996년의 사망률은 국제테러에 대해 기록을 시작한 1968년 이후 네 번째로 높은 것이었다. 중요한 것은 미 국무부 역시 테러사건의 일람과 분석에 관한 권위있는 책자인 '국제테러경향 1996*Patterns of Global Terrorism 1996*'을 통해 국제테러의 증가하는 사상률을 지적하고 있다. 비록 미 국무부와 RAND연구소가 테러사건을 정의하는 기준이 달라 수치상 차이가 있더라도 근본적으로는 같은 결론에 도달한다. 즉, 1996년에 테러범들이 활동은 덜 벌였지만, 이로 인한 사망자 수는 증가하였다.

이러한 증가는 소수의 대규모 테러사건Terrorist 'spectaculars' 때문이다. 대규모테러사건이란 매우 극적이고, 대규모 살상자를 기록하며 관심을 끄는 테러사건으로 언론과 대중의 관심을 효과적으로 사로잡는 것이다. 따라서 1996년에 8명 이상의 사상자를 낸 국제테러사건 수는 1995년 8건에서 13건으로 약간 증가했다. 그러나 이 얼마 안 되는 사건을 통해 그렇게 많은 사상자를 기록했다는 점에서 영향은 막대하다고 볼 수 있다.

국제테러의 사상률 증가추세는 1명 이상의 사상자를 낸 국제 테러사건 비율에서도 잘 드러난다. 예를 들면 1991년에는 27%, 1995년에는 29%로 늘어났다. 물론 1996

---

5) U.S. Department of Defense, *op cit.*, pp. 5, 35, 61, 64, 65, 118.

년에 다시 24%로 줄어들었지만 여전히 이 수치는 1970년대의 평균치인 17%나 1980년대의 평균치 19%보다 훨씬 높은 수치이다.[6)]

테러의 사상률 증가에는 몇가지 이유가 있다. 첫째로, 몇몇 테러범들은 사람들의 관심을 끄는 것이 예전만큼 쉽지는 않다고 믿는다. 그들은 대중이나 언론이 계속되는 테러 폭력행위에 대해 단련되어가거나 무감각해져가고 있다고 믿는다. 따라서 이들은 과거에 규모가 작고 사상자를 많이 내지 않았던 테러사건이 받았던 정도의 주목을 받기 위해선 더욱 극적이고 파괴적인 테러를 행해야만 한다고 생각하게 된다. 일례로 오클라호마의 알프레드 F. 머레이 연방건물 폭파범으로 유죄선고를 받은 티모시 멕베이가 재판당시 자신의 변호사로부터, 아무런 사상자도 내지 않고 미국 정부에 대한 그의 반감에 이와 같은 큰 관심을 끌 수 있는 방법은 없었겠느냐는 질문을 받자 그는 다음과 같이 대답을 했다. "그렇게 했다면 제대로 의사가 전달되지 않았을 것이다. 우리의 주장을 펼치기 위해서는 사상자수가 필요했다."[7)] 이러한 관점에서 1995년 4월에 발생한 머레이 건물 폭파사건을 멕베이가 사전에 계획했지만, 바로 한 달 전 일본의 종교집단, '옴 진리교'의 도쿄 지하철 사린가스 유출사건의 파괴력이나 사망자 수를 능가하는 사건을 벌여야 자신의 행동이 충분한 언론과 대중의 관심을 받을 수 있을 것이라고 믿게 되었을 것이다. 언론보도와 살육이 관심과 성공 정도와 일치한다는 이러한 생각 때문에 몇몇 테러범들은 언론과 대중의 관심을 끌기 위해 점점 더 폭력적인 테러행위를 저지르고 있다. 이와 유사한 이유에서 1993년 뉴욕 세계무역센터폭파사건의 주범으로 유죄선고를 받은 람지 아마드 오세프는 폭파사건을 일으킨 후 미국 여객기 11대에서 동시에 기내폭파사건을 일으킬 계획을 세웠다고 한다.[8)]

둘째로 테러범들은 경험을 통해 살인에 더욱 능통하게 된다. 그들이 사용하는 무기가 점점 작아지고, 정교해지며, 파괴력이 높아질 뿐 아니라 다수의 적성국으로부터 쉽게 무기를 입수할 수 있다. 일례로 1980년대 체코슬로바키아는 리비아에 1,000톤의 Semtex를 판매하였고 4,000톤을 시리아와 북한, 이란, 이라크에 판매하였다. 주목할 만한 점은 이 모든 나라들이 미 국무부가 지목한 테러범 은닉, 무기제공 등 테러단체와의 지속적 연계활동을 유지하고 있는 국제테러지원국가라는 것이다.[9)]

---

6) Ian O. Lesser, *et al.*, *op cit.*, pp. 12~13.
7) *New York Times*, March 1, 1997.
8) *The Times Magazine*, October 18, 1997.
9) 국가안전기획부, 「국제테러정세」, 1998. 3, p. 3.

사상률 증가에 대한 세 번째 원인은 두 번째와도 연관이 있는 것으로 소수 정부가 적극적으로 테러를 원조하고 지원한다는 것이다.[10] 미 국무부는 '국제테러경향 1997'에서 쿠바, 이란, 이라크, 리비아, 북한, 수단, 시리아 등의 7개국을 테러지원국으로 지목하였다. 1993년에 새로 추가된 수단을 제외하고 나머지 6개국은 10년 이상 테러지원국 목록에 올라 있었다.[11] 이들 정부의 지원으로 인해 일반 테러단체의 공격력과 능력이 향상되었으며, 예전에 화염병 투척이나 조잡한 사제폭탄을 다루는 정도였던 무정부주의집단이나 급진좌경단체를 특전 정예부대로 탈바꿈시켰다.

국가의 지원은 일반적인 테러단체의 능력을 배가하는 효과를 지닌다. 테러범들에게 많은 지원을 해서 계획, 정보, 병참, 훈련, 재정, 기술 등을 향상시킨다. 더욱이 정부의 지원을 받는 테러범들은 지역 주민들에게 지원을 구하지 않으므로 대중의 의견과 자신들의 행동이 일치하는지, 대중들로부터 반감을 살 우려는 없는지에 대해 걱정할 필요가 없다.

1991년 걸프전 이후부터 적성국가들은 테러단체들을 '종속전사surrogate warriors'로 더 많이 이용하게 되었다. 이라크의 노골적인 쿠웨이트 침공에 대해 유엔이 지원하는 다국적군이 즉각 구성되어 맞섰다. 이를 통한 교훈은 앞으로 공격을 감행할 때에는 자국에 종속된 소수의 테러범들을 동원하여 목적을 은밀하게 성취하는 것이 더 낫다는 것이다. 소수의 인원을 이용하는 경우에 적대국가나 이웃나라들을 불안정하게 만들기가 더 쉬울 뿐 아니라, 만일 임무가 은밀하게 진행되어 성공을 거둔다면 테러지원국을 전면에 드러나지 않게 되어 보복이나 제재조치를 받을 위험도 없다. 따라서 테러범들은 앞으로 전 세계의 적성국이 가장 선호하는 최고의 '제5열'로 등장할 수도 있다. 즉, 이들을 이용하여 은밀하고, 비용 효과적으로 가장 강력한 라이벌에 대해 은밀하게 전쟁을 일으키거나, 적대국이나 주변국을 전복시키는 것이다. 따라서 테러는 기존 전쟁에 대한 보조역할을 할 수 있고, 자유민주국가를 상대하는 효과적인 수단이 되기도 하는 것이다.

넷째로 지난 15년 동안 종교적인 동기에서 자행된 테러건수가 증가했다는 것은 새로운 적, 새로운 동기, 새로운 전술이 오늘날의 테러에 영향을 끼치고 있음을 보여

---

10) Cindy C. Combs, *Terrorism in the Twenty-First Century* (Saddle River, New Jersey: Prentice-Hall, 1997), pp. 86~88.

11) Office of the Coordinator for Counterterrorism, *Patterns of Global Terrorism*, 1996, p. 29.

준다. 종교와 테러 간의 연관성이 새로운 것은 아니지만, 최근 수십 년간 인종 민족 분리독립주의나 이데올로기적인 테러로 인해 그 중요성이 잘 드러나지 않았다. 실제로 현대적인 국제테러가 처음 시작된 해인 1968년에 존재했던 11개의 테러단체 중 종교적 단체는 없었다. 1979년에 일어났던 이란혁명의 여파로 1980년 64개 단체 중 단 2개뿐이었지만 최초로 현대적인 종교테러단체가 등장하였다. 그러나 12년 후 종교테러단체의 수는 여섯 배로 증가하여 그 해에 활동을 한 테러단체 중 4분의 148개 중 11개을 차지했다. 1994년에는 3분의 일49개 중 16개 가량이 성격이나 동기에서 종교적인 색채를 띠었다. 1995년에는 그 해에 활동한 56개의 테러단체 중 거의 절반에 해당하는 26개 단체46%가 종교테러단체였다. 그러나 1996년에는 그 해에 활동한 46개의 테러단체 중 단지 13개28%만이 분명히 종교적 요소를 지닌 단체였다. 1996년에 수치가 감소했지만 종교는 테러의 사상률 증가에 있어 중요한 요인으로 작용하고 있다. 전체적이나 부분적으로 종교적, 신학적인 동기로 인해 테러를 벌인 단체가 1996년 13건의 대규모 테러사건 중 10건이나 된다.[12)]

종교테러가 사상률의 증가에 끼치는 영향은 1980년대 이슬람 시아파 테러단체들의 폭력 테러활동에 잘 드러나 있다. 1982년에서 1989년 사이 전 세계적으로 기록된 테러범죄 중 단지 8%만이 이들 단체의 소행이었지만, 이로 인해 사망한 사람들은 같은 기간 동안 테러 사망자의 30%나 되었다. 물론 최근 일러나 주요 테러범죄 중에도 종교적인 요소를 포함하는 경우가 있다. 대표적인 사례를 들면 다음과 같다.

1) 뉴욕의 세계무역센터 폭파사건 당시 이슬람 과격분자들은 고의적으로 무역센터 쌍둥이 건물 중 하나를 다른 건물 위로 쓰러뜨리려는 시도를 하였다.

2) 1993년 인도의 뭄바이에서 일어난 13건의 동시다발적인 자동차, 트럭 폭발사건으로 400명이 사망하고 1,000명이 다쳤는데, 이는 인도 내 이슬람 사원의 파괴에 대한 보복차원에서 일어난 것이다.

3) 1994년 12월 알제리 무장 이슬람 단체Algerian Armed Islamic Group, GIA소속의 이슬람 테러범들이 에어 프랑스 여객기를 납치하여, 비행기가 정확히 파리상공을 지날 때 자신들과 탑승한 283명의 승객과 비행기를 폭파하여, 비행기 잔해가 파리로 떨어지도록 계획하였으나 폭파시도는 좌절되었다.

---

12) Ian O. Lesser, *et al.*, *op cit.*, pp. 16~17.

4) 1995년 3월 종말론을 신봉하는 일본의 사이비 종교단체 옴 진리교에 의한 도쿄 지하철 사린가스 테러로 인해 12명이 사망하고 3,796명이 부상을 입었다. 이 단체는 미국에서도 이와 동일한 범죄를 저지르려 했다고 한다.

5) 1995년 4월 미국 오클라호마 시 연방 건물 폭파사건으로 168명이 사망하였다. 이는 두 명의 애국 기독교 신자Christian Patriot가 전국적인 인종 혁명을 일으키기 위해 저지른 일이었다.

6) 1995년 7월에서 10월 사이 알제리 GIA는 프랑스에서 지하철, 야외시장, 카페, 학교, 관광명소 등에서 일련의 폭파사건을 일으켜 8명의 사망자와 180명 이상의 부상자를 기록했다.

7) 1995년 11월 이스라엘의 이즈하크 라빈 총리는 유대교 과격분자에 의해 암살되었는데, 당시 진행중이던 평화정착과정을 중지하기 위한 대규모 암살계획의 첫 단계였다. 1996년 2, 3월 이스라엘 대선기간 동안 '하마스Hamas'의 자살 폭탄테러로 60명이 사망했다.

8) 1996년 4월 이집트의 이슬람 전사들은 카이로의 한 호텔에 투숙하고 있던 서방의 관광객들에게 호텔 밖에서 자동소총과 수류탄으로 공격을 가해 그 중 18명이 사망하였다.

9) 1996년 6월 사우디아라비아 다란 주재 미 공군기지 막사에 트럭 폭탄테러가 발생해 19명이 사망하였다. 이는 사우디의 알 사우드 왕조에 반대하는 호전적 테러범들의 범행이었다.

10) 알제리에서는 1992년 이후 이슬람계 과격분자들의 계속적인 테러행위로 인해 75,000명 가량이 목숨을 잃었다.

11) 1997년 11월 이집트 룩소르의 하트셉트 여왕신전the Temple of Queen Hatsheput에서 이슬람계 Gamat al-Islamiya소속 테러범들이 58명의 외국인 관광객과 4명의 이집트인의 목숨을 빼앗았다.

12) 1998년 8월 케냐와 탄자니아 주재 미국 대사관에서 폭탄테러가 발생해 257명이 사망하고 약 5천 명 가량이 부상했다.

이러한 사건들에서 볼 수 있듯이 전체적으로, 혹은 부분적으로 종교적 동기를 지닌 테러는 비종교적인 테러와 비교해 볼 때, 더욱 과격한 행동으로 치닫는 경우가 많아 높은 사상자 수를 기록한다. 간단히 말해 종교적 테러는 극단적으로 다른 가치체제와 정당화 기제, 도덕관, ('성스러운 테러'라는 동기에 직접적으로 영향을 미치는) 마니교적 세계관 등으로 인해 비종교적 테러단체보다 더 많은 인명을 살상하는 경향이 있다. 종교적 테러단체에 있어 폭력은 성스러운 행동이거나 신성한 의무로서 직접적으로 종교적인 요구나 필요성에 의해 자행되고 성전을 통해 정당화된다. 따라서 종교는 정당화하는 역할을 하며 종교적 테러단체나 사이비 종교의 일원이 아닌 사람이라면 누구라도 해당되는 무한정한 적들에 대해 광범위한 폭력사용을 허가한다. 이는 사제의 허락이 종교적 테러범들에게 있어 왜 중요한지, 그리고 왜 종교계의 인사가 테러를 벌이기 전에 축복허락을 해주도록 요청 받는지를 설명해준다.

테러로 인한 사상률 증가에 있어 다섯 번째 원인은 테러활동에 초보자들의 참여가 활발해짐으로써 사상률이 증가한다는 것이다. 과거에 테러는 의지와 동기만 있다고 할 수 있는 일이 아니었다. 그 외에도 테러수행 능력, 즉 필요한 훈련, 무기소지, 수행 지식 등이 필요했다. 이는 쉽게 얻을 수 없었고, 다른 테러단체나 테러지원국이 운영하는 캠프에서 훈련을 통해만 얻을 수 있었다.

그러나 오늘날 테러의 방법과 수단은 서점이나 우편주문 구매, CD-ROM, 인터넷 들을 통해 매우 쉽게 구할 수 있다. 테러는 이제 원한이나, 대상, 목적만 있으면 누구나 행할 수 있게 되었다. 폭탄제조 메뉴얼이나 테러수행 가이드북을 쉽게 구입하고 사용하여 초보 테러범은 직업적 테러범만큼 치명적이고 파괴적인 테러를 자행할 수 있어서 직업적인 테러범들보다 신원파악이나 예측이 어렵다.

초보 테러범은 또 다른 이유에서 위험하다. 중앙통제체제가 없다는 것은 테러범의 활동이나 목표설정에 있어—특히 종교적인 열정에 이끌렸을 때—제약이 거의 없으며, 테러의 희생자의 범주에 있어서 제한이 없음을 의미한다. 예를 들면 이스라엘 당국은 급진적인 팔레스타인 이슬람 하마스 소속의 테러범들에게서 비종교적이며 전문적이고 중앙통제체제가 있었던 팔레스타인 해방기구PLO 소속의 테러범들과는 달리 이러한 새로운 특징을 발견하였다. 이스라엘의 한 고위 공안관리가 하마스 테러범의 특히 잔인한 분파에 대해 다음과 같이 말했다. "그들은 정말 놀라울 정도로 비전문가적인 집단이다. 기본 훈련도 없고 어떤 특별한 지령도 없이 행동한다."[13)]

초보 테러범이 얼마나 강력한 파괴력을 행사할 수 있는지의 예를 들면, 미국에서

13) *New York Times*, 7 June, 1993.

일어난 1993년 세계무역센터 폭파사건의 목적이 쌍둥이 건물 중 하나를 완전히 무너뜨리는 것이라 한다. 이와는 대도적으로 과거에 세계적인 테러범으로 꼽히던 카를로스, 아부 니달, 아부 아바스 등이 사람들이 가득 찬 고층건물에 대한 파괴를 시도했다거나 구상했다는 증거는 없다.

물론 매우 '어리석은' 세계무역센터 폭파범들이 체포를 피해가지 못한 것에 대해 많은 조롱을 받았지만, 그들의 범죄수법은 미래의 테러범들의 행동양상을 보여준다고 할 수 있다. 앞에서도 말했지만 테러단체는 과거에 분명한 구성을 지닌 조직으로 인식되었다. 그러나 세계무역센터 폭파로 유죄판결을 받은 네 명의 폭파범들은 이러한 유형을 완전히 무시하고 있다. 그들은 조직의 일원이 아니라 뜻을 같이 한 개인들로서, 종교가 같으며, 같은 사원에 다녔고, 어울리는 친구도 같았고, 그들이 분노한 대상도 일치했으며, 가족관계로 연결되어 있었다. 그들은 특정한 활동을 위해서 서로에게 이끌렸다는 것이다.[14)]

더욱이 이러한 특징이 없고 전환기에 있는 테러 조직들은 현존하는 테러 조직에 비해 특정한 흔적이라든가 그들만의 범죄수법이 없기 때문에 사법기관에서 그들의 의도라든가 능력파악에 있어 매우 어려움을 겪을 것이다. 사실 뉴욕 시의 한 경찰관이 무역센터 폭파사건이 있기 두 달 전에 다음과 같은 사실을 너무도 정확히 예측해 내었다. 그는 이미 알려지거나 의심받고 있는 조직원과 확립된 활동패턴을 지닌 기존의 테러 조직에 대해 우려하는 것이 아니라 알려지지 않은 '분리된 그룹', 즉 새로운 조직원과 기존 조직의 주변 조직원들로 구성되어 갑자기 등장하여 공격을 감행하는 조직이 우려의 대상이라는 것이다. 기본적으로 마치 무역센터 폭파범들처럼 비전문 테러범으로 구성된 느슨한 개인들의 집단은 특정 정부나 비정부 집단에서 간접적으로 영향을 받거나 원격조종을 당하고 있는 것으로 보인다. 예를 들면 무역센터 폭파사건이 있기 바로 전에 폭파범들의 뉴저지 공동계좌에 이란과 독일의 은행으로 의심스러운 송금이 있었다는 것은 간접적이거나 우회적인 외국세력의 개입이 있었을지도 모른다는 점을 시사한다. 더욱이 이 단체의 지도자 중 두 명람지 아메드 요세프와 압둘 라만 야신이 본 폭파사건을 추진하기 위한 목적으로 미국에 입국한 것으로 드러나 이 사건은 애초부터 외국세력에 의해 계획되고 추진되어온 것이다. 따라서 언론에서 그리는 대로 무역센터 폭파사건이 완전 자의에 의해서, 혹은 한 폭파범의 변호사가 말한 대

14) *New York Times*, May 20, 1993.

로 '엄청나게 사악한 천재'인 요세프의 지령을 받고 모인 초보들의 집단이 저지른 테러사건이 아니라, 어쩌면 사건의 내력은 더욱 복잡한 것일지도 모른다.[15)]

초보 테러범들을 허수아비나 위장으로 이용해서 해외 후원자나 정부의 개입을 숨기는 것은 테러 국가가 자신들의 개입사실을 효과적으로 숨겨 군사적 보복이나 외교적, 경제적인 제재조치를 피할 수 있기 때문에 이들 국가에 이익이 될 수 있다. 더욱이 초보 테러범들은 장비와 자원, 심지어 자금마련까지 모두 독자적으로 마련하기 때문에 국가와의 관계는 더욱 모호해질 수 있다. 예를 들면 무역센터사건에 이용된 폭발물은 평범하고, 쉽게 구입할 수 있는 재료인 잔디용 비료와 디젤연료를 포함하여 만든 것으로 총제작비용이 채 400달러도 되지 않았다.[16)]

물론 무역센터폭파범들 중 하나가 심지어 폭발물을 탑재했던 빌린 트럭의 보증금을 직접 받으려 하는 등 검거에 대해 우스울 정도로 굼뜨게 대처하기는 했지만, 미국 전역은 아니더라도 한 도시의 안일함에 대해 큰 충격을 주었다. 게다가 이 초보들이 이용한 폭발물도 전문 테러범들이 주로 사용하는 군수용 하이테크 장비만큼 파괴력과 살상력이 있어, 6명이 사망하고 1,000명 이상이 부상하였으며, 건물 6층에까지 이르는 지름 180피트의 폭파 흔적을 남기고, 쌍둥이 건물과 그곳에 입주하고 있던 기업들에 5억 5,000만 달러에 달하는 피해를 입혔다.

여섯 번째로 많은 초보들이 테러를 저지르기도 하지만, 한편으로는 직업적인 테러범들의 정밀성과 활동능력이 점차로 증가하고 있다. 이 전문가들은 그들의 주특기인 살인과 파괴행위에 있어 숙련도를 더해가고 있으며, 전술과 공격방법의 변화로 인해 더욱 상대하기 어려워지며, 일정기간 동안 들키거나, 중단되거나, 체포되는 일 없이 임무를 수행해낸다.

따라서 테러 조직에 다윈의 자연도태설이 적용되는 것 같아서 테러단체의 신세대는 구세대로부터 배워, 더욱 똑똑해지고, 강해지며, 체포하거나 근절하기 어려워진다. 테러범들은 죽거나 체포당한 동료들의 실수를 분석한다. 언론보도, 사법기소, 법정 증언과 재판 기록 들을 꼼꼼하게 조사하여 공안요원들의 전술과 방법에 대한 정보를 수집하고 남은 조직원들이 이를 숙지한다. 1980년대 후반에 등장하였고 지금은 사라진 적군파Red Army Faction, RAF의 제3세대들이 여기에 꼭 들어맞는다. 한 고위 독일 관

15) *Newsweek, February* 28, 1994.
16) *Time*, March 22, 1993.

료는 RAF의 조직원들이 정기적으로 법원서류와 재판기록 등을 연구하여 대테러 요원들이 사용하는 방법에 대한 이해를 꾀했다고 한다. 주로 사법당국자가 공개재판에서 행한 증언조직에 동조하는 변호사들이 고의적으로 이 점에 대해 질문을 하는 경우도 있었다을 통해 이러한 방법들을 알아내고는 당국에 발각되지 않기 위해 필요한 대응책을 취할 수 있었다. 실제로 독일 경찰들은 RAF조직원들은 손가락에 바른 후에는 지문이 남지 않도록 하는 고약을 발라 조직원의 신원이 드러나지 않도록 하며 범죄의 증거도 남기지 않았다. 독일 연방수사국의 한 대변인은 1992년 4월 RAF가 독자적으로 휴전을 선포하기 바로 몇달 전 다음과 같이 한탄하였다. "RAF의 제3세대는 전세대의 실수를 통해 많은 교훈을 얻었으며, 경찰이 어떻게 움직이는지 잘 알고 있다."[17] 실제로 과거 RAF의 조직원이었으며 현재 살인죄로 종신형을 복역 중인 Peter-Juergen Brock은 휴전을 선포하기 전 RAF는 최상의 효율을 자랑했다고 말했다.

IRA도 최근 몇 년간 이와 유사한 경험을 쌓았다. 1992년 북아일랜드 주재 영국군 총사령관의 임기를 마치면서 John Wilsey 장군은 IRA를 "만만치 않은 적"이라고 묘사하였다. 그는 또 "IRA 지도자들은 그 어느 때보다도 탁월하다. 그들의 작전은 테러적 관점에서 매우 뛰어나다"라고 말했다. 이 시기를 즈음해서 IRA에서 비교적 뛰어나지 못하다고 알려진 왕당파 테러범들조차도 과거의 실수로부터 교훈을 얻고 의식적으로 IRA를 모방하여 동등한 전문성을 띠게 되었다. 얼스터의 한 고위 경찰관리는 테러범들의 이 같은 변화를 인식하고 그들도 점차로 작은 단위로 임무를 수행하며, 많은 정보를 주지 않는다. 그들은 또한 쉽게 말을 흘리지 못하게 하며 법의학적 증거를 없애는 방법도 잘 알고 있다. 그들을 심문하려 해도 아무런 정보를 얻을 수 없을 것이라고 말했다.[18] 이러한 관점에서 초보 테러범들이 더욱 직업적인 테러단체나 테러지원국에게 있어 얼마나 매력적인 위장이나 심복인가는 당연한 일이다. 이러한 측면에서 초보 테러범들은 실제로 특정 공격을 감행한 해외 정부나 테러단체의 신분을 감추는 데 있어 효과적으로 이용될 수 있다. 프랑스에서 일어났던 일련의 테러사건도 이러한 유형에 일치한다. 1995년 7월에서 10월 사이 소수의 테러범들은 야외용 부탄가스 용기에 4인치 정도의 못을 넣어 만든 폭탄을 이용해 8명의 사망자와 180명 이상의 부상자를 내었다. 1995년 10월 초가 되어서야 비로소 호전적 알제리계 이슬람교

---

17) *The Independent* (London), April 6, 1991.
18) *New York Times*, October 29, 1991.

단체인 급진파 GIA가 이 폭탄 테러가 자신들의 소행임을 밝혔다. 그러나 프랑스 관리들은 초기의 테러는 직업적인 테러범들이 자행했을지는 몰라도 이후의 테러공격 중 적어도 일부는 GIA가 프랑스 내에서 커져가고 있는 알제리 이민세력 중에서 포섭한 초보자들이 자행했을 것으로 보고 있다. 따라서 이러한 초보자나 신참들은 테러를 시작한 소수의 전문가로부터 그 영향을 전파하며, 프랑스 내의 알제리계 이반세력 내에서 반향을 불러 일으켜 공포감을 증폭하며 테러범들의 결집력을 강화한다.

테러에 의한 사상률 증가는 오늘날의 테러범들이 테러를 저지른 후에도 자신들의 소행임을 밝히지 않는다는 점에서 알 수 있다. 1970년대와 1980년대에 테러를 저지르고 난 뒤 성명을 발표해 그들이 왜 테러를 저질렀는지에 대해 설명할 뿐 아니라, 이에 대해 매우 자랑스럽게 생각하던 기존의 테러단체들과는 달리 최근 테러범들은 과묵한 편이다. 예를 들면 지난 10년 간 벌어졌던 테러사건 중 가장 심각한 사건들, 즉 대규모 테러사건terrorist spectacular에 있어서 실제로 범행을 저지른 단체가 자신의 소행임을 밝히고 나선 경우는 없었으며 더더욱 사건에 대해 설명을 하거나 왜 테러를 저질렀는지에 대한 언급은 없었다. 그러한 사건들의 예는 다음과 같다.

1) 1996년 도쿄 지하철의 사린 신경가스공격

2) 오클라호마 시의 알프레드 머레이 연방건물 폭파사건

3) 총 317명이 사망한 1993년 인도 뭄바이의 연쇄 차량폭파사건

4) 총 96명이 사망한 1994년 부에노스아이레스의 유태인 시민문화회관 트럭폭탄 테러

5) 278명이 사망한 팬암 103호기 기내 폭파사건은 특히 잘 알려진 사건이다. 2명의 리비아 정부항공사 직원이 폭탄이 든 가방을 비행기 내부에 둔 것으로 밝혀져 유죄판결을 받았지만 공식적으로 이 사건을 저질렀다고 주장한 단체는 없었다.

특정 테러단체가 저지른 폭력행위는 더 이상 목적을 달성하기 위한 수단을 미리 계획하고 서명하며 대중 앞에서 정당화해야 하는 것이 아니라, 조직원이나 조직의 신봉자 이외의 사람들에게는 다른 설명이나 정당화가 필요없는 단순한 목적이 되어가고 있다는 것이다. 이러한 특성은 앞에서도 말했지만 종교적 테러단체의 동기에만 적용하는 것이 아니라, '파괴적' 테러에도 해당된다. 이들은 민족간의 분쟁에 대한 협상이

나 평화적 해결안을 중지시키거나 방해하려는 목적을 가지고 있다. 테러범들이 테러가 자신들의 소행이라고 주장하지 않는 것은 그들의 폭력행동에 대한 제약이 적어지고 있다는 것을 의미하며, 이것은 결과적으로 사상률의 증가로 이어지는 것이다.

Ⅲ. 테러전술의 기술적 적용과 그 함의

앞에서 살펴본 경향은 테러의 위협의 역동성과 폭넓은 기술적 범위의 기반이 되는 테러활동의 패턴과 전술적 적응력을 이해하는 데 도움을 주었다. 이러한 변화는 대테러 진압에 직접적인 영향을 끼칠 것이다.

테러의 증가하는 사상률의 주요한 원인은 테러범들이 다양한 기술을 적용하여 사용한다는 것이다. 낮은 기술을 적용하는 테러범들은 여전히 비료를 원료로 한 사제폭탄을 이용한다. 이 폭탄의 파괴력은 1991년과 1992년 St. Mary Axe와 Bishop's Gate에서 벌어진 IRA의 테러와 1996년 맨체스터의 Canary Wharf, 세계무역센터 폭파사건, 오클라호마 폭파사건 등을 통해서 여실히 드러났다. 비료는 아마도 가장 비용이 저렴한 무기로서 플라스틱 폭탄에 비하서 제작비용이 100분의 1밖에 되지 않는다. Bishop's Gate사건 당시 15억 달러의 피해가 있었고, St. Mary Axe 상업 해운 거래소 폭파사건으로 12.5억 달러의 피해가 있었다. 세계무역센터 폭파사건 당시 쓴 폭탄의 제조비용은 겨우 400달러밖에 되지 않았으나 건물과 입주해 있던 기업에 끼친 피해액은 5억 5,000만 달러나 되었다. 더욱이 플라스틱 폭탄이나 기타 다른 군수용품과는 달리, 비료와 디젤 연료, 가루설탕 등 가장 널리 쓰이는 폭탄원료들은 일반 상점에서 구입할 수 있고 구입이나 소지가 합법적이어서 테러범들에게 매우 매력적인 무기원료로 각광받고 있다.

고등 기술적인 측면에서는 종말론을 신봉하는 일본의 옴 진리교 등의 경우와 같이 테러단체가 생화학무기와 더불어 핵무기까지도 보유하려는 시도를 차단해야 할 뿐 아니라, 구소련 연방에서 유출된 핵분열물질과 동유럽과 중부 유럽에서 핵물질을 거래하는 암시장이 증가하고 있다는 점에 대해서도 대처해야 할 것이다. 물론 이러한 암시장에서 거래되는 재료들 중 대부분이 (핵분열을 이용한) 원자폭탄 제조에 사용될 수 있는 특수 핵물질은 아니지만 방사능이 매우 강한 물질로서 기존의 폭발물과 함께 쓰여 조잡한 비분열성 방사능 무기를 만들 수 있다. 이러한 장비는 목표를 물리적으로 파괴할 뿐만 아니라 주변지역을 방사능으로 오염시켜 복구 작업을 더욱 어렵고 복잡하게 만든다.

마지막으로 중간기술단계에서는 전 세계적으로 만연한 플라스틱 폭탄, 손바닥 크기의 정밀유도병기PGM 등으로 민간인이나 군용기에 공격을 가하고, 자동화기로 인해 다양한 테러활동이 가능해졌다. 예를 들면 지대공 미사일은 최근 암시장에서 8만 달러에 쉽게 구입할 수 있다. 따라서 테러범들은 그들의 활동상 필요한 정밀한 무기와 기술을 쉽게 구할 수 있게 된 것이다.

사이버 전쟁이나 정보 전쟁이 사회 전반이나 군사시설, 통신망 등에 끼칠 수 있는 영향에 대해 특히 주의깊게 살펴보아야 한다. 테러범이나 테러지원국은 네트워크를 교란하여 통신을 두절시키거나 재난을 불러일으키려는 시도를 할 수 있다. 또한 테러범들은 기밀정보나 접근이 통제된 정보를 테러의 목표로 삼아 활동에 이용할 수 있으며, 이를 역이용하여 당국에서 펼치는 대테러 활동을 중단시킬 수 있다. 그러나 분명한 것은 정보전은 테러단체에 고급정보를 제공, 기존의 테러활동에 이용하거나 물리적인 공격 없이도 파괴나 혼란을 야기함으로써 조직의 능력을 배가할 수 있다는 것이다.

1. 군사력의 보호: 북아일랜드에서의 IRA의 테러사례

북아일랜드에 주둔한 보안부대를 공격하려는 임시 아일랜드공화군Provisional Irish Republican Army의 끝없는 노력은 기술적 진보와 전술적 적응력 향상의 측면에서 테러단체가 어떻게 전문성을 키워가며, 조직 활동의 정교함을 도모했는지를 잘 보여주는 예이다. 일례로 1970년대에 사용되었던 IRA의 제1세대 장비는 매우 조잡한 대인폭탄으로 플라스틱 폭발물에 지붕용 못을 넣어 만든 것으로서 퓨즈에 점화하여 폭파시킬 수 있었다. 같은 시기에 제작된 시한폭탄도 이보다 더 나을 것은 없었다. 시한적으로 건축현장이나 채석장 같은 곳에서 훔쳐낸 다이너마이트와 공업용 뇌관을 전지로 움직이는 알람 시계에 부착한 정도였다. 어느 장치도 신뢰성이 높지 않았으며 폭파범 자신도 상당한 위험에 처할 수 있었다. 제1세대 장비들을 폭파위치에 놓고 점화하는 과정에서 다른 사람의 주의를 끌게 될 위험이 있으며, 폭파장치를 가동하고 나서 그 장소에서 빠져 나올 정도의 시간도 주어지지 않는 경우가 많았다. 물론 이 시대의 시한폭탄은 이러한 위험을 줄이기 위해 만들어진 것이었으나 폭파시점이 일정하지 않고 뇌관장치가 너무 조잡하여 우발적으로 혹은 조기에 폭발하는 경우가 적지 않아 폭파범 자신이 죽게 되는 경우가 많았다.

이러한 위험을 줄이기 위해 IRA의 폭탄제조자들은 장난감 상점에서 구입할 수 있는 비행기 모형 원격조종기를 이용해 안전한 거리에서 폭탄을 폭파시킬 수 있는 방법을 고안해 내었다. 영국 국방부의 과학 R&D실에서는 영국군이 사용할 수 있도록 전자 대응책과 전파방해 기술을 개발, 이 방법에 대처할 수 있도록 하였다. 그러나 IRA는 기존의 방법을 완전히 포기하지 않고 여기에 대한 해결책을 찾았다. 영국군의 최신식 연구소와 엄청난 연구예산, 뛰어난 기술수준과는 비교도 되지 않지만, IRA는 자체 R&D를 통해 국경 양쪽의 안가의 지하실에서, 그리고 도시지역의 비밀 연구실에서 5년간의 연구 끝에 군대의 전자 대응책을 무시하거나 바이패스 할 수 있는 정교한 전자 폭탄 스위치 네트워크를 개발하였다.

다시 한번 영국군의 R&D 팀의 과학자들은 연구소로 돌아가 수신기가 켜지는 순간, 특히 폭파범이 폭발신호를 수신하기 수십 초 전에 전파 발원지를 추적할 수 있는 전자 스캐너를 개발하였다. 조기 경보로 벌어들인 짧은 시간 동안 군 전문가들은 송신 시그널을 무효화하여 폭파를 중지하도록 하였다.

한동안 이 방법이 효과를 거두었다. 그러나 IRA는 이 점도 극복할 수 있는 방법을 찾아내었다. 운전자들이 자동속도 감지기를 피할 때 쓰는 것과 유사한 레이더 감지기를 사용하여 1991년 IRA의 폭탄 제조가들은 전 세계 경찰이 과속운전자를 단속할 때 쓰는 것과 같은 작은 크기의 레이더 총스피드 건을 이용한 폭파장치를 만들어내었다. 이러한 레이더 총은 스위치를 켜기 전에 이미 목표물을 향해 있고 매우 짧은 시간 동안에 시그널을 전송하기 때문에 이러한 시그널을 감지하여 방해하는 것은 극히 어렵게 되었다.

마지막으로 1994년 IRA 휴전선포에 앞선 몇년 동안 IRA의 연구진들은 사진기용 플래시 부속장치를 이용한 폭파방법을 개발하였다. 이 방법을 사용하면 88미터의 거리에서도 플래시 빛을 비추기만 하면 폭탄을 터뜨릴 수 있게 되었다. 이 장치는 60에서 70파운드 가량에 팔리는데 사진을 찍을 때 여러 곳에서 플래시를 터뜨리기 위해 일반 사진사들이 사용하는 장치이다. IRA폭파범들은 이 장치를 폭탄의 뇌관 시스템에 부착하고 작동을 시킬 때에는 보통 구입할 수 있는 일반 플래시 건을 사용한다.[19] 이 방법이 간단하기 때문에 대처하기가 더욱 어렵다. 따라서 대테러 요원들은 비교적 정교하지 못한 방법을 이용해서 별 것 아닌 것처럼 보이는 무기로 인한 결과나 영향도 간과할 수 없는 것이다. 이로 인한 결과도 마찬가지로 치명적이고 파괴적일 수 있기 때문이다.

2. 대테러와 군사력의 관계

IRA의 기술 숙달정도가 테러단체들에서는 보통 찾아보기 어려운 것이기는 하지만 경험을 통해서 우리가 알 수 있는 것은 전 세계의 테러단체들은 새로운 보안조치에 직면하면 그 취약성을 찾아내고 이용하며 이에 따라 그들의 공격방법을 조정한다. 이 점은 테러범들이 공군부대의 자산과 인력에 가하는 위협과도 관련이 있다. 가장 단순한 것에서부터 가장 복잡하고 최신의 것에 이르기까지 여러 종류의 무기를 구비하며, 매우 독창적으로 테러공격을 행하기 때문에 적어도 몇몇 조직들은 대테러 담당자들의 기술수준보다 앞서 있어 그들의 작전을 방해하는 보안 장치를 파괴하거나 무효로 만든다. 기존의 폭발물을 자유로이 변화하거나 적용할 수 있는 이 조직들은 혁신적이고 매우 효과적인 방법으로 폭탄을 숨기고, 피해를 가하며, 폭파할 수 있다.

따라서 중요한 것은 적들이 기술이나 운영이 낙후되어 있다는 점을 간과하여 이들이 보안상 큰 위협이 되지 않는다는 잘못된 생각을 가져서는 안 된다는 점이다. 미공군 자산에 대한 테러범들의 공격에서도 이 점은 잘 드러난다. 1981년 1월 일련의 푸에르토리코 테러범들이 푸에르토리코의 무니즈 방위군 공군기지의 방어망을 뚫고 침투해 들어왔다. 이들은 단순한 폭발물을 이용해 8대의 A-7D전투기와 한 대의 F-104전투기를 폭파시켰고 두 대의 A-7D에 손상을 가했다. 비교적 단순하고 저렴한 장비를 이용하여 이들은 총 4,500만달러가 넘는 손실을 가할 수 있었던 것이다.[20]

더욱이 군사적인 관점에서 실패한 공격의 경우에도 만일 테러범들이 언론과 대중의 관심을 모을 만큼 대담한 행동을 했다면 성공한 것이다. 물론 비록 성공하지 못한

---

19) *The Times* (London), March 16, 1994.

20) Alan Vick, *Snakes in the Eagle's Nest: A History of Ground Attacks on Air Bases*, RAND, MR-553-AF,1995, pp. 16, 154.

다 할지라도 대중의 관심을 끌만한 행동을 해야 한다는 테러단체의 근본적인 운영상 필요성이 그들로 하여금 계속해서 끈질기게 정부의 보안장치나 대테러 기제를 극복하거나 우회하고 이겨내도록 한다. 따라서 조잡하고 원시적인 것에서부터 가장 정교한 것에 이르기까지 어떠한 공격이라도 미리 예측을 하고 이를 방지하기 위한 적절한 방법을 사용해야 할 것이다.

Ⅳ. 결 론

테러범들은 다른 어떤 나라보다도 미국을 주 공격대상으로 삼는다. 그 원인은 주로 해외에 펼쳐져 있는 미국의 다양한 상업적인 이익과 지구상 유일한 군사 강대국이라는 위상에 걸맞게 세계 여러 나라에 소재한 미군기지 때문이다. 테러범들이 미국의 국익과 해외에 거주하는 미국인들을 공격대상으로 삼는 이유는 바로 이들이 도처에서 쉽게 찾아 볼 수 있기 때문이며, 미국의 팽창주의, 제국주의, 경제적 착취 등 미국을 향한 여러 가지 비난의 상징성 때문이고, 미국을 대상으로 한 어떤 공격을 통해서라도 전 세계에서 가장 규모가 큰 언론으로부터 집중적인 보도를 받을 수 있는 기회를 제공하기 때문이다. 테러범들이 미국을 목표로 선택하는 이유를 고려해 볼 때 앞으로 미국에 대한 테러공격이 즉각적으로 줄어들지는 않을 것이다. 가장 급진적인 중동의 테러단체와 이라크, 이란, 리비아, 시리아, 북한, 수단 등 주요 테러지원국의 적개심 때문에 미국은 앞으로도 계속 테러범들이 선호하는 공격대상이 될 것이다. 이에 따라 미국의 해외 주둔의 중요한 수단인 미 공군은 여러 곳에서 흩어져 있어 목표로 삼기가 용이하기 때문에 앞으로도 테러활동의 목표가 될 것으로 보인다.

테러의 전체적 패턴과 앞으로의 위험이라는 측면에서 여기에서 살펴본 테러의 경향과 발전양상을 보면 다음과 같은 세 가지 결론을 내릴 수 있다.

첫째, 분리독립을 원하는 국수주의 단체나 이데올로기적 단체 등 전통적으로 주류를 이루었던 테러단체는 기존의 행동방식에서 별다른 변화가 없을 것으로 보인다. 이 단체들은 한 세기가 넘도록 이용해왔던 두 가지 기본 무기, 즉 총과 폭탄을 계속 사용할 것이다. 변화가 있다면 IRA의 경우에서처럼 기존의 기술을 변화시키거나 효과적으로 적용하게 될 것이고, 그 이외에는 쉽게 구입할 수 있는 재료를 이용해 조잡하지만 그 파괴력이나 살상력은 탁월한 무기를 제조할 것이다. 이러한 무기는 뉴욕 세계무역센터 폭파사건, 오클라호마 연방건물 폭파사건, 영국의 IRA활동, 아프리카 주재 미국 대사관 폭파에 사용되었던 것과 유사한 종류이다.

테러단체가 성공을 거두기 위해 필수적인 활동상의 보수주의라는 경향 때문에 이들은 계속 제한된 전술과 무기만을 고집할 것이다. 이러한 이유 때문에 전통적 테러범은 대테러 요원들의 기술수준에 언제나 앞서려 할 것이다. 그들의 활동을 막기 위한 테러방지활동을 효과적으로 저지하거나 무효화시키지만 그들의 목표예상 사망인원수나 파괴정도 등를 설정하는 데 있어서 과도하지 않아 성공을 하게 되는 것이다. 기존의 테러단체는 1-2명에서 많아야 10에서 20명 정도의 인명살상을 목표로 할 뿐, 이보다 더 많은 인명을 살상할 가능성이 있는 대량살상무기WMD를 동원해 대규모 작전을 수행하지는 않았다. 테러지원국의 후원 하에 벌어진 테러사건의 패턴을 살펴보면 이 점이 더욱 분명해진다. 비록 몇몇 급진적 정권의 지원을 통해 공격 능력이나 가용자원이 늘어났지만, 테러범들은 거의 예외 없이 생화학무기나 핵무기가 아닌 재래식 무기를 사용하며 과거 테러활동의 고정된 패턴을 따른다. 이러한 관점에서 보안이 철저한 목표물에 공격을 시도한다거나 위험성이 높은 만큼 이익도 많은 작전을 실행하기보다는 기존 공격 목표의 드러나지 않은 약점을 찾아내고 이를 이용하여 단순히 공격 작전과 전술을 변경할 것이다. 간단히 말해 어떠한 보안장치를 마련한다고 해도 테러범들의 공격을 막을 수는 없기 때문에 이들을 완전히 저지하기는 어려울 것이나 그들의 공격을 피해가 크지 않은 목표물softer target로 전환할 수 있을 것이다.

둘째, 테러범들의 무기에 대처하는 데 있어서 어려운 점은 바로 무기제조의 단순함에 있다. 플라스틱 폭탄과 같은 군수물자와는 달리 사제폭탄에 사용되는 물질은 쉽게 구입이 가능한 것이다. 따라서 이러한 물질들을 소지하는 것은 실제로 이 물질들을 조합하여 폭탄을 만들지 않는 한 합법적이다. 이러한 일반적인 물질은 당국에서 추적하기가 어렵고, 전문가들이 독특한 특징signature을 발견하기가 어렵다. 일례로 1988년 팬암 103기 내부에서 사용되었던 폭발물은 Semtex-H였다. 이는 체코슬로바키아에서 제조되어 냉전기간 동안 바르샤바조약기구 가입국들과 리비아, 이란, 이라크, 시리아, 북한 등 잘 알려진 테러지원국에게만 주로 판매된 물질이다. 이와는 대조적으로 세계무역센터 폭파사건에 사용된 폭발물은 앞서 말했듯이 그 출처가 미국 내이며, 이 물질을 소유하는 것이 완전히 합법적이어서 끝까지 추적해낸 결과 뉴저지 주의 한 평범한 화학물질 판매상점이었다. 따라서 외국 정부가 테러를 벌일 계획을 세우거나 테러범들을 대리로 내세우는 경우 사제폭탄의 파괴력과 살상력이 증가하는 것은 이들에게 이득이 된다. 따라서 테러범들은 효과가 입증된 재료들을 계속해서 이용할 것이다. 구하기 쉽고 이미 잘 알려져 있는 무기를 사용해 그들의 목표를 달성할 수 있다는 것을 인식하면 잘 알려져 있지 않은 무기를 시험사용하려 하지는 않을 것이다.

셋째, 기존과는 다른 동기에서 출발한 테러단체가 등장하고 있으며 대량살상무기의 이용이 용이해졌기 때문에 막강한 능력을 지닌 새로운 테러단체의 등장이 가능해졌다. 오늘날 테러가 증가하는 특징은 다음과 같다. 초보자들이 종종 범죄를 저지르며, 종교적 반감, 맹목적 분노, 혹은 기타 다른 독특한 동기에 의해 테러를 자행하고, 때로는 전문적 테러범이나 테러지원국으로부터 의도적으로 이용당하거나 조종당한다. 이러한 상황에서 구 바르샤바조약국가들로부터 첨단무기를 구입할 수 있게 되고, 구 소련이나 다른 동유럽 국가들로부터 핵분열물질이 유출되며, 생화학물질을 쉽게 제조할 수 있기 때문에, 새로운 테러단체특히 종교, 천년 왕국설, 지구종말론 등의 동기를 지닌 단체들가 대량살상무기를 지닐 수 있는 기회가 훨씬 증가하였다. 세계시장에서 대량살상무기가 더욱 많이 거래되도록 한 원인이 또한 새로운 테러단체들이 이러한 무기를 구할 수 있게 된 것이다.

사이버 테러의 실태와 대응방안

Ⅰ. 서　　론

오늘날 우리는 컴퓨터, 인터넷 그리고 이와 관련된 여러 가지 다른 기술적 향상으로 기업, 공공기관, 정부, 교육, 개인생활 등 거의 모든 분야에 발전을 가져다주고 있는 정보화 사회Information Age에 살고 있다. 이와 같이 현대생활의 많은 부분에 컴퓨터나 디지털 기계가 사용됨에 따라서 개인이나 기업은 물론 정부, 특히 경찰은 각종 정보를 수집하고, 분석하며, 이 정보는 고속 통신망을 타고 급속히 확산된다. 물론 이런 능력은 지식정보를 통해 국민 개인의 생활편익이 증진되고 기업이나 정부의 생산성이 향상되게 되었다. 이와 같이 정보화의 가속화는 정보제공 서비스 등으로 필요한 정보를 공유할 수 있는 혜택을 주는 반면 각종 통신망을 통하여 개인 및 국가 사회의 중요한 정보에 대한 불법적인 침입, 공격 등의 역기능에 처해 있다. 따라서 이 정보가 손실, 손상되거나 감염된다면 커다란 타격을 입게 될 것이 분명하다.

컴퓨터를 이용한 범죄는 단순히 절도나 강도에 그치지 않는다. 기업이나 사회가 보안이 취약한 정보자원에 의존하게 되면 그 정보를 대상으로 한 하이재킹hijacking, 테러리즘terrorism, 반달리즘vandalism에 이르기까지 여러 가지 범죄가 기승을 부리게 된다. 악성 바이러스로 데이터베이스를 감염시킨 후 그 복구를 대가로 몸값을 요구할 수도 있고, 소위 악성 애플릿이 인터넷상으로 전송되어 사용자가 자신의 컴퓨터 자료를 이용하지 못하도록 할 수도 있다. 아니면 소위 HIRF총에서 발사되어 나온 고강도 전자기장이 핵폭발시의 전자 펄스와 같은 강도로 저장된 데이터와 컴퓨터 자료를 파괴할 수도 있다.[1]

이와 같이 첨단 정보통신기술을 이용하여 국가기밀이나 산업기밀을 절취하거나 정보통신기반을 교란 또는 파괴, 무력화시킬 수 있는 사이버 공격의 위협이 증대되어 가고 있어 사이버 전쟁Cyberwar의 요소가 될 수도 있다. 따라서 세계 각국은 사이버 공간에서의 테러위협에 대해 체계적이고도 종합적인 대책을 마련하기 위해 부심하고 있는 것이다.

우리나라에서도 2000년 7월 제5차 정보화전략회의를 열고 사이버 테러에 대응하

---

1) Neil Barrett, *Digital Crime: Policeing the Cybernation* (London: Kogan Page, 1997), p. 19.

고자 국무총리를 위원장으로 하는 '정보통신기반보호위원회'를 설치하기로 하고 범정부 차원의 '국가 사이버 테러 대응협의체'를 구성하며, 2000년 중에 6개 대학에 정보보호연구원센터를 설립하는 한편, 향후 5년간 2만400명의 정보보호인력을 양성할 계획이다. 또 국방부에서는 정보보호 특기병을 선발하고 앞으로 5년 이내에 사단급 부대까지 '국방 해커 침입탐지 시스템'을 구축하기로 했다. 국가정보원에 '전산망 보안관리반'이 발족되어 공공기관에 대한 보안 취약성을 진단하며, 검찰청에 '컴퓨터 범죄 모니터링 센터'를 개설하고, 경찰에서는 사이버 범죄수사대를 '사이버 테러대응센터'로 확대 개편하여 협력운영팀, 신고경보팀, 수사팀, 기법개발팀 등 4개팀으로 조직을 구성하고 인력을 14명에서 72명으로 보강하는 한편 '24시간 해커 추적 시스템'을 구축하기로 하였다. 민간차원에서도 사이버 테러에 관련된 연구를 수행하는 한편 사이버 테러 대응에 필요한 제품들을 개발하고 있으며 금융, 통신 등 분야별로 '정보공유분석센터'를 설치키로 했다. 따라서 사이버 테러의 대응을 위해서는 각계에서 추진되어온 다양한 노력들이 하나로 결집되어 국가 차원의 대응시스템을 구축하여야 한다.

여기에서는 사이버 테러란 어떤 것이며, 이것은 어떠한 방법으로 자행되며, 이에 대한 대응방안은 무엇인가를 살펴보고자 한다.

Ⅱ. 사이버 테러의 개념과 유형

1. 사이버 테러의 개념

테러는 그 연혁적, 현상적 측면에서 볼 때 다양한 개념을 내포하고 있어서 테러에 대한 대책을 수립하는 데 있어서도 어려움을 야기시키고 있다.

미국 CIA의 정의에 따르면 테러란 정치적 상징효과를 얻어내기 위한 폭력의 사용 또는 그 위협으로서 직접적인 희생물보다 더욱 포괄적인 공격목표 대상들에게 심리적인 충격을 가하려는 목적을 가진 것이며 여기에는 국가 내에서의 전복활동 또는 반란적 군사활동까지 모두 포함된다.[2] 또한 우리나라의 테러대책을 규정한 대통령훈령 제47호 "국가대테러활동지침"에서는 테러라 함은 국가안보 또는 공공의 안전을 위

2) *The Washington Post*, 1981. 4. 25.

태롭게 할 목적으로 행하는 행위로 규정하면서 9가지 중 어느 하나에 해당하는 행위를 열거하고 있다.

테러의 정의는 동일한 행위일지라도 보는 시각에 따라 테러리스트의 소행으로 취급되기도 하고, 어떤 경우에는 일반범죄로 취급되기도 하며, 다른 시각에서는 자유전사freedom fighting의 의거로 칭송되기도 한다.

그런데 우리나라에서는 아직까지 사이버 테러라는 용어가 법령에 사용된 예는 없다. 2000년 2월 Yahoo, CNN 해킹사건을 비롯하여 5월의 러브레터 바이러스 등의 사례에서 본 바와 같이 정보화가 진전되면서 전 세계가 인터넷으로 연결되고, 국방, 금융, 통신, 전력, 에너지, 교통 등 중요사회기반시설의 정보시스템에 대한 의존도가 심화됨에 따라 해킹, 컴퓨터 바이러스 등의 사이버 테러가 국가안보를 위협하고 사회불안을 야기하는 새로운 요소로 등장하고 있다.

따라서 사이버 테러란 사이버 공간에서 일정한 목적을 가지고 계획적으로 정보시스템을 공격하는 행위[3]라고 하기도 하며, 최첨단 정보기술을 이용해 사회 중추신경인 전산망을 파괴하거나 해킹으로 획득한 비밀정보를 불순한 목적에 이용하는 행위[4]라고 하기도 한다. 이를 종합하면 사이버 테러란 사이버 공간에서 일정한 목적을 달성하기 위해 컴퓨터 통신기술을 이용하여 계획적으로 정보시스템을 공격하는 불법적인 행위라고 할 수 있다.

2. 사이버 테러범의 유형

사이버 공간에서 사이버 테러를 자행하는 사이버 테러범은 크게 세 가지로 분류할 수 있다.[5]

첫째는 단순히 개인적으로 활동하는 10대 청소년 또는 초보 해커들로서 컴퓨터에 탐닉해 자신의 기술을 과시하고 시험해보고 싶어 하며, 사회적으로 소외된 경우 자신의 존재를 알리 위해서 각종 불법행위를 저지르는 경우이다.

---

3) 이진수, "사이버테러 실태 및 종합대책," 제5회 정보보호 심포지움, 2000, p. 192.
4) 한국형사정책연구원, 「사이버범죄에 관한 연구」, 2000, p. 227.
5) 중앙일보, 1999년 5월 3일자 35면, "CIH가 불러온 공포 '사이버 테러' 대응 비상."

둘째는 범죄조직화된 엘리트 집단으로서 스웨덴의 '국제해적단', 네덜란드의 '트라이던트', 러시아의 '지하해킹 마피아'가 대표적이다. 이들은 새로운 기법을 개발하여 불법 지하 조직들에 판매하기도 하기 때문에 극히 위험한 집단으로 분류된다.

셋째는 정치적·민족적 또는 종교적인 목적을 달성하기 위해 조직된 단체이다. 인터넷이 일상생활화되면서 급진정치, 사회운동가 중 일부는 현실보다는 가상공간을 투쟁의 수단으로 삼게 됨에 따라 가장 우려가 되는 유형에 속한다. 이들의 공격대상은 종래에는 대학이나 연구소의 전산시스템이었지만 최근 들어 국가안보 및 일상생활과 직결된 군사기지, 식량관련시설, 발전소, 제약회사 등의 정보시스템을 마음만 먹으며 언제, 어디서나 공격대상으로 하기 때문에 사이버 테러가 증가되는 요인이 되고 있다.

이런 컴퓨터 범죄에 연루된 사람들은 정보 기술의 광범위한 범주에 유사하게 속한다. 기본적 부품의 절도와 같은 범죄는 컴퓨터에 대한 지식이 거의 없어도 가능하다. 예를 들면 남의 자동차를 훔칠 수 있는 사람이라면 컴퓨터에서 메모리나 프로세서 칩을 꺼내는 법을 쉽게 배울 수 있다는 것이다. 고도의 전문기술을 요하는 범죄도 있는데 보호된 파일이나 통신 연결망의 암호를 해체하는 기술 등이 여기에 포함된다.

다양한 분야에 걸쳐 컴퓨터의 이용자 수가 증가하고 컴퓨터 이용에 대한 공포도 줄어듦에 따라 고도의 컴퓨터 지식을 가진 개인들이 많아지고 있다. 점점 더 많은 사람들이 우선 컴퓨터와 친해지고, 다음에는 컴퓨터의 전문가가 되어 현재 계속 증가하고 있는 가상 국가의 일원이 되는 것이다. 이렇게 컴퓨터 인구의 증가에 따라 컴퓨터를 부정하게 이용하는 사람도 늘어나고 있다. 실제로 어떤 경우에 있어서 범죄자들은 특별한 기술을 갖고 있지 않아도 된다. 인터넷을 통하면 간단한 집안 용품들을 가지고 사제폭탄을 만들어내는 방법에서부터 인터넷으로 연결된 어떠한 사이트라도 한 단계씩 보안을 파괴하는 방법에 이르기까지 다양한 범죄행위에 대한 조언을 쉽게 찾을 수 있게 된다. 따라서 사이버 테러의 위협은 컴퓨터가 네트워크로 연결되어 있기만 하다면 이제 안전지대는 없다는 사실을 알 수 있다.

Ⅲ. 사이버 테러의 수단과 실태

우리가 살고 있는 정보화 사회에서도 컴퓨터가 우리의 존재에 대해서 가지는 핵심적 중요성을 잘 나타내는 일련의 법안들이 제정되고 있다. 예를 들면 영국에서는 컴퓨터 오용방지법안the Computer Misuse Act과 데이터 보호법안Data Protection Act, 특별히 컴퓨터를 지명하지는 않았지만 새로운 중상금지법안Defamation Act 등이 있어 디지털 환경 하에서 옳고 그른 행동의 범주를 가려준다. 미국에서는 연방법과 주법 체계 모두에서 불법적 이용trespass에서부터 허락받지 않은 조작unauthorized manipulation에 이르기까지 반사회적인 컴퓨터 사용을 금지하는 법안들이 속속 등장하고 있다. 이런 법안들은 정보화 사회에서 범죄행위가 단지 응용 프로그램이나 컴퓨터 부품의 갈취에만 국한될 필요는 없다는 것을 보여준다. 아무런 개인적 이득 없이 정보의 원천resources을 이용할 수 있는 능력을 저해하는 반달리즘에서부터 컴퓨터 네트워크를 통한 부정한 거래에 이르기까지 다양한 종류의 불법행위가 가능하다.[6)]

정보화 시대의 범죄는 직접적으로 컴퓨터 자원을 대상으로 하거나, 컴퓨터를 부수적으로 사용하거나, 컴퓨터 없이는 이루어질 수 없는 불법적, 비도덕적 혹은 반사회적인 행동들로 규정지어진다. 컴퓨터 범죄는 이제 컴퓨터나 디지털의 도움에 그 성공 여부를 많이 의존하고 있다.

정보화 사회의 범죄 중에서 우리는 특히 디지털 능력에 대한 의존성이 큰 특이할 만한 범죄인 컴퓨터 해커나 바이러스 제작자들의 반달리즘적 행위 등이 어떤 것이고 앞으로 어떤 모습을 띠게 될 것인지에 대해 살펴본다.

1. 해커와 디지털 반달리즘

컴퓨터 칩 절도가 만연하여 많이 알려진 범죄행위가 된 것처럼 해킹 또한 언론에서 많이 다루어지고 있다. 언론에서는 이 문제에 과다한 관심을 가지고 보도하여, 전 세계에 퍼져 있는 신원을 알 수 없는 사악한 동기를 지닌 컴퓨터 천재가 제기하는 위협에 대한 끝없는 경고를 퍼붓고 있다. 물론 이런 허락받지 않은 접근사건이 종종 일

---

6) Neil Barrett, *op cit.*, pp. 31～32.

어나고 있는 것이 인정되고는 있지만 언론에서는 특히 인터넷이 군사에서부터영화 War Games에서처럼 금융기관에 이르기까지 모든 보안 시스템을 해킹하고자 하는 10대들의 집단에 은신처를 제공한다고 생각한다.

그러나 컴퓨터 범죄에 대해 가장 분명한 보고와 분석을 살펴보면 그러한 주장은 사실이 아니라는 점이 드러난다. 일례로 1995년 영국의 DTI에서 발표한 보고서[7]에 의하면 보안 파괴사례의 반 이상이 부주의로 인해 컴퓨터 바이러스에 감염된 결과이다. 단지 3%만이 외부의 공격에 의한 것이었으며 그런 경우에도 외부의 해커들은 기본 패스워드default password 같은 내부 정보를 알고 있었다.

그러나 외부인에 의한 해킹 건수가 비교적 적다고 해서 오해해서는 안 된다. 분명히 건수는 침해사실이 보고된 사례를 기초해 집계된 것이다. 이 건수에 속하기 위해서는 침해사실이 드러나고 해당기관에서 보안상의 문제가 있었다는 점을 시인해야만 한다. 그러나 실제로 창피함이나 사용자혹은 은행 내부나 투자자들의 신뢰를 잃을까 두려워 피해를 당했다 하더라도 신고를 하는 경우는 거의 없다.

회계감사위원회Audit Commission의 보고서에 의하면 이런 유형의 해킹을 적발하는 경우가 많지 않음을 증명하는 수치를 볼 수 있는데 적발된 해킹 사건의 절반 이상이 우연히 발견된 것이며 오직 2%만 보안담당자가 적극적으로 보안상의 허점을 찾아내기 위한 노력의 결과라는 것이다. 미 국방성이 최근 발표한 보고서의 결과도 이와 비슷하여 시스템 보안이 파괴되어도 96% 정도는 감지되지 않은 채 지나간다는 것이다.

해킹은 가끔 발견되어 보고되기 때문에 이보다 훨씬 더 많은 해킹 사건이 일어나고 있음이 틀림없다. 해킹의 증가는 CERT나 COAST 등의 기관에서 빈번하게 발령하는 보안 '경보'의 횟수를 통해 알 수 있다.[8] 이런 기관들은 컴퓨터 관련 위기상황이 발생했을 때 이에 대처하기 위한 팀으로서 주로 미국의 대학이나 군 내부에서 컴퓨터 해킹이나 다른 보안상의 허점이 발생하였을 때 이를 기록하고 이에 대한 조언을 해주고 있다. 이 기관에서는 유닉스UNIX나 인터넷상에서 일어나는 보안상의 허점에 대한 포괄적이고도 자주 업데이트 되는 리스트를 작성하며 이런 허점을 보완하는 방법에

---

7) National Computer Centre, "*The Information Security Breaches Survey 1996*," DTI, ICL, ITSEC, NCC, 1996.

8) 해킹피해 건수를 살펴보면 미국은 1997년에 2,340건이던 것이 1999년에는 8,268건으로, 영국은 806건이 1,712건으로, 일본은 498건이 788건으로, 한국은 64건이 572건으로 증가되고 있다. 정현철, "국내 침해사고 동향 및 현황," 제5회 정보보호 심포지움, 2000, p. 424.

대한 서비스를 하고 있다. 보완책이 한 번 마련되면 이 기관에서는 허점이 애초에 어떻게 생겨나게 되었는지 자세히 알려준다. 거의 대부분의 경우 이 허점은 매우 복잡하여 고도로 정교한 장치가 사용되는 경우도 많다.

따라서 CERT에 보고된 해킹 사례가 무고한 사용자가 실수로 잘못 조작해서 생기는 경우는 매우 희박하다. 대부분의 해커들은 매우 전문적으로 몰두하며 차분하게 분석한다. 다시 말해 해킹을 위해서는 사전에 미리 치밀한 계획을 세운다는 것이다.

보고된 해킹의 대부분이 사건이나 바이러스 공격에 의한 것임을 부정할 수는 없지만 CERT의 협조 하에 해결된 많은 사건을 보면 의도적인 경우가 많다. 누구도 시퀀스 어택Sequence Attack이나 케베로스Kerberos 토큰의 약점으로 생긴 보안상의 허점을 실수로 맞게 되지는 않는다.

뿐만 아니라 해킹은 꼭 멀리 떨어져 있고 잘 알려지지 않은 곳에서 행해져야 할 필요가 없다. 대부분의 경우 어떤 해킹이 일어나는지는 어떤 내부자 정보를 알고 있는지, 어떤 사용자의 접속면과 패스워드를 가지고 있는지, 아니면 해킹의 목표가 되는 기관의 잘 알져져 있으나 아직 해결하지 못한 보안상의 허점이나 버그를 알고 있는지에 달려 있다. 그리고 이러한 정보를 알고 있는 경우에도 해커가 들키지 않고 시스템에 공격을 가하는 능력은 모든 컴퓨터의 운영체계가 공급하는 감시 및 통제audit and monitor 소프트웨어 때문에 제한받는다. 물론 능력있는 해커라면 보안상의 허점 외에도 이런 운영체계상의 방어체제도 통과할 수 있으며 이런 해커의 수는 많다. 이런 이유에서 해킹은 무시되어서는 안 될 범죄행위이며 테러이다.

여기에서는 위협으로 등장한 해킹에 대해, 그리고 현재와 미래에 나타날 해킹의 유형과 실태에 대해 살펴 본다.

(1) 해킹의 등장

컴퓨터 시스템은 허가받지 않은 이용자들에 의해 우연히 때로는 범죄적 동기 하에 불법적 침투의 대상이 되었다. 그러나 해킹이 하위문화의 하나로 인식되고 언론보도를 받기 시작한 것은 1970년대 후반과 1980년대에 컴퓨터 공학 과정이 증가하면서부터였다. 그러나 가장 두드러진 때는 유닉스UNIX라는 하나의 운영체계가 널리 쓰이기 시작하면서부터이다.

1970년대 초 AT&T 부설 벨 연구소Bell Laboratories에서 처음 개발된 유닉스는 그

소스코드까지 미국과 유럽의 대학들로 퍼져 나갔다. 비교적 값이 저렴한 소형 컴퓨터에서 사용되기 때문에 유닉스는 많은 학생들이 처음 접한 운영체계였다. 특히 이 운영체계가 그들이 속한 대학의 학과 메인 컴퓨터에서 돌아가고 있는 동안 학생들은 이 체계를 가지고 장난치거나 조사할 수 있었다.

따라서 학생들은 자신들, 친구들, 교수들의 정보와 프로그램이 저장되어 있는 기계가 어떻게 돌아가는지에 대한 자세한 사항을 배우고 익힐 수 있었다. 물론 이 학생들은 한정되어 있지만, 비공개 파일들과 기계 안에는 개인적 서신, 시험 문제, 이번 주 프로그래밍 예제의 해답 등 매우 재미있는 내용들이 있다는 것을 알게 되었다. 이 학생들은 또한 시스템 오퍼레이터만이 작동시킬 수 있는 프로그램이 파일 안에 있다는 것도 알게 되었다. 그 프로그램은 자신들의 디스크의 공간을 늘리거나, 인기 없는 동료 학생이나 교수를 제거하고, 다른 시스템으로 통하는 게이트웨이나 네트워크를 통해서 더 넓은 세계로 접근할 수 있도록 해 주는 것이었다.

이런 학생들은 어쩔 수 없이 이 시스템과 네트워크를 돌아다니며, 허가되지 않은 파일이나 네트워크상의 외딴 사이트를 이용하기 위해 다양한 시도를 하는 해킹을 시작하게 된 것이다. 여기에서 호기심과 장난기, 그리고 도전의식은 빼 놓을 수 없는 요소이다. 초기의 시스템 침투가 우연적으로 이루어지거나, 은행직원 등에 의해 불법적인 목적으로 이루어졌다면, 이런 초기의 해킹은 즐거움을 위해 이루어진 것이고 이는 지금까지도 그러하다. 다시 말해 해킹을 할 수 있다는 것을 보여주기 위해, 동료들로부터 인정받기 위해, 심지어는 보안관리자들에게 시스템이 생각만큼 안전하지 않다는 것을 보여주기 위해 해킹을 하는 것이다.

해커들이 노리는 보안상의 허점은 두 가지 종류가 있다. 시스템 자체가 잘못 책정되어 있거나 잘못 운영되어 생기는 내재적 보안 문제점과 보안책이 비효율적으로 적용되어 생기는 외재적 문제이다. 이런 분류는 컴퓨터를 비롯한 모든 시스템에 적용될 수 있다. 일례로 유닉스 보안에 있어서는 이런 보안상의 문제점이 분명하게 드러난다. 유닉스는 애초부터 철저한 보안을 유지할 수 있는 시스템으로 고안된 것이 아니었고, 가능한 공개를 목표했다. 따라서 많은 경우 학생인 사용자들은 패스워드 등의 보안장치를 매우 느슨하게 사용하였다.

이런 약점이 디지털 범죄예방과 범죄 발견에 지장을 초래하는 문제로 계속 지적되고 있다. 어떤 경우에라도 보안상의 허점이나, 디지털 범죄는 이용자들이 허가받지 않고 접근권이 없는 컴퓨터 시스템이나 데이터, 프로그램들을 이용하거나, 신용 정보·응용 소프트웨어·신용카드 번호 등 보호되어야 하는 정보를 이용하는 것을 막지 못해서 생긴다는 점을 기억해야 할 것이다.

따라서 해킹은 보안책을 회피하면서 컴퓨터 시스템에 침입하는 것이다. 해커들은 이를 위한 여러 가지 방법을 발견하였다. 그러나 여기서 꼭 강조해야 하는 것은 대부분의 경우 이런 공격은 도전을 위해서 행해진다는 것이다. 해커들의 대다수는 범죄적인 동기에서 해킹을 하기보다는 깊은 호기심에 의해서 그들이 보는 궁극적인 컴퓨터 게임에 도전하는 것으로 해킹을 한다. 이것은 컴퓨터 오용방지법Computer Misuse Act이나 다른 법률로 이러한 행위가 불법화된 국가에서도 마찬가지이다. 오히려 어떤 이들에게는 이런 법적인 제재가 재미를 더해 줄 뿐이다.

이런 관점은 해커들이 누구인가, 해킹은 왜 일어나는가 하는 문제에 대해 해답을 찾아줄 수 있다. 보통 해커는 외톨이 컴퓨터 천재나 학교나 대학에 있는 10대 집단의 일원이라고 생각되었다. 해킹을 위해서는 높은 수준의 기술이 필요하나 생각하는 것만큼 높은 수준은 아니다. 이보다 중요한 것은 강한 동기이다. 해커는 오랜 시간 동안 일련의 공격방안을 짜내야 하고, 전 세계 네트워크의 연결고리를 살펴서 '재미있는' 사이트를 찾아내어야 한다.

잘 알려진 '사이버펑크Cyberpunk'나 '어둠의 지역Legion of Doom' 등의 단체를 비롯한 해커의 대부분은 아직 청소년이거나 기껏해야 어린 대학생들로서 사람들과의 교류보다는 기계와의 교류를 통해 더 많은 자극을 받는다. 컴퓨터를 통제하고 같은 관심사를 가진 많은 사람들과 소통할 수 있는 능력은 젊고, 지적이나 사회적인 대인관계가 미숙한 사람들에게 더 많은 매력을 지닌다. 많은 연구를 통해서도 증명되었듯이 일반적인 해커의 이미지는 상당히 정확하다. 아마도 해커들이 이런 유형에 맞는 사람들로 변했는지도 모른다.

이외에 '더 사려 깊은' 해커들이 있는데 이들은 정보가 한 조직 내에만 속해 있어서는 안 된다고 믿는다. 그들은 정보란 자유로운 것으로 자유로이 모두가 이용할 수 있어야 한다고 생각한다. 이들은 사실을 아는 것은 모든 이들에게 고유한 권리라고 믿고 이런 정보를 빼내어 공개하기 위해 노력한다. 이들의 생각에 찬성하진 않지만 공감할 수는 있다. 조직은 많은 돈을 들여 데이터를 수집하고 처리한다. 저장 장비가 그들의 소유이듯이 이런 데이터도 그 조직의 고유한 자산이 되는 것이다. 그리고 많은 해커들은 이런 자산에 해를 가한다.

그럼 해커들을 단순히 유치한 기술신봉자가 세계를 탐험하는 과정으로 생각하거나 자산이라는 개념에 대한 새로운 철학의 신봉자 정도로 생각하고 이들을 용서하거나 심지어 존경해야 하는가? 10대의 난폭 운전자들이 그들이 끼치는 해와 문제 때문에 구속당하듯이 해커들도 같은 제재를 받아야 한다. 그들은 침투한 조직에 많은 돈과 시간을 허비하도록 하며, 부주의한 행동으로 인해 불필요한 피해를 끼칠 수도 있다. 뿐만 아니라 해커의 대다수가 아직 어리지만 핵심에는 매우 전문적이고 훨씬 성숙한 해커들이 있어 이들이 만일 대처할 준비가 안되어 있는 컴퓨터 시스템에 침투해 들어가 훨씬 더 큰 피해를 끼칠 수도 있다. 이들 중 몇몇은 통신회사나 컴퓨터 회사에 엔지니어나 컨설턴트로 고용되어 있기도 하다.

자동차 절도가 단순한 흥미 이상의 이유에 의해서 행해지듯이 일부 해킹도 단순한 도전이 아닌 반달리즘이나 강탈을 위해서 행해지기도 한다.

(2) 컴퓨터 보안체계로의 침투

패스워드를 추측해내거나 허술하게 설치된 시스템 유틸리티를 조종하거나, 허위 터미널에 접속해 이용자들을 속이는 등 컴퓨터 방어체제를 침투하는 간단한 기술은 초기의 해커들에게 찾아볼 수 있다. 해커들은 컴퓨터 네트워크, 특히 인터넷의 성장으로 인해 다른 해커들의 존재에 대해 알게 되었다. 전 세계의 모든 대학에 그들과 유사한 생각을 가진 해커들이 존재한다는 것을 알게 되었다. 그리고 해커가 없는 지역에서는 인터넷 토론을 통해 해커들이 성장하게 되었다.

뿐만 아니라 미국에서는 개인들과 10대들로 구성된 집단이 전화 시스템을 해킹하여, 전화 네트워크를 형성하는 수천 개의 컴퓨터에 불법적인 명령을 내려 무료로 전화통화를 하거나 이 컴퓨터를 유치한 이유에서 파괴시키기도 하는데 이를 프리킹 phreaking이라 부른다.

부분적으로 이는 전화 시스템을 관장하는 시스템 때문에 가능해졌다. 음성, 데이터와 스위치 커맨드는 전화선을 통해서 모두 전송되고 커맨드만을 위한 특별한 회선이 없다. 이것을 인밴드in-band컨트롤이라 부른다. 현대의 네트워크에서는 지령은 전화만으로는 자연적으로 생성될 수 없는 하프 톤half tone으로 되어 있다. 이는 숫자와 두 가지 커맨드 톤 즉 '#'와 '*'로 되어 있다. 그러나 문제는 전화 사용자들이 여기에 사용되는 특수한 톤을 발견한다면 나름대로 커맨드 시퀀스를 생성하는 것을 방지할 수 있는 방법이 없다는 것이다. 1960년대 초반 미국에서 아침 식사용 시리얼에 선물로 들어 있는 장난감 피리가 적당한 소리를 낸다는 것을 알게 되었고 이래서 프리킹이 탄생하게 된 것이다.

특별한 톤을 배우기 위해서는 전화음을 듣고 알아낸 시퀀스를 반복해서 어떤 일이 일어나는지 시험하면 된다. 점차로 프리킹의 기술이 발전하게 되었고, 프리킹을 하는 사람들은 공짜로 전화를 걸 수 있게 되었다. 영국에서는 전자식 톤 전화가 상대적으로 늦게 도입되었고, 기계식 전화기가 더 많이 사용되었다. 그러나 기계식 전화기를 이용해서도 인공클릭을 잘 사용해서 불법적으로 스위치보드 커맨드를 만들어낼 수 있었다.

이제는 영국과 미국 모두 전자식 톤 전화에 대한 프리킹은 아직까지 계속되고 있다. 지금은 무료 전화통화를 하기 위해 불법적으로 컴퓨터에 접근하여 전화를 조작한다. 무선 이동전화의 확산으로 더 많은 가능성이 생겨났는데, 전파를 가로채어 특정한 이동전화 송수신과 연관되어 있는 개인의 코드번호를 알아내고, 그 전화를 복제하여 마음대로 전화를 걸 수 있게 하는 것이다.

패킷 송신과 암호를 통해 디지털 이동전화가 이 문제를 완화해 줄 것으로 기대되지만, 가장 고도의 보호체제도 해커들을 막을 수 없다는 것을 여러 차례 볼 수 있었다.

이런 전화 해커들은 과거에는 지하 잡지나 불법적 BBS를 통해 서로 교신하며 아이디어를 나누었지만, 인터넷 접속이 널리 퍼짐에 따라 최근에는 인터넷을 이용하고 있다. 해커나 전화 해커들의 공통된 관심사는 컴퓨터 그 자체에 있다. 유닉스는 AT&T사 내의 연구소에 의해 개발되었고 미 전역과 해외의 대학뿐만 아니라 AT&T 자회사로까지 퍼져나갔다. 따라서 유닉스의 보안코드를 깨는 것은 전화 네트워크의 보안을 깨는 능력을 의미하며 유닉스가 점차로 상업계에서 널리 사용됨에 따라 이젠 유닉스를 이용하는 상업계의 보안을 파괴하는 능력으로 이어지게 되었다.

현대의 해킹은 여전히 근본적으로는 장난에서 비롯된 것이지만, 초기의 보안체계의 분명한 문제점들이 해결되면서 점차로 발전해 나가기 시작했다. 외부적 약점은 물론 매우 주의 깊게 운영되는 사이트를 제외하곤 거의 모든 사이트에서 찾아 볼 수 있다. 보안상의 허점 중 가장 대표적인 것은 컴퓨터 이용자 자신이 보안체제를 잘못 이용하거나 실수로 보안코드를 깨는 데서 기인한다. 이와 유사하게 내재적 약점도 여전히 존재한다. 그러나 이제 이런 문제들은 개개 요소에서 발생하는 간단한 것이 아니다. 기술적인 결함을 이용한 해킹은 개개 요소나 네트워크상에서 각 컴퓨터 시스템간의 트러스트 관계를 이용하는 것으로 발전하였다.

일례로 1994년 크리스마스에 기술적 결함을 이용한 해킹 중 가장 치밀한 사건이 발생하였다. 다행히도 매우 자세한 회계감사 및 모니터 프로그램이 돌아가고 있던 시스템에 해킹이 벌어지고 있을 때 시스템의 주인인 컴퓨터 보안 전문가 츠토무 시모무라Tsutomu Shimomura는 휴가를 즐기고 있었다. 시퀀스 어택이라 불리는 이 해킹은 현대의 해킹 시나리오에서 중요하게 사용되는 모든 요소와 함께 트러스트를 이용하였다.

공격은 서로를 믿고 있는 두 시스템을 대상으로 행해졌다. 트러스트 하에서 한 시스템은 확실한 로그인이나 확인 절차 없이도 다른 시스템을 위해 가장 비밀스런 명령을 실행할 것이기 때문이다. 해커는 이런 트러스트를 이용하여 인터넷을 통해 상대편 시스템이 보낸 것처럼 보이는 명령을 한 시스템에 보내는데, 이때 두 시스템간 상호 직접 소통이 없어서 명령의 진위를 판별할 수 없다는 것을 분명히 한다. 이때 진위 판별은 해커가 대신한다. 명령 자체는 믿고 있는 상대편 이용자에게서 온 것처럼 보이나 실은 공격당한 컴퓨터가 해커에게 무한정 이용권을 주게 되는 것으로서 해커는 매우 민감한 소프트웨어를 훔칠 수 있게 된다.

이런 공격은 트러스트 시스템을 이용했다는 분명한 점 이외에도 현대 해킹의 중요한 측면을 부각시켜 준다. 일례로 해커가 공격을 준비하면서 기술적으로 얼마나 숙련되었는지, 그리고 얼마만큼의 상상력을 지니고 있었는지를 보여준다. 이런 능력의 기반은 인터넷 프로토콜과 시스템 행동에 대한 친밀하고 깊은 이해를 필요로 한다.

이뿐 아니라 시퀀스 공격에는 세 가지 중요한 요소가 담겨 있다.

첫째, 누가 시스템의 보안을 미리 파괴하고 성공적으로 공격을 해 자신이 추적당하지 않도록 했는지, 즉 해커의 익명성이 지켜진 것이다. 사실 이 공격의 희생자가 인터넷 상에서 보기 드문 정밀한 감사 및 모니터 프로그램을 운용하고 있지 않았더라면 공격자나 공격 자체가 미궁에 빠졌을 수도 있다.

둘째, 한 가지 요소에 대해 공격하기보다는 요소들 간의 취약점을 노리고 공격을 감행하였다.

셋째, 성공적인 이 공격에 걸린 시간이 단지 16초밖에 되지 않았다.[9)]

이런 해커를 잡는 것은 고사하고 시스템을 해킹에서 보호하는 것이 특히 어려운 일로 보일 것이다.

현대의 해킹은 컴퓨터 시스템이나 파일을 이용하는 데 그치지 않는다. 인터넷의 성장은 해커들에게 훨씬 더 많은 네트워크로 연결된 컴퓨터를 공격할 기회를 열어 주었다. 또한 인터넷은 엄청난 양의 네트워크간 소통을 불러왔다. 이 소통은 데이터의 패킷 형태로 인터넷 상에서 흘러 다닌다. IPS 접속점 등 네트워크상의 여러 지점에서 인터넷 상의 송신을 완전히 가로채거나 살펴볼 수 있다. 이는 호기심 많은 해커들로 하여금 개인적 이메일을 가로채 읽을 수 있도록 해 주었다.

그러나 월드 와이드 웹이 상거래에서도 널리 사용되기 때문에 신용카드 정보가 유출될 위험도 높아졌다. 신용카드와 개인적인 이메일을 보호하기 위해서 웹 브라우저는 매우 정밀한 암호 시스템을 지원한다. 현대 해커들의 관심은 이런 암호 코드를 푸는 것이다.

여기 사용된 암호화 방법은 웹 브라우저가 안전한 거래를 위해 임의로 만들어내는 긴 암호키를 사용한다. 이런 암호키로 암호화가 진행되면 송신되는 내용은 효과적으로 보호되어야 한다. 암호키의 길이는 이 암호를 푸는 데 걸리는 노력의 시간을 결정짓는다. SSL암호화 방법은 40비트의 암호키를 사용하는데 이 암호를 풀려면 상당히 오랜 시간이 소요되지만 브루트 포스 어택brute force attack을 사용한다면 암호를 풀 수도 있다.

SSL에서는 두 가지 다른 암호화 방법이 사용된다. 통신 대부분에 있어 대칭키가 사용된다. 이렇게 하면 빠르게 암호화 하고 암호를 풀 수 있게 된다. 그리고 암호화하고 암호를 푸는 측이 모두 동일한 키를 사용하기 때문에 대칭키라고 말하는 것이다. 그러나 이 키는 중간에서 가로채서 통신을 방해하지 못하게 하기 위해서 이용자들 간에 안전하게 전달되어야 한다. 키의 도난을 방지하기 위해 대칭키는 더욱 안전한 공개키/비밀키의 방법으로 암호화되어 있다. 그러나 이 방법은 비용이 더 많이 든다. 이 방법을 이용함으로써 비용이 많이 드는 암호화는 한 번만 이루어지지만 그 이후에는 빠르고 간단한 방법을 사용할 수 있는 것이다.

9) Neil Barret, *op cit.*, p. 48.

브루트 포스 어택은 가능한 모든 비밀 대칭키 조합을 만들어 메시지의 암호가 풀어질 때까지 해보는 방법이다. 사실 '사이버펑크'에 속한 미국인 해커 골드버그Goldberg와 와그너Wagner는 1995년 비밀 코드를 브루트 포스로 풀 수 있지만, 이 방법이 꼭 필요하지는 않다는 것을 알게 되었다. 그보다 무작위 숫자 생성기로 만들어진 대칭키 자체를 추측할 수 있었다. 키 생성원리를 알고 나서 해커들은 코드를 풀 수 있었다. 대칭키 전송을 보호하는 보안장치를 뚫고 들어가지 않아도 그 키가 무엇인지를 추측해낼 수 있는 것이다. 그리고 추측해낸 키를 가지고 메시지를 직접 해독할 수 있게 된다.

이 문제에 대해 넷스케이프Netscape가 고안해낸 해결책은 숫자 생성기와 키의 길이를 변화시키는 것이었다. 그러나 시간이 지나면 이 방법도 해커들의 공격을 받게 될 것이다. 미국의 수출 관리 규정에 따르면 강력한 암호화는 필수적 요소로서 자유로이 수출될 수 없는 품목이다. 미국의 소프트웨어 개발업계는 정밀한 방법을 이용한 보안 솔루션 분야에 있어서 세계시장에서 우위를 점하고 있다. 따라서 이러한 규정은 유럽 등 미국인이 아닌 컴퓨터 이용자들이 누리는 보안 수준의 향상을 가로막고 있다. 미국 내에서 넷스케이프는 브루트 포스 어택마저도 불가능하게 만드는 거대한 128비트짜리 암호키를 사용할 수 있다. 그러나 유럽에서 사용되는 암호키는 학생들도 공격해서 알아낼 수 있을 정도로 짧은 것이다. 인터넷의 상업적인 이용이 증가함에 따라 이런 상황은 꼭 변화해야만 한다.

(3) 해킹의 미래

유닉스 시스템과 인터넷이 멀리 퍼져나감에 따라 디지털 반달리즘 역시 증가하고 있다. 첫째로 비교적 저렴한 유닉스 기계를 사용하는 상업적 단체의 수가 증가하고 있다. 유닉스 시스템상의 보안이 초기에 비해 몇 배 증가하긴 했지만 유닉스는 더 비싼 독점 시스템 상에서 볼 수 있는 정도의 보안을 누리지 못하고 있다. 그러나 독점 시스템보다는 유닉스를 이용하는 기계들이 매우 민감한 정보 처리에 사용되고 있다.

둘째로 10대 초반이나 학생인 해커들은 그들이 너무도 잘 이해하는 시스템으로 이제는 기업에 취직하여 세상에 나와 있다. 어떤 경우에 만일 그들이 해고를 당한다면 자신이 일했던 기업을 상대로 해킹을 하려 들지도 모른다. 그리고 유닉스가 일반적으로 기업의 일반 부서에서 쓰이는 크기가 작은 컴퓨터에 사용되는 프로그램이기 때문에 부서 직원들이 남는 시간에 프로그램을 관리한다. 운영체계를 잘못 행했을 경우, 좀 더 철저하게 관리되는 다른 사이트에서 발견된 문제점들을 수정하지 못했을 경우 비전문적인 관리는 보안상의 허점으로 이어질 수 있다.

마지막으로 인터넷 뉴스그룹이 '쿡북Cookbook'이라 불리는 일련의 설명과 함께 이 설명을 신속하고 정확하게 이행할 수 있도록 하는 정밀한 프로그램을 만들어내기 시작했다. '크랙' 프로그램을 돌리거나 자세한 설명을 따라 이행하기만 하면 특별한 지식 없이도 학생이든 범죄자이든 테러범이든 간에 원하는 곳의 보안을 파괴할 수 있도록 한다. 미국 소재의 한 방어 연구소는 이 인터넷 툴을 이용해 연구소의 여러 시스템을 공격하는 데 사용하여 그 툴의 효과를 살펴보았는데 성공률은 70%를 상회하는 것으로 나타났으며, 성공한 경우 관리자에 공격 여부가 발견된 경우는 얼마 되지 않았고 그리고 공격을 발견하고 나서도 거의 보고하지 않았다.[10)]

몇몇 경우에서 해커들은 시스템으로의 접근을 직접적으로 얻을 필요가 없을 수 있다. 대신 디지털 반달들이 소위 말하는 '서비스 거부Denial of Service' 공격을 감행할 수 있다. 이 공격은 특정 사용자로 가장해 계속 잘못 접속할 경우 그 사용자의 접속 자체가 금지되도록 하는 것이다. 이외에도 '이메일 폭탄'이라는 방법이 있어 한꺼번에 많은 전자우편을 보내어 사용자나 컴퓨터의 전자우편함을 기능 정지시키는 것이 있다. 정교하게 만들어진 'self-referental' 이메일도 한가지 방법이다. 겉보기에는 위험하지 않은 작은 메시지이지만 열어보면 갑자기 크기가 불어나서 전자우편 시스템의 용량을 채워버린다.

그러나 대부분의 경우 해커들은 이제 어느 컴퓨터 시스템도 뚫고 들어갈 수 있다. 이는 해커들에게 더 많은 능력을 부여해 초기의 해커들처럼 건방지거나 모욕적인 메시지를 남겨놓는 것에서 발전하여 이제는 '로직 폭탄Logic Bomb'이라 불리는 복잡한 프로그램을 남겨놓을 수 있게 되었다. 이 프로그램은 바이러스와 관련된 것으로 이 프로그램들은 때로는 바이러스에 의해 시스템 안으로 침투하게 된다. 이 폭탄은 한 조직의 컴퓨터 시스템을 완전히 파괴하거나, 더욱 나쁜 경우 시스템의 내용을 약간만 변화시킨다. 이렇게 변화된 내용은 신호를 받거나, 특정 기간 안에 취소 명령이 입력되지 않으면 활동하게 된다.

해커들이 실제로 이런 공격을 하겠다고 위협을 해왔지만, 대부분의 경우 폭탄이

---

10) D. Richardson, "*Hack attack*", Computing, 13 June, 1996, p. 38.

설치되지는 않고 단지 한 단체에 경고 메시지만 도착하고 그 이후 대가를 요구하는 협박이 뒤따른다. 로직 폭탄을 설치하는 것은 보통 바이러스나 '트로이 목마' 등을 이용해서 이루어지며 만일 폭탄이 시스템 안에 일정기간 위치하려면, 시스템에 대한 정확한 지식이 있어야 하고, 계속 접근할 수 있어서 감시 통제 시스템이 발견하지 못하도록 해야 한다. 이런 방법은 곧 해고당할 것이라고 생각하는 직원들이 복수하겠다는 마음을 먹고 실제로 시도된 경우도 있었다.

더욱 성공적으로 이루어지는 해킹은 한 조직의 매우 민감한 데이터를 암호화 한 후에 그 조직에 암호키를 팔겠다고 제안하는 것이다. 이런 경우에 성공하게 되면 상당히 많은 액수의 돈을 갈취해낼 수 있다. 특히 암호화가 장기적으로 진행되어 모든 백업 데이터가 변화할 정도가 되면 이 액수는 더욱 커진다.

이런 목표가 있는 해킹과 이후에 활동하게 되어 있는 폭탄을 설치함으로 인해 단순한 반달리즘이 강탈이나 협박이 된다. 조직들은 로직 폭탄이 이미 설치되어 있거나, 앞으로 쉽게 설치할 수 있다는 협박을 받아 왔다. 협박 이후에는 많은 액수의 돈을 요구한다. 물론 해킹을 당한 기관들이 자신들의 보안체제에 대한 일반인들의 신뢰를 잃을 것을 두려워해 공격을 받았다는 사실을 공개하길 꺼려하기 때문에 정확한 추산을 하기는 어렵지만, 한 추산에 따르면 금융기관에서는 1993년 1월에서 1996년 6월 사이 약 5억 파운드에 해당하는 돈을 지불해야 했다. 이 액수는 실제로 지불된 것에 비하면 턱없이 적은 액수일 것이라고 추측된다. 미국과 유럽, 싱가포르에서 보고된 사건 수만 하더라도 50건 정도가 된다.

따라서 적어도 일반인들 사이에서 해킹은 젊은 컴퓨터 괴짜들의 귀찮기는 하지만 악의 없는 일탈행위에서 분명한 범죄행위로 인식이 바뀌고 있다.

그러나 해킹의 동기가 테러나 정치적인 것으로 변모되면서 해킹이 탐욕에 기인한 행동이 아니라 전략적인 용도로 사용되고 있기 때문에, 순전히 불법적인 행동의 차원을 넘어 디지털 반달리즘이 미래에 디지털 전쟁으로까지 확산되고 있다. 1999년 3월 유고사태 와중에서 미국과 나토의 유고 침공에 반대하는 개인과 단체들이 관련기업이나 정부, 군사 등의 웹사이트를 공격해 서비스를 마비시킨 것이다. 또한 나토의 중국 대사관 오폭으로 일부 중국인들이 백악관과 국무성의 사이트를 해킹하는 사례가 발생하였다.

2. 컴퓨터 바이러스 감염

해킹이 장난기 어린 행동에서 범죄적 혹은 테러적인 피해를 끼치는 행동으로의 변화는 컴퓨터 바이러스나 이와 관련된 시스템 감염을 통해 살펴 볼 수 있다. 이런 프로그램들은 정당한 용도로 쓰일 수 있으나 원래 기본적으로는 해를 가하기 위해 만들어진 것이다. 영국에서 컴퓨터 오용금지법이 제정되고 다른 나라에서도 이와 유사한 법규가 제정되었기 때문에 이런 행동은 이제 범죄행위가 되었다. 시스템 보안파괴 사례를 보면 PC 네트워크에서부터 더 큰 시스템에 이르기까지 컴퓨터 바이러스의 공격이 가장 일반적인 문제이다.

다양한 프로그램에 있어 서로 다른 정도의 복잡성을 지닌 방법을 이용할 수 있는데 여기에는 트로이 목마, 바이러스, 벌레Worm, 적대적 자바 애플릿 등이 있다.

(1) 트로이 목마

트로이 목마와 이에 관련된 기술적 '덫의 입구trap doors'는 상당히 초기부터 사용되었던 방법이다. 이 방법은 우선 소프트웨어 개발자나 개발 팀이 특정한 프로그램을 개발한다. 이 프로그램은 간단한 것일 수도 있고 복잡한 상호작용을 담고 있는 것일 수도 있다. 그러나 복잡한 상호작용 속에 감추어져 특별한 한 요소가 첨가된다. 바로 이것이 기술적 '덫의 입구'인 셈이다. 이 프로그램이 인스톨되어 사용되면 이 '덫의 입구'는 프로그램 개발자에게 열리게 된다. 프로그램의 성격에 따라 이 입구는 여러 가지 상황에 대응하게 된다.

일례로 은행 시스템의 경우 덫의 입구는 특정 이름의 계좌를 열라는 명령을 실행하여 불법적인 자금을 그 계좌로 이체시킬 수 있다. 호텔 예약 시스템의 경우 특정 이름의 두 숙객의 이름을 넣으면 입구가 열릴 수 있다. 이 경우에도 자금을 전용하거나 기타 다른 행동을 취할 수 있다. 따라서 덫의 입구는 이후에 작동되는 로직 폭탄의 역할을 하거나, 절도를 용이하게 하거나, 경찰 시스템 하에서라면 특정 범죄인의 기록을 말소시키는 데 사용될 수 있다. 일반적으로 덫의 입구는 특정 이용자에게 컴퓨터 시스템에 대해 직접적이고 무제한으로 접근을 허용해주어 일반적인 보안체제를 회피하기 위한 목적으로 만들어지는 것이다.

일례로 유닉스 프로그램 개발자는 한때 유닉스 운영체제 안에 이런 덫의 입구를 설치했다고 주장했다. 물론 이는 사실이 아니었지만, 보안체제의 문제점이 얼마나 쉽게 발생할 수 있는지를 보여주는 사례로 이용되고 있다.[11] 유닉스의 경우 패스워드 프로그램에 수정을 가해 특정 사용자의 이름을 인식하는 예외를 만들어내었다. 만일 이들이 유닉스 시스템에 접속하려고 하면 패스워드 덫의 입구가 작동하여 이들에게는 패스워드도 확인하지 않고 무제한으로 접근을 허용하게 된다.

물론 유닉스 개발자들은 이런 예외를 없애기 위해서 패스워드 프로그램을 다시 쓰면 된다고 주장했지만, 이 문제를 방지하기 위해서 그들은 기본 C 컴파일러 프로그램을 수정해야 했다. 이 두 번째 수정은 컴파일러 프로그램이 패스워드 프로그램이라 인식되는 것을 처리할 때 덫의 입구를 빠트리지 않도록 하기 위한 것이다. 그리고 컴파일러 프로그램이 변화하지 않도록 하기 위해 세 번째 덫의 입구를 설치하여 컴파일러를 처리하고 있을 때 이를 인식하도록 하였다. 이 덫의 입구들을 가리기 위해 유닉스 운영체계와 함께 배포되었던 패스워드 소스 프로그램과 컴파일러의 관련 라인 오브 코드를 모두 제거했다고 주장했다.

유닉스 프로그램 개발자들에 따르면 코드를 이런 식으로 배열함으로써 기존의 패스워드 프로그램이나 업그레이드 버전의 프로그램으로 컴파일러를 컴파일 하려는 시도는 자신들의 예외적인 덫의 입구에 걸리게 된다는 것이다. 따라서 유닉스 운영체계의 모든 버전은 이후에 개발되는 모든 유닉스 체제가 이 초기의 프로그램이나 여기에서 유추한 컴파일러 프로그램에 기초해야 하기 때문에 상당히 손상될 것이었다. 그러나 이후의 시스템 개발자들에게는 컴퓨터 시스템 안의 트러스트 관계의 중요성을 이해하는 데 매우 중요한 역할을 했다.

따라서 덫의 입구는 매우 예외적인 경우로서 덫을 제외하고는 완전히 정상적인 컴퓨터 프로그램이 특정한 행동을 하도록 하는 것이다. 트로이 목마에서는 덫의 입구는 필수 불가결하게 사용된다. 왜냐하면 트로이 목마의 유일한 목적은 부정한 행동을 하는 것이지만, 프로그램 자체는 정당한 것으로 위장해야 할 필요가 있기 때문이다. 이런 위장은 겉모습에 불과한 것으로 프로그램의 이름만 들어보면 회계 프로그램인 것 같지만 사실은 로직 폭탄일 수도 있다. 아니면 위장이 더욱 복잡하여 프로그램이 특정 상황에 처하기 전까지는 일반적으로 작동하게 만들 수도 있다. 따라서 입구의

11) S. Garfinkel and G. Spafford, *Practical UNIX and Internet Security*, O'Reilly & Associates, Inc., 1996.

크기에 따라 트로이의 목마와 덫의 입구는 어느 정도 겹칠 수 있다.

트로이 목마와 컴퓨터 바이러스 간에도 어느 정도의 유사성이 있다. 트로이 목마와 덫의 입구는 일반적으로 시스템 내부에 설치되어 좀 더 복잡한 계획의 일부로 이용한다. 즉, 이들을 이용하여 프로그래머가 다른 방법으로는 방어막을 뚫을 수 없는 시스템 안에서 불법적인 활동을 할 수 있는 것이다. 유닉스가 좋은 예이다. 따라서 프로그램은 자동적으로 움직인다기보다 의도적인 통제 하에 있다고 볼 수 있을 것이다. 이와는 반대로 바이러스는 완전히 자동적으로 움직여 마치 살아 있는 독립적인 개체처럼 보인다.

(2) 컴퓨터 바이러스

적어도 부분적으로는 컴퓨터 바이러스의 증가는 개인용 PC 증가와 이와 관련해 검사하지 않은 디스켓을 생각없이 교환하는 컴퓨터 문화에 기인한다. 여기서 에이즈나 기타 다른 성병이 전염되는 논리를 적용할 수 있을 것이다. PC는 이제 거의 모든 사무실과 교실, 가정에서 찾아 볼 수 있다. 거의 유사한 시스템을 사용하는 이런 PC들의 매력은 PC간에 자유로이 파일을 교환하며, 프로그램이나 정보를 공유하며, 사용자들이 새로운 응용프로그램을 간편하고 쉽게 인스톨 할 수 있다는 점일 것이다. 새로운 파일을 PC로 들여오는 가장 일반적인 방법은 디스켓을 통해서이다. 작고 운반이 쉬우며 다시 쓸 수 있는 자성 디스켓은 여러 파일을 담을 수 있기 때문이다.

컴퓨터 바이러스는 1987년 10월 델라웨어 주립대학에서 처음 발견되었다. 당시에는 그저 나쁜 프로그램이라고 여겨졌던 바이러스의 첫 등장 이래로 바이러스의 수는 극적으로 증가했다. 1992년에 2,000개가 넘었던 바이러스의 수는 1997년에는 9,000개에 달하였다.[12)] 이제 바이러스는 거대한 보호산업의 기반으로서 보안 전문가들에게 가장 큰 골칫거리가 되고 있다.

바이러스는 '감염된' 디스켓 프로그램의 일부를 차지한다. 바이러스 작성자의 고의적 행동으로 인해 시작된 첫 번째 감염은 이어 '생명사이클life cycle'을 타고 급속도로 퍼져 나간다. 바이러스는 일반적으로 특정 프로그램의 첫 번째 몇가지 명령을 점

---

12) 우리나라에서는 1988년 처음으로 1건의 외국산 신종바이러스가 발견되었으며 1992년에는 17건이 발견되었고, 1999년에는 379건이 발견되어 1988년 이래 1999년까지 1,448건이 발견된 것으로 집계되었다. 안철수, "신종바이러스 대응체계 구축 방안," 제5회 정보보호 심포지움, 2000, p. 447.

거한다. 그리고 나서 사용자가 그 프로그램을 실행하기를 기다리는 방식을 택했다. 따라서 초기의 바이러스는 'sex.exe'나 'porn.exe'와 같이 사용자들을 유혹하는 이름들을 사용했다.

바이러스에 감염된 프로그램이 실행될 때, 바이러스는 최초에 실행되는 일련의 명령이다. 대부분의 경우 바이러스의 초기 행동은 디스켓에서 PC로 자신을 복제하고 난 후 잘 알 수 없는 파일이나 운영체계의 코드, 디스크의 '부트 블록boot block', 불량 섹터라고 명시된 디스크 내의 이용하지 않은 공간 안에 자신을 숨기는 것이다. 불량 섹터는 손상된 부분으로 다시 사용되지 못하는 곳이다.

바이러스가 PC 안에 들어오면, 두 번째 단계를 시작한다. 다시 말해 이제 감염된 시스템 안에 자신의 집을 만드는 것이다. 이 단계는 PC의 보안상태에 따라 결정되는 일련의 행동에 의한 것이다. 여러 사용자가 이용하는 시스템과는 달리 PC에서는 이용자가 모든 이용권을 갖는다. 유닉스 사용자와 같이 자신이 이용할 수 있는 프로그램이 한정되어 있는 것이 아니라 PC이용자는 시스템 내에서 어떤 행동이라도 할 수 있다. 이런 보호의 부재 때문에 바이러스가 한 번 작동하게 되면 PC 시스템의 많은 부분을 변화시킬 수 있게 된다. 특히 활동을 기록하고 보고하는 데이터 구조를 변경함으로써 바이러스는 자신의 자취를 지운다.

더욱 고도화된 바이러스는 메모리 안의 보이지 않는 프로세스 속에서만 존재하여, 자신이 속한 모든 파일을 지우거나 다시 쓰고 자신의 존재를 발견하고 지우려는 모든 시도를 피한다. 이런 바이러스는 암호화되거나 더욱 복잡한 프로그램 컴프레션 트릭을 사용하여 자체 명령을 변화시키거나 명령을 실행시키기 전 데이터 가치를 바꾼다. 소위 '다형태Polymorphic' 바이러스는 들키지 않기 위해 새로운 형태로 모습을 바꾸거나 바이러스 치료 소프트웨어 자체를 감염시킬 수도 있다. 미리 발견할 수 없다는 점 때문에 앞으로 설명할 벌레Worm와 함께 이런 복잡한 바이러스는 자동 침입에 대비하는 군軍이나 보안 전문가들에게 가장 위협적인 존재이다.

바이러스가 PC디스크나 내부 메모리로 복사되면, PC전체가 감염된 것으로서 그때부터 바이러스는 어떠한 반사회적 행위라도 진행할 수 있게 되는 것이다. 새로운 작업을 끊임없이 만들어내어 컴퓨터를 아예 활동 중단시킨다거나, 마구잡이로 파일들을 지우고, 경멸적인 메시지를 화면에 띄울 수도 있다. 이보다 좀 더 조용한 바이러스는 활동하지 않고 잠잠히 있으면서 특정한 환경이 되기를 기다린다. '13일의 금요일

Friday the 13th' 바이러스는 아마도 이런 종류 중 가장 잘 알려진 형태일 것이다. 하지만 여러 형태의 '밀레니엄' 바이러스나 이와 관련된 여러 가지 바이러스도 부인할 수는 없다. 특히 2000년이 되면서 컴퓨터가 날짜를 '00'으로 인식하기 때문에 여러 문제들이 발생하기도 했다.

그러나 이렇게 컴퓨터를 한 번 감염시킨 것만으로 바이러스가 진정 독단적으로 존재 한다고 할 수는 없는 것이다. 이후에 바이러스는 다른 시스템도 감염시킬 수 있어야 하는데 이 과정의 시작은 또 감염된 디스켓에서부터이다. 이 과정은 우선 PC의 모든 실행 가능한 프로그램을 감염시키거나, 운영체제 안에서 파일이나 디스켓의 복사에 관련된 부분을 약간 변화시켜 이들이 새로운 디스켓 등에 바이러스 코드를 실을 수 있도록 한다. 그래서 바이러스 코드를 담은 프로그램이 새로운 시스템 하에서 작동될 때 바이러스는 또 한번의 감염을 진행하는 것이다.

일부 새로운 바이러스는 감염을 진행시키기 위해 실행 가능한 프로그램의 작동이 필요없도록 만들어진 것도 있다. 이런 바이러스는 '프랭크Prank' 혹은 '매크로' 바이러스라고 하는데 보통 워드프로세서 파일에 붙어 다닌다. 이런 파일은 마이크로소프트 워드의 포맷된 텍스트와 함께 이 파일이 어떻게 디스플레이 될 것인가에 관한 지령, 즉 매크로를 담고 있다. 파일이 처음 열리면 워드프로세서 프로그램에 의해 매크로 지령이 실행된다. 그리고 이 과정에서 시스템이 감염되지만 비교적 피해가 크지 않기 때문에 프랭크라고 불리는 것이다.

물론 바이러스가 활동을 시작하거나, 상당히 강력한 바이러스 검색 프로그램을 사용한다면, 바이러스의 존재는 확실해질 것이고 바이러스를 제거할 수 있게 될 것이다. 그러나 바이러스 제거를 위해서는 컴퓨터가 완전히 살균되어야 한다. 다시 말해 바이러스에 감염된 모든 프로그램들을 지우거나 감염되지 않은 깨끗한 프로그램으로 대체해야 하고, 프로그램이 가능한 ROM 내용이 새로 써져야 한다. 이뿐이 아니라 하드디스크를 새로 포맷해야 하기 때문에, 이 과정에서 부트 블록에 이르기까지 하드디스크의 내용들을 모두 삭제하고 새로운 운영체제를 인스톨해야 한다.

개인이 소유하는 PC가 이런 문제를 당하게 되면 큰 문제가 아닐 수 없다. 그러나 이보다 더 큰 문제는 상업기관이나 정부가 소유한 수천대의 컴퓨터에서 이런 문제가 발생한다면 그 처리 비용은 엄청날 것이라는 점이다.

디스켓 안의 감염된 프로그램을 통해서 퍼져나가는 방법 외에도 바이러스는 현재 인터넷을 통해서도 확산되고 있다. 바이러스에 감염된 파일이 인터넷으로부터 다운로드되어 사용자의 PC에 인스톨되고, 이후 그 PC를 감염시키고 사용자가 인터넷이나 디스켓을 통해 전달하는 파일 또한 감염시킨다. 2000년 5월 발생한 러브레터 바이러스는 전 세계적으로 4천5백여만대의 컴퓨터를 감염시켰는데 미 백악관, FBI, 유럽의회, 일본, 홍콩 등 세계 각국의 중요기관이 피해를 입은 것으로 나타났다.

이 모든 경우에서도 바이러스를 의도적이거나 간접적으로 매크로라는 수단을 통해 감염된 프로그램을 작동시키는 그 희생자에 의존한다. 그러나 목표하는 기계가 자신을 실행하도록 강제하여 직접 송수신이 가능한 프로그램은 좀 덜 의존적이다. 이것이 바로 세 번째로 소개할 벌레Worms가 활동하는 방법이다.

(3) 벌레Worms

바이러스가 일반적으로 평범한 PC를 대상으로 하는데 반하여, 벌레는 인터넷에 연결되어 있으며 일반적으로 유닉스를 사용하는 좀 더 큰 기계를 대상으로 한다. 벌레는 일련의 컴퓨터를 감염시키는 것에 앞서 설명한 간단한 형태의 바이러스와 대체로 유사하다. 다른 점은 벌레는 사용자가 무심코 저지른 행동보다는 일련의 기생충으로서 독립적으로 옮겨 간다는 점이다.

벌레가 네트워크를 어떻게 움직여 다니는지를 이해하기 위해서 벌레가 처음으로 등장한 사례를 살펴본다. 이제는 잘 알려진 인터넷 WARMS 사건이다. 1988년 로버트 모리스Robert Morris라는 한 미국인 학생에 의해 처음 만들어진 이 프로그램은 처음에 지적인 훈련을 목적으로 한 것이었다. 그는 다르다고 주장하고 있지만, 그가 어떤 범죄적 동기를 가지고 벌레를 만들거나 유포했다고 믿어지지는 않는다. 그러나 이 벌레는 인터넷에 엄청난 영향을 끼치며 유닉스를 사용한 많은 기계들이 알 수 없는 이유로 고장나자 크나큰 우려를 야기했다.

벌레의 기능은 인터넷 연결망을 통해 하나의 기계에서 다른 기계로 옮겨다니는 것이다. 이 목적을 달성하는 과정에서 모리스는 일련의 도전을 맞이하고 이를 극복해야 했다. 우선 벌레는 하나의 기계에서 다음 기계로 복사해야만 했다. 그리고 소스코드가 한번 복사되면 그 코드를 컴퓨터에 컴파일 해서 실행해야 했다.

이 과정을 마친 후 벌레는 인터넷에 연결되어 있는 모든 유닉스 프로그램을 사용하는 기계에서 모리스의 프로그램을 실행할 때까지 다른 기계로 퍼져나가려는 시도를 하게 되는 것이다.

그렇다면 어떻게 벌레 프로그램이 이 목적을 달성할 수 있는 것인가? 가장 단순한 경우 근접한 컴퓨터가 벌레가 활동하고 있는 컴퓨터를 신뢰하게 된다. 대학 등 비교적 폐쇄된 환경에서 관련된 컴퓨터 사이에서 보안이 성립되는 데 있어 장애가 거의 없다는 것은 잘 알려진 사례이다. 따라서 한 컴퓨터에 접근할 수 있으면 앞서 말한 시퀀스 어택에서와 마찬가지로 주위의 다른 컴퓨터에도 무한정 접근할 수 있다.

따라서 벌레 프로그램의 최초의 감염시도는 목표가 되는 컴퓨터에 소위 리모트 쉘을 시도해 작동시키는 것이다. 리모트 쉘이 허용된 컴퓨터에서는 벌레가 마치 그 시스템의 신뢰 받는 이용자인 것처럼 무한정 접근이 허용된다. 리모트 쉘은 목표가 되는 기계가 벌레를 복제하고, 컴파일하고 실행하도록 만든다.

더욱 일반적인 경우에 있어 이런 간단한 접근법은 가능하지 않다. 따라서 벌레는 여러 가지 다른 전략을 구사할 수밖에 없다. 우선 리모트 시스템에 적용하기 위한 일반적인 패스워드의 파일을 구성한다. 만일 이것이 실패할 경우 벌레는 유닉스 해커들이 주로 이용하는 시스템 유틸리티를 기초로 하여 보안시스템에 대한 자동 공격을 시도한다.

이런 트릭들로 벌레는 인터넷을 움직이며 차례로 유닉스를 이용하는 컴퓨터를 감염시킨다. 한 컴퓨터가 감염 완료되면 벌레는 컨템포러리 파일을 만들어 표시를 남긴다. 이는 이후 새로운 벌레가 이미 감염된 기계를 감염하려는 시도를 할 때 그 시도를 중단시킨다.

불행히도 모리스는 인터넷 관리자들이 벌레를 조기에 감지하여 인공적으로 표시를 남겨 벌레의 확산을 막을 것이라고 기대했다. 이런 시도를 막기 위해 그는 '일곱 중의 하나 규칙'1 in 7' rule'을 만들어냈다. 다시 말해 벌레가 표시를 일곱 번째 발견하게 되면, 표시를 무시하고 감염을 시작하도록 하는 것이다. 이 때문에 공격에 취약한 컴퓨터는 벌레에 너무도 쉽게 감염되어 어떤 다른 과정도 이를 지원할 수 없게 된다.

인터넷 벌레가 기계들을 감염시키고 자신을 퍼뜨린 것 이외에 다른 행동을 한 것이 없어도 기계들은 망가지기 시작했다. 모리스는 경찰에 검거되어 당시 비교적 새로 도입된 1986년의 컴퓨터 사기와 남용에 관한 법률로 처벌되었다. 그의 의도가 순수한 것은 아니었다 해도 범죄적인 것은 아니었지만 그는 1만 달러의 벌금형에 처해졌다.

그러나 현재 이런 벌레가 전 세계적인 정보의 원천에 대한 매우 심각하고 전략적인 위협이 될 수 있음이 증명되었다. 컴퓨터에 손상을 가하기 위해 벌레의 공격은 꼭 성공해야 할 필요가 없다. 컴퓨터를 감염시키려는 시도를 하면서 벌레는 수천 차례의 로그인을 시도하게 되는데 대상이 되는 컴퓨터는 마치 해커의 공격을 당할 때와 마찬가지로 각 과정에 신경을 써야 한다. 각 로그인 요청에 반응을 하게 되면 컴퓨터의 성능은 눈에 띄게 감소한다. 핵심적인 순간에 만일 수백 차례의 로그인 요청이 동시에 들어오면 인터넷과 연결되어 있는 그 기계는 잠깐 동안이라도 고장이 나게 된다. 이것은 서비스의 중지 공격과 유사한 양상을 띠게 된다. 그리고 만일 공격이 성공하게 되면 컴퓨터는 더욱 확실하게 손상을 입게 된다. 이는 앞서 설명한 사이버 전쟁의 전술 발전을 보여주는 사례이다.

벌레 자체는 감염시키거나 컴퓨터를 과부하에 걸리게 하는 것 이외에도 여러 가지 목적으로 사용될 수 있다. 예를 들면 벌레는 바이러스를 불러올 수 있으며, 정보를 훔쳐서 이메일로 벌레의 주인에게 보낼 수도 있고, 벌레가 접근을 할 수 있는 수많은 컴퓨터에서 프로그래밍 업무를 구분지을 수도 있다. 이 마지막 기능은 여러 가지 문자를 조합할 수 있어 암호를 풀거나 패스워드를 추측해내는 데 매우 유용하게 사용될 수 있다. 물론 이런 방법이 아무리 초강력 컴퓨터라 할지라도 한 대의 컴퓨터로는 불가능하기 때문에 벌레들을 통해 수천대의 고성능컴퓨터를 통해 작업을 분리하면 매우 귀찮고 단순한 산수 계산이라 할지라도 현실적인 시간 내에 해결할 수 있다. 따라서 자체적으로 보안을 깰 수 있는 벌레들은 보안 시스템에 대한 공격을 원조할 수 있다.

벌레는 인터넷의 반갑지 않은 특성으로 마치 현실세계의 기생충처럼 원치 않는 기생충들이 관심을 보여야만 하는 대상이다. 그러나 벌레는 매우 유용하게 이용될 수 있다. 벌레의 특성을 지니는 프로그램들이 (보통 기어다니는 것 혹은 에이전트 등 다른 이름이 붙여져 있다) 월드 와이드 웹 상을 다니며 한 지역에만 국한된 정보를 수집할 수 있다. 어떤 경우에는 CD, 카메라 등 경쟁이 심한 제품의 가격을 수집할 수도 있는 것이다.

이런 용도는 웹 브라우저와 관련된 인포메이션 서버의 기능을 돕는다. 뿐만 아니라 멀리 떨어져 있는 기계로 강제적으로 침투하지 않고서도 이런 벌레들은 웹 프로토콜에 대한 접근을 할 수 있다. 실제로 접근 정도가 아니라 환영받는 존재가 된다. 그러나 인터넷 브라우저는 새로운 바이러스나 벌레의 공격에 대한 새로운 가능성을 제시한다. 그러나 이번에는 사용자에게 혜택이 돌아가는 방향으로 이런 공격이 이루어진다. 이는 점차로 인기를 얻어가고 있는 자바 프로그램을 통해 이루어진다.

(4) 자바와 월드 와이드 웹

인터넷이 사용자와 멀리 떨어져 있는 호스트 간에 의사소통을 가능하게 하는 기본적인 인프라를 제공하지만 월드 와이드 웹에 있는 소프트웨어들이 관심의 대상이 된다. 호스트 컴퓨터의 정보들은 화상, 소리, 단순한 텍스트 등 다양한 미디어를 지원하는 하이퍼텍스트의 형태를 띠고 있다. 이 정보는 사용자의 PC에 있는 프로그램, 즉 브라우저를 통해 표시된다. 웹 페이지들 간의 연관, 즉 하이퍼링크Hyper-link는 단추 하나를 누르기만 하면 따라갈 수 있는 것이다.

그러나 선 마이크로시스템 사SUN Microsystems가 자바를 개발하기 전까지는 웹 페이지 안의 정보는 정적인 것이었다. 웹 페이지가 정기적으로 업데이트 될 수 있지만, 한번 업데이트 되면 실리는 내용들은 고정되는 것이다. 자바는 텍스트의 자리에 활동적인 프로그램을 실을 수 있도록 해주어, 예를 들면 움직이는 화상을 웹 페이지에 실을 수 있게 되었다. 자바 프로그램이 들어있는 웹 페이지를 열면, 이런 명령은 사용자 컴퓨터의 브라우저를 통해 복사되고 실행된다. 앞서 논의를 통해 볼 때 자바 프로그램은 벌레와 근본적으로 유사하다. 즉, 코드가 인터넷 링크를 통해 전달되고 각자의 컴퓨터에서 작동된다. 그러나 벌레와 자바 프로그램이 다른 것은 사용자의 통제가 가능한지의 여부이다. 사용자는 자바 프로그램을 자신의 PC로 초대해 불러온 것으로 생각되는 것이다.

애플릿이라고 알려진 자바 프로그램이 개발된 것은 인터넷에 더 많은 기능과 힘을 부여해주기 위해서였다. 자바는 브라우저 안에서만 작동되고 컴퓨터의 나머지 부분은 자바 프로그램으로부터 보호된다. 사실 SUN사는 자바 애플릿이 수행해서는 안 되는 일련의 행동을 규정하였다. 여기에는 사용자의 허가 없이 사용자의 컴퓨터 내에 들어있는 파일을 열거나 수정하는 것, 그리고 독립적으로 브라우저를 가동시키는 것 등이다.

그러나 자바 애플릿은 초기의 주장과는 달리 나쁜 목적으로 이미 사용되고 있다. 소위 말하는 적대적 애플릿Hostile Applets이 점점 더 빈번하게 등장하고 있다. 적대적 애플릿은 매우 최근에 개발된 것이기 때문에 프랭크pranks는 개발되지 않았다. 최근에는 끊임없이 수행을 계속하거나 브라우저의 기능을 방해하는 골칫거리 프로그램이 여기에 속한다. 적대적 애플릿의 범주는 멈춰지지 않는 음향효과에서부터 많은 자원을 소비하도록 만드는 작업을 계속해 브라우저가 과부하가 되도록 만드는 서비스 거부 바이러스, 키보드와 마우스가 움직이지 않게 만드는 바이러스, 사용자의 PC가 완전히 잠겨져 더 이상 사용할 수 없도록 하는 바이러스에까지 이른다.[13] 이런 문제는 브라우저를 다시 시작하면 고칠 수 있지만, 역시 매우 귀찮은 과정이다.

이런 비교적 유치한 문제들 이외에도 적대적 애플릿은 더 복잡한 문제를 야기한다. 브라우저 이외의 프로그램이 작동되고 PC나 시스템에 있는 파일들이 직접적으로 실행되는 등의 허점이 발견되었다. 그러나 다른 경우도 있어 애플릿이 강제적으로 바이러스가 선택한 메시지를 컴퓨터 사용자가 보내는 것처럼 가장해 이메일로 보내도록 할 수 있다. 애플릿은 스레드threads라는 보이지 않는 과정으로 실행되어 PC사용자가 보유하고 있는 정보들, 예를 들면 사용자 이름이나 패스워드 등을 알아내고 이런 자세한 정보들을 바이러스 제작자에게 이메일로 전송하는데 이것은 '키 프레스Key-Press' 바이러스라 불린다.

애플릿은 또한 PC사용자의 연산 리소스를 훔쳐내어 바이러스 주인 대신 암호 풀기 작업 등의 프로그래밍 업무를 실행하도록 한다.

브라우저가 닫히면 작동은 중지하지만, 겉으로 보기에는 별일 없는 것으로 보이는 적대적 애플릿은 멈출 수 없는 감춰진 스레드를 통해 부정한 행동을 한다. 그러나 이보다 더욱 미묘한 적대적 애플릿은 브라우저 밖에서 바이러스를 들여오거나 브라우저를 변경시켜 브라우저를 열 때마다 애플릿이 작동하도록 만든다. 이는 자바 언어나 작동시간 등의 특징을 이용하면 가능하다. 이외에도 사용자를 속여서 보호되는 브라우저 환경 이외의 시스템에 대한 접근을 주는 것으로 사용자가 잘못 인식하도록 만들 수도 있다.

해커, 바이러스나 벌레의 제작자와 마찬가지로 자바 훌리건들이 만들어낸 적대적 애플릿도 현대와 같이 파괴적인 모습을 지니기 전에는 비교적 간단하고 무해한 장치에서 시작되었다. 현재 허점을 발견하여 해결하기 위한 여러 가지 노력들이 진행중이지만 프랭크는 앞으로 계속될 것으로 보인다.

이런 바이러스가 환영받지 못하며 디스켓으로 옮겨다니는 바이러스보다 더 위험

---

13) D. Dean, *et al.*, "*Java Security: From Hot Java to Netscape and Beyond*", IEEE Symposium on Security and Privacy, 6-8 May, 1996.

한 이유는 인터넷 환경에서는 사용자의 잘못 없이도 바이러스가 각 PC로 들어오기 때문이다. 사용자는 일반적인 방법으로 인터넷이나 웹 페이지와 서로 작용을 하고 잘못하는 일은 없다. 그러나 프로그램이 바이러스에 감염되었는지의 여부를 먼저 확인하고 프로그램을 로드하거나 실행시키는 것이 마땅하나 실제 인터넷 사용의 실태는 일반적 보안 가이드라인을 위반하는 경우가 허다하다.

적대적 애플릿의 경우 사용자는 미리 한 애플릿이 그것이 적대적이건 그렇지 않은 것이건 자신의 PC에서 실행될 것임을 미리 알 수 없다. 물론 브라우저를 조정해서 자바 코드를 전혀 작동시키지 않도록 만들 수는 있다. 그러나 사용자가 이런 방법으로 브라우저의 기능을 제한하지 않게 하겠다고 결심하면, 자바 코드의 존재에 대해서 알아챈 순간에 이에 대해 대처하기는 너무 늦는다. 그 애플릿은 더 많은 해를 끼치거나 현존하는 바이러스와 결합하여 범죄행위를 저지른 경우는 없다. 그러나 앞으로 이렇게 될 가능성은 얼마든지 있다. 애플릿을 통해 온라인으로 PC사용자가 보내는 것처럼 해서 물품구매 주문을 하지만, 실제로 그 물품은 바이러스 작성자에게로 배달된다거나, 애플릿에 로직 폭탄을 실어 이후에 이에 대한 대가를 요구할 수도 있는 것이다.

물론 애플릿이 범죄나 테러리즘을 은연중에 지원하게 되는 일이 현실화되는 것은 시간문제이긴 하지만, 현재까지는 이런 심각한 사례가 보고된 것은 없었다.

우리는 컴퓨터가 조직에 있어 매우 유용한 자원이며, 이 유용성에는 몇가지 측면이 있음일 살펴보았다.

첫째로 PC나 칩, 혹은 기타 다른 요소들이 도난당했을 때 이를 대체하는 데 드는 비용이라는 측면에서 기본 구성요소 자체들은 각자 가치를 지닌다. 그리고 범죄자들이 이런 요소를 다시 팔 때 상당한 가치를 가지므로 부품절도가 범죄자들에게 있어 특히 매력적이다.

둘째로 컴퓨터가 지니는 정보가 조직에 가치를 지닌다. 그 정보는 장기간에 걸쳐 수집된 것일 수도 있고 그 조직에 고유한 중요성을 지닐 수도 있으며, 그 정보를 지키려는 사람에게 있어 매우 개인적이고 사적인 것일 수도 있다.

셋째로 컴퓨터 리소스가 계속적으로 공급될 수 있다는 점이 조직에 가치를 지닐 수 있다. 관련된 회사가 그 정보에 대한 계속적인 접근에 깊이 의존하는 수준에까지 이를 수 있다. 따라서 범죄자는 그런 정보를 훔쳐내고 다시 팔거나, 정보나 리소스에 대한 접근을 제한하고 그에 대한 대가를 요구함으로써 이들을 취할 수 있다. 이는 바이러스나, 암호화, 벌레 혹은 해킹 공격을 실제로 감행하거나 아니면 단순한 협박으로 이루어질 수 있다.

바이러스 보호장치는 이제 거대산업이 되어 더욱 안전한 운영체제에 대한 수요는 점점 증가하고 있다. 그러나 해커와 바이러스 작성자들은 매우 냉혹해진 것처럼 보인다. 대부분의 바이러스 탐지 소프트웨어는 파일을 검사하여 특정한 알려진 바이러스의 존재를 판명할 수 있는 코드 조각을 찾아내어 그 결과로 감염여부를 조사한다. 그러나 새로운 바이러스가 거의 매일 등장하고 있으며, 더욱 악질적이고 다양한 형태를 띠는 바이러스는 형태를 급격하게 바꾸어 모습을 감춘다. 이보다 더욱 나쁜 것은 일부 바이러스가 바이러스 탐지 소프트웨어 자체를 감염시키고 이를 이용하기 위해 만들어졌다는 것이다.

해킹을 방지하는 것도 여전히 큰 어려움이다. 특히 시스템 운영자들이 어려운 선택을 해야 하기 때문에 더욱 그렇다. 시스템 운영자들은 사용자들에게 자신들의 시스템을 가능한 최대로 공개해야 하면서도 한편으로는 침입자를 막아야 한다. 만일 보호장치가 귀찮고 복잡하다면 잘못 실행되고, 잘못 관리되며, 잘못 사용되어 그 결과 해커들이 침입할 수 있는 여지를 마련해 줄 수 있게 된다. 세상에서 가장 안전한 금고라 할지라도 문을 여는 방법이 너무 복잡해 속이 비어 있다면 쓸모가 없는 것이다.

따라서 컴퓨터를 대상으로 하는 범죄, 즉 절도, 강탈, 범죄적 피해 등은 매우 거대하고 복잡한 잠재적 시장을 구성한다. 마치 도난 자동차시장과도 같다. 자동차의 경우 범죄활동은 자동차를 분해하거나 다시 판매하기 위한 목적으로 직접 훔치는 것, 라디오나 믿을 수 없이 인기가 많았던 자동차 표지 등 특정 부품만을 절도하는 것 등이 포함된다.

그러나 절도 차량은 범죄적인 목적으로 사용될 수도 있다. 과속, 뺑소니, 경찰 추적의 따돌림, 하이재킹 등의 목적으로 이용될 수도 있는 것이다. 이와 유사한 방식으로 컴퓨터도 범죄적인 목적을 위해 사용될 수도 있다.

Ⅳ. 사이버 테러의 대응방안

1. 법적 제도적 장치의 보완

사이버 테러의 위협에 종합적이고도 체계적으로 대처하기 위해서는 무엇보다도 먼저 법적 장치가 마련되어야 한다.

선진 각국은 정보화기술의 급속한 발전속도에 따라 최근 급증하고 있는 해킹, 컴퓨터 바이러스 등 사이버 테러로부터 정보 및 정보통신기반을 안전하게 보호하기 위한 정책을 펴나가고 있다. 영국은 컴퓨터 오용방지법, 데이터보호법은 물론 중상금지법을 제정하여 시행하고 있으며, 미국은 주법이나 연방법으로 반사회적 컴퓨터 사용통제에 관한 법들을 제정하였으며 특히 2000년 4월에는 상원에 인터넷과 주요정보 통신기반보호 강화를 내용으로 하는 2000년 인터넷 및 주요정보통신기반보호법안이 상정되었다. 일본도 해킹 등 전자적 침해행위에 적극 대응하기 위해 1999년 8월 부정엑세스행위의 처벌 등을 내용으로 하는 부정 엑세스행위금지 등에 관한 법률을 제정하여 시행하고 있다.

그러나 우리나라는 불법적인 해킹행위에 대하여 정보통신망이용촉진 등에 관한 법률로, 컴퓨터 바이러스는 형법 제314조에 의거 형사처벌할 수 있도록 하고 있으나 아직 사이버 테러로부터 국가정보기반을 보호하기 위한 단일의 법적 장치가 마련되어 있지는 않다. 따라서 사이버 테러에 효율적으로 대응하기 위한 별도의 법규가 제정되어야 할 것이다.

정부는 해킹, 컴퓨터 바이러스 등 각종 전자적 침해행위로부터 주요정보통신기반 시설의 보호체계를 종합적·체계적으로 구축하기 위해 정보통신기반보호법의 제정을 추진하여 2001년 7월부터 시행되고 있다. 또한 국가정보기반을 사이버 테러로부터 보호하기 위해 대통령훈령으로 "국가정보기반보호규정"을 2004년 12월 제정하여 시행중에 있는 바 여기에는 국가정보기반을 범정부차원에서 체계적이고 효율적으로 보호하고 관리하기 위한 대응체제 구축과 각 기반별 임무분담, 국가정보기반 보호대상 지정 및 관리, 기술개발 및 국제협력 등에 관한 내용을 포함하고 있다.

2. 사이버 테러 대응기술의 개발 강화

최근 닷컴 시대가 열리면서 전 세계 정보 시스템의 90%가 보안이 취약하여 해킹이 가능한 것으로 알려져 있다. 더구나 대부분의 정보보호 기술이 방화벽을 위주로 개발되고 있으며 그 기능이 제한적이고 심지어는 기능이 주기적으로 개선되지 않고 있어서 대부분의 시스템들은 취약성을 갖게 되고 그 취약성을 시작점으로 하는 사이버 테러의 위협은 개인, 조직 및 공공기관, 그리고 국가를 대상으로 점점 증가하고 있다.

사이버 테러로부터 국가정보기관구조National Information Infastruture: NII를 보호하기 위한 기술개발은 전통적인 정보보안에서 정보 보증 및 생존성 기술개발로 변화하였다. 즉 국가 주요기반구조보호CIP를 위해서는 취약성을 보완하고, 피해를 최소화 하며, 공격을 탐지하여 차단하고, 필요한 정보를 서로 공유하며, 기반구조의 핵심기능을 즉각적으로 복구하는 기술을 개발하여야 한다는 것을 의미한다.

미국은 1999년부터 2004년까지 사이버 테러 대응에 필요한 정보보호 기술개발을 위해 총 40억 달러를 투자하였으며, 미 국방부는 첨단 해킹방지기술의 개발을 추진하면서 정보시스템이 공격자로부터 침해를 당하더라도 시스템의 가용성을 보장할 수 있는 기술과 최소한의 필수시스템의 생존을 위한 기술개발에 주력하고 있다. 특히 DARPA를 중심으로 전략적 사이버 방어Strategic Cyber Defence를 위해 개발되고 있는 IA&S 기술은 6가지 영역에 걸쳐 8가지 연구개발 프로그램으로 구성되어 있다.[14)]

우리나라에서는 2000년 1월 국가보안기술연구소를 설립하고 사이버 테러 대응기술을 개발하고 있으며, 3월에서 4월에 걸쳐 정부, 출연연구기관 산업체, 학계로 구성된 '사이버 테러 대응 기술개발협의체'의 의견수렴을 통하여 취약성 분석, 침입탐지 · 대응 · 복구기술, 네트워크 공격방어 및 예방기술, 안전 · 신뢰성 강화기술 등의 개발계획을 수립하여 추진중에 있다.[15)]

---

14) 박상서, "사이버테러 대응기술," 제5회 정보보호 심포지움, 한국정보보호센터, 2000, p. 278.

15) 김영문, "사이버테러대응 기술개발사업 추진계획," 제5회 정보보호 심포지움, 한국정보보호센터, 2000, p. 298.

3. 전문인력의 체계적 양성

정보기반시스템에 대한 사이버공격을 사전에 예방하고 대처할 수 있는 전문인력의 수요는 국내외를 막론하고 여러 분야에서 활발히 창출되고 있으나 이에 따른 인력양성은 만족할 만한 수준에 있는 것 같지 않다.

영국의 경우 Royal Holloway, University of London에 전문 석사과정이 개설되어 인력재교육과 전문인력 양성기관의 역할을 수행하고 있으며, 미국에서는 NSA가 인증하는 교육프로그램을 1999년 5월, 7개 대학에서 실시하여 전문인력 양성의 중추적 기능을 담당하고 있다.

우리나라에서는 정보통신분야의 인력수요는 급증하고 있으나 한국정보보호센터, 출연연구소, 대학 등에서의 전문인력 양성은 전문교수인력의 확보, 교육 기자재 및 시설의 확충 등이 필요한 현실이어서 미흡한 상황이다. 따라서 산, 학, 관 공동으로 필요한 정보보호 교육프로그램을 개발하여 대학 및 대학원과정에 이를 운영토록 유도하여 범국가차원에서 정보보호 전문인력을 지속적으로 양성해야 한다. 또한 국가나 공공기관의 사이버 테러 대응 전문인력의 양성을 위해서는 현행 각급기관의 정보보호 담당관을 중심으로 실무교육을 강화해 나가야 한다.

4. 국내외 협력체제의 강화

미국, 러시아, 프랑스, 일본 등 주요 8개국G8은 2000년 5월 파리에서 '컴퓨터 범죄회의'를 열고 사이버 범죄에 대한 국제조약을 마련하기로 했다. 각국 대표들은 사이버 범죄 구분 기준, 국제수사 공조체제, 공통 처벌규정 등을 포함하기로 했다. 특히 미국은 국제 사이버 경찰기구의 창설을 주장하고 있는 것으로 알려졌다.[16)]

국내에서도 정보통신망을 통한 사이버 테러에 대한 예방 보안활동 및 범죄수사의 원활한 수행을 위해 국가정보원, 정보통신부, 국방부, 검찰, 경찰 등 관련부처를 중심으로 공조체제를 구축하여야 한다. 또한 국가 간 상호 수사공조와 범죄자 인도 등에 대한 법규를 정비하여 국제적인 해커들에 의한 사이버 테러의 확산을 방지할 필요가 있으며, 각 나라별로 암호기술 및 해킹기술 등의 정보를 교환하고 기술협력을 위

16) 중앙일보, 2000년 5월 17일 12면, "사이버 범죄 공동대응".

해 국제해킹사고대응기구FIRST 및 사이버 테러 대응기관 등과 협력을 강화해나가야 한다.

V. 결 론

오늘날 모든 선진국가에서는 정보화의 진전에 따라 해킹, 컴퓨터 바이러스 등을 이용하여 주요정보통신기반시설에 불법으로 침입해서 피해를 입히는 사이버 테러가 기승을 부리고 있고 앞으로도 계속 증가할 것이다. 피해범위에서 볼 때 군사부문은 물론 주요국가기반구조인 금융, 통신, 운송, 에너지, 전력 등 여러 분야가 공격 대상이 되기 때문에 이의 침해는 국가의 안전과 국민생활의 안정에 중대한 영향을 미치게 된다. 따라서 해커나 범죄조직의 공격으로부터 이를 보호하는 일은 무엇보다도 중요하고 시급한 과제이다. 그러나 사이버 테러의 위협에 정보시스템이 항상 노출되어 있기 때문에 사이버 테러를 사전에 완전히 제거할 수 없음은 안타까운 일이다.

따라서 세계 각국은 사이버 테러에 관한 범정부적 대응체제를 구축하여 추진중에 있다. 우리나라에서도 사이버 테러에 대응하고자 각계에서 나름대로 노력을 경주하고 있으나 이를 하나로 결집해서 국가차원의 종합적이고도 체계적인 대응체제를 구축하여야 한다. 이를 위해서는 관련부처간의 보다 적극적인 협력과 과감한 재정적 지원이 필요하며 국제적인 협력도 강화해나가야 할 것이다.

9 · 11 테러의 경과와 대응

Ⅰ. 서　론

국제테러는 1960년대 팔레스타인 해방기구PLO가 이스라엘에 대한 폭력활동에서 시작된 이래 그동안 극우파 및 극좌파, 또는 민족분리주의자들에 의하여 자신들의 주의나 주장을 널리 알리는 수단으로 공포를 조성하기 위해 자행되어 왔었다. 그러나 지난 2001년 9월 11일 미국에서 발생한 세계무역센터WTC 및 국방부 건물Pentagon에 대한 동시다발 폭파 테러사건의 경우와 같이 최근의 테러양상은 기존의 방법으로는 국가 공권력에 대항할 수 없게 되자 항공기 자살공격이라는 초유의 수법과 민간인을 무차별적으로 살상하는 이른바 21세기형 '뉴테러리즘'의 경향을 나타내고 있다. 이번 사건은 특히 사망자 및 실종자가 3,000여명에 이르는 등 테러공포가 전 세계에 확산되는 계기가 되었다. 따라서 이제는 테러가 공포 조성의 한계를 벗어나 그 피해가 국가안보 자체를 위협하는 수준에 이르게 되었기 때문에 앞으로 국제사회는 적국과의 전쟁이 아니라 테러와의 전쟁시대가 도래할 상황에 처하게 된 것이다.

그동안 우리는 테러가 미국이나 이스라엘 등 특정국가에서만 발생하는 것으로 인식되어 심각한 위협으로 받아들이지 않았던 것이 사실이다. 그러나 지난해 테러사건을 주도했던 알-카에다 조직이 친미국가와 미국의 아프간 공격에 참전한 국가들에 대한 보복 테러를 공언한 바 있어 우리나라도 테러의 위협으로부터 안전지대라고 할 수 없다.

여기에서는 첫째로, 지난 2001년 9월 11일 미국에서 발생한 가공할 만한 테러의 전개과정을 살펴보면서 미국 항공사와 정보기관들의 허점은 무엇이었는가를 알아보고자 한다. 둘째로, 이번 테러를 배후에서 직접 조종한 것으로 지목된 오사마 빈 라덴Osama bin Laden의 프로필과 그의 테러조직인 알-카에다Al-Queda, 그리고 테러를 실행하기 위해서 장기간에 걸친 은밀한 준비와 테러범 훈련에 소요된 막대한 자금은 어떻게 조성되었는가를 알아보고자 한다. 셋째로, 미국은 이번 테러에 대응하기 위해 빈 라덴이 은신한 아프간을 공격하고, 수사기관의 능력강화와 수사절차를 완화한 "애국법USA PATRIOT Act 2001"을 제정했으며, 대테러업무를 총괄할 "국토안보부Office of Homeland Security"를 신설하는 조치들을 취해 왔으나 여기서는 애국법의 제정과 국토안보부의 신설에 대해서만 살펴본다. 이와 같은 과정을 검토해 봄으로써 우리는 테러에 어떻게 대응할 것인가를 일깨우게 될 것이다.

Ⅱ. 9·11 테러의 경과

2001년 9월 11일 세계 경제의 심장이라 자부하는 미국 뉴욕의 110층 세계무역센터 건물과 미국 국가안보를 책임지고 있는 워싱턴의 국방부 건물이 동시다발 테러의 공격을 받아 무역센터 건물 2동이 붕괴되었고 국방부 건물도 일부가 붕괴되면서 3,600명의 인명피해와 220억 달러의 재산피해가 발생한 것으로 알려졌다.

이번 테러사건은 테러의 3대 유형인 폭탄공격bombing과 항공기 납치hijacking, 그리고 인질 납치hostage seizures를 총동원하다시피 한 방대하고 치밀한 군사작전을 방불케 한다.

첫째, 세계무역센터 북측 빌딩에 대한 테러는 9월 11일 오전 7시 59분 납치범들이 보스턴 로건 공항에서 승객 91명과 승무원 11명 등 92명을 태운 로스엔젤레스행 아메리카 에어라인AA-B737 11편에 탑승하여, 여객기가 항속궤도에 접어든 30분쯤 뒤 아랍계로 보이는 승객 서너명이 여승무원을 위협한 후 조종실 진입에 성공하였다. 납치범들은 여객기를 탈취하여 자동비행상태에 있는 여객기 방향을 뉴욕 맨하탄 방향으로 수정하고 고도를 낮추어 자살테러를 감행, 8시 45분 뉴욕 세계무역센터 북측 빌딩에 충돌하기까지 46분이 소요되었다.

둘째, 세계무역센터 남측 빌딩에 대한 테러는 첫 번째 여객기가 이륙한 지 14분 뒤인 오전 8시 14분 납치범들이 같은 공항인 보스턴 로건 공항에서 승객 65명을 태운 로스엔젤레스행 유나이티드 에어라인UA-B767 175편에 탑승하여 여객기를 탈취하여 정상항로를 이탈한 채 뉴욕으로 날아가 자살테러를 감행, 51분이 경과된 9시 5분에 뉴욕 세계무역센터 남측 빌딩에 충돌한 것이다.

셋째, 국방부 건물펜타곤에 대한 테러는 뉴욕의 대재난에 세계인들이 넋을 잃고 있는 9월 11일 오전 9시 납치범들이 워싱턴 DC 덜레스 공항에서 64명의 승객을 태운 로스엔젤레스행 아메리칸 에어라인AA-B757 77편에 탑승하여 여객기를 탈취하여 9시 45분에 충돌하였는데 소요시간은 45분이었다.

여객기를 자살 폭탄이라는 테러의 도구로 이용하여 초강대국인 미국의 권위와 힘의 상징인 세계무역센터와 국방부 건물 일부를 파괴시킨 이 사건은 테러리즘 역사에 전율할 만큼 악랄한 새 수법을 동원해 세계인들에게 충격을 주었다.

상업항공기가 테러공격의 목표로 떠오른 것은 1950년대부터였다. 팔레스타인 테러범들이 여객기를 처음 납치한 것은 1968년으로 팔레스타인해방기구PLO 내 과격 파벌이 팔레스타인 해방이라는 명분을 전 세계에 알리기 위해서였다. 이후 여객기 납치는 1970-80년대 테러의 주요 표적이 됐다.

그러나 이번 테러사건은 종전처럼 여객기 납치가 탑승객들의 목숨을 인질로 삼아 자신들의 목적을 이루기 위한 것이 아니라 여객기를 또 다른 테러의 도구로 이용했다는 점이 다르다. 특히 지금까지는 자살 폭탄을 테러범 자신의 몸에 숨기거나 자신이 탄 차량에 싣고 돌진하는 사례는 있었지만 비행기로 목표물에 돌진해 자폭한 것은 이번이 처음이다.

또한 테러범들은 비행기로 빌딩에 자살 충돌한 것에 그치지 않고, 건물에 좀 더 큰 피해를 주기 위해 비행기의 고휘발성 연료 그 자체를 폭탄처럼 활용했다. 납치된 비행기들은 미국 동부에서 출발해 서부로 향하는 장거리 운행에 필요한 수천 갤런의 연료를 싣고 있었고 납치범들은 많은 양의 연료를 폭발시키기 위해 납치 대상 비행기도 충돌표적에서 멀지 않은 공항에서 이륙한 것을 골랐다.

1990년대 중반부터 미국 항공사들은 테러 위협에 대한 보안요건을 강화해왔다. 특히 외국인이 입국해 국내선으로 갈아탈 경우 반드시 여권제시를 요구했고 또 외국인 통과 여행객은 입국수속을 밟으면서 반드시 수하물을 찾아서 환승할 국내선으로 옮겨 실어야 했다. 테러범들이 외국에서 수하물을 부친 뒤 중간에서 내려버릴 가능성을 차단하기 위해서다. 실제 보스턴 로건 공항에서 이번 테러사건의 용의자로 보이는 인물이 수하물을 부치고도 탑승하지 않았다. 그럼에도 불구하고 이번 사건이 발생했다는 것은 실질적으로 미국 국내선 공항보안시스템에 허점이 있다는 것을 증명하는 것이다. 보스턴 로건 공항의 경우 지난 10여년 동안 공항 청사에 대한 보수작업으로 공항 주변이 항상 어수선한 상태였고 또 공항 주변이 바다로 둘러싸여 있어서 테러범들이 마음놓고 공항 활주로에 접근할 수 있는 문제점이 있었지만 이에 대한 적절한 대책은 없었다고 한다. 로건 공항은 지난 1999년 수하물 검색에서 무려 136번이나 보안검색에 허점이 있는 것으로 드러나 17만 8,000천 달러의 벌금을 부과 받았다. 당시 파이프 폭탄이나 총기류가 통과되었는데도 적발해내지 못했다고 한다.

2000년 4월 미국 감사원GAO은 미국 내 항공안전에 심각한 결함이 있으며, 그에 상응하는 조치가 필요하다고 밝힌 바 있으며, 2000년 8월에도 연방항공청FAA은 모든 탑승객에 대해 철저한 보안 검색을 하는지 조사보고서를 작성하겠다고 발표했으나 큰 진전은 없었다는 것이다. 전문가들은 가장 손쉬운 방법으로 1970년대처럼 기내에 무장 경찰관을 탑승시킬 것을 주장하기도 한다.

미국의 이번 여객기 공중납치 테러사건을 계기로 국제항공교통협회IATA와 미국 연방항공청FAA은 여객기 승객에 대한 보안검색, 특히 조종실의 외부침입을 막기 위해 조종실 문을 방탄유리로 만들고 특수 잠금장치도 설치하는 등 안전장치를 강화했으며, 탑승객의 휴대품 및 수하물 검색을 대폭 강화했다.

이번 테러에 직접 가담한 것으로 알려진 19명의 테러관련자들 가운데에는 미국 내 비행학교에서 항공기 조종훈련을 받은 자들이 포함되어 있다. 항공기 납치범들은 안전요원이 배치되지 않은 미국 국내선의 약점을 이용하여 비행기마다 3-6명이 한 팀을 편성해 탑승하여 칼과 박스 절단용 커터 등을 금속탐지기에 걸리지 않도록 은닉해 통과한 뒤 무기로 이용하거나 폭파위협을 하면서 순식간에 조종실을 장악해 여객기를 납치한 것이다.

탑승자 명단에서 발견된 아랍에미리트UAE 출신의 모하메드 아타Mohamed Atta와 사우디아라비아 부족출신의 마완 알쉐이Marwan Al-shehhi는 독일 함부르크의 독일공업대학Germany's Technical University of Hamburg_Harburg에서 전자공학과 건축공학을 각각 전공했으며, 이들의 아파트에서 정기적인 모임을 가진 것으로 독일 검찰은 밝혔다. 모하메드 아타는 미국과 이집트 비행면허도 소지하고 있었으며, 2000년 7월 플로리다주 코랄 스프링스에 거주하면서 마완 알쉐이와 함께 허프만Huffman 비행학교에서 훈련을 받은 것으로 알려졌고, 보스턴 로건 공항에서 발견된 아랍어 항공교본이 들어있는 미쓰비시 자동차를 렌트한 것으로 밝혀져 이들이 이곳에 차를 버려 둔 채 아메리칸 항공 11편에 탑승한 것으로 추정된다. 아타 이외에도 아메리칸 항공 11편에 탑승했던 테러범들은 사탐 알 수카미, 알리드 M. 알쉐리, 와일 알쉐리, 압둘라지스 알로마리 등이다. 마완 알쉐이는 1980년대 아프간의 대소 항전 때 참전했던 알-카에다의 행동대원으로 유나이티드 항공 175편에 탑승하여 세계무역센터 남측 건물에 충돌한 것으로 알려졌다. 알쉐이 이외에도 함자 알감디, 아메드 알감디, 파에즈 아메드, 모할드 알쉐리 등이 유나이티드 항공 175편에 탑승한 테러범들이다. 또한 아메리칸 항공

77편을 납치하여 국방부 건물에 충돌한 테러범에는 하니 한주르, 칼리드 알-미다르, 마제드 모케드, 나와크 알함지, 살렘 알함지 등이 포함되어 있다.[1]

FBI는 수사관 4,000명과 보조요원 3,000명 등 FBI 전체 인력의 4분의 1에 해당하는 역사상 유례가 없는 7,000명의 대규모 인력을 미국 전역에 파견했고, 범죄실험실 요원 400명을 비행기 추락현장에 투입하여 수사를 벌였으며 독일, 캐나다 수사기관과 협조, 납치범들의 행로를 추적하였다. 미국 정부는 9 · 11테러사건 후 범인 색출과 테러 근절을 위해 대규모 수사를 진행하면서 이번 테러의 주범으로 지목된 오사마 빈 라덴을 포함해 테러관련자 22명을 발표하고 빈 라덴[2]을 제외한 테러범들에 대해 은신장소나 검거에 직접 도움이 되는 정보를 제공한 사람에게 각 500만 달러약 65억원의 현상금을 내걸었다. 수배자 명단에는 1985년 베이루트 TWA여객기 납치사건, 1993년 뉴욕 세계무역센터 지하 폭파사건, 1996년 사우디아라비아의 호바르 타워스 폭파사건 및 1998년 케냐와 탄자니아 주재 미국대사관 폭파사건 등과 관련된 기소된 범인들도 포함되어 있다. 또한 빈 라덴의 오른팔인 아이만 알 자와히리와 군사작전 담당관 모하메드 아테프, 알-카에다 소속 테러범들도 명단에 들어 있다.

이번 동시 다발 테러는 미국이 자살테러와 같은 극단적이자 원초적인 전술에 의한 공격에 얼마나 취약한지를 극명하게 보여준 사례라고 할 수 있다. 특히 국방부 같은 미국 세계 군사전략기획의 핵심기관도 예외일 수 없다는 사실을 일깨워주었다. 이번 사건은 우선 미정보기관들의 방심을 지적하지 않을 수 없을 것이다. 세계에서 가장 강력한 최첨단 장비 및 첩보 인력을 갖고 있는 미국의 정보수집능력은 대단한 것으로 알려져 있는데 정작 자국 내 테러에 대한 정보를 전혀 입수하지 못한 채 어이없이 당했다는 점 때문이다. 매년 100억 달러 이상의 막대한 예산을 쓰고 있는 미국 정보기관들의 정보수집 네트워크에 엄청난 구멍이 나 있음을 드러낸 것이다.

미국 정보기관들은 해외공관들에 대한 테러를 예상하여 이에 대한 경계를 강화했지만 미국 본토에서 비행기를 이용한 자살 공격테러를 저지를 것이라고는 예상하지 못한 측면이 있다. 이는 테러 집단이 정보당국의 허점을 노려 테러를 감행할 정도로 지능화됐다는 것을 의미한다.

미국을 강타한 테러에 대해 조지 W 부시 미국 대통령은 '전쟁행위act of war'라고

---

1) *Time*, October 1, 2001, pp. 48～53.
2) 2,500만 달러의 현상금.

표현했다. 희생자가 수천명을 넘고 자본주의의 번영을 상징하는 맨하튼의 초고층빌딩들이 순식간에 줄줄이 붕괴된 사건을 단순히 테러라고 치부할 수는 없을 것이다. 부시 대통령이 이를 전쟁이라고 부르고 아프가니스탄에 은신하고 있는 오사마 빈 라덴을 테러범으로 지목하여 군사력을 총동원해 보복을 감행했다. 그런데 중앙아시아의 오지에 은신하고 있는 사람이 어떻게 이와 같은 테러를 저지를 수 있을까? 그것은 바로 세계화와 정보화의 진전에 있다고 할 수 있다. 세계화와 정보화가 진행되면서 권력은 국가로부터 많은 정보와 네트워크를 구축하고 있는 개인으로 이전됐다. 빈 라덴은 조직원들과의 이메일과 휴대전화 연락만으로 뉴욕의 최고층건물을 붕괴시키고 워싱턴의 국방부 건물을 파괴할 수 있었다.

이 사건 이전에도 세계화와 정보화의 진행에 따라 국가를 상대로 한 개인의 무차별 테러에 대한 우려가 꾸준히 제기돼왔다. 뉴욕타임스의 칼럼니스트인 토머스 프리드먼은 세계화와 정보화가 미국에 대해 분노하고 있는 사람에게 초능력을 부여할 수 있다며 이러한 사람을 '초능력을 갖춘 분노한 인간Super Empowered Angry Man'이라고 불렀다. 예를 들면 유능한 컴퓨터 해커는 국가전산망을 일시에 파괴할 수 있다. 이번 테러를 조종한 것으로 알려진 빈 라덴도 탁월한 인터넷 사용능력의 소유자로 알려져 있다. 1998년 8월 케냐와 탄자니아 주재 미국 대사관에 대한 폭탄테러를 배후조종한 그는 당시 이메일로 지시를 내린 것으로 알려졌다. 빈 라덴은 또 위성전화를 통해 조직원들과 자주 연락한 것으로 알려졌다. 이번 사건에서도 테러범들은 여객기 납치 직후 위성전화로 빈 라덴에게 성공했다는 메시지를 보낸 것으로 알려졌다.

1995년 3월 일본 도쿄 지하철에 사린가스를 살포하여 12명을 사망케 한 사이비종교단체인 옴진리교는 러시아에서 헬기를 수입해 독극물을 살포할 계획을 가지고 있었다. 이번 사건에서도 테러범들이 미국에서 비행조종훈련을 받은 것으로 확인됐으며 50여명에 달하는 테러관련자들이 캐나다 등을 통해 쉽게 미국에 입국한 것은 세계화의 물결을 탄 것이라고 할 수 있다. 이번 사건에서 테러범들은 비행기 납치에 필요한 칼 이외에는 총이나 폭탄은 가지고 있지 않았다. 미국 영토 내에 있는 비행기와 연료가 무기였으며 이들은 오로지 정보만 가지고 테러를 감행한 것이다. 이런 상황이라면 미국 내에 산재한 핵발전소는 물론 각종 연구소에서 배양하고 있는 세균들도 손쉽게 대량 살상무기로 악용될 수 있을 것이다.

과거 팔레스타인 테러 조직들의 테러 목적은 국제여론을 환기시켜 국가독립을 이루기 위한 것이었다. 그러나 빈 라덴의 목표는 자신의 존재를 알리자는 것이 아니고, 뉴욕을 차지하거나 이슬람 영토로 만들자는 것도 아니며, 사우디 왕정에 분노하면서도 공격대상은 미국인 것이다. 미국이 무너져야 사우디가 성스러워진다는 논리인 것이다.

Ⅲ. 9 · 11 테러의 배후자로 지목된 빈 라덴

1. 빈 라덴의 프로필

악명높은 테러 사건마다 배후 인물이나 주모자로 자주 지목돼온 오사마 빈 라덴 Osama bin Laden · 45세이 미국 9 · 11 테러의 범인이다. 그는 미국 중앙정보국CIA에서 미국의 '공적 1호Public Enemy No.1'로 지목돼 있는가 하면, 이슬람에서는 '영웅' 대접을 받고 있는 인물이다.

'미국의 적'은 세계 도처에 존재하지만 이번과 같은 대형 사건을 일으킨 재력과 인력, 기획능력을 가진 테러범이 빈 라덴이라는 것이 전문가들의 공통된 분석이다. 비행기를 납치하고 차량폭탄을 1-2회 동시다발적으로 폭발시키려면 수년에 걸친 거사 계획과 사전준비, 그리고 인력 양성이 필요하며 그런 인물은 빈 라덴밖에 없다고 보기 때문이다. 그는 1996년 사우디 미군기지 공격24명 사망, 1998년 케냐와 탄자니아의 미 대사관 폭탄테러224명 사망, 2000년 예멘 미 구축함 폭탄테러17명 사망 등을 주도했거나 깊숙이 개입한 것으로 알려지고 있다.

빈 라덴의 재력과 조직력도 그의 최대 강점으로 꼽히고 있는데, 개인재산만 5억 달러에 이르는 데다, 끊임없이 기부되는 돈으로 부를 축적한 것으로 알려졌다. 그의 조직망은 주로 중동과 아프리카 지역 20여 개국에 걸쳐 있으며, 이들은 60여 개국에서 활발한 활동을 벌이고 있는 것으로 알려졌다. 아프가니스탄에서 그가 운영하는 테러 교육 센터에는 체첸 등 독립국가연합CIS지역의 이슬람 반군까지 교육하고 있다고 한다. 조지 테닛 전 CIA국장이 2001년 2월 의회에서 밝힌 대로, 빈 라덴 자신이 반복해서 사전경고 없는 공격 의도를 밝혀왔다는 점도 그의 혐의를 증명한다.

빈 라덴에 대해서는 너무 많은 이야기가 있고, 어느 것이 정확한지 가늠하기가 어렵다.

미국 CNN과 TIME지, 영국 BBC방송 등에 따르면 1957년생인 빈 라덴은 사우디의 건설 부호인 모하메드 빈 아와드 빈 라덴Mohammed bin Awad bin Laden의 아들로 리야드에서 태어났다고 한다. 아버지는 1930년 예멘에서 사우디아라비아로 건너가 건설업으로 큰 돈을 벌었으며총 자산 50억 달러 10명도 넘는 아내와의 사이에 51명의 형제들을 두었는데 빈 라덴은 그 중 7번째 아들이다. 어머니는 팔레스타인 출신으로 신장이 2m가 넘는 장신으로 알려졌다. 아버지가 사우디아라비아의 왕가와 친분이 있어 이슬람교의 성지인 메카와 메디나의 이슬람사원 재건공사를 따내기도 했다고 한다.

빈 라덴의 전기傳記작가인 피터 베르겐Peter Bergen은 2001년 9월 16일 영국의 선데이타임즈 지에 기고한 글을 통해 빈 라덴은 어린 시절 아버지의 영향을 받아 종교적 신념이 강하다고 밝혔다. 아버지는 그가 10세 때 비행기 사고로 사망했다.

빈 라덴은 부유한 환경에서 성장하여 국제도시인 베이루트에 살면서 킹 압둘 아지즈대학에 다니던 시절에도 이슬람교에 푹 빠져 지냈다고 주변 사람들은 증언했다. 빈 라덴은 4명의 처와 10명이 넘는 자녀를 두었는데 17세 때 시리아 여성과 처음으로 결혼했다. 졸업 직후인 1979년 소련의 아프간 침공을 보면서 22세의 빈 라덴은 아프간으로 건너갔다. 아버지 회사에 있던 불도저와 덤프트럭 같은 건설 장비도 챙겨갔다. 당시 빈 라덴은 이미 폭파 전문가였다.

지난 1996년 타임지와의 인터뷰에서 빈 라덴은 아프간의 하루는 이슬람 사원에서 1,000일 기도를 드리는 것과 맞먹는다는 말로 '소련과의 성전聖戰'에 뛰어든 이유를 밝혔다. 소련과 맞서 싸울 병사도, 무기도 없는 아프간에서 그는 조직적으로 군대를 키워나갔다. 징병제도를 만들고 아랍 전역에서 젊은 이슬람 전사를 모집했다. 1986년에는 파키스탄 국경에 인접한 지역에 첫 군사캠프를 세웠다. 당시 그가 이끌던 무장조직은 7개의 주요 무자헤딘이슬람전사 조직 중 하나였다.

무자헤딘 지휘관을 지낸 한 추종자는 타임 지에 빈 라덴은 전투에서 언제나 선봉에 섰던 우리의 영웅이라고 말했다. 호화로운 거처에 머무는 대신 아프간의 농부, 전사들과 함께 먹고 자고 참호를 팠고, 그것이 빈 라덴이 살아가는 방식이었다.

오늘의 빈 라덴을 만드는 데 커다란 공을 세운 주역이 미국 CIA라고 한다. 당시 CIA는 소련군을 몰아내기 위해 아프간의 게릴라 지도자들에게 무기와 자금을 지원했다. 영국 BBC방송은 중동문제 전문가인 하지르 테이무리안의 분석을 인용, 빈 라덴이

CIA로부터 훈련을 받았다고 보도했다.

1989년 소련군 철수 뒤, 빈 라덴은 사우디로 돌아갔으나 반정부 · 반미 활동 때문에 쫓겨났다. 걸프전을 계기로 빈 라덴의 반미감정은 격렬해졌다. 과격 이슬람 단체들이 "성지를 더럽혔다"며 미군기지를 공격한 사건 때문에 빈 라덴은 사우디에서 쫓겨났다.

1991년 가족과 추종자를 데리고 수단으로 옮겨가 5년간 살면서 염소가죽 가공공장, 건설회사, 은행, 해바라기 농장, 무역회사 등의 사업을 벌였다. 1995년 초 빈 라덴은 무장 이슬람 운동Armed Islamist Movement을 지휘하던 투라비Turabi의 최고 참모들 중 한 사람으로 활동했으며 아랍권의 주요 미국동맹국가인 이집트와 사우디에 맞서 전략전 전쟁의 준비작업에 참여했다. 이때가 이슬람 국제 테러 운동에서 완전히 권력의 중심을 형성해나간 시기였다. 사우디의 다란 미군기지가 폭파되자, 미국의 압력으로 빈 라덴은 1996년 수단에서도 추방돼 아프간으로 갔다. 한 무자헤딘 지휘관은 빈 라덴은 탈레반Taliban 정권이 아프간의 수도 카불을 점령한 당시에 자금을 지원했다고 증언했다. 이로 인해 빈 라덴은 탈레반의 지도자 모하메드 오마르Mohammed Omar가 가장 신뢰하는 후원자가 됐다.

탈레반 정권이 빈 라덴을 필사적으로 보호하는 것은 오마르와 빈 라덴 두 사람이 '투쟁의 동지'임과 동시에 '끈끈한 가족관계'를 맺었기 때문이라는 분석도 있다. AFP는 2001년 9월 17일 빈 라덴에 대한 책을 쓴 요셉 보단스키Yossef Bodansky에 따르면 지난 1998년 오마르는 빈 라덴의 맏딸과 결혼, 그의 사위가 됐다고 보도했다. 그러나 빈 라덴이 오마르의 딸과 결혼했다는 이야기도 있는 등 두 사람 관계는 의문투성이다.[3)]

1998년 초여름부터 이슬람 근본주의 테러범들은 칸다하르 근처의 완벽한 비밀요새에서 빈 라덴의 지휘와 ISI의 지원 아래 생화학 무기와 방사능 무기를 사용한 대형 테러공격을 준비하고 있었다고 한다.

빈 라덴의 신변을 둘러싼 이야기도 끊이질 않는다. 1999년에는 암에 걸렸다는 소문이, 최근에는 신장염으로 위독하다는 이야기도 있었다. 은둔해 있던 빈 라덴은 그때마다 극소수의 외부인들에게 모습을 드러내고 말타기와 축구를 즐기며, 가끔 대공포 조작법도 가르친다고 은둔 생활상을 소개했다.

---

3) *Time*, October 8, 2001, p. 35.

최근까지도 아프간 남부 칸다하르 시 근처 산악요새에 3명의 아내와 13명의 아이들, 그리고 사병들과 은신했었다고 한다. USA투데이는 미국 관료의 말을 빌려 빈 라덴은 오두막과 텐트촌, 동굴로 일주일에 세 번 이상 거처를 옮겨 다녔다고 밝혔다.

일생의 반을 이슬람 전사로 살아오며 극단적인 폭력도 서슴지 않는 빈 라덴의 인생 목표는 과격파처럼 이슬람 땅에서 이교도를 몰아내는 것이라고 한다.

오사마 빈 라덴의 주요 테러 경력을 살펴보면 다음과 같다.

① 1992년: 소말리아 배치 미군에 공격 촉구

② 1993년: 요르단 당시 왕세자 하산 암살에 개입

③ 1993년: 미국 세계무역센터 폭탄테러 개입, 폭탄차량 폭발 6명 사망, 수백명 중경상

④ 1995년: 사우디아라비아 다란의 미군 숙소에 폭탄 차량 폭발, 미군 5명 인도인 2명 사망

⑤ 1995년: 일본 오키나와행 필리핀항공 폭파에 개입, 클린턴 전 미 대통령, 교황 요한 바오로 2세 암살 기도에 개입

⑥ 1996년: 사우디아라비아 다란의 미군기지 폭탄차량 공격 미군 24명 사망

⑦ 1997년: 이집트 관광지 룩소르에서 독일 관광객 58명 살해사건에 개입

⑧ 1998년: 케냐·탄자니아 소재 미 대사관 폭파 주도 291명 사망, 5,500명 중경상. 뉴욕법원, 빈 라덴과 추종자들 기소

⑨ 2000년: 예멘항구에 정박 중인 미 구축함 USS콜 호 폭파, 미 해군 17명 사망

2. 빈 라덴의 자금원

이슬람주의 자금의 집결지는 구소련의 중앙아시아 지역과 독일, 그리고 동유럽을 포함하는 지역이다. 이 지역들이 한데 묶인 것은 빈 라덴과 러시아 마피아, 특히 카타르와 키프로스에서 활동하는 마피아와의 관계 때문에 가능했다. 1990년대 중반 우크라이나에서 구입한 무기들을 카타르로 이동시키면서 이들의 관계는 포괄적인 관계로 발전했다. 마약유통으로 벌어들인 자금이 늘어나자 러시아 마피아와 빈 라덴은 문어발식 네트워크라는 새로운 돈세탁 시스템을 마련했다.

해마다 쿠웨이트 이슬람주의자들이 기부하는 금액이 2억 달러, 걸프만의 기타 국가에서 기부하는 금액이 4억 달러, 탈레반이 마약유통을 통해 벌어들이는 금액도 8,000만 달러에 이른다고 한다. 빈 라덴이 이 돈들을 세탁해 주면서 10%에서 15%의 커미션을 챙기는데 그 금액만도 연간 100만 달러 정도나 된다는 것이다.

미국 정보당국은 테러집단 '알-카에다al-Queda: 근거지라는 뜻'를 운영하는 오사마 빈 라덴의 자금원은 크게 8,000만 달러로 추산되는 유산건설회사와 현금 등, 현재 3억달러, 각종 사업과 아프간 내 헤로인 교역, 일부 국가들의 지원 등이라고 밝혔다. 그는 1980년대 아프간과 소련의 전쟁시절엔 사우디, 파키스탄, 미국 정보기관의 자금지원을 받았다고 한다.

미국 정보당국은 또 1996년까지 빈 라덴이 '타바 인베스트먼트'라는 우산雨傘기업 아래 중동과 아프리카 등지에서 농업과 금융, 투자은행, 건설, 무역, 호텔, 운송업 등에 관여했고, 신용카드 사기 등 범죄행위로도 돈을 번 것으로 파악하고 있다. 또 세계 최대 규모인 아프간의 헤로인 교역에도 손대고 있는 것으로 알려졌다. 하바드대의 테러리즘 전공 교수인 제시카 스턴Jessica Stern은 파키스탄 정부가 카슈미르 지방에서 게릴라 대리전을 위해 탈레반 정부나 이슬람 지하드에 지원하는 자금 중 일부는 빈 라덴에게 들어갔다고 했다.

또 테러를 대행해주는 대가로 이라크 정부의 지원을 받는다는 주장도 있다. 이 자금을 다른 테러집단에 돌리기도 해 '테러의 포드재단'으로도 묘사된다.

자신의 사병 운영과 관련 의식주 등의 비용만 최소 연간 1,000만 달러에 달한다고 한다. 이번 테러에 들어간 비용은 500만 달러 이하로 미국 정보당국은 추산했다.

3. 빈 라덴의 테러조직 알-카에다

빈 라덴은 알-카에다al-Queda로 불리는 테러리스트 조직을 거느리고 있다. 알-카에다의 기원은 1979년 팔레스타인 학자인 압달라 아잠Abdallah Azzam이 아프간 전사들에게 병참과 종교적인 지침을 제공할 목적으로 파키스탄 페샤와르에 설립한 '알-카에다 알술바견고한 기지'이다. 빈 라덴은 아잠 밑에서 자금책으로 일했고, 현재 알-카에다의 2인자인 알 자와리al-Zawahiri는 페샤와르에서 의사생활을 하며 '알 지하드'라는 단체를 조직해 별도로 활동하고 있었다. 1989년 아잠이 페샤와르에서 폭탄테러로 살해되자 조직원들은 알-카에다를 순수한 이슬람세계 구현을 위해 활용키로 했다는 것이다.

빈 라덴은 이 조직에서 이슬람교의 예언자 마호메드의 후손을 뜻하는 '에미르emir'로 불린다. 이 조직에 가입한 사람은 누구나 라덴에게 먼저 충성을 맹세해야 한다. 이슬람교를 위해 목숨을 바칠 것을 맹세하는 것은 물론이다. 빈 라덴이나 조직을 배반하는 사람은 죽음으로 처단된다. 조직원들은 특히 실전 경험이 풍부하다. 아프가니스탄 내전을 비롯하여 러시아의 체첸, 카슈미르 등지에서의 많은 전쟁에 참가했던 경력자들이기 때문이다. 또한 이들에 대한 훈련은 수단과 아프가니스탄, 이라크, 시리아 등지에서 실시된 것으로 전해진다.

알-카에다 조직의 주요 테러 공격은 1992년 예멘에서 미군에 대한 폭탄테러, 1993년 소말리아에서 미군 헬리콥터 격추, 1998년 아프리카에서 미 대사관에 폭탄테러, 이번 무역센터와 국방부 건물 공격 등이다. 알-카에다 조직원은 수천명으로 추정되며 미국 및 이스라엘 시민과 군을 그 테러목표로 하고 있고, 현재 미국을 포함, 전세계 60개국에 산재해 있는 것으로 알려지고 있다.[4)]

알-카에다의 특징은 중앙집권적인 조직이 아니라는 것이다. 조직은 소규모로 세포처럼 운영되어 각 지역 조직은 평소에 라덴 등 중앙과 연락을 취하지 않고 오히려 상당히 오랜 기간 평범하게 은신해 지내며 중요한 테러를 실시할 때에도 라덴의 지시를 반드시 받아야 하는 것은 아니다. 각각의 세포가 위치한 지역에서 다른 조직과 독자적으로 연계해 테러를 실시할 수 있다. 이러한 조직의 유연성과 독자성이 라덴 조직을 강하게 만들었다. 때문에 라덴 조직의 테러 자원은 상당히 비축된 상태에 있는 것으로 알려져 있다.

알-카에다는 이미 오래 전부터 생화학무기 개발에 매달린 이라크, 그리고 구소련 시절 대규모생물무기공장이 세워진 뒤 대량 실업상태에 처한 카자흐스탄의 과학자들도 접촉해 왔다는 것이다. 따라서 알-카에다는 생물무기는 물론 초보적인 수준의 화학무기를 제조할 수 있는 능력을 갖추고 있으며 핵무기 원료까지 사들이려고 했다고 한다.

2001년 9월 24일 조지 W 부시대통령은 알-카에다를 비롯한 전 세계 27개 테러단체와 오사마 빈 라덴 등 테러범들의 자산을 동결하고 외국 정부와 외국 은행들에 대해서도 동참해 줄 것을 요구했다.

---

4) *Time*, November 12, 2001, p. 34.

그리고 10월 5일 미국 국무부는 알-카에다를 비롯한 28개 외국 테러조직의 명단을 발표했다. 이번 명단에 오른 테러조직들은 지난 2년 동안 무고한 인명을 살상하는 잔인한 테러 행위를 직접 해 왔거나 다른 조직들을 도왔다는 것이다. 특히 이집트의 '알-지하드'와 '가마 알-이슬라미아'는 오사마 빈 라덴의 테러조직 알-카에다를 직접 지원했다고 한다. 또한 알제리의 '무장 이슬람 그룹', 파키스탄의 '하르카트 울-무자헤딘', '우즈베키스탄 이슬람운동', 필리핀 '아부 사아프 그룹'도 알-카에다를 지원해왔다고 한다.

Ⅳ. '애국법'의 제정과 '국토안보부'의 신설

1. 애국법의 제정

미국은 1970년대 이후 자국을 대상으로 한 국제테러가 급격히 증가되자 1983년 '대테러전투법'을 제정하여 국제테러리즘에 대한 기본정책방향 등을 규정한데 이어 그 후에도 항공기납치, 건물폭파 등으로 미국인과 시설물에 대한 공격이 계속되자 '종합테러방지법Antiterrorism and Effective Death Penalty Act of 1996'을 제정했다.

9·11테러가 발생한 직후 미국 법무부는 2001년 9월 19일 수사기관의 대테러 활동을 강화하기 위해 "Provide Appropriate Tools Required to Intercept and Obstruct Terrorism"약칭 USA PATRIOT ACT 2001을 의회에 상정하여 10월 15일 통과시켰다.

이 애국법에서는 FBI의 범죄혐의자에 대한 e-mail 감청 시스템Canivore 사용권을 확대시켰고, 데이터 암호화시스템Encryption 소프트웨어가 테러집단에 악용되는 것을 방지하기 위해 일반인의 동 암호화시스템 이용권을 엄격히 제한했으며, 사법당국이 단일 영장으로 범죄혐의자의 전화, e-mail, voice mail 등 모든 통신수단의 감청이 가능하도록 허용했다.

2. 국토안보부의 신설

조지 W. 부시Bush 미국 대통령은 2002년 6월 6일, 대테러 업무를 통합하고 국가안보를 강화하기 위해 '국토안보부'를 신설하는 등 국내안보 조직을 대폭 개편했다.

부시 대통령은 100여개의 정부기관이 국내안보 업무를 담당하지만, 최종 책임을 지는 사람이 없다면서, 해안경비대 · 세관 · 이민국INS · 국경순찰대 · 교통보안청 등 테러관련 업무 담당기관들을 총괄해 관장하게 될 국토안보부의 신설을 제안하고 이를 위한 의회의 지원을 촉구했다.

부시 대통령은 국토안보부가 테러범들의 잠입과 폭발물 반입을 막기 위한 국경안보, 긴급상황 대응능력 강화, 생화학 · 핵무기 탐지기술 개발과 피해자 치료법 개발, 정보 · 수사기관의 정보를 총괄하여 테러 위협에 관한 단일 보고서 작성 등 4개 핵심 업무를 담당하게 될 것이라고 밝혔다.

의회의 승인을 거쳐 2003년 발족한 국토안보부는 현재 9개의 부처와 약 100여개의 기관에 분산된 대테러 업무를 총괄하게 된다. 국토안보부는 약 375억 달러의 연간

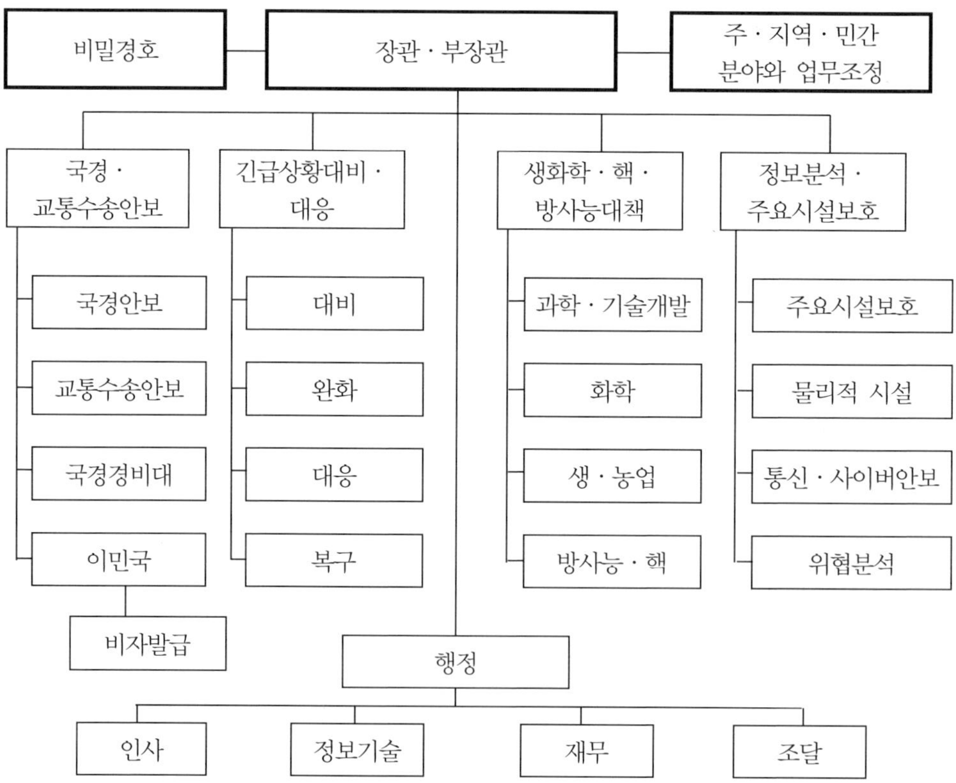

[그림 1] 국토안보부 조직구성

예산에 직원 17만명을 거느리게 돼, 인원면에서는 국방부와 재향군인부 다음가는 대형 부서가 되었다. 행정부 관리들은, 국토안보부 창설이 정부조직 확대가 아니냐는 우려에 대해, 추가충원이나 예산증액 없이 기존 부서의 인력과 예산을 활용할 계획이라고 밝혔다.

국토안보부는 연방수사국FBI과 중앙정보국CIA 등이 수집한 정보를 토대로 테러위협을 평가하고 예방 조치를 취하며 국민들에게 경고하는 업무를 담당하게 된다. 또한 테러 위협 평가를 담당한 국토안보부 관리는 핵·생화학 시설 등 주요시설 담당자들과 직접 대책을 논의한다.

전문가들은 9개 부처에 속하는 복잡 다양한 기능이 하나로 통합되기까지는 상당한 시간이 걸릴 것으로 전망하기도 했다. 하지만 이미 국토안보부 설치 법안이 상·하 양원을 통과하였고, 이어 부시 대통령도 본 법안에 서명함으로써 출범을 위한 작업은 비교적 순조롭게 진행되고 있다.

V. 결 론

이상에서 9·11테러가 어떻게 전개되었으며, 이번 테러를 배후 조종한 것으로 알려진 오사마 빈 라덴의 프로필과 그의 테러조직인 알-카에다, 그리고 그의 자금원 등의 실체를 파악하고자 하였으며, 이번 사건의 피해국인 미국이 테러에 대응하기 위한 법적, 제도적 조치들을 어떻게 취했는가에 대해 살펴보았다.

아직까지 우리는 국내에서 이목이 집중할 만한 국제테러는 발생하지 않았다. 그러나 테러는 언제 어디서 누구를 대상으로 발생할지 전혀 예측할 수 없기 때문에 이에 대한 대비책을 강구해야 한다.

테러사건에 효율적으로 대처하기 위해서는 단일의 종합적인 테러방지법을 제정하는 것이 바람직하며, 또한 테러활동을 체계적으로 수행하기 위해 전담조직을 설치할 필요성이 있다. 더구나 최근 대상을 가리지 않는 무차별적인 특성을 보이고 있는 뉴테러리즘에 관한 구체적인 연구를 위한 연구기관의 설치도 고려해야 할 것이다.

부산 APEC 정상회의에 대비한 대테러·안전대책*

* 이 논문은 2005년 곽대경(동국대학교 경찰행정학과)교수와 함께 한국학술진흥재단의 용역을 받아 수행한 것이다.

Ⅰ. 서　　론

우리나라는 2005년에 부산에서 세계 각국의 지도자들이 함께 모이는 국제적인 행사인 APEC 정상회의를 개최하였다.

세계화·개방화 추세와 함께 세계 각 국가와 도시들은 정보통신산업, 환경산업과 더불어 21세기 3대 유망산업으로 인식되는 관광산업 중에서도 특수 관광분야인 국제회의나 인센티브 관광 및 전시·박람회 등의 유치에 적극적인 노력을 기울이고 있다. 우리나라는 급속한 경제성장에 따른 국력신장으로 여러 국가들과 교류협력을 지속적으로 확대하고 있으며, 사회간접자본시설을 확충하여 각종 국제행사를 유치함과 동시에 '국제회의산업 육성에 관한 법률1996년'을 제정하는 등 정책적 지원을 강화하고 있다. 이러한 노력의 결과에 따라 '88 올림픽', '2002년 ASEM 회의', '2002년 월드컵' 등 중요한 국제행사들을 치를 수 있었다.

하지만 한 건의 국제행사를 유치하기 위해서는 국가 간의 치열한 로비와 경쟁에서 이겨야 하는 것으로 개최국가와 도시의 인지도는 물론 경제와 정치의 안정도, 참석자와 행사장의 안전보장 및 문화 등 사회 각 분야별 제반사항이 결정요소로 작용한다. 9·11 테러로 전 세계는 테러리즘에 대한 공포가 만연됨에 따라 대규모 국제행사 결정에는 테러위협이 핵심적인 고려사항이 되고 있다. 우리나라는 세계 7대 테러지원국 중의 하나인 북한과 대치하고 있으며, 전쟁으로까지 확대되어 세계평화에 위협이 되고 있는 항공기 폭발테러의 배후세력인 중동국가 체류자가 20여 개국 15,000여명 이상 상주하고 있다. 또한 이슬람원리주의자들에 의한 주한미군에 대한 테러가능성과 우리 정부의 이라크파병결정에 따른 반한감정 등이 고조되어 있는 실정이다. 이에 따라 국제 테러조직인 '알 카에다'의 2인자인 아이만 알-자와하리가 "미국, 영국과 함께 한국을 테러공격 목표로 하라"는 메시지를 전할 정도에 이르렀다.[1)]

따라서 우리나라도 이젠 더 이상 테러의 안전지대가 될 수 없다. 앞으로 국제사회는 치열하게 테러와의 전쟁을 수행해야 한다는 인식을 바탕으로 우리의 대테러역량을 극대화할 수 있는 구체적이고 종합적인 방안을 강구해야 할 것이다. 우리 정부당

1) 조선일보, 2004년 10월 20일자 12면.

국도 테러의 표적이 될 수 있는 모든 가능성을 차단하는 차원에서 다양한 대책을 마련하고 특히 아이만 알-자와하리의 메시지 이후에는 33,000여명의 주한미군과 그 가족, 군무원, 군납업자에 대하 야간통행금지령까지 발동한 상황이다. 이미 우리나라는 31일 동안 1일 24,741명, 연인원 73만 명의 경찰력이 동원된 2002년 월드컵대회를 훌륭히 치룬 바 있지만[2] 이번 APEC 정상회의에서 테러사건이나 각종 안전·범죄사고가 발생할 경우 국가적 이미지 손상은 막대할 것이다.

따라서 이 연구의 목적은 2005 부산APEC 정상회의 개최와 관련한 내용들을 전반적으로 살펴보고, 부산 APEC 정상회의 관련 테러 위협요인을 분석하며, 부산 APEC 정상회의의 성공적인 개최를 위한 대테러·보안·경호·경비 시스템 구축방안을 제시하려는 것이다.

이 연구의 수행을 위해서 우선 테러관련 각종 국내·외 연구문헌과 대테러관련 기관의 보고서 및 통계자료의 분석을 중심으로 한 문헌연구의 방법을 활용하였다. 즉 테러관련 국내·외의 선행연구논문과 관련 학계의 학회지, 국가정보원·경찰·출입국관리소 등 대테러활동 관련 국가기관의 자료, 관련서적, 인터넷 검색, 잡지, 간행물, 신문기사, 지침서 등의 자료를 분석하였다. 또한 과거 사례에 대한 고찰 위주의 문헌연구방법의 제한점을 보완하고자 질적 연구방법으로서 APEC 정상회의 관련 전문가, 대테러관련 업무 담당자와의 심층면담과 자문의 방법을 병행하여 실시하였다.

Ⅱ. 부산 APEC 정상회의의 개요

1. 부산 APEC 정상회의의 일정

2005년 부산 APEC 정상회의는 2000년 브루나이 제8차 정상회의시 2005년 제13차 정상회의를 우리나라에서 개최키로 결정하였고, 우리나라의 외교역량, 경제 신인도를 제고할 수 있는 참여정부 최대의 외교 행사로 평가되고 있다.

정식회의 명칭은 2005년 아시아·태평양경제협력체 정상회의2005 APEC Economic Leaders Meeting이다.[3]

2) 경찰청, 2002: 8~9.

2005년 11월 12일부터 19일까지로 예정되어 있는 부산 APEC 회의는 부산광역시 부산전시컨벤션센터BEXCO 및 동백섬을 정상회의장으로 하고 있고, APEC 21개 회원국 정상, 정부대표, 기업인, 기자단 등 6,000여명이 참가할 것으로 예상되는데, 아래의 〈표 4〉는 참가국 정상 및 영부인 명단이다.

〈표 4〉 부산 APEC 참가국 정상 명단

지역	국가명	정상	영부인 또는 부군
태평양 연안국	미국	부시 대통령	로라 부시
	중국	후진타오 주석	류융칭
	일본	고이즈미 총리	82년 이혼 후 독거
	러시아	푸틴 대통령	류드밀라
	호주	하워드 총리	자넷 하워드
	뉴질랜드	클라크 총리	피터 데이비스 부군
	대만	리위안저(대표 예상자)	우진리
	홍콩	도널드 창	자오홍핀
	파푸아뉴기니	소마레 총리	페로니아
	캐나다	폴 마틴 총리	쉴라 앤
	멕시코	폭스 대통령	마르타 사아군
	칠레	라고스 대통령	루이사 두란
	페루	톨레도 대통령	엘리안 카프
ASEAN	인도네시아	유도요노 대통령	헤라와티
	말레이시아	압둘라 바다위 총리	엔돈
	태국	탁신 총리	포트자만 다마퐁
	필리핀	아로요 대통령	호세 미겔 투아손 부군
	싱가포르	리 시엔룽 총리	호칭(85년 재혼)
	브루나이	볼키아 국왕	아낙살레(1왕비), 마리암(2왕비)
	베트남	판 반 카이 총리	응웬 티 사우

출처: APEC 회원국 홈페이지에서 정리 (http://www.apec.org).

3) 부산광역시, 2005: 2.

2. 부산 APEC 정상회의 준비기구 및 과제

정부와 공동추진체계 구축 및 긴밀한 협조를 유지하기 위하여 크게 준비 주체를 정부와 부산광역시로 나누고 있다.[4)]

APEC 준비위원회대통령령 제17691호는 2002년 7월 30일에 구성되어, 국무총리를 위원장으로 하고, 재정경제부 장관을 부위원장으로 하며, 외교통상부 장관 등 장관급 인사 22명, 경제 4단체장, KOTRA 사장 및 민간 전문가 등 총 33인 이내의 위원으로 구성되었다. 아・태 지역의 다자간 협력 증진을 위한 한국의 전략을 수립하고, 정상회의 개최에 따른 준비계획을 수립하고 추진상황을 점검하며, 정상회의 합의사항의 이행을 위해 필요한 사항을 준비하는 것을 임무로 한다.

APEC 준비기획단국무총리훈령 제445호은 2003년 8월 18일에 구성되어, 외교통상부 장관을 단장으로, 통상교섭본부장을 부단장으로 하며, 준비기획실장1급 산하에 기획총괄・총무의전・연구조사부를 설치하였다. 2003년 9월 19일에 11개 부처의 22명으로 편성하여 '개최도시선정위원회'・'민간자문위원회'・'실무조정위원회' 등으로 운영하여, 정상회의 및 각급 회의 개최에 관한 기본계획을 수립하여 시행하고, 회의장소・시기 선정, 부대사업・문화행사 계획의 수립, 대내외 홍보 및 미디어 센터 운영 등을 담당

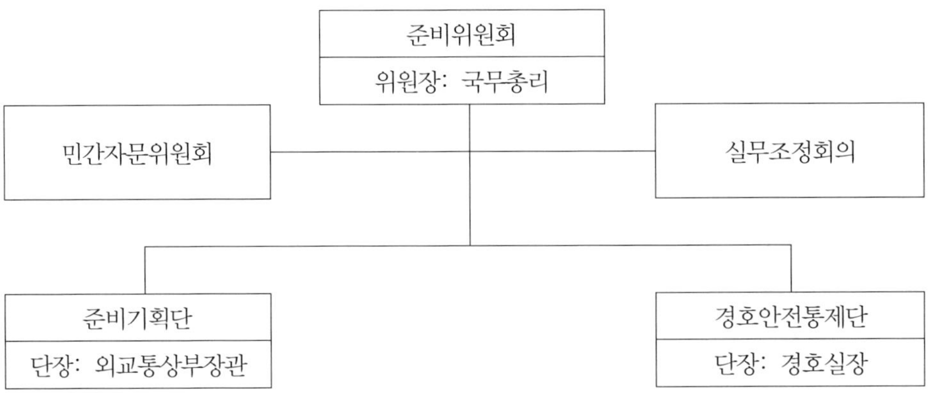

※ 회의준비주관 ※ 경호안전활동주관

출처: 부산 APEC 기획단, 2005: 32.

[그림 2] 2005년 부산 APEC 정상회의 준비기구 체계도

4) 부산광역시, 2005: 27.

한다.[5)]

경호안전통제단은 대통령 경호실장을 단장으로 하여, 경호실장 주관하에 국정원·국방부·경찰청·소방방재청 등의 관계자들로 구성되었다. 정상회의 개최 관련 경호안전대책 수립·시행을 그 임무로 한다.[6)]

실무조정회의는 통상교섭본부장의장과 관계부처 고위 관계관으로 구성되었고, 정상회의 준비업무 관련 부처·기관 간 실무협의 및 조정을 담당한다.

민간자문위원회를 두어 정책·회의운영·의전·문화·국민참여·홍보·IT 등 분야별 자문위원회의 구성과 운영이 가능토록 하였다.[7)]

부산 APEC 정상회의는 '하나의 공동체를 향한 도전과 변화Towards One Community: Meet the Challenge, Make the Change'라는 주제 하에 보고르회의의 목표 달성의지의 재확인, 투명하고 안전한 기업환경 확보, 격차를 넘는 가교건설이라는 부제 하에 진행될 예정이다. 역점 과제로는 ① 자유무역 증진, ② 반부패, ③ 지식기반 경제의 혜택 공유, ④ 대테러, 에너지 안보, 보건, 재해대책 등의 인간안보, ⑤ 중소기업·영세기업·여성참여 강화, ⑥ APEC 개혁, ⑦ 문화 간 이해증진 등을 다룰 예정이다.[8)]

APEC은 우리나라가 참여하고 있는 유일한 지역경제 협력체라는 점과 APEC 회원국은 무역·투자의 최대 파트너라는 점, 주변 4개국 정상과의 정기적인 교류의 장이며, 북한 핵문제 등 민감한 사항에 대한 공조를 통해 한반도 안정에 기여한다는 점에서 우리에게 아주 중요한 영향을 미친다고 할 수 있다.[9)]

Ⅲ. 부산 APEC 정상회의 관련 발생가능한 테러

1. 발생가능한 테러유형

국내에는 단편적으로 테러의 역사와 유형, 개별 테러사건들에 대한 사례분석을

5) 부산광역시, 2005: 15~16.
6) 부산 APEC기획단, 2005: 22~23.
7) 부산 APEC기획단, 2005: 20.
8) 부산광역시, 2005: 27~28.
9) 부산APEC기획단, 2005: 32.

시도한 연구성과들이 있기는 하지만 대테러관련 국가기관의 보고서나 관련 학계의 연구논문은 양적 · 질적으로 미비한 수준에 머무르고 있다.

테러는 국가 · 지역 그리고 정치적 이념에 따라 그 동기와 원인이 다르기 때문에 일반적인 개념으로 정의하기가 곤란하다. 여러 학자들과 전문가들에 의해 테러에 관한 연구가 진행되어 왔으나, 테러의 주체 · 동기 · 이념 · 대상 · 범위 등에 대한 시각에 따라 테러의 개념에 대한 정의를 달리하고 있다.

헤이만Heymann은 '테러'를 어떤 개인이나 단체가 정치적 · 이념적 · 사회적 목적을 달성하기 위해서 정부나 민간조직 또는 개인을 위협하여 복종시키기 위한 불법적인 폭력 또는 위력의 행사라고 정의하고 있다.[10)]

최근 테러의 개념은 이념상의 불일치, 종교상의 대립, 이익분배와 이해관계에서의 불일치 등으로 인한 비정치적 폭력행위, 소규모 분쟁 등으로 확대되는 추세이다. 그러나 이런 폭력행위를 지칭하는 용어도 테러, 테러리즘, 비정규전, 게릴라전, 저강도 분쟁 등 다양하지만 다수의 사람들에게 위협이나 위해를 가져다준다는 점에서 같은 맥락이다.[11)]

일반적으로 테러의 정의에 있어서 중요한 요소로 간주되어 왔으며, 단순한 범죄와 구별짓는 기준이 되어 왔던 것은 정치적 목적의 유무였다고 할 수 있다. 그러나 최근에 발생하는 테러는 보다 다양한 목적에서 자행되고 있다. 즉 팔레스타인 해방기구PLO는 테러를 민족해방운동의 수단으로 효과적으로 이용했으며, 북아일랜드의 소수파 카톨릭교도가 주축을 이루고 있는 아일랜드 공화국군IRA은 표면상으로는 영토적 독립이지만 실제적으로는 다수파인 기독교 세력과의 종교적 분쟁수단으로 테러를 이용한 측면이 매우 강하다고 볼 수 있다. 이스라엘과 아랍각국 간의 분쟁의 씨앗도 이슬람교와 기독교의 대결양상임을 배제할 수가 없다. 인도의 시크교도들과 스리랑카의 타밀족은 분리독립을 위해서, 터키에서 강압적으로 쫓겨났던 아르메니아 족들은 과거의 대량학살에 대한 정치적 보복으로서 테러를 이용하고 있다. 또한 중남미에서는 민주주의와 군부독재세력간의 갈등으로 인해서 테러가 발생하고 있기도 하다.[12)]

이처럼 테러가 단순히 정치적 목적만을 달성하기 위해서 이용되는 것이 아니고,

---

10) Heymann, 1998: 21~22.
11) 이상팔, 2002: 2.
12) Hoffman, 1998: 41~42.

정치·사회·종교·민족주의적인 요소들이 복합적으로 작용하여 나타나는 것이다. 이러한 요소들을 포괄할 수 있는 테러의 정의는 주체·목적·수단 등을 통해 다음과 같이 정의할 수 있다.

즉 테러란 주권국가 혹은 특정 단체가 정치·사회·종교·민족주의적인 목적달성을 위해 조직적이고 지속적인 폭력과 협박을 사용하여 광범위한 공포분위기를 조성함으로써 특정 개인·집단·공동체 사회, 그리고 정부의 인식 변화와 정책의 변화를 유도하는 상징적·심리적 폭력행위의 총체이다.

이러한 테러를 분류하는 목적은 그 발생원인과 영향에 대한 분석과 더불어서 테러에 대한 적절한 예방과 통제를 통해 그 영향을 최소화하는 것이 필요하다. 테러의 분류기준으로는 주로 테러의 목표·동기, 수단·방법, 테러 주체·대상 등을 들 수 있다.[13)]

이러한 테러리즘의 유형 중에서 한국에서 발생 가능한 테러의 유형으로 첨단 산업단지, 통신케이블, 교통통제실 등을 폭파하는 폭탄테러, 생화학 무기를 사용하는 테러의 형태인 세균살포, 인터넷을 통한 해킹, 컴퓨터 바이러스 등 첨단정보기술을 이용하여 주요국가 기본구조인 금융·통신·운송·에너지·전력 등 여러 분야의 기밀을 절취하거나 정보통신망을 교란 또는 파괴, 무력화시켜 국가안보를 위협하고 사회불안을 일으키는 사이버 테러의 가능성도 있다.[14)] 또한 준테러리즘Quaci-Terrorisim이라고

---

13) 레이먼과 포터는 테러의 동기가 테러리스트들을 이해하는 데 중요한 의미를 가진다고 하면서 테러의 형태로서 Jonathan White가 제시한 테러리즘의 다섯 가지의 유형을 설명하고 있다. (Lyman & Potter, 2000: 364~366). 테러리즘의 5가지 유형으로는 첫째, 물질적 이득 또는 심리적 만족감을 얻기 위해서 테러가 사용되는 것을 포함하는 범죄적 테러리즘(Criminal terrorism), 둘째, 일반적으로 현 정권의 전복을 도모하기 위한 이데올로기적 테러리즘(Ideological terrorism), 셋째, 정치적 이데올로기와는 상관없이 종교적 혹은 민족적 집단이익을 추구하기 위한 민족주의적 테러리즘(Nationalistic terrorism), 넷째, 정부조직들이 국제관계에서 외교적원칙 이외의 수단으로써 폭력을 사용하여 위협을 가하는 국가지원 테러리즘((State-sponsored terrorism), 마지막으로 정권집단과 그들의 동조자들에게 게릴라 전술로 공포감을 유발시키는 혁명적 테러리스트(Revolution terrorists)이다(Lyman & Potter, 2000: 371~374).
테러의 목적에 따라서 사회적, 정치적 테러 그리고 영역을 기준으로 국내 테러와 국외 테러, 국가의 개입여부에 따라 국가간 테러, 국내 테러, 국가 테러 및 초국가 테러(핵테러)로 구분하기도 하며, 전형적인 테러로 특정 이데올로기를 고수·확산·관철시키기 위한 이데올로기적 테러, 민족공동체를 기반으로 해서 특정 지역의 독립이나 자율을 주장하는 민족주의적 테러, 특정 국가의 영향력을 증대시키기 위해 개인이나 조직이 아닌 국가자체가 테러의 주체가 되는 국가테러로 구분하기도 한다(이상팔, 2000: 5~6).
또한 테러의 제 형태로서 혁명적 테러리스트, 정치적 테러리스트, 국수주의자들의 테러리즘, 원리주의 테러리즘, 환경 테러리즘, 국가가 행하는 테러, 핵테러리즘 등으로 구분할 수도 있다(이상현, 2002: 142~148).

14) 이황우, 2002: 160~162.

하여 테러리즘과 일반강력범죄와의 중간유형에 속하는 테러리즘의 유형으로서 개인적 욕구 충족을 위한 범죄행위이지만 어린이 유괴, 교도소 폭동, 조직범죄집단간의 폭력행위, 특정음식물의 독극물 주입 등 명확한 정치적 이유 없이 위협 또는 폭력의 사용을 통해 사회적 변화를 기도하는 행위, 행정기관에 대한 습격 등의 범죄행위 방식에서 테러와 유사한 범죄를 설명하기도 한다.[15)]

따라서 테러리즘은 다음과 같이 분류할 수 있다.

첫째, 테러리즘의 목적을 기준으로 이데올로기적, 민족주의적, 환경주의적 테러리즘, 둘째, 테러리즘의 방법을 기준으로 요인암살Assassination, 인질납치Hostage Taking, 항공·해상 테러리즘, 생화학·핵 테러리즘, 사이버 테러리즘, 셋째, 테러리즘의 영역을 기준으로 국제·국내 테러리즘, 넷째, 테러리즘의 주체, 즉 국가의 개입여부에 따라서 국내테러, 국가간 테러리즘, 초국가적 테러리즘으로 유형화할 수 있다.

2. 예상되는 테러·안전위협 집단

(1) 이슬람 과격단체

부산 APEC 정상회의에는 미국을 비롯한 일본·호주 등 이라크 파병 관련 국가들이 다수 참석함에 따라 이슬람 과격단체의 테러위협이 고조될 것으로 예상된다.

9·11 테러를 자행한 바 있는 '알 카에다'는 미국 주도의 대테러전으로 조직에 상당한 타격을 받았음에도 불구하고, 최근에 국제테러 조직망을 제정비하여 대미 테러를 촉구하는 등 그 조직의 건재함을 과시하고 있다.

또한 2005년 7월 7일에 발생하여 45명의 사망자와 300여명의 부상자를 발생시킨 '7·7 런던테러'는 우리에게 또 한번의 충격을 주고 있다. 더구나 이 사건은 스코틀랜드 글렌이글스에서 'G8 정상회담'이 개최되어 영국 전역이 극도의 비상경계 상태에 있는 상황에서 발생했다.

'알 카에다'의 과격사상을 매개로 강력한 연대감을 형성하고 있는 이슬람 과격파 동조세력들은 국제질서를 '이슬람 대 비이슬람' 대결 구도로 유도하기 위해 스페인 열차 폭탄테러2004년 6월 등에서 살펴 볼 수 있었던 것처럼, 반서방 무차별 테러를 자행

15) 이황우, 1986: 202~204.

하고 있는 상황이다.[16)]

이라크를 '이슬람 지하드'의 중심 무대로 삼고 활동하고 있는 '알 자르카위' 등 저항세력들은 이라크 내 테러와 병행하여 이라크 파병국의 해외공관·교민, 본토에까지 테러공격의 범위를 확대하려는 추세이다. 이들은 인도네시아 주재 호주대사관에 대한 폭탄테러'04.9를 자행하고 호주·일본 본토를 공격하겠다고 위협하고 있다.

우리나라는 이라크 파병 당사국으로서 이슬람 과격단체의 테러공격 대상이 되어 왔는 바 부산 APEC 정상회의에 대한 세계이목이 집중된 시점을 노려 테러행위를 실행에 옮길 가능성이 존재한다.

우리나라는 이라크에서 오무전기 근로자 피격2003년 11월, 가나무역 직원 납치·살해2004년 6월 등 6차례의 직접적 테러피해를 당했고, 이라크 추가파병2004년 6월 이후인 2004년 10월에는 '알 카에다'가 우리나라를 미·영·일·호주 등과 더불어 공격대상으로 지목한 바가 있다. 또한 최근에는 아랍어 웹사이트에 우리군의 이라크 철군을 요구하며 테러협박 사례가 증가하는 등 심리전디지털 지하드의 표적이 되고 있어 테러동조세력의 확산이 우려되고 있는 상황이다.[17)]

EH한 러시아·중국·태국·필리핀·인도네시아·페루 등에서 활동중인 소수민족 분리독립, 이슬람 원리주의, 좌익 반군단체들이 APEC을 자신들의 주장을 선전하기 위한 기회로 노릴 가능성도 예상된다.

러시아내 최대 테러위협 세력인 체첸반군은 체첸 '카디로프' 대통령 폭탄살해'04.5를 비롯하여 폭탄테러, 여객기 공중폭파, 학교 인질사건 등의 테러를 자행하고 있으며, 인도네시아 '제마 이슬라미야JI'를 비롯한 필리핀의 '아부사야프그룹ASG', 태국 남부지방의 이슬람 과격세력, 중국의 신장 위구르 분리주의 단체 등은 '알 카에다'와 연계한 테러를 자행하거나 지역 내 세력확보를 위한 반정부 테러활동을 전개할 가능성이 있다.[18)]

(2) APEC회의를 반대하는 민간조직(NGO) 및 국내단체

세계화·신자유주의 등에 반대해온 국제 NGO 단체들이 연대하여 부산 APEC 정상회의의 반대를 위한 과격한 집회·시위를 전개할 경우 인명피해·행사방해 등 돌

16) 국가정보원, 2005: 36.
17) 국가정보원, 2005: 45.
18) 국가정보원, 2005: 71~72.

발사태의 발생 가능성이 있다. 물론 NGO의 폭력시위를 테러의 전형적인 유형으로 보기는 어렵지만 원활한 행사진행에 상당한 위협이 될 것이라는 데에는 이견이 없다.

또한 국내 노동·사회 단체들이 부산 APEC 정상회의의 반대를 위한 전국단위의 조직을 구성하고 세부 행동계획을 추진중에 있어 이들 단체의 과격시위에 따른 행사 분위기 악화 및 충돌사태의 발생 가능성이 있다.[19]

2000년 제3차 서울 ASEM 회의의 경우 민노총·전농·한총련 등 부문·지역 지도부30명회의를 개최, 부산 APEC 정상회의 저지를 위한 민중 대회를 통해 총력 투쟁키로 결의하였고, 부산지역 민노당·민주노총·전교조 등은 3월 17일에 전교조 부산지부에서 가칭 '신자유주의 세계화 APEC 대응 공동 기획단'의 이름으로 '2005년 부산 APEC 어떻게 대응할 것인가?'라는 주제하에 APEC의 부정적인 실체 부각을 위한 토론회를 개최하였다.[20]

부산지역 민노총·민노당·농민회 등 20개 단체는 3월 31일에 가칭 '전쟁·신자유주의·APEC 반대 부산행동'을 결성하고 4월 21일과 22일의 이틀간 부산 롯데호텔에서 개최된 'APEC 무역진흥 실무회의'시 APEC 반대 1인 시위 및 시민대상 선전물을 배포한 사례도 있다.[21] 그리고 전국에서 2,000 여명을 목표로 'APEC 저지 실천단'을 발족하여 국내외 NGO 등과 연대투쟁 계획을 추진 중이다.

부산지역 민중연대는 4월 5일 - 6일간 일본 고이즈미 총리의 APEC 참가 반대 서명운동10만 80명 서명을 전개하고 일본 영사관 앞에서 100만명 서명운동을 촉구하는 기자회견을 가졌다.

한편 국내에는 미군시설을 비롯한 중요 국가의 외국공관 등 테러대상 시설과 이

---

19) 언론보도에 따르면 50개 시민·사회·노동단체가 결성한 'APEC반대 국민행동'은 "APEC 정상회의는 독점자본의 이익 확대를 위한 도구로서, 세계적인 빈곤과 불평등을 심화시키고 있다"며 정상회의 개최 저지를 위한 운동을 대대적으로 펼칠 것이라고 경고했다. 국민행동 소속단체 대표 20여명은 APEC 정상회의 개최일인 11월 12일까지 전국을 돌아다니며 개최반대 홍보활동을 펼칠 예정이라고 한다. 국민행동측은 또 11월 17일 조지 W 부시 미국 대통령의 방한에 맞춰 공항과 부시 대통령이 머물 것으로 예상되는 부산 미군부대 앞에서 방한저지투쟁을 개최할 예정이어서 이날 APEC 정상회의 반대운동이 최고조에 달할 전망이다. 다음날에는 소속단체 회원 10만여명이 참가하는 '전쟁과 빈곤을 확대하는 APEC반대·부시반대 국민대회'를 계획하고 있어 경찰과의 마찰이 예상된다. 더욱이 APEC 반대를 위한 국제연대 움직임까지 일고 있어 정부는 대책마련에 부심하고 있다. 국민행동과 국내 농민단체들은 전 세계 농민조직인 '농민의 길'과 홍콩, 일본 등의 해외 NGO회원들과 함께 11월 16일-17일 '부산국제민중포럼'을 여는 등 연합전선을 펼칠 계획으로 알려져 있다(세계일보, 2005년 9월 27일자).

20) 조선일보, 2005년 3월 9일자 13면.

21) 조선일보, 2005년 4월 24일자 16면.

슬람권 및 CIS권 국가의 국민들이 다수 체류하는 등 테러 취약요인들이 잠재되어 있는 실정이다. 지난 2000년 '알 카에다'가 9·11 테러 모의 당시 주한 미군을 대상으로 공중 충돌 테러계획을 수립했던 사실이 밝혀졌고, 현재 국내에는 이슬람권 국가의 국민들이 90,000여명에 달하는 등 테러빈발 국가 국민들의 출입국이 늘어나고 있어 취약 요인으로 지적되고 있다.[22)]

⑶ 북 한

북한의 남한에 대한 테러는 북한이 직접 테러를 자행하는 직접적인 방법과 여타 테러조직을 후원하는 간접적인 방법으로 구분하여 생각할 수 있다.[23)] 먼저 북한이 직접 테러를 감행하는 경우를 생각해 보면, 다시 국내에서의 테러와 외국에서의 테러로 구분된다. 북한이 국내에서 직접 테러를 감행한 대표적인 예로는, 대남적화 혁명전략 전술 활동에 의해 KNA기 납북사건1958년, 1·21 청와대 기습사건1968년, 울진·삼척 무장공비 침투사건1968년, 휴전선 땅굴 굴착사건1974년~계속, 판문점도끼만행사건1976년, 강릉 잠수함 침투사건1996년, 동해 잠수정 침투 및 묵호 무장간첩 침투사건, 여수 반잠수정 침투사건1998년 등 크고 작은 대남테러와 도발을 수없이 자행해 왔다.[24)]

뿐만 아니라 2002년 6월 7일부터 소위 그들의 어선을 보호한다는 미명하에 북한 경비정들이 서해의 북방한계선NLL을 넘어 우리 측 영해를 연일 침범하기 시작하였으며[25)] 이에 우리 군은 6월 11일 해군 고속정을 이용, 충돌전술을 이용하여 북방한계선 이북까지 격퇴시키는 긴박한 상황이 발생하였다.

또한 북한이 국내가 아닌 국외에서 한국인을 대상으로 테러를 감행한 대표적인 예로는, 1983년의 미얀마 아웅산 사건과 1987년 KAL기 폭파사건 등을 들 수 있을 것이다. 이처럼 북한이 외국에서 테러를 직접 강행하게 된 것이 한국내부에 대한 직접 테러의 성공가능성이 낮아지면서 나타난 현상이라고 볼 때, 북한의 대남침투에 대한 국내대비태세가 확고하다면 앞으로도 북한은 국내에서 직접 테러를 저지르는 첫 번째의 경우보다 국외에서 테러를 감행하는 두 번째의 방법으로 테러를 감행할 가능성이 더 높을 것으로 예상할 수 있다.

22) 국가정보원, 2005: 132.
23) 이호섭, 2003: 49.
24) 국방부, 1999: 24.
25) 조선일보, 2002년 6월 30일자 4면.

여기서 북한이 대남도발의 일환으로 국내에 무장간첩을 침투시키거나 요인암살을 꾀하는 행위 등은 테러라고 규정하기보다 비정규전의 한 형태로 규정해야 할 것이다. 북한과의 전면적인 무력대치 상황을 감안할 때, 무장간첩 침투나 요인암살 등이 비정규전에 보다 가까운 것은 사실이다.[26)]

그렇지만 북한이 남한에 대해 그러한 도발을 하는 것 자체가 국내적으로 전 국민에게 공포심을 심어주고, 국제적으로 한국사회를 불안한 사회로 인식시키는 심리적 효과가 매우 크다는 점에서 테러적인 측면이 강하게 존재한다. 따라서 북한의 소규모 도발은 일반적인 정치테러와 동일한 효과가 있다는 점에서 테러에 포함시켜야 할 것이다.

국가정보원은 2004년 12월 8일에 열린 국회 정보위 비공식 간담회에서 탈북자 중 북한으로 돌아가 이적 행위를 할 가능성이 크거나 국내에서 간첩활동을 한 것으로 의심되는 200~300명에 대해 출입국 및 여권 발급을 제한하는 등 특별 관리를 하고 있다고 밝혔다.[27)] 따라서 정보·보안 당국은 탈북자나 재중동포가 북한에 포섭돼 간첩교육을 받고 남파될 가능성이 크기 때문에 예의 주시해야 할 것이다. 또한 탈북자 가운데는 아예 처음부터 신분을 가장해 남파되는 경우도 있을 가능성이 있다.

다음에 북한이 간접적인 방법으로 테러를 하는 경우를 상정해 보면, 앞서 국제테러지원국에서 분석한 바와 같이 현재 북한의 실정에서는 국제테러를 직접 지원할 여력이 크게 줄어든 것으로 보인다. 그러나 북한의 국제 테러리즘 연계 현황을 살펴보면, 아시아·태평양 지역에 6개국 9개 조직, 중동·아프리카 지역에 13개국 14개 조직, 유럽·미주 지역에 17개국 32개 조직 중 총 36개국 55개 테러리스트 조직과 연계되어 있음이 밝혀졌다.[28)]

(4) 일본 극우주의자

명치시대 이래 일본은 세계대전 이전에는 '부국강병', 세계대전 이후에는 '고도경제성장'을 목표로 추구하여 왔으며, 이러한 목표는 국가의 정당성, 개인의 행복을 만들어 주는 가장 분명하고 뚜렷한 담보이기도 했다. 그러나 일본의 국가와 국민들을 이끌면서 안정적인 생존을 가능케 해 온 이러한 목표 그 자체가 탈냉전, 탈산업사회

26) Wheeler, 1991: 15.
27) 세계일보, 2004년 12월 9일자 15면.
28) 최진태, 1998: 6.

의 새로운 시대상황의 도래와 더불어 한꺼번에 상실되면서 문제가 나타나기 시작했다. 목표지향에 익숙해진 곳에서 목표 부재와 상실에서 오는 당혹이 근래 일본이 맞이하고 있는 중심적인 혼돈의 내용이다.[29)]

2004년 5월 5일 일본의 극우단체인 니혼시도카이日本士道會 회원 4명이 6t 규모의 소형선박을 타고 독도에서 가장 가까운 오키 섬에 도착했다. 이들 회원은 일본 고유의 민족정신에 따라 독도에 상륙을 강행하겠다고 공표했다. 그러나 이들의 상륙은 시도로 그쳤다. 그러나 후에 니혼시도카이측은 기회가 있으면 게릴라식으로 독도 상륙을 시도할 것이라고 밝혔다. 이 단체 이외에도 일본 우익단체들의 독도 상륙 시도는 계속될 것으로 보인다.[30)]

1998년 11월 자위대의 독도상륙훈련이 비밀리에 진행되었다는 사실이 뒤늦게 알려졌다. 일본은 외교의 지침 역시 독도 탈환을 포함하고 있다. 일본은 이미 국제사법재판소에 제소하려는 의도를 노골적으로 드러내고 있다. 독도를 분쟁지역으로 만들려고 하고 있다는 것이다.

이를 위해 일본 극우단체들은 독도에의 무력상륙을 감행하는 테러리즘 행위를 할 수도 있을 것이다. 이에 법무부는 2005년 3월 28일에 입법 예고한 출입국관리법시행규칙에서 영해 및 접속수역법 위반자에 대해 강제 외국인 어업 등에 대한 주권적 권리의 행사에 관한 법률 위반자에 대해 강제 퇴거 조치를 할 수 있도록 했다. 법안이 시행되면 향후 일본 극우단체 관계자 등이 독도주변 영해에 무단진입해 영유권 주장 시위 등 불법행위를 할 경우 사법처리 절차를 기다릴 필요 없이 즉각 몰아낼 수 있는 법적 근거를 갖게 된다.[31)]

3. 테러발생 가능성

(1) 부산지역의 지리·지형적 취약요인

부산은 우리나라 남부 해안지역에 위치한 항구도시로서 테러관련 인물의 잠입이 용이하고 지진·해일 등의 피해 가능성이 상존하고 있다.

---

29) 이황우, 2002: 161.
30) 조선일보, 2004년 5월 6일자 16면.
31) 동아일보, 2005년 3월 29일자 14면.

부산 남·북항, 감천항, 다대항 등에 하루 평균 500 여척의 선박이 입출항하여 위험한 인물이나 물품의 유입 루트로 이용이 가능한 상황이다.[32)]

또한 정상회의장 및 지정호텔이 밀집한 해운대는 관광지로서 외부인 출입이 잦고 외국인 거주지역도 인접해 있어 테러분자 등의 은거가 용이하며, 또한 행사장이 지진이 자주 발생하는 일본과 가깝고 해안 낮은 곳에 위치하여 지진과 해일 피해의 영향권 내에 있고 동백섬 회의장의 경우 대피하기가 곤란한 지형으로 형성되어 있다.

인접 울산·마산 등 상공업 도시부산을 중심으로 교통망이 발달되어 1~2시간 내에 접근가능를 중심으로 러시아·동남아 국가 등 취약국가의 선원 및 불법체류자의 출입이 빈번하여 취약요인으로 평가되고 있다.[33)]

또한 부산지역 소재 외국공관 등 테러대상 시설, 위험물 취급시설, 이슬람권 국가인 거주, 교통량 증가 등도 테러·안전 위협요인을 예상할 수 있다.

부산지역 내에는 외국공관 및 군시설, 원전·공항만 등 주요 시설이 많고 테러에 이용할 수 있는 유독물 취급소12개소, 총포·화약류 취급시설74개소 등도 산재되어 있으며,[34)] 부산은 국내 제2의 도시 도로에 대한 교통·안전시설도 부족하여 대형 교통사고의 위험요인이 있는 것으로 볼 수 있다.

⑵ 발생 가능한 테러 및 안전위협 유형

지금까지의 논의를 종합하여 2005년 부산 APEC 정상회의와 관련하여 한국에서 발생가능한 테러 및 안전위협의 유형들을 종합하면 다음과 같다.

첫째, 이슬람 과격단체의 이라크 파병국 정상을 겨냥한 총격, 이동로 및 체류지에 대한 폭발물 설치, 자살폭탄 폭발, 폭탄 차량돌진, 화생방 물질 살포, 위험물을 은닉한 선물·우편물 배달 등을 들 수 있다.

특히 주한 미군 부대가 남한 곳곳에 위치하고 있기 때문에 미국에 대한 보복 공격으로 빈 라덴의 추종자들이 APEC 회의를 테러의 기회로 이용할 가능성이 있다.

빈 라덴 추종자 및 지원국에 의한 최첨단 무기를 이용한 직접테러를 예상할 수 있다. 우리 한국은 미국, 영국, 파키스탄, 일본 등과 같이 미국의 대테러리즘 전쟁을 지원하는 국가 중에 하나일 뿐더러 3만 7천여 명의 미군이 한국에 주둔하고 있기 때

32) 부산APEC기획단, 2005: 24.
33) 부산광역시, 2005: 17.
34) 부산광역시, 2005: 31~32

문이다. APEC 회의장뿐만 아니라 인적·물적으로 실질적 피해를 줄 수 있는 원유저장탱크, 댐, 발전소 또는 다중이용시설 등 시설 보완 및 경계체제가 행사장보다는 허술한 시설을 대상으로 테러를 가할 수 있다.

둘째, 러시아 체첸반군, 중국의 극렬 법륜공 단체, 필리핀·페루 반군 단체 등이 자국 정부에 대한 투쟁 또는 주의·주장을 선전하기 위한 시설점거·인질 납치를 기도할 가능성이 있다.

셋째, 테러분자가 국내 잠입, 민간항공기·경항공기를 납치하여 정상관련 시설·항공기에 충돌하거나 기타 비행물체를 이용한 폭발물 투하 또는 사제 박격포를 이용한 원거리 공격기도의 가능성도 있다.

넷째, 참가국 반정부 단체가 APEC 기간 중 부산지역 내 또는 국내 다른 곳의 외국 공관·공항·항만·다중이용시설 등에 대한 폭파, 시설점거 등을 통해 세력을 과시하거나, 주의·주장을 선전할 수도 있다.

다섯째, 국내외 NGO 단체들이 행사방해를 목적으로 행사장 또는 관련 시설을 점거하여 농성을 벌이면서 분신·할복·방화 등의 위협행위를 할 수도 있다.

여섯째, 국내외 NGO 단체, 노동단체, 학생단체 등이 자신들의 이해관계에 따라 연대하여 행사장·숙소 등의 주변에서 대규모 불법집회·시위를 전개하여 교통마비 등으로 행사차질이 초래될 수도 있다.

일곱째, 독도문제·이라크 파병반대 등과 관련 일부 극렬한 시민들이 행사 참가자 및 관련 시설에 화염병·돌 등의 위험물을 투척할 가능성도 있다.

여덟째, 행사기간 중 지진·해일 등 자연재해 또는 행사관련 시설에서 가스 폭발·시설 붕괴 등의 안전사고가 발생하여 행사개최가 불가능하거나 행사진행에 차질이 발생할 수도 있다.

아홉째, 테러분자 등이 행사 참가자에 대한 위해목적으로 행사 차량 이동시 대형차량을 고의로 충돌시켜 교통사고를 유발할 가능성이 있다.

마지막으로 행사차량 이동 및 항공기 이·착륙시 교통·안전사고의 발생가능성이 있다.

그 밖에 동백섬 신축 회의장의 공사현장에 대한 위험물 반입 및 가스폭발·화재 등 안전사고, 행사장 주변 철거민·노점상 등의 보상불만에 따른 행사방해 기도 등도 우려되는 문제이다.

Ⅳ. 부산 APEC 정상회의 관련 대테러·안전대책

1. 경호·경비 추진방향

APEC 정상회의 경호·경비 및 대테러활동은 첫째, 자유스러운 분위기 속에서 각국 정상 및 참가단의 신변안전을 보장하고, 둘째, 테러·NGO 등 안전 위협요소에 대해서는 강력히 대처하며, 셋째, 시민의 자발적인 참여를 통해 안전 질서를 유지하고, 넷째, 축제행사 분위기 조성을 위해 최대한 편의를 지원하는 것을 목표로 해야 한다. 하지만 축제분위기를 해치지 않으면서 안전과 질서를 유지해야 하다는 점은 쉽고 간단한 문제가 아니라 하겠다.

위에서 언급한 발생 가능한 테러 및 안전 위협요인 이외에도, 불만자에 의한 우발적인 테러행위도 예상가능하고, 회의에 영향을 미칠 수 있는 국가 기간시설에 대한 사고 및 자연재해도 나타날 가능성이 있다. 따라서 이러한 제반 테러행위 및 사고 요소에 대하여 다음과 같은 점을 완벽하게 대비해야 한다.

(1) 대테러·안전대책

2005년 5월 현재 경호실은 대통령경호실법에 따라 APEC 참가 정상 및 배우자가 체류하는 경호구역에 대한 경호안전대책을 주관하여 추진하고, 경호실 주관하에 유관기관 합동으로 「경호안전통제단」단장 경호실장을 운영, 경호·안전대책을 전담 수행하며, 유관기관은 「경호안전통제단」의 지침에 따라 소관 사항을 지원하고, 국가정보원·군·경찰·소방방재청 등 중요 기관별로 APEC 전담조직을 운영하는 한편, 경호안전통제단 산하에 지원 조직을 각각 편성·운영하고 있다.[35)]

정상회의 관련 시설 중 경호구역 이외의 외부 구역 및 시설 등에 대해서는 국가대테러활동지침대통령훈령 47호에 따라 국가정보원의 주관하에, 유관기관 합동으로 대테러·안전활동을 수행하도록 하고 있다.

또한 정상회의장 및 숙소에 대해서는 「경호안전통제단」 산하 「국가정보원경호안전본부」 주관으로 대테러·안전대책을 추진하고, 중앙 부처 및 지역 유관기관별로 소

35) 부산광역시, 2005: 37.

관분야 대테러·안전활동을 수행하고 있다.

국가정보원내에서는 「APEC 정보지원본부」를 운영하여, APEC 관련 테러·경호안전 정보를 종합·분석, 유관기관에 지원하고 테러정보통합센터 대테러상황실을 중심으로 24시간 상황전파체계를 유지하고 있다.

그리고 국가정보원 각 지역 지부에 「대테러·안전본부」를 운영, 정상회의 이외의 APEC 행사에 대한 대테러·안전활동을 책임지고 수행한다.

(2) 단계별 추진방향

2005년 5월 현재 관계당국은 제1단계로 2005년 1월부터 4월까지를 대테러·안전대책 기반을 구축하는 단계로 설정하여 대통령경호실 주관하에 유관기관과 합동으로 2005년 3월에 「경호안전통제단」을 발족하였다. 또한 2005년 1월부터 경호실은 자체 특별대책본부Task Force Team를 운영하여 APEC 행사 안전조치를 위해 노력하고 있다.

그리고 2005년 5월부터 8월까지를, 제2단계인 APEC회의 대테러·안전대책 기본계획 수립단계로 설정하여 경호안전통제단은 조직, 인원 편성 및 경호안전활동지침을 시행하여, 각 유관기관별 편성인원을 확정하고 파견협조를 요청했다. 또한 대테러대책위원회실무위원회를 개최하여, 유관기관과 APEC 대테러대책을 협의하여 ① 대테러·안전대책 운영체제 확정, ② 각 기관은 소관분야 임무·기능에 따라 분야별 대책을 강구하는 식으로 APEC 회의의 대테러·안전대책 기본계획을 수립하고 있다.

이와 관련하여 국가정보원은 「대테러·안전지원 특별대책본부Task Force Team」를 단계적으로 가동하여, 경호안전통제단과의 협조를 강구하고 창구 역할을 담당하며 테러·안전정보를 지원할 계획이다. 또한 이 특별대책본부는 행사장·투숙호텔 등 관련 시설의 인적·물적 취약요인을 유관기관과 합동으로 현장을 실사하여 분석하고 있다. 또한 건설중인 정상회의장에 대하여 월 1회 이상 정기적으로 대테러·안전점검을 실시하고 있다.

마지막, 2005년 9월부터 행사당월인 11월까지는 현장활동체제로 전환하여, 「경호안전통제단」산하 조직을 완전하게 가동하는 등 현장체제로 전환한다는 계획이다.

제3단계에는 회의장·숙소 등 관련시설별 경비·통제인력을 단계별로 배치하고, 정기 또는 수시로 대테러·안전점검을 강화하며, 주요 국제공항에는 「출입국대책반」이 가동된다. 또한 2005년 9월부터는 APEC 대테러·안전상황 전파체제를 유지하고,

APEC 정상회의의 테러위협에 대비하여 비상경계태세에 돌입하며 현장활동 조직별 현장적응 훈련 및 종합훈련을 실시한 후에 배치를 완료한다. 또한 테러취약 다중이용시설 및 테러위험물에 대한 관리·통제를 실시하고, 주요 관련시설별 현장활동체제를 가동하여 안전을 확보하고 대국민 대테러·안전 홍보를 실시하도록 하고 있다.

(3) 분야별 대책

1) 출입국 관리

부산이 항구도시인 특성상 공항·항만 등에 대한 보안활동 강화로 국제테러분자의 입국차단을 위해 입국규제자 검색 및 여권 위·변조 적발에 철저를 기하는 등 입국 심사를 강화하고, 탑승객 휴대품·수화물에 대한 보안검색 강화와 APEC 참가단 입출국시 사전 안전검측 실시 및 안전유지에 경찰력을 투입하여 테러행위에 대비하여야 한다.

인천·김해·제주·김포공하에 상주기관 합동으로 「출입국대책반」을 운영하고, 대테러·보안활동을 총괄적으로 수행하여야 한다.

또한 정상 입출국 시간대를 중심으로 항공기 및 정상 이동로 등에 대한 경호 안전활동을 수행하여야 한다.

그리고 법무부·관세청 등 유관기관은 위험인물 및 물품의 국내유입을 차단하는 등 소관분야별로 현장활동을 철저하게 수행하는 것이 필요하다.

2) 행사장 안전

행사장 안전과 관련하여서는 대통령 경호실에서 정상회의장 내부 경호구역에 대한 안전을 확보하고, 대테러 유관기관은 소관분야별 대책을 지원하며, 국가정보원은 정상회의장에 대한 사전 대테러·안전점검, 교육 등을 지원하고 경호구역 이외의 구역·시설에 대한 대테러·안전대책을 추진하며, 또한 정상회의장부산에 고위관리·통상장관회의 등 APEC 관련회의8개 지역 18회에 대한 대테러·안전대책을 총괄하여야 하고, 대테러 유관기관은 경비·교통·소방·식음료 검식 등 현장활동을 수행하여야 한다.

3) 신변보호/숙소안전

경호실은 각국 정상에 대한 경호활동을 전담하고, 경찰은 정상 이외의 참가자에 대한 신변보호활동을 수행하게 된다. 또한 국정원은 정상 및 참가자 대상 위험정보의 수집, 분석을 지원하고, 숙소와 관련하여서는 경호실 주관으로 정상 숙소8개 호텔에 경호 통제실CP을 설치하며, 경호 구역에 대한 안전을 확보한다.

정상 숙소의 경호구역을 제외한 구역·시설에 대한 대테러·안전점검, 보안정보활동, 테러·안전 취약요인 관리대책 등을 세워야 하며, 또한 정상 숙소 외 참가자 숙소에 대한 대테러·안전대책을 추진해야 한다. 유관기관은 경비·교통·소방·식음료 검식 등의 현장안전활동을 수행하며, 정상들의 식음료 안전과 관련하여서는 식약청이 주관하고, 경호실의 통제하여 정상회의장 및 정상 숙소에 대한 식음료 안전활동을 수행한다. 또한 회의장 및 숙소에 반입되는 식자재 유통·공급업체에 대한 식자재 생산·보관·수송과정의 안전관리 협조 및 조정을 해야 한다.

4) 이동 및 교통대책

경호실은 정상 관련시설·정상 이동로를 중심으로 대테러 대책을 수립하고, 유관기관과 공조체제를 구축, 테러대비·안전 확보 및 예상 테러 유형별 예방 및 대응대책을 추진한다. 이때 「APEC정보지원본부」 및 지역 「대테러·안전본부」를 운영해야 한다.

경찰·환경부 등 유관기관은 폭발물·화생방 테러 등 소관 분야별 현장 대테러 활동을 분담하여 수행한다.

경찰이 주관하고, 경호실의 통제 하에 정상 이용시설 주변 및 정상 이동로를 중심으로 에스코트 및 교통질서를 유지한다. 국가정보원은 시설 외곽 접근로에 대한 위험물 적재차량 접근 통제 등 대테러 차원의 대책을 강구하고 유관기관과의 협조체제 구축과 의견 조정을 담당한다.

5) 치안 대책

경찰 주관 하에 관련 시설 주변에 대한 NGO 등 불법시위·행사 방해행위를 차단하고, 총기·폭발물 등 위협물 관리대책을 강구해야 한다.

또한 회의 개최도시에 대한 경호안전에 관련한 위험정보 수집·분석 지원 및 대테러체계·안전상황체계를 구축하여야 한다.

6) 군사지원 대책

국방부 주관하에 행사기간 동안 전후방 군사대비태세를 강화하고, 개최 도시의 외곽 및 위약지역을 경계해야 하며, 화생방테러 대비 탐지 및 제독 등에 대응하고, 지원해야 한다.

정보기관은 국방부 및 지역 군부대와 상황 유지 및 유사시 대비 지원태세를 협조하고 조정한다.

7) 소방 안전

소방방재청주관하에 행사 개최도시 및 관련시설에 대한 전기·가스·소방시설 점검 등 화재예방활동 및 구조·구급요원 출동태세를 유지해야 한다. 국가정보원은 유관기관과 합동점검을 실시한 후에 취약요인을 사전에 발굴하고, 이를 제거해야 하며, 유사시 대응활동에 대한 협조를 요청하고 의견을 조정한다.

8) 보안정보활동

보안정보활동 전담팀을 편성하여 회의장·숙소 등 관련시설에 대한 현장 대테러·보안정보활동을 수행해야 하며, 경호실 등 유관기관과의 업무 협조 및 공조체제를 구축해야 한다.

경찰 등 유관기관은 국가정보원과 정보 공유체제 구축 및 대응태세를 유지해야 한다.

「경호안전통제본부」 산하의 경호안전본부와 유관기관 간 정보통신망을 구축해야 하고, 행사관련 전산통신망에 대한 바이러스·해킹 등 사이버테러 방지대책을 강구해야 한다.

또한 유관기관은 소관분야의 정보통신망을 구축하고, 공동 활동방안을 강구해야 한다.

2. 대테러 대책

(1) 테러위협요인에 대한 완벽한 정보의 수집

영국의 경우 내무성 조직범죄·국제범죄국 테러방호부가 법제도를 포함한 테러대책에 관한 정책의 기획·입안을 담당하고 있다. 또한 보안청SS은 내무장관의 감독 하에 국내의 테러관련 정보의 수집, 국내외에서 수집된 테러관련 정보의 분석, 평가 및 효과적 활용에 대해 책임을 지고 있다. 또한 국외에서의 테러관련 정보수집은 외무장관의 감독 하에 비밀정보청SIS이 테러방지를 포함한 국가안전보장상 필요한 모든 정보를 수집하고 있다.[36]

테러의 예방과 수사를 행하는 것은 각 지방경찰의 공안부이지만, 런던 경찰청에서는 공안부에 설치된 특별부서가 북아일랜드 관련 테러를 비롯하여 국내외 테러정보의 수집·분석을 담당하고 있다. 또한 런던경찰청 테러대책 조정관은 테러사건 수사를 스스로 담당하고 국가 차원에서 조정하고 있다.

한편 미국의 경우에는 2002년 5월 29일 연방수사국장이 연방수사국의 대폭적인 조직개편을 발표하였다. 이는 9·11 사건의 교훈 등을 바탕으로 테러대책 강화를 첫 번째 중점과제로 하고 정보 수집·분석기능을 강화하여 테러에 대해 능동적으로 대응하고자 하는 것으로, 테러의 미연 방지를 중시한 것이다. 또한 2002년 6월 6일 부시 대통령은 국내의 테러대책을 근본적으로 강화하기 위해, 현재 여러 부처에서 관할되고 있던 관련업무를 통합한 「국토안보부」를 신설하는 방안을 발표하는 등 대테러 조직체계의 강화에 주력하고 있다.[37]

이러한 선진 각 국의 사례에서 살펴볼 수 있는 것처럼 대테러 대책의 수립에 있어서 정보수집의 중요성은 아무리 강조해도 지나침이 없다.

테러정보의 수집·분석, 테러발생 징후의 조기예측 및 경보발령, 발생 이후의 수습·대응, 사후의 재발방지대책 책정 등을 종합적으로 담당할 수 있도록 테러대응 조직을 구축하여, 수집된 정보를 바탕으로 적절하게 판단하고 지시하는 가칭 '위기관리 책임자Chief Risk Officer'를 둘 필요가 있다.

또한 테러정보의 수집·분석을 위해서는 테러에 관한 지식과 경험이 필요하며, 이를 위해 전문가를 교육·양성하는 것이 필요하다. 그리고 장기적으로는 이들 테러 전문가를 위험지역이라 판단되는 국가에 파견하여 현지 정보를 수집·분석하고 전송하는 시스템을 마련하는 것이 필요하다고 보인다.

마지막으로, 테러에 신속히 대응하기 위해서는 미국이 주요 자치경찰에 경찰특공대SWAT를 설치하고, 일본이 전국의 7개 도도부현에 경찰본부 특수부대SAT를 설치하며 8개 도도부현에 생화학테러 전문부대를 설치하여 대응하고 있는 것처럼, 우리도 전국의 주요 지방경찰청에 경찰특공대의 조직을 확대하여 설치할 필요가 있다.

---

36) 한국형사정책연구원, 2004: 423.

37) 한국형사정책연구원, 2004: 427.

(2) 국내 · 외 유관 기관간의 긴밀한 공조체제 구축

우리나라의 현행법상 테러범죄에 대한 명시적인 정의규정은 없다. 다만 대통령훈령 제47호 국가대테러활동지침 제2호에서 국제테러범죄에 관하여 「국가요인 및 그 가족의 납치 · 암살, 항공기 및 선박의 납치 · 폭파, 해외체류 외교관 · 유학생 · 상사원 · 취업근로자 및 해외여행자 등의 억류 및 납치 · 암살, 국내 주재 외국공관의 점거 및 폭파, 주한외교관 및 체한 외국저명인사의 납치 · 암살 기타 우리나라와 관련된 국제범법행위」라고 정의하고 있을 뿐이다. 이러한 정의는 기존의 국제법상의 테러의 정의 가운데 정치목적 등 목적성을 제외하고 행위유형을 나열한 것으로 목적 여하를 불문하고 국제법상 테러범죄로 인정되고 있는 것을 모두 포함하고 있는 것이다.[38)]

현재 우리나라의 테러방지 및 사후처리는 특별한 기구를 두기보다는 일반치안담당부서에서 업무의 일환으로 처리하고 있다. 테러도 범죄의 하나이기 때문에 치안의 유지 및 범죄에 대한 수사와 기소를 통하여 테러행위를 예방하고 수사 · 진압 및 처벌하는 일반적 기능을 가진 경찰과 검찰이 주요 역할을 수행하고 있으며 정부 각 기관이 각각의 영역 내에서 대테러임무를 수행하고 있다.

우리의 테러대책업무는 대검찰청 공안기획관이 국제테러범죄조직과 연계된 위해사범 및 방해책 등의 사전차단활동을 맡고 있으며, 법무부 출입국관리국이 출입국관련 대테러 및 경호안전대책지원을 맡고 있다. 특수한 사안에 대하여는 건설교통부 항공국이 항공기의 피납방지 대책 및 대테러 예방대책 수립을, 관세청 조사감시국이 총기류 · 폭발물 등 테러관련 물품의 반입방지를, 해양경찰청 경비구난국이 해상에서의 테러예방 및 진압을, 경찰청 경찰특공대가 테러예방 및 진압대책의 수립 · 지도를, 국가정보원이 테러조직에 관한 국내외의 정보 수집 · 작성 및 배포 업무를 맡고 있다.

군대도 관련법령에 의하여 테러의 예방과 진압을 위하여 필요한 기능을 수행할 권한을 가지고 있으며 필요한 조치를 할 수 있도록 되어 있다.[39)] 이와 같이 우리나라는 많은 정부부처에서 자신의 업무영역 내에서 테러대책을 마련하고 있으며, 테러에 대비한 임무를 수행하고 있다.

하지만 우리나라에는 대테러 정보수집은 국가정보원, 화학전은 행정자치부, 생물

38) 한국형사정책연구원, 2004: 417.

39) 국군기무사령부는 군사보안 및 군 방첩에 관한 사항, 군사법원법 제44조 제2호에 규정된 범죄의 수사에 관한 사항과 군 및 군과 관련이 있는 첩보의 수집 · 처리에 관한 업무를 수행하는 과정에서 대테러에 관한 업무도 수행할 권한을 가지고 있다(국군기무사령부령 제1조).

학전은 보건복지부, 방사능은 과학기술부, 테러진압은 경찰청 등으로 분산되어 있다. 이러한 체제는 다양한 정보수집을 가능하게 하지만 정보의 통일적 관리가 되지 않기 때문에 유사시 문제가 될 수 있다.

또한 대테러전문가 양성 및 첨단장비 확보에 있어서도 아직 미흡하다. 테러의 방법이 날로 지능화되고 있어 이에 대응하기 위한 각종 첨단장비의 확보는 필수적이다. 그러나 탄저균과 같은 생물을 이용한 테러에 필요한 생물무기통합탐지장치BIBS가 국내에는 아직 없는 실정이다. 방독면 보급률은 9%에 불과하고 군경에 지급된 방독면도 성능에 문제점이 있는 것으로 나타나고 있다. 민방위훈련 등을 통하여 테러에 대응하기 위한 능력을 높이기 위해 노력하고 있다. 이에 따라 화학전에 대한 대비는 어느 정도 되어 있지만 생물학전 대비는 미흡하다는 것이 전문가들의 견해이다. 특히 테러에 이용될 수 있는 각종 세균 검사, 채취장비가 부족한 상태이기 때문에 테러에 대한 효과적인 대응에 문제가 있는 것으로 지적되고 있다. 기존의 화생방 무기는 물론이고 고성능의 대형폭발무기에 대한 대책도 완벽하게 세워야 한다.

위기관리와 안전관리는 별개의 것이라기보다 상호 통합되고 연계될 때 효과를 거둘 수 있기 때문에 부서간의 주도권 다툼보다는 국민의 생명과 안전을 중시해야 한다는 점에서 통일적인 체제가 필요하다고 할 것이다. 이와 같은 측면에서 테러리즘을 통제하기 위하여 정보기관과 법집행기관 사이의 협력을 위한 새로운 제도가 요구된다. 정보의 수집은 매우 중요하지만 이를 취사선택하여 대응할 수 있는 방법이 필요하다. 이러한 점에서 우리나라의 테러대응은 분단상황의 군사적 위협에 대응하는 것을 중심으로 하는 현행 법체계상에서 벗어나 평상시의 관리를 위한 협력체를 만들 필요가 있다.

이와 같이 국내 테러대책기관간에 있어서도 종전과 같은 특정기관의 정보독점에서 탈피하여 유관기관간에 신속하면서도 정확한 첩보 및 정보를 제공하여 신종테러 및 각종사건 등의 위해를 사전방지, 초동조치 및 진압이 될 수 있도록 공조체제가 이루어져야 한다.

또한 부산 APEC 정상회의의 성격상 20개국의 국가 정상이 방한하기 때문에 경호관련 부서는 참가국들 경호기관과의 긴밀한 업무 협조 및 정보공유를 통해 발생 가능한 테러와 경호안전 위협을 사전에 차단해야 할 것이다. 다시 말해, 테러에 대한 최선의 정책은 예방이기 때문에 국제적으로 테러에 관한 정보교환은 무엇보다 필요하다고 하겠다.

⑶ 적정규모의 예산·인력·장비의 지원

부산 APEC 정상회의는 우리나라 유사이래 21개국의 국가 정상이 동시에 참가하는 최초의 행사인 만큼, 경호경비에 관한 적정한 인력·예산·장비의 투입은 무엇보다도 중요하다.

구체적인 소요인력 판단의 기준은 ① 인적 대상별로 요인경호와 신변보호, 물적 대상별로 대회안전과 일반안전으로 각각 구분하여 ② 기본적인 인원배치를 복선화하되 중요도 측정, 시설이용 상황24시간 근무여부, 행사충돌횟수, 경호경비환경 등을 고려하여 ③ 경호원, 경찰, 군인 등 각각의 임무와 연계된 전문요원을 중심으로 적정하게 산출하여야 한다.

결국, 정확한 경호경비대상의 판단과 전문화된 적정 소요인력이 확보되어야 하는 것이다.

⑷ 실전모의훈련FTX

APEC 행사의 중요성을 감안할 때, 경호·경비 유관기관인 경호실과 경찰 그리고 유관기관 간의 실전을 방불케 하는 실전모의훈련이 수차례 실시되어야 한다.

또한 첨단 장비의 활용으로 행사 참석자의 불편을 최소화하고, GPS 등의 활용으로 행사권 전역에 정상 모터케이드의 현위치와 이동상황을 파악함으로써 완벽한 교통관리 등 과학적 경호경비 체제가 이뤄져야 하며, CCTV와 헬기 등을 이용하여 주변 교통상황의 관리와 NGO의 집회시위관리를 하여야 한다.

⑸ 시민협조 유도를 위한 사전 홍보 활동의 강화

APEC 정상회의의 성공개최는 부산시민의 협조에 달려 있다고 해도 과언이 아니다. APEC 행사기간 중의 교통통제나, 차량 2부제 실시에 따라 부산 시민의 불편이 수반되는 것은 불가피한 일이기 때문에 시민에 대한 사전 홍보로 시민의 자율참여 및 협조를 유도해야 한다.

따라서 부산시민을 대상으로 APEC 행사의 중요성을 알리고, 선진시민의식을 보일 것을 요구하는 사전 홍보활동은 매우 중요하다.

홍보의 방법으로는 여러 가지가 있을 수 있지만 부산시청 및 부산 경찰청 홈페이지를 통해 APEC의 개요 및 행사의 중요성, 시민협조 사항, 교통통제 등 홍보의 방법이 있을 수 있고, 부산 전역에 주요 정체예상로 및 차량 2부제 준수, 대중교통 이용을 당부하는 교통안내 입간판을 설치하고, APEC 회의장 인근 통제구간 및 우회도로 안내판 등을 설치하는 방법을 고려해 볼 수 있다.

또한 경호안전통제단 내 경호안전 공보위원회를 구성하여 APEC 관련 보도자료를 사전심의하고, 언론 보도내용 중 문제기사에 대해 일차적 조정을 위한 상호연락 및 공동 대응체제를 강구해야 한다.

특히 APEC 회의와 관련하여 특별치안강화지역 등의 지정에 관한 홍보 및 협조, NGO 집회·시위 대책 등 경호 경비 준비상황을 적극적으로 홍보하여 APEC 회의를 반대하는 집단 및 동조세력에게 회의의 원만한 진행에 관한 협조를 구해야 한다.

또한 인터넷 홍보는 단방향의 홍보를 양방향으로 전환할 수 있는 매체로서 시민의 자발적인 참여를 유도할 수 있으므로 보다 적극적인 활용이 요구된다고 하겠다.

⑹ 민간조직NGO에 의한 과격·폭력시위예방

NGO들은 자신들의 주장을 관철하고 행사 진행을 방해하기 위해 과격성과 폭력성을 계속 드러낼 것으로 전망된다.

전술한 바와 같이 해외에서는 1999년 11월의 세계무역기구WTO 시애틀 각료회의 및 2000년 1월의 스위스 경제포럼WEF, 2000년 9월의 체코 프라하 IMF/IBRD 총회 행사장에서 과격폭력 시위가 발생했고 국제환경단체인 '그린피스'는 과거 핵물질을 수송하는 선박의 항해를 방해하기 위해 자해적 충돌공격을 기도한 바도 있다.[40]

최근 세계 도처에서는 자국이익의 추구 및 관계국과의 결속 강화 차원에서 다양한 형태의 국제행사들이 지속적으로 개최되고 있는데 시애틀 WTO총회 개최 당시에 NGO의 단결된 조직력을 바탕으로 회담결렬에 성공한 이후 세계 주요 NGO들은 각종 국제행사에 대규모 인원을 파견하여 조직홍보 및 요구사항 관철을 위한 수단으로 활용하고 있다.

현 국제사회는 'NGO의 시대' 또는 'NGO 르네상스 시대'라고 부를 만큼 NGO들이 우리생활 가까이 다가오고 또한 이 시민사회단체들의 사회적 위상도 높아지고 있는 실정이다.[41]

---

40) 경찰청, 2001: 127~128.
41) 신광영, 1999: 22~23.

더욱이 세계는 지금 급속한 변화의 소용돌이 속에 있으며 환경, 여성, 인권, 문명권의 충돌 등 이른바 '글로벌 이슈들' 해결에 높은 관심을 가지고 있어 NGO의 활동이 더욱 강한 구심점을 형성하고 있다고 볼 수 있다.

따라서 주요 행사장과 일정거리가 있는 지점에서의 평화적 시위개최는 허용하여 NGO들의 활동 명분을 인정해 주는 것도 시위시 경찰과의 충돌을 사전에 방지할 수 있는 하나의 방법으로 볼 수 있다.

최근 국제행사시 NGO들의 활동성향에서 얻을 수 있는 교훈을 경호경비 유관기관 입장에서 살펴보면 다음과 같이 정리할 수 있다.

첫째, 시위개최 NGO에 대한 정보입수 및 공유활동이 강화되어야 한다. 정확한 정보를 바탕으로 NGO의 활동계획 및 행동반경을 사전에 인지, 시위대의 성격 및 상황에 따라 유연하게 대처하는 것이 필요하다.

둘째, 일반 군중들의 NGO 합류배제를 위한 방지책을 강구해야 한다. 일반적으로 과격 불법 시위장에는 NGO뿐만 아니라 일반군중들이 상당수 합류되어 돌발적 상황으로 비화될 수 있는 가능성을 고려하여 서로간의 상호작용을 최소화시킬 수 있는 방안이 마련되어야 한다.

셋째, 평화적 시위개최 NGO와 불법 NGO에 대한 차등 대응이 필요하다. 평화적 시위 개최 NGO에 대해서는 최대한 활동을 보장해 주되 과격성향의 불법 NGO는 초동단계부터 강력하게 대응하여 시위의지를 사전에 봉쇄해야 한다.

최근 국제행사시 NGO에 의한 시위발생은 불가피한 것으로 이에 대해 공안기관에서도 과격시위인지 평화시위인지의 성향을 분석하여 차등적, 선별적으로 대응함이 요구되며 필요시 일정 수준의 집회, 시위는 허용함이 바람직하다고 할 수 있다.

V. 결 론

지금까지 2005년 부산 APEC 정상회의와 관련하여 발생 가능한 테러·안전위협 요인들을 검토하고 이에 대비한 대테러·안전대책을 살펴보았다.

지금까지 테러의 안전지대로 인식되어 왔던 우리나라도 이젠 더 이상 테러의 안전지대가 될 수 없다. 이미 테러의 심각성은 우리나라가 2005년에 개최하기로 예정된

APEC도 그 주요 5대 과제 중 하나로 반테러 협력을 채택하고 있고, 2001년 10월 중국 상해 정상회의에서 반테러 선언을 발표한 이래로 반테러 실행계획을 이행해 오고 있는 것에서 알 수 있다. 현재 자행되는 테러양상은 소위 21세기형 '뉴테러리즘'이라 해서 가능한 모든 수단을 동원한 자살공격과 민간인에 대한 무차별적 살상을 특징으로 한다. 또한 이러한 테러가 단순히 공포조성의 단계를 벗어나 그 피해가 국가안보 자체를 위협하는 수준에 이르게 되었다.

최근 세계의 각 지역은 종래의 정치적 이데올로기 대신에 급진적인 종교적 사상이나 과격한 민족독립운동을 배경으로 하는 테러가 빈발하고 있다. 특히 이슬람 과격파는 그 네트워크를 전 세계적으로 넓혀 가고 있으며 그 활동거점도 중동뿐만이 아니라 구소련 연방제국이나 아프가니스탄, 파키스탄, 필리핀 등 아시아 제국으로 세력을 확대시켜 영국의 폭탄테러사건에서 알 수 있는 것처럼 일반시민을 이용한 자폭테러, 파괴력이 큰 폭탄에 의한 대량 무차별 테러 등을 감행하고 있다.

9·11 테러사태는 냉전체제의 종식 이후 전 세계적으로 팽배해 온 국가 안보의식의 해체에 일침을 가하는 충격이었다. 이로써 세계 각국은 자국의 안보개념 자체가 결코 자국에게만 관련된 문제로서가 아니라 전 세계적 연대 속에서 해결해 나가야 할 과제임을 분명히 알게 되었다. 즉 테러는 국제체제, 민주주의, 시장경제를 파괴하여 궁극적으로 자유주의 국제질서를 붕괴시킬 수 있는 국제적 안보위협으로 인식되는 계기가 된 것이다.

이에 대해 미국을 중심으로 한 반테러 연대를 통하여 자유주의 국제질서가 새로운 측면에서 강화되고 있으나 테러집단은 통치 및 산업개발 등이 실패한 열악한 지역에서 계속 재생산될 뿐만 아니라 테러의 유형이나 방식도 자살폭탄 테러, 사이버 테러, 레이저 테러, 전자무기 테러, 생물무기 테러와 같이 다양화되고 있어 더욱더 철저한 대처방안을 마련하지 않으면 안 된다.

이러한 현실 속에서 한국은 대외적으로는 미국과의 공조관계로 인해 과격한 이슬람권 테러리스트들의 테러 대상지로 더욱 인지도가 높아졌으며 북한과의 대치 상황 속에서는 보다 치밀해진 북한의 비정규전 형식의 대남테러로 인하여 긴장할 수밖에 없는 상황이고 국내적으로는 여러 가지 이데올로기의 대립과 자본주의 시장구조로 인한 개방성 및 소외집단의 증가, IT 산업발달로 인한 정보전의 취약성 등의 문제점들은 우리를 더욱 테러 취약국가로 인식하게 만들고 있다. 게다가 가정붕괴, 학교붕괴,

세계화, 직업의 세분화 등으로 사회적 연대가 엷어짐에 따라 국가안보 의지는 감소되고 있으며 컴퓨터와 IT 산업 발달, 민주화 과정에서의 과도기적 현성 등으로 정부의 국가 안보정책 수행능력은 저하되고 있는 실정이다.

이러한 상황을 고려하여 본 연구는 부산 APEC 정상회의에 대비한 대테러·안전대책으로 테러위협요인에 대한 완벽한 정보의 수집, 국내·외 유관기관간의 긴밀한 공조체제 구축, 구체적인 인력·예산·장비 계획의 수립, 실전모의훈련FTX의 실시, 시민협조를 위한 사전 홍보활동의 강화 등을 제시하였다.

만에 하나 있을지도 모르는 테러의 위협을 사전에 파악하고 적극적으로 대응하기 위해 현장에서 임무를 수행하는 청와대 경호실, 경찰, 국가정보원 등의 실무자들은 다양한 상황들을 예측하고 빈틈없는 대회준비를 위해 최선의 노력을 기울이고 있으며 보다 구체적인 대비책들을 강구하여 경비현장을 안전하게 지키기 위해 온갖 수고를 아끼지 않을 것이다. 이러한 수많은 사람들의 정성과 노력이 한데 모여 2005년 부산 APEC 정상회의가 지금까지의 어느 대회보다 안전하고 평화로운 분위기 속에서 전 인류의 삶과 미래에 희망을 주는 알찬 결실을 거두길 기대해 본다.

부록: 국가대테러활동지침

1982. 1. 21

대통령훈령 제47호

1997. 1. 1 일부개정

1999. 4. 1 일부개정

2005. 3.15 전면개정

2008. 8.18 일부개정

제1장 총　칙

제2장 테러대책기구

제3장 테러사건 대응조직

제4장 예방·대비 및 대응활동

제5장 관계기관별 임무

제6장 보　칙

제1장 총 칙

제1조(목적) 이 훈령은 국가의 대테러 업무수행을 위하여 필요한 사항을 규정함을 목적으로 한다.

제2조(정의) 이 훈령에서 사용하는 용어의 정의는 다음과 같다.

1. "테러"라 함은 국가안보 또는 공공의 안전을 위태롭게 할 목적으로 행하는 다음 각목의 어느 하나에 해당하는 행위를 말한다.
   가. 국가 또는 국제기구를 대표하는 자 등의 살해·납치 등 「외교관 등 국제적 보호인물에 대한 범죄의 방지 및 처벌에 관한 협약」 제2조에 규정된 행위
   나. 국가 또는 국제기구 등에 대하여 작위·부작위를 강요할 목적의 인질억류·감금 등 「인질억류 방지에 관한 국제협약」 제1조에 규정된 행위
   다. 국가중요시설 또는 다중이 이용하는 시설·장비의 폭파 등 「폭탄테러행위의 억제를 위한 국제협약」 제2조에 규정된 행위
   라. 운항 중인 항공기의 납치·점거 등 「항공기의 불법납치 억제를 위한 협약」 제1조에 규정된 행위
   마. 운항 중인 항공기의 파괴, 운항 중인 항공기의 안전에 위해를 줄 수 있는 항공시설의 파괴 등 「민간항공의 안전에 대한 불법적 행위의 억제를 위한 협약」 제1조에 규정된 행위
   바. 국제민간항공에 사용되는 공항 내에서의 인명살상 또는 시설의 파괴 등 「1971년 9월 23일 몬트리올에서 채택된 민간항공의 안전에 대한 불법적 행위의 억제를 위한 협약을 보충하는 국제민간항공에 사용되는 공항에서의 불법적 폭력행위의 억제를 위한 의정서」 제2조에 규정된 행위
   사. 선박억류, 선박의 안전운항에 위해를 줄 수 있는 선박 또는 항해시설의 파괴 등 「항해의 안전에 대한 불법적 행위의 억제를 위한 협약」 제3조에 규정된 행위
   아. 해저에 고정된 플랫폼의 파괴 등 「대륙붕상에 소재한 고정플랫폼의 안전에 대한 불법적 행위의 억제를 위한 의정서」 제2조에 규정된 행위
   자. 핵물질을 이용한 인명살상 또는 핵물질의 절도·강탈 등 「핵물질의 방호에 관한 협약」 제7조에 규정된 행위
2. "테러자금"이라 함은 테러를 위하여 또는 테러에 이용된다는 정을 알면서 제공·모금된 것으로서 「테러자금 조달의 억제를 위한 국제협약」 제1조제1호의 자금을 말한다.
3. "대테러활동"이라 함은 테러 관련 정보의 수집, 테러혐의자의 관리, 테러에 이용될 수 있는 위험물질 등 테러수단의 안전관리, 시설·장비의 보호, 국제행사의 안전확보, 테러위협에의 대응 및 무력 진압 등 테러예방·대비와 대응에 관한 제반활동을 말한다.
4. "관계기관"이라 함은 대테러활동을 담당하는 중앙행정기관 및 그 소속기관을 말한다.
5. "사건대응조직"이라 함은 테러사건이

발생하거나 발생이 예상되는 경우에 그 대응을 위하여 한시적으로 구성되는 테러사건대책본부·현장지휘본부 등을 말한다.

6. "지속사건"이라 함은 납치·인질억류·점거, 테러에 이용이 가능한 병원체·방사능물질의 살포 등과 같이 테러의 위해상황이 지속되는 테러사건을 말한다.
7. "비지속사건"이라 함은 암살·폭파 등 지속사건 외의 테러사건을 말한다.
8. "테러경보"라 함은 테러의 위협 또는 위험수준에 따라 관심·주의·경계·심각의 4단계로 구분하여 발령하는 경보를 말한다.

제3조(기본지침) 국가의 대테러활동을 위한 기본지침은 다음과 같다.

1. 국가의 대테러업무를 효율적으로 수행하기 위하여 범국가적인 종합대책을 수립하고 지휘 및 협조체제를 단일화한다.
2. 관계기관 등은 테러위협에 대한 예방활동에 주력하고, 테러 관련 정보 등 징후를 발견한 경우에는 관계기관에 신속히 통보하여야 한다.
3. 테러사건이 발생하거나 발생이 예상되는 경우에는 테러대책기구 및 사건대응조직을 통하여 신속한 대응조치를 강구한다.
4. 국내외 테러의 예방·저지 및 대응조치를 원활히 수행하기 위하여 국제적인 대테러 협력체제를 유지한다.
5. 국가의 대테러능력을 향상·발전시키기 위하여 전문인력 및 장비를 확보하고, 대응기법을 연구·개발한다.
6. 테러로 인하여 발생하는 각종 피해의 복구와 구조활동, 사상자에 대한 조치 등 수습활동은 「재난 및 안전 관리기본법」 등 관계법령에서 정한 체계와 절차에 따라 수행함을 원칙으로 한다.
7. 이 훈령과 대통령훈령 제28호 통합방위지침의 적용여부가 불분명한 사건이 발생한 경우에는 사건성격이 명확히 판명될 때까지 통합방위지침에 의한 대응활동과 병행하여 이 훈령에 의한 대테러활동을 수행한다.

제4조(적용범위) 이 훈령은 관계기관과 그 외에 테러예방 및 대응조치를 위하여 필요한 정부의 관련 기관에 적용한다.

제2장 테러대책기구

제1절 테러대책회의

제5조(설치 및 구성) ① 국가 대테러정책의 심의·결정 등을 위하여 대통령 소속하에 테러대책회의를 둔다.

② 테러대책회의의 의장은 국무총리가 되며, 위원은 다음 각호의 자가 된다.

1. 교육과학기술부장관·외교통상부장관·통일부장관·법무부장관·국방부장관·행정안전부장관·지식경제부장관·보건복지가족부장관·환경부장관 및 국토해양부장관
2. 국가정보원장
3. 국무총리실장
4. 대통령실 경호처장·대통령실 외교안보수석비서관·관세청장·경찰청장·소방방재청장 및 해양경찰청장
5. 그 밖에 의장이 지명하는 자

③ 테러대책회의의 사무를 처리하기 위하여 1인의 간사를 두되, 간사는 제11조의 규정에 의한 테러정보통합센터의 장으로 한다. 다만, 제20조의 규정에 의한 분야별 테러사건대책본부가 구성되는 때에는 해

당 테러사건대책본부의 장을 포함하여 2인의 간사를 둘 수 있다.

제6조(임무) 테러대책회의는 다음 각호의 사항을 심의한다.

1. 국가 대테러정책
2. 그 밖에 테러대책회의의 의장이 부의하는 사항

제7조(운영) ① 테러대책회의는 그 임무를 수행하기 위하여 의장이 필요하다고 인정하거나 위원이 회의소집을 요청하는 때에 의장이 이를 소집한다.

② 테러대책회의의 의장·위원 및 간사의 직무는 다음과 같다.

1. 의장
   가. 테러대책회의를 소집하고 회의를 주재한다.
   나. 테러대책회의의 결정사항에 대하여 대통령에게 보고하고, 결정사항의 시행을 총괄·지휘한다.
2. 위원
   가. 테러대책회의의 소집을 요청하고 회의에 참여한다.
   나. 소관사항에 대한 대책방안을 제안하고, 의결사항의 시행을 총괄한다.
3. 간사
   가. 테러대책회의의 운영에 필요한 실무사항을 지원한다.
   나. 그 밖의 회의 관련 사무를 처리한다.
   다. 제5조제3항 단서의 규정에 의한 분야별 테러사건대책본부의 장은 테러사건에 대한 종합상황을 테러대책회의에 보고하고, 테러대책회의의 의장이 지시한 사항을 처리한다.

③ 의장이 부득이한 사유로 직무를 수행할 수 없는 때에는 제8조의 규정에 의한 테러대책상임위원회의 위원장이 그 직무를 수행한다.

제2절 테러대책상임위원회

제8조(설치 및 구성) ① 관계기관 간 대테러업무의 유기적인 협조·조정 및 테러사건에 대한 대응대책의 결정 등을 위하여 테러대책회의 밑에 테러대책상임위원회(이하 "상임위원회"라 한다)를 둔다.

② 상임위원회의 위원은 다음 각호의 자가 되며, 위원장은 위원 중에서 대통령이 지명한다.

1. 외교안보정책조정회의 상임위원(외교통상부장관·통일부장관·국방부장관, 국가정보원장, 국무총리실장·대통령실 외교안보수석비서관) 및 행정안전부장관
2. 경찰청장
3. 그 밖에 상임위원회의 위원장이 지명하는 자

③ 상임위원회의 사무를 처리하기 위하여 1인의 간사를 두되, 간사는 제11조의 규정에 의한 테러정보통합센터의 장으로 한다.

제9조(임무) 상임위원회의 임무는 다음 각호와 같다.

1. 테러사건의 사전예방·대응대책 및 사후처리 방안의 결정
2. 국가 대테러업무의 수행실태 평가 및 관계기관의 협의·조정
3. 대테러 관련 법령 및 지침의 제정 및 개정 관련 협의
4. 그 밖에 테러대책회의에서 위임한 사항 및 심의·의결한 사항의 처리

제10조(운영) ① 상임위원회의 회의는 정기회의와 임시회의로 구분하며, 위원장이 소집한다.

② 정기회의는 원칙적으로 반기 1회 개최한다.

③ 임시회의는 위원장이 필요하다고 인정하거나 위원이 회의소집을 요청하는 때에 소집된다.

④ 상임위원회의 위원장·위원 및 간사의 직무에 대하여는 제7조제2항의 규정을 준용한다.

⑤ 상임위원회의 운영을 효율적으로 지원하기 위하여 관계기관의 국장으로 구성되는 실무회의를 운영할 수 있으며, 간사가 이를 주재한다.

제3절 테러정보통합센터

제11조(설치 및 구성) ① 테러 관련 정보를 통합관리하기 위하여 국가정보원에 관계기관 합동으로 구성되는 테러정보통합센터를 둔다.

② 테러정보통합센터의 장(이하 "센터장"이라 한다)을 포함한 테러정보통합센터의 구성과 참여기관의 범위·인원과 운영 등에 관한 세부사항은 국가정보원장이 정하되, 센터장은 국가정보원 직원 중 테러 업무에 관한 전문적 지식과 경험이 있는 자로 한다.

③ 국가정보원장은 관계기관의 장에게 소속공무원의 파견을 요청할 수 있다.

④ 테러정보통합센터의 조직 및 운영에 관한 사항은 공개하지 아니할 수 있다.

제12조(임무) 테러정보통합센터의 임무는 다음 각호와 같다.

1. 국내외 테러 관련 정보의 통합관리 및 24시간 상황처리체제의 유지
2. 국내외 테러 관련 정보의 수집·분석·작성 및 배포
3. 테러대책회의·상임위원회의 운영에 대한 지원
4. 테러 관련 위기평가·경보발령 및 대국민 홍보
5. 테러혐의자 관련 첩보의 검증
6. 상임위원회의 결정사항에 대한 이행점검
7. 그 밖에 테러 관련 정보의 통합관리에 필요한 사항

제13조(운영) ① 관계기관은 테러 관련 정보(징후·상황·첩보 등을 포함한다)를 인지한 경우에는 이를 지체없이 센터장에게 통보하여야 한다.

② 센터장은 테러정보의 통합관리 등 업무수행에 필요하다고 인정하는 경우에는 관계기관의 장에게 필요한 협조를 요청할 수 있다.

제4절 지역 테러대책협의회

제14조(설치 및 구성) ① 지역의 관계기관 간 테러예방활동의 유기적인 협조·조정을 위하여 지역 테러대책협의회를 둔다.

② 지역 테러대책협의회의 의장은 국가정보원의 해당지역 관할지부의 장이 되며, 위원은 다음 각호의 자가 된다.

1. 교육과학기술부·법무부·보건복지가족부·환경부·국토해양부·국가정보원·관세청·대검찰청·경찰청·소방방재청·식품의약품안전청·해양경찰청의 지역기관, 지방자치단체, 지역 군·기무부대의 대테러업무 담당 국·과장급 직위의 자
2. 그 밖에 지역 테러대책협의회의 의장이 지명하는 자

제15조(임무) 지역 테러대책협의회의 임무는 다음 각호와 같다.

1. 테러대책회의 또는 상임위원회의 결정사항에 대한 시행방안의 협의
2. 당해 지역의 관계기관 간 대테러업무의 협조·조정
3. 당해 지역의 대테러업무 수행실태의 분석·평가 및 발전방안의 강구

제16조(운영) ① 지역 테러대책협의회는 그 임무를 수행하기 위하여 의장이 필요하다

고 인정하거나 위원이 회의소집을 요청하는 때에 의장이 이를 소집한다.

② 지역 테러대책협의회의 운영에 관한 세부사항은 제7조의 규정을 준용하여 각 지역 테러대책협의회에서 정한다.

제5절 공항·항만 테러·보안대책협의회

제17조(설치 및 구성) ① 공항 또는 항만 내에서의 테러예방 및 저지활동을 원활히 수행하기 위하여 공항·항만별로 테러·보안대책협의회를 둔다.

② 테러·보안대책협의회의 의장은 당해 공항·항만의 국가정보원 보안실장(보안실장이 없는 곳은 관할지부의 관계과장)이 되며, 위원은 다음 각호의 자가 된다.

1. 당해 공항 또는 항만에 근무하는 법무부·보건복지가족부·국토해양부·관세청·경찰청·소방방재청·해양경찰청·국군기무사령부 등 관계기관의 직원 중 상위 직위자
2. 공항·항만의 시설관리 및 경비책임자
3. 그 밖에 테러·보안대책협의회의 의장이 지명하는 자

제18조(임무) 테러·보안대책협의회는 당해 공항 또는 항만 내의 대테러 활동에 관하여 다음 각호의 사항을 심의·조정한다.

1. 테러혐의자의 잠입 및 테러물품의 밀반입에 대한 저지대책
2. 공항 또는 항만 내의 시설 및 장비에 대한 보호대책
3. 항공기·선박의 피랍 및 폭파 예방·저지를 위한 탑승자와 수하물의 검사대책
4. 공항 또는 항만 내에서의 항공기·선박의 피랍 또는 폭파사건에 대한 초동(初動) 비상처리대책
5. 주요인사의 출입국에 따른 공항 또는 항만 내의 경호·경비 대책
6. 공항 또는 항만 관련 테러첩보의 입수·분석·전파 및 처리대책
7. 그 밖에 공항 또는 항만 내의 대테러대책

제19조(운영) ① 테러·보안대책협의회는 그 임무를 수행하기 위하여 의장이 필요하다고 인정하거나 위원이 회의소집을 요청하는 때에 의장이 이를 소집한다.

② 테러·보안대책협의회의 운영에 관한 세부사항은 공항·항만 별로 테러·보안대책협의회에서 정한다.

제3장 테러사건 대응조직

제1절 분야별 테러사건대책본부

제20조(설치 및 구성) ① 테러가 발생하거나 발생이 예상되는 경우 교육과학기술부장관은 방사능테러사건대책본부를, 외교통상부장관은 국외테러사건대책본부를, 국방부장관은 군사시설테러사건대책본부를, 보건복지가족부장관은 생물테러사건대책본부를, 환경부장관은 화학테러사건대책본부를, 국토해양부장관은 항공기테러사건대책본부를, 경찰청장은 국내일반테러사건대책본부를, 해양경찰청장은 해양테러사건대책본부를 설치·운영한다.

② 상임위원회는 동일 사건에 대하여 2개 이상의 테러사건대책본부가 관련되는 경우에는 사건의 성질·중요도 등을 고려하여 테러사건대책본부를 설치할 기관을 지정한다.

③ 테러사건대책본부의 장은 테러사건대책본부를 설치하는 부처의 차관급 공무원으로 하되, 경찰청과 해양경찰청은 차장으로 한다.

제21조(임무) 테러사건대책본부의 임무는 다음 각호와 같다.

1. 테러대책회의 또는 상임위원회의 소집 건의
2. 제23조의 규정에 의한 현장지휘본부의 사건대응활동에 대한 지휘·지원
3. 테러사건 관련 상황의 전파 및 사후처리
4. 그 밖에 테러대응활동에 필요한 사항의 강구 및 시행

제22조(운영) ① 테러사건대책본부의 장은 테러사건대책본부의 운영에 필요한 경우 관계기관의 장에게 전문인력의 파견 등 지원을 요청할 수 있다.

② 테러사건대책본부의 편성·운영에 관한 세부사항은 테러사건대책본부가 설치된 기관의 장이 정한다.

제2절 현장지휘본부

제23조(설치 및 구성) ① 테러사건대책본부의 장은 지속사건이 발생한 경우 사건현장의 대응활동을 총괄하기 위하여 현장지휘본부를 설치한다.

② 현장지휘본부의 장은 테러사건대책본부의 장이 지명하는 자로 한다.

③ 현장지휘본부의 장은 테러의 양상·규모·현장상황 등을 고려하여 협상·진압·구조·소방·구급 등 필요한 전문조직을 구성하거나 관계기관의 장으로부터 지원받을 수 있다.

④ 외교통상부장관은 해외에서 테러가 발생하여 정부차원의 현장대응이 필요한 경우에는 관계기관 합동으로 정부현지대책반을 구성하여 파견할 수 있다.

제3절 대테러특공대

제24조(구성 및 지정) ① 테러사건에 대한 무력진압작전의 수행을 위하여 국방부·경찰청·해양경찰청에 대테러특공대를 둔다.

② 국방부장관·경찰청장·해양경찰청장은 대테러특공대를 설치하거나 지정하고자 할 때에는 상임위원회의 심의를 거쳐야 한다.

③ 국방부장관·경찰청장·해양경찰청장은 대테러특공대의 구성 및 외부 교육훈련·이동 등 운용사항을 대통령경호안전대책위원회의 위원장과 협의하여야 한다.

제25조(임무) 대테러특공대는 다음 각호의 임무를 수행한다.

1. 테러사건에 대한 무력진압작전
2. 테러사건과 관련한 폭발물의 탐색 및 처리
3. 요인경호행사 및 국가중요행사의 안전활동에 대한 지원
4. 그 밖에 테러사건의 예방 및 저지활동

제26조(운영) 대테러특공대는 테러진압작전을 수행할 수 있도록 특수전술능력을 보유하여야 하며, 항상 즉각적인 출동 태세를 유지하여야 한다.

제27조(출동 및 작전) ① 테러사건이 발생하거나 발생이 예상되는 경우 대테러특공대의 출동 여부는 각각 국방부장관·경찰청장·해양경찰청장이 결정한다. 다만, 군대테러특공대의 출동은 군사시설 내에서 테러사건이 발생하거나 테러대책회의의 의장이 요청하는 때에 한한다.

② 대테러특공대의 무력진압작전은 상임위원회에서 결정한다. 다만, 테러범이 무차별 인명살상을 자행하는 등 긴급한 대응조치가 불가피한 경우에는 국방부장관·경찰청장·해양경찰청장이 대테러특공대에 긴급 대응작전을 명할 수 있다.

③ 국방부장관·경찰청장·해양경찰청장이 제2항 단서의 규정에 의하여 긴급 대

응작전을 명한 경우에는 이를 즉시 상임위원회의 위원장에게 보고하여야 한다.

제4절 협상팀

제28조(구성) ① 지속사건에 대하여 무력적이지 아니한 방법으로 사건을 종결하거나 후발사태를 저지하기 위하여 국방부·경찰청·해양경찰청에 협상실무요원·통역요원·전문요원으로 구성되는 협상팀을 둔다.

② 협상실무요원은 협상 전문능력을 갖춘 공무원으로 편성하고, 협상전문요원은 대테러전술 전문가·심리학자·정신의학자·법률가 등 각계 전문가로 편성한다.

제29조(운영) ① 국방부장관·경찰청장·해양경찰청장은 테러사건이 발생한 경우에는 협상팀을 신속히 소집하고, 협상팀 대표를 선정하여 사건현장에 파견하여야 한다.

② 국방부장관·경찰청장·해양경찰청장은 테러사건이 발생한 경우에 협상팀의 신속한 현장투입을 위하여 협상팀을 특별시·광역시·도 단위로 관리·운용할 수 있다.

③ 국방부장관·경찰청장·해양경찰청장은 협상팀의 대응능력을 향상시키기 위하여 협상기법을 연구·개발하고 필요한 장비를 확보하여야 한다.

④ 협상팀의 구성·운용에 관한 세부사항은 국방부장관·경찰청장·해양경찰청장이 정한다.

제5절 지원팀

제30조(구성) ① 관계기관의 장은 지속사건이 발생한 경우에는 테러대응활동을 지원하기 위하여 지원팀을 구성·운영한다.

② 지원팀은 정보·외교·통신·홍보·소방·인명구조·의료 등 전문 분야별로 편성한다.

제31조(운영) ① 관계기관의 장은 현장지휘본부의 장의 요청이 있거나 테러대책회의 또는 상임위원회의 결정이 있는 때에는 지원팀을 사건현장에 파견한다.

② 관계기관의 장은 평상시 지원팀의 구성에 필요한 전문요원을 양성하고 장비 등을 확보하여야 한다.

제6절 합동조사반

제32조(구성) ① 국가정보원장은 국내외에서 테러사건이 발생하거나 발생할 우려가 현저한 때에는 예방조치·사건분석 및 사후처리방안의 강구 등을 위하여 관계기관 합동으로 조사반을 편성·운영한다. 다만, 국방부장관(국군기무사령관)은 군사시설에 한하여 제33조제1항의 규정에 의한 지역합동조사반을 편성·운영할 수 있다.

② 합동조사반은 관계기관의 대테러업무에 관한 실무전문가로 구성하며, 필요한 경우 공공기관·단체 또는 민간의 전문요원을 위촉하여 참여하게 할 수 있다.

제33조(운영) ① 합동조사반은 테러사건의 발생지역에 따라 중앙 및 지역별 합동조사반으로 구분하여 운영할 수 있다.

② 관계기관의 장은 평상시 합동조사반에 파견할 전문인력을 확보·양성하고, 합동조사를 위하여 필요한 경우에 인력·장비 등을 지원한다.

제4장 예방·대비 및 대응활동

제1절 예방·대비활동

제34조(정보수집 및 전파) ① 관계기관은

테러사건의 발생을 미연에 방지하기 위하여 소관업무와 관련한 국내외 테러 관련 정보의 수집활동에 주력한다.

② 관계기관은 테러 관련 정보를 입수한 경우에는 지체없이 센터장에게 이를 통보하여야 한다.

③ 센터장은 테러 관련 정보를 종합·분석하여 신속히 관계기관에 전파하여야 한다.

제35조(테러경보의 발령) ① 센터장은 테러위기의 징후를 포착한 경우에는 이를 평가하여 상임위원회에 보고하고 테러경보를 발령한다.

② 테러경보는 테러위협 또는 위험의 정도에 따라 관심·주의·경계·심각의 4단계로 구분하여 발령하고, 단계별 위기평가를 위한 일반적 업무절차는 국가위기관리 기본지침에 의한다.

③ 테러경보는 국가전역 또는 일부지역에 한정하여 발령할 수 있다.

④ 센터장은 테러경보의 발령을 위하여 필요한 사항에 대한 세부지침을 수립하여 시행한다.

제36조(테러경보의 단계별 조치) ① 관계기관의 장은 테러경보가 발령된 경우에는 다음 각호의 기준을 고려하여 단계별 조치를 취하여야 한다.

1. 관심 단계 : 테러 관련 상황의 전파, 관계기관 상호간 연락체계의 확인, 비상연락망의 점검 등
2. 주의 단계 : 테러대상 시설 및 테러에 이용될 수 있는 위험물질에 대한 안전관리의 강화, 국가중요시설에 대한 경비의 강화, 관계기관별 자체 대비태세의 점검 등
3. 경계 단계 : 테러취약요소에 대한 경비 등 예방활동의 강화, 테러취약시설에 대한 출입통제의 강화, 대테러 담당공무원의 비상근무 등
4. 심각 단계 : 대테러 관계기관 공무원의 비상근무, 테러유형별 테러사건대책본부 등 사건대응조직의 운영준비, 필요장비·인원의 동원태세 유지 등

② 관계기관의 장은 제1항의 규정에 의하여 단계별 세부계획을 수립·시행하여야 한다.

제37조(지도 및 점검) ① 관계기관의 장은 소관업무와 관련하여 국가중요시설·다중이 이용하는 시설·장비 및 인원에 대한 테러예방대책과 테러에 이용될 수 있는 위험물질에 대한 안전관리대책을 수립하고, 그 시행을 지도·감독한다.

② 국가정보원장은 필요한 경우 관계기관 합동으로 공항·항만 등 테러의 대상이 될 수 있는 국가중요시설·다중이 이용하는 시설 및 장비에 대한 테러예방활동을 관계법령이 정하는 바에 따라 지도·점검할 수 있다.

제38조(국가중요행사에 대한 안전활동) ① 관계기관의 장은 국내외에서 개최되는 국가중요행사에 대하여 행사특성에 맞는 분야별 대테러·안전대책을 수립·시행하여야 한다.

② 국가정보원장은 국가중요행사에 대한 대테러·안전대책을 협의·조정하기 위하여 필요한 경우에는 관계기관 합동으로 대테러·안전대책기구를 편성·운영할 수 있다. 다만, 대통령 및 국가원수에 준하는 국빈 등이 참석하는 행사에 관하여는 대통령경호안전대책위원회의 위원장이 편성·운영할 수 있다.

제39조(교육 및 훈련) ① 관계기관의 장은 대테러 전문능력의 배양을 위하여 필요한 인원 및 장비를 확보하고, 이에 따른 교육·훈련계획을 수립·시행한다.

② 관계기관의 장은 제1항의 규정에 의한

계획의 운영에 관하여 국가정보원장과 미리 협의하여야 한다.

③ 국가정보원장은 관계기관 대테러요원의 전문적인 대응능력의 배양을 위하여 외국의 대테러기관과의 합동훈련 및 교육을 지원하고, 관계기관 합동으로 종합모의훈련을 실시할 수 있다.

제2절 대응활동

제40조(상황전파) ① 관계기관의 장은 테러사건이 발생하거나 테러위협 등 그 징후를 인지한 경우에는 관련 상황 및 조치사항을 관련 기관의 장 및 국가정보원장에게 신속히 통보하여야 한다.

② 테러사건대책본부의 장은 사건 종결시까지 관련 상황을 종합처리하고, 대응조치를 강구하며, 그 진행상황을 테러대책회의의 의장 및 상임위원회의 위원장에게 보고하여야 한다.

③ 법무부장관과 관세청장은 공항 및 항만에서 발생하는 테러와 연계된 테러혐의자의 출입국 또는 테러물품의 반출입에 대한 적발 및 처리상황을 신속히 국가정보원장·경찰청장 및 해양경찰청장에게 통보하여야 한다.

제41조(초동조치) ① 관계기관의 장은 테러사건이 발생한 경우에는 사건현장을 통제·보존하고, 후발 사태의 발생 등 사건의 확산을 방지하기 위하여 신속한 초동조치(初動措置)를 하여야 하며, 증거물의 멸실을 방지하기 위하여 가능한 한 현장을 보존하여야 한다.

② 제1항의 규정에 의한 초동조치 사항은 다음 각호와 같다.

1. 사건현장의 보존 및 통제
2. 인명구조 등 사건피해의 확산방지조치
3. 현장에 대한 조치사항을 종합하여 관련 기관에 전파
4. 관련 기관에 대한 지원요청

제42조(사건대응) ① 테러사건이 발생한 경우에는 상임위원회가 그 대응대책을 심의·결정하고 통합지휘하며, 테러사건대책본부는 이를 지체없이 시행한다.

② 테러사건대책본부는 필요한 경우에는 현장지휘본부를 가동하여 상황전파 및 대응체계를 유지하고, 단계별 조치사항을 체계적으로 시행한다.

③ 법무부장관은 테러사건에 대한 수사를 위하여 필요한 경우에는 검찰·경찰 및 관계기관 합동으로 테러사건수사본부를 설치하여 운영하며, 테러정보통합센터·테러사건대책본부와의 협조체제를 유지한다.

제43조(사후처리) ① 테러사건대책본부의 장은 제9조의 규정에 의한 상임위원회의 결정에 따라 관계기관의 장과 협조하여 테러사건의 사후처리를 총괄한다.

② 테러사건대책본부의 장은 테러사건의 처리결과를 종합하여 테러대책회의의 의장 및 상임위원회의 위원장에게 보고하고, 관계기관에 이를 전파한다.

③ 관계기관의 장은 사후대책의 강구를 위하여 필요한 경우에는 관할 수사기관의 장에게 테러범·인질에 대한 신문참여 또는 신문결과의 통보를 요청할 수 있다.

제5장 관계기관별 임무

제44조(관계기관별 임무) 대테러활동에 관한 관계기관별 임무는 다음 각 호와 같다.

1. 대통령실
   가. 국가 대테러 위기관리체계에 관한 기획·조정
   나. 테러 관련 중요상황의 보고 및 지시사항의 처리

다. 테러분야의 위기관리 표준·실무매뉴얼의 관리

2. 금융위원회
   가. 테러자금의 차단을 위한 금융거래 감시활동
   나. 테러자금의 조사 등 관련 기관에 대한 지원

3. 교육과학기술부
   가. 방사능테러 발생시 방사능테러사건대책본부의 설치·운영 및 관련 상황의 종합처리
   나. 방사능테러 관련 교육·훈련에 대한 지원
   다. 테러에 이용될 수 있는 방사성물질의 대테러·안전관리

4. 외교통상부
   가. 국외 테러사건에 대한 대응대책의 수립·시행 및 테러 관련 재외국민의 보호
   나. 국외 테러사건의 발생시 국외테러사건대책본부의 설치·운영 및 관련 상황의 종합처리
   다. 대테러 국제협력을 위한 국제조약의 체결 및 국제회의에의 참가, 국제기구에의 가입에 관한 업무의 주관
   라. 각국 정부 및 주한 외국공관과의 외교적 대테러 협력체제의 유지

5. 법무부(대검찰청을 포함한다)
   가. 테러혐의자의 잠입에 대한 저지대책의 수립·시행
   나. 위·변조여권 등의 식별기법의 연구·개발 및 필요장비 등의 확보
   다. 출입국 심사업무의 과학화 및 전문심사요원의 양성·확보
   라. 테러와 연계된 혐의가 있는 외국인의 출입국 및 체류동향의 파악 · 전파
   마. 테러사건에 대한 법적 처리문제의 검토·지원 및 수사의 총괄
   바. 테러사건에 대한 전문 수사기법의 연구·개발

6. 국방부(합동참모본부·국군기무사령부를 포함한다)
   가. 군사시설 내에 테러사건의 발생시 군사시설테러사건대책본부의 설치·운영 및 관련 상황의 종합처리
   나. 대테러특공대 및 폭발물 처리팀의 편성·운영
   다. 국내외에서의 테러진압작전에 대한 지원
   라. 군사시설 및 방위산업시설에 대한 테러예방활동 및 지도·점검
   마. 군사시설에 대한 테러사건의 발생시 지역합동조사반의 운영
   바. 군사시설 및 방위산업시설에 대한 테러첩보의 수집
   사. 대테러전술의 연구·개발 및 필요장비의 확보
   아. 대테러 전문교육·훈련에 대한 지원

7. 행정안전부(경찰청·소방방재청을 포함한다)
   가. 국내일반테러사건에 대한 예방·저지·대응대책의 수립 및 시행
   나. 국내일반테러사건의 발생시 국내일반테러사건대책본부의 설치 ·운영 및 관련 상황의 종합처리
   다. 범인의 검거 등 테러사건에 대한 수사
   라. 대테러특공대 및 폭발물 처리팀의 편성·운영
   마. 협상실무요원·전문요원 및 통역요원의 양성·확보
   바. 중요인물 및 시설, 다중이 이용하는 시설 등에 대한 테러방지대책의

수립・시행

사. 테러사건 관련 소방・인명구조・구급활동 및 화생방 방호대책의 수립・시행

아. 대테러전술 및 인명구조기법의 연구・개발 및 필요장비의 확보

자. 국제경찰기구 등과의 대테러 협력체제의 유지

8. 지식경제부

가. 기간산업시설에 대한 대테러・안전관리 및 방호대책의 수립 ・점검

나. 테러사건의 발생시 사건대응조직에 대한 분야별 전문인력・장비 등의 지원

9. 보건복지가족부

가. 생물테러사건의 발생시 생물테러사건대책본부의 설치・운영 및 관련 상황의 종합처리

나. 테러에 이용될 수 있는 병원체의 분리・이동 및 각종 실험실에 대한 안전관리

다. 생물테러와 관련한 교육・훈련에 대한 지원

10. 환경부

가. 화학테러의 발생시 화학테러사건대책본부의 설치・운영 및 관련 상황의 종합처리

나. 테러에 이용될 수 있는 유독물질의 관리체계 구축

다. 화학테러와 관련한 교육・훈련에 대한 지원

11. 국토해양부(해양경찰청을 포함한다)

가. 건설・교통 분야에 대한 대테러・안전대책의 수립 및 시행

나. 항공기테러사건의 발생시 항공기테러사건대책본부의 설치・운영 및 관련 상황의 종합처리

다. 항공기테러사건의 발생시 폭발물처리 등 초동조치를 위한 전문요원의 양성・확보

라. 항공기의 안전운항관리를 위한 국제조약의 체결, 국제기구에의 가입 등에 관한 업무의 지원

마. 항공기의 피랍상황 및 정보의 교환 등을 위한 국제민간항공기구와의 항공통신정보 협력체제의 유지

바. 해양테러에 대한 예방대책의 수립・시행 및 관련 업무 종사자의 대응능력 배양

사. 해양테러사건의 발생시 해양테러사건대책본부의 설치・운영 및 관련 상황의 종합처리

아. 대테러특공대 및 폭발물 처리팀의 편성・운영

자. 해양 대테러전술에 관한 연구개발 및 필요장비・시설의 확보

차. 해양의 안전관리를 위한 국제조약의 체결, 국제기구에의 가입 등에 관한 업무의 지원

카. 국제경찰기구 등과의 해양 대테러 협력체제의 유지

13. 관세청

가. 총기류・폭발물 등 테러물품의 반입에 대한 저지대책의 수립・시행

나. 테러물품에 대한 검색기법의 개발 및 필요장비의 확보

다. 전문 검색요원의 양성・확보

14. 국가정보원

가. 테러 관련 정보의 수집・작성 및 배포

나. 국가의 대테러 기본운영계획 및 세부활동계획의 수립과 그 시행에 관한 기획・조정

다. 테러혐의자 관련 첩보의 검증

라. 국제적 대테러 정보협력체제의 유지

마. 대테러 능력배양을 위한 위기관리 기법의 연구발전, 대테러정보 ·기술·장비 및 교육훈련 등에 대한 지원
바. 공항·항만 등 국가중요시설의 대테러활동 추진실태의 확인·점검 및 현장지도
사. 국가중요행사에 대한 대테러·안전대책의 수립과 그 시행에 관한 기획·조정
아. 테러정보통합센터의 운영
자. 그 밖의 대테러업무에 대한 기획·조정

15. 그 밖의 관계기관
소관 사항과 관련한 대테러업무의 수행

제45조(전담조직의 운영) 관계기관의 장은 제44조의 규정에 의한 관계기관별 임무를 효율적으로 수행하고 원활한 협조체제를 유지하기 위하여 해당기관 내에 대테러업무에 관한 전담조직을 지정·운영하여야 한다.

제6장 보 칙

제46조(시행계획) 관계기관의 장은 이 훈령의 시행에 필요한 자체 세부계획을 수립·시행하여야 한다.

부 칙

이 훈령은 발령한 날부터 시행한다.

참고문헌

[국내]

경찰청, 제3차 ASEM 결과보고서, 서울 : 경찰청.

———, 「제3차 아시아·유럽정상회의(ASEM) 결과보고서」, 서울: 경찰청, 2001.

———, 2002 FIFA WORLDCUP KOREA/JAPAN 경찰백서, 서울 : 경찰청, 2002.

———, 경찰백서, 서울 : 경찰청, 2004.

경향신문, 2005년 7월 8일.

구광모, 테러와 국제사회, 고려원, 1982.

구춘권, 「메가테러리즘과 미국의 세계질서전쟁」, 서울: 책세상, 2005.

국가안전기획부, 테러사건처리개요, 대테러정보자료집 제3집, 1982.

국가정보원, 2004년도 테러정세, 서울 : 국가정보원, 2005.

국가정보원 테러정보통합센터(2009), 테러정세.

국방부, 한미합동대테러세미나결과, 대테러참고자료 제1집, 1984.

———, 국제 테러리즘 - 21세기의 새로운 전쟁, 서울 : 국방부, 2001.

국제문제조사연구소, 세계의 테러리즘 추이와 대책실태, 1982.

김두현, 현대테러리즘론, 서울: 백산출판사, 2004.

박용석, "대규모 국제 행사시 요인경호에 관한 연구", 연세대학교 행정대학원, 석사학위논문, 2000.

부산경찰청, 2002년 한·일 월드컵 축구대회 부산경찰백서, 부산 : 부산지방경찰청, 2002.

부산광역시, 「2005 APEC 정상회의」 성공개최 준비상황, 부산 : 부산광역시, 2005.

———, 「역대 APEC 개최사례(2003년 태국 방콕 APEC)」, 부산: 부산광역시, 2005.

부산APEC기획단(2005), 2005 부산 APEC 준비상황, 부산 : 부산광역시.

신광영, NGO와 국가정책, 「한국행정연구」 제8권 제1호, 한국행정연구원, 1999.

이대우, "21세기 국제안보환경 변화와 한국의 테러대책", 대한국제법학회, 2004년도 대테러학술세미나 발표자료집, 2004.

이상팔, "대테러 위기관리체계의 보완점 모색", 「입법정보」, 제73호, 국회도서관 입법전자정보실, 2002.

이상현, "정치적 폭력에 의한 테러리즘", 「대테러연구」,제24집, 경찰청, 2002.

이호섭, "한국의 대테러정책에 관한 연구", 서강대학교 석사학위논문, 2003.
이황우, 대테러정책론, 서울 : 진명문화사, 1996.
———, "한국에서의 테러발생 가능성과 대처방안", 「대테러연구」, 제24집, 경찰청, 2002.
제성호, "미국의 반테러법 실천과 한국의 입법적 대응방향", 21C 새로운 테러위협과 우리의 대응방향, 한국공안행정학회, 2003.
조선일보, 2005년 7월 8일.
최진태, 테러 · 테러리스트 · 테러리즘, 서울: 대영문화사, 1998.
———, 테러리즘의 이론과 실제, 서울: 대영문화사, 2006.
한국형사정책연구원, OECD국가와 치안역량비교를 통한 21세기 경찰발전방안, 서울 : 한국형사정책연구원, 2004.
———, 「21세기 경찰발전방향」, 서울: 한국형사정책연구원, 2004.

[국외]

Alexander, Yonah and Seymour Maxwell Finger ed., *Terrorism: Interdisciplinary Perspectives*, N. Y.: The John Jay Press, 1977.
——— and John M. Gleason ed., *Behavioral and Quantative Perspectives on Terrorism*, New York: Pergamon Press, 1981.
Allison, Graham, *Nuclear Terrorism*, New York : Times Books, 2004.
Canada and The United State. Comparative Politics. 21 July, 1989.
Cavis, Russell C. *Negotiating with Terrorist Hostage-Takers*, Law and Order, March 1993.
Cheriff, Bassiouni, M. ed. "International Terrorism and Political Crimes", *Spring Field, Ill*: Charles C. Thomas, 1975.
Clutterbuck, Richard, "*Living with Terrorism*", London: Faber & Faber, 1975.
Coal, George F., "*Criminal Justice: Law and Politics*", California: Wadsworth, Inc. 1980.
Combs, Cindy C., *Terrorism in the Twenty-First Century*, 6th ed., Prentice Hall, 2010.
Crelinsten, Ronald D., *Terrorism and Criminal Justice*, Lexington Mass,: D.C. Heath and Company, 1978.
———, "International Political Terrorism: A Challenge for Comparative Research," *International Journal of comparative and Applied Criminal Justice*, Winter 1978, Vol. 2, No. 2.
Davies, Barry, *Terrorism*, London : Virgin Books, 2003.
Davies, James Downing, "*When Men Revolt and Why*", New York: Free Press, 1971.
Eckert, William G. ed., *A Seminar on Investigation of Terrorism*, Wichita, Kansas: INFORM, 1978.

Eisenstardt, S. N., *Revolution and Transportation of Societies*, N. Y.: The Free Press, 1978.

Evans, Ernest *Calling True to Terror*, Connecticut: Greenwood Press, 1979.

Evons Alona E. and Murphy John F., eds., *Legal Aspects of International Terrorism*, Lexington Mass.: D.C. Heath and Company, 1978.

Ganor, B., *Countering State-Sponsored Terrorism International Policy Institute for Counter Terrorism*, Israel, 1998.

Gurr, Ted Robert, *Why Men Rebel*, Princeton: Princeton University Press, 1971.

Hacker, Frederick J., *Crusaders, Criminals*, Crazies. W. W. Norton & Co., 1976.

Hagan, John, "*Modern Criminology: Crime, Criminal Behavior, and It's Control*", New York, McGraw-Hill, Inc. 1985.

Hannah, Arendt, "*On Violence*", New York: Harcourt, Brace and World Inc. 1969.

Hewitt, C., *Understanding Terrorism in America : From The Klan to ALQaeda London:* Rout-ledge., 2003.

Heymann, P. B., *Terrorism and America*, The MIT Press, Cambridge, USA, 1998.

Hoffman, B., *Inside Terrorism*, New York : Columbia Univ, Press, 1998.

Hofstadter, Richard and Michael Wallace, eds., "*American Violence: Documentary History*", New York: Vintage Books, 1971.

Howitt, Arnold M., & Robyn L., Pangi *Countering Terrorism*, The MIT Press, 2003.

Jenkins, Brian M., *Terrorism and Kidnapping*, Santa Monica, California: The Rand Corporation, 1974.

——, *The Potential Criminal Adversaries of Nuclear Prograns: A Portrait*, Rand Corp., July 1980.

Jones, David Martin, ed., *Globalization and the New Terror*, Edward Elgar Publishing, Inc, 2004.

Kellen, Konrad, *Terrorists-What are they like? How some Terrorists describe their world and actions*, Rand Corp, November 1979.

Knoll, Irwin and Judith Nies Macfaddenm, ed., "*War Crimes and the American Conscience*", New York: Holt, Rinehart, and Winston, 1970.

Lesser, Ian O., et al., *Countering the New Terrorism*, Rand, 1999.

Lewinski W. and Pockress, R., "*Managing Hostage Situation in Small Towns and Rural Areas*", Article Summitted for the ACTS Conference in 1981.

Lewis, C., "The Terror that Failed," *Public Administration Review*, 60., 2000.

Liungston, Marius H. ed., *International Terrorism in the Contemporary World* (Westport, Conneticut: Greenwood Press, 1978)

Livingstone, Neil C., *The War against Terrorism*, Lexington Massachusetts: D.C. Heath and Company, 1982.

Lyman Michael D. & Gary W. Potter, *ORGANAZED CRIME*(2th), New Jersey : Prentice-Hall, lnc, 2000.

Miller, Aaraham H., *Terrorism and Hostage Negotiations*, Boulder, Colorado: Westview Press, 1980.

Montana Patrick J. and George S. Rukis, ed., *Managing Terrorism: Strategies for the Corporate Exewtive*, Westport, Conneticut: Quorum Books, 1983.

National Advisory Committee on Criminal Justice Standards and Goals, *Disoders and Terrorism*, Washington, 1976.

National Foreign Assesment Center, *Patterns of International Terrorism: 1980*, A Research Paper, June, 1981.

Pepinsky, Harold E., *Crime Control Strategies*, OXFORD UNIVERSITY PRESS, 1980.

Perez, Frank H., "*Combatting Terrorism in the 1980s*," The Police Chief, January 1982.

Post, Jerrold M., *The Mind of the Terrorist: The Psychology of Terrorism from the IRA to al-Qaeda*, New York: Palagrave Macmillan, 2008.

Reich, Walther, ed., *Origins of Terrorism*, Woodrow Wilson Center Press, 1998.

Robitaille, Earle W. "*Terrorism and the Role of the Police*," Law and order, september 1981.

Ross, D. J. and Gurr, T., "Why Terrorism Subsides : *a comparative study of Canada and The United stats*," Comparative Politics. 21 July., 1989.

Sen, Sankar *Features of Modern Terrorism*, The Police Journal, January 1993.

Snider, Marie ed., *Media and Terrorism the Psychological Impact*, Newton, Kansas: Mennonite Press, 1978.

Toch, Hans, "*Violent Men*", Chicago: Aldine Publishing Company, 1969.

Van Den Haag, Ernest, "*Political Violence and Civil Disobedience*", New York: Harper Torch Books, 1972.

White, Jonathan Randall, *Terrorism and Homeland Security: An Introduction*, 6th ed., Belmont, CA: Wadsworth Cengage Learning, 2008.

Whittaker, D. J., *The Terrorism: Reader*(ed), London : Routledge, 2003.

Wilkinson, Paul, *Political Terrorism*, New York: John Wiley & Sons, 1974.

http://www.whitehouse.gov/homeland/

http://aspire7.hihome.com/reference/bigbrother-1.htm.

http://www.choson.com/w21data/html/news/200210/200210020530.html

http://www.choson.com/w21data/html/news/200410/200410020044.html

국문 색인

[ㄴ]

[ㄷ]

[ㄹ]

[ㅁ]

[ㅇ]

[ㅈ]

[ㅊ]

[ㅋ]

[ㅌ]

[ㅍ]

영문 색인

[저자 약력]

동국대학교 경찰행정학과 및 동대학원 졸업(법학박사)
동국대학교 학생처장, 총무처장, 사회과학대학장, 행정대학원장
미국 뉴욕 존제이 형사사법대학 객원교수
경찰대, 한양대, 연세대 강사
7행정고등고시, 사법시험, 입법고시, 군법무관시험, 5급공무원승진시험 위원
경찰개혁위원회 위원
치안연구소 연구지도위원
한국공안행정학회장, 한국경찰회장
경찰위원회 위원
현, 동국대학교 경찰행정학과 교수
　국가대테러협상전문위원
　경찰청자체심사평가위원회 위원장77

테러리즘

2010년 2월 25일 초판 발행
2011년 9월 23일 초판 2쇄 발행

저 자　이 황 우
발행인　배 효 선
발행처　도서출판 法 文 社

413-832 경기도 파주시 교하읍 문발리 526-3
등 록 1957년 12월 12일 제2-76호(윤)
전 화 031-955-6500~6, 팩 스 031-955-6525
e-mail(영업) : business@bobmunsa.co.kr
(편집) : edit66@bobmunsa.co.kr
홈페이지 http://www.bobmunsa.co.kr

조 판　광 암 문 화 사

정가 30,000원　ISBN 978-89-18-02335-9